University of Pittsburgh Memoirs in Latin American Archaeology

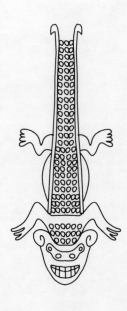

University of Pittsburgh Memoirs in Latin American Archaeology No. 1

Archaeological Research in the El Cajon Region, Volume 1

Prehistoric Cultural Ecology

Investigaciones Arqueológicas en La Región de El Cajón, Tomo 1

Ecología Cultural Precolombina

Edited by
Editado por

Kenneth Hirth
Gloria Lara Pinto
George Hasemann

University of Pittsburgh
Department of Anthropology

Instituto Hondureño
de Antropología e Historia

Pittsburgh   1989   Tegucigalpa, D.C.

Library of Congress Cataloging-in-Publication Data

Archaeological research in the El Cajon region / edited by Kenneth
    Hirth, Gloria Lara Pinto, George Hasemann = Investigaciones
    arqueológicas en la región de El Cajón / editado por Kenneth Hirth,
    Gloria Lara Pinto, George Hasemann.
        p. cm. -- (University of Pitsburgh memoirs in Latin American
    archaeology ; no. 1)
    Includes bibliographical references.
    Contents: v. 1. Prehistoric cultural ecology.
    ISBN 1-877812-00-5
    1. Indians of Central America--Honduras--Cajón Reservoir Region-
    -Antiquities. 2. Human ecology--Honduras--Cajón Reservoir Region.
    3. Paleoecology--Honduras--Cajón Reservoir Region. 4. Cajón
    Reservoir Region (Honduras)--Antiquities. 5. Honduras--Antiquities.
    6. Proyecto de Investigación y Salvamento Arqueológico El Cajón.
    I. Hirth, Kenn. II. Lara Pinto, Gloria, 1952–   . III. Hasemann,
    George. IV. Series.
    F1505.1.C35A73   1989
    972.83'72--dc20   89–22703
                                                            CIP

Printed in the United States of America

ISBN 1-877812-00-5

Cover: Jade hunchback pendant from Salitron Viejo in the El Cajon Study Region.
Drawing by Ann Dowd.
Cubierta: Pendiente de jade en forma de un jorobado de Salitrón Viejo en la Región de Estudio de El Cajón.
Dibujo de Ann Dowd.

Contenido

Table of Contents

Lista de Figuras

List of Figures

Lista de Cuadros

List of Tables

Preface

Ten years ago two archaeologists from the Instituto Hondureño de Antropologia e Historia (IHAH) conducted a preliminary surface reconnaissance along the middle reaches of the Sulaco and Humuya Rivers. The purpose of this undertaking was to evaluate the need for salvaging archaeological materials in imminent danger of flooding within the 94 km^2 reservoir area of the El Cajon Hydroelectric Dam. Although the 1978 reconnaissance was of short duration and designed to locate and visit only those archaeological sites known to local informants, it showed the great and unexpected potential for archaeological research in the zone. This discovery was the first link in a chain of events which would awaken for the first time an interest by government officials in the archaeology of a region other than Copan, ultimately leading to the establishment of the El Cajon Archaeological Project.

One of the first steps taken by the IHAH was to contact research scholars in the United States, which resulted in the selection of the project director. Financial and administrative arrangements necessary to carry out the project were agreed upon in an interinstitutional accord signed in January of 1980 between the Empresa Nacional de Energia Electrica (ENEE), chief executor of construction, and the Instituto Hondureño de Antropologia e Historia, the institution responsible for the protection and conservation of the national cultural patrimony. This interinstitutional accord was based on a recommendation for regional ecological studies proposed by the World Bank, one of the project's principal funders of the construction of the hydroelectric facility. This recommendation provided the impetus for creating the Ecology Program of the El Cajon Hydroelectric Project, which included archaeological salvage and investigation.

The interinstitutional accord stipulated that funding for the project would be shared equally by both the Empresa Nacional de Energia Electrica and the Instituto Hondureño de Antropologia e Historia. A budget of $652,255 was established for a five year period of field work between 1980–84, at the end of which flooding of the reservoir would begin. Once the interinstitutional accord was signed, the ENEE made the funds it had committed to the project available for immediate use.

The obstacles confronting the completion of the first large salvage project ever conducted in Honduras created serious financial strains for the IHAH and its limited resources. At times it appeared to be an overly ambitious and impossible task. Nevertheless, it was always possible one way or the other to maintain the cash flow necessary to continue the work.

Funds for the project were obtained principally from national sources together with generous international contributions. In 1982 and 1983 the National Congress of Honduras became a primary financial contributor to the project. By the same token, the ENEE extended its assistance beyond the limits stipulated in the interinstitutional agreement in recognition of the efforts made by the IHAH for the conservation of the nation's cultural resources.

Now that research is nearing completion, we can say with pride that more than L.1,000,000 ($500,000) has been raised for the project from a variety of agencies within the Honduran government. The archaeological research has provided abundant returns on this investment. Honduras has not only enriched its museums with rare and important objects from a rich and diverse indigenous culture flourishing between 400 BC–AD 1000, but also has expanded its understanding of more than a thousand years of its precolumbian past.

The problems overcome by the IHAH during the course of the project's investigations required a relatively high financial investment, especially the cost of qualified personnel. For this reason care was taken throughout the project to train local technical and scientific personnel who could undertake future projects for the Instituto Hondureño de Antropologia e Historia. Meanwhile, the productive collaboration with our foreign colleagues, an example of which is presented here, will continue to be enhanced and grow through the productive exchange of information and experience.

This bilingual volume in the special research series entitled *Archaeological Research in the El Cajon Region* represents the beginning of the final stage of the project. In the coming years we expect to publish all the remaining archaeological and related specialized studies. Technical analysis has not been finalized for all areas of the project and funds are now being sought to bring them to completion. Nevertheless, considering the progress made to date, we are optimistic about the coming years and future volumes. Furthermore, the IHAH reaffirms its promise to prepare and publish a general summary of the scientific results of the project for use as a general textbook on Honduran prehistory.

On a more personal note, I would like to take this opportunity to say that I consider myself privileged to have had the chance as an anthropologist to explore this now vanished ecological niche with its impressive flora and fauna, and, more importantly, those people who nourish our national folklore. This unforgettable experience, the best practical training I have ever had, has tied me fast and unconditionally to the roots

Presentación

Hace exactamente diez años dos arqueólogos del Instituto Hondureño de Antropología e Historia condujeron la prospección preliminar del territorio de los cursos medios de los Ríos Sulaco y Humuya. Para entonces la construcción de la Presa Hidroeléctrica El Cajón y la inundación de los 94 km.^{2} que formarían el embalse, eran un hecho inminente. La prospección de 1978, no obstante haber sido de corta duración y llevada a cabo primordialmente en base a la visita y rápido examen de los restos arquitectónicos precolombinos conocidos por la población local, puso de manifiesto el inesperado y gran potencial de la zona para la investigación arqueológica. Este descubrimiento sería el primer eslabón de una cadena de acontecimientos que despertaría un interés a nivel gubernamental por la arqueología de una región ajena a Copán, sin precedentes en Honduras y llevaría al establecimiento del Proyecto de Investigación y Salvamento Arqueológico El Cajón.

Uno de los primeros pasos del Instituto Hondureño de Antropología e Historia fue establecer los contactos necesarios con reconocidos investigadores en los E.E.U.U., lo cual culminó en la contratación del futuro director del proyecto arqueológico en ciernes. Los detalles financieros y administrativos que harían posible llevar a la práctica el salvamento y la investigación fueron plasmados en el Convenio Interinstitucional firmado, en enero de 1980, entre el Instituto Hondureño de Antropología e Historia y la Empresa Nacional de Energía Eléctrica. El convenio en mención se guió por las recomendaciones del Banco Mundial—uno de los principales prestatarios para la construcción de la presa hidroeléctrica—sobre la ecología de la región, que en su momento habían dado lugar a la creación del Programa Ecológico del Proyecto Hidroeléctrico El Cajón.

Por medio del Convenio Interinstitucional ambas instituciones se comprometieron al financiamiento en partes iguales de la obra, la Empresa Nacional de Energía Eléctrica como organismo ejecutor de la construcción de la presa y el Instituto Hondureño de Antropología e Historia como el organismo encargado de la protección y conservación de los recursos culturales de la nación. El valor de la obra de investigación y salvamento arqueológico fue fijada entonces en L.1,304,510, estableciéndose un período de cinco años (1980–1984) de trabajo en el campo para la finalización del salvamento, lo cual coincidiría con la fecha previamente establecida para el inicio de la inundación de los 94 km.^{2} antes mencionados, en la temporada de lluvias de 1984. A raíz de la firma del Convenio Interinstitucional, la Empresa Nacional de Energía Eléctrica comenzó sin demora alguna la transferencia de fondos hasta alcanzar el monto correspondiente.

Los azares que conlleva la realización de un proyecto de tal magnitud, el primero en su clase en Honduras, enfrentaron al Instituto Hondureño de Antropología e Historia y su humilde patrimonio, con serios problemas para proveer la parte que le correspondía en el financiamiento, haciéndole temer por momentos que estaba embarcado en una visionaria empresa. Sin embargo, el constante entusiasmo de los principales investigadores involucrados hizo posible mover montañas y mantener el flujo de efectivo necesario para continuar la obra; estos fondos provinieron, en su mayor parte, de fuentes nacionales y adicionalmente de generosos aportes extranjeros. De esta manera, el Congreso Nacional de Honduras se convirtió en 1982 y 1983 en el decidido promotor de la investigación arqueológica. Asimismo, la Empresa Nacional de Energía Eléctrica, al continuar con su apoyo económico más allá de los límites contemplados en el Convenio Interinstitucional, dio una incomparable muestra de reconocimiento por la labor que realiza el Instituto Hondureño de Antropología e Historia en pro de la salvaguardia del patrimonio cultural de la nación.

Ahora que empezamos a cosechar los logros de los estudios realizados en la región de El Cajón, podemos señalar con orgullo que de los fondos invertidos a la fecha, más de L.1,000,000 han sido aportados por el Gobierno de Honduras en sus diferentes dependencias. La investigación arqueológica, por su parte, nos ha devuelto con creces esta inversión. Honduras no solo ha enriquecido sus museos con importantes y únicos hallazgos, testigos elocuentes de la diversificada actividad de un grupo indígena cuya sofisticada cultura floreció entre el año 300 a.C. y el año 1,000 d.C. Honduras, ademas, ha enriquecido su milenaria historia y profundizado en la comprensión de su pasado precolombino.

El Instituto Hondureño de Antropología e Historia enfrentó y venció en la realización de este proyecto de investigación y salvamento grandes problemas logísticos y de personal. La solución de ambos exigió, sin duda, una relativamente alta inversión material. Por ello, entonces, como ahora, una de las principales preocupaciones del Instituto Hondureño de Antropología e Historia continúa siendo la formación de técnicos y científicos hondureños que en un futuro no lejano puedan tomar a su cargo nuevos proyectos. El trabajo productivo con nuestros colegas extranjeros, del cual presentamos aquí un ejemplo palpable, no cesará por ello, puesto que el quehacer científico se nutre del intercambio de conocimientos y experiencias.

of our idiosyncrasies and the direct inheritors of our indigenous past: the Honduran peasants. In the name of the Instituto Hondureño de Antropologia e Historia I dedicate this volume to the men and women who once called the El Cajon region home.

Gloria Lara Pinto
Subdirector
The El Cajon Archaeological Project

La publicación de este primer volumen bilingüe (español-inglés) en la serie especial *Investigaciones Arqueológicas en La Región de El Cajón*, significa para el Instituto Hondureño de Antropología e Historia el comienzo de la etapa final del proyecto, la cual esperamos concluir en los próximos años con la publicación de todos los estudios especializados y los propiamente arqueológicos. Aún no se han terminado los análisis técnicos en todos los campos de investigación interdisciplinaria promovida por el proyecto y, por supuesto, continuamos a la búsqueda del financiamiento requerido para llevarlos a cabo. Sin embargo, el contemplar la tarea realizada nos hace sentir optimistas de los años por recorrer hasta que el último de los volúmenes salga a luz. Por lo demás, el Instituto Hondureño de Antropología e Historia reitera su promesa de preparar y publicar un trabajo de carácter general que resuma los resultados científicos y pueda ser utilizado como libro de texto a nivel escolar.

En lo personal, tomaré la libertad de expresar que me considero privilegiada por la oportunidad que me concediera mi profesión de antropóloga de conocer ese ahora inexistente nicho ecológico, de impresionante flora y fauna; pleno de tradiciones campesinas y de los personajes que nutren nuestro folklore nacional. Esa inolvidable experiencia, la mejor escuela práctica a la que he asistido, me ha atado firme e incondicionalmente a las raíces de nuestra idiosincrasia y a los herederos directos de nuestro pasado indígena: los campesinos hondureños. En nombre del Instituto Hondureño de Antropología e Historia dedico esta obra a los hombres y mujeres que tenían su hogar en la región de El Cajón.

Gloria Lara Pinto
Subdirectora
Proyecto de Investigación y Salvamento
Arqueológico El Cajón

Acknowledgments

The El Cajon Archaeological Project is deeply indebted to all of its contributors for their valuable donations to the research enterprise. All of the contributions, whether large or small, seemed to arrive precisely at the moment of most pressing need. On behalf of all project members we would like to express our deepest appreciation to all those who participated in the project, from the funding institutions in Honduras and the United States that provided financial support, to the anonymous individuals in the many conferences whose enthusiasm has helped to stimulate recognition of our research.

The Instituto Hondureño de Antropologia e Historia (IHAH) provided the administrative structure and helped create the El Cajon Archaeological Project as a function of its governmental responsibilities. It would not have been possible to initiate the El Cajon Archaeological Project without the help of Dr. Adan Cueva, who was Director of the IHAH in 1978. Dr. Cueva provided the institutional support necessary to organize the initial reconnaissance of the El Cajon region and signed the interinstitutional accord with the Empresa Nacional de Energia Electrica (ENEE). We are also indebted to Lic. Vito Veliz who was Subdirector of the project during initial explorations in 1980; Lic. Virgilio Zelaya Rubi who was Director of the IHAH during 1981; Lic. Ricardo Agurcia who, despite financial difficulties within the IHAH, restructured budgetary priorities to establish annual funding for the El Cajon Archaeological Project during his tenure as the IHAH Director between 1982–1986; and Lic. Victor Cruz Reyes, the present Director of the IHAH who authorized funds within the 1988 budget to finance the publication of the first volume of this series. We would also like to thank Sr. Antonio Perdomo who since 1980, as head administrator of the IHAH, has skillfully and patiently processed the avalanche of paperwork associated with project finances and Sr. Ramon Diaz, who as chief administrative assistant, has promptly and diligently responded to our many requests and petitions. The total direct contribution of the IHAH exceeds L.100,000 and includes, in addition, the project facilities provided in Comayagua and Tegucigalpa and the administrative personnel supplied since its initiation in 1980.

The single most important economic contributor has been the Empresa Nacional de Energia Electrica (ENEE), which awarded the sum of L.652,255 to the project as stipulated in the interinstitutional accord. Without this support the project would not have been possible on this scale. We thank all of the individuals involved in arranging the interinstitutional agreement. We are especially indebted to Ing. Raul Flores Guillen, Director of the ENEE in 1984, who in an especially generous gesture authorized an additional L.57,000 for the final year of fieldwork. The role of the ENEE as a patron and guardian of the national patrimony is an example to be imitated by other governmental agencies dedicated to national development.

Between 1982–1983 the Honduran National Congress, presided over by Lic. Efraim Bu Giron, contributed L.200,000 which permitted us to continue the pressing and urgent fieldwork and hire the necessary project personnel during these important years.

We also thank the three distinguished members of the Project Technical Committee, Dr. William Sanders, Dr. David Grove, and Dr. John Henderson, for their valuable advice and objective, precise, and positive review of the project's accomplishments.

In the United States, several institutions have provided valuable funding for a variety of technical analyses. The National Science Foundation (BSN-8606432), the American Philosophical Society, the Sigma Xi Foundation, and the University of Kentucky Research Foundation have made important contributions. Supplemental support for participating individuals working on advanced graduate degrees was provided by the University of Alabama, the University of Colorado, the University of Kentucky, the University of Minnesota, and the State University of New York at Albany. The United States Information Service has supplied financial support for a variety of technical analyses including archaeomagnetic dating, geological source identification, and the analysis of ceramic and ground stone artifacts. The Fulbright-Hayes Research Program (CIES) provided prolonged financial support for individual research programs on various aspects of the materials analysis including ceramics, jade, ground stone, and human osteology. Together the contribution of these institutions surpasses L.400,000. We also thank the University of Kentucky Accounting Office for help in purchasing project equipment in 1980 and 1981.

Private corporations in Honduras also contributed to the success of this project. We thank especially Mr. Robert Turnbull of the United Fruit Company for transporting project field equipment without charge from the United States to Honduras in 1981. The El Cajon Consortium (CELCA) made a significant contribution in 1984 to the final field season (L.3,000) and financed the preliminary processing of archaeological materials recovered at this time. We are indebted

Agradecimientos

Todas las contribuciones, grandes y pequeñas, que hicieron posible llevar a cabo el salvamento y la investigación arqueológica en la región de El Cajón, comparten el mérito de haber llegado en el momento más oportuno. Deseamos expresar nuestro agradecimiento tanto a las instituciones en Honduras y los E.E.U.U. que avalaron la obra con la contribución de fondos, como a los individuos en la audiencia de las innumerables conferencias impartidas que con su entusiasmo nos ayudaron a generar un interés a gran escala en nuestra labor.

En el Instituto Hondureño de Antropología e Historia (IHAH), que proveyó las bases administrativas y canalizó la creación del Proyecto de Investigación y Salvamento Arqueológico El Cajón en su carácter de ejecutor del mismo a nivel gubernamental, merece una mención especialísima el Dr. Adán Cueva quien como Gerente en 1978 organizó la prospección preliminar de la región de El Cajón con fondos de la institución y en 1980 firmó el Convenio Interinstitucional con la Empresa Nacional de Energía Eléctrica (ENEE). No queremos dejar sin mencionar al Lic. Vito Veliz, Subdirector del proyecto en 1980; al Lic. Virgilio Zelaya Rubí (QDDG), Gerente durante 1981; al Lic. Ricardo Agurcia, quien a pesar de las restricciones financieras del IHAH, estableció durante su gestión como Gerente de 1982 a 1986 un rubro dentro del presupuesto dedicado exclusivamente al proyecto; al Lic. Victor Cruz Reyes, actual Gerente, quien autorizó fondos dentro del presupuesto de 1988 para la publicación de este primer volumen. De 1980 a la fecha, el Sr. Antonio Perdomo, a la cabeza de la administración del IHAH, ha tenido a su cargo los engorrosos trámites relacionados con las finanzas del proyecto, a él y a su mano derecha, el Sr. Ramón Díaz, agradecemos su paciencia y sus esfuerzos por responder con prontitud a nuestras peticiones. Cabe agregar que el aporte directo del IHAH al proyecto sobrepasa en el momento actual los L.100,000; a eso deben sumarse las instalaciones en Tegucigalpa y Comayagua y el personal administrativo y de servicios puestos a disposición de las actividades del proyecto de 1980 hasta el presente.

El más importante contribuyente en materia económica ha sido la Empresa Nacional de Energía Eléctrica (ENEE), la cual en 1980 inició el traspaso al IHAH de los L.652,255 que según el convenio constituirían su aporte; sin ello no hubiera sido posible llevar a cabo una obra de la magnitud de este proyecto. Agradecemos a todos los funcionarios involucrados en hacer efectivo el convenio, la importancia otorgada a la investigación arqueológica. En especial, merece destacarse la actuación del Ing. Raúl Flores Guillén, Gerente de la ENEE en 1984 quien en un magnánimo gesto autorizó la inversión de L.57,000 adicionales en la conclusión de la temporada de campo de ese año. La actuación de la ENEE como promotor de la salvaguardia del patrimonio cultural de la nación constituye un ejemplo digno de encomio e imitación por parte de otras instituciones gubernamentales dedicadas al desarrollo de la infraestructura del país.

Durante los años de 1982 y 1983 el Congreso Nacional de Honduras precidido por el Abogado Efraín Bú Girón, aportó L.200,000 que nos permitieron continuar sin retraso las temporadas de campo de esos años y contratar el personal técnico y de apoyo necesario.

A los renombrados investigadores que constituyeron el Comité Técnico que evaluó la labor del proyecto en 1982, Dr. William Sanders, Dr. David Grove y Dr. John Henderson, agradecemos sus buenos oficios y la objetiva, precisa y encomiosa presentación de nuestro trabajo.

En los E.E.U.U., distintas instituciones y organismos internacionales han proveído fondos para los análisis técnicos. Ellas son la Fundación Nacional de Ciencias, la Sociedad Americana de Filosofía con sede en Philadelphia y la Fundación Sigma Xi de la Universidad de Kentucky. Financiamiento adicional para hacer posible la participación de los investigadores obteniendo grados académicos basados en estudios especializados sobre la región de El Cajón, fue proveído por la Universidad de Colorado, Universidad de Alabama, Universidad de Kentucky, Universidad de Minnesota y la Universidad Estatal de Nueva York, Albany. El Servicio de de Información de los E.E.U.U. aportó ayuda financiera para diferentes análisis técnicos que incluyen fechamiento arqueomagnético, identificación de los recursos geológicos, estudio cerámico e identificación de materiales líticos. El Programa "Fulbright-Hays" financió la participación de investigadores por períodos prolongados dedicados al análisis de la cerámica, jade, artefactos líticos y osteología humana. En su conjunto, la aportación de estas instituciones sobrepasa los L.400,000. Por último, deseamos mencionar a la Oficina Administrativa de la Universidad de Kentucky por el apoyo que nos dio como intermediaria en la compra de equipo para el proyecto en 1980 y 1981.

Deseamos dar las gracias, además, al Sr. Roberto Turnbull y a la Compañía "United Fruit" por llevar a cabo, sin costo alguno, el transporte a Honduras del equipo adquirido por el proyecto en los E.E.U.U.

El Consorcio El Cajón (CELCA) contribuyó en la realización de la última temporada de campo en 1984 y financió

to CELCA engineers Luigi Vasallo, Urs Spinler, and Erwin Scharli for their support. We also wish to thank Mr. John Toll who took a personal interest in our work and established a marvelously efficient link between the project and the El Cajon Consortium.

The need for a translator was resolved by Dr. Gloria Lara who generously offered to translate the papers in this volume from English to Spanish during her free time over many long months. We would like to thank also Susan Grant Hirth for her help in the preparation of the illustrations in this volume.

At this point it is very appropriate to give special thanks to the University of Pittsburgh and the editors of this series, Dr. Robert Drennan and Dr. Jeremy Sabloff, for their help in the publication of this volume in a bilingual format.

Since 1982 the archaeological laboratory has been kept functional by Sra. Zoila Rodriquez, who we thank for carefully cataloguing and curating the materials used in this analysis.

To mention each of the persons who in one fashion or another contributed to our well being while we were engaged in fieldwork would be an endless task. In recognition of them all, we would like to single out Pastor Vasquez, our indefatigable driver, who carried us over bad roads on his holidays between 1980–1983, and Maria Gomez, our head cook upon whom we all depended between 1980–1984.

(L.3,000) el personal contratado para el procesamiento preliminar de los materiales arqueológicos. Estamos en deuda con el Ing. Luigi Vasallo, Ing. Urs Spinler, Ing. Erwin Scharli; gracias también al Sr. John Toll, quien tomó un interés personal en nuestra labor y estableció el enlace entre el consorcio y el proyecto con admirable eficiencia.

La carencia de medios para la contratación de un traductor fue resuelta con el ofrecimiento generoso de la Dra. Gloria Lara Pinto de hacerse cargo de la traducción del inglés al español de los trabajos contenidos en este primer volumen; la versión española es el resultado de su dedicación, durante largos meses, de muchas horas de su tiempo libre. Deseamos dar las gracias también a Susan Grant Hirth para su ayuda en la preparación de los debujos en este volumen.

En este punto es muy a propósito dar las gracias a la Universidad de Pittsburgh por su colaboración en la publicación de este volumen, por medio de la cual ha sido posible presentar una edición bilingüe.

El mantenimiento del Laboratorio Arqueológico ha estado a cargo de la Sra. Zoila Rodríguez de 1982 a la fecha, gracias a ella que, con el registro mnemotécnico que lleva del almacenaje de los materiales del proyecto, ha hecho nuestro trabajo más expedito.

De mencionar a cada una de las personas que en una u otra forma contribuyeron a nuestro bienestar, en particular durante las temporadas en el campo, la lista sería interminable. En representación de todas ellas incluimos aquí los nombres de Pastor Vásquez, nuestro motorista a prueba de mal tiempo y feriados de 1980 a 1983, y a María Gómez, nuestra cocinera en jefe de 1980 a 1984.

Participants in the El Cajon Archaeological Project

Directors

Kenneth Hirth	Director (1980 to date)
Gloria Lara Pinto	Subdirector (1981 to date)
Vito Veliz	Subdirector (1980)
George Hasemann	General Fieldwork Supervisor (1982 to date)

Specialized Studies

Rani Alexander	Fauna
Marilyn Beaudry	Raw Material Sourcing
Ronald Bishop	Raw Material Sourcing
Maynard Cliff	Ceramics
Michael Collins	Geoarchaeology
Dennis Coskren	Geology
Ann Dowd	Technical Drawing (Jade)
Larry Feldman	Malacology
Steve Ferguson	Raw Material Sourcing
Eric Fernandez	Fauna
George Hasemann	Obsidian Hydration
Kenneth Hirth	Ceramics and Jade
Nedenia Kennedy	Ceramics
Gloria Lara Pinto	Ethnohistory
David Lentz	Ethnobotany
Taylor Lenz Cliff	Technical Drawing (Plans and maps)
William Loker	Modern Land Use
Russel Meigs	Botanical Taxonomy
Charles Norville	Soil Study
Alex Rush	Topography
Jerrel Sorensen	Lithics (Flaked)
Mary Spink	Lithics (Ground)
Malinda Stafford Blustain	Contemporary Ceramic Production
Rebecca Storey	Human Osteology
Daniel Wolfman	Archaeomagnetic Dating
Steve Wurzback	Topography

Archaeologists

Diane Ballinger	Human Osteology
Brian Bauer	Survey
Julie Benyo	Laboratory Supervision and Excavations
Boyd Dixon	Excavations
Randy Fouts	Laboratory Supervision and Survey
Thomas Fouts	Laboratory Analysis
John Hansen	Survey
Susan Grant Hirth	Excavation, Flotation, Laboratory Analysis
George Hasemann	Survey and Excavation Supervision
Jorge Herrera	Excavations
Kenneth Hirth	Excavation Supervision
Gloria Lara Pinto	Excavation Supervision
William Loker	Excavations
Lewis Messenger	Survey and Excavation Supervision
Phyllis M. Messenger	Laboratory Supervision
Mike Mucio	Laboratory Analysis
Kazuo Okamura	Excavations
Scott O'Mack	Excavations
Ildefonso Orellana	Excavations and Laboratory Analysis
John Picklesimer	Laboratory Analysis
Jonathon Pollack	Excavations
Kenneth Robinson	Excavation Supervision
Alex Rush	Excavations
Edward Schortman	Survey
Russel Sheptak	Excavations
Jorge Silva	Excavations
Vaughn Skidmore	Excavations
Sandy Stevens	Survey
Mark Tucker	Excavations
Patricia Urban	Survey
Jeff Walker	Excavations
Paul Webb	Excavations
John Yonk	Survey and Excavations
James Young	Excavations

Archaeological Assistants

Emilio Aguilar	Excavation
Isabel Fugón	Laboratory
Sid Hisle	Laboratory
Rigoberto Lanza	Excavation
Sally Loker	Flotation
Albina Mendoza	Laboratory
Zoila Rodríguez	Laboratory

Participantes en el Proyecto Arqueológico El Cajón

Directores

Kenneth Hirth	Director (1980 al presente)
Gloria Lara Pinto	Subdirector (1981 al presente)
Vito Veliz	Subdirector (1980)
George Hasemann	Supervisor Gral. Trabajo de Campo (1982 al presente)

Estudios Especializados

Rani Alexander	Fauna
Marilyn Beaudry	Fuentes Materia Prima
Ronald Bishop	Fuentes Materia Prima
Maynard Cliff	Cerámica
Michael Collins	Geoarqueología
Dennis Coskren	Geología
Ann Dowd	Dibujo Técnico (Jade)
Larry Feldman	Malacología
Steve Ferguson	Fuentes Materia Prima
Eric Fernandez	Fauna
George Hasemann	Hidratación de Obsidiana
Kenneth Hirth	Cerámica y Jade
Nedenia Kennedy	Cerámica
Gloria Lara Pinto	Etnohistoria
David Lentz	Etnobotánica
Taylor Lenz Cliff	Dibujo Técnico (Planos y mapas)
William Loker	Uso Moderno de la Tierra
Russel Meigs	Taxonomía Botánica
Charles Norville	Pedología
Alex Rush	Topografía
Jerrel Sorensen	Lítica (Percusión)
Mary Spink	Lítica (Tallada)
Malinda Stafford Blustain	Producción Alfarera Contemporánea
Rebecca Storey	Osteología Humana
Daniel Wolfman	Fechamiento Arqueomagnético
Steve Wurzback	Topografía

Arqueólogos

Diane Ballinger	Osteología Humana
Brian Bauer	Recorrido
Julie Benyo	Supervisión Excavaciones y Laboratorio
Boyd Dixon	Excavaciones
Randy Fouts	Recorrido y Supervisión Laboratorio
Thomas Fouts	Análisis Laboratorio
John Hansen	Recorrido
Susan Grant Hirth	Excavación, Flotación, Análisis Laboratorio
George Hasemann	Supervisión Recorrido y Excavaciones
Jorge Herrera	Excavaciones
Kenneth Hirth	Supervisión Excavaciones
Gloria Lara Pinto	Supervisión Excavaciones
William Loker	Excavaciones
Lewis Messenger	Recorrido y Supervisión Excavaciones
Phyllis M. Messenger	Supervisión Laboratorio
Mike Mucio	Análisis Laboratorio
Kazuo Okamura	Excavaciones
Scott O'Mack	Excavaciones
Ildefonso Orellana	Excavaciones y Análisis Laboratorio
John Picklesimer	Análisis Laboratorio
Jonathon Pollack	Excavaciones
Kenneth Robinson	Supervisión Excavaciones
Alex Rush	Excavaciones
Edward Schortman	Recorrido
Russel Sheptak	Excavaciones
Jorge Silva	Excavaciones
Vaughn Skidmore	Excavaciones
Sandy Stevens	Recorrido
Mark Tucker	Excavaciones
Patricia Urban	Recorrido
Jeff Walker	Excavaciones
Paul Webb	Excavaciones
John Yonk	Recorrido y Excavaciones
James Young	Excavaciones

Asistentes Arqueológicos

Emilio Aguilar	Excavación
Isabel Fugón	Laboratorio
Sid Hisle	Laboratorio
Rigoberto Lanza	Excavación
Sally Loker	Flotación
Albina Mendoza	Laboratorio
Zoila Rodríguez	Laboratorio

Chapter 1

The El Cajon Archaeological Project:
An Introduction

Kenneth Hirth

The El Cajon Archaeological Project (PAEC) was initiated by the Instituto Hondureño de Antropologia e Historia (IHAH) in October of 1979. The purpose of the project was to salvage archaeological resources along the Sulaco and Humuya Rivers in Central Honduras from imminent destruction by the construction of the El Cajon hydroelectric power facility (Figures 1.1, 1.2). As part of this facility an area covering 94 km^2 was to be inundated to form the flood pool reservoir. This project was based on a preliminary archaeological reconnaissance of the middle Sulaco and Humuya Rivers which had identified significant precolumbian remains in the region (Veliz and Hasemann 1978).

Salvage of the information and material culture of this previously unknown region became one of the most ambitious objectives ever undertaken by the IHAH. The PAEC was organized to locate, investigate, and salvage as many of these prehistoric sites as time and financial resources would allow (Hirth 1979). Funding for the PAEC has come from a variety of national and international sources. The government of Honduras has contributed over 75% of the funds to the project through several sources including the Empresa Nacional de Energia Electrica (ENEE), the Instituto Hondureño de Antropologia e Historia (IHAH), and the Nacional Congress. Support from agencies and research institutions in the United States have included contributions from the National Science Foundation, the University of Kentucky, the American Philosophical Society, the United States Information Service, and the Fulbright-Hays research program. Likewise, the project is indebted to the many qualified researchers and technicians who frequently participated under conditions of considerable personal sacrifice; a list of project personnel between 1980–1988 is provided at the beginning of this volume.

This volume is the first in a special research series entitled *Archaeological Research in the El Cajon Region*. From its beginning the El Cajon project has adopted a cultural ecological approach which emphasizes man's adaptation to the natural and cultural environment as a starting point for interpreting regional culture history. The reports published in this volume, *Prehistoric Cultural Ecology*, reflect that orientation and

supply valuable environmental information necessary for interpreting ecological processes and prehistoric cultural adaptation throughout the El Cajon region over time.

The Study Area

The El Cajon Archaeological Project defined the study area in broad terms as did the Ecology Program of the hydroelectric project. The greatest and most immediate impact of the hydroelectric power facility was on the 94 km^2 reservoir area located behind the floodwall. In this and subsequent reports, the area will be referred to as the Reservoir Zone (RZ). The 300 m contour interval was used to define this zone which corresponds to the elevation of the crest of the dam, that is the absolute maximum water level within the reservoir. It is within the RZ that a 100% intensive reconnaissance was implemented (Hirth et al. 1981; Lara Pinto and Hasemann 1982) and a series of archaeological excavations were conducted (Hirth 1982b; Hasemann, Dixon, and Yonk 1982; Messenger 1982, 1984; Benyo and O'Mack 1985; Lara Pinto and Sheptak 1985; Robinson, O'Mack, and Loker 1985; Benyo 1986a).

The ecological impact of the hydroelectric project on the region's archaeological resources, however, extended beyond the limits of the reservoir. By the same token, information about the broader region was necessary to interpret the archaeological materials within the RZ. Accordingly, the Project Study Region (PSR) was defined as the local watershed, that is, the ephemeral streams and drainages which feed the Humuya and Sulaco Rivers in the RZ. The result was a study region which covered 1300 km^2 and included the RZ and portions of the adjacent uplands (Figure 1.3).

The purpose of defining the PSR in relatively broad terms was threefold. First, it was important that the project avoid the problems encountered by river valley survey projects in North America and elsewhere which only studied one landform type, soil class, or natural resource domain at the expense of all others. Because of the local topography, the RZ was limited to main alluvial bottoms of the Humuya, Sulaco, and Yure

El Proyecto de Investigación y Salvamento Arqueológico El Cajón: Una Introducción

Kenneth Hirth

El Instituto Hondureño de Antropología e Historia (IHAH) inició las gestiones para la creación del Proyecto de Investigación y Salvamento Arqueológico El Cajón en octubre de 1979. El objetivo del proyecto fue rescatar y estudiar los recursos arqueológicos a lo largo de los Ríos Sulaco y Humuya en el territorio central de Honduras (Figuras 1.1 y 1.2) amenazados de destrucción por la construcción de la Presa Hidroeléctrica El Cajón. El embalsamiento resultante de esta obra afectaría un área de 94 km². El desarrollo del proyecto se basó en el reconocimiento arqueológico preliminar conducido por el IHAH en los cursos medios del Sulaco y Humuya, por medio del cual se identificaron los restos de una significativa ocupación precolombina (Véliz y Hasemann 1978).

El salvamento de la información y el material cultural de esta región desconocida, se convirtió en uno de los más ambiciosos objetivos emprendidos por el IHAH hasta entonces. Así, el Proyecto de Investigación y Salvamento Arqueológico El Cajón, de ahora en adelante llamado Proyecto Arqueológico El Cajón, fue organizado para localizar, investigar y llevar a cabo el rescate de materiales en tantos sitios precolombinos como el marco temporal y financiero establecido lo permitiera (Hirth 1979). El financiamiento para el proyecto provino de diversas fuentes nacionales y extranjeras. El Gobierno de Honduras ha contribuido hasta el presente más del 75% del total del costo de la obra a través de la Empresa Nacional de Energía Eléctrica (ENEE), el Instituto Hondureño de Antropología e Historia (IHAH) y el Congreso Nacional. Las contribuciones de instituciones en los E.E.U.U. incluyen a la Fundación Nacional de Ciencias, la Universidad de Kentucky, la Sociedad Americana de Filosofía, el Servicio de Información de los E.E.U.U. y el Programa "Fulbright-Hays". Asimismo, el proyecto está en deuda con los calificados investigadores y técnicos que con frecuencia realizaron su trabajo no sin considerables sacrificios personales; una lista del personal del proyecto entre 1980 y 1988 se encuentra anexa al principio de este trabajo.

Este volumen es el primero de una serie monográfica especial titulada *Investigaciones Arqueológicas en la Región de El Cajón*. Desde sus inicios el proyecto adoptó una perspectiva ecológica-cultural que utiliza las condiciones de la adaptación humana al ambiente en la época precolombina, como punto de partida para la interpretación de la historia cultural de la región. Los trabajos presentados en este volumen—*Ecología Cultural Precolombina*—reflejan esta orientación y ofrecen información ambiental de gran valor, necesaria para la interpretación de los procesos ecológicos y la adaptación cultural en la región de El Cajón a través del tiempo.

La Región de Estudio

El área de estudio del Proyecto Arqueológico El Cajón fue definida en el amplio marco proveído por el Programa Ecológico del Proyecto Hidroeléctrico El Cajón (ENEE). El mayor y más inmediato impacto de la presa hidroeléctrica afectaría los 94 km.² que constituirían el embalse. En este volumen y los subsiguientes, se hará referencia a esta área como Zona de Embalse. El contorno de 300 msnm constituyó el límite de la Zona de Embalse y corresponde a la elevación de la cresta de la presa hidroeléctrica, es decir al nivel absoluto que alcanzarían las aguas dentro del embalse. Es aquí en la Zona de Embalse donde se llevó a cabo un reconocimiento intensivo de un 100% del terreno (Hirth et al. 1981; Lara Pinto y Hasemann 1982), asimismo se realizaron una serie de excavaciones (Hirth 1982b; Hasemann, Dixon y Yonk 1982; Messenger 1984; Benyo y O'Mack 1985; Lara Pinto y Sheptak 1985; Robinson, O'Mack y Loker 1985; Benyo 1986a).

El impacto en el ambiente causado por la presa hidroeléctrica, sin embargo, transcendería los límites del embalse. De igual manera, se hacía necesario contar con la información sobre las áreas aledañas para interpretar con propiedad los materiales arqueológicos dentro de la Zona de Embalse. En consecuencia, se definió una así llamada Región de Estudio constituida por el sistema fluvial local, es decir los tributarios mayores y quebradas permanentes y estacionales que alimentan los Ríos Sulaco y Humuya en su recorrido a través de la Zona de Embalse. De esto resultó una Región de Estudio que cubre aproximadamente 1,300 km.², en la cual está incluida la Zona de Embalse y las tierras altas adyacentes (Figura 1.3).

Rivers. Cultural developments in the RZ could not be understood and evaluated without monitoring conditions in the adjacent highlands. Most importantly, it would have been impossible to assess changes in settlement patterns and demographic levels without being able to determine whether choices of site locations and fluctuations in settlement size were due to local population growth or regional population resettlement.

Similarly, we recognized that prehistoric groups exploited their "territories" in a comprehensive and systemic manner and rarely confined themselves to single village or residence locales. Sedentary agricultural groups frequently utilize two or more periodic activity or residence sites within a single calendar year as they exploit alternative microenvironments within their regions. It was necessary, therefore, to understand the site configuration and settlement density of the adjacent upland areas to assess the extent that groups in the alluvial valleys were utilizing upland resource zones. Furthermore, it was expected that some of the natural floral, faunal, and geologic resources recovered in archaeological sites in the RZ would crosscut all regional environmental zones. For this reason the project's baseline environmental studies were extended to the limits of the study region.

Finally, a comprehensive regional study provided useful information which was necessary for planning future projects working in other areas of Honduras. Because of the rapid destruction of archaeological sites in populated areas today, it was anticipated that significant funding would not be available in the foreseeable future for investigation in a rugged mountainous portion of the country. Since the culture history of Honduras requires a thorough understanding of all topographic regions, it was felt that information from the El Cajon region would be very valuable for interpreting prehistoric activity in mountainous regions of the country.

Research Objectives

First and foremost the El Cajon Archaeological Project was an archaeological salvage project. This meant that the project's first priority was to reconstruct regional culture history, rescue significant remains in danger of being lost through inundation of the reservoir, and to obtain a representative sample of archaeological materials from the region for future study. While many important research questions could be investigated within this research framework, choices had to be made between alternative questions which could provide basic quantitative and qualitative data in the available time.

In keeping, therefore, with the requirements of a regional salvage investigation, the project set out to accomplish two research objectives. These objectives have been summarized elsewhere (Hirth 1982a:11) and include

1) The preservation and rescue of archaeological materials contained in the Reservoir Zone. The specific goals within this objective are as follows:
   a) Locate, map, and date as exactly as possible all evidence

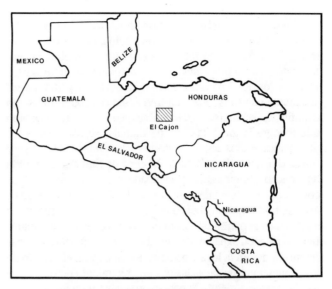

Figure 1.1. The El Cajon region in Central America.
Figura 1.1. El área de El Cajón en América Central.

of past human activity within the study zone to identify the role which the El Cajon region played in the cultural evolution of central Honduras.
   b) Realize excavations in as many archaeological sites as possible to isolate and define the principal cultural components reflected in the artifacts and architecture for each culture historical phase.
   c) Reconstruct paleoenvironmental conditions in the El Cajon region in terms of renewable and nonrenewable resources which serve as the basis for reconstructing major adaptive patterns for groups living in the area.
   d) Define the stages of population growth through time in relation to changing exploitative strategies and identify how population was organized through the size and spacing of communities and the extent of interaction as we view it through shared cultural features.
   e) Examine the intraregional economic structure with respect to the procurement, production, and distribution of resources within the region both as natural resources and finished commodities.
   f) Investigate the nature of interregional contacts and the role which the El Cajon region may have played as a important communication route for the movement of people and information over time.
2) Public presentation and accessibility, through both formal and informal means, of the results of the investigation and the causal factors which determined the area's social and cultural importance within Honduran prehistory. The specific goals in this case are the following:
   a) Publication of the scientific results which will provide the basis for disseminating through public education the results of the study which clarify evolutionary processes both within the zone and elsewhere in Honduras.
   b) Exhibition of the project's discoveries in a regional museum close to the affected archaeological zone which

El propósito de definir la región de estudio del proyecto en términos relativamente amplios obedeció a tres razones. Primero, se consideró de importancia evitar los problemas enfrentados por los proyectos de reconocimiento reducidos a los valles de los ríos, los cuales en América del Norte y otras partes solamente han tratado con un tipo único de topografía, suelo o ambiente de recursos naturales a expensas de otros. Debido a la topografía local, la Zona de Embalse se constriñó a los principales suelos aluviales de los Ríos Sulaco, Humuya y Yure. El desarrollo cultural de la Zona de Embalse no podría haber sido comprendido y evaluado sin un examen de las condiciones ambientales reinantes en las tierras altas aledañas. Más importante aún, habría sido imposible determinar los cambios en el patrón de asentamiento y la densidad demográfica sin estar en capacidad de establecer si habían tenido lugar fluctuaciones en la localización de los sitios y en el tamaño de los asentamientos, causadas por un crecimiento demográfico local o reasentamiento de poblaciones a nivel regional.

De igual manera, reconocemos que los grupos precolombinos explotaron sus "territorios" de una manera totalizadora y sistemática y raramente limitaron la explotación del ambiente a aldeas o localidades de habitación individuales. Los grupos agrícolas y sedentarios frecuentemente utilizan dos o más sitios de residencia asociados con actividades periódicas en el transcurso del ciclo anual, haciendo uso de los recursos según las alternativas que ofrecen los distintos microambientes dentro de una región dada. Por lo tanto, era necesario comprender la configuración de sitios y la densidad de la ocupación en las tierras altas adyacentes, con el objeto de evaluar hasta que punto los grupos que habitaban en los valles aluviales explotaron los recursos de esas áreas. Además, era de esperarse que algunos de los recursos de la flora, fauna y geología descubiertos en los sitios arqueológicos en la Zona de Embalse, se encontrarían presentes en todas las zonas ambientales de la región.

Por último, un estudio en un marco regional proveería útil información para el planeamiento y diseño de futuros proyectos arqueológicos en otras áreas de Honduras. Teniendo en cuenta el grado de destrucción que sufren los sitios arqueológicos hoy en día en áreas densamente pobladas, podía tenerse por descontado que más adelante estarían disponibles fondos significativos para una investigación en esta remota parte del país. La comprensión a fondo de la historia cultural de Honduras requiere un detallado examen de todo tipo de topografías; en consecuencia, consideramos que la información procedente de la Región de Estudio de El Cajón sería de gran valor para la interpretación de la actividad precolombina en las áreas montañosas y de difícil acceso en el país.

Objetivos de la Investigación

La primera y más urgente consideración fue el hecho de tener entre manos un salvamento arqueológico. Esto significaba que para hacer posible la reconstrucción de la historia cultural de la región, debíamos rescatar selectivamente los restos en peligro de desaparecer a causa del embalse y concentrarnos en la obtención de muestras representativas de los materiales arqueológicos en los sitios precolombinos para su futuro estudio. No obstante que podrían haberse tratado de resolver muchos importantes interrogantes dentro del marco de las investigaciones del proyecto, fue necesario escoger entre aquellas alternativas que aportarían los datos básicos, cuantitativa y cualitativamente, en el tiempo disponible.

Por lo tanto, para llenar los requirimientos impuestos por un programa regional de salvamento e investigación, se establecieron dos objetivos, los cuales se han presentado ya en otra parte (Hirth 1982a:11) e incluyen:

1) La preservación y rescate de las riquezas arqueológicas contenidas en la Zona de Embalse. Las metas especificas contempladas aquí son las siguientes:

   a) Localizar, hacer el levantamiento de mapas y fechar, tan exactamente como posible, todas las evidencias de la actividad del hombre en el pasado, dentro de la zona bajo estudio, para determinar el papel que ésta desempeño en la evolución cultural del centro de Honduras.

   b) Realizar exacavaciones en todos los sitios arqueológicos posibles para identificar y definir los principales componentes culturales que reflejan los artefactos y la arquitectura para cada fase histórico-cultural.

   c) Reconstruir las condiciones paleoambientales de la región de El Cajón, en lo que a los recursos renovables y no renovables se refiere, lo cual servirá de base para la reconstrucción de los principales patrones de adaptación de los grupos que habitaron el área.

   d) Definir las etapas del crecimiento demográfico a través del tiempo en relación con los cambios visibles en las estrategias de explotación e identificar la forma de organización de esas poblaciones partiendo tanto de la composición numérica y el espacio ocupado por las comunidades, como de los alcances de la interacción, según sea posible establecerla por medio de los rasgos culturales comúnes.

   e) Examinar la estructura económica interna de la región con respecto a la obtención, procesamiento y distribución de los recursos dentro de la región en cuestión, ya sea en forma de materia prima o como bienes terminados.

   f) Investigar la naturaleza de los contactos interregionales y el papel que la región de El Cajón puede haber desempeñado como principal ruta de comunicación para el desplazamiento de personas e información.

2) La presentación y accesibilidad a diferentes niveles de los resultados de las investigaciones y de las causas que determinan la importancia social y cultural de la región dentro del contexto de la prehistoria de Honduras. Las metas especificas en este caso son las siguientes:

   a) Publicaciones a nivel científico que proporcionarán la base para dar a conocer los resultados del estudio dentro del sistema educativo, los cuales clarificarán los procesos evolutivos acaecidos en esta zona en especial y en Honduras en general.

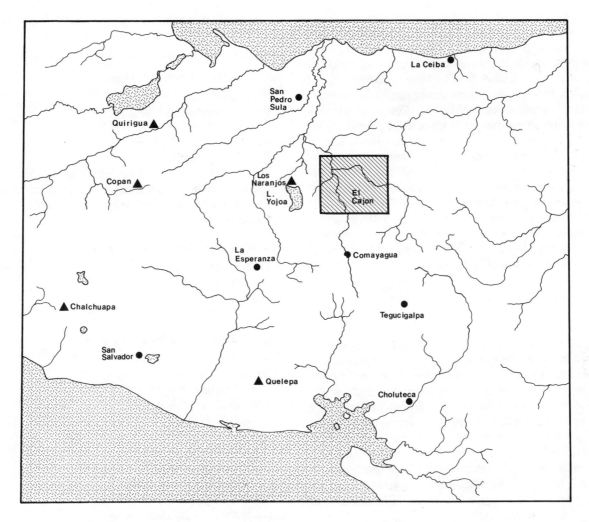

Figure 1.2. The El Cajon region in central Honduras.—Figura 1.2. El Cajón en el centro de Honduras.

will educate the public concerning the individual responsibility of preserving the cultural patrimony and inform the public of the ongoing salvage efforts.

The publication of this first volume is a step toward accomplishing the first of these objectives. The IHAH previously published a summary and preliminary results of the project in a form for general public distribution in Honduras (Hirth, Lara, and Hasemann 1982). In addition, the principal finds from the excavations were placed on display from 1982 through 1985 in the National Museum, which is a dependency of the IHAH. At present, this material is on permanent exhibit at the Regional Museum of the IHAH in the town of Comayagua.

Project Organization and Methodology

To achieve these objectives a research design had to be developed that was both 1) regional in scope and 2) multi-

faceted to the extent that it collected both the archaeological and ecological data necessary for cultural historical interpretation. The El Cajon region was virtually unknown at the commencement of the project. As a result a good amount of background data had to be collected to evaluate and interpret the archaeological materials recovered during the investigations.

At the commencement of the PAEC a systematic archaeological survey had not yet been conducted in central Honduras. As a result it was impossible to predict what the level of prehistoric site density would be in the El Cajon region. Available information about site sizes and regional settlement patterns had not been collected in systematic fashion from either the Comayagua Valley or Lake Yojoa basin. Furthermore, the large scale settlement pattern survey in the Sula Valley was just at the beginning stages of field work. Nothing was known about the size and complexity of prehistoric groups living in mountainous regions of Honduras, nor was there available ethnohistoric information about the size and ethnic

b) Exhibición de los hallazgos en un museo regional cercano a la zona arqueológica afectada, que transmitirá el mensaje de la responsabilidad individual y colectiva en la preservación del patrimonio cultural e informará al público sobre la labor de salvamento realizada.

La publicación de este primer volumen constituye otro paso en el cumplimiento de estos objetivos. Con anterioridad el IHAH publicó un resumen de la historia del proyecto y los resultados preliminares de la investigación (Hirth, Lara y Hasemann 1982) para su distribución en Honduras a un público general, del cual ya se tiró una segunda edición revisada (Hirth, Lara y Hasemann 1984). De igual manera, los principales hallazgos hechos en las excavaciones se mantuvieron en exhibición de 1982 a 1985 en el Museo Naciónal a cargo del IHAH; en la actualidad éstos forman parte de las colecciones en exhibición permanente en el Museo Regional que el IHAH mantiene en la ciudad de Comayagua.

Organización del Proyecto y Metodología

Para alcanzar los objetivos antes mencionados debía diseñarse una investigación que fuera 1) de alcance regional y 2) multifacética a tal extremo que permitiera recolectar los datos arqueológicos y ecológicos necesarios que constituirían una base firme para la interpretación de la historia cultural en las tierras altas centrales de Honduras. En vista de que la región de El Cajón era virtualmente desconocida para la arqueología al inicio del proyecto, se hacía necesaria la recolección de una considerable cantidad de información general para evaluar e interpretar los materiales arqueológicos a recogerse en las excavaciones. Ambas tareas marcharon de la mano en el transcurso del trabajo de campo.

Previo al inicio del proyecto, no se había llevado a cabo ningún reconocimiento arqueológico sistemático en el territorio central de Honduras. Debido a ello no era posible predecir la cantidad de sitios precolombinos existentes en la región de El Cajón. La información disponible acerca del tamaño de los sitios y el patrón de asentamiento en el Valle de Comayagua o la cuenca del Lago de Yojoa era parcial y el resultado de prospecciones no sistemáticas. Además, en las regiones aledañas, el reconocimiento a gran escala del patrón de asentamiento en el Valle de Sula apenas había comenzado el trabajo en el terreno. El desconocimiento de la densidad demográfica y complejidad de los grupos precolombinos que habitaron las regiones montañosas de Honduras era completo, asimismo se carecía de información etnohistórica acerca de la composición demográfica y étnica de los grupos en la región al momento de la conquista.[1]

Todas estas razones dieron lugar a que el proyecto se organizara en forma tal que permitiera la recolección de muchos más datos interpretativos básicos de lo que hubiera sido

1. Al principio del proyecto no tenía conocimiento de la tesis de doctorado de Lara Pinto (1980).

Cuadro 1.1. Organización de la investigación en el Proyecto Arqueológico El Cajón.

Fase 1: Reconocimiento Regional

Recorrido General
Reconocimiento del Embalse
Recorrido Geológico
Recorrido Geoarqueológico
Recorrido Botánico
Estudio de la Producción Agrícola Contemporanea
Recorrido de la Producción de Cerámica Contemporanea
Reconocimiento Regional de las Tierras Altas
Recorrido Etnohistórico

Fase 2: Excavaciones Arqueológicos

Excavaciones Intensivas
Sitios Grandes
Sitios Pequeños
Programa de Pruebas Regionales

Fase 3: Análisis de Laboratorio

Análisis Cronométrico
Análises Technico
Análisis de Cerámica
Análisis de Líthica
Análisis de Jade
Análisis de la Fauna
Análisis Paleobotánico
Análisis Químico de Procedencia
Osteologia y Paleopatologia
Estudios Etnohistóricos
Reconstrucción Paleoecológica
Análisis de Patrones Mortuarios
Reconstrucción Socioeconómica

---

normalmente el caso dentro del regular trabajo de campo. El diseño de la investigación se subdividió conceptualmente en tres distintos tipos de estudio (Cuadro 1.1): 1) exploración y reconocimiento regional, 2) trabajo de campo orientado hacia el planteamiento de problemas investigativos y 3) análisis de laboratorio orientado hacia la descripción y resolución de estos problemas. Este esquema tripartito es, en cierta forma, una construcción artificial puesto que muchas tareas se realizaron simultaneamente. No obstante, esto ilustra como las metas principales del proyecto fueron conceptualizadas e instrumentalizadas con referencia al trabajo concreto en el campo.

La investigación en el campo se inició con un reconocimiento intensivo del patrón de asentamiento, el cual fue concebido para localizar y levantar los mapas de cada uno de los sitios en la Zona de Embalse. La información sobre el número, tamaño y distribución de los sitios arqueológicos se hacía necesaria para evaluar los distintos tipos de sitios y determinar cuales entre ellos deberían ser escogidos para ser el objeto de

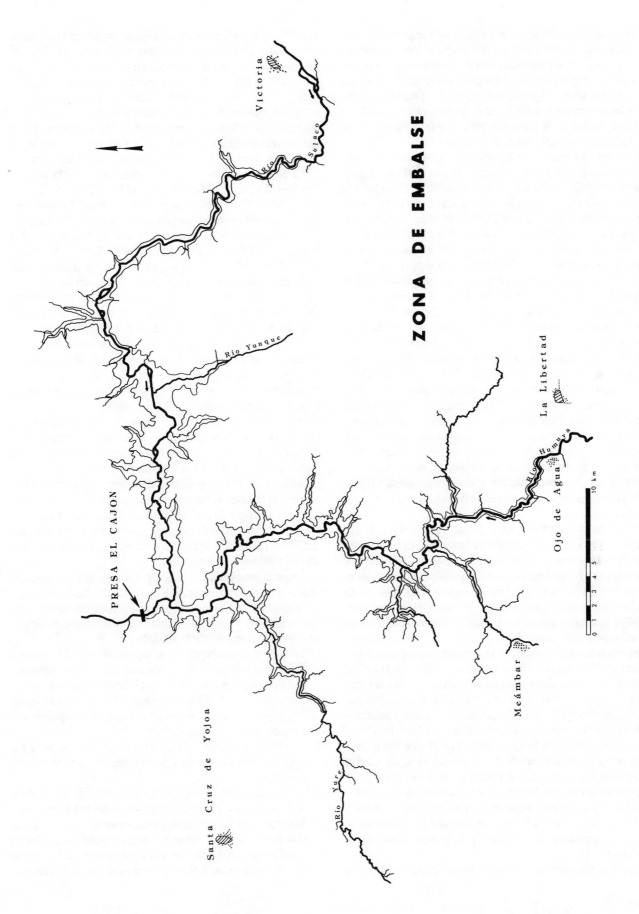

Figure 1.3. The El Cajon Study Region and Reservoir Impact Zone.—Figura 1.3. La Región de Estudio y la Zona de Embalse.

excavaciones inmediatas e intensivas de salvamento. El reconocimiento de la Zona de Embalse también aportó información de valor sobre las condiciones demográficas en el área y el nivel de complejidad social e interacción regional. Una vez que los sitios arqueológicos fueron fechados, estos datos arrojaron un cuadro diacrónico sobre el crecimiento demográfico regional, hecho de importancia para la interpretación de la adaptación y el cambio cultural acaecido.

La Zona de Embalse fue recorrida en su totalidad empleando un procedimiento de prospección intensivo (Lara Pinto y Hasemann 1982; Hirth, Lara y Hasemann 1982). Cada parcela agrícola fue revisada y las laderas de los cerros examinados por los investigadores en busca de cualquier evidencia de ocupación precolombina. La meta del reconocimiento fue localizar en un 100% los restos precolombinos existentes dentro de la Zona de Embalse. A pesar de la espesa vegetación en ciertas partes de la zona, nos sentimos seguros de haber localizado todos los sitios arqueológicos con arquitectura representada por montículos. Un total de 142 sitios fue descubierto en las temporadas de campo de 1980 y 1981, un número considerablemente mayor que el estimado hecho en base a la prospección preliminar de la Zona de Embalse (Véliz y Hasemann 1978). El reconocimiento demostró que la región de El Cajón estuvo densamente ocupada en algún punto en el pasado. Esto probó, además, que el territorio montañoso de Honduras no fue un habitat marginal para los grupos prehistóricos y las futuras obras de desarrollo infraestructural pueden contar con el descubrimiento de significativos restos culturales en esas áreas. Por otra parte, también indicó la enorme tarea que teníamos por delante al planear rescatar una muestra representativa de los recursos arqueológicos antes de su inevitable destrucción.

Una serie de reconocimientos de otro tipo fue llevada a la práctica en la región de estudio del proyecto. El primero de ellos fue el reconocimiento geológico regional iniciado por Coskren (1980). El objetivo de esta prospección fue 1) identificar la historia geológica de la región y 2) permitir la localización y caracterización de la gama de los recursos geológicos locales que podrían haber estado a disposición de los habitantes precolombinos.

El reconocimiento botánico de la región fue conducido por Lentz (1982, 1984). El propósito de este estudio fue 1) definir las comunidades de flora modernas y 2) utilizar los datos sobre la vegetación moderna para reconstruir las condiciones paleoambientales en la región. También se recolectó información adicional sobre la utilización contemporánea de plantas entre los jicaques de la Montaña de La Flor (Lentz 1986), para ampliar nuestra comprensión de como tales recursos pueden haber sido explotados en el pasado. De igual manera, se preparó un inventario de la fauna regional, el cual fue elaborado por especialistas contratados por el Programa Ecológico del Proyecto Hidroeléctrico El Cajón (ENEE), interesados en evaluar el impacto de la construcción de la presa en un amplio marco regional.

El reconocimiento de la Zona de Embalse estableció que la mayoría de los sitios precolombinos se encontraban localizados en las estrechas planicies y terrazas aluviales a lo largo de los Ríos Sulaco y Humuya. Esos bolsones de tierra fértil son llamados localmente "vegas" y con ese nombre nos referiremos a ellas en el resto de este volumen. En un principio, se consideró que existía una alta probabilidad de descubrir una ocupación temprana en la región de El Cajón, puesto que se habían registrado sitios del Periódo Formativo Temprano y Medio a lo largo del Río Humuya arriba, en Yarumela (Stone 1972; Reyes Mazzoni 1975) y corriente abajo en Playa de los Muertos (Popenoe 1934; Strong, Kidder y Paul 1939; Kennedy 1981). Con esta consideración en mente, los estrechos terrenos aluviales en los Ríos Sulaco y Humuya planteaban un interrogante que tendría que ser dilucidado debido a que cabía la posibilidad que sitios tempranos localizados en las orillas de los diques naturales, podían haber sido soterrados por los depósitos aluviales o destruidos por la migración lateral de los ríos. En consecuencia se puso en práctica un programa regional de muestreo geoarqueológico para determinar 1) si los sitios localizados en la Zona de Embalse eran representativos de la situación reinante en la época precolombina o 2) si acaso se debía tener en consideración que los sitios tempranos podrían haber sido destruidos o soterrados por los periódicos eventos aluviales y, por lo tanto, no estaban representados en nuestro universo (Norville y Collins 1982).

Por último, un importante estudio iniciado durante esta primera fase de investigación, fue el reconocimiento de áreas escogidas aledañas a la región de El Cajón (Lara Pinto 1982, 1984, 1985, 1986) para 1) establecer la relación entre el registro etnohistórico y la evidencia arqueológica sobre la ocupación del área al momento de la conquista y 2) proponer con cierto margen de probabilidad la afiliación étnica y organización sociopolítica de los grupos precolombinos involucrados. Los resultados de este estudio serán presentados en el segundo volumen de esta serie.

Una vez establecido el marco general de la investigación, dedicamos nuestros esfuerzos a una serie de estudios orientados a resolver problemas específicos por medio de las excavaciones estratigráficas. Estas tenían como propósito tratar con tres distintos asuntos (Hirth 1982a):

1) Establecer la antigüedad y el crecimiento de los sitios a través del tiempo y la coetaneidad de los componentes sociales representados en la arquitectura. Para ello se requería contar con una buena muestra de material estratigráfico para establecer una cronología cerámica regional que permitiera fechar la arquitectura.

2) Identificar el tamaño, complejidad interna y función de las unidades arquitectónicas y de los grupos sociales que representan.

3) Identificar y comparar los principales contextos de producción y consumo dentro de esas sociedades con el propósito de reconstruir las prácticas y relaciones socioeconómicas. Nos interesaba recolectar el material tanto de contextos domésticos como no domésticos para determinar la gama de actividades económicas y los tipos de materias primas y

composition of groups in the region at the time of conquest.[1]

For these reasons the project was structured to collect more basic interpretive data than would normally be necessary as part of the field work. The research design was subdivided conceptually into three distinct types of investigation (Table 1.1). These are 1) exploration and regional reconnaissance, 2) problem oriented field investigation, and 3) descriptive and problem oriented laboratory analysis. This three-part scheme is somewhat artificial in that many of the tasks were going on simultaneously. Nevertheless, it does illustrate how the major project goals were both conceptualized and implemented in terms of actual field work.

Field research was initiated with an intensive settlement pattern survey which was designed to locate and map every archaeological site in the RZ. Information on the number, size, and distribution of archaeological sites was necessary to evaluate which archaeological sites should be targeted for immediate and intensive salvage excavations. The RZ settlement survey also provided valuable information on regional demographic conditions and the level of social complexity and interaction throughout the region. Once archaeological sites were dated, these data provided a diachronic picture of regional population growth which is important for interpreting cultural adaptation and change.

The entire RZ was surveyed using an intensive field procedure (Lara Pinto and Hasemann 1982; Hirth, Lara, and Hasemann 1982). Every agricultural field was checked and hillsides were traversed by investigators looking for any evidence of prehistoric utilization. The goal of this survey was to locate 100% of all prehistoric remains within the RZ. Despite dense vegetation in some parts of the zone, we are confident that the RZ survey successfully located all of the prehistoric sites with mounded architecture. A total of 141 sites were located during the 1980 and 1981 field seasons, considerably more than expected based upon the initial project evaluation (Veliz and Hasemann 1978). The survey demonstrated that the El Cajon region was densely occupied at some point during its past. It also established that mountainous regions of Honduras were not marginal habitats for prehistoric groups, and future archaeological projects could expect significant cultural remains in these areas. The survey indicated the enormity of the task ahead if the project was to salvage a representative sample of archaeological resources from eventual destruction.

Several other types of reconnaissance were carried out within the study region. The first of these was a regional geological survey initiated by Coskren (1980). The purpose of this survey was 1) to identify the geological history of the region and 2) to help locate and characterize the range of local geological resources which would have been available for use by the prehistoric inhabitants within the region.

A regional botanical survey was conducted by Lentz (1982,

Table 1.1. The organization of investigation in the El Cajon Archaeological Project.

Phase 1: Regional Reconnaissance

General Environmental Survey
The Reservoir Settlement Pattern Survey
Geological Survey
Geoarchaeological Survey
Botanical Survey
Contemporary Land Use Survey
Survey of Contemporary Ceramic Production
The Upland Settlement Pattern Survey
The Ethnohistoric Survey

Phase 2: Archaeological Excavations

Intensive Stratigraphic Excavations
    Large Site Investigations
    Small Site Investigations
The Regional Testing Program

Phase 3: Laboratory Analysis

Chronometric Analysis
Technical Analyses
    Ceramic Analysis
    Lithic Analysis
    Jade Analysis
    Faunal Analysis
    Paleobotanical Identification
    Chemical Source Analysis
    Human Osteology and Paleopathology
Ethnohistoric Research
Paleoecological Reconstruction
Mortuary Analysis
Socioeconomic Reconstruction

1984). The purpose of this study was 1) to define the modern vegetative communities and 2) to use the modern vegetation data to reconstruct paleoenvironmental conditions throughout the region. Information was also collected on contemporary plant utilization among Jicaque of Montaña de la Flor to widen our understanding of how these resources may have been exploited (Lentz 1986). Likewise, an inventory of regional faunal resources was prepared by technical specialists working with the ENEE Ecology Project interested in assessing the environmental impact of the El Cajon facility on the broader region.

The RZ settlement survey identified that most prehistoric sites were located on the narrow alluvial deposits alongside the Sulaco and Humuya Rivers. These fertile pockets are known locally as *vegas*, and we will constantly refer to these formations throughout the remainder of this volume. At the commencement of the project it was felt that there was a high probability of encountering an early occupation since both

---

1. I was not aware of the dissertation by Gloria Lara Pinto (1980) on Honduran ethnohistory until she joined the project as subdirector in 1981.

artefactos presentes en la región.

Las excavaciones estratigráficas se dividieron en dos distintos programas. El primero fue el Programa de Pruebas Regionales bajo la dirección de Hasemann (Hasemann et al. 1982). Uno de los mayores problemas confrontados en el reconocimiento de la Zona de Embalse tuvo que ver con el hecho que los sitios de pequeño y mediano tamaño raramente arrojaron colecciones de superficie lo suficientemente abundantes como para fechar la ocupación. La espesa vegetación con frecuencia oscureció la visibilidad al extremo de impedir la recoleccion de materiales. Igualmente, fue difícil determinar si los límites de la arquitectura visible representada por los montículos, reflejaba adecuadamente los límites reales del sitio.

El Programa de Pruebas Regionales fue diseñado para establecer la antigüedad y el contenido de los contextos de aquellos sitios cuyas colecciones de superficie eran inconcluyentes. El programa tenía por meta la reconstrucción de la historia demográfica regional en la forma más completa posible. Desde una perspectiva metodológica esto significó que deberían ser recolectados datos en un gran número de sitios arqueológicos que no habían podido ser fechados todavía. Las excavaciones consistieron primordialmente en pozos estratigráficos de sondeo en áreas abiertas, así como cortes arquitectónicos en bajas estructuras, de las cuales se asumió eran de ocupación doméstica. Los rasgos arquitectónicos visibles constituyeron el objeto primordial de las exacavaciones y el programa estableció el muestreo de un mínimo de 10% de la arquitectura aún en pie en cada sitio como base comparativa del estudio en y entre sitios. Las excavaciones se concentraron en los montículos de menos de 1 m. de altura, aún cuando estructuras de mayor tamaño también estaban presentes en esos sitios. Este muestreo de los rasgos arquitectónicos incluyó una serie de pozos alrededor de los límites exteriores de dichos montículos con la intensión de localizar depósitos primarios en contextos de basureros o superficies de ocupación alrededor de la base de las estructuras, previo al corte de las mismas. Mientras el corte de las estructuras se limitó a un 10% de todos los montículos de menos de 1 m. de altura, las pruebas de sondeo preliminares comprendieron un 50% de toda la arquitectura aún en pie. Aunque este tratamiento de los sitios influenció en gran manera el tipo de información recolectada, se descubrieron muchos depósitos de materiales arqueológicos en sito que han sido utilizados para la reconstrucción de la historia y cambio cultural en la región.

Un total de 42 sitios arqueológicos distribuidos en número aproximadamente equivalente entre el Río Sulaco (19 sitios) y el Río Humuya (23 sitios) y sus tributarios, fue examinado durante las temporadas de campo de 1981 y 1983 respectivamente. Uno de los resultados inmediatos del Programa de Pruebas Regionales fue la clasificación de las estructuras en los sitios en monumentales (más de 2 m. de altura), submonumentales (1 a 2 m. de altura) y no monumentales (menos de 1 m. de altura) (Hasemann 1982), clasificación que ha sido de útil uso operativo y será utilizada en el resto del volumen.

Las excavaciones intensivas se enfocaron en cuatro grandes sitios arqueológicos. Tres de ellos fueron excavados en 1981 y se encuentran todos localizados en el Río Sulaco: Salitrón Viejo (PC-1) con 394 estructuras (Hirth et al. 1981); Guarabuquí (PC-15) con 209 estructuras (Messenger 1986) y La Ceiba (PC-13) con 159 estructruras (Benyo 1986). El sitio de Intendencia (PC-109) en el Río Humuya con 200 estructuras, fue excavado durante la temporada de campo de 1983 (Lara Pinto y Sheptak 1985). Las excavaciones en Salitrón Viejo se continuaron durante las temporadas de campo de 1982 a 1984. Estos sitios representan las más grandes unidades sociales en la región y proveyeron la oportunidad de examinar su estructura e integración interna. Puesto que los sitios grandes tienden a representar una larga ocupación temporal, la exploración intensiva en ellos ofrecía una buena oportunidad de exponer largas secuencias estratigráficas, útiles para la reconstrucción de la cronología cerámica.

Estas excavaciones incluían un diferente conjunto de interrogantes a resolver que el Programa de Pruebas Regionales. Una de las principales diferencias fue el incapie puesto en la excavación de la arquitectura monumental en todos los sitios. Los objetivos de las excavaciones se pueden reducir a 1) fechar la secuencia de construcción de las estructras 2) aclarar la probable función doméstica o ceremonial de tales estructuras y 3) identificar la gama de actividades económicas y no económicas realizadas en o cerca de ellas. En lugar de pozos de sondeo individuales, las excavaciones en los sitios mayores utilizaron en forma más extensiva el corte transversal de las mismas y el examen de grandes bloques. Como resultado, una gran cantidad de material en sito, incluyendo carbón apto para fechamiento, fue recolectado. La escala de la exploración permitió reconstruir la historia del desarrollo de estos sitios, localizar y excavar una amplia muestra de restos humanos y recolectar abundantes muestras de restos de flora y fauna.

Otros estudios complementarios que no requerían exacavaciones, pero orientados a resolver problemas de investigación, también fueron llevados a cabo. Uno de ellos es el estudio sobre el uso moderno de la tierra en la región de El Cajón, a cargo de Loker (1983, 1984, 1985). Este estudio tenía como propósito 1) determinar las condiciones del ambiente y la productividad agrícola dentro de la región de El Cajón y 2) evaluar la capacidad de producción agrícola en la época precolombina. Los estimados sobre la productividad, bajo diferentes niveles de intensificación de uso de la tierra, pudieron ser comparados con los estimados sobre la densidad demográfica en la Zona de Embalse para calcular la presión poblacional en la región.

El reconocimiento de las tierras altas (sobre los 300 msnm) fue llevado a cabo en 1983 para establecer la densidad de la ocupación de las porciones montañosas de la región de El Cajón en la época precolombina (Hasemann et al. 1983; Hirth 1984). Las excavaciones estratigráficas revelaron que todos los sitios en la Zona de Embalse fechan del Período Formativo Tardío al Clásico (Kennedy 1986; Hirth, Cliff y Kennedy en este volumen). Los interrogantes que este reconocimiento

Early and Middle Formative sites were reported along the Humuya River upstream at Yarumela (Stone 1972; Reyes Mazoni 1975) and downstream at Playa de los Muertos (Popenoe 1934; Strong, Kidder, and Paul 1939; Kennedy 1981). The narrow alluvial environment of the Sulaco and Humuya Rivers was somewhat of a problem since it was possible that early sites located along river levees could have been buried by alluvial deposits or destroyed by lateral river migration. As a result a regional geoarchaeological testing program was implemented to determine 1) whether the sites located in the RZ survey reflect a representative sample of prehistoric sites or 2) if early sites had been systematically destroyed or buried as a result of normal alluvial processes at work in the region (Norville and Collins 1982).

A final, but important study conducted during the first phase reconnaissance research was a survey of available ethnohistoric information for the region (Lara Pinto 1982, 1985a, 1985b, 1986). The purpose of this survey was 1) to establish the relationship between the ethnohistorical record and the archaeological evidence on occupation in the area at the time of conquest and 2) to propose, within a margin of probability, the ethnic affiliation and demographic composition of the precolumbian groups involved. The results of this study will be reported in a future volume of this research series.

Once the general background was established, a series of problem-oriented studies were implemented using stratigraphic excavation. These excavations were intended to resolve three separate issues (Hirth 1982a):

1) Establish the age and growth of sites through time and the contemporaneity of their social and architectural components. For this a good sample of stratigraphic material was required to establish a regional ceramic chronology with which to date site architecture.

2) Identify the size, internal complexity, and function of the archaeological units and the social groups they represent.

3) Identify and compare the main production and consumption contexts within the society with the objective of reconstructing socioeconomic practices and relationships. We were interested in recovering material from both domestic and nondomestic contexts to identify the range of economic activities and type of materials present throughout the region.

The stratigraphic excavations were divided into two distinct research programs. The first of these was the regional testing program under the direction of Hasemann (Hasemann et al. 1982). One of the major problems encountered during the RZ survey was that small and medium sized sites rarely produced a large enough surface collection to date their occupation. Dense vegetation frequently obscured visibility to such an extent that materials could not be collected. Likewise, it was difficult to determine if the limits of visible mounded architecture accurately reflected the limits of the site.

The regional testing program was designed to identify the age and content of sites which could not be established with surface material alone. The goal of this program was to reconstruct the regional demographic history to the fullest extent possible. From a methodological perspective this meant that data had to be collected from a large number of archaeological sites that could not be dated from initial surface remains. Excavations were primarily stratigraphic test pits in open areas and architectural structures which were presumed to be domestic residences. Visible architectural features were the primary target of controlled excavations, and the program sought to test a minimum of 10% of the standing architectural features in each site as a basis for comparison within and between sites. These excavations focused on mounds under one meter in elevation even when higher structures were present. These architectural tests included a series of test pits and preliminary probes around the exteriors of the mounds and were intended to locate primary midden deposits or usage surfaces at the base of the structures. While architectural trenching was limited to approximately 10% of all low structures at each site, preliminary test probes (shovel tests) were completed at 50% of all standing architecture. While this approach strongly influenced the type of data collected, many in situ deposits of archaeological materials were recovered which were used in both cultural historical and processual reconstructions of the past.

A total of 42 archaeological sites were tested in the regional testing program during 1981 and 1983 field seasons. These sites were distributed approximately equally between the Sulaco (19 sites) and Humuya (23 sites) Rivers and their tributaries. One of the immediate results of the regional testing program was the classification of site architecture as monumental (more than two meters high), submonumental (between one and two meters high), and nonmonumental (less than one meter high) (Hasemann 1985). This classification has descriptive utility and will continue to be used throughout this volume.

Four large archaeological sites were targeted for more intensive excavation. Three of these sites were excavated in 1981 and included Salitron Viejo (PC-1) which had 394 architectural structures (Hirth et al. 1981), Guarabuqui (PC-15) with 209 structures (Messenger 1984), and La Ceiba (PC-13) with 159 structures (Benyo 1986). The site of Intendencia (PC-109) with 200 structures was excavated during the 1983 field season (Lara and Sheptak 1985). Excavations at Salitron Viejo continued during the 1982–1984 field seasons as well. These sites represented the largest social units in the region and provided an opportunity to examine their internal structure and integration. Since large sites also tend to have a long sequence of occupation, intensive exploration here had a good chance of exposing long stratigraphic sequences useful in constructing a ceramic chronology.

These excavations pursued a different set of questions from the regional testing program. One major difference was that large monumental architecture was targeted for excavation in each of the large sites. The architectural excavations sought to 1) date the sequence of the architectural construction, 2) clarify the probable domestic or ceremonial function of these

pretendía resolver fueron 1) si las tierras altas reflejaban el mismo desarrollo demográfico que la Zona de Embalse o solo fueron ocupadas en los períodos de máxima presión poblacional en los valles, 2) si las tierras altas sostenían aldeas agrícolas permanentes o fueron exclusivamente utilizadas para la recolección y caza periódica y 3) si la despoblación de la región al final del Período Clásico fue el resultado de una declinación demográfica real o de una reubicación de las aldeas de los valles aluviales en las tierras altas.

Stafford Blustain condujo el estudio etnoarqueológico sobre la producción alfarera contemporánea en la región de El Cajón. El propósito de este estudio y el reconocimiento asociado con el fue 1) localizar y evaluar la explotación de las fuentes de arcilla que podrían haber sido utilizadas por los alfareros precolombinos y 2) desarrollar un perfil regional de las fuentes de arcilla conocidas en la actualidad para ayudar a distinguir las cerámicas producidas localmente de aquellas importadas a la región en el pasado. Uno de los más interesantes descubrimientos consistió en que las arcillas útiles para la producción alfarera se encuentran ampliamente distribuidas en toda la región (Stafford Blustain 1985). El único recurso de obtención limitada y de interés para la producción alfarera precolombina podrían haber sido los pigmentos, para el acabado de engobe o para decorar las superficies de las vasijas.

Los análisis de laboratorio incluyeron la descripción de las clases de artefactos y el seguimiento de los interrogantes orientados a la resolución de problemas específicos de investigación. De fundamental importancia para el proyecto en su totalidad fue el desarrollo de la cronología cerámica, la cual pudo ser empleada para fechar los sitios y materiales arqueológicos en la región. En apoyo de la elaboración de la cronología se utilizaron tres diferentes técnicas cronométricas para fechar la antigüedad de los estratos culturales. Estas técnicas comprenden el análisis de radiocarbono, la hidratación de obsidiana y el arqueomagnetismo.

Distintos tratamientos analíticos se emplearon en el estudio de los artefactos líticos de las colecciones del proyecto. Los conjuntos de artefactos elaborados a percusión están siendo estudiado por Sorensen (1983; ver también Sorensen y Hirth 1984) quien está utilizando una perspectiva tecnológica similar a la propuesta por Sheets (1975). El material lítico tallado está siendo estudiado por Spink (1985) quien está interesada tanto en la obtención de los recursos, como en la manufactura y distribución de esta importante clase de artefactos. Los análisis químicos han sido conducidos en artefactos de obsidiana usando inducción de particulas por medio de emisión de Rayos X (PIXE) y fluorescencia de Rayos X (XRF), para identificar las fuentes de origen de las materias primas (Hirth 1985a). Todos estos estudios se presentarán en futuros volúmenes de esta serie dedicados al análisis de los artefactos.

El análisis en progreso sobre la paleopatología y dieta de las poblaciones en la región de El Cajón también ha aportado útil información. El estudio de los restos óseos humanos está a cargo de Storey (Ballinger y Storey 1986). Su trabajo proveerá un perfil paleodemográfico y paleopatológico para la región de El Cajón y establecerá comparaciones entre éstos y los niveles patológicos y dietéticos de los grupos residentes en Copán (Storey 1987). El análisis de los restos de flora y fauna complementarán este estudio puesto que ofrecen conocimientos profundos sobre el sistema de subsistencia y la dieta de los habitantes de la región de El Cajón. Lentz (1984) analizó los restos botánicos carbonizados; Fernández (1981, 1982, 1983) y Alexander (1986) han analizado diferentes aspectos de las colecciones de fauna del proyecto. Ambos estudios reflejan una adaptación basada en un amplio espectro de componentes que incorporan la actividad agrícola con la periódica recolección de plantas, la caza, la pesca y la recolección de moluscos.

Resumen del Contenido del Volumen

El presente volumen consta de nueve distintas contribuciones incluyendo este capítulo introductorio. En éstas se discute una variedad de temas concernientes a las condiciones ambientales y los procesos ecológicos en acción en la región de El Cajón.

El segundo capítulo por Hirth y Coskren ofrece una revisión de las condiciones ambientales en la región bajo estudio. Aquí se resume la topografía local y la estructura geológica regional. También ofrece un inventario de los recursos naturales que podrían haber estado a disponibilidad de las poblaciones precolombinas. Mucho más importante, este inventario pone de manifiesto que, con unas cuantas excepciones, todas las materias primas necesarias para llenar las necesidades *básicas* de subsistencia estaban disponibles en la región. Estos datos implican que el grueso del intercambio interregional con las áreas vecinas en la época precolombina, fue para obtener bienes por los cuales existía una "preferencia" más que una "necesidad". Las repercusiones socioeconómicas de estos hallazgos serán examinados en futuros volúmenes.

En el tercer capítulo, Loker resume la información a disposición sobre los patrones climáticos regionales. De manera convincente argumenta que 1) los patrones locales de precipitación pluvial se hallan fuertemente influenciados por la topografía regional y 2) estos patrones de precipitación pluvial constituyen el más importante factor individual que afecta las prácticas agrícolas dentro de la región de El Cajón. A no ser que el clima hubiera sido considerablemente más humedo en la época precolombina, Loker concluye que una segunda cosecha (la llamada "postrera") habría conllevado siempre un alto riesgo para una población dependiente de la productividad de una única cosecha anual de maíz.

En el capítulo cuarto, Lentz documenta y discute las comunidades contemporáneas de la flora en la región de El Cajón, identificando cinco distintas zonas microambientales que debieron existir en la época precolombina. De la descripción de los recursos dentro de cada una de esas zonas se deriva que proveyeron una rica y variada base para la obtención de los alimentos y las fibras necesarias para la sobrevivencia de las

structures, and 3) identify the range of economic and non-economic activities carried out within or near them. Excavations also sought to identify ceramic and lithic workshops and to expose occupational surfaces around each structure. Rather than single test pits, these excavations employed more extensive axial trenching and large block excavation. As a result, a larger quantity of in situ material and datable charcoal was collected. The scale of exploration made it possible to reconstruct the history of site development, locate and excavate a sizeable number of human burials, and collect large samples of both floral and faunal remains.

Several additional problem-oriented studies were conducted which did not require archaeological excavation. One of these was a contemporary land use study directed by Loker (1983, 1985, 1986). The purpose of this study was to 1) determine the natural conditions and productivity of agriculture within the El Cajon region and 2) assess prehistoric agricultural carrying capacity. Productivity estimates under different levels of agricultural intensification could then be compared to population estimates from the RZ survey to estimate population pressure within the region.

An upland settlement survey was conducted in 1983 in areas above 300 m MSL to determine the level of prehistoric occupation in the mountainous portions of the El Cajon study region (Hasemann et al. 1983; Hirth 1984). Stratigraphic excavations had revealed that all of the archaeological sites in the RZ dated to the Yunque and Sulaco periods (see Hirth, Kennedy, and Cliff, this volume). The questions this survey intended to answer were 1) whether the uplands had the same demographic history as the RZ or were they occupied only during periods of maximum population pressure in the valleys, 2) whether the uplands had permanent agricultural villages or was this area used exclusively for periodic hunting and gathering, and 3) whether regional depopulation at the end of the Classic was a result of an actual population decline or the relocation of villages from the alluvial valleys into the mountainous uplands.

An ethnoarchaeological study was conducted by Stafford Blustain (1985) to study contemporary pottery production in the El Cajon region. The purpose of this study was 1) to study the location and exploitation of clay resources which could have been utilized by prehistoric potters and 2) to develop a regional profile of contemporary clay resources which could be used to distinguish locally produced ceramics from external tradewares. One of the most interesting discoveries of this study was that suitable clay resources are widely distributed across the region (Stafford Blustain 1985). The only limited resource for producing prehistoric ceramics may have been the availability of pigments for preparing external slips and surface decoration.

Laboratory analyses included the description of artifact classes and the pursuit of problem oriented questions. Fundamentally important for the project as a whole was the development of a ceramic chronology which could be used for dating archaeological sites and materials throughout the region. To assist in building the chronology, three different chronometric techniques are being employed to date the age of cultural strata. These techniques are radiocarbon analysis, obsidian hydration, and archaeomagnetism.

Several analytical approaches have been employed in the analysis of lithic artifacts in the El Cajon collections. The chipped stone lithic assemblage is being studied by Sorensen (Sorensen 1985; Sorensen and Hirth 1984) who is utilizing a technological approach similar to that proposed by Sheets (1975). The ground stone materials are being analyzed by Spink (1985) who is interested in both the resource procurement, manufacture, and distribution of this important artifact class. Chemical analyses have been conducted on the obsidian artifacts using Particle Induced X-ray Emission (PIXE) and X-ray Fluorescence (XRF) techniques to identify the original source deposits from which our material came (Hirth 1985a). All of these studies will be summarized in future volumes dealing with artifact analysis.

Ongoing analysis is also providing valuable information on the health and diet of human populations in the region. Storey is directing the analysis of human osteological remains (Ballinger and Storey 1986). Her work will provide a paleo-demographic and paleopathological profile for human populations in the region and will compare overall health standards with groups residing at Copan (Storey 1987). The analysis of floral and faunal materials likewise is providing insights into the subsistence system and diet of the El Cajon population. Lentz (1984) has analyzed the carbonized botanical remains and Fernandez (1981, 1982, 1983) and Alexander (1986) are analyzing different aspects of the faunal materials in our collection. Both studies reflect a broad spectrum subsistence adaptation incorporating agricultural activity with a periodic plant collecting, hunting, fishing, and mollusc collecting.

Summary of Volume Contents

The present volume contains the following contributions. These reports discuss a variety of issues concerning both environmental conditions and prehistoric ecological processes at work throughout the region.

The chapter by Hirth and Coskren provides an overview of environmental conditions in the El Cajon study region. The report summarizes the local topographic setting and its regional geological structure. It also provides an inventory of naturally occurring resources which would have been available for use by prehistoric populations. Most importantly, this inventory documents that with few exceptions, all of the resources necessary to meet *basic* subsistence needs are available within the region. These data imply that most prehistoric interregional exchange carried out with neighboring areas was for "preferred" rather than "necessary" commodities. The socioeconomic implications of these findings will be examined in future publications.

In chapter three Loker summarizes available information on regional climatic patterns. He convincingly argues that 1)

poblaciones en el pasado.

El capítulo quinto escrito por Norville y Collins resume los resultados de las investigaciones geoarqueológicas en la región. Esta investigación demostró que, aunque cabe la posibilidad que hayan existido materiales culturales cubiertos por los depósitos aluviales en las márgenes de los principales ríos, ningún sitio de gran tamaño, soterrado en estos ambientes, permaneció sin ser detectado. Además, al documentar el carácter aluvial de los Ríos Sulaco y Humuya, los autores sugieren que aquellos sitios localizados en las más bajas terrazas aluviales, de haber existido, fueron más probablemente destruidos por la migración lateral y cambios en el curso de las corrientes, que soterrados por el proceso de aluviación. Una importante implicación de este estudio es que, con excepción de la potencial destrucción periódica de los sitios alguna vez existentes en las márgenes de los ríos, el patrón de asentamiento puesto de manifiesto por el reconocimiento sistemático de la Zona de Embalse (Lara y Hasemann 1982; Hasemann 1985), refleja con propiedad la historia de ocupación de la región en la época precolombina.

En el capítulo sexto, Loker resume los resultados del estudio sobre el uso moderno de la tierra en la región de El Cajón. El autor describe la agricultura contemporánea de tala y roza y provee estimados sobre el producto arrojado por la cosecha anual de maíz. En base a esto, Loker construye un modelo sobre el uso precolombino de la tierra y somete a prueba la hipótesis que la ubicación de los sitios arqueológicos está en relación directa con el acceso a la tierra agrícola óptima. Las cifras sobre la productividad agrícola recolectadas para este estudio son de particular interés para la época precolombina debido a que 1) reflejan un sistema de agricultura de tala y roza orientado hacia la producción de subsistencia y 2) la tecnología agrícola local moderna se asemeja a la que era accesible en la época precolombina, incluyendo la dependencia de artefactos manuales y poco o ningún uso de fertilizantes químicos. La comparación de la producitividad agrícola moderna con los niveles demográficos precolombinos sugiere que los antiguos habitantes de la región de El Cajón no sufrieron extremas presiones poblacionales debido a la escasez de tierra agrícola.

El capítulo séptimo escrito por Lentz presenta un análisis de los materiales paleobotánicos recolectados en las exacaciones arqueológicas en la región de El Cajón. Lentz identifica estos restos y discute las zonas microambientales de donde proceden. El autor identifica, además, al maíz y los frijoles como los principales cultivos, pero también registra la amplia explotación de árboles frutales como suplemento a la dieta. En base a esto, el autor especula que la arboricultura fue un importante componente del sistema de subsistencia y documenta la importancia del coyol (*Acrocomia* spp.) en un sistema tal.

En el capítulo octavo, Hirth, Kennedy y Cliff se concentran en los interrogantes cronológicas más que en los ecológicos. Este trabajo provee un cuadro general de las principales fases cronológicas definidas en base a los materiales cerámicos. Esta presentación es de carácter preliminar y pretende ofrecer un marco analítico para los estudios en proceso mientras se concluye y puede ser publicado el estudio cerámico definitivo. Aquí se discuten las semejanzas de los conjuntos cerámicos con los de las áreas aledañas. Quizá la conclusión más sorprendente sea que la región de El Cajón mantenía fuertes contactos interregionales, tanto con la porción central del Valle de Sula, como con el territorio oriental de Honduras, y presumiblemente con los Valles de Talanga y Olancho. Esta y otras relaciones a nivel interregional serán discutidas con mayor detalle en futuros volúmenes.

El noveno y último capítulo escrito por Hirth presenta una revisión y discusión general de los procesos ecológicos en actividad en la región de El Cajón. Estos comentarios intentan unificar y comparar lo que sabemos acerca de la adaptación cultural en la región de El Cajón y otras regiones vecinas tropicales en Mesoamérica.

Un apéndice preparado por Hasemann y Lara Pinto es una contribución de utilidad práctica para el presente y los futuros volúmenes de la serie, al igual que para la arqueología de Honduras en general. Uno de los problemas continuamente enfrentados durante la preparación de ésta y otras publicaciones de los estudios del proyecto ha sido la falta de una terminología técnica de aceptación general en español para expresar términos de amplio y repetido uso en los estudios arqueológicos y otros estudios especializados. Aunque los autores han revisado la literatura arqueológica accesible en español, han puesto énfasis en la compilación de una terminología técnica y científica avalada por los diccionarios técnicos existentes y los textos especializados en otras disciplinas de interés para la arqueología. Sobre todo, los autores han basado su elección de los términos en las reglas gramaticales y de estilo propias del idioma español. En este volumen solo se presenta una lista de términos equivalentes (español-inglés, inglés-español); en un futuro volumen se ofrecerá un glosario completo de esta terminología.

Consideraciones Finales

Una introducción a la primera publicación de la serie "Proyecto de Investigación y Salvamento Arqueológico El Cajón" no estaría completa sin un breve comentario acerca de las condiciones físicas bajo las cuales se llevaron a cabo las investigaciones. Como se dijo al principio, la meta principal del proyecto era salvaguardar los recursos arqueológicos amenazados de destrucción y, en este proceso, conducir estudios basados en paradigmas teóricos compatibles con el espíritu de la "Nueva Arqueología". Cualesquiera que hayan sido las metas apuntadas para el proyecto desde nuestros escritorios, pronto realizamos que las estrategias de investigación deberían ser adaptadas en forma práctica al medio de trabajo y habitación en la región de El Cajón. Además de constituir la localidad de la presa hidroeléctrica el punto óptimo para la construcción de una instalación tal, una de las razones consideradas en la decisión final fue el hecho que el territorio que sufriría el impacto de este gran cambio en el balance ecológico

local rainfall patterns are strongly influenced by regional topography and 2) these rainfall patterns are the single most important factor affecting agricultural practices within the El Cajon region. Unless conditions were considerably more humid in prehistoric times, he concludes that double cropping (called the *postrera*) would always have been a high risk proposition with population levels dependent upon a single yearly maize crop.

In the fourth chapter Lentz documents and discusses the contemporary plant communities in the El Cajon region. He identifies five distinct microenvironmental zones which existed throughout the region in prehistoric times. Resources within each of these zones are described, which he concludes provided a rich and bountiful resource base for the food and fiber needs of prehistoric populations.

Chapter five by Norville and Collins summarizes the results from their regional geoarchaeological investigations. This research demonstrates that although buried material can be found in alluvial deposits along the major rivers, no large sites escaped detection by being buried in alluvial deposits. Moreover, in documenting the alluvial character of the Sulaco and Humuya Rivers, Norville and Collins suggest that sites located on the first alluvial terraces are more likely to have been destroyed by lateral migration and regrading of the river channel than by burying. An important implication of this study is that, except for periodic site destruction along the river margins, the settlement pattern recovered by the RZ survey (Lara and Hasemann 1982; Hasemann 1985) accurately reflects the region's prehistoric occupational history.

In the following chapter Loker summarizes the results of the contemporary land use survey. He describes contemporary swidden agriculture and provides productivity estimates for maize cropping within the region. Loker then constructs a model of prehistoric land use and tests the hypothesis that archaeological sites were located to maintain access to prime agricultural land. The production figures collected by this study are particularly relevant for the precolumbian occupation because they reflect 1) a swidden agricultural system oriented toward subsistence production and 2) a local agricultural technology which relies on hand tools and little or no use of chemical fertilization. A comparison of modern agricultural productivity with prehistoric demographic levels suggests that groups in the El Cajon region did not suffer from extreme population pressure because of a shortage of arable land.

Chapter seven by Lentz provides an analysis of paleobotanical materials recovered in archaeological excavations throughout the El Cajon region. He identifies these remains and discusses the microenvironmental zones from which they originated. He identifies maize and beans as the primary cultivars but also documents the widespread exploitation of tree crops as an important supplement to the diet. He speculates that arboriculture was an important component of the subsistence system and documents the importance of coyol (*Acrocomia* spp.) in that system.

The subsequent chapter by Hirth, Kennedy, and Cliff concentrates on chronological questions rather than ecological ones. This report provides an overview of the major chronological phases defined on the basis of ceramic materials. It is intended as an interim report to provide an analytical framework for ongoing analyses until the final ceramic study is published. This report also discusses ceramic similarities with assemblages in neighboring regions. Perhaps its most striking conclusion is that the El Cajon region maintained strong interregional contacts with *both* the central Ulua River valley and eastern Honduras, presumably the valleys of Talanga and Olancho. These and other interregional relationships will be discussed in greater detail in future project volumes.

The final chapter by Hirth provides an overview and discussion of ecological processes within the El Cajon region. These comments attempt to link and compare what is known about cultural adaptation in the El Cajon region to other neighboring tropical regions in Mesoamerica.

An appendix by Hasemann and Lara Pinto is provided as a contribution both to the present and future volumes in this series as well as to Honduran archaeology in general. One of the continual problems we have faced in preparing publishable project reports has been the lack of an established Spanish technical terminology with which to express scientific concepts and widely used archaeological terms. Although these authors reviewed available archaeological literature published in Spanish, they have emphasized the compilation of a terminology drawn from existing technical dictionaries and specialized texts from subdisciplines of relevance to archaeology. Hasemann and Lara have based their choice of terms on the grammar and style appropriate to Spanish. In this volume only a list of equivalents is provided (English-Spanish and Spanish-English); in a future volume a complete glossary of this terminology will be provided.

Final Considerations

An introduction to the first publication of the Proyecto Arqueologico El Cajon would not be complete without a brief comment about the practical fieldwork conditions under which the project was conducted. The main project goal was to salvage endangered archaeological resources and in the process, conduct investigations using a theoretical paradigm compatible with the "New Archaeology". Whatever the stated goals of the project, we quickly realized that research strategies would have to be adapted to the practicalities of working and living in the El Cajon region. One of the reasons that the El Cajon hydroelectric facility was located near the junction of the Sulaco and Humuya Rivers was because it impacted a relatively uninhabited wilderness area. In Honduras the parameters mentioned above translate into the absence of roads, or at best, roads passable only during the dry season; the scarcity of electricity, drinking water, medical facilities, and housing for the investigators and field laboratory; and perhaps most acute, the absolute impossibility of supplying our kitchens with local products.

constituía un área remota de baja densidad demográfica. (Aún cuando esta afirmación carece de todo valor desde el punto de vista de los 2,000 campesinos que debieron ser reubicados, para quienes la pérdida de sus fértiles tierras de pan llevar fue inconmensurable.) Los parámetros anteriores se traducen en Honduras en inexistencia de carreteras o de acceso restringido a la temporada seca, el "verano" centroamericano; carencia de electricidad, agua potable, dispensarios médicos e instalaciones de albergue para los investigadores y el laboratorio de campo y, quizá, el punto más crítico, incapacidad absoluta de aprovisionar localmente nuestra cocina de campo.

Sin haber visitado la zona aguas arriba de la presa hidroeléctrica, es difícil imaginar las dificultades logísticas que enfrentó y de alguna manera más o menos aceptable, venció el proyecto. El laboratorio arqueológico fue establecido dentro de la región de estudio, pero a 30 km. del campamento principal, en La Libertad, Depto. de Comayagua, accesible desde los límites de la Zona de Embalse en cuatro horas de camino a "vuelta de rueda", como pintorescamente describen los hondureños estos viajes en vehículos de doble tracción sobre caminos de tierra. Ninguna carretera entraba hasta los pisos de los valles en la Zona de Embalse hasta que hicimos nuestra propia abra en 1981 al sitio de Salitrón Viejo. Una vez alcanzada la Zona de Embalse, todo movimiento se realizó en mula o a pie. Esto hizo del desplazamiento en una distancia lineal de 130 km., a lo largo de los ríos, en continuo zig-zag cruzando de una a otra orilla por donde conducían los senderos, una lenta y difícil empresa. La única solución viable fue subdividir la Zona de Embalse en secciones para propósitos de reconocimiento, levantamiento de mapas y excavaciones regionales de sondeo. Una de tantas ideas producto del ingenio de los investigadores para contrarrestar la dificultad de movimiento, fue la organización del reconocimiento general en algo similar a una expedición de caravana, utilizando todas las técnicas autóctonas de subsistencia. En porciones particularmente inaccesibles del Río Humuya, los arqueólogos se desplazaron de una a otra vega corriente abajo, deslizándose sobre el río en flotadores, a ratos acompañados por los curiosos lagartos que poblaban esas corrientes.

Para no dejar nada al azar, en 1981 el proyecto adquirió siete mulas, las cuales fueron utilizadas para el reconocimiento de superficie y aprovisionar los cuatro campamentos en funcionamiento en 1981 a lo largo del Río Sulaco y durante los próximos dos años, para continuar abasteciendo Salitrón Viejo y el campamento instalado en Intendencia, Río Humuya. Así estas testarudas bestias, cuyo carácter es únicamente comprendido por los arrieros, llamados "muleros" en Honduras, se convirtieron en el principal medio de aprovisionamiento y transporte de equipo y materiales arqueológicos dentro de la Zona de Embalse hasta que el trabajo de campo concluyó en 1984. No importa que tan cuidadosamente los materiales

arqueológicos sean empacados, todo cambia cinco minutos más tarde después de que la carga ha sido amarrada para acomodar los bultos sobre el lomo de la mula. Las bolsas se rompen o las mulas corcovean, se deslizan o tratan con toda su fuerza de pasar un sendero entre dos árboles solo con suficiente espacio para sus cabezas. En la solución de este dilema el mulero se guía por la máxima hondureña "este macho es mi mula" (que significa tanto como lo que yo digo se hace), sin tener en cuenta el desprendimiento de las etiquetas o que los delicados restos de los esqueletos humanos puedan ser pulverizados u otros materiales rodar ladera abajo. Estas mismas condiciones se aplican al delicado equipo arqueológico tal como tránsitos, niveles e instrumentos metereológicos. Por último, las sandías alcanzaran los campamentos en pedazos o los tomates en su jugo; a la vista de estos restos lejos de toda esperanza de ser utilizados, un campamento sobrevivirá una heroica semana a base de un preparado de arroz con mostaza, que por alguna razón inexplicable siempre tuvimos en abundancia.

La calidad del trabajo se ve también fuertemente condicionada por la actitud de los arqueólogos participantes. Es en este punto donde las condiciones logísticas afectan el rendimiento. No es necesario hacer incapie en las rústicas condiciones de albergue, puesto que es imposible negarlas. Los arqueólogos dormimos en tiendas de campaña y utilizamos el río a discresión para asuntos de limpieza corporal. El único alivio que raya en lujo fueron las cocineras del proyecto (una de ellas habría de volverse famosa en toda la región de El Cajón), que realizaron sus constantes labores sobre fuegos al aire libre o a la usanza del país en chozas de bajareque con fogones. Por cierto, es una instructiva experiencia cultural poseer la única lámpara de gas en 20 km. a la redonda y contar con el combustible para mantenerla encendida varias horas en la vibrante oscuridad de las noches tropicales. (Dos de las experiencias más frecuentemente recordadas son la cantidad de carne de garrobo consumida y la forma en que los arqueólogos intercambiamos condimentos y novelas de ciencia ficción entre campamentos.) A pesar de la crónica escasez de comida y otros implementos, raramente surgieron discusiones entre el personal del proyecto. Generalmente hacía demasiado calor para ello.

Creemos que las condiciones de trabajo en la región de El Cajón se asemejan a las reinantes en la mayor parte de América Latina durante el final del siglo XIX y principios de éste. Ha sido una experiencia que ninguno de nosotros olvidará o tal vez desee repetir alguna vez. Más que cualquier otra cosa, representa la interesante confrontación entre método y teoría arqueológica en el siglo XX con condiciones infraestructurales de trabajo del siglo pasado. Los resultados de la investigación realizada en la región de El Cajón fue, por necesidad, una combinación y un compromiso entre ambas premisas.

Individuals who have not visited the area upstream from the hydroelectric dam will have difficulty imagining the logistic difficulties which confronted the project. A field laboratory was established within the study region at the town of La Libertad de Comayagua. However, from La Libertad it was fully a three to four hour drive in a four-wheel-drive vehicle over unpaved logging roads just to reach the RZ. No roads entered the RZ until 1981 when we opened our own to the site of Salitron Viejo. Once inside the RZ all movement was on foot or by mule. This made movement along the 130 linear kilometers of river frontage both slow and difficult. The only solution to this problem was to subdivide the RZ into sections for purposes of survey, mapping, and regional test excavations. One of the many ingenious solutions by our investigators to overcome problems of mobility was the organization of the general survey into something similar to a caravan, utilizing all the local methods for self-sufficiency. In stretches particularly difficult to access on the Sulaco and Humuya Rivers, the surveyors made their way from vega to vega downstream and through rapids on inflatable sleeping mattresses accompanied at times by curious caymans.

In 1980 the project purchased seven mules which were used to provision the general survey and the four field camps along the Sulaco River in 1981. During the years to come these beasts hauled supplies to Salitron Viejo and Intendencia on the Humuya Rivers and continued to be our principal means of moving provisions, equipment, and archaeological materials within the zone until the fieldwork ended in 1984. No matter now sturdy the archaeological material, or how carefully it was packed, everything would change position five minutes after it was cinched tightly to the back of a mule. Specimen bags would break or the mule would spook, slip, or try with all its might to pass between two trees wide enough for its head, but not its pack. For local mule drivers the solution to this problem is drawn from the Honduran maxim, *"este macho es mi mula!"* (which translates, this mule will do what I say one way or another, or else!). This means, of course, that tags were lost and delicate excavated materials could get crushed or bounced along the trail. The same holds true for precision equipment such as transits, levels, and meteorological instruments. Finally, fresh food supplies would reach camp in pieces or in their own juice. When food remains were beyond any hope of use, camps would have to survive a heroic week on rice and mustard, which always seemed to be in abundance.

The quality of work is also strongly conditioned by the attitude of the participating archaeologists. It is here that living conditions influence performance. Needless to say, housing was rustic. We slept in tents and bathed in the rivers. It is an interesting cultural experience to have the only Coleman lantern lit up at night for 20 km along the river. The only luxury that archaeologists enjoyed was that they did not have to cook their own meals. We owe a debt of gratitude to the project cooks who carried on day after day over open-air fires or in the typical thatched shelters with their clay ovens. Two of the most frequently remembered experiences are the quantity of iguana meat which was consumed and the way the archaeologists traded and bartered condiments for food and science fiction novels between camps. Despite chronic shortages of food and supplies, there rarely was an argument among project personnel. It usually was too hot and the archaeologists too weary to argue.

I believe that working conditions in the El Cajon region were similar to those found throughout most portions of Latin America during the late 19th and early 20th centuries. It has been an experience that none of us will forget, or perhaps want to repeat. More than anything else it represents an interesting confrontation between late 20th century archaeological method and theory and 19th century working conditions. The research produced by the El Cajon Archaeological Project was, of necessity, a combination and compromise of both conditions.

Chapter 2

Geography, Geology and Natural Resource Availability

Kenneth Hirth
Dennis Coskren

The El Cajon project area is situated in the foothills and low mountains which mark the northern edge of the central Honduran highlands between 1,630,000–1,650,000 m North and 412,000–453,000 m East on the Universal Transverse Mercator (UTM) grid system (Figure 1.1). Topography throughout the central highlands is mostly rugged. The best agricultural land is located in several broad valleys (Comayagua, Jesus de Otoro, Talanga, Olancho, Santa Barbara) where a large percentage of the prehistoric population was concentrated at the Spanish conquest (Chamberlain 1953; Lara Pinto 1980). The El Cajon region is located in the dissected mountainous terrain where the Humuya and Sulaco Rivers join and descend to the low lying Sula plain. While it does not contain a high proportion of good agricultural land, its strategic location between the Comayagua Valley to the south, the Yojoa basin to the west and the Sula Valley to the north may have made it an important transportation route during prehispanic times (Squier 1855; Henderson 1984; Hirth 1985a; Lara Pinto 1985b).

The El Cajon region is located within the central depression of Honduras, which provides a natural communication corridor between the northwestern highlands and the northern coastal plain of Honduras. This corridor provides a transcontinental transportation route between the Caribbean and Pacific coasts by way of the Comayagua Valley and the Goascoran River (Lara Pinto 1985b). The Spanish recognized the importance of this corridor which they used as the primary route across the continent during the 16th century (Squier 1855; Yde 1938; Chamberlain 1953; Lara Pinto 1985b). Prehistoric cultures along the central Honduran corridor showed a marked similarity to one another in both cultural content and sequence of development which suggests strong interregional interaction along this route for a prolonged period of time (Hirth 1988).

There are three possible routes along the corridor by which individuals may have moved from the Sula plain into the Comayagua Valley. The least direct way would have been to follow the western branch of the Ulua River into the highlands as far as Santa Barbara/Tencoa and then turn east on an overland route through Siguatepeque, entering the Comayagua Valley at its northwestern end. A second alternative would have been to follow the overland route from the Sula Valley into the Yojoa basin and continue on to Comayagua again by way of Siguatepeque. The third and most direct route would have been to follow the general trajectory of the Humuya River to the Comayagua Valley (cf. Lara Pinto 1985b).

Movement along the Humuya River route would have taken individuals directly through the El Cajon region. The Humuya River was navigable during the late 19th century all the way to its juncture with the Sulaco River (Gordon 1896) and perhaps as far as Ojo de Agua on the Humuya River at the south end of the El Cajon region (Rubio Melhado 1953).[1] This route is depicted on one colonial map as an important transportation route during the 16th century (Lara 1985b). The El Cajon region also provides topography for a potential route southeast along the Sulaco River to the Talanga Valley. As a result of these combined characteristics Hirth suspected at the beginning of the project that the El Cajon region was important for its high interregional connectivity. Assuming that the region was used as an interregional transportation corridor in prehistoric times, it was predicted that local cultures would reflect this function by maintaining strong commercial linkages with surrounding regions.

Local Topography

Topography within the project area is mostly rugged. Elevation of the project area ranges from 110 m MSL on the valley floor at the dam site to 1000 m MSL, in the upland areas around Las Lajas. The highest elevations within the project

Authors contributed to this article in the following fashion. Kenneth Hirth wrote the Introduction and Topography section utilizing contributions and observations by Dennis Coskren. The section on the Regional Geology was written by Dennis Coskren while Kenneth Hirth prepared the Natural Resource Inventory.

1. Because of rapids, the Humuya River currently is not navigable beyond La Pimienta in the Sula Valley.

Geografía, Geología y Disponibilidad de Recursos Naturales

Kenneth Hirth
Dennis Coskren

La región de estudio del Proyecto Arqueológico El Cajón se encuentra localizada en la parte central del territorio hondureño, de 1,630,000 a 1,650,000 metros norte y de 412,000 a 453,000 metros este en el sistema de coordinación del Transverso Universal Mercator (TUM) (Figura 1.1). La topografía en todo el macizo montañoso central es en su mayoría quebrada. La tierra agrícola óptima está ubicada en varios amplios valles (Comayagua, Otoro, Talanga, Olancho, Santa Bárbara), en donde se concentraba un gran porcentaje de la población prehistórica al momento de la conquista española (Chamberlain 1953; Lara Pinto 1980). La región de El Cajón cubre especificamente el escarpado terreno montañoso en donde los Ríos Humuya y Sulaco se unen antes de descender a la baja planicie del Valle de Sula. Aunque no incluye una alta proporción de tierra agrícola fértil, su estratégica localización entre el Valle de Comayagua al sur, la cuenca del Lago de Yojoa al oeste y el Valle de Sula al norte, puede haberla convertido en una importante ruta de transporte en la época precolombina (Squier 1855; Henderson 1984; Hirth 1985a; Lara Pinto 1985b).

La localización de la región de El Cajón dentro de la depresión central hondureña, constituye un corredor natural de comunicación entre las tierras altas del noroeste y las planicies costeras del norte. Este corredor ofreció una ruta transcontinental de transporte entre el Mar Caribe y el Océano Pacífico a través del Valle de Comayagua y el Río Goascorán (Lara Pinto 1985b). Los conquistadores españoles reconocieron la importancia de este corredor, utilizándolo como la principal ruta de transporte a través del continente durante el siglo XVI (Squier 1855; Yde 1938; Chamberlain 1953; Lara Pinto 1985b). Los grupos precolombinos que habitaron a lo largo de la depresión central de Honduras muestran una marcada

semejanza entre ellos, tanto culturalmente como en su secuencia de desarrollo, lo cual sugiere una fuerte interacción interregional por un prolongado período de tiempo (Hirth 1988).

Los viajeros pueden haberse desplazado a lo largo de este corredor, partiendo del Valle de Sula hasta alcanzar el Valle de Comayagua, por tres posibles vías. La menos directa hubiera seguido por la banda oeste del Río Ulúa hasta las tierras altas de Santa Bárbara/Tencoa para volverse hacia el este siguiendo una ruta terrestre a través de la planicie de Siguatepeque y entrando al Valle de Comayagua por su extremo noroeste. Una alternativa hubiera sido seguir la ruta terrestre desde el Valle de Sula hasta la cuenca del Lago de Yojoa para luego continuar al Valle de Comayagua, siempre a través de la planicie de Siguatepeque. La tercera y más directa ruta hubiera seguido a grandes rasgos el Río Humuya hasta llegar al Valle de Comayagua (comparar Lara Pinto 1985b).

El desplazamiento a lo largo de la ruta del Río Humuya hubiera conducido directamente a la región de El Cajón. El Río Humuya era navegable a finales del siglo XIX hasta su confluencia con el Río Sulaco (Gordon 1896) o quizá hasta un punto más lejano, por cierto el pueblo de Ojos de Agua en el Río Humuya en el extremo sur de la región de El Cajón (Rubio Melhado y Castro 1953).[1] El equivalente de esta ruta está representado en un mapa colonial del siglo XVI (Lara Pinto 1985b). La región de El Cajón también provee una topografía potencialmente útil como ruta hacia el sureste, siguiendo el Río Sulaco hasta el Valle de Talanga. Como resultado de esta combinación de características se asumió al principio del proyecto un alto grado de comunicación entre estas regiones y se propuso, además, que de haber sido utilizada como un corredor de transporte interregional en la época precolombina, las culturas locales reflejarían tal función mediante el mantenimiento de fuertes lazos comerciales con las regiones adyacentes.

Los autores contribuyeron en la siguiente forma a la redacción de este artículo. Hirth escribió la Introducción y la sección relacionada con la topografía, utilizando contribuciones y observaciones de Coskren. La sección sobre la Geología Regional fue escrita por Coskren, en tanto que Hirth preparó el Inventario de Recursos Naturales.

1. En el presente el Río Humuya no es navegable más allá de La Pimienta, en el Valle de Sula.

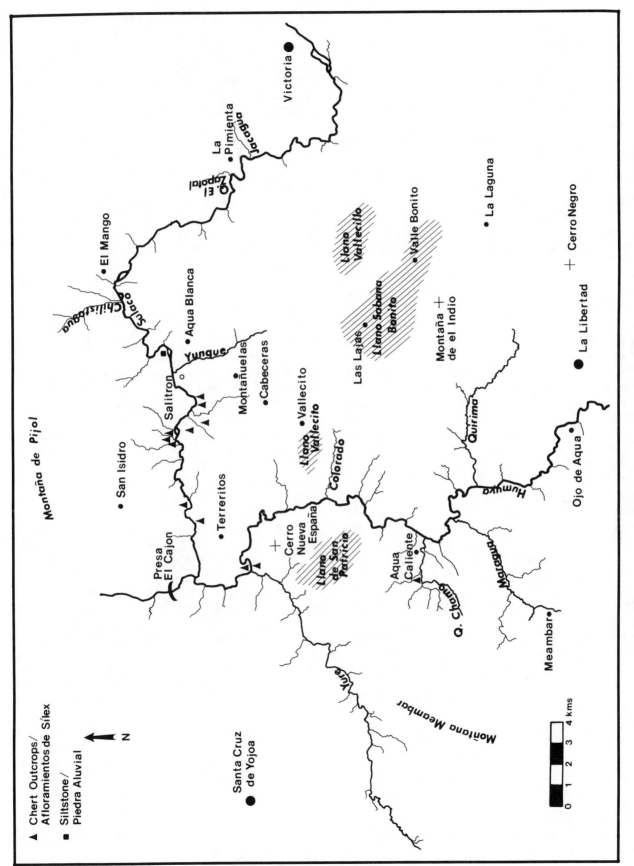

Figure 2.1: Location of local resources in the El Cajon region.—Figura 2.1: Ubicación de las fuentes de materia prima en la región de El Cajón.

Topografía Local

El terreno dentro la región de estudio es en su mayor parte quebrado. Las elevaciones varían de 110 msnm, en el piso del valle en el punto que se levanta la presa hidroeléctrica, a 1,000 msnm en las áreas de tierra alta en los alrededores de Las Lajas. La mayor elevación la constituye Cerro Negro, al noreste de La Libertad, cuyo pico se eleva a 1,733 msnm y la Montaña de El Indio, al suroeste de Valle Bonito, que alcanza los 1,513 msnm. Inmediatamente en el límite de la región de estudio, los macizos montañosos alcanzan mayores elevaciones en la Montaña de Meámbar (2,047 msnm) al oeste y en el Cerro de Pijol (2,282 msnm) al norte (Figura 2.1).

La topografía puede ser clasificada en su mayoría como tempranamente madura. Los ríos corren encerrados en estrechos valles en forma de V de limitadas planicies aluviales. Dentro de la Zona de Embalse, el relieve local puede exceder alturas de 600 msnm. En la vecindad del Cerro Nueva España, a las orillas del Río Humuya, la elevación varía de 160 msnm en el piso del valle a 798 msnm dentro de un radio de 1.5 km. La tierra plana se restringe a numerosos pequeños valles y unas cuantas planicies de tierra alta.

La planicie de inundación está limitada en su mayoría a una serie de estrechas vegas, las cuales están discontinuamente distribuidas a las márgenes de los Ríos Humuya, Sulaco y Yure. Estas vegas varían de pequeñas extensiones de 75 a 100 m. de largo a localidades de 20 a 25 ha. La vega individual de mayor tamaño dentro de la Zona de Embalse se encuentra en Salitrón Viejo, ella mide aproximadamente 1.5 km^2.

A pesar de su pequeña extensión, estas tierras de vega son altamente productivas y ampliamente utilizadas para la agricultura dependiente de la estación lluviosa practicada en la región. Ellas no solo son el foco de la economía agraria contemporánea, sino también del asentamiento precolombino.

Las áreas planas o de suave ondulación se encuentran a mayores elevaciones y varían de 2 a 10 km^2. Estas planicies o llanos tienden a presentar una irrigación deficiente y descienden abruptamente en profundas y escarpadas barrancas en los puntos donde han estado expuestas a la erosión. Los llanos son praderas de hierbas o arbustos y las zonas más quebradas están cubiertas de un bosque abierto de pinos. Los suelos aquí están compuestos de densa arcilla con pobre filtración y no constituyen terrenos buenos para la agricultura bajo circunstancias normales. Ejemplos de estas áreas en las tierras altas incluyen los Llanos de Vallecillo a 800 msnm, Sabana Bonita a 1,000 msnm, San Patricio a 500 msnm y Vallecito a 600 msnm (Figura 2.1). La planicie de tierra alta en las inmediaciones de Victoria, a 350 msnm, difiere considerablemente de las anteriores puesto que tiene suelos más profundos que sostienen un productivo régimen agrícola en el presente.

El patrón de irrigación es dendrítico. Los principales ríos y las otras corrientes siguen cursos irregulares con pocos segmentos rectos. El área se encuentra bien irrigada por numerosas quebradas que arrastran agua durante la estación lluviosa. Las vertientes son comunes en las pendientes que dominan los valles y abastecen el área con pequeñas corrientes permanentes durante todo el año. Tanto el Río Humuya como el Sulaco siguen cursos con un promedio de gradiente moderadamente elevado. El Río Humuya presenta un gradiente ligeramente más pronunciado y uniforme que el Río Sulaco, mostrando ambos una alternación regular de pozas y canales de lento movimiento con cortos trechos de rápidos. Debido a la general estrechez de los valles, ninguno de los ríos dispone de mucho espacio para la migración lateral, resultando esto en la periódica destrucción de las partes más bajas de las vegas y, por consiguiente, de cualquier material cultural asociado con ellas. Los episodios de desbordamiento durante la estación lluviosa son raras veces lo suficientemente intensos como para alcanzar las terrazas, excepto en el caso de desacostumbradas y fuertes lluvias traídas por los huracanes tropicales que arrasan el interior provenientes de la costa norte. Aunque acontecen raramente, estos eventos enriquecen las terrazas con fértiles y nuevos suelos, al mismo tiempo que cambian los hasta ese momento existentes canales del río.

Los valles de los Ríos Humuya y Sulaco presentan cierta diferencia en carácter. El primero es más ancho y de pendientes más suaves; contiene, además, numerosos abanicos aluviales en ambas márgenes del río. En la mayor parte de su recorrido, el Río Sulaco se ve confinado por bancos de aluvión, arena o grava, desarrollando en localidades específicas un relativamente amplio piso de valle. Los dos principales tributarios desembocan en el Sulaco dentro de la región de estudio. El mayor es el Río Jacagua, el cual riega las montañas a lo largo de la margen este del Sulaco. El otro es el Río Yunque, el cual irriga corriente abajo los terrenos a partir del Llano de Sabana Bonita. Los tributarios permanentes de menor importancia comprenden el Arroyo de Arrosa que entra al Sulaco adelante de Guarabuquí; el Río Chilistagua cerca de El Mango y la Quebrada de El Zapotal, la cual se une al Sulaco cerca de La Pimienta.

El Río Humuya, en contraste, corre dentro de un más estrecho y escarpado valle. Las márgenes del río se encuentran más frecuentemente constituidas de roca madre expuesta y el piso del valle raramente excede los 750 m. de anchura. Existen pocas vegas en la totalidad de su recorrido y las planicies de inundación son angostas. Las investigaciones geoarqueológicas (Norville 1986; Norville y Collins, Capítulo 5) han demostrado que el Río Humuya es de carácter más dinámico, dando como resultado una más frecuente destrucción de los depósitos de las más bajas planicies de inundación que en el Río Sulaco. Los tributarios de importancia del Humuya son los Ríos Yure y Maragua; ambos riegan las pendientes orientales del Cerro Azul Meámbar. Estos dos tributarios poseen planicies de inundación rudimentarias, aunque bifurcadas, y un número ligeramente mayor de pequeñas vegas que lo que es el caso en el Río Humuya mismo. Entre los tributarios menores se incluyen el Río Colorado, el cual riega el Llano de Vallecito, la Quebrada de El Chamo, cerca

area are found at Cerro Negro, northeast of La Libertad whose peak rises to 1733 m MSL and Montaña de El Indio, southwest of Valle Bonito which has an elevation of 1513 m MSL. Just outside the project area, massifs rise to even greater elevations at Montaña de Meambar to the west (2047 m MSL) and Cerro Pijol to the north (2282 m MSL) (Figure 2.1).

The topography can be classified as mostly early mature. Rivers are enclosed within narrow V-shaped valleys with little alluvial flood plain. Local relief may exceed 600 m. In the vicinity of Cerro de Nueva España along the Humuya River, elevation rises from 160 m on the valley floor to 798 m within a 1.5 km radius. Flat land is restricted to numerous small river valleys and a few upland plains.

The alluvial plain is limited to a series of mostly narrow vegas which are discontinuously distributed along the margins of the Humuya, Sulaco, and Yure Rivers. These vegas vary from small plots 75–100 m long to larger ones up to 20–25 ha. The largest single parcel of flat alluvial land within the Reservoir Zone (RZ) is at Salitron Viejo and measures approximately 1.5 km². Despite their small size, these vega lands are highly productive and widely used for rainfall agriculture within the region. They are the focus of both the contemporary agricultural economy and prehistoric settlement in the region.

Flat or gently rolling areas are found at higher elevations and range from two to ten square kilometers. These plains or llanos tend to be poorly drained and drop abruptly into steep broken topography where headward erosion cuts into them. The llanos are grassy to brushy meadows, and the more rolling areas are covered with open pine forest. Soils in these area are composed of dense clay with poor filtration. They are poor agricultural soils under normal circumstances. Examples of these uplands include the Llanos Vallecillo at 800 m MSL, Sabana Bonita at 1000 m MSL, San Patricio at 500 m MSL, and Vallecito at 600 m MSL (Figure 2.1). The upland plain below Victoria at 350 m MSL is considerably different from these others. It contains deeper soils and supports an ongoing productive agricultural regime.

The drainage pattern is dendritic. Streams and rivers follow irregular courses with few straight reaches. The area is well drained by numerous ravines which fill with water during the rainy season. Springs are fairly common on the slopes overlooking the river valleys and provide many small drainages with a permanent supply of water throughout the year. Both the Humuya and Sulaco Rivers follow courses with moderately high average gradients. The Humuya has a slightly steeper, more uniform gradient than the Sulaco. Both exhibit an alternation of pools and slow channel current interspersed between short stretches of fast moving rapids. Because of their generally narrow valleys, neither river has much room to migrate laterally. With the exception of a few wider stretches, this results in the periodic destruction of the lower vegas and any associated cultural materials. Flooding episodes during the rainy season are rarely forceful enough to innundate terraces except as a result of unusually heavy rains from tropical hurricanes moving inland from the north coast. While rare

occurrences, these events enrich the terraces with fertile new soils at the same time that they change existing river channels.

The Humuya and Sulaco River valleys are somewhat different in character. The Sulaco River valley has broader and gentler slopes and contains numerous alluvial fans along the sides of the river. For the most part the Sulaco is confined within silt, sand, or gravel banks, and locally develops a relatively broad valley floor. Two large tributaries enter the Sulaco River within the study area. The largest of these is the Rio Jacagua which drains the mountains along the east bank of the Sulaco. The other is the Rio Yunque which drains down from the Llano de Sabana Bonita. Lesser permanent tributaries include the Arroyo de Arrosa which flows past Guarabuqui, the Rio Chilistagua near El Mango, and the Quebrada El Zapotal which enters the Sulaco near La Pimienta.

The Humuya River, by contrast, is located within a narrower and steeper valley. The banks of the river are more frequently bounded by exposed bedrock and the valley floor rarely exceeds 750 m in width. Overall there are few vegas and limited flood plain. Geoarchaeological investigations (Norville 1986; Norville and Collins, this volume) have demonstrated that the Humuya River is the more dynamic of the two rivers, showing evidence of more frequent destruction of lower flood plain deposits than along the Sulaco. The important tributaries to the Humuya River are the Yure and Maragua Rivers, both of which drain the eastern slopes of the Cerro Azul Meambar. These tributaries have rudimentary but divided flood plains and a slightly greater number of small vegas along their banks than is found along the Humuya itself. Lesser tributaries include the Rio Colorado which drains the Llano de Vallecito, the Quebrada de El Chamo near Agua Caliente, and the Rio Quirima which drains the western slope of Cerro Negro (Figure 2.1).

The relation between geology and geomorphology throughout the study region is fairly straight forward. The Humuya valley is narrow, steep-walled and is developed mostly in Lower and Middle Tertiary volcanic rocks. Only minor stretches of the earlier Valle de Angeles redbeds are exposed along its river course. The broader valley of the Sulaco River is underlain to a much greater extent by these earlier and more easily eroded Valle de Angeles strata. Areas of the uplands which form flat or gently rolling plains overlie Padre Miguel tuff while other geologic strata underlie much of the more broken and precipitous upland terrain. A more detailed discussion of regional geology follows below.

Although a separate pedological survey was not conducted, much useful information on soil fertility and morphology was collected from both the contemporary land use survey and geoarchaeological segments of the project (see Loker, chapter 6 this volume; Norville and Collins, this volume).

Soils throughout the region differ significantly in terms of their mineral content, texture, and percentage of organic matter (Loker, chapter 6, this volume). Soil ph is close to neutral on the valley floor while maintaining moderately acid levels (5–6) in the uplands. Low levels of soil phosphorous is the

de Agua Caliente y el Río Quirima, el cual irriga la ladera occidental del Cerro Negro (Figura 2.1).

La relación entre la geología y la geomorfología en la totalidad de la región de estudio es claramente detectable. El valle del Río Humuya es estrecho y de paredes escarpadas, desarrollado predominantemente de las rocas volcánicas del Terciario Inferior y Medio. Solamente en cortas extensiones de la más temprana Formación Valle de Angeles están expuestos los suelos rojos a lo largo de su curso. El más amplio valle del Río Sulaco yace superpuesto en mayor grado a los estratos más tempranos y más fácilmente erosionables de Valle de Angeles. Las áreas de tierra alta que forman terrenos planos o de suave pendiente yacen sobre toba de la Formación Padre Miguel, mientras que otros estratos geológicos subyacen a los más quebrados y precipitosos terrenos de tierra alta. Una más detallada discusión de la geología regional se ofrecerá más adelante.

Aunque no se condujo un reconocimiento pedológico por separado, se recolectó una gran cantidad de información útil acerca de la fertilidad del suelo y la morfología, dentro del marco de las investigaciones sobre el uso moderno de la tierra y la geoarqueología (Loker, Capítulo 6; Norville y Collins, Capítulo 5).

Los suelos en toda la región difieren significativamente en cuanto a su contenido mineral, textura y porcentaje de materia orgánica se refiere (Loker, Capítulo 6). El pH del suelo es cercano a neutro en el piso del valle, mientras que se mantiene a niveles moderadamente ácidos (-6) en las tierras altas. Los bajos niveles de fósforo constituyen la mayor limitación de los suelos de la región. La deficiencia de fósforo es más severa en las tierras altas que en las vegas, quizá debido al periódico enriquecimiento aluvial del piso de los valles.

Desde una perspectiva geomorfológica, los suelos de tierra alta reflejan más estrechamente la litología subyacente y son menos fértiles que los terrenos de vega. Era de esperar que los suelos de tierra alta con base de toba presentarían un bajo contenido tanto de calcio (Ca) como magnesio (Mg). El contenido de potasio (K) debería ser adecuado, excepto donde la lixiviación es fuerte. Por el contrario, los suelos desgastados por los fenómenos atmosféricos formados por las rocas de la Formación Matagalpa deberían contener más calcio y magnesio, pero menos potasio. Los suelos con base de caliza, tales como aquellos desarrollados localmente en la Formación Valle de Angeles, deberían ser comparativamente más ricos en calcio y magnesio, pero muy pobres en potasio. Para todos los suelos fue probablemente importante la fertilización esporádica a consecuencia de la caída de ceniza; las erupciones relacionadas con las Formaciones Ilopango y Cosigüina esparcieron densas capas de ceniza (Williams 1952; Sheets 1979), al igual que la más reciente erupción de El Chichón en México.

Geología Regional

El reconocimiento geológico realizado por Coskren para obtener la información descriptiva básica sobre la región de El Cajón, pudo ser integrado con la fragmentaria, pero creciente literatura sobre la geología de Honduras. Este estudio fue llevado a cabo en el lapso de ocho semanas de trabajo de campo en 1980 y se enfocó especificamente en la identificación de la estratigrafía geológica y las probables áreas de recursos disponibles. El reconocimiento del terreno se concentró en la Zona de Embalse, aunque también se incluyó un recorrido menos intensivo de la restante región de estudio del proyecto accesible con vehículo de doble tracción. Debido a la importancia de la obsidiana para los grupos precolombinos en Honduras, el reconocimiento se amplió para hacer una breve visita a varias localidades fuera de la región de El Cajón, en donde se ha registrado la existencia de este material en formaciones geológicas.

La roca madre dentro de la región de estudio comprende cuatro principales unidades: 1) la Caliza Atima del Grupo Yojoa correspondiente al Cretáceo Medio, 2) el Grupo Valle de Angeles correspondiente al Cretáceo Superior y posiblemente a la parte más temprana de la Era Terciaria, 3) la Formación Matagalpa correspondiente a la temprana Era Terciaria y 4) la Formación Padre Miguel correspondiente al Mioceno (Figura 2.2). Rocas más antiguas se encuentran presentes a 35 km. al sur de la Zona de Embalse, en donde aflora el Esquisto Cacaguapa del Premesozoico, a corta distancia al norte de la ciudad de Comayagua. Las Formaciones Atima, Valle de Angeles y Matagalpa parecen ser concordantes, mientras que la Formación Padre Miguel no es concordante en cuanto a su superposición a las tres unidades más antiguas. La falta de tiempo e incompleta exposición impidieron el registro estratigráfico de los perfiles de estas unidades, aunque estimamos que todas deben tener un mínimo de varios cientos de metros de espesor.

La unidad expuesta de más edad en la región de El Cajón es la Caliza Atima. Esta unidad se presenta típicamente como un depósito masivo de caliza de color gris medio a oscuro y de gránulo fino, el cual también incluye depósitos delgados a medios de caliza y arcilla esquistosa. En la localidad de la presa, un estrato de arcilla esquistosa de color grisáceo a verde de solamente varios metros de espesor está intercruzado con la Formación Atima. Este estrato se asemeja y puede corresponder a la arcilla esquistosa El Mochito que se encuentra expuesta cerca de la mina del mismo nombre, al suroeste del Lago de Yojoa. Sílex negro se observa dentro de la Formación Atima, encontrándose expuesto en la localidad de la presa en bandas irregulares y estando disponible en otras partes en forma de pequeños nódulos. La Caliza Atima está bien expuesta en la parte norte de la región de El Cajón a lo largo del Río Sulaco y en la localidad de la presa, en donde subyace a escarpadas elevaciones y forma cañones precipitosos; también aflora continuamente al sur de la región, del poblado de La Libertad a la ciudad de Comayagua.

Localmente la Formación Atima es fosilífera y contiene bancos de ostras rudístidas y coquinas orbitolínidas. Otra litología dentro de la Formación Atima es un bronco conglomerado de caliza, anteriormente conocido como Formación

most limiting factor of soils in the region. Phosphorous deficiency is more severe in the uplands than it is in the vegas perhaps because of the periodic alluvial enrichment of valley bottoms.

From a geomorphological perspective, upland soils more closely reflect the underlying lithology and are less fertile than vega land. The tuff-based upland soils should be low in both calcium (Ca) and magnesium (Mg). Potassium (K) should be adequate except were leaching is great. Conversely, soils weathered from rocks in the Matagalpa Formation should contain both more calcium and magnesium but less potassium. Limestone-based soils, such as those developing locally on Valle de Angeles lithologies, should be comparatively rich in both calcium and magnesium but very poor in potassium. For all soils, sporadic fertilization by ash falls was probably important; the Ilopango and Cosiguina eruptions both spread wide blankets of ash (Williams 1952; Sheets 1979) as did the more recent eruption of El Chichon in Mexico.

Regional Geology

A geological reconnaissance was conducted by Coskren to collect basic descriptive information to integrate the El Cajon region with the fragmentary but growing literature on Honduran geology. This study was conducted during eight weeks of field work in 1980 and focused specifically on identifying geologic stratigraphy and probable resource areas. The field reconnaissance concentrated on the Reservoir Zone, although a less intensive survey was completed of the remainder of the project area which could be visited in a four-wheel drive vehicle. Because of the importance of obsidian to prehistoric groups throughout Honduras, the survey was widened to include locales outside the project area where this material was reported to occur in geological formation.

Bedrock within the study area comprises four major geological units: 1) the Atima Limestone of the Yojoa Group of mid-Cretaceous age, 2) the Valle de Angeles Group of Late Cretaceous and possibly earliest Tertiary age, 3) the Matagalpa Formation of Early Tertiary age, and 4) the Padre Miguel Formation of Miocene age (Figure 2.2). Older rocks are present 35 km to the south where the pre-Mesozoic Cacaguapa Schist crops out a short distance north of the town of Comayagua. The Atima, Valle de Angeles, and Matagalpa Formations appear to be conformable while the Padre Miguel Formation is unconformable since it overlies these three older units. Lack of time and incomplete exposure prevented stratigraphic profiling of any of the units, but we estimate that all four units must be a minimum of several hundred meters thick.

The oldest exposed unit in the project area is the Atima limestone. This unit typically is a thick to massive-bedded, medium to dark gray micrograined limestone which also includes some medium to thin-bedded limestone and shale. At the dam site a thin bed of grayish green shale several meters thick is interbedded within the Atima. This stratum resembles and may correlate with the Mochito shale which is exposed

near the El Mochito mine southwest of Lake Yojoa. Black chert is present within the Atima; it is exposed at the dam site where it occurs as irregular bands and is available elsewhere as small nodules. Atima Limestone is well exposed in the northern part of the area along the Sulaco River and at the dam site where it underlies steep ridges and forms precipitous canyons. It also crops out extensively just south of the area, from La Libertad to Comayagua.

The Atima is locally fossiliferous and contains rudistid oyster reefs and orbitolinid coquina. Another lithology within the Atima is a coarse limestone conglomerate, formerly separated as the Ilama Formation. It consists of large clasts (30 cm or larger) of Atima-type limestone set in a limey matrix. However, its inconsistent stratigraphic position and discontinuous nature have led Finch (1981) to view it as a local facies within the Atima Limestone. The depositional environment of the Atima was a warm, shallow, carbonate-floored sea with patch reefs (Mills et al. 1967), comparable to the modern Bahama Banks.

The next younger unit in the study region is the heterogeneous Valle de Angeles Group. Its most typical lithology consists of red clastic sediments ranging from shale to coarse conglomerate. The Valle de Angeles Group also includes two formally named limestone units (the Esquias and Jaitique), many unnamed calcareous beds, dark silty calcareous shales, and perhaps minor volcanic rock at the top, depending on how contact with overlying deposits is defined.

The redbed lithology is well exposed within the study area. The lower Valle de Angeles is exposed along the Sulaco where it consists of red clastics ranging from shale to coarse conglomerates. In most places the conglomerates contain large angular clasts of Atima Limestone, but locally small rounded quartz pebbles are more abundant. The upper Valle de Angeles is best exposed along the lower Sulaco, along the road between Valle Bonito and Agua Blanca, and along the Quebrada del Huye, a tributary of the Rio Humuya just north of Ojos de Agua. It also is mostly redbeds, but conglomerate also occurs and contains rare fragments of mafic volcanic rock derived from early Matagalpa-type volcanics. Such mafic flows are interbedded with the uppermost Valle de Angeles in at least two areas. Along the Humuya by the mouth of the Quebrada del Huye, a red mudstone containing sparse plant fragments was baked to a natural brick by a lava flow, and along the Sulaco just below Salitron a flow interbedded with the upper redbeds forms an abrupt ridge.

Calcareous lithologies corresponding to the Esquias and Jaitique Formations are also included within the Valle de Angeles Group. Neither of these limestone formations was identified within the Reservoir Zone but both occur nearby: 1) at La Libertad where the Esquias formation is exposed and 2) just north of the dam site where the Jaitique Formation can be observed. However, a thick section of dark calcareous silty shale interbedded with dark flaggy limestone is exposed in the lower basin of the Rio Chilistagua and along the Sulaco nearby. These deposits include beds very similar to the Guare

llama. Esta consiste en grandes clastos (30 cm. o más) de caliza del tipo Atima en una matriz también caliza. Sin embargo, su desconcordante posición estratigráfica y naturaleza discontinua, han llevado a Finch (1981) a considerarla como una facies local dentro de la Formación Atima. El ambiente de deposición de la Formación Atima fue el de un mar de temperatura templada y poco profundo con lecho de carbonato y arrecifes intermitentes (Mills et al. 1967), comparables a los modernos Bancos de las Bahamas.

La formación más reciente en la región de estudio es el heterogéneo Grupo Valle de Angeles. Su litología más típica consiste en sedimentos clásticos rojos que varían en composición de arcilla esquistosa a conglomerado grueso. El Grupo Valle de Angeles incluye también las dos unidades de caliza anteriormente mencionadas (Esquías y Jaitique), muchos estratos calcáreos sin nombre específico, oscuras arcillas esquistosas aluvio-calcáreas y, quizá, roca volcánica de menor tamaño en su techo (dependiendo de como se defina el contacto con los depósitos superpuestos).

La litología de suelos rojos está bien expuesta dentro de la región de estudio. El miembro inferior de Valle de Angeles se encuentra expuesto a lo largo del Río Sulaco en donde consiste en clastos rojos que van de arcilla esquistosa a conglomerado grueso. En su mayor parte el conglomerado contiene clastos grandes y angulares de Caliza Atima, pero localmente son más abundantes las pequeñas guijas redondeadas de cuarzo. El miembro superior de Valle de Angeles está mejor expuesto en las márgenes del bajo Río Sulaco, a lo largo de la carretera entre Valle Bonito y Agua Blanca y en las márgenes de la Quebrada del Huye, un tributario del Río Humuya, inmediatamente al norte de Ojos de Agua. Se compone también en su mayor parte de suelos rojos, aunque el conglomerado también está presente y contiene escasos fragmentos de roca magmática derivada del temprano volcanismo de tipo Matagalpa. Tales flujos magmáticos se hallan entrecruzados con el miembro superior de Valle de Angeles en por lo menos dos distintas áreas. En las márgenes del Río Humuya, a la altura de la desembocadura de la Quebrada del Huye, un sedimento de lodo rojo conteniendo escasos fragmentos de plantas fue cocido por una corriente de lava a una consistencia natural de ladrillo; en las márgenes del Río Sulaco, inmediatamente río abajo de Salitrón Viejo, una de estas corrientes se intercruzó con los suelos rojos superiores dando lugar a una abrupta elevación del terreno.

Las litologías calcáreas correspondientes a las Formaciones Esquías y Jaitique también se incluyen dentro del Grupo Valle de Angeles. Ninguna de estas dos formaciones fue identificada dentro de la Zona de Embalse, pero están presentes adyacentes a sus límites en 1) La Libertad, en donde la Formación Esquías está expuesta y 2) inmediatamente al norte de la localidad de la presa, en donde la Formación Jaitique se puede observar. Sin embargo, una espesa sección de arcilla esquistosa oscura y aluvio-calcárea, intercruzada un una caliza oscura y suelta, se encuentra expuesta en la cuenca del bajo Río Chilistagua y en las márgenes del cercano Río Sulaco. Estos depósitos comprenden sedimentos muy similares a los del miembro Caliza Guare de la Formación Jaitique (es decir, caliza gris oscura en fajas delgadas, laminada y suelta, intercalada con estratos de arcilla esquistosa oscura). Estos depósitos pueden corresponder a la Formación Jaitique aunque carecen del típico olor fétido propio de la Caliza Guare.

También está presente el yeso en el Grupo Valle de Angeles. No obstante que no ha sido avistado dentro de la Zona de Embalse, se halla discontinuamente distribuido a lo largo de la Formación Jaitique (Finch 1981) y está expuesto en el cercano Llano de San Patricio. Los suelos rojos Valle de Angeles se formaron en un ambiente de deposición marino de delta de aguas bajas (Williams y McBirney 1969; Horne et al. 1974). El contraste con el precedente Grupo Yojoa puede ser atribuido a un incremento en el abastecimiento de detritos de clastos terrígenos, probablemente debido a doblamiento y erosión de las cercanas masas continentales. La presencia de clastos de caliza angular del tipo Atima dentro de los depósitos Valle de Angeles, sugiere un origen parcialmente local de los sedimentos y cierta perturbación tectónica igualmente local.

La Formación Matagalpa es la expresión más temprana de un extendido y prolongado volcanismo en Honduras. Su litología más típica es roca magmática de composición basáltica o andesítica (Williams y McBirney 1969). Mucho de este basalto y andesita está alterado y fuertemente fracturado, siendo frecuentemente extraído para ser utilizado como grava en las carreteras. Sin embargo, también se presenta como afloramientos masivos y estables en las márgenes del Río Humuya y de los bajos cursos del Río Sulaco. La roca es generalmente porfirítica, conteniendo cristales en forma de varillas de plagioclase de hasta 5 mm. de largo, mientras otros son vesiculares. La roca recientemente expuesta es de color gris medio a casi negro, pero se encuentra más comunmente alterada a un gris pardusco, rojo oscuro o gris purpurino. Los depósitos volcánicos a menudo están silicatados, lo cual produce dentro de los depósitos espirales, bandas y masas irregulares de una sílex que se asemeja al jaspe de color pardo rojizo.

La brecha es común. Una variedad particularmente llamativa y ampliamente distribuida consiste en clastos angulares de roca volcánica roja oscura situados en una matriz de gránulo fino a medio y de color más claro. Las localidades en donde se aprecia bien se hallan al oeste de Ojo de Agua y en las márgenes del bajo curso del Río Yunque. Los minerales de ceolita se presentan localmente en vesículas y venas en toda la Formación Matagalpa. Los depósitos sedimentarios dentro de esta formación incluyen suelos rojos en conglomerados. Estos suelos rojos pueden ser distinguidos de los depósitos similares dentro del Grupo Valle de Angeles por medio de la presencia de abundantes clastos magmáticos; asimismo pueden diferenciarse de las litologías semejantes dentro de la superpuesta Formación Padre Miguel por medio de la ausencia de clastos de toba.

La unidad de roca madre más reciente en la región de estudio es la Formación Padre Miguel. En la mayoría de las localidades esta unidad se compone de toba felsítica de un

Limestone member of the Jaitique Formation (i.e. dark gray, thin bedded, laminated, flaggy limestone intercalated with layers of dark shale). They may correspond to the Jaitique Formation although they lack the typical fetid odor of Guare Limestone.

Gypsum is also present in the Valle de Angeles group. Although it was not seen within the RZ, it is discontinuously distributed along the Jaitique Formation (Finch 1981) and is exposed nearby on the Llano de San Patricio. The Valle de Angeles redbeds were formed in a deltaic and shallow marine depositional environment (Horne et al. 1974; Williams and McBirney 1969). Contrast with the preceding Yojoa Group can be ascribed to an increase in the supply of terrigenous clastic debris, probably due to uplift and erosion of nearby land masses. The presence of angular Atima-type limestone clasts within Valle de Angeles deposits suggests a partly local origin of the sediments and some local tectonic disturbance.

The Matagalpa Formation is the earliest expression of widespread and protracted volcanism in Honduras. Its most typical lithology is mafic lava of basaltic or andesitic composition (Williams and McBirney 1969). Much of this basalt and andesite is altered and badly fractured, and it is frequently excavated for road gravel. Nevertheless, it also occurs as massive, durable outcrops along the Humuya and the lower Sulaco Rivers. The rock is generally porphyritic, containing lath-like crystals of plagioclase up to 5 mm long, while some is vesicular. Fresh rock is medium gray to almost black, but it is more commonly altered to brownish gray, maroon, or purplish gray. Volcanic deposits often are silicified, which produce swirls, bands, and irregular masses of a reddish brown jasperoid silica within the deposits.

Breccias are common. A particularly striking and widespread variety consists of angular clasts of maroon volcanic rock set in a fine to medium grained lighter colored matrix. Good exposures were located west of Ojos de Agua and along the lower course of the Yunque River. Zeolite minerals are locally present in vesicles and veins throughout the Matagalpa Formation. Sedimentary deposits within the Matagalpa Formation include conglomeratic redbeds. These redbeds may be distinguished from similar deposits within Valle de Angeles Group by the presence of abundant mafic volcanic clasts; they may be distinguished from similar lithologies within the overlying Padre Miguel Formation by the absence of tuff clasts.

The youngest bedrock unit in the study region is the Padre Miguel Formation. In most places this unit is composed of a light colored felsitic tuff which is rhyolite to rhyodacite in composition (Williams and McBirney 1969). Felsite flows, coarse conglomerates, and redbeds are also present but less abundant throughout this formation. Tuffs generally range in color from light gray to light greenish, yellowish, or (most commonly) purplish gray. These pastel hues can shade to darker tones depending on the exposure, making the Padre Miguel difficult to distinguish from the Matagalpa Formation. Most tuff is moderately welded, but all gradations were found. Tuffs with hard, tough, densely welded material and rough

columnar jointing were located along the Humuya River above the Colorado River. Soft, poorly welded tuff and water-laid tuffaceous sediments were located west of San Andres near Valle Bonito. Tuffs may contain elongated crystal-lined gas cavities several centimeters long and quartz, sanidine, or biotite crystals up to a few millimeters wide.

A black glassy vitrophyre or strongly welded tuff resembling obsidian was located near Terreritos within the Padre Miguel Formation. This material has a platey structure and is partially devitrified, rendering it useless for making sharp cutting implements. Within the Padre Miguel Formation there are also coarse clastic sediments which greatly resemble recent river gravels and contain small rounded boulders up to 50 cm in diameter. Most of the clasts appear to have originated from Matagalpa deposits, although some tuff fragments were also found. These sediments are well lithified and dip at a steep angle; they are exposed along the Humuya River a short distance downstream from Ojos de Agua. Coarse sandstone and a minor red mudstone are interbedded with this conglomerate.

The Padre Miguel Formation directly and unconformably overlies the Matagalpa, the Valle de Angeles, and the Atima Formations. The basal layers of the Padre Miguel Formation were observed along the Rio Humuya below the Colorado River where an early tuff deposit was superimposed on a conglomerate with clasts of Matagalpa volcanics. An area of deeply weathered Matagalpa tuff was located between Valle Bonito and La Laguna which appears to represent a pre-tuff weathered surface. An exposure of bedded tuff was identified along the old road northwest of the Yure River which appears to have been deposited as airfall around a Matagalpa boulder. In some areas Padre Miguel deposits can be found directly overlying the Valle de Angeles Formation such as in the drainage of the Quebrada del Huye and in the vicinity of Agua Blanca. Padre Miguel tuff may also be in direct contact with the Atima Limestone as may be the case along the Sulaco River near El Mango. In most places Padre Miguel deposits have gentle dips, in contrast to the steeper dips of the older units.

Natural Resource Inventory

Archaeological investigations utilizing the cultural ecological approach assume that a substantial portion of cultural diversity is a product of man's adaptation to his physical and cultural environment. From this perspective the starting points for cultural historical interpretation is a reconstruction of these prehistoric environments. The past physical environment can usually be reconstructed by studying contemporary conditions. Although man's behavior can impact the natural environment, these changes are rarely severe enough to prevent at least a partial reconstruction of prior conditions. The cultural environment is much more difficult to recreate and requires a greater reliance on archaeological techniques (such as survey and excavation) and interpretation. The cultural environment and its effect on development will be discussed

color claro, cuya composición varía de riolita a riodactita (Williams y McBirney 1969). Las corrientes de felsita, conglomerados con gruesas inclusiones y suelos rojos también se encuentran aquí, pero menos abundantemente en la totalidad de la formación. Las tobas por lo general varían en color de gris claro a gris verdoso claro, gris amarillento o (más comunmente) gris purpurino. Estos colores pastel pueden tomar tonos más oscuros dependiendo del tiempo que tengan de estar expuestos. Este hecho hace difícil distinguir la Formación Padre Miguel de la Formación Matagalpa. La mayoría de la toba es moderadamente homogénea, aunque se observan todas las gradaciones. Tobas de material duro, resistente y densamente ligado y de toscas uniones columnarias se localizaron en las márgenes del Río Humuya corriente arriba del Río Colorado. Tobas suaves, débilmente ligadas y sedimentos de toba fijados por el agua se hallaron expuestos al oeste de San Andrés cerca de Valle Bonito. Las tobas pueden contener cavidades alargadas de gas cristalizado de varios centímetros de largo al igual que cuarzo, sanidina o cristales de biotita de hasta unos cuantos milímetros de espesor.

Una toba negra vítrea o fuertemente ligada que se asemeja a la obsidiana fue localizada cerca de Terreritos dentro de la Formación Padre Miguel. Este material tiene una estructura laminada, pero se encuentra parcialmente desvitrificado, lo cual lo hace inútil para la producción de implementos cortantes. Dentro de la Formación Padre Miguel también están presentes los sedimentos de clastos gruesos que se asemejan grandemente a las recientes gravas de río y contienen guijas redondeadas de hasta 50 cm. de diámetro. La mayor parte de los clastos parecen haberse originado en los depósitos de la Formación Matagalpa, aunque también se observaron algunos fragmentos de toba. Estos sedimentos están bien petrificados y yacen en agudo ángulo; se encuentran expuestos en las márgenes del Río Humuya, a corta distancia río abajo de Ojo de Agua. Arenisca gruesa y, en menor escala, fango rojo se entrecruzan con este conglomerado.

La Formación Padre Miguel se superpone directa y desconcordantemente a las Formaciones Matagalpa, Valle de Angeles y Atima. Los estratos en la base de la Formación Padre Miguel se observaron en las márgenes del Río Humuya, corriente abajo del Río Colorado, en donde un temprano depósito de toba se sobrepuso a un conglomerado con clastos volcánicos Matagalpa. Un área de toba Matagalpa fuertemente deteriorada por la exposición se localizó entre Valle Bonito y La Laguna, la cual parece representar una superficie deteriorada precedente a la toba. Una exposición de estratos de toba se identificó a lo largo de la vieja carretera al noroeste del Río Yure, ésta tiene el aspecto de haberse originado por deposición eólica alrededor de una peña Matagalpa. En algunas áreas, los depósitos Padre Miguel pueden encontrarse directamente sobrepuestos a la Formación Valle de Angeles, tal como en el sistema de la Quebrada del Huye y en la vecindad de Agua Blanca. La toba Padre Miguel puede también estar en contacto directo con la Caliza Atima, como podría ser el caso en las márgenes del Río Sulaco cerca de El Mango. En la mayoría

de las localidades los depósitos Padre Miguel presentan ligeras inclinaciones, en contraste con las más pronunciadas de las unidades más antiguas.

Inventario de los Recursos Naturales

Las investigaciones arqueológicas que utilizan la estrategia ecológica-cultural, asumen que una porción substancial de la diversidad cultural es el producto de la adaptación del hombre a su ambiente físico y cultural. Desde esta perspectiva, el punto de partida para la interpretación histórica es la reconstrucción de los tipos de ambientes precolombinos. El ambiente físico del pasado puede usualmente ser reconstruido por medio del estudio de las condiciones contemporáneas. Aún cuando la conducta del hombre puede hacer impacto sobre el ambiente físico, estos cambios son raras veces lo suficientemente severos como para impedir una reconstrucción parcial, cuando menos, de las condiciones reinantes con anterioridad. El ambiente cultural es mucho más difícil de recrear y depende en mayor grado de las técnicas arqueológicas (tales como el reconocimiento de superficie y la excavación) y de la interpretación. El ambiente cultural y sus efectos en el desarrollo específico de un grupo humano, serán discutidos en un futuro volumen. Aquí únicamente nos interesa la comprensión del ambiente físico y el registro de los recursos naturales disponibles para ser explotados por el hombre dentro de la región de El Cajón.

El tipo, cantidad y localización de los recursos naturales juegan un papel decisivo en la adaptación del hombre a un determinado ambiente. Todos los grupos humanos requieren de una gama de materias primas para llenar sus necesidades. Estas incluyen alimentos, fibras, materiales de construcción y para producción de artefactos. La Ley del Mínimum de Liebig predice que las sociedades no pueden expandirse más allá del límite del menos abundante y necesario recurso disponible en su ambiente. La comprensión del carácter de las zonas de recursos y la disponibilidad o escasez de materias primas que contienen, es esencial para la comprensión de la conducta humana. Los recursos pueden estar restringidos a localidades individuales o encontrarse en zonas de amplia accesibilidad. El carácter de la zona de recursos, la cantidad de los mismos y la frecuencia con que éstos son utilizados, son importantes para determinar hasta que punto dichos recursos pueden encontrarse controlados por determinados grupos. Igualmente, la escasez de un recurso, aunque importante para la comprensión de una cierta conducta cultural, solo puede ser reconstruido en relación con la población que lo consume.

Aquí se presenta un resumen del inventario de los recursos naturales disponibles dentro de la región de El Cajón, el cual será utilizado en los estudios subsiguientes como una base para interpretar la interacción cultural a nivel local y regional. El lector puede encontrar en los otros capítulos de este volumen información más específica sobre el clima (Loker, Capítulo 3), la flora (Lentz, Capítulo 4) y la agricultura (Loker, Capítulo 6)

in future volumes. Here we are only concerned with understanding the physical environment and the natural resources available for human use within the El Cajon region.

The type, quantity, and location of natural resources have a strong impact on human adaptation. All human groups require a range of natural resources to fulfill their needs. These include food, fiber, building materials, and tools. Liebig's Law of the Minimum predicts that societies cannot expand beyond the limit of the least abundant necessary resource available in their environment. Understanding the shape of resource zones and the availability or scarcity of the resources they contain is essential for understanding human behavior. Resources may be restricted to single point locales or as zones with broad accessibility. The shape of the resource zone, the quantity of the resource, or the frequency with which it was used are important in determining the extent to which resources may be controlled by individual groups. Likewise, resource scarcity, while important for understanding cultural behavior, can only be reconstructed in relation to a consuming population.

An inventory of available resources within the El Cajon region is summarized here and will be used in subsequent studies as a basis for interpreting intra- and interregional cultural interaction. Readers should refer to other chapters in this volume for more specific information on the climatic (Loker, chapter 3), floral (Lentz, chapter 4) and agricultural (Loker, chapter 6) environments in the region.

The Agricultural Environment

Prehistoric groups in the El Cajon region were sedentary agriculturalists which relied on the cultivation of corn and beans for a portion of their subsistence requirements (Lentz, chapter 7, this volume). When discussing the agricultural environment, it is important to distinguish between characteristics of 1) agricultural quality, 2) aggregate capacity, and 3) resource concentration. Each of these three variables has a different impact on the level and type of cultural adaptation using an agricultural lifeway.

Conditions of topography and geology have concentrated the best agricultural soils in small vegas alongside the permanent rivers. From an agricultural perspective this is a highly circumscribed environment. The most productive lands are distributed in a linear fashion within narrow alluvial valleys which are bounded by rugged slopes with thin soils. The environment is one where we could expect to find population pressure under conditions of prolonged demographic growth (Carneiro 1970).

The agricultural quality of the area is quite variable. Soils throughout the alluvial bottoms are both productive and durable. Maize productivity figures for unfertilized agricultural plots show that the regional alluvial soils are well above average when compared to other areas of Mesoamerica (Loker, chapter 6, this volume, Table 6.11). Soils on the slopes are thin, low in phosphorous, and subject to erosion. We do not believe that cropping patterns were ever intense enough to

have altered significantly the level of agricultural productivity from what it was in the past. We believe that contemporary agricultural practices define fairly accurately the limit of cultivation during prehistoric times (Loker, chapter 6, this volume).

The aggregate or total agricultural capacity within the El Cajon region is quite low. Agriculture is limited to one annual harvest throughout most of the region because of local rain shadows and the seasonal cycle of the summer rains (Loker, chapter 3, this volume). Harvesting two or more crops per year would only have been possible 1) during climatic episodes which would have been substantially more humid than recorded during modern times or 2) where permanent or diversion irrigation systems have been established. No evidence of intensive prehistoric farming practices such as check dams or hillside terracing have been recorded anywhere in the El Cajon region or elsewhere in Honduras outside of Copan (Turner and Johnson 1979). Either these techniques were unknown or swidden techniques were sufficient to support the local population. Low aggregate agricultural capacity is a factor of the restricted amount of good agricultural land in the region. The quality of the agricultural land concentrated along the alluvial bottoms is as good or better than that found in tropical regions elsewhere in Central America (Loker, chapter 6, this volume). This is important because the quantity and quality of agricultural resources must be assessed independently in terms of the consumption requirements of the society occupying the region. Analysis presented in this volume (Loker, chapter 6, this volume; Hirth, chapter 9, this volume) indicate that level of productivity was sufficient to support a chiefdom level society.

The Floral and Faunal Environment

The El Cajon region provided a rich botanical environment with many species supplying food and fiber for prehistoric groups. The diversity of this natural setting is discussed in detail by Lentz (chapter 4, this volume) and will not be repeated here. What is important to emphasize, however, is that the region is characterized by microenvironmental diversity within a relatively small geographical area. This provides a wide spectrum of both utilizable plants and diversified habitats for different animal species.

A diversified environment is important for groups practicing either 1) a nomadic hunting-and-gathering lifeway or 2) a mixed horticultural economy where a minor, but still significant portion of the diet comes from foraging activities. The El Cajon subsistence system conforms to this second type. While agricultural activity was concentrated in the deep soils of the Tropical Deciduous Forest, adjacent zones were utilized for periodic plant collecting, hunting, fishing, and mollusc collecting. Indigenous nonagricultural species whose fruits were particularly important in the diet include prickly palm (*Acrocomia* sp.), wild cherry (*Byrsonima crassifolia*), *negrito* (*Simarouba glauca*), wild plum (*Spondias nombin*), and *zapote* (*Pouteria mammosa*) (Lentz 1985, chapter 4, this volume).

The faunal material identified in the El Cajon collections

en los distintos ambientes de la región con que tratamos.

El Ambiente Agrícola

Los grupos precolombinos en la región de El Cajón eran agricultores y sedentarios; ellos llenaban una parte de los requisitos para su subsistencia por medio del cultivo del maíz y el frijol (Lentz, Capítulo 7). Al discutir el ambiente agrícola es de importancia distinguir entre las siguientes características: 1) calidad agrícola, 2) capacidad agregada y 3) concentración de recursos. Cada una de estas tres variables hacen un diferente impacto sobre el nivel y tipo de adaptación cultural de acuerdo a la economía agrícola practicada.

Las condiciones específicas que presentan la topografía y geología han concentrado los suelos agrícolas óptimos en pequeñas vegas a las orillas de las corrientes permanentes. Desde una perspectiva puramente agrícola se trata de un ambiente altamente circunscrito. Las tierras más productivas están distribuidas en forma lineal dentro de los estrechos valles aluviales, los cuales están delimitados por escarpadas pendientes de delgados suelos. Se trata, por lo tanto, de un ambiente del cual podemos esperar que mostraría señales de presión demográfica bajo las condiciones de un ininterrumpido crecimiento poblacional (Carneiro 1970).

La calidad agrícola de la región es muy variable. Los suelos en todos los bolsones aluviales son productivos y susceptibles de ser sometidos a un prolongado uso. Las cifras sobre la productividad arrojadas para el cultivo del maíz sin fertilizantes, muestran que los suelos aluviales de la región se encuentran muy por encima del promedio de rendimiento en comparación con otras áreas de Mesoamérica (Loker, Capítulo 6:Cuadro 6.11). Los suelos en las pendientes son delgados, con bajo contenido de fósforo y sujetos a la erosión. No consideramos que los patrones de cultivo hayan sido alguna vez lo suficientemente intensivos como para alterar significativamente el nivel de la productividad agrícola con respecto a la época precolombina. Creemos, más bien, que las prácticas agrícolas contemporáneas definen de manera bastante adecuada el límite del uso a que fuera sometida la tierra en el pasado (Loker, Capítulo 6).

La capacidad agrícola agregada o total dentro de la región de El Cajón es en realidad baja. La agricultura está limitada a una sola cosecha anual en casi toda la región debido a las sombras pluviales locales y al ciclo de estaciones determinado por el calendario de lluvias (Loker, Capítulo 3). Dos o más cosechas al año solo habrían sido posibles 1) durante episodios climáticos significativamente más húmedos que los registrados en la época actual o 2) con el establecimiento de sistemas permanentes de irrigación. No fue registrada ninguna evidencia de prácticas intensivas de cultivo para los tiempos precolombinos, tales como irrigación en tableros o terrazas en las pendientes de los cerros, en la región de El Cajón o en alguna otra parte de Honduras con excepción de Copán (Turner y Johnson 1979). Esto conduce a la conclusión que esas técnicas eran desconocidas o la agricultura migratoria bastaba para sostener la población allí existente. La baja capacidad agrícola

agregada es un factor que tiene que ver con la restringida cantidad de tierra fértil disponible en la región. La calidad de la tierra agrícola concentrada en los bolsones aluviales es tan buena o mejor que la que se encuentra en otras regiones tropicales de Centroamérica (Loker, Capítulo 6). Esto es de relevancia puesto que la cantidad y calidad de los recursos agrícolas deben ser evaluadas independientemente, en cuanto a las exigencias de consumo de la sociedad establecida en esta región se refiere. El análisis presentado en este volumen (Loker, Capítulo 6; Hirth, Capítulo 9) indica que el nivel de productividad era lo suficientemente adecuado como para sostener una sociedad organizada a nivel de un cacicazgo.

Flora y Fauna

La región de El Cajón constituye un rico ambiente botánico con muchas especies que proveyeron alimentos y fibras a los grupos precolombinos. La diversidad de este paisaje natural es discutido en detalle por Lentz (Capítulo 4) y, por lo tanto, no se mencionará aquí. Es importante enfatizar, sin embargo, que la región se caracteriza por su variedad microambiental dentro de una relativamente reducida área geográfica. Esto ofrece un amplio espectro tanto de plantas utilizables como diversos habitats para la fauna.

Un ambiente con tal diversidad es relevante para aquellos grupos que practican 1) un modo de vida nomádico basado en la caza y la recolección o 2) una economía de horticultura en la cual una significativa porción de la dieta se deriva de las actividades de caza y recolección. El sistema de subsistencia en la región de El Cajón se ajusta al segundo tipo. Mientras la actividad agrícola se concentraba en los ricos suelos del Bosque Tropical Deciduo, las zonas adyacentes fueron utilizadas para la periódica recolección de plantas, la caza, la pesca y obtención de moluscos. Las especies autóctonas de árboles frutales no cultivados, cuyas frutas eran particularmente importantes en la dieta, incluyen el coyol (*Acrocomia* sp.), nance (*Byrsonima crassifolia*), negrito (*Simarouba glauca*), ciruela (*Spondias nombin*) y zapote (*Pouteria mammosa*) (Lentz 1985; Capítulo 4).

Los materiales faunísticos identificados en las colecciones del proyecto incluyen venado (*Odocoileus* sp.), cerdo de monte (*Tayassu* sp.), guatuza (*Dasyprocta punctata*), tepeizcuinte (*Cuniculus paca*), armadillo (*Dasypus novemcinctus*), tacuazín (*Didelphis marsupialis*), conejo (*Silvilagus* sp.), tortuga (*Testudinata* indeterminado), iguana (*Iguanidae* indeterminado), lagarto (*Caiman crocodylus*) y varias especies inidentificadas de pájaros. La identificación de estas especies es el resultado del análisis realizado por Fernández (1982; 1983); el análisis complementario conducido por Alexander arrojó similares resultados (Lentz y Alexander 1987).

Dos variedades de moluscos fueron identificadas en las colecciones arqueológicas, las cuales parecen haber sido utilizadas como una fuente de alimento en la época precolombina. Se trata de un bivalvo de agua dulce (*Nephronaria* sp.) y un gasterópodo llamado localmente jute (*Pachychilus* sp.). La identificación preliminar sugiere que, cuando menos, dos es-

Table 2.1. Major obsidian sources utilized during the Late Formative and Classic periods in the El Cajon region.
Cuadro 2.1. Principales fuentes de obsidiana utilizadas durante los Períodos Formativo Tardío y Clásico en la región de El Cajón.

The Late Formative Period (400 BC–AD 400)—Período Formativo Tardío (400 a.C.–d.C. 400)

Site—Sitio	La Esperanza		Guinope		El Chayal		Pachuca		Unknown Desconocido	
	No.	%	No.	%	No.	%	No.	%	No.	%
Salitrón Viejo	21	75.0	1	3.6	1	3.6	1	3.6	4	14.2

The Classic Period (400–1000 AD)—Período Clásico (400–1000 d.C.)

Site—Sitio	La Esperanza		Guinope		El Chayal		Ixtepeque		Unknown Desconocido	
	No.	%	No.	%	No.	%	No.	%	No.	%
Salitrón Viejo	24	70.6	4	11.8	0	0.0	3	8.8	3	8.8
Guarabuquí	3	15.0	1	5.0	0	0.0	13	65.0	3	15.0
La Ceiba	22	31.9	25	36.2	1	1.5	18	26.1	3	4.3
Totals—Totales	49	39.9	30	24.4	1	.8	34	27.6	9	7.3

include: deer (*Odocoileus* sp.), peccary (*Tayassu* sp.), agouti (*Dasyprocta punctata*), paca (*Cuniculus paca*), armadillo (*Dasypus novemcinctus*), opossum (*Didelphis marsupialis*), rabbit (*Silvilagus* sp.), turtle (*Testudinata* sp.), iguana (Iguanidae indeterminate), cayman (*Caiman crocodrylus*), and several unidentifiable bird species. Initial faunal identifications were provided by Eric Fernandez (1982, 1983) and a subsequent study by Rani Alexander has confirmed these results (Lentz and Alexander 1987).

Two varieties of mollusc species were identified in the archaeological collections which appear to have been utilized as food resources in prehistoric times. These are a freshwater bivalve (*Nephronaris* sp.) and gastropod referred to locally as *jute* (*Pachychilus* sp.). Preliminary identifications suggest that at least two separate gastropod species (smooth and corrogated shell) are represented in our collections (Larry Feldman, personal communication).

Building Materials

Houses were constructed out of locally available materials and probably varied only slightly from each other. Houses would have been pole structures with either wattle or wattle and daub walls. Analysis of wood charcoal suggests that pine may have been used for pole superstructures and cooking fuel (Lentz, chapter 7, this volume). Palm thatch may have been used for roofing material. Several palm species were utilized throughout the region during prehistoric times and fragments of carbonized fronds have been recovered from an archaeo-

logical context at Guarabuqui (Messenger 1984). Although cedar shingles are used to roof structures throughout the region today, there is no archaeological evidence to suggest that this pattern was practiced in the past. Structures usually had hard packed earthen floors.

Platform mounds, ramps, and enclosure walls were constructed of river cobbles set in a mud mortar. Both large and small platform mounds were constructed of earthen fill with cobble retention walls. Cut stone masonry was not used either in the construction of buildings or platform mounds. Several small patches of lime plaster were identified in residential housemounds at Salitron Viejo and Guarabuqui but these occurrences are both infrequent and poorly executed. Stairways on larger structures were outset and constructed of flat cobbles or flagstones. Several early public buildings were constructed in the Iglesia Precinct using unfired adobe blocks. Abode does not appear to have been used in the construction of house walls; however, it was used with river cobbles for architectural fill in platform mounds.

Chipped Stone Lithic Resources

A detailed summary of the chipped stone resources will be published by Jerrel Sorensen in a future volume. For now, a few of the more significant data are presented here. Three classes of lithic materials were used to manufacture chipped stone tools in the El Cajon region. These are 1) cryptocrystalline rocks like jasper, calcedony, and chert, 2) microcrystalline rocks like basalt, and 3) natural volcanic glass in the form of

pecies distintas de gasterópodos (concha lisa y corrugada) están presentes en nuestras colecciones (comunicación personal de L. Feldman).

Materiales de Construcción

Las casas fueron construidas probablemente de materiales disponibles localmente y las variaciones entre una y otra estructura no deben haber sido grandes. Estas casas parecen haber sido de horcones con simples paredes de varas o de bajareque (varas entrecruzadas y lodo). El análisis de los restos de carbón sugiere que la madera de pino fue el material utilizado para las vigas y travesaños, al igual que el principal combustible (Lentz, Capítulo 7). Los techos fueron hechos probablemente de palma. Distintas especies de palmeras tuvieron amplia utilización en toda la región de El Cajón durante la época precolombina y los fragmentos carbonizados de las hojas se han encontrado en contextos arqueológicos. Tejamaniles de cedro son utilizados hoy en día en la región sin embargo, no existe evidencia arqueológica que sugiera que esta fue la práctica en el pasado. Las estructuras usualmente tenían pisos compactados por el uso, lo cual dio lugar a que se formara una dura superficie delgada, pero identificable.

Las plataformas de los montículos, rampas y muros fueron construidos utilizando canto rodado en una matriz de lodo. Las plataformas grandes y pequeñas muestran una misma técnica de construcción con un relleno de tierra y muros de contención de canto rodado. La piedra canteada no se empleó en la construcción de plataformas ni tampoco en los edificios superpuestos. Varias pequeñas manchas de repello de cal fueron identificadas en estructuras residenciales en Salitrón Viejo y Guarabuquí, pero estas manifestaciones no solo son infrecuentes, sino además de pobre calidad. Las graderías colocadas en las estructuras mayores fueron construidas de canto rodado con lados planos o de lajas. Algunas de las tempranas estructuras de probable uso público sobre la gran plataforma artificial de La Iglesia fueron construidas de adobe. Aunque no tenemos evidencia para el uso de adobe en las paredes de los edificios, sí fue utilizado junto con canto rodado en el relleno de las plataformas de las estructuras.

Materia Prima Lítica para la Producción a Percusión

Los resultados detallados de este estudio a cargo de Jerrel Sorensen serán publicados en un futuro volumen. Por ahora se ofrecen algunos de los datos más significativos del estudio.

Tres clases de materiales líticos se emplearon en la manufactura de artefactos a percusión en la región de El Cajón. Ellas son 1) rocas criptocristalinas como el jaspe, la calcedonia y el pedernal, 2) rocas microcristalinas como el basalto y 3) vidrio volcánico en forma de obsidiana. Las primeras dos clases de recursos se pueden obtener dentro de la región bajo estudio, no siendo así con la obsidiana.

Una variedad de sílex oscuro (7.5R 3/8) y otra rojo opaco (10R 3/3-4) a gris rojizo oscuro (10R 3/1) fue ampliamente utilizada para la manufactura de artefactos. Los depósitos de sílex se encuentran distribuidos en toda la Formación Valle de Angeles y con frecuencia se desprenden en forma de nódulos de los afloramientos. Estos nódulos son arrastrados por la corriente quebrada abajo hasta alcanzar los principales lechos de los ríos en donde se han registrado cantos de hasta 60 cm. de diámetro. El sílex criptocristalino debió haberse encontrado en baja frecuencia en todo el recorrido del Río Sulaco y Humuya. Nos imaginamos que los materiales de este tipo útiles para la manufactura de artefactos a percusión, pueden haber sido recolectados individualmente para llenar las necesidades de cada unidad familiar según estas se presentaban. La probabilidad de que estos materiales fueron recolectados selectivamente concuerda con nuestra observación que cantos rodados de sílex nunca se encuentran incorporados en los muros de contención, el relleno de las estructuras o las superficies empedradas, no obstante el amplio uso que se le dio en construcción al material producido por el arrastre de las aguas.

Nueve afloramientos de sílex se localizaron en las márgenes del Río Sulaco, entre Salitrón Viejo y la localidad de la presa (Figura 2.1). Tres fuentes adicionales de sílex se registraron en las márgenes del Río Humuya, dos en su confluencia con el Río Yure y una en las márgenes corriente arriba de la Quebrada de El Chamo. Todos estos recursos locales son arrojados por pequeñas quebradas que contienen los nódulos desprendidos de las fuentes. Restos primarios de lascas se encontraron en varias de estas quebradas en donde se llevó a cabo un burdo desprendimiento de lascas y la reducción bifacial preliminar.

Las rocas microcristalinas tales como el basalto de gránulo fino también se emplearon en la producción de artefactos con burdo desprendimiento de lascas en la región de El Cajón. Estos materiales fueron transformados en rudimentarias cuchillas que debieron ser utilizadas para el rudo trabajo de derribar árboles o trabajar piedras más suaves (Sorensen 1985:71). Una variedad de rocas microcristalinas se puede obtener localmente, éstas han rodado quebrada abajo hasta los lechos de las principales corrientes. Creemos que estos materiales estuvieron a disposición de todas las unidades domésticas precolombinas en la región de El Cajón y fueron recolectadas selectivamente.

El material que se presta para manufacturar los artefactos de mejor calidad es la obsidiana. Un vidrio negro que se asemeja a la obsidiana se ha identificado cerca de Terreritos; se trata, sin embargo, de una toba homogeneamente vitrificada (Coskren 1980). Este material se ha descubierto en los contextos arqueológicos de Salitrón Viejo, no obstante no ser utilizable para la manufactura de artefactos a percusión debido a su estructura laminada.

Toda la obsidiana encontrada en la región de El Cajón proviene de fuentes localizadas fuera de ella. La obsidiana entró en la región en forma de artefactos terminados, núcleos pretrabajados y pequeñas guijas en bruto. El análisis químico por medio de la inducción de partículas por medio de emisión de Rayos X (PIXE) ha permitido identificar dos principales áreas de procedencia de la obsidiana. Estas se resumen en el

obsidian. The first two of these resource classes are available within the study area while the third is not.

A variety of dark (7.5R 3/8) and dusky red (lOR 3/3-4) to dark reddish gray (lOR 3/1) chert was widely utilized for manufacturing chipped stone tools. Chert deposits are widely distributed throughout the Valle de Angeles Formation and frequently weather out of the parent deposits as nodules. These nodules erode down ravines and into the main river channels where cobbles and small boulders as large as 60 cm in diameter have been recorded. Cryptocrystalline cherts would have been available in low frequency along the entire length of both the Sulaco and Humuya Rivers. We envision that materials suitable for manufacturing flake tools could have been gathered by individual households as the need arose. The probability that these materials were selectively collected conforms to our observation that chert cobbles are never incorporated into retention walls, mound fill, or pavement surfaces despite the widespread use of river cobbles in architectural construction.

Nine chert outcrops were located along the Sulaco River between Salitron Viejo and the dam site (Figure 2.1). Three additional chert sources were located along the Humuya River, two where the Humuya is joined by the Yure River, and the third along the upper reaches of the Quebrado El Chamo. All of these resource locales are small streams which are strewn with chert cobbles weathering out of their parent deposits. Primary flaking debris was recovered in several of these streams where rough flaking and preliminary bifacial reduction were carried out.

Microcrystalline rocks such as fine grained basalt were also used to produce rough flake tools in the El Cajon region. These materials were fashioned into rough choppers which were used for heavy work such as felling trees or working softer stone (Sorensen 1985). A variety of microcrystalline rocks are available locally as weathered debris eroding downstream into the major river sediments. We believe that these materials were available to all prehistoric domestic households in the El Cajon region through selective collecting.

The best quality material used to fashion chipped stone materials was obsidian. A black vitrophyre resembling obsidian was identified near Terreritos which is actually a welded glassy tuff (Coskren 1980). This material has been recovered from archaeological deposits at Salitron Viejo but is unsuitable for manufacturing chipped stone tools because of its platey structure.

All of the obsidian recovered in the El Cajon region comes from sources located outside of the study area. Obsidian entered the region as finished artifacts, preformed cores from which artifacts were manufactured, and small natural cobbles. Chemical analyses using X-ray fluorescence and PIXE (Particle Induced X-ray Emission) techniques have identified the principle obsidian source areas. These are summarized in Table 2.1. The majority of the obsidian originates from the Honduran sources of La Esperanza and Guinope. It is important to note that source area utilization shifts over time with

Ixtepeque (Guatemala) materials becoming increasingly important after 700 A.D. (Hirth 1985a). Obsidian from different sources was imported into the region in different forms. Obsidian from Guatemala entered either as finished artifacts or prepared cores while materials from Guinope only entered as small natural, unworked cobbles. Conversely, material from La Esperanza was imported both as finished artifacts and unworked cobbles.

Ground Stone Lithic Resources

A study of the ground stone materials is being carried out by Mary Spink and only a few of the more important results will be summarized here. The complete analysis will be published in a future volume. Ground stone domestic tools are represented by a number of artifact classes including manos, metates, bark beaters, unifacial knives, celts, and other miscellaneous forms. Most of these artifact classes were manufactured from locally available materials. The three most common rock types used in ground stone tool manufacture include tuff, rhyolite, and basalt.[1] Also present are granite, trachyte, clastic sedimentary rocks ranging from conglomerate through sandstone to siltstone, and fine-grained, dense limestone. No quarry outcrops were identified for any of these rock types. However, since these rock types occur widely as weathered debris we assume that such outcrops probably exist. Alternatively, it would have been possible for individual domestic households to collect the raw materials for tool manufacture from streams and the gravels of river margins.

Grinding stones (including ovate and rectangular manos, footed and unfooted metates, pestles, and stone bowls) were manufactured from a variety of materials, but most were manufactured from various classes of rhyolite. Tuff was obtained from Padre Miguel Formation where it occurs in a number of varieties of differing hardness. Basalt and other rock types also occur but none had the combined traits of easy workability, directional uniformity, and the durability which characterize the local rhyolites and Padre Miguel tuff.

Other important ground stone forms include bark beaters and unifacial ground stone knives. Bark beaters were manufactured from a variety of materials ranging from sandstone and siltstone to andesite and tuff. Of these, sandstone and tuff are the most frequent material types in the collection. Unifacial knives were another important tool category which were manufactured from locally available andesite. Both of these tool categories were part of the local domestic household assemblage.

Highly polished celts and wedges of various sizes also occur within the collection. These were manufactured from very hard microcrystalline aphinitic and phaneritic rocks. Metamorphic rocks such as these only appear locally as rare occurrences within river gravels along the Sulaco and Humuya Rivers. We believe, therefore, that most of these celts were

---

1. Material types within the ground stone collection were identified by Dennis Coskren and Mary Spink.

Cuadro 2.1. La mayoría de la obsidiana proviene de las fuentes hondureñas localizadas en La Esperanza y Güinope. Es importante hacer notar que el área de origen varía a través del tiempo, aumentando la importancia del material procedente de Ixtepeque (Guatemala) a partir del año 700 d.C. (Hirth 1985a). La obsidiana fue importada en forma diferenciada de acuerdo a su procedencia. La de Guatemala entró a la región de estudio como artefactos terminados o núcleos preparados, mientras que el material originario de Güinope fue transportado en forma de pequeñas guijas en bruto. Por el contrario, el material procedente de La Esperanza penetró tanto como artefactos terminados como en forma de guijas en bruto.

Materia Prima Lítica para la Producción al Tallado

Este estudio está siendo llevado a cabo por Mary Spink y aquí solo se resumen algunos de los más importantes resultados; el análisis completo se publicará en un futuro volumen.

La producción doméstica por medio del tallado de la piedra está representada por distintas clases de artefactos incluyendo manos, metates, machacadores, cuchillos unifaciales, destrales y otras formas menos representativas. La mayor parte de estas clases de artefactos fueron manufacturadas de materiales disponibles localmente. Los tres tipos de rocas más comunmente utilizados para la manufactura al tallado son la toba, la riolita y el basalto.[1] También se encuentran representados el granito, la traquita y los clastos de rocas sedimentarias desde conglomerados hasta arenisca y aluvión, asimismo caliza densa de gránulo fino. Ninguno de los afloramientos que se utilizaron como canteras ha sido identificado para estos tipos de roca. Sin embargo, puesto que estas rocas se encuentran ampliamente representadas por guijas sueltas, asumimos con un gran margen de probabilidad que esos afloramientos existen en la región. Una posible manera de obtenerlos habría sido la recolección individual por parte de cada unidad doméstica de los materiales en bruto en las quebradas y playas de los ríos.

Artefactos para la trituración de granos incluyendo manos ovales y rectangulares, metates con pies y sin ellos, majadores y morteros fueron manufacturados de una variedad de materias primas. La mayoría fueron manufacturados de distintas clases de riolita. La toba se obtuvo de la Formación Padre Miguel en donde ocurre en cierto número de variedades de diferente dureza. El basalto y otros tipos de rocas también están presentes, pero ninguno ofrece la combinación de propiedades—fácil ejecución del tallado, uniformidad en la dirección del gránulo y durabilidad—que caracteriza a las riolitas locales de la toba Padre Miguel.

Otras importantes formas de artefactos tallados comprenden machacadores de corteza y cuchillos unifaciales. Los machacadores fueron manufacturados de una variedad de materiales que incluyen desde arenisca y aluvión a andesita y toba. De éstos, la arenisca y la toba son los materiales mejor

1. Los tipos de materiales líticos dentro de la colección de artefactos al tallado fueron identificados por Coskren y Spink.

representados en la colección. Los cuchillos unifaciales constituyen otra importante categoría de artefactos, los cuales fueron manufacturados de la andesita disponible localmente. Ambas categorías de artefactos formaron parte del inventario de las unidades domésticas locales.

Los muy bien pulidos destrales y cuñas de varios tamaños también están presentes en la colección. Estos fueron manufacturados de rocas microcristalinas afiníticas y faneríticas muy duras. Localmente la presencia de rocas metamórficas tales como éstas es muy rara en las playas de los Ríos Sulaco y Humuya. Consideramos que la mayoría de estos destrales fueron importados a la región de El Cajón como productos terminados.

Entre los otros artefactos de piedra encontrados se hallan martillos, discos perforados, guijas con muescas, guijas pulidas y piezas misceláneas. Los martillos y guijas pulidas están frecuentemente manufacturados de cuarzo. El resto de los artefactos representa una amplia variedad de tipos de piedra.

Recursos Líticos para la Producción de Ornamentos

A continuación se apuntan algunos de los más significativos resultados de este estudio a cargo de Kenneth Hirth; al tratamiento de este tema se dedicará un volumen futuro.

Una variedad de tipos de artefactos tallados y pulidos también forman parte de la colección. Entre ellos tenemos cuentas, pectorales, orejeras, dijes, placas, escultura y fragmentos de vasijas de mármol elaboradamente esculpidas. La mayoría de los artefactos de este grupo fueron confeccionados de materias primas exóticas que no se encuentran dentro de la región. La mayor parte de estos objetos parecen haber sido importados como productos terminados puesto que existe poca evidencia de una producción local de estos ornamentos cuya exótica materia prima debió ser importada.

Quizá las más interesantes piezas de esta numerosa colección las constituyen los artefactos de jade excavados en Salitrón Viejo. El análisis espectrográfico sugiere que el grueso de ellos fue manufacturado de albita y serpentina. Solamente 8% de la muestra analizada (N=25) pudo ser positivamente identificada como proveniente de las fuentes de jadeíta conocidas en las márgenes del Río Motagua, 185 km. al oeste de la región de El Cajón. Esto sugiere fuertemente que la mayoría de los ornamentos de albita descubiertos en la región de El Cajón tiene su origen en fuentes inidentificadas localizadas en Honduras o en el oriente de Mesoamérica (Bishop, Sayre y van Zelst 1983). Un tipo de artefacto particularmente interesante se presenta en esquisto micáceo de gránulo grueso (Hirth y Grant Hirth 1987), el cual puede haber sido obtenido por su color verde y su brillo.

Un total de 295 dijes, cuentas y orejeras de esta colección fueron tallados en mármol blanco de gránulo grueso. También está representado un mármol microcristalino en dos fragmentos de cuencos que muestran la elaborada tradición de las vasijas de mármol conocidas como Ulúa (Stone 1938). No se identificaron fuentes de mármol dentro de la región de estudio,

imported into the region as finished products.

Other ground stone items were recovered, including hammerstones, perforated disks, notched stones, polishing stones, and miscellaneous other pieces. Hammerstones and polishing stones frequently occur in quartz. The other artifacts comprise a wide variety of rock types.

Ornamental Lithic Resources

Noted here are some of the more significant results of a study carried out by Hirth which will be treated in full in a future volume. A variety of cut and polished artifact types were recovered which include beads, pectorals, earflares, pendants, plaques, statuary, and fragments of carved marble vessels. The majority of the artifacts in this group were fashioned from exotic raw materials which do not occur locally within the region. Most of these items appear to have been imported as finished artifacts since there is little evidence for the local production of ornamental items from imported exotic materials.

Perhaps the most interesting of these are the large collections of jade and jadeite artifacts excavated from Salitron Viejo. Spectrographic analysis suggests that most of the artifacts were manufactured from albite and serpentine. Only 8% of the analyzed sample (N=25) could be positively assigned to known jadeite sources along the Motagua River, 185 km west of the El Cajon region. This strongly suggests that the majority of the albite from the El Cajon region came from unidentified sources either in Honduras or elsewhere in eastern Mesoamerica (Bishop, Sayre, and van Zelst 1983).

Other decorative materials also occur in the collection. Several varieties of soapstone were used for beads and small carvings although it is not as attractively colored as either serpentine or jade. A particularly interesting class of carvings occur in a coarse micaceous schist (Hirth and Grant Hirth 1987) which may have been desirable because of its green color and sparkle.

A total of 295 pendants, beads, and ear flares in the collection were carved from a coarse white marble. A second microcrystalline marble is also present in the form of two bowl fragments carved in the elaborate Ulua Marble Vase tradition (Stone 1938). No marble deposits were identified within the study region, which suggests that all of the marble artifacts in our collection were probably imported as finished pieces. Possible marble source areas include the metamorphic terrain of northern Honduras and the Comayagua Valley where marble bowls occur at least as early as the Middle Formative period at Yarumela (Leroy Joesink-Mandeville, personal communication).

A variety of other exotic, nonlocal materials were also recorded. Fragments of several slate pectorals or plaques were recovered at Salitron Viejo which almost certainly were brought in from outside the area. Likewise, marine shell was imported in small quantities from both the north or south coasts (Hirth 1988). A single metal artifact was cut from a natural piece of iron pyrite, also recovered from Salitron Viejo. No known deposits of iron pyrite exist in the El Cajon region although it could have been manufactured locally from a small cobble recovered in the alluvial river gravels.

A few ornamental items were also manufactured from local materials. These include 1) shell disks used in necklaces made from local bivalves (Nephronaris sp.), 2) small spangles made from a soft siltstone located along the Sulaco River near Salitron Viejo (Figure 2.1), and 3) small irregular beads and bead-pendants manufactured from brightly colored quartz, soapstone, and other miscellaneous materials collected from river gravels along the Sulaco and Humuya Rivers.

Resources for Ceramic Production

In 1981 Stafford Blustain (1985) conducted an ethnoarchaeological survey of contemporary ceramic production in the El Cajon region. Information on resource utilization and production methods was collected from 23 potters living in 14 communities (Stafford Blustain 1985). Contemporary potters do not produce elaborately decorated service wares comparable in quality to prehistoric wares. Nevertheless, their ceramics are well made, sturdy cooking and storage vessels which compare favorably to the utilitarian ceramic types required by every prehistoric sedentary household. As a result, the study provides good data on the distribution of clays, tempers, and pigments required for the production of domestic ceramics.

This study documented that 1) all the finest textured clays come from upland deposits away from the alluvial vegas which contain most of the archaeological sites and 2) clays suitable for manufacturing ceramics are abundant throughout the region. Analysis indicates that the majority of utilized clays originate as weathering products from the Matagalpa and Padre Miguel Formations (Figure 2.2). Clays from Matagalpa deposits are derived from basaltic and andesitic lavas and are characteristically dark, containing plagioclase, hornblende, and labradorite. Clays from the Padre Miguel Formation are more rhyolitic in nature and should be distinguishable from others of volcanic origin by the preponderance of potassium feldspars and a high proportion of silicate minerals such as quartz. A few of the clay deposits located at lower elevations may be derived from older units such as the Valle de Angeles Formation. Clays from this unit are locally available along the Sulaco River southeast of Agua Blanca and are reddish, containing calcareous fragments of the Atima Limestone conglomerate (Stafford Blustain 1985).

The eroded topography has exposed many buried clay strata in ravines, so there are generally several sources of suitable potting clay available to each contemporary community. As a rule, clay deposits are mined easily with simple hand tools, and deposits are sufficiently extensive so that if one exposure becomes difficult to exploit, another is opened nearby. The abundance of suitable clay means that resources are outside of the control of any particular area or community. It also means that potters do not have to travel far from their resident communities to obtain suitable clay. All of the potters inter-

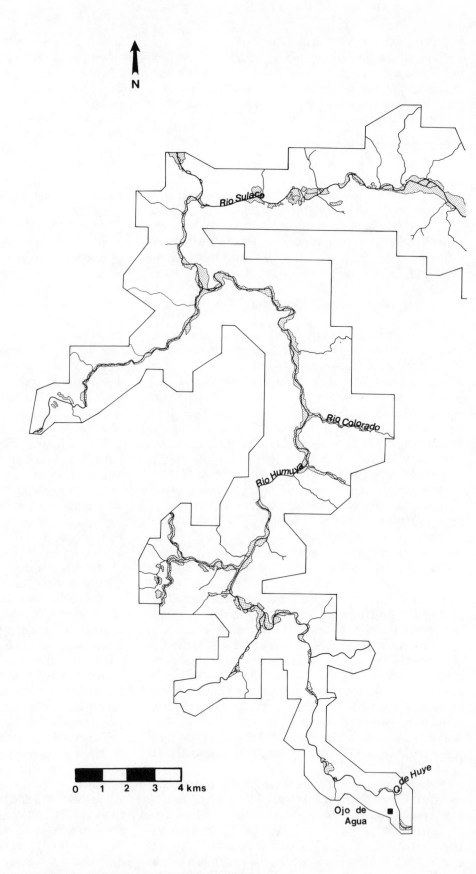

Figura 2.2. Geología de la Zona de Embalse de El Cajón.

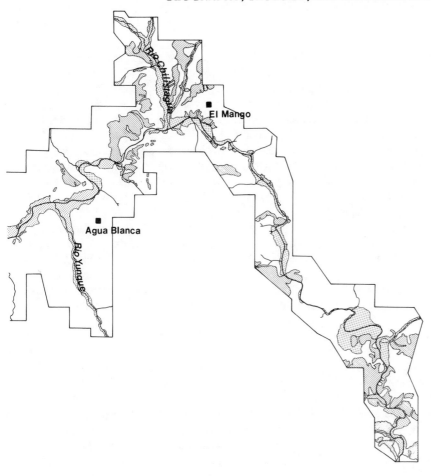

■ La Libertad

Figure 2.2. Regional geology in the El Cajon Reservoir Zone.

sugiriendo esto que todas estas piezas de la colección fueron probablemente importadas como productos terminados. Las áreas de posibles fuentes de mármol incluyen el terreno metamórfico del norte de Honduras y el Valle de Comayagua, en donde se han descubierto vasijas de mármol pertenecientes a épocas tan tempranas como el Período Formativo Medio de Yarumela (comunicación personal de L. Joesink-Mandeville).

También se registraron otras variadas materias primas exóticas y foráneas en fragmentos de varios pectorales o placas de pizarra encontrados en Salitrón Viejo, que casi con certitud fueron introducidas a la región. Igualmente, conchas marinas fueron importadas en pequeñas cantidades desde ambas costas, atlántica y pacífica (Hirth 1988). Un único artefacto de metal fue descubierto en Salitrón Viejo, cortado de pirita de hierro en bruto. No se conoce ningún depósito de pirita de hierro en la región de El Cajón; sin embargo, existe la posibilidad que haya sido manufacturado localmente de una pequeña guija recogida en las playas aluviales del río.

Unas cuantas piezas ornamentales fueron manufacturadas de materia prima local. Entre ellas tenemos 1) discos de concha hechos de bivalvos locales (*Nephronaria* sp.) y utilizados en collares, 2) pequeñas lentejuelas hechas de una piedra aluvial suave que se localiza en la margen del Río Sulaco, cerca de Salitrón Viejo (Figura 2.1) y 3) pequeñas cuentas irregulares y dijes manufacturados de cuarzo de brillantes colores, esteatita y materiales misceláneos recogidos en los pedregales de los Ríos Sulaco y Humuya.

Recursos para la Producción Alfarera

En 1981 Stafford Blustain (1985) realizó un reconocimiento etnoarqueológico de la producción alfarera contemporánea en la región de El Cajón. La información recolectada sobre la obtención y utilización de la materia prima y los métodos de producción fue proporcionada por 23 alfareros habitantes de 14 comunidades distintas (Stafford Blustain 1985). Los alfareros modernos no producen objetos elaboradamente decorados comparables en calidad a las lozas precolombinas. No obstante esto, su cerámica llena muy bien los fines para los que está hecha puesto que es resistente para cocinar y almacenar, pudiéndose comparar favorablemente con los tipos utilitarios que requería cualquier unidad doméstica sedentaria en la época precolombina. Como resultado de lo anterior, el estudio aportó datos útiles sobre la distribución de los depósitos de arcilla, los materiales desgrasantes y los pigmentos empleados en la producción de alfarería doméstica.

Este estudio documentó que 1) todas las arcillas de textura fina provienen de las fuentes de tierra alta, alejadas de los depósitos aluviales de las vegas, en donde se levantaban la mayor parte de los sitios arqueológicos y 2) las fuentes de arcilla útiles para la manufactura de alfarería son abundantes en la región. El análisis indica que el grueso de las fuentes de arcilla utilizadas tienen su origen en los materiales erosionados de las Formaciones Matagalpa y Padre Miguel respectivamente (Figura 2.2). Las arcillas de los depósitos Matagalpa se derivan de lavas basálticas y andesíticas y son característica-

mente oscuras, conteniendo plagioclase, hornablenda y labradorita. Las arcillas originarias de la Formación Padre Miguel son de naturaleza más riolítica y pueden ser distinguidas de las anteriores de origen volcánico, por su preponderante contenido de feldespatos de potasio y su alta proporción de minerales de silicato como el cuarzo. Unos cuantos depósitos de arcilla localizados a baja elevación pueden haberse derivado de miembros más antiguos de la Formación Valle de Angeles. La arcilla procedente de esta formación es accesible localmente en las márgenes del Río Sulaco, al sureste de Agua Blanca; se trata de una arcilla que contiene fragmentos calcáreos del conglomerado de la Caliza Atima (Stafford Blustain 1985).

La irregular topografía de la región ha expuesto muchos estratos de arcilla soterrados en las quebradas, de tal manera que generalmente varias fuentes están a disposición de cada comunidad contemporánea. Por regla general, los depósitos de arcilla son explotados fácilmente con simples instrumentos manuales y son lo suficientemente comunes como para que, de darse el caso que un afloramiento se vuelva de difícil acceso, se busque otro en las cercanías. La abundancia de arcillas útiles significa que este recurso queda fuera del control de un área o comunidad en particular. También implica que los alfareros no tienen que desplazarse a grandes distancias de sus comunidades para obtener la materia prima. Todos los alfareros entrevistados por Stafford Blustain (1985) obtenían la arcilla en un radio de 4 km. de su lugar de residencia.

El material desgrasante es un componente necesario utilizado para dar consistencia al cuerpo de la vasija y reducir el grado de encogimiento debido a la perdida de agua durante el secado y cocido. El método más común de añadir el desgrasante en la región de El Cajón es mezclar dos arcillas de diferente plasticidad (Stafford Blustain 1985). Cuando se añade un desgrasante de distinta composición, los alfareros usan arena fina de río, recogida del Río Sulaco y Humuya o sus más cercanos tributarios. El desgrasante de arena nunca es difícil de obtener y siempre está disponible dentro de un radio de 1 a 3 km. de la casa del alfarero (Stafford Blustain 1985). En consecuencia, concluimos que tanto la arcilla como el material desgrasante son fácilmente obtenidos en toda la región.

Los pigmentos minerales naturales, llamados localmente "tibre" o "tierra roja", son empleados para colorear y decorar las superficies exteriores de algunas vasijas. Los pigmentos son las materias primas de más difícil obtención en relación con la manufactura alfarera y, por lo general, provienen de fuera de la región (Arnold 1975). Las dos áreas, fuentes de pigmentos minerales en la región de El Cajón, se localizan en las tierras altas de San Isidro, 5 km. al noroeste de Guarabuquí y en Cabeceras, al sureste de Montañuelas (Figura 2.1). Más frecuentemente los alfareros contemporáneos obtienen los pigmentos minerales de color rojo en Santa Cruz de Yojoa, a 15 km. de nuestra región. Aunque la pintura y el engobe ayudan a sellar la superficie de las vasijas, no son necesarios para la producción de alfarería estructuralmente adecuada y útil.

viewed by Stafford Blustain obtained clay within a 4 km radius of their residences.

Temper is a necessary component which is used to strengthen the body of the vessel and to reduce the amount of shrinkage from water loss during drying and firing. The most common method for adding coarse tempering materials in the El Cajon region is to mix two clays of differing plasticity together (Stafford Blustain 1985). When temper is added as a distinct component, potters use fine river sand which is collected from the Sulaco and Humuya Rivers or their nearest tributaries. Sand temper is never difficult to obtain and is always available within a 1–3 km radius of the potter's homes (Stafford Blustain 1985). As a result, we conclude that temper, like clay, is a widely available resource throughout the region.

Natural mineral pigments called *tibre* or *tierra roja* are used to color and decorate the exterior surfaces of some vessels. Pigments are the most difficult resources to obtain in ceramic manufacture and generally come from outside the region (Arnold 1975). The two source areas for mineral pigments in the El Cajon region are both in highlands at San Isidro, 5 km northwest of Guarabuqui and Cabeceras, located 3 km southwest of Montañuelas (Figure 2.1). Most frequently, contemporary potters purchase red mineral pigments at Santa Cruz de Yojoa 15 km west of the study region. While paints and slips help seal vessel surfaces, they are not necessary to produce a structurally sound and useful vessel.

Clay, temper, and pigment resources necessary for ceramic production are generally available within or near the study region. Mineral pigments would have been the most difficult ingredient to obtain, although presumably they were not used in great quantities. A variety of pigments, ranging from bright red to orange and yellow, were recovered from archaeological excavations. These pigments are iron oxides pure enough to suggest that they were mined from subsurface deposits. Although these pigments could occur locally, it is more likely that they entered the region through interregional exchange. Fuel for firing ceramics was readily available throughout the upland areas. Despite the abundance of local ceramic resources, a preliminary petrographic analysis of prehistoric ceramics suggests that many vessels were not manufactured within the region. For example, some varieties within the Muerdalo ceramic group have pastes which differ from local clay profiles and may include imported tradewares (Hirth, Kennedy, and Cliff, this volume).

Salt

The human body requires salt to maintain its thermo-regulatory system. Among hunting and gathering groups adequate quantities of salt are available from meat. Agriculturalists, on the other hand, may require supplements of mineral salts when their diets are low in meat. The question of whether mineral salt was important to the diet was raised early in the project because the largest site in the region is called Salitron Viejo. However, no evidence for a saline seepage was identified around this site.

Available data suggest that production and processing of mineral salt was not an important activity during the prehistoric past for two reasons. First, analysis of faunal remains indicates that prehistoric groups practiced a mixed subsistence pattern which combined agriculture with periodic hunting and fishing. It appears certain that indigenous groups did not suffer from salt deficient diets as did more intensive agricultural groups elsewhere in Mesoamerica. Second, archaeological investigations at Salitron Viejo have not recovered any of the characteristic apparatus (boilers, evaporating pans) associated with salt production.

Conclusions

A thorough examination of regional topographic and geologic conditions has furthered our understanding of prehistoric adaptation within the El Cajon region. The two major environmental constraints on local population growth were 1) the quantity of prime agricultural land, and 2) the seasonal rainfall pattern which restricted agricultural activity to one harvest per year. Nevertheless, these groups had access to sufficient quantities of enduring agricultural land to support moderate population densities when combined with a diversified subsistence strategy involving wild plant collecting, hunting, and fishing.

Analysis has established that most necessary subsistence resources were readily available to all domestic households. These included sufficient quantities of agricultural land, supplemental food and fiber resources, building materials, lithic resources for ground and chipped stone tools, and clay deposits for ceramic cooking and storage vessels. Groups did not rely on interregional exchange to provision themselves with either staple commodities or subsistence necessities. Rather, interregional exchange supplied access to alternative items which could be substituted for locally available goods.

Interregional exchange was the means by which elites obtained ornamental items manufactured from exotic materials such as jade, marble, and slate. These goods most likely were utilized to define status within the society and to establish and maintain intra-elite alliances throughout the region (Helms 1979). Elaborately decorated or exotic ceramics may have fulfilled a similar function and expressed ideas of rank, wealth, or meaningful social and religious relationships. Obsidian and metamorphic stone celts and axes also were imported as substitutes for locally available tools which could perform the same tasks. These goods undoubtedly were highly desirable commodities both because of the increased work efficiency they achieved and the higher status which they imparted to their owners.

Future analysis will examine how local and nonlocal resources were used in establishing and maintaining socioeconomic relationships throughout the region. A comprehensive understanding of local environmental conditions and limitations is a first step in this direction.

Las materias primas necesarias para la producción alfarera—arcilla, desgrasante y pigmento—están comunmente disponibles en la región de estudio. Los pigmentos minerales habrían sido los materiales más difíciles de obtener, aunque es de presumir que no fueron utilizados en grandes cantidades. Distintos pigmentos se obtuvieron en las excavaciones, variando en color de rojo brillante a anaranjado y amarillo. Estos pigmentos son óxidos de hierro y se encontraron en una composición lo suficientemente pura como para sugerir que eran explotados de depósito subterráneos. A pesar de que estos pigmentos se podrían haber extraido localmente, es más probable que entraron a la región a través de un intercambio interregional. El combustible vegetal para el cocimiento de la alfarería, estaba disponible en suficientes cantidades en todas las áreas de tierra alta.

A pesar de la abundancia local de los recursos exigidos por la producción alfarera, el análisis petrográfico preliminar de las cerámicas precolombinas sugiere que muchas de las vasijas no fueron manufacturadas dentro de la región. Por ejemplo, algunas variedades dentro del grupo cerámico Muérdalo tienen pastas que difieren de los perfiles de las arcillas locales y bien pueden tratarse de lozas importadas (Hirth, Kennedy y Cliff, Capítulo 8).

El Recurso Sal

El cuerpo humano requiere de la absorción de sal para mantener la presión osmótica del sistema regulador de la temperatura. Entre los grupos cazadores-recolectores, adecuadas cantidades de sal son obtenidas del consumo de carne. Los grupos agricultores, por su parte, pueden requerir un suplemento de este mineral cuando sus dietas son bajas en contenido de carne. El asunto de si la sal fue un importante mineral en la dieta de los habitantes precolombinos de la región de El Cajón, fue planteada desde los comienzos del proyecto debido a que el sitio mayor es llamado localmente Salitrón Viejo, aunque no se encontró ninguna evidencia de un manantial salino.

Los datos disponibles sugieren que la producción y procesamiento de este mineral no fue una importante actividad durante la época precolombina por dos razones. Primero, el análisis de los restos faunísticos indican que los grupos en la región practicaban un patrón de subsistencia mixto que combinaba la agricultura con la caza y pesca periódica. Parece cierto que estos grupos indígenas no sufrieron de una deficiencia de sal en sus dietas como es el caso en otras partes de Mesoamérica. Segundo, las investigaciones arqueológicas en Salitrón Viejo no aportaron ninguna evidencia del instrumental (calderos y cazos para la evaporación) caracteristicamente asociado con la producción de sal.

Conclusiones

Un examen detenido de la topografía regional y las condiciones geológicas ha profundizado nuestra comprensión de la adaptación precolombina predominante en la región de El Cajón. Las dos principales limitaciones ambientales para el crecimiento demográfico fueron 1) la cantidad de tierra agrícola óptima y 2) el patrón estacional de precipitación pluvial que restringe la actividad agrícola a una cosecha anual. No obstante esto, estos grupos tenían acceso a suficiente tierra agrícola de larga fertilidad para mantener una densidad poblacional moderada en combinación con una estrategia diversificada de subsistencia que incluía la recolección de plantas silvestres, la caza y la pesca.

El análisis ha permitido establecer que los recursos vitales para la subsistencia estaban disponibles abundantemente para todas las unidades domésticas. Esto comprende cantidades suficientes de tierra agrícola; materia prima lítica para la producción de artefactos a percusión y al tallado; fuentes de arcilla para la producción de alfarería utilitaria. Estos grupos, por lo tanto, no dependían del intercambio a nivel regional para aprovisionarse de alimentos o suplirse de materias primas para llenar sus necesidades de subsistencia. Por el contrario, el intercambio interregional posibilitó el acceso a productos que, si bien es cierto no se encuentran en la región, podían ser substituidos por bienes obtenidos localmente.

El intercambio a nivel regional fue el medio utilizado por las élites para obtener objetos ornamentales manufacturados de materiales exóticos como el jade, el mármol y la pizarra. Estos bienes fueron, con bastante probabilidad, empleados para definir la posición dentro de la sociedad y para establecer y mantener las alianzas entre élites a través de la región (Helms 1979). Las cerámicas elaboradamente decoradas o exóticas pueden haber llenado similares funciones y expresado ideas asociadas con rango, riqueza o relaciones sociales y religiosas significativas. La obsidiana, los destrales y hachas de piedra metamórfica también fueron importados como substitutos de los artefactos accesibles localmente con los cuales se podían llevar a cabo las mismas tareas. Estos bienes eran, sin lugar a dudas, muy cotizados debido al incremento en eficiencia que permitían y la más alta posición que atribuían a sus dueños socialmente.

El análisis futuro examinará como los recursos locales y foráneos fueron usados para establecer y mantener las relaciones socioeconómicas reinantes en toda la región. Un amplio entendimiento de las condiciones ambientales locales y sus limitaciones constituyen un primer paso en tal dirección.

Chapter 3

Climate and Agriculture in the El Cajon Region

William Loker

Climate, the pattern of temperature, rainfall, and winds, exerts a profound influence on the distribution of plant and animal species, and by extension on human activities. The timing of seasonal change in temperature and rainfall constitutes the fundamental factor to which agriculture and other nonindustrial subsistence activities are oriented.

Data on contemporary climate and agriculture were collected as part of the El Cajon Archaeological Project in an effort to better understand the interplay of climate and agriculture in the study area, and the implications of these patterns for the prehistoric past. Data on weather patterns were collected during the 1983–84 crop year from three project meteorological stations operating in the study area. These data are supplemented by information from four government stations located in and around the study area.

Climate in the study area is tropical and has uniformly warm temperatures which average over 22 degrees centigrade (approximately 72 degrees Fahrenheit) for all months of the year. Seasonal variation in climate is determined by differences in rainfall. It is the relative abundance or scarcity of rainfall that determines the length of the growing season and the rhythm of the agricultural cycle in the region. I hypothesize that rainfall patterns account for the differential distribution of double cropping in the El Cajon area.

Climate in Central America

In general terms, the climate in northern Central America consists of a dry season, known locally as *verano* (summer) from November or December to April, and a wet season, called

This research was supported by National Science Foundation Grant BNS 82177706 and was carried out with the permission of the Instituto Hondureño de Antropologia e Historia. The University of Colorado Department of Anthropology and Graduate School supplied additional funds in support of this research. The University of Maryland Department of Anthropology generously provided computer time for data analysis. The El Cajon Archaeological Project, under the direction of Dr. Kenneth Hirth and field directors Dr. Gloria Lara Pinto and George Hasemann, provided logistical support in the field. Dr. Payson Sheets of the University of Colorado provided intellectual and moral support throughout. Sally Loker aided with the preparation of figures and endured. All errors in this paper are my own.

invierno (winter) from May to October or November. Within these periods there is considerable variation in the amount and monthly distribution of rainfall depending on geographic location and orientation relative to local topographic features.

Weather patterns in Central America are based largely on the interaction of the moisture-laden Northeast Trade Winds with the Intertropical Convergence Zone (ITC) (West and Augelli 1966:Chapter 2; Vivo Escoto 1964:187–215). The Northeast Trade Winds blow across the warm Caribbean Sea and Gulf of Mexico absorbing moisture. The ITC is a belt of warm air produced by the intense solar radiation over the equator. The ITC hovers around the equator, shifting north or south in response to the angle of incidence of solar radiation as the earth revolves around the sun. When the Northeast Trade Winds meet this mass of warm air, they are forced to rise. As the moist air rises, it cools, condenses, and falls as rain.

During the North American summer months the ITC migrates north following the thermal equator. At this time the humid trade winds rise and discharge their moisture over Central America, producing the rainy season. During the North American winter the thermal equator moves south, and the Northeast Trade Winds no longer rise over Central America. This is when rainfall is at a minimum over much of the region.

Some local rainy spots persist throughout the dry season, particularly along the Caribbean coast and the windward slopes of mountains and escarpments that intercept the moist air causing it to rise and discharge its moisture. These areas receive some rain during every month of the year and the dry season is simply marked by reduced amounts of rainfall. In contrast, the Pacific Coast of the Central American isthmus, interior valleys, and leeward slopes receive less rainfall in absolute terms, and the dry season is characterized by extremely low rainfall or no rainfall at all.

Nortes are masses of cold air that blow out of North America bringing occasional winds and rain to Mexico and northern Central America from December through February. Weather in Central America may also be influenced by hurricanes moving through the Caribbean bringing heavy rainfall to coastal areas from July to December. Finally, rain may fall

Clima y Agricultura en la Región de El Cajón

William Loker

El clima, los patrones de temperatura, la precipitación pluvial y los vientos ejercen una profunda influencia en la distribución de las especies de flora y fauna y por ende en las actividades humanas. La calendarización de los cambios de estación en cuanto a la temperatura y precipitación pluvial se refiere, constituyen el factor fundamental de acuerdo al cual se orienta la agricultura y todas aquellas otras actividades no industriales relacionadas con la subsistencia.

Los datos sobre el clima y la agricultura modernas se recolectaron dentro del marco del Proyecto Arqueológico El Cajón, en un esfuerzo por alcanzar una mejor comprensión de la interdependencia entre el clima y la agricultura en esta región, así como de las implicaciones a que estos patrones dan lugar para la época precolombina. Los datos sobre los patrones climáticos se registraron durante el año agrícola de 1983 a 1984, en tres estaciones meteorológicas instaladas con este objetivo por el proyecto en la región bajo estudio. Esta información fue complementada por los registros de cuatro estaciones meteorológicas gubernamentales localizadas dentro y en las inmediaciones de la región de El Cajón.

El clima en la región de El Cajón es tropical y la temperatura uniformemente cálida con un promedio de 22°C durante todos los meses del año. Las variaciones estacionales del clima son determinadas por las lluvias. La relativa abundancia o escasez de lluvia es lo que determina la estación de cultivo y el ritmo del ciclo agrícola. Nuestra hipótesis es que de los patrones de precipitación pluvial depende la diferenciada distribución de una segunda cosecha en el área.

Esta investigación fue financiada por la National Science Foundation (Grant BNS 82177706) y se realizó con la autorización del Instituto Hondureño de Antropología e Historia. El Departamento de Antropología y la Escuela de Postgrado de la Universidad de Colorado suministraron fondos adicionales para la investigación. El Departamento de Antropología de la Universidad de Maryland aprobó generosamente tiempo de computador para el análisis de datos. El Proyecto Arqueológico El Cajón, bajo la dirección del Dr. Kenneth Hirth y la supervisión de campo de la Dra. Gloria Lara Pinto y de George Hasemann dieron apoyo logístico en el campo. El Dr. Payson Sheets de la Universidad de Colorado dio apoyo moral e intelectual a todo lo largo de la investigación. Sally Loker ayudó en la preparación de las figuras y todo lo aguantó. Todos los errores de este trabajo son míos.

El Clima en Centroamérica

En términos generales, el clima en el norte de Centroamérica se compone de una estación seca, conocida localmente como verano, que se extiende de noviembre o diciembre a abril; mientras que la estación húmeda, llamada invierno, cubre los meses de mayo a octubre o noviembre. Dentro de estos períodos se da una considerable variación en la cantidad y distribución mensual de las lluvias, dependiendo de la localización geográfica y la orientación con respecto a la topografía local.

Los patrones climáticos en Centroamérica se basan principalmente en la interacción entre los vientos alisios que transportan la humedad y la Zona de Convergencia Intertropical (ZCI) (West y Augelli 1966:Capítulo 2; Vivo Escoto 1964:187–215). Los vientos alisios soplan a lo largo del cálido Mar Caribe y del Golfo de México absorbiendo la humedad. La ZCI, por su parte, es una faja de aire caliente producida por la intensa radiación solar sobre el ecuador. La ZCI se mueve alrededor del ecuador, balanceándose hacia el norte o sur de acuerdo al ángulo de incidencia de la radiación solar mientras la tierra se traslada alrededor del sol. Cuando los vientos alisios chocan con esta masa de aire caliente, aquellos se ven forzados a elevarse. De esta manera, a medida que los vientos cargados de humedad suben, se enfrían y condensan para luego caer en forma de lluvia.

Durante los meses de verano en América del Norte, la ZCI migra hacia el norte siguiendo el desplazamiento del ecuador. En esta época, los húmedos vientos alisios suben y se descargan sobre América Central, dando lugar a la temporada de lluvias. En el transcurso del invierno en América del Norte, el ecuador se desplaza hacia el sur y la elevación de los alisios no ocurre sobre América Central. Esta época corresponde a un mínimo de precipitación pluvial sobre buena parte de la región.

Algunos puntos de lluvias locales persisten durante toda la estación seca, en particular a lo largo de la costa atlántica, las pendientes de las montañas expuestas al viento y las escarpas que interceptan el aire húmedo, causando que la humedad acumulada se eleve y descargue. Estas áreas reciben lluvia

at any time of the year from locally heavy convectional thunderstorms.

Frequently there is a lull in the rainy season in many areas of Central America, occurring in July or August, known as the *canicula* (interruption) or *veranillo* (little summer). This poorly understood phenomenon varies in duration and severity from area to area and from year to year. Due to its occurrence at a critical point in the agricultural cycle, the *canicula* represents an important source of uncertainty affecting cultivators in the region. After this brief lull the rains usually resume in September and October.

The idealized picture of climate outlined above is often quite variable, and annual fluctuations in both timing and amount of rainfall may occur that have serious ramifications for cultivators in the region. Delays in the onset or interruptions of rains during the wet season can prove hazardous for local cultivators.

Local Climate in the El Cajon Region

The local climate in the El Cajon region conforms to the broad pattern of alternating wet and dry seasons with additional variation caused by local topographic conditions. The El Cajon region is characterized by narrow river valleys hemmed in by steep ridges. Elevations within the study area range from about 110 m MSL in the river bottoms to 1,200 m MSL in the neighboring ridges. Higher mountains, including the Montaña El Pijol (over 2,800 m MSL) and the Cerro Azul de Meambar (over 2,000 m MSL), are located within 10 km on the north and west sides of the study area. Twenty-five km west of the study area the region around Lake Yojoa receives over 3,000 mm of rainfall annually and is one of the wettest locations in Honduras.

This irregular topography creates a complex pattern of rain shadows and windward slopes that have a significant effect on local rainfall. This, in turn, influences the agricultural potential and practices within the El Cajon region.

Meteorological Data

Meteorological data were obtained from seven stations located in or around the study area (see Figure 3.1). Three were operated by the Empresa Nacional de Energia Electrica (ENEE). One of these stations, Yure, is located within the study area at the confluence of the Yure and Humuya Rivers and has fairly complete temperature and rainfall data for the period 1971–82. The other two, San Jeronimo and Santa Elena, are located outside the study area to the south and west, respectively. San Jeronimo is located in the upper Humuya River and has fairly complete data for the period 1972–1982. Santa Elena, located on the edge of Lake Yojoa, has less complete data for the same period. A fourth station, operated by the Servicios Hidrologicos y Climatologicos is located in Agua Caliente, about 45 km southeast of the study area along a tributary of the Sulaco River, and has data from 1972–1982.

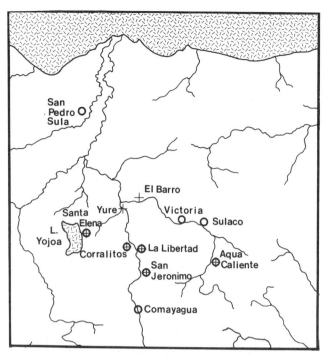

Figure 3.1. Map of the Sulaco-Humuya watershed showing the location of meteorological stations discussed in text.
Figura 3.1. Ubicación de las estaciones meteorológicas en la región de El Cajón.

Three additional meteorological stations containing hydrothermographs and rain gauges were established in July of 1983 to record temperature and relative humidity within the study area. Local residents were trained and paid to monitor these instruments. Stations were established at El Barro along the Sulaco River near the archaeological site of Salitron Viejo; at Corralitos on the Humuya River near the southern limit of the study area; and at La Libertad, located in an upland interior basin. The stations at El Barro and La Libertad recorded data for one full year. The station at Corralitos recorded temperature/humidity data for six months and rainfall data for eleven months.

Figures 3.2 and 3.3 depict the average monthly rainfall from the four government and three project meteorological stations. All graphs clearly depict the rhythmic cycle of seasonal rainfall characteristic of the Central American region. They also illustrate the effect of local topography on the amount of rainfall. Total rainfall ranges from an average of 2,780 mm at Santa Elena to about 1,270 mm of rain at Agua Caliente. Intermediate between these extremes are the stations at San Jeronimo with 1,630 mm and Yure with 1,440 mm of rainfall annually. Santa Elena is located near Lake Yojoa, which generates considerable evaporation and associated rain storms largely confined to the immediate environs of the lake. In addition, Santa Elena, at 700 m elevation, is on the windward side of mountains, well-positioned to catch trade winds as they blow across the isthmus.

Agua Caliente, on the other hand, is located in a small river

cada mes del año y la estación seca está marcada simplemente por una reducción en la cantidad de precipitación. En contraste, en la costa pacífica del istmo centroamericano, los valles del interior y las pendientes protegidas del viento reciben menos lluvia en términos absolutos; la estación seca aquí se caracteriza por una extremadamente baja o ninguna precipitación.

Los "nortes" son masas de aire frío que soplan desde Norteamérica, llevando ocasionalmente vientos y lluvia a México y Centroamérica de diciembre hasta febrero. El clima en América Central también puede ser influido por los huracanes, los cuales se desplazan desde el Caribe trayendo consigo fuertes lluvias a las áreas costeras de julio a diciembre. Por último, en cualquier época del año fuertes tormentas conveccionales pueden traer lluvia localmente.

Con frecuencia se da un período seco durante la estación de lluvias en muchas áreas de Centroamérica, en los meses de julio o agosto, conocido como canícula o veranillo. Este pobremente entendido fenómeno varía en duración y severidad de un área a la otra y de año a año. Debido a que incide en un punto crítico del ciclo agrícola, la canícula representa una importante fuente de incertidumbre que afecta a los campesinos de la región. Después de esta corta sequía, las lluvias usualmente se reanudan en septiembre y octubre.

El cuadro idealizado del clima delineado arriba es a menudo muy variable y pueden ocurrir fluctuaciones anuales tanto en calendarización como en la cantidad de precipitación pluvial, las cuales tienen serias ramificaciones para los campesinos en la región. Atrasos en el comienzo del invierno o interrupciones de las lluvias durante la estación húmeda, pueden llegar a constituir riesgos para los cultivadores locales.

El Clima Local en la Región de El Cajón

El clima local en la región de El Cajón se ajusta al patrón general de alternación de las estaciones seca y lluviosa con variaciones adicionales causadas por las condiciones topográficas reinantes. Esta región se caracteriza por estrechos valles labrados por los ríos y flanqueados por escarpadas colinas. Las elevaciones dentro de la región de estudio van de 100 msnm en el piso del valle a 1,200 msnm en las cimas de los cerros vecinos. Montañas más elevadas, incluyendo la Montaña de Pijol (más de 2,800 msnm) y la Montaña Cerro Azul Meámbar (más de 2,000 msnm), están localizadas dentro de 10 km. al norte y oeste de la región de El Cajón respectivamente. A 25 km. al oeste, el área alrededor del Lago de Yojoa recibe una precipitación anual superior a los 3,000 mm., constituyendo uno de los lugares más húmedos de Honduras.

Esta irregular topografía crea un complejo patrón de sombras pluviales y pendientes expuestas al viento que tienen un significativo efecto en la precipitación local. Lo anterior, a su vez, influencia el potencial y las prácticas agrícolas en la región de El Cajón.

Datos Meteorológicos

Estos datos fueron obtenidos de siete estaciones localizadas en o en las inmediaciones de la región de estudio (Figura 3.1). Tres de ellas eran operadas por la Empresa Nacional de Energía Eléctrica (ENEE). Yure, una de estas estaciones dentro de la región de estudio, ubicada en la confluencia del Río Yure con el Humuya, aportó una serie bastante completa de datos sobre la temperatura y la precipitación para más de una década (1971–1982). Las otras dos, San Jerónimo y Santa Elena, están situadas fuera de la región de estudio hacia el sur y oeste

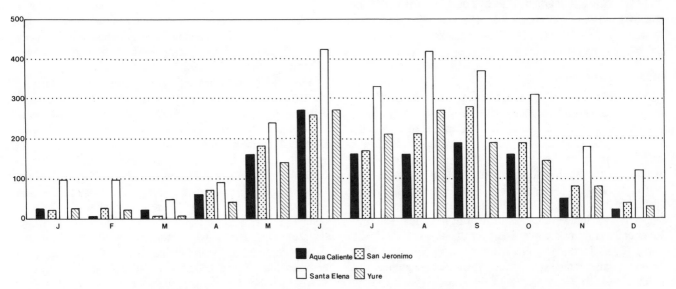

Figura 3.2. Promedio mensual de precipitación para el decenio 1972–1982 según estaciones meteorológicas gubernamentales. Precipitación está en mm.
Figure 3.2. Ten-year averages of monthly rainfall from government operated meteorological stations. Precipitation is in mm.

valley at 400 m elevation. The valley is surrounded by mountains which vary from 1,000 to 1,500 m MSL. In addition, there are slightly higher mountains to the north and east of Agua Caliente which intercept the moisture bearing winds. This situation creates a double rain shadow for the valley causing reduced rainfall.

San Jeronimo and Yure are located along the Humuya River in interior valleys with notable rain shadow effects, although not as severe as that affecting Agua Caliente. Yure has an elevation of 170 m MSL and is situated in a narrow portion of the Humuya River valley on the lee side of the Cerro Nueva España which rises immediately to the east. San Jeronimo is located at 500 m MSL in a wider portion of the valley and may well benefit from its position at the foot of a low range of hills that separates the semi-arid Comayagua Valley to the south and west.

It is difficult to compare the single year of meteorological data from the project stations with the longer term data just discussed. The difficulty is compounded by the fact that the project data span two rainy seasons that were quite different in nature. The data cover the second half of the 1983 rainy season, which was characterized by cultivators as starting late but bringing the normal quantity of rainfall, and the first half of the 1984 rainy season, which began on time and was described as wetter than normal.

In an effort to compare the 1983–84 results with the longer term data, the monthly rainfall totals of the project stations were compared with the monthly averages of the government stations. A measure of similarity was devised by calculating the z-scores of the monthly rainfall totals at each of the project stations using the monthly means and standard deviations of the government stations by means of the following formula:

$$z = \frac{x - y}{s}$$

where z = z-score, x = the monthly rainfall total from a given month from a project meteorological station, y = the mean monthly rainfall from the same month from a government station and s = the standard deviation of the monthly rainfall from the same month at the government station. The z-scores of each month were then totaled to create a similarity index between and among stations. Low z-scores indicate similar rainfall patterns, while high z-scores indicate divergent rainfall patterns. A negative z-score indicates lower than average rainfall, while a positive z-score means higher than average rainfall. The results are presented in Table 3.1.

As can be seen, Corralitos most closely resembles Santa Elena, La Libertad matches the pattern of San Jeronimo, and El Barro is similar to Yure. Agua Caliente turns out to be the station least representative of conditions in the study area. Establishing these relationships furthers our understanding of the factors influencing climate within the study area.

El Barro and Yure

Both El Barro and Yure stations are located in river bottoms at an elevation of 180 m MSL and are somewhat sheltered from moisture bearing winds reaching stations at higher elevations nearby. Although El Barro is only 16 km from Yure, it is located in the Sulaco River valley which runs from east to west and is relatively sheltered from the moisture bearing trade winds coming out of the northeast. The massive mountain of El Pijol is located to the north and east of El Barro, which blocks some moisture from reaching the lower Sulaco River valley.

The Yure station is located at the confluence of the Yure and Humuya Rivers. The Humuya forms a southern extension at

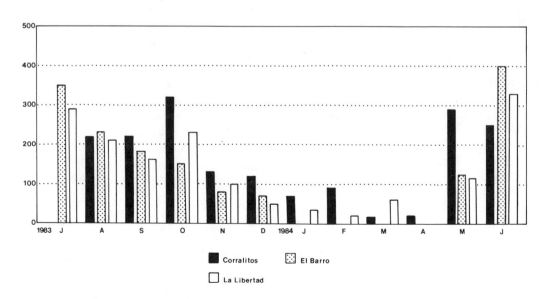

Figure 3.3. Monthly rainfall totals from the 1983–84 crop season in the El Cajon region. Precipitation is in mm.
Figura 3.3. Precipitación mensual durante el período agrícola de 1983–84 en la Región de Estudio. Precipitación está en mm.

respectivamente. San Jerónimo, en el Río Humuya arriba, arrojó una serie bastante completa de datos igualmente para la década 1972–1982. Santa Elena, en la ribera del Lago de Yojoa, ofreció datos menos completos para el mismo período de tiempo. Una cuarta estación, operada por los Servicios Hidrológicos y Climatológicos, está localizada en Agua Caliente, alrededor de 45 km. al sureste de la región bajo estudio, en un tributario del Río Sulaco; los datos obtenidos aquí cubren también la década de 1972–1982.

Otras tres estaciones meteorológicas adicionales compuestas de hidrotermógrafos y pluviómetros fueron instaladas en julio de 1983 con el objeto de registrar la temperatura y la humedad relativa dentro de la región. Residentes en las localidades respectivas fueron entrenados para supervisar los instrumentos. Estas estaciones estaban ubicadas en El Barro, a orillas del Río Sulaco y cerca del sitio arqueológico de Salitrón Viejo (PC-1); en Corralitos, en el Río Humuya, cerca del límite sur de la región de El Cajón y en La Libertad, un valle intramontano. Las estaciones en El Barro y La Libertad registraron datos para un año completo, mientras que la de Corralitos solamente registró la temperatura y humedad durante seis meses y la precipitación durante 11.

Las Figuras 3.2 y 3.3 muestran el promedio mensual de precipitación registrado en las cuatro estaciones meteorológicas gubernamentales y las tres estaciones establecidas por el proyecto. En todos los gráficos aparece claramente el ritmo del ciclo de la estación lluviosa característico de América Central. También ilustran el efecto de la topografía local sobre la cantidad de lluvia. La precipitación pluvial total varía de un promedio de 2,780 mm. en Santa Elena a alrededor de 1,270 mm. en Agua Caliente. La media entre estos dos extremos se encuentra representada en las estaciones de San Jerónimo, con 1,630 mm. y Yure con 1,440 mm. de precipitación pluvial anual. Santa Elena se encuentra cerca del Lago de Yojoa, el cual genera una considerable evaporación y las consecuentes tormentas se confinan, en su mayoría, a las inmediaciones del lago. Además, Santa Elena, a 700 msnm, está en el flanco de las montañas expuestas a los vientos, en una ventajosa posición para detener los vientos alisios que se desplazan a lo largo del istmo.

Agua Caliente, por otra parte, está localizado en un pequeño valle a 400 msnm. El valle está rodeado de montañas, las cuales varían en altura de 1,000 a 1,500 msnm. Además, hay algunas montañas ligeramente más elevadas hacia el norte y este de Agua Caliente que interceptan los vientos húmedos. Esta situación crea una doble sombra pluvial en el valle, causando una reducida precipitación.

San Jerónimo y Yure se encuentran en la ribera del Río Humuya, en valles interiores bajo los efectos notables de una sombra pluvial, aunque no tan severa como la que afecta Agua Caliente. Yure tiene una elevación de 170 msnm y está situado en un estrecho segmento del valle del Río Humuya, en el flanco protegido de los vientos del Cerro Nueva España, el cual se levanta inmediatamente hacia el este. San Jerónimo se ubica a 500 msnm en una amplia porción del mismo valle

conocida como Valle de El Espino y puede beneficiarse muy bien de su situación al pie de una baja cadena de collados que lo separan del semiárido Valle de Comayagua por el sur y oeste.

Es difícil hacer una comparación entre el registro de datos meteorológicos obtenido en las estaciones del proyecto para un solo año con los datos de largo plazo discutidos arriba. El problema estriba en el hecho que los datos del proyecto cubren dos estaciones lluviosas de naturaleza bastante diferente. Se trata de la segunda mitad de la temporada de lluvias de 1983, la cual fue caracterizada por los agricultores como de comienzo tardío, pero normal en cuanto a la cantidad de precipitación; la otra fue la primera mitad de la temporada lluviosa de 1984, la cual comenzó a tiempo y fue descrita como más húmeda que lo normal.

En un esfuerzo por establecer una base comparativa entre los resultados de 1983 a 1984 y los datos de registro a largo plazo, se confrontaron los totales de la precipitación mensual arrojados por las estaciones del proyecto con los promedios mensuales de las estaciones gubernamentales. Una medida de correlación fue derivada del cálculo de los puntajes variables de los totales de precipitación mensuales en cada estación del proyecto, utilizando las medias mensuales y las desviaciones normales de las estaciones gubernamentales, por medio de la siguiente formula:

$$z = \frac{x - y}{s}$$

donde z = puntaje variable, x = total de precipitación registrado en un determinado mes en una estación meteorológica del proyecto, y = precipitación mensual media del mismo mes registrada en una estación gubernamental y s = desviación normal de la precipitación mensual registrada para el mismo mes en la estación gubernamental. Los puntajes variables de cada mes se sumaron para crear un índice de afinidad entre las estaciones. Los puntajes variables bajos indicaron patrones de precipitación similares, mientras que los puntajes variables altos mostraron patrones de precipitación divergentes. Un puntaje variable negativo indicó una precipitación menor que el promedio y, por su parte, un puntaje variable positivo señaló una precipitación mayor que el promedio. Los resultados se presentan en el Cuadro 3.1.

Como se puede apreciar, el patrón de Corralitos es el que más se asemeja al de Santa Elena, el de La Libertad concuerda con el de San Jerónimo y el de El Barro es similar al de Yure. Agua Caliente demostró ser la estación menos representativa de las condiciones en la región bajo estudio.

El Barro y Yure

Ambas estaciones, El Barro y Yure, localizadas en pisos de valle a una elevación de 180 msnm, se encuentran de alguna manera protegidas de los vientos que transportan la humedad, los cuales alcanzan las cercanas estaciones instaladas a mayores elevaciones. Aunque El Barro quedaba a solo 16 km. de Yure, estaba localizado en el valle del Río Sulaco, el cual se extendía de este a oeste relativamente protegido de los vientos

Table 3.1. Z-scores of monthly rainfall totals in the El Cajon region.
Cuadro 3.1. Puntaje variable de los totales de precipitación mensual en la región de El Cajón.

Month—Mes	Project Station Estación Proyecto	Government Station—Estación Gubernamental			
		Agua Caliente	San Jerónimo	Santa Elena	Yure
Jan/Ene	Corralitos	1.59	3.18	-.79	1.63
	El Barro	-.56	-1.51	-2.44	-1.61
	La Libertad	.16	.74	-1.65	.18
Feb/Feb	Corralitos	11.55	.91	-.28	5.39
	El Barro	.02	-.36	-2.25	-.71
	La Libertad	1.59	-.18	-1.98	-.15
Mar/Mar	Corralitos	-.17	.29	1.02	.72
	El Barro	-.60	-.54	-1.26	-.79
	La Libertad	1.68	3.92	.32	7.34
Apr/Abr	Corralitos	-.89	-.90	-1.28	-.72
	El Barro	-1.30	-1.26	-1.60	-1.36
	La Libertad	-1.24	-1.21	-1.55	-1.26
May/May	Corralitos	2.12	1.55	.54	2.51
	El Barro	-.46	-.65	-.97	-.34
	La Libertad	-.62	-.78	-1.06	-.52
Jun/Jun	Corralitos	-.04	.02	-1.24	-.05
	El Barro	.90	1.57	-.24	1.32
	La Libertad	.45	.84	-.72	.67
Jul/Jul	Corralitos	---	---	---	---
	El Barro	7.46	8.67	2.69	7.40
	La Libertad	2.82	3.07	-.17	2.20
Aug/Ago	Corralitos	1.03	.14	-1.85	-.30
	El Barro	1.16	.23	-1.77	-.47
	La Libertad	.84	0.00	-1.97	-.73
Sep/Sep	Corralitos	.58	-.57	-1.34	0.00
	El Barro	-.13	-.92	-1.75	-.45
	La Libertad	.62	-1.17	-1.99	-.75
Oct/Oct	Corralitos	2.28	1.31	.06	3.44
	El Barro	-.18	-.51	-1.72	.20
	La Libertad	.91	.30	-.93	1.64
Nov/Nov	Corralitos	2.11	1.61	-.65	1.18
	El Barro	1.20	.37	-1.17	.27
	La Libertad	1.61	.75	-1.01	.55
Dec/Dic	Corralitos	6.38	2.69	-.47	3.70
	El Barro	3.20	.93	-1.22	1.61
	La Libertad	1.84	.18	-1.54	.71
Total	Corralitos	26.54	10.23	*- 6.33	15.52
	El Barro	10.71	6.02	-13.07	*5.52
	La Libertad	10.66	*6.46	-14.25	9.88

*=least difference between 10 yr. average and 1983-84 data.

*=diferencia mínima entre el promedio de 10 años y los datos de 1983–1984

the Ulua River system which widens into a broad valley as it approaches the Caribbean coast. The rain bearing winds coming off the Caribbean have an unobstructed pathway toward the interior of Honduras and are funneled up the Ulua-Humuya drainage to Yure and beyond to Corralitos and San Jeronimo.

Therefore, we would predict that in any given year, rainfall would be slightly higher at Yure than at El Barro. Although the ten year average at Yure is lower than the single year total

portadores de lluvia provenientes del noreste. El macizo montañoso de Pijol se levanta al norte y este de El Barro, bloqueando la llegada de cierta parte de la humedad al valle del bajo Río Sulaco.

La estación de Yure está localizada en la confluencia de los Ríos Yure y Humuya. El Humuya constituye una extensión hacia el sur del sistema fluvial del Río Ulúa, el cual se abre en un amplio valle a medida que se acerca a la costa atlántica. Los vientos portadores de lluvia que se aproximan desde el mar, no encuentran ninguna obstrucción a su paso hacia el interior de Honduras y son empujados por el cañón del sistema fluvial Ulúa-Humuya hasta Yure y más allá hacia Corralitos y San Jerónimo.

Por lo tanto, se puede predecir que en cualquier año dado, la precipitación será ligeramente mayor en Yure que en El Barro. No obstante que el promedio de 10 años es más bajo en Yure que el total anual disponible para El Barro, los informantes en toda la región consideraron la precipitación registrada en julio de 1984 en El Barro excepcionalmente alta (597 mm.). El puntaje variable para este mes es 7.4 y como se puede apreciar en el Cuadro 3.1 constituye un evento de extrema rareza. En efecto, la precipitación en El Barro en julio de 1984 fue mayor que la que usualmente se espera en el Lago de Yojoa, uno de los lugares más lluviosos en Honduras. Siete de los 11 meses restantes en El Barro registraron totales por debajo de los promedios de Yure. Dejando a un lado este excepcionalmente húmedo mes de julio en 1984, El Barro habría registrado una precipitación total por debajo del promedio de 10 años establecido para Yure.

Tanto en El Barro como Yure, la estación lluviosa está bastante bien definida. Las lluvias declinan en octubre y para noviembre la estación seca ha comenzado, extendiéndose hasta el comienzo del mes de mayo. Este patrón contrasta con el de las otras estaciones, en donde existe una tendencia a registrar cantidades significativas de lluvia durante el mes de octubre. La más bien abrupta terminación de la estación lluviosa en estas y otras localidades en el piso de los valles, tiene importantes repercusiones para los agricultores en cuanto a una segunda siembra de maíz en septiembre para cosechar en febrero. Esto se tratará en detalle abajo.

La Libertad y San Jerónimo

Las estaciones meteorológicas en La Libertad Y San Jerónimo están localizadas en el valle del Río Humuya arriba y comparten patrones de precipitación mucho más similares que lo que deja entrever el Cuadro 3.1. La mayor parte de la fluctuación del puntaje variable entre estas estaciones es el resultado de dos meses inusitadamente húmedos (marzo y julio) en 1984. Ya se mencionaron las lluvias durante el mes de julio de 1984 en referencia a El Barro. La precipitación en el mes de marzo se debió a una violenta tormenta estacionaria que azotó La Libertad, pero que no se registró en El Barro, a 30 km. al norte, ni en Corralitos, a 11 km. al noroeste. Esta tormenta dio lugar a 50.4 mm. de precipitación el 25 de marzo, siendo el origen de más del 80% del total mensual de 61.1 mm.

en La Libertad. Sin esta caprichosa tormenta, La Libertad solo hubiera recibido 10.7 mm. de lluvia, cifra que es comparable al promedio de 10 años para el mes de marzo en San Jerónimo: 10.5 mm. Haciendo a un lado estos dos meses excepcionales, el patrón de precipitación pluvial en La Libertad es casi idéntico al de San Jerónimo.

Corralitos–Santa Elena

Corralitos recibió más lluvia que cualquier otra de las estaciones meteorológicas del proyecto. El examen de los puntajes variables indica que gran parte de la variación que distinguió Corralitos de las otras estaciones del proyecto y de las gubernamentales, resultó de más altos niveles de precipitación en octubre y noviembre de 1983 y durante la estación seca de 1983 a 1984. Además, los más elevados totales de precipitación en Corralitos no incluyen los datos parciales del mes de julio de 1984, cuando se registraron lluvias excepcionalmente fuertes en el resto de la región. Los datos correspondientes a julio de 1984 solo fueron registrados para los primeros 11 días, lapso en el que cayeron 304.1 mm. de lluvia en Corralitos. Si la lluvia continuó cayendo en esta proporción a lo largo del resto del mes, Corralitos hubiera registrado más de 800 mm. de precipitación durante el mes de julio de 1984, el registro más alto de la región bajo estudio.

Sin embargo, una comparación de los datos indica que en promedio, Corralitos recibió uniformemente menos lluvia que la estación meteorológica de Santa Elena. Corralitos registró menos lluvia que los promedios de 10 años de Santa Elena durante nueve de los 11 meses entre 1983 y 1984 (solamente los meses de diciembre y mayo excedieron los promedios de Santa Elena). De lo anterior se deriva que Corralitos ocupa un lugar intermedio entre la fuerte precipitación pluvial que caracteriza a Santa Elena y otras estaciones en la región.

Este patrón tiene su causa en la posición geográfica de Corralitos. La estación está localizada en el valle del Río Humuya al pie de una larga pendiente que conduce a Santa Elena y a las riberas del Lago de Yojoa. Las altas montañas que capturan los vientos portadores de humedad y desatan las fuertes lluvias cenitales alrededor del Lago de Yojoa, aparentemente también dan lugar en forma uniforme a una mayor precipitación a lo largo del valle del Río Humuya, cerca de Corralitos. Debido a que la precipitación pluvial se incrementa con la altura y proximidad al Lago de Yojoa, Santa Elena ubicada a 700 msnm recibe uniformemente más lluvia que Corralitos a 450 msnm.

En resumen, los patrones de precipitación pluvial observados en las tres estaciones meteorológicas del proyecto difieren en varios aspectos. El registro de la estación de El Barro es típico para los sitios a las orillas de los ríos, localizados en valles cálidos y de alguna manera circunscritos, sujetos a los efectos de una "sombra pluvial" causada por las montañas circundantes. El registro de La Libertad es representativo de los valles interiores, menos severamente afectados por el fenómeno de la sombra pluvial. Esto se debe a su localización en el valle del Río Humuya, el cual parece recibir más hume-

from El Barro, informants throughout the region considered the 597 mm of rainfall recorded in July 1984 at El Barro to be exceptionally high. The z-score for this month is 7.4 and indicates the extreme rarity of this event. In fact, the rainfall at El Barro in July 1984 was higher than is usually expected at Lake Yojoa, one of the rainiest spots in Honduras. For seven of the remaining 11 months, El Barro had rainfall totals below the Yure averages. Discounting the exceptionally wet month of July 1984, El Barro would have recorded a rainfall total below the ten year average for Yure.

In both El Barro and Yure the rainy season is quite well defined. Rainfall declines in October, and by November the dry season is underway and continues until the onset of the rains in May. This pattern can be contrasted with that of the other stations which tend to get significant amounts of rain into October. The rather abrupt end of the rainy season in these and other river bottom locations has important repercussions for cultivators contemplating planting a second crop of corn in September for harvest in February. This will be explored in more detail below.

La Libertad and San Jeronimo

The La Libertad and San Jeronimo meterological stations are located in the upper Humuya River valley and share more similar rainfall patterns than Table I would seem to indicate. Most of the z-score variation between these stations is the result of two unusually rainy months (March and July) in 1984. Rainfall during July of 1984 has already been mentioned in reference to El Barro. The March precipitation was due to a local violent thunderstorm which hit La Libertad but did not register at either El Barro, 30 km north, or Corralitos, 11 km northwest of La Libertad. This storm dropped 50.4 mm of rainfall on March 25, accounting for over 80% of La Libertad's total monthly precipitation of 61.1 mm. Without this freak storm, La Libertad would have received about 10.7 mm of rainfall, which compares closely to the ten year March average of 10.5 mm for San Jeronimo. Discounting these two exceptional months, the pattern of rainfall at La Libertad is nearly identical to that of San Jeronimo.

Corralitos-Santa Elena

Corralitos received more rainfall than either of the other project meteorological stations. Examination of the z-scores indicates that much of the variation that distinguished Corralitos from project and government stations resulted from higher levels of rainfall in October and November of 1983 and during the dry season of 1983–84. Furthermore, the higher rainfall totals at Corralitos do not include the partial data from July 1984, when exceptionally heavy rains were recorded elsewhere in the region. Data for July 1984 were collected for only the first 11 days of the month when 304.1 mm of rain fell in Corralitos. If rain fell at this rate throughout the month, then Corralitos would have received over 800 mm of rain during July of 1984, the highest precipitation level in the study area.

However, a comparison of rainfall data indicate that on the average Corralitos consistently received less rainfall than the meteorological station at Santa Elena. Corralitos had less rain than the ten year averages at Santa Elena during 9 of 11 months between 1983 and 1984 (only December 1983 and May 1984 exceed the averages at Santa Elena). This accounts for the negative z-score for the total variation between Corralitos and Santa Elena. From the foregoing it appears that Corralitos occupies an intermediate place between the heavy rainfall at Santa Elena and other stations in the area.

This pattern can be accounted for by the geographic position of Corralitos. The station is located in the Humuya River valley, at the foot of a long slope that leads up to Santa Elena and the shores of Lake Yojoa. The high mountains which capture the moisture bearing winds and lead to heavy rainfall around Lake Yojoa apparently also cause consistently higher rainfall along the Humuya River valley near Corralitos. Because rainfall increases with altitude and proximity to the lake, Santa Elena located at 700 m MSL receives consistently more rainfall than Corralitos at 450 m MSL.

In summary, the rainfall patterns observed at the three project meteorological stations differ in several respects. The El Barro station is typical of riverbottom sites located in hot, somewhat confined valleys subjected to "rain shadow" effects by the surrounding mountains. La Libertad is representative of interior valleys less severely affected by the rain shadow phenomenon. This is due to its location in the Humuya valley, which seems to receive more moisture from the Northeast Trade Winds than does the Sulaco valley. Corralitos is representative of sites which receive higher amounts of rainfall due to their location on windward slopes oriented toward the moisture bearing winds which dominate the weather pattern in northern Central America.

The rainfall data also exhibit regional differences in the duration of the rainy season. At El Barro and Yure the rainy season ends abruptly with the second maximum of rainfall in September, followed by a decline in October, and the clear onset of the dry season in November. The La Libertad-San Jeronimo rainfall regime follows a similar pattern, but rainfall in October is greater in absolute terms. That is, there is a decline relative to September, but average rainfall in San Jeronimo for the last ten years is 195 mm compared to 136 mm at Yure. In October of 1983, 223 mm of rain fell in La Libertad versus 146 mm at El Barro. This additional rainfall in October is critical in terms of supporting a second crop of maize planted in September/October.

The ten year pattern at Santa Elena indicates a first maximum of rainfall in June, a slight decline in July, followed by a second maximum in August. September and October receive substantial rainfall (averaging 372 and 312 mm respectively). The one year data from Corralitos are inconclusive regarding the timing of maxima, but it is evident that the rainy season continues into October and may extend into November in favorable years.

All stations indicate the clear onset of the rainy season in May. Although the quantities of rainfall vary throughout the

Cuadro 3.2. Comparación de los patrones de precipitación en abril y mayo.
Table 3.2. Comparison of rainfall patterns in April and May.

April—Abril	Agua Caliente	San Jerónimo	Santa Elena	Yure
avg.—promedio	61.4	68.0	96.1	41.3
s.d.—DN*	47.2	53.8	60.1	30.4
May—Mayo				
avg.—promedio	157.4	177.2	235.6	147.5
s.d.—DN	65.6	77.0	111.4	59.4

*DN=Desviación normal—s.d.=Standard Deviation

dad de los vientos alisios del noreste que el valle del Río Sulaco. El registro de Corralitos es representativo de los sitios que reciben altas cantidades de precipitación debido a su ubicación en escarpas expuestas al viento y orientadas hacia los vientos portadores de humedad, los cuales determinan los patrones del clima en el norte de América Central.

Los datos sobre la precipitación pluvial también muestran diferencias regionales en la duración de la estación lluviosa. En El Barro y Yure, la estación de lluvias termina abruptamente con el segundo período de máxima precipitación en septiembre, seguido de una declinación en octubre y del claro comienzo de la estación seca en noviembre. El régimen de lluvias de La Libertad–San Jerónimo sigue un patrón similar, pero la precipitación en octubre es mayor en términos absolutos. Esto quiere decir que se da una declinación en relación con el mes de septiembre, pero el promedio de precipitación para San Jerónimo para los últimos 10 años es de 195 mm., en comparación a 136 mm. para Yure. En octubre de 1983, cayeron 223 mm. de lluvia en La Libertad en contraposición a 146 mm. en El Barro. Esta lluvia adicional en octubre es crítica con respecto a la segunda cosecha de maíz sembrada en septiembre/octubre.

El registro de 10 años en Santa Elena indica un primer máximo de precipitación pluvial en junio, una ligera declinación en julio, seguida de un segundo máximo en agosto. Septiembre y octubre traen consigo vitales lluvias (promediando entre 372 y 312 mm. respectivamente). Los datos para un año procedentes de Corralitos son inconclusivos con respecto a la periodización de los máximos, pero es evidente que la estación lluviosa continúa durante el mes de octubre y puede extenderse al mes de noviembre en años favorables.

Todas las estaciones indicaron el claro comienzo de la temporada lluviosa en mayo. No obstante que las cantidades de precipitación varían a lo largo de la región, la relativa sequía del verano alcanza su máximo en los meses de marzo y abril. Aún cuando existe uniformidad en cuanto al comienzo de las lluvias, la variación es considerable en cuanto al tiempo que se prolongaran. Este aspecto del régimen de lluvias tiene un importante efecto en la adaptación agrícola dentro de la región de El Cajón.

Efectos del Clima en la Agricultura

Las prácticas agrícolas deben ser adaptadas al clima y deberían reflejar las fluctuaciones climáticas tanto a nivel de micro como macroambiente. En la práctica es difícil separar la influencia del clima de la de otros factores que repercuten en la adaptación agrícola, tales como el suelo y la pendiente del terreno. Los factores sociales como tenencia de la tierra, densidad demográfica, acceso a los mercados y otras variables similares también afectan las prácticas agrícolas.

El patrón climático regional determina el ciclo biológico. Por ejemplo, la marcada estación seca junto con las cálidas temperaturas crea un déficit de humedad que retarda el crecimiento de la vegetación. Esto restringe la temporada para la siembra del maíz bajo un sistema de cultivo dependiente de las lluvias. Este patrón climático también influencia el suelo y la vegetación que cubre el área; ambos factores configuran el ciclo de cultivo y barbecho y la labor requerida para la agricultura. La estación seca interrumpe el proceso de rápida descomposición orgánica y lixiviación característico de las áreas tropicales que reciben fuertes lluvias durante todo el año.

La temporal suspensión de las lluvias en los climas húmedo-secos, permite la caída de las hojas y la acumulación de material orgánico adicional en la superficie del terreno. El material orgánico es convertido en nutrientes cuando se rozan los campos en preparación a la siembra. Estos nutrientes se encuentran disponibles para una absorción rápida por parte de las plantas, en particular después de las primeras lluvias (Franco y Munns 1982:3). La suspensión de la descomposición ocasionada por la estación seca significa que más nutrientes estarán disponibles para los cultivos durante la temporada de crecimiento, que lo que sería el caso si las condiciones de humedad se prolongaran durante todo el año.

La interrupción de la temporada de crecimiento también

region, the relative drought of the *verano* peaks in March and April. Thus, there is uniformity regarding the onset of the rains, but considerable variation in how long the wet season will last. This aspect of the rainfall regime has an important effect on agricultural adaptations within the El Cajon region.

Effects of Climate on Agriculture

Agricultural practices must be adapted to climate and should reflect climatic fluctuations at both the micro and macro levels. In practice it is difficult to separate the influence of climate from other factors influencing agricultural adaptations such as soil and slope. Social factors such as land tenure, population density, and access to markets likewise affect agricultural practices.

The regional climate pattern governs the biological cycle. For example, the marked dry season together with hot temperatures create a moisture deficit that slows plant growth. This restricts the growing season of maize under a system of rainfed cultivation. This climatic pattern also influences the soil and vegetation cover of the area, both of which shape the crop-fallow cycle and labor requirements in agriculture. The dry season interrupts the process of rapid organic decomposition and leaching characteristic of tropical areas that receive heavy rains year round.

The temporary hiatus of rainfall in wet-dry climates allows leaf litter and other organic matter to accumulate on the soil surface. Organic matter is converted into nutrients when the fields are burned in preparation for planting. These nutrients are available for rapid uptake by plants, particularly after the first rains (Franco and Munns 1982:3). The slowdown in decomposition occasioned by the dry season means more nutrients are available to cultigens during the growing season than would be if humid conditions existed throughout the entire year.

The interruption of the growing season also allows cut vegetation to reestablish itself and permits the soil to recover somewhat from the effects of cultivation. It should be noted that many of the weedy plants which regenerate during the growing season are nitrogen-fixing legumes which enhance soil fertility. The overall effect of these processes is that a given parcel of land can often be cultivated for several years in succession, especially if the site is not too steep and subject to excessive soil erosion. Climate is a definite factor contributing to the resiliency of the riverbottom soils, where fields may be cultivated for ten to twenty years with no fallowing beyond the few months between rainy seasons.

The Agricultural Cycle: A Brief Description

The agricultural cycle in the El Cajon region, like most tropical areas, is oriented to the onset of the rainy season. The crop must be planted as soon as regular rainfall begins in order to take up the nutrients released in the soil through the burning process. If sowing is delayed, a portion of these nutrients will be leached before the developing crop can intercept them (Norman 1979:63).

The first stage in the cycle is clearing the land. Most farmers clear their land in February and March and burn the fallen vegetation in late April or May so that fields may be sown in late May or June. If the burn is completed too soon and several weeks elapse before the rains begin, the vegetation may begin to grow back causing later problems with weeding and nutrient loss as the mineral-rich ashes are blown away (Ewell et al. 1981:828). On the other hand, the vegetation must be cut and dried before the rains begin or the felled vegetation will not burn well, leading to decreased release of nutrients (Sanchez 1982:97), more vigorous weed growth, and greater problems with insect pests (Norman 1979:113; Loker chapter six, this volume).

Once these tasks are completed, the onset of the rains is awaited with great anticipation. According to available meteorological data the rains return to the region in May with impressive regularity. Although precipitation levels may vary, the trend is always one of increasing rainfall. This is illustrated in Table 3.2 which presents the ten year average and standard deviation for rain fall in April and May at the four government meteorological stations. In all cases the rainfall in May is more than double that of April. And in all cases the variability of rainfall relative to the mean is much greater in April than May.

The predictability of the onset of the rains in May is the central factor around which the agricultural cycle is oriented. Most informants plant in late May or early June. (Approximately 90% of the cultivators sowed their fields between May 20 and June 20.)

Yet, according to two old informants, both in their 80s, this represents a change from the 1920–1930s, when the rains came earlier and planting was generally done in late April or early May. Unfortunately, long term climatic data from Central America are rarely available, making it difficult to corroborate such statements. Nevertheless, an analysis by Portig (1965) of meteorological records from San Salvador for the period 1912–1961 does provide some support for informant's statements. For the period 1912–1936 the first maximum of rainfall occurred in June (see Portig 1965:84). Starting in 1936, the first maximum moved to July. Over the same period there was a gradual but perceptible decrease in total precipitation for both May and June. While these data are not definitive, they suggest a shift in the onset of the rainy season in northern Central America. More research of this type is necessary to determine the agricultural significance of long range climatic fluctuations in Central America.

After planting and until harvest, the agricultural labor consists almost exclusively of weeding. Weed competition is acute and weeding is the most time consuming activity of the agricultural cycle. The timing of harvest depends on the period necessary for the grain to mature and dry. Maturity is dependent on weather patterns during the growing season as well as the variety of maize planted. The time necessary for the corn to dry is dependent on weather patterns, and in rainy years or in rainy locations, the cultivator may "double" the

permite a la vegetación recuperarse de la tala y al suelo recobrarse de los efectos del cultivo. Se debe tener en cuenta que mucha de la maleza que se regenera durante la temporada de crecimiento son leguminosas que fijan el nitrógeno y aumentan la fertilidad del suelo. El efecto conjunto de estos procesos es que una parcela dada puede ser cultivada por varios años consecutivamente, en especial si el terreno no es muy inclinado y no está sujeto a excesiva erosión. El clima es un factor determinante que contribuye a la versatilidad de los suelos a las orillas de los ríos, en donde los campos pueden ser cultivados de 10 a 20 años sin que el barbecho se prolongue más allá de los pocos meses entre una y otra estación lluviosa.

El Ciclo Agrícola: Una Breve Descripción

El ciclo agrícola en la región de El Cajón, como en la mayoría de los trópicos, está orientado hacia el principio de la estación lluviosa. La siembra debe hacerse tan pronto como las lluvias regulares comienzan con el objeto de aprovechar los nutrientes disueltos en el suelo a causa de la roza. De demorarse la siembra, una porción de estos nutrientes será arrastrado antes que el cultivo en desarrollo pueda interceptarlos (Norman 1979:63).

El primer estadio en el ciclo es la limpieza del terreno. La mayoría de los agricultores limpia sus parcelas en febrero y marzo y quema la vegetación talada a finales de abril o en mayo, de tal manera que se pueda sembrar a finales de mayo o en junio. Si se termina la roza muy pronto y transcurren varias semanas antes del comienzo de las lluvias, la vegetación puede empezar a crecer, causando problemas posteriores con la desyerba y la pérdida de nutrientes al ser levantadas y esparcidas las cenizas ricas en minerales por el viento (Ewell et al. 1981:828). Por otra parte, la vegetación debe ser talada y encontrarse seca antes de que las lluvias se inicien; de otra forma no se quemará bien, provocando una disminución de los nutrientes (Sánchez 1982:97), un más vigoroso crecimiento de la maleza y un aumento del problema con los insectos (Norman 1979:113; Loker, Capítulo 6).

Una vez que estas tareas son terminadas, el comienzo de las lluvias es esperado con gran ansiedad. De acuerdo a los datos meteorológicos disponibles, las lluvias retornan a la región en mayo con una impresionante regularidad. Aunque los niveles de la precipitación pluvial pueden variar, la tendencia es siempre de un incremento de la misma. Esto se ilustró en el Cuadro 3.2., en el cual se presenta el promedio de 10 años y la desviación normal para la precipitación en los meses de abril y mayo en las cuatro estaciones meteorológicas gubernamentales. En todos los casos, la precipitación en mayo es más del doble que la de abril. También en todos los casos, la variabilidad de la precipitación en relación a la media es mucho mayor en abril que en mayo.

La predictabilidad del inicio de las lluvias en mayo es el factor central alrededor del cual se orienta el ciclo agrícola. La mayoría de los informantes siembra a finales de mayo o principios de junio. (Aproximadamente 90% de los campesinos sembraron sus parcelas entre el 20 de mayo y el 20 de junio.)

Sin embargo, de acuerdo a dos informantes de edad, ambos octogenarios, esto representa un cambio con respecto a las décadas de 1920 y 1930, cuando las lluvias empezaban más temprano. Entonces, la siembra generalmente se hacía a finales de abril o principios de mayo. Desafortunadamente, datos climáticos de largo alcance raramente se encuentran disponibles para América Central, haciendo difícil corroborar tales observaciones. No obstante esto, el análisis llevado a cabo por Portig (1965) de los registros meteorológicos de San Salvador para el período de 1912 a 1961, proporciona cierto apoyo a las declaraciones de los informantes. Para este período, el primer máximo de la precipitación pluvial se dio en junio (Portig 1965:84). De 1936 en adelante, el primer máximo se trasladó a julio. A lo largo del mismo período de tiempo, se observó una gradual, pero perceptible disminución del total de precipitación tanto en mayo como en junio. Aunque estos datos no son definitivos, sugieren un cambio en el comienzo de la estación lluviosa en el norte de América Central. Es necesario continuar la investigación de este tipo para determinar el significado para la agricultura que tienen las fluctuaciones climáticas de largo alcance en el área centroamericana.

Después de la siembra y hasta la cosecha, la labor agrícola consiste casi exclusivamente en desyerba. La competencia con la maleza es fuerte y la desyerba es la actividad de más intensa inversión de tiempo del ciclo agrícola. La época de la cosecha depende del período que necesita el grano para madurar y secarse. La maduración depende de los patrones del clima durante la temporada de crecimiento, así como de la variedad de maíz sembrada. El tiempo necesario para que el grano se seque depende, asimismo, de los patrones del clima. En años lluviosos o en localidades húmedas, el agricultor puede "doblar" las matas de maíz en tal forma que las mazorcas apunten hacia abajo. El secado se acelera, impidiendo la filtración del agua de lluvia que podría podrir la punta de la mazorca.

La siguiente decisión que depende del clima es la que tiene que ver con una segunda siembra de maíz. Esto es conocido como "postrera" y se siembra a finales de septiembre o en octubre, después de la primera cosecha. El éxito de una postrera depende grandemente de la cantidad de lluvia en octubre y noviembre.

El maíz es muy vulnerable a la sequía durante su período de florescencia: "Mas importante que una completa lluvia es la suficiente disponibilidad de humedad cuando más se necesita... el período crítico es aproximadamente entre los 10 y los 20 primeros días después de que la panoja ha brotado, cuando la planta muestra una alta suceptibilidad a la falta de humedad" (Schrimpf 1965:37). Las variedades de maíz sembradas en la región bajo estudio generalmente florecen alrededor de seis a ocho semanas después de su germinación. Para la primera siembra de maíz hecha en mayo/junio, el período crítico cae en julio, coincidiendo con el veranillo, es decir el corto intervalo seco descrito antes. Un severo veranillo puede tener serios efectos en el rendimiento de la cosecha. El maíz de

Table 3.3. Comparison of rainfall patterns in October and November.
Cuadro 3.3. Comparación de los patrones de precipitación en octubre y noviembre.

October—Octubre	Agua Caliente	San Jerónimo	Santa Elena	Yure
avg.—promedio	159.8	194.5	311.7	136.0
s.d.—DN*	69.4	93.9	95.5	52.9
November—Noviembre				
avg.—promedio	49.3	74.4	178.2	74.3
s.d.—DN	31.0	32.9	78.2	45.0

*DN=Desviación normal—s.d.=Standard Deviation

maize stalks, bending them so the ears point downward. This hastens drying by avoiding the infiltration of rainwater which may rot the tip of the ear.

The next weather dependent decision involves deciding whether to plant a second crop of maize. This second crop, known as the *postrera*, is planted in late September or October, after harvest of the first crop. The success of the *postrera* is largely dependent on the amount of rain falling in October and November.

Maize is most vulnerable to drought during its flowering period: "More important than total rainfall is the availability of sufficient moisture when it is most needed...the critical period is approximately between 10 days before and 20 days after panicle sprouting, when the plant shows high susceptibility to lack of moisture" (Schrimpf 1965:37). The varieties of maize planted in the study area generally flower about six to eight weeks after germination. For the first crop of maize planted in May/June, the critical period falls in July, coincident with the *veranillo*, the short dry spell described earlier. A severe *veranillo* can have serious effects on crop yields. *Postrera* maize planted in late September needs adequate moisture through mid-November.

Cultivators who plant the *postrera* take several steps to improve the moisture retaining capacity of the soil. For example, where the *postrera* is planted, the cut vegetation is not burned but left to form a moisture retaining mulch that preserves precious groundwater. But the means available to cultivators for coping with moisture stress are limited, given current levels of technology and labor input. Ultimately they must rely on sufficient amounts of rainfall to ensure adequate harvests.

Table 3.3 presents the average and standard deviation for rainfall in October and November at the four government meteorological stations. Note that rainfall at all stations falls off drastically in November as compared to October. The higher rainfall levels at Santa Elena mean that despite this decrease there is still significant rainfall in November. At the other stations, however, November is dry both in relative and

absolute terms. The relatively high ratio of standard deviation to mean indicates that November rainfall not only decreases in absolute terms but also is irregular and hard to predict.

This means that sowing the *postrera* is a high risk agricultural strategy over much of the study area and is recognized as such by local cultivators. Close inspection of local rainfall patterns helps to explain the distribution of the *postrera* within the study area.

The *postrera* is quite rare in the Sulaco River valley. Of the 45 informants with fields located along the Sulaco River or its tributaries, only one planted the *postrera*, 34 did not, and in 10 cases information on the *postrera* was not available. While this was not a random sample, it reflects my impression that few people in the Sulaco plant the *postrera*. The reasons given for not planting the *postrera* are

1) Low Yield. Informants reported that even in good years, the *postrera* yields only about half of what a *milpa de primavera* would yield on the same terrain. In many years the *postrera* may yield very little beyond fodder for animals.
2) Labor competition. The time in which the *postrera* needs to be weeded coincides with the start of the coffee harvest. Many families migrate a short distance to local coffee plantations from November to January, when fields need to be weeded and watched.
3) Pest Competition. According to some informants the *postrera* is more subject to predation by animal pests, especially birds, than is the first crop.
4) Use of Land for Grazing. Cultivators who own cattle or other livestock often use the fallow period to graze animals in their *milpas*; consequently, the land is not available for sowing maize.

Ultimately, however, it is the lack of reliable rainfall in the Sulaco River valley that people repeatedly mention as the factor inhibiting their planting of the *postrera*.

The only location within the study area that consistently grows the *postrera* is around Corralitos. Of six informants in the Corralitos area, five planted *postreras* in 1983. Here cultivators have modified the agricultural system to ensure a

postrera sembrado a finales de septiembre necesita suficiente humedad hasta mediados de noviembre.

Los agricultores que siembran postreras toman varias medidas para aumentar la capacidad de retención de humedad del suelo. Por ejemplo, donde se siembra una postrera, la vegetación talada no se quema, sino que se deja para que forme una especie de abrigo que mantiene la humedad y la preciosa reserva de agua en el subsuelo. Los medios al alcance de los agricultores para mantener el necesario balance de humedad, sin embargo, son limitados, dados los actuales niveles de tecnología e inversión de labor. En última instancia deben confiar en la caída de cantidades suficientes de lluvia para asegurar una adecuada cosecha.

En el Cuadro 3.3 se presenta el promedio y la desviación normal para la precipitación pluvial en octubre y noviembre en las cuatro estaciones meteorológicas gubernamentales. Nótese que la precipitación disminuye en noviembre drasticamente en todas las estaciones en comparación con la de octubre. Los altos niveles de precipitación en Santa Elena significan que a pesar de este decrecimiento; ésta es aún significativa en el mes de noviembre. En las otras estaciones, por el contrario, noviembre es un mes seco tanto en términos relativos como absolutos. El relativamente alto cociente de la desviación normal en relación al promedio indica que las lluvias de noviembre no solamente decrecen en términos absolutos, sino que además son irregulares y difíciles de predecir.

Lo anterior significa que la siembra de postreras es una estrategia agrícola de alto riesgo en buena parte de la región bajo estudio y es reconocida como tal por los campesinos locales. Una revisión más cuidadosa de los patrones de precipitación local ayuda a explicar la distribución de las postreras dentro de la región.

Las postreras son bastante raras en el valle del Río Sulaco. De los 45 informantes cuyas parcelas se localizaban a lo largo del Río Sulaco o sus tributarios, solamente uno sembraba maíz en postrera, 34 no sembraban y para 10 casos no está disponible la información al respecto. Aunque esto no fue un muestreo al azar, refleja la impresión del autor de que pocos agricultores siembran postreras en el Río Sulaco. Las razones mencionadas para ello son:

1) Bajo rendimiento. Los informantes dijeron que aún en años buenos, las postreras solo arrojan un rendimiento de alrededor de la mitad que lo que rendiría una "milpa de primavera" en el mismo terreno. A lo largo de muchos años, una postrera puede rendir muy poco más allá del forraje para los animales.

2) Competencia de labores. La época en la cual la postrera necesita desyerba coincide con el comienzo de la cosecha de café. Muchas familias se desplazan una corta distancia a las plantaciones locales de café de noviembre a enero, cuando éstas necesitan ser desyerbadas y cuidadas.

3) Detrimento a causa de los animales y pestes. De acuerdo a algunos informantes, la postrera está más sujeta a la depredación causada por los animales, especialmente los pájaros,

y a las pestes que la primera siembra.

4) Uso del suelo para pastos. Los agricultores que tienen ganado vacuno o algún otro tipo, a menudo utilizan el período de barbecho para pastoreo de los animales en los rastrojos; en consecuencia los terrenos no están disponibles para la segunda siembra de maíz.

Cualquiera que sea el caso, sin embargo, es la inseguridad sobre las lluvias en el valle del Río Sulaco lo que los campesinos repetidamente mencionaron como el factor que inhibe la siembra de la postrera.

La única localidad dentro de la región en la cual se siembra uniformemente maíz en postreras es alrededor de Corralitos. De los seis informantes en el área de Corralitos, cinco sembraron postreras en 1983. Aquí los campesinos han modificado el sistema agrícola para asegurar el éxito de la segunda cosecha por medio de la siembra de una variedad de maíz de rápido crecimiento, conocida localmente como "maíz ligero". Este maíz amarillo de mazorca pequeña, echa el grano en alrededor de 60 días y madura en un total de 75 a 80 días. Aunque el promedio de rendimiento por unidad de área es más bajo que el de las variedades de crecimiento más lento y mazorca más grande, los agricultores en Corralitos siembran maíz ligero con el objeto de acortar el tiempo de cosecha de la primera siembra, liberándose de esa labor para sembrar la postrera lo más temprano posible. Para la segunda siembra también se utiliza maíz ligero con la expectativa que florecerá a tiempo para aprovechar las lluvias de octubre y echará frutos durante las decrecientes lluvias de principios de noviembre. Los campesinos en el área de Corralitos han modificado la estrategia agrícola, adaptándola a un conjunto de limitaciones climáticas para aumentar su producción anual de maíz.

Otros factores también contribuyen a la estrategia de doble cosecha practicada en el área de Corralitos. Entre otras cosas, esta área parece estar experimentando un mayor grado de presión demográfica que otras localidades en la región. La tierra disponible para la agricultura es más limitada y los residentes de tres municipios vecinos reclaman esta única zona de terrenos capaz de sostener una múltiple cosecha anual. Esta zona de tierra de moderada inclinación, se eleva partiendo de una pequeña faja del plano de la ribera del Río Humuya; se trata de la única localidad en donde el autor notó una, aunque rudimentaria, modificación de la topografía con el objeto de incrementar la capacidad del rendimiento de las cosechas. Aquí se construyeron pequeños diques para disminuir la fuerza de las corrientes, retener la humedad y reducir la erosión. Este paso preliminar hacia una intensificación agrícola es también una respuesta a la presión demográfica local.

Es claro que una serie de factores ha contribuido a enfatizar la doble cosecha en el área de Corralitos. No obstante esto, dado el bajo nivel de la tecnología agrícola local, es el favorable patrón de precipitación pluvial lo que condiciona fuertemente las prácticas agrícolas en esta área.

second crop by planting a quick yielding variety of maize known locally as *maiz ligero*. This yellow, small-eared maize yields green corn in about 60 days and mature corn in 75 to 80 days. Though average yield per unit area is lower than with the larger eared, slower maturing varieties, Corralitos cultivators plant *maiz ligero* in order to shorten the time to harvest for the first crop and free labor to get the *postrera* planted as early as possible. The second crop is also planted with *maiz ligero* in hopes that it will flower in time to take advantage of the October rains and set fruit during the dwindling rains of early November. Cultivators in the Corralitos area have adapted their agricultural strategy to a set of climatic constraints in order to increase their annual production of maize.

Other factors also contribute to the double cropping strategy practiced in the Corralitos area. For instance, this area seems to be experiencing a greater degree of population pressure than other locations in the study area. Arable land is more limited and residents of three neighboring municipalities have competing claims on a single zone of arable land capable of sustained multi-year cropping. This zone of moderately sloping land rises from a small stretch of level riverbottom along the Humuya River and is the only location where I noted even rudimentary modifications of the landscape to increase the cropping capacity of the land. In this case small check dams were constructed in order to slow runoff, retain moisture, and reduce soil erosion. This preliminary step toward agricultural intensification is also a response to local population pressure.

Clearly a number of factors have contributed to an emphasis on double cropping in the Corralitos area. Yet given the low level of native agricultural technology, it is the favorable rainfall pattern which strongly conditions agricultural practices in this area.

Implications for Prehistory

We have already noted the difficulty in separating the effects of climate from other elements of the environment such as soil, topography, and vegetation when analyzing the contemporary agricultural system. This difficulty is compounded when assessing the effects of climate on social and cultural developments in prehistory due to the likelihood that climate has fluctuated somewhat over the last thousand years. The extent of this fluctuation is not known, but archaeobotanical evidence from the El Cajon region indicates that many of the plant species presently found in the area were present prehistorically (Lentz 1983 and chapter seven, this volume). This implies a measure of climatic stability and justifies using contemporary data to analyze conditions during the Late Formative and Classic periods (circa 400 BC–AD 900).

Given the preceding caveats, what can we say about the effect of climate on prehistoric subsistence systems? It is clear from the analysis of contemporary meteorological data that the region's mountainous topography creates a variety of closely spaced environmental zones of varying agricultural potential. Although altitudinal gradients are relatively small, the dissected topography creates local variation in rainfall to which cultivators must adapt their agricultural practices.

As demonstrated above, variation in rainfall, particularly at the end of the rainy season, strongly influences the feasibility and productivity of a second crop of maize in the El Cajon area. This limits potential carrying capacity of various locations in the region and restricts the ease and feasibility of agricultural intensification through multiple cropping practices.

As pointed out by Turner (1983c) and others (Boserup 1965; Nigh 1975; Sanders and Webster 1978; Wilk 1982), agricultural productivity is a complex phenomenon which responds to a variety of environmental and sociocultural factors, especially population density. One of the most common responses to rising demand for food is simply expansion of the area under cultivation. But in areas where cultivable land is in short supply, alternative strategies of agricultural intensification must be pursued. In any given environment there are a variety of responses that constitute agricultural intensification. Among these are shortened crop-fallow cycles, increased labor inputs, modification of the landscape, and a variety of cultural practices that raise soil fertility. One of the most common strategies for increasing production is multiple cropping. Close attention to the environmental and agricultural potential is essential to shed light on the process of agricultural intensification including appropriate options available under different ecological conditions.

Studies in the El Cajon region indicate that even within relatively small areas there are significant differences in the potential for increasing agricultural production. Multiple cropping of maize is just one example of an agricultural intensification strategy quite sensitive to slight variations in rainfall. The potential carrying capacity of various areas with seemingly similar environmental circumstances can vary significantly, a fact that has clear implications for regional cultural development.

To the extent that the El Cajon region is typical, this insight can be extrapolated to significant portions of the southeast Maya region (including the Copan Valley) and adjacent frontier areas. Much of this region is a complex mosaic of areas with varying agricultural potential strongly conditioned by climate. Empirical study of these patterns of variation will yield a better understanding of the cultural and ecological dynamics that have characterized the evolution of human groups in the region.

Several observations can be made in comparing interior mountainous regions like the El Cajon region with the humid tropical lowlands of the Peten. For example, it is paradoxical that the pronounced dry season of the mountainous interior which interrupts rainfed agriculture also permits more sustained agricultural production from a given unit of land under shifting cultivation than do wetter areas with year round rainfall. The more constant rainfall and high temperatures over much of the Maya Lowlands leads to increased leaching of soil nutrients once forests have been cleared. Climatic conditions

Implicaciones para la Epoca Precolombina

Ya se ha llamado la atención sobre la dificultad de separar los efectos del clima de los otros elementos del ambiente, tales como la composición de los suelos, la topografía y la vegetación, en el análisis del sistema agrícola contemporáneo. Esta dificultad se complica cuando se evalúan los efectos del clima en el desarrollo social y cultural en la época precolombina, debido a la probabilidad existente de que el clima haya sufrido algún tipo de fluctuación en los últimos mil años. El grado alcanzado por una fluctuación tal no es conocido, pero la evidencia arqueológica en la región de El Cajón indica que muchas de las especies de la flora moderna se encontraban presentes en época precolombina (Lentz 1983; Capítulo 7). Esto quiere decir que se cuenta con una medida de la estabilidad climática y se justifica el empleo de datos contemporáneos para analizar las condiciones reinantes durante los Períodos Formativo Tardío y Clásico (alrededor de 400 a.C. a 900 d.C.).

Dado el cuerpo precedente de datos, ¿qué podemos decir acerca del efecto del clima en los sistemas de subsistencia precolombinos? Se perfiló claramente del análisis de los datos meteorológicos contemporáneos que la topografía montañosa de la región crea una variedad de zonas ambientales cercanamente situadas de diferente potencial agrícola. Aunque la diferencia en pendiente es relativamente poca, la cortada topografía crea variaciones locales en la precipitación pluvial, a las cuales tienen que adaptar los campesinos sus prácticas agrícolas.

Como se demostró arriba, la variación en la precipitación pluvial, particularmente al final de la estación lluviosa, influencia fuertemente la capacidad de ejecución y la productividad de la segunda siembra de maíz en la región de El Cajón. Esto limita la capacidad de carga en varias localidades de la región y restringe una fácil intensificación de la agricultura por medio de prácticas de cultivo múltiple.

Como ha sido señalado por Turner (1983) y otros (Boserup 1965; Nigh 1975; Sanders y Webster 1978; Wilk 1982), la productividad agrícola es un fenómeno complejo que obedece a una variedad de factores ambientales y socioculturales, especialmente a la densidad demográfica. Una de las soluciones más a la mano para elevar la producción de alimentos es la simple expansión del área bajo cultivo. Sin embargo, en regiones donde la tierra cultivable es un recurso restringido, deben buscarse estrategias alternativas para la intensificación de la agricultura. En cualquier ambiente dado, existe una variedad de soluciones que permiten llevar a la práctica dicha intensificación; entre éstas se cuentan el acortamiento de los ciclos de cultivo y barbecho, incremento de la inversión de energía, modificación del terreno, así como una serie de prácticas culturales para aumentar la fertilidad del suelo. Una de las estrategias más comunes para incrementar la producción es el cultivo múltiple. Una evaluación detenida del potencial ambiental y agrícola es esencial para esclarecer el proceso de intensificación de la producción agrícola, incluyendo la disponibilidad de opciones que puedan adecuarse a las diferentes condiciones ecológicas.

Los estudios en la región de El Cajón indican que aún dentro de áreas relativamente pequeñas, se dan significativas diferencias en el potencial existente para incrementar la producción agrícola. El cultivo múltiple del maíz es únicamente un ejemplo de una estrategia de intensificación agrícola susceptible en extremo a las ligeras variaciones en la precipitación pluvial. La capacidad de carga de distintas áreas con, en apariencia, similares circunstancias ambientales puede variar significativamente, hecho que tiene claras implicaciones para el desarrollo cultural regional.

Hasta el punto en que la región de El Cajón puede ser considerada representativa, estos conocimientos pueden ser interpolados con significativas áreas del sureste de la región maya (incluyendo el Valle de Copán) y los adyacentes territorios de frontera. Una buena parte de esta región constituye un complejo mosaico de áreas con diferente potencial agrícola fuertemente condicionado por el clima. El estudio empírico de la variación de estos patrones conducirá a una mejor comprensión de la dinámica cultural y ecológica que caracterizaron la evolución de los grupos humanos en esta región.

Varias observaciones se pueden hacer en la comparación de regiones montañosas continentales, como la de El Cajón, con las húmedas tierras bajas tropicales del Petén. Por ejemplo, es paradójico que la pronunciada estación seca de las montañas continentales, si bien interrumpe la agricultura basada en las lluvias, permite una más sostenida producción por parte de una determinada unidad de terreno con agricultura migratoria, que en las áreas más húmedas con lluvias durante todo el año. La más constante precipitación pluvial y las altas temperaturas en buena parte de las tierras bajas mayas, conduce al aumento de la lixiviación de los nutrientes del suelo una vez que los bosques han sido talados. Las condiciones climáticas de las tierras bajas también favorecen el crecimiento competitivo de la maleza y el resurgimiento de las pestes. La información procedente de los estudios modernos de las tierras bajas indica que en ausencia de prácticas agrícolas para regenerar y mantener la fertilidad, las parcelas de tala y roza en estas áreas raras veces pueden ser cultivadas por más de dos años consecutivos (Reyna 1967; Carter 1969; Wilk 1982).

Esta situación conlleva varias implicaciones para el crecimiento y desarrollo de las sociedades precolombinas. Entre otras cosas, la ausencia de medios de intensa labor para mantener la productividad agrícola (existe amplia evidencia acerca de que tales técnicas fueron utilizadas en las tierras bajas mayas; ver Turner 1983) y la corta vida de las parcelas de tala y roza en las tierras bajas, significa que los agricultores requirieron grandes reservas de tierra en barbecho para mantener niveles adecuados de producción agrícola. Esto favorece asentamientos dispersos de baja densidad poblacional. La posibilidad de obtener varias temporadas de producción agrícola de una sola parcela en las montañas con marcada estación seca (tal como en la región de El Cajón), significa que cada

also favor increased weed competition and buildup of agricultural pests in the lowlands. Information from contemporary studies of the lowlands indicates that in the absence of cultural practices to restore and maintain fertility, swidden plots in this area can rarely be cultivated for more than two years (Carter 1969; Wilk 1982; Reina 1967).

This situation carries several implications for the growth and development of precolumbian societies. For example, in the absence of labor intensive means of maintaining agricultural productivity (and there is ample evidence that such techniques did exist in the Maya Lowlands [c.f. Turner 1983b]), the short life of lowland swidden plots means that cultivators required large reserves of fallow land in order to maintain adequate levels of agricultural production. This favors dispersed, low density settlement. The capability of obtaining several seasons of agricultural production from a single plot in the seasonally dry mountains (such as the El Cajon region) means that each cultivator needs correspondingly less fallow land in reserve and allows greater population density without resorting to labor intensive strategies for increasing agricultural productivity.

If we follow this argument to its logical conclusion, it would seem that, all other things being equal, the seasonally dry lands of the mountainous interior are capable of supporting more people per unit of arable land at *low levels of labor and technology* than are the Maya Lowlands. The inhabitants of the lowlands had to resort to raised fields, ridged fields, and other elaborate and labor intensive techniques to increase production at lower levels of population density because of inherent limitations on their agricultural resource base. This suggests the hypothesis that the managerial skills associated with techniques of agricultural intensification, which we presume form the basis of the complex sociopolitical structures of the state, would emerge at lower levels of population density in the lowlands.

Summary

Meteorological data from the El Cajon region indicate that local climate conforms closely to general conditions found throughout northern Central America. Its interior location results in a relatively severe dry season of approximately six months duration in which less than 100 mm of rain falls each month. Both the general climatic regime and local differences in rainfall caused by its mountainous and dissected topography affect agricultural strategies pursued within the study area.

Microclimatic variation appears to have a strong effect on the differential distribution of multiple cropping strategies. The Corralitos area receives slightly more rainfall and has a somewhat prolonged rainy season compared to the rest of the area. This results in the highest incidence of multiple cropping in the study area. Multiple cropping can be attributed in part to a rainfall pattern which provides sufficient moisture to ensure adequate yields for a second crop of maize in most years. Cultivators in the Corralitos area have made significant adjustments in their agricultural strategy, particularly the planting of quick yielding varieties of maize, in order to exploit this rainfall pattern.

Are other locations in the study area capable of producing multiple crops of maize? Under present climatic conditions and using current techniques, this is a high risk proposition. Many years lack adequate rainfall during the key months of October and November, when the second crop of maize is most in need of moisture. The El Cajon area, however, would be capable of producing two crops of maize with little or no change in existing agricultural strategies if there was a marginal increase in rainfall at the end of the rainy season. The growing season could also be extended with the help of hillside terracing or simple irrigation schemes in the riverbottoms. These techniques are not currently employed in the study area, nor is there any evidence for their use in the prehistoric past.

The same conditions that prevail in the El Cajon region are generally applicable for much of the mountainous area along the southeastern Maya periphery. More empirical study of the patterns of climatic variation could produce useful insight into differential cultural development throughout this region. Understanding the impact of climate and climatic variability can also help explain different trajectories of cultural development between the seasonally dry, mountainous interior and the more uniformly wet lowlands. In addition to spatial variability, more research on long and short term variability, through palynological and archaeobotanical studies and climatic modeling, would make a valuable contribution to understanding the evolution of culture throughout the region.

agricultor necesita menos tierra en barbecho como reserva. Esto, a su vez, permite una mayor densidad de población sin recurrir a estrategias de intensa labor para incrementar la productividad agrícola.

Siguiendo el hilo de este argumento hasta su lógica conclusión, parecería que, siendo todos los otros puntos de partida semejantes, las tierras continentales montañosas con una marcada estación seca, son capaces de sostener una mayor población por unidad de tierra cultivable *con bajos niveles de inversión de labor y tecnología* que las tierras bajas mayas. Los habitantes de las tierras bajas tuvieron que recurrir a la elevación y alomado de los terrenos, así como a otras elaboradas técnicas de intensa labor para incrementar la producción con bajos niveles de densidad demográfica debido a las inherentes limitaciones de su base de recursos agrícolas. Esto sugiere la hipótesis que la habilidad administrativa asociada con las técnicas de intensificación de la agricultura, de las cuales asumimos forman la base de las complejas estructuras sociopolíticas de un estado, habrían emergido a bajos niveles de densidad demográfica en las tierras bajas.

Resumen

Los datos meteorológicos de la región de El Cajón indican que el clima local se ajusta estrechamente a las condiciones generales presentes en el norte de América Central. Su situación continental tiene como resultado una relativamente severa estación seca de aproximadamente seis meses de duración, en la cual caen menos de 100 mm. de lluvia al mes. Tanto el régimen climático general como las diferencias locales en la precipitación pluvial ocasionadas por su montañosa y cortada topografía, afectan las estrategias agrícolas utilizadas en la región.

La variación microclimática parece tener un fuerte efecto en la distribución diferenciada de las estrategias de cultivo múltiple. El área de Corralitos recibe una precipitación ligeramente mayor y tiene una, en cierta forma, más prolongada estación lluviosa en comparación con el resto de la región. Esto dio como resultado el registro en esta área de la más alta incidencia de cultivo múltiple dentro de la región de El Cajón.

Los cultivos múltiples pueden atribuirse en parte a los patrones de caída de la lluvia, las cuales proveen suficiente humedad para asegurar adecuados rendimientos de la segunda cosecha en la mayoría de los años. Los agricultores en el área de Corralitos han hecho significativos ajustes en su estrategia agrícola, en particular en cuanto a la siembra de variedades de maíz de rápida cosecha, con el objeto de explotar al máximo este patrón de precipitación pluvial.

¿Existen en la región otras localidades capaces de sostener cultivos múltiples de maíz? Bajo las condiciones climáticas actuales ésta es una proposición de alto riesgo. Son comunes los años con inadecuadas lluvias durante los meses claves de octubre y noviembre, precisamente cuando el maíz tiene mayor necesidad de humedad. La región de El Cajón, sin embargo, estaría en capacidad de producir dos cosechas de maíz con pocos o ningún cambio en las ya existentes estrategias agrícolas, de darse un incremento marginal en las lluvias al final de la estación lluviosa. La temporada de crecimiento podría también ser extendida con la ayuda de terrazas en las laderas o de simples sistemas de irrigación en las orillas de los ríos. Estas técnicas no son empleadas en la actualidad en la región, como tampoco existe ninguna evidencia de su empleo en época precolombina.

Las mismas condiciones que prevalecen en la región de El Cajón son generalmente aplicables a buena parte del territorio montañoso a lo largo de la periferia sureste maya. Adicionales estudios empíricos sobre la variación de los patrones climáticos pueden ofrecer un útil conocimiento del desarrollo cultural diferenciado en toda esta área. La comprensión del impacto del clima y la variabilidad climática puede también ayudar a explicar las diferentes trayectorias del desarrollo cultural entre las tierras montañosas continentales con una marcada estación seca y las más uniformemente húmedas tierras bajas. Además de la variabilidad en el espacio, la investigación sobre la variabilidad de corto y largo plazo, a través de estudios palinológicos y arqueobotánicos, así como sobre la reconstrucción del clima, sería una contribución valiosa a la comprensión de la evolución cultural a lo largo y ancho del norte de Centroamérica.

Chapter 4

Contemporary Plant Communities in the El Cajon Region

David Lentz

Studies of modern plant communities are important for archaeological research since they serve as the basis for discussions of past plant ecosystems and man's interaction with them. One of the objectives of the El Cajon Project was to obtain an inventory of native plant species which reflects the resources available for use during prehispanic times. Assessment of local resource potential provided a basis for interpreting regional settlement patterns, reconstructing subsistence practices, and measuring levels of population stress within the environment. Another objective of the plant community study was to reconstruct the general framework of paleoenvironmental conditions. The plant specimens collected during the inventory study provided comparative reference materials which have been essential aids in the identification of prehistoric plant remains. Since no previous studies of this kind have been undertaken in Honduras, this survey generated the first reference collection for archaeobotanical research in the region.

Contemporary plant communities are strongly affected by local topography and climatic conditions within the El Cajon region. Terrain is extremely rugged and level land is limited to several upland plateaus or narrow alluvial deposits along watercourses. The sides of the valleys are quite steep and have extremely thin soils; badly eroded areas are frequently reduced to loose weathered debris composed of sandy gravel and rock (Norville and Collins, chapter 5). Deep, fertile soils are restricted to the alluvial bottoms which are in constant use for slash-and-burn agriculture or cattle grazing.

The climate of the study area is seasonally wet and dry, with periods of heavy, daily rains followed by periods of infrequent, sparse rainfall. Heavy rains fall most frequently during the six month *invierno* between May and October with a short dry period, *veranillo*, in August, which lasts for three to six weeks. The dry season, *verano*, (November through April) is a period of high sun and low rainfall. The least precipitation falls in March and the month with the highest is October. The coolest month is January while the hottest is May. Temperatures and rainfall vary throughout the region with slope face and elevation. A detailed discussion of the interplay between climate and topography is discussed elsewhere in this volume by Loker (Chapter 3).

Research Methods

Intensive plant surveys were carried out in all sectors of the El Cajon area as well as in surrounding regions with similar vegetation zones. Herbarium specimens of fruiting or flowering species were collected and brought back to the El Cajon base camp for pressing and drying. Collecting forays were conducted at least once a week throughout 1981 so that the complete yearly growth cycle could be observed. This was done for three reasons: 1) to collect herbarium specimens with fruits and/or flowers which facilitate the identification process, 2) to collect fruits from as many plants as possible to create a reference collection to help identify prehistoric plant remains, and 3) to gain an understanding of the seasonal nature of the plant communities in the region. Work on the reference collection was especially important; without it identification of archaeological specimens would have been impossible. Habitat preferences, exact locations, and ethnobotanical data provided by accompanying informants were collected for all specimens. Identifications were verified by comparing plants from the El Cajon region with reference specimens in several large herbaria. Taxonomic experts also were consulted to identify the more difficult taxa. The El Cajon herbarium specimens have been housed at the Universidad Nacional Autonoma de Honduras (TEFH) with duplicate copies at The University of Alabama, U.S.A. (UNA). A systematic list of Cajon herbarium specimens with collection numbers is provided in Lentz (1984).

Of central concern to this study was not only the availability of plants, but also how people exploited these resources. Information on local plant use practices was gathered in a variety of ways. Knowledgeable local informants accompanied project personnel on all collecting trips so that ethnobotanical data for each wild species could be recorded at the time of collection. Marketplaces and dooryard gardens were excellent sources of domesticated plant specimens, and the

Comunidades Contemporáneas de Flora en la Región de El Cajón

David Lentz

Los estudios de las comunidades modernas de flora son importantes para la investigación arqueológica puesto que constituyen la base para discutir los antiguos ecosistemas en lo concerniente a las plantas y a la interacción del hombre con ellas. Uno de los objetivos del Proyecto de Investigación y Salvamento Arqueológico El Cajón fue el levantamiento de un inventario de las especies de plantas nativas, las cuales reflejan los recursos disponibles durante la época prehispánica. La evaluación del potencial local de estos recursos proveyó la base para interpretar los patrones regionales de asentamiento, reconstruir las prácticas de subsistencia y evaluar los niveles de tensión a que estaba sometida la población dentro de ese ambiente. Otro objetivo del estudio de las comunidades de vegetación fue reconstruir el panorama general de las condiciones paleoambientales. Los especímenes recolectados durante el levantamiento del inventario aportaron materiales comparativos que han sido esenciales en la identificación de los restos de la flora precolombina. Puesto que no se habían llevado a cabo previamente estudios de este tipo en Honduras, este reconocimiento generó la primera colección de referencia para la investigación arqueobotánica de la región de El Cajón.

Las comunidades contemporáneas de vegetación se encuentran fuertemente afectadas por la topografía local y las condiciones climáticas reinantes en la región. El terreno es extremadamente abrupto y la tierra plana se limita a unas cuantas mesetas y a los estrechos depósitos aluviales a lo largo de las corrientes fluviales. Las paredes de los valles son bastante inclinadas y de suelos muy delgados; las áreas extremadamente erosionadas se reducen con frecuencia a restos de grava arenosa y roca (ver Norville y Collins, Capítulo 5). Como ya se dijo, los fértiles y profundos suelos se restringen a las planicies aluviales, las cuales se encuentran bajo constante cultivo con la técnica de tala y roza o dedicadas al pasturaje.

El clima de la región bajo estudio se caracteriza por una marcada estación seca y otra húmeda, con períodos de fuertes lluvias cuotidianas seguidos de lapsos de infrecuente y escasa precipitación pluvial. Las tormentas se presentan con más frecuencia durante los seis meses de invierno, entre mayo y octubre, con un corto período seco en agosto, el veranillo, que dura de tres a seis semanas. La estación seca o verano que se prolonga de noviembre a abril, es un período de gran radiación solar y poca lluvia. El mes más frío es enero y el más caluroso marzo. Las temperaturas y la precipitación varían a lo largo de la región de acuerdo a la exposición de las pendientes y la elevación. Una discusión detallada de la interrelación entre clima y topografía es presentada por Loker en otra parte de este volumen (Capítulo 3).

Métodos de Investigación

Los reconocimientos intensivos de las comunidades de plantas fueron llevados a cabo en todos los sectores de la región de El Cajón, al igual que en las áreas aledañas con zonas de vegetación similares. Se recolectaron especímenes de herbario de las plantas en florescencia y en fruto, los cuales fueron puestos a secar en prensas en el campamento principal. Las expediciones de recolección se realizaron, cuando menos, una vez a la semana durante el año entero de 1981. De tal manera que fue posible observar el ciclo completo de crecimiento anual. Las razones para ello fueron tres: 1) recolectar especímenes de herbario con frutas o flores para facilitar el proceso de identificación, 2) recolectar frutas del mayor número posible de plantas para establecer una colección de referencia en que apoyar la identificación de los restos de la flora precolombina y 3) comprender la naturaleza estacional de las comunidades de flora en la región. El trabajo en la colección comparativa fue especialmente importante debido a que sin ella no habría sido posible ordenar e identificar los especímenes arqueológicos. La preferencia por las plantas de un determinado habitat, su localización exacta y los datos etnobotánicos proporcionados por los informantes que acompañaron las expediciones, fueron registrados para todos los especímenes. Las identificaciones fueron verificadas comparando las plantas de la región de El Cajón con especímenes de referencia en varios grandes herbarios. También se consultó con expertos en taxonomía para la identificación de aquellos especímenes que ofrecieron dificultades. Los especímenes de herbario del pro-

owners were always willing to share whatever relevant information they had. *Curanderos*, or healers, were interviewed to obtain data on medicinal applications and the folklore of plants. Similar approaches to ethnobotanical data collection were undertaken at the Jicaque reservation at Montaña de la Flor where plant use practices showed less western influence. All of these methods have been integrated to provide an inventory of native plants and to further our understanding of their use within the El Cajon study area.

Contemporary Plant Communities

Intensive botanical surveys have identified five distinct vegetation communities within the study area. A biological community is defined as "an aggregation of living organisms having mutual relationships among themselves and to their environment" (Oosting 1956:17). The vegetation communities of the El Cajon study area are the circum-riverine community, the tropical deciduous forest, the secondary growth/agricultural land, the pine-oak forest, and the pine-oak-sweet gum forest (Figure 4.1).

Circum-Riverine Community

The circum-riverine community is typically found on the banks and gravel bars along the rivers and streams at the lower elevations of the study area. These are essentially aquatic habitats or places which are permanently or seasonally wet. The plants of this community tolerate, or indeed prefer, having water around some or all of their parts. A wide variety of plants can be found in this community from the tall, arching *guanacaste* tree (*Enterolobium cyclocarpum*) to small, annual herbaceous plants (Table 4.1). They share the ability to thrive in this environment of consistently available groundwater and disturbance caused by the rise and fall of the watercourses.

Tropical Deciduous Forest

Tropical deciduous forests grow in the relatively deep soils of the valley bottoms and flank the circum-riverine community. This type of forest is common in areas that have long dry seasons (Smith and Johnson 1945; Walter 1973). The periods of dryness accompany a deciduous character in many of the forest trees. This community type alternatively has been referred to as semievergreen seasonal forest, tropic rain forest (Harshberger 1911), *zapotal* (Bartlett 1936), monsoon forest (Carr 1950), and mesophytic forest (Johannessen 1963). The canopy is made up of tall trees reaching maximum heights of 30 m. Many of these forest giants are of commercial importance to the lumber industry, e.g., mahogany (*Swietenia macrophylla*), Honduran chestnut (*Sterculia apetala*), cedar (*Cedrela* sp.), and San Juan (*Roseodendron donnell-smithii*). The understory of the tropical deciduous forest is composed of smaller trees, shrubs, and herbaceous plants. Characteristic species for this type of forest are listed in Table 4.2.

The tropical deciduous forest has been the most difficult to study of all of the communities, primarily because there is so

Table 4.1. Plants of the circum-riverine community.
Cuadro 4.1. Plantas de la zona de vegetación ribera.

Trees—Arboles

Calycophyllum candissimum	Inga vera ssp. spuria
Calyptranthes chytraculia var. americana	Mimosa hondurana
Coccoloba laurifolia	Phoebe sp.
Dalbergia tucurensis	Pimenta racemosa
Enterolobium cyclocarpum	Pithecellobium arboreum
Erythrina standelyana	Salix chilensis
Ficus radula	Simarouba glauca
Genipa caruto	Stemmadenia obovata
Guarea excelsa	

Shrubs—Arbustos

Cassia pallida	Decodon verticillatus
C. flexusoa	Gliricidia sepium
Centrosema pubescens	Inga sapindoides
Clusia suborbicularis	Mimosa albida
Cornus excelsa	Piper alveolatifolium
Crotalaria cajanifolia	Solanum canense
Dalea scandens var. vulneraria	

Herbs—Hierbas

Abutilon hemsleyanum	Malaxis corymbosa
Adiantum sp.	Najas guadalupensis
Anthurium montanum	Nymphea ampla
Asplenium formosum	N. jamesoniana
Ambrosia cumanensis	Nymphoides indica
Begonia spp.	Osmunda regalis
Biophytum dendroides	Oxalis neaei
Blechnum serrulatum	Pachyrrhizus erosus
Boehmeria cylindrica	Panicum sellowii
Brachiaria fasiculata	Perperomia obtusifolia
Cleome sp.	Pilea hyalina
Cranichis sylvatica	Pitcairnia imbricata
Crotalaria sp.	Polygonum hispidum
Cyperus sp.	P. punctatum
Eleocharis sp.	Polypodium crassifolium
Eryngium foetidum	P. triseriale
Eupatorium odoratum	Pontedaria rotundifolia
Govenia mutica	Rechsteineria warscewiczii
Habenaria bractescens	Sagittaria latifolia
Heteranthera reniformis	Scleria sp.
Hydrolea spinosa	Sida acuta
Juncus sp.	Spathiphyllum phryniifolium
Kyllinga pumila	Utricularia subulata
Lasiacis nigra	Xanthosoma robustum
Ludwigia suffruticosa	

little of it left. It occurs naturally on valley bottoms with alluvial soil which forms the best agricultural land in the area. The highly prized timber species in this community have been heavily logged so that the data presented here are based largely on the study of forest remnants scattered throughout the study

yecto se entregaron a la Universidad Nacional Autónoma de Honduras, dejando un duplicado en la Universidad de Alabama, E.E.U.U. Una lista sistemática de los especímenes de herbario del proyecto con su correspondiente numeración en la colección, es presentada en la tesis de doctorado del autor (Lentz 1984).

Una preocupación central de este estudio fue no solo la disponibilidad de las plantas, sino que también la forma en que los habitantes explotan hoy esos recursos. La información sobre las prácticas locales de uso de las plantas se obtuvo de diversas maneras. Campesinos conocedores de la flora fungieron como informantes y acompañaron a los investigadores en todos las expediciones de recolección. Así se pudieron registrar los datos etnobotánicos sobre cada una de las especies silvestres al momento de la recolección. Los mercados y las huertas fueron una excelente fuente para documentar las especies domesticadas. Los dueños de las últimas estuvieron siempre dispuestos a compartir la información de interés. Se entrevistaron curanderos para obtener material sobre las aplicaciones medicinales y el folklore asociado con las plantas. Con una estrategia similar se llevó a cabo la recolección de datos etnobotánicos entre los jicaques de La Montaña de la Flor, en donde las prácticas de uso de las plantas mostraron menos influencia occidental. Todos estos métodos se integraron para proveer un registro de las plantas nativas y ampliar nuestra comprensión del uso de las mismas en la región de El Cajón.

Las Comunidades de la Flora Contemporánea

Los reconocimientos botánicos intensivos condujeron a la identificación de cinco distintas comunidades de vegetación en la región de estudio. Una comunidad biológica se define como "...un agregado de organismos vivos que mantienen relaciones de reciprocidad entre ellos mismos y con su ambiente" (Oosting 1956:17). Las comunidades de vegetación en la región de El Cajón son la comunidad de ribera, el bosque tropical deciduo, la zona de explotación agrícola o crecimiento secundario, el bosque de pino-roble y el bosque de pino-roble-liquidambar (Figura 4.1).

La Comunidad de Ribera

Esta comunidad se encuentra típicamente en los bancos y barras de arena a lo largo de los ríos y quebradas, en las más bajas elevaciones de la región. Estas plantas son esencialmente acuáticas o se localizan en lugares en donde la humedad es permanente o estacional. Las plantas de esta comunidad toleran, o más bien prefieren, estar parcial o totalmente rodeadas de agua. Una amplia variedad de ellas puede encontrarse formando parte de esta comunidad, empezando con el alto y frondoso árbol de guanacaste (*Enterolobium cyclocarpum*) hasta llegar a las pequeñas plantas herbáceas de ciclo anual (Cuadro 4.1). Todas comparten la habilidad de crecer vigorosamente en este ambiente con constante disponibilidad de agua

en el subsuelo, pero de perturbaciones causadas por las fluctuaciones en el nivel de las corrientes fluviales.

El Bosque Tropical Deciduo

Este bosque crece en los suelos relativamente profundos de los pisos de los valles y los flancos de la comunidad de ribera. Este tipo de bosque es común en las áreas que tienen una larga estación seca (Smith y Johnson 1950; Walter 1973). Los períodos de sequía corren paralelos al carácter deciduo de muchos de los árboles de este bosque. Este tipo de comunidad ha sido llamado también bosque mesofítico (Johannessen 1963), bosque estacional semiverde (Beard 1944), bosque monzónico (Carr 1950), zapotal (Bartlett 1936) y bosque tropical lluvioso (Harshberger 1911). El ramaje está constituido por las copas de árboles que alcanzan alturas máximas de 30 m. Muchos de estos gigantes del bosque son de importancia comercial para la industria de la madera, por ejemplo la caoba (*Swietenia macrophylla*), castaño (*Sterculia apetala*), cedro (*Cedrela* sp.) y San Juan (*Roseodendron donnell-smithii*). La vegetación baja en el bosque tropical deciduo está constituida por pequeños árboles, arbustos y plantas herbáceas. Las especies características de este tipo de bosque se encuentran en el Cuadro 4.2.

El bosque tropical deciduo ha sido el más difícil de estudiar de todas las comunidades, principalmente debido a que queda muy poco de él. Se presenta en forma natural en los pisos de los valles de suelo aluvial que constituyen la tierra agrícola óptima en la región. Las muy preciadas especies de madera de esta comunidad han sido objeto de una intensa tala, de tal manera que los datos ofrecidos aquí se basan, en gran parte, en el estudio de los remanentes de este bosque esparcidos por toda la región bajo estudio. Es claro, sin embargo, que el

Cuadro 4.2. Plantas del bosque tropical deciduo.
Table 4.2. Plants of the tropical deciduous forest.

Trees—Arboles	
Brosimum alicastrum	*F. glabrata*
Annona lutescens	*Genipa caruto*
A. scleroderma	*Juglans regia* (introduced)
A. squamosa	*Luehea candida*
Bursera simarouba	*Ocotea eucuneata*
Castilla plastica	*Pouteria mammosa*
Cedrela sp.	*Roseodendron donnell-smithii*
Ceiba pentandra	*Sterculia apetala*
Ficus costaricana	*Swietenia macrophylla*

Understory Plants—Otras Plantas	
Encyclia livida	*Polypodium lycopodioides*
Mirabilia pulchella	*Renealmia exaltata*
Monstera acuminata	*Solanum rugosum*
M. pertusa	*Syngonium podophyllum*
Panicum breviramosum	*Tillandsia brachycaulos*
Passiflora hahnii	*T. tenuifolia*
Peperomia glutinosa	*T. polystachia*

area. It is clear, however, that the tropical deciduous forest was the original climax vegetation in the valley bottoms in pre-settlement times.

Secondary Growth/Agricultural Community

Secondary growth and agricultural lands are combined because they share a common and close relationship with man's activities. They both develop after the land has been deforested, the difference being that agricultural plants are actively introduced whereas the successional plants comprising secondary growth must seed themselves. Both are part of a cyclical land use pattern where today's agricultural land is tomorrow's secondary growth and, frequently, vice versa.

Secondary growth is an amalgam of cosmopolitan weeds and indigenous plants (Table 4.3) that have in common the ability to grow on exposed and, often, impoverished soils. At times it develops into dense thickets called *guamil*. In other situations secondary growth is a tangle of weedy plants that can be seen throughout the countryside.

The reader may note that some plants on the circum-riverine list, e.g., *Eryngium foetidum, Inga vera, Pachyrhizus erosus, Pilea hyalina,* and *Sida acuta* are also on the secondary growth/agricultural community list. These are plants that have adapted to the periodic upheavals of life along the watercourses and are likewise well adapted to land disturbed by man. It seems quite likely that many of the plants found in secondary growth originated from the riverine habitat.

Agricultural land includes the areas recently cleared for some type of domestic crop production. Land in the valleys is most commonly devoted to the cultivation of staples, i.e., corn, beans, squash, and rice, using slash-and-burn, or *milpa*, techniques. Coffee groves, or *fincas*, are common in the upland areas where temperatures are cooler. Dooryard gardens include edible plants as well as spices, medicinal herbs, and ornamental plants (Table 4.4). Most of these are native to the region but also include such Old World cultivars as the citrus (*Citrus* spp.) and tamarind (*Tamarindus indicus*) trees.

Pine-Oak Forest

The pine-oak forest is generally found on the steeper slopes

Table 4.3. Plants commonly found in secondary growth.
Cuadro 4.3. Plantas comunes en la zona de vegetación de crecimiento secundario.

Trees—Arboles

Acacia cookii	Inga edulis
A. pennatula	I. paterno
Acacia sp.	I. vera ssp. spuria
Acrocomia mexicana	Iresine arbuscula
Ardisia revoluta	Leucaena brachycarpa
Bactris balanoidea	Melia azedarach
Carica papaya	Myrica cerifera
Cassia fistula	Ricinus communis
C. grandis	Saurauia villosa
Cecropia peltata	Solanum atitlanum
Diospyros cuneata	Spondias mombin
Genipa caruto	S. purpurea
Gliricidia sepium	Thevetia ovata
Gauzuma ulmifolia	Trema micrantha

Shrubs—Arbustos

Adenaria floribunda	Croton ciliatoglandulosus
Alvaradora amorphoides	Jatropa curcas
Aphelandra deppeana	Maytenus guatamalensis
Bauhinia divaricata	Mimosa pudica
Calliandra emarginata	Momordica charantia
C. houstoniana	Physalis angulata
Cassia bacillaris	Rauvolfia tetraphylla
C. cobanesis	Solanum globiferum
C. fruticosa	S. hartwegii
C. occidentalis	S. hirtum
C. reticulata	S. torvum
C. septemtrionalis	Teucrium sp.
C. xiphoidea	Thevetia ahouai
Cnidoscolus acontifolius	

Herbs—Hierbas

Adiantum concinnum	Ipomoea costellata
A. tetraphayllum	I. silvicola
Amaranthus spinosus	I. tyrianthina
Ambrosia cumanensis	Ipomoea sp.
Aslepias curassavica	Lantana camara
Aslepias sp.	L. trifolia
Aster subulatus	Lobelia cardinalis
Bidens ostruthioides	Melothria pendula
Bouteloua media	Pachyrrhizus erosus
Cardiospermum halicacabum	Panicum trichanthum
Cassia diphylla	Passiflora coriacea
C. occidentalis	Petiveria alliacea
C. stenocarpa	Pilea hyalina
Chenopodium ambrosiodes	Pityrogramma calomelanos
Clematis dioica	Plantago major
Costus sp.	Portulaca pilosa
Desmodium infractum	P. oleracea
Digitaria insularis	Rhynchosia minima
Dioscorea yucatanensis	Rubus irasuensis
Dorstenia drakena	Salvia coccinea
Eragrostis cilianensis	Serjania triquetra
Eryngium foetidum	Setaria poiretiana
Euphorbia heterophylla var. graminifolia	Smilax lundellii
Gomphrena decumbens	Solanum diphyllum
Heliotropium indicum	Stachytarpheta cayennensis
Hippobroma longifolia	Talinum paniculatum
Hyptis suaveolens	Teramnus labialis
H. verticillata	Tripsacum dactyloides
Ichnanthus pallens	Waltheria americana
Indigofera lespedeziodes	

Cuadro 4.4. Plantas bajo cultivo en la región de El Cajón.
Table 4.4 Plants cultivated in the El Cajon Study Region.

Trees—Arboles

Acrocomia mexicana	*Inga edulis*
Anacardium occidentale	*I. micheliana*
Annona purpurea	*I. paterno*
Carica papaya	*Mangifera indica*
Castilla elastica	*Persea americana*
Citrus aurantiifolia	*Pouteria mammosa*
C. limon	*Ricinus communis*
C. sinensis	*Scheela preussie*
Cocos nucifera	*Spondias mombin*
Coffea arabica	*S. purpurea*
Crescentia cujete	*Tamarindus indica*
Cupressus lusitanica	*Theobroma cacao*
Delonix regia	*Thevetia peruviana*

Shrubs—Arbustos

Bougainvillea glabra	*Gossypium barbadense*
Brugmansia candida	*Hibiscus rosa-sinensis*
Euphorbia pulcherrima	*Sambucus mexicana*
Galphimia glauca	

Herbs—Hierbas

Amaranthus caudatus	*Lippia graveolens*
Argyreia nervosa	*Luffa aegyptiaca*
Capsicum annuum	*Manihot esculenta*
Cucurbita pepo	*Mentha piperita* var. *citrata*
Cymbopogon citratus	*Nicotiana tabacum*
Hibiscus sabdariffa	*Oryza sativa*
Impatiens sultani	*Phaseolus vulgaris*
Lagenaria siceraria	*Zea mays*

bosque tropical deciduo constituyó el clímax del desarrollo de la vegetación original en los pisos de los valles, en la época previa al asentamiento precolombino.

La Zona de Explotación Agrícola o Crecimiento Secundario

La vegetación de crecimiento secundario y la zona de explotación agrícola se han combinado debido a que comparten una estrecha relación con la actividad humana. Ambas se desarrollaron después de que los terrenos habían sido deforestados, con la diferencia que las plantas de cultivo han sido activamente introducidas, mientras que las plantas que corresponden al crecimiento secundario esparcieron ellas mismas sus semillas. Ambas son parte de los patrones de uso cíclico de la tierra puesto que la zona de explotación agrícola de hoy es la comunidad de vegetación de crecimiento secundario de mañana y, con frecuencia, lo contrario también es cierto.

La comunidad de crecimiento secundario es una amalgama de maleza cosmopolita y plantas nativas (Cuadro 4.3) que poseen la habilidad común de crecer en suelos expuestos y, a veces, empobrecidos. En ocasiones, se desarrolla en un denso

matorral conocido como "guamil". En otras situaciones, el crecimiento secundario es una maraña de herbáceas que puede encontrarse en cualquier lugar de la región.

El lector podrá notar que algunas plantas de la comunidad de ribera, como *Eryngium foetidum, Inga vera, Pachyrhizus erosus, Pilea hyalina* y *Sida acuta*, también forman parte de la lista de la zona de explotación agrícola o crecimiento secundario. Estas son plantas que se han adaptado a los períodos de solevación de la vida a lo largo de las corrientes fluviales y asimismo están bien adaptadas a las perturbaciones ocasionadas por la mano del hombre. Parece bastante probable que muchas de las plantas que se encuentran en la comunidad de crecimiento secundario se originaron en el habitat de ribera.

La tierra agrícola incluye las áreas recientemente taladas para cualquier tipo de cultivo. Las parcelas en los valles están en su mayoría dedicadas al cultivo de productos de primera necesidad, es decir maíz, frijol, ayote y arroz en milpas con la técnica de tala y roza. Los cultivos o fincas de café se encuentran comunmente en los terrenos elevados donde la temperatura es más baja. Las huertas incluyen además de plantas comestibles y especias, otras medicinales y ornamentales (Cuadro 4.4). La mayoría de ellas son nativas de la región, pero también se encuentran cultivos del Viejo Mundo como los cítricos (*Citrus* spp.) y árboles de tamarindo (*Tamarindus indicus*).

El Bosque de Pino-Roble

Este bosque se localiza generalmente en las pendientes más inclinadas de suelos delgados, por sobre el bosque tropical deciduo. Los límites de esta comunidad alcanzan elevaciones de aproximadamente 1,000 msnm, más allá de las cuales predomina la comunidad del bosque de pino-roble-liquidambar. El bosque de pino-roble es una de las más extendidas y mejor representadas comunidades de plantas en la región. Como el nombre lo indica, los pinos y robles predominan visualmente en esta comunidad. Los robles tienden a ser más numerosos en las mesetas y en los pisos de las barrancas de tierra alta, en donde existen suelos relativamente más profundos y mayor disponibilidad de agua. Los pinos dominan en las más escarpadas y secas pendientes de delgados suelos. En efecto, se da un continuo en esta comunidad de un bosque compuesto principalmente de pinos a uno compuesto principalmente de robles. Una mezcla de los dos géneros predominantes es común y depende de las características del subsuelo y la disponibilidad de agua. Los árboles en el bosque de pino-roble son, por lo general, de pequeño a mediano tamaño y el ramaje queda abierto, permitiendo la proliferación de una plétora de arbustos y herbáceas (Cuadro 4.5).

El bosque de pino-roble, al que a veces se hace referencia simplemente como encinal (Bartlett 1936) u ocotal (Carr 1950), es una comunidad ampliamente reconocida en toda América Central (Harshberger 1911; Wagner 1964; Berlin et al. 1974). Johannessen (1963) ha descrito al bosque de pino-roble como una sabana con gramíneas donde estas son el tipo de planta visualmente predominante, en un ecosistema en el

with thinner soils above the tropical deciduous forest. The limits of this community reach an elevation of approximately 1,000 m MSL above which the pine-oak-sweet gum community predominates. The pine-oak forest is one of the most widespread and largest of the vegetation communities in the study area today. As the name implies, pines and oaks are the visual dominants of this plant community. Oaks tend to dominate on the plateaus and high ravine bottoms which have relatively deep soils and more available water. Pines are more plentiful on the steeper, dryer slopes with thin soils. In effect there exists a continuum in this community from forests composed mainly of pines to forests composed mainly of oaks. A mixture of the two dominant genera is common and depends on the characteristics of the substrate and water availability. Trees within the pine-oak forest are generally small to medium sized and the canopy is open, allowing a plethora of shrubby and herbaceous vegetation to proliferate (Table 4.5).

The pine-oak forest, sometimes referred to simply as *encinal* (Bartlett 1936) or *ocotal* (Carr 1950), is a widely recognized community throughout Central America (Harshberger 1911; Wagner 1964; Berlin et al. 1974). Johannessen (1963) has described the pine-oak forest as a savanna with grasses as the visually dominant plant type in a fire climax ecosystem. This description may be more appropriate for earlier times, however, because the introduction of livestock has favored the expansion of trees and shrubs that are less palatable to cattle while the grasses now suffer heavy grazing pressure. In any case the vast expanses of today's pine-oak forest seem to be, at least in part, an artifact from a highly eroded landscape which man has helped to degrade during the last two millennia.

Pine-Oak-Sweet Gum Forest

The pine-oak-sweet gum forest can be found in the study area above 1,000 m MSL where cooler upland temperatures prevail. Dominant plants in this community include *Pinus pseudostrobus*, several species of *Quercus*, and *Liquidambar styraciflua* (Table 4.6). The last species is especially striking visually and serves as a good indicator for the community. Note that the pines and oaks of this community are different species from those of the pine-oak forest and have different habitat preferences. The pine-oak-sweet gum forest, as described here, is a combination of the *diquidumbal* [sic] (*Liquidambar* forest) and "*pinabetes*" (pine forest with *Pinus pseudostrobus*) associations listed by Carr (1950). These two dominant species grow within the bounds of the study area, so the community designations have been lumped. This forest probably represents the lower end of the montane (Wagner 1964) or cloud forest (Carr 1950) formations which occur at higher elevations than can be found in the study area. Although much of the pine-oak-sweet gum forest is being cleared for coffee groves, some areas still remain intact.

Modern Vegetation Communities Map

The location and extent of the preceding vegetation communities have been mapped for the modern study area of the

Table 4.5. Plants of the pine-oak forest.
Cuadro 4.5. Plantas del bosque de pino-roble.

Trees—Arboles

Byrsonima crassifolia	P. oocarpa
Curatella americana	Quercus hondurensis
Erythea salvadorensis	Q. oleoides
Inga punctata	Q. oocarpa
Juglans regia	Q. purulhana
Pinus caribaea	Q. sapotaefolia

Shrubs—Arbustos

Caesalpinia pulcherrima	Malvaviscus arboreus
Calliandra houstoniana	Miconia prasina
Calyptranthes hondurensis	Miconia sp.
Conostegia volcanis	Parathesis membranacea
C. xalapensis	Psidium guineense
Costus pulverulatus	Pluchea odorata
C. ruber	Solanum gobiferum
Cuphea pinetorum	Tephrosia nicaraguensis
Furcraea guatemalensis	Wigandia urens
Hypericum sp.	

Herbs—Hierbas

Acalpha cf. guatemalensis	Hyparrhenia ruza
Aeschynomene brasiliana	Hyptis suaveolens
Aeschynomene sp.	Indigofera lespedeziodes
Andropogon bicornis	Ipomoea capillacea
A. glomeratus	Macroptilium atropurpureum
Anemia hirsuta	Malaxis parthonii
A. phyllitidis	Liparis nervosa
Anthericum eleutherandrum	Passiflora biflora
Asclepias similis	P. capsularis
Bletia edwardsii	Phyllanthus compressus
Bouvardia cf. longifolia	Polypodium friedrich-sthalianum
Calathea allouia	P. triseriale
Canavalia sp.	Pteridium aquilinum
Cassia diphylla	Rechsteinaria warscewiczii
C. flexusoa	Rhyncholaelia glauca
C. hayesiana	Rhynchosia sp.
C. stenocarpa	Ruellia sp.
Cuphea carthagenensis	Sacoila lanceolata
Desmodium axillare	Schizachyrium micro-stachyum
Desmodium sp.	Schoenocaulon officinale
Elaphoglossum latifolium	Schultesia brachyptera
Eriosema diffusum	Scleria pterota var. malaleuca
Eupatorium amygdalinum	Sobralia macrantha
Galactia striata	Sobralia sp.
Gleichenia bifida	Tillandsia schiediana
Habenaria clypeata	T. usneoides
H. trifida	Vanilla planifolia
	Zornia spp.

Cuadro 4.6. Plantas del bosque de pino-roble-
liquidambar.
Table 4.6. Plants of the pine-oak-sweet gum forest.

Trees—Arboles

Cornus disciflora	Quercus conspersa
Croton xalapensis	Q. flagellifera
Dendropanax arboreus	Q. skinneri
Liquidambar styraciflua	Solanum atitlanum
Pinus pseudostrobus	

Shrubs—Arbustos

Aegiphila martinicensis	Lantana hispida
Arthrostemma ciliatum	Miconia dodceandra
Cephaelis elata	M. glaberrima
Chamaedorea sp.	M. guatemalensis
Conostegia icosandra	Parathesis sp.
Costus ruber	Rondeletia buddleoides
Heterocentron subtripliner-vium	Witheringia meiantha

Herbs—Hierbas

Boehmeria sp.	Polygala hondurana
Borreria suaveolens	Polygala sp.
Calathea insignis	Polypodium crassifolium
Coccocypselum hirsutum	Renealmia aromatica
Costus bakeri	Rhynchospora tuerckheimii
Habenaria eustachya	Scleria latifolia
Isachne arundinacea	Smilax mollis
Lislanthus auratus	Smilax sp.
Paspalum corcavadense	Stelis sp.
Peperomia cf. cobana	Syngonium macrophyllum
Phytolacca icosandra	Tillandsia guatemalensis
P. rivenoides	T. standleyi

clímax del uso de la roza. Esta descripción puede ser más apropiada para épocas más tempranas; sin embargo, debido a que la introducción de ganado ha favorecido la expansión de árboles y arbustos menos apetecibles que las gramíneas, éstas sufren los marcados efectos del pasturaje. En todo caso, las vastas áreas que cubre hoy en día el bosque de pino-roble parecen ser, por lo menos en parte, el resultado de la fuerte erosión de la tierra a cuya degradación a contribuido el hombre durante los últimos dos milenios.

El Bosque de Pino-Roble-Liquidambar

Este bosque puede encontrarse en la región de estudio sobre los 1,000 msnm en donde predominan las bajas temperaturas propias de las tierras altas. Entre las plantas sobresalientes en esta comunidad se cuentan *Pinus pseudostrobus*, varias especies de *Quercus* y *Liquidambar styraciflua* (Cuadro 4.6). La última especie es especialmente llamativa y sirve como un buen indicador visual para esta comunidad. Nótese que los pinos y robles de esta comunidad pertenecen a diferentes especies que las del simple bosque de pino-roble y muestran diferentes preferencias en cuanto a habitat. El bosque de pino-roble-liquidambar, como se describe aquí, es una combinación de la asociación de diquidumbales [*sic*] (bosque de *Liquidambar*) y "pinabetes" (bosque de pino con *Pinus pseudostrobus*) registrada por Carr (1950). Estas dos especies predominantes crecen en los límites de la región de estudio y en consecuencia las designaciones para ambas se han unido. Este bosque representa probablemente la terminación del bosque de montaña (Wagner 1964) o bosque nublado (Carr 1950), comunidades que aparecen a mayores elevaciones que las que se observan en la región de El Cajón. Aunque mucho del bosque de pino-roble-liquidambar ha sido talado para el cultivo de café, algunas áreas permanecen todavía intactas.

Mapa de las Comunidades Modernas de Vegetación

La ubicación y extensión de las comunidades de vegetación precedentes han sido trazadas en un mapa para el estudio moderno de la región de El Cajón (Figura 4.1). Las áreas fueron esbozadas con la ayuda de las observaciones registradas en el campo durante las expediciones de recolección y fotografías aéreas a una escala de 1:50,000 del Instituto Geográfico Nacional.

El bosque de pino-roble y la zona de explotación agrícola o crecimiento secundario son las más extendidas de las cinco comunidades de vegetación y comprenden una gran porción de la región bajo estudio. Aunque el bosque de pino-roble es una zona natural de vegetación, tanto éste como la zona de explotación agrícola o crecimiento secundario han sido acrecentadas en buena parte por medio de las perturbaciones causadas por la mano del hombre. El bosque de pino-roble-liquidambar es algo menor en tamaño y se limita a las mayores elevaciones en la sección sureste de la región de El Cajón. Esta comunidad probablemente no fue intensamente utilizada debido a que las porciones de tierra alta en la región bajo estudio no estuvieron densamente pobladas durante la época prehispánica. El área de la comunidad de ribera se reduce en esencia a la tierra plana cercana a las corrientes fluviales. Puesto que la mayoría de la tierra en esta región es montañosa, existe solamente una reducida extensión de habitat acuático. El bosque tropical deciduo también es de reducido tamaño y en la actualidad está representado solamente en unos cuantos lugares a lo largo de las corrientes permanentes. La tala industrial está terminando rápidamente con los vestigios de este bosque. A pesar de que las comunidades de plantas hoy son con probabilidad en cierta manera diferentes a las de la época prehispánica, constituyen un útil punto de partida para reconstruir las condiciones paleoambientales en la región de El Cajón.

Reconstrucción Paleoambiental

La comprensión del ambiente prehistórico natural en lo que a las comunidades de vegetación se refiere, es esencial para evaluar e interpretar adecuadamente los patrones ecológicos y

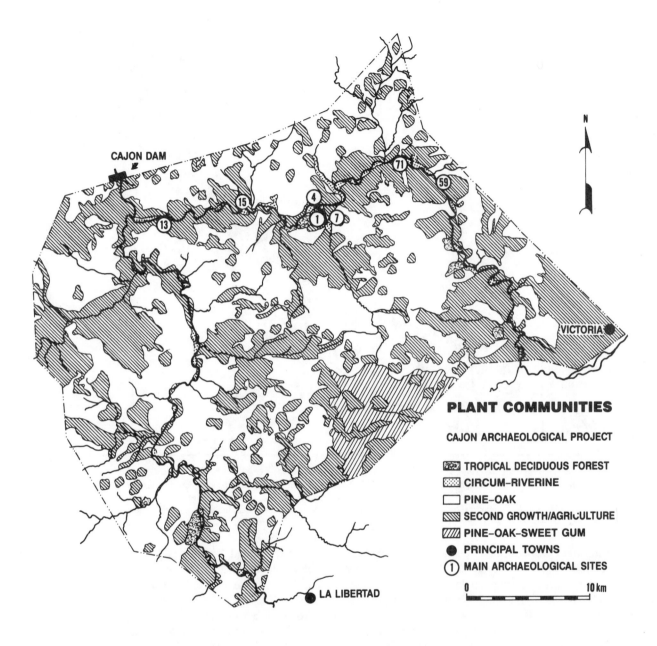

Figure 4.1. Modern plant communities in the El Cajon Study Region. The Humuya River flows north-south while the Sulaco River flows east-west. The locations of the larger archaeological sites are indicated by their site numbers.
Figura 4.1. Zonas de vegetación actuales en la región de El Cajón. El Río Humuya corre norte-sur y el Río Sulaco corre oriente-poniente. Los sitios arqueológicos más grandes se indican por número.

El Cajon Archaeological Project (Figure 4.1). The areas were delineated with the aid of field observations recorded during plant collection forays and 1:50,000 scale aerial photographs purchased from the Honduran Geographical Institute.

The pine-oak forest and the secondary growth/agricultural communities are the most expansive of the five vegetation types and encompass a large portion of the modern study area. Although the pine-oak forest is a natural vegetation zone, both it and the secondary growth/agricultural community have enlarged greatly through man's disturbance. The pine-oak-sweet gum forest is somewhat smaller and is limited to the higher elevations in the southeast section of the study area. This community probably was not greatly utilized because the upland portions of the study area were not heavily populated during prehispanic times. The area of the circum-riverine community is essentially limited to the level land near the

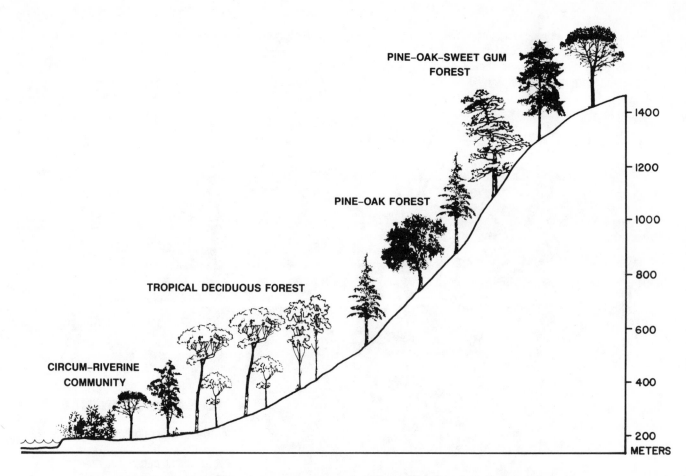

Figura 4.2. Corte transversal hipotético del valle del Río Sulaco desde la Montaña de El Indio (derecha) hasta el Río Sulaco
tal como existía antes de ocupación humana.
Figure 4.2. Hypothetical profile of the Sulaco River valley, from Montaña de El Indio (right) to the Sulaco River
as it probably existed before human settlement.

de adaptación humana. Los estudios palinológicos sobre Guatemala y El Salvador han mostrado que el clima de la región ha sufrido muy pocos cambios en los últimos 2,000 años (Tsukada y Deevey 1967), lo cual apoya una reconstrucción paleoambiental directa de las zonas de vegetación. Los cambios mayores en el ambiente han sido inducidos por el hombre. Por ello, la evaluación del impacto en cada una de las comunidades de vegetación del presente puede ayudar a reconstruir el panorama en el pasado.

La comunidad precolombina de ribera fue probablemente equivalente con sus límites modernos. No obstante que el incremento de la erosión, resultante de la expansión de la agricultura, puede haber influido sobre el habitat acuático a través del tiempo afectando la composición de especies, el cambio visto en su totalidad sería mínimo. Los pobladores precolombinos pueden haber incrementado el tamaño del habitat acuático por medio de irrigación, como en el caso de la construcción de canales descubiertos en otras partes de América Central (Turner y Harrison 1983), pero no existe evidencia de que una tecnología de este tipo para uso intensivo de la tierra haya sido empleado alguna vez en la región de El Cajón.

La comunidad del bosque de pino-roble-liquidambar probablemente no ha cambiado mucho desde la época prehispánica. Este bosque ha sido utilizado para obtener madera y, en algunas áreas, ha sido talado para milpas y sembradíos de café, pero previo a la época moderna todos los terrenos en la región sobre los 1,000 msnm debieron haber estado cubiertos de bosque de pino-roble-liquidambar.

Bajo las condiciones reinantes previo al asentamiento precolombino, la zona de explotación agrícola o la comunidad de crecimiento secundario no debió haber existido. El hombre ha sido el principal agente en la creación y expansión de este tipo de vegetación. Sin el factor humano, este habitat se hubiera visto perturbado únicamente por periódicos fuegos naturales e inundaciones. Por lo tanto, la mayor parte de la tierra que se encuentra ahora bajo explotación agrícola o es de crecimiento secundario estuvo cubierta en algún momento en el pasado por otras comunidades de vegetación.

La mayoría de los terrenos entre la comunidad de ribera y el bosque de pino-roble-liquidambar estuvo cubierto de bosque tropical deciduo y bosque de pino-roble. Las áreas de ricos suelos, tales como las planicies aluviales, estuvieron

watercourses. Since most of the land in this region is hilly, there is only a small amount of aquatic habitat available. The tropical deciduous forest is also small and presently includes only a few relict stands along permanent rivers. Lumbermen are rapidly clearing the last vestiges of this forest. Although the plant communities are probably somewhat different than they were in prehispanic times, they nevertheless serve as a useful starting point to reconstruct paleoenvironmental conditions in the study area.

Paleoenvironmental Reconstruction

It is essential to have an understanding of the prehistoric natural plant environment to accurately assess and interpret past adaptations and ecological patterns. Pollen studies in Guatemala and El Salvador have shown that there has been very little change in the climate or the region during the past 2,000 years (Tsukada and Deevey 1967) which enhances a direct reconstruction of paleoenvironmental vegetation zones. The greatest changes in the natural environment have been induced by man so that an assessment of his impact on each of the modern plant communities can help reconstruct how things looked in the past.

The prehistoric circum-riverine community probably was equivalent to its modern limits. Although increased erosion from expanding agriculture may have despoiled some of the aquatic habitat over time affecting species composition, the overall change would be minimal. Prehistoric man could have increased the amount of aquatic habitat with hydraulic projects, such as canal building as has been revealed in other parts of Central America (Turner and Harrison 1983), but there is no evidence that intensive land use technology of this type was ever employed in the El Cajon region.

The pine-oak-sweet gum community probably has not changed very much since prehispanic times. These forests have been logged and in some areas cleared for *milpas* and coffee groves, but prior to the modern era almost all of the land in the study area above 1,000 m MSL would have been covered by pine-oak-sweet gum forest.

Under pre-settlement conditions the secondary growth/agricultural community would not have existed. Man is the primary agent of the creation and spread of this type of vegetation. Without him, disturbed habitats would have only occurred with periodic natural fires and flooding. Therefore, most of the land that is now secondary growth or agricultural land was occupied by other communities.

Most of the land between the circum-riverine and the pine-oak-sweet gum forest was covered by tropical deciduous forest and pine-oak forest. Areas with the richer soil deposits, such as the alluvial floodplains, were probably covered by tropical deciduous forest. These forests were not necessarily restricted to low elevations, however, since Carr (1950) records them as high as 915 m MSL on windward slopes in Honduras. Soil conditions permitting, this community could have extended from the river valley almost to the pine-oak-sweet gum forest.

However, many of the slopes in this zone are so steep that it is hard to imagine them ever having enough topsoil to support tropical deciduous forest. Most of the slopes between 150–1,000 m MSL appear to have been covered with pine-oak forest except small impermanent drainages or in areas where soils are deeper and the deciduous forest species can grow.

A hypothetical transect of the pristine vegetation communities along the Sulaco River is presented in Figure 4.2. Note that the tropical deciduous forest appears far more extensive than the modern plant communities map would suggest. This discrepancy is a result of man's activities which have had the greatest impact on this forest community. Local farmers believe, and rightfully so, that cleared tropical deciduous forest land makes the best *milpas* (Loker, Chapter 6). Accordingly, since the tropical deciduous forest land provides the best land for agricultural purposes, it is the first to be cleared and exploited. Ethnographic accounts indicate that this approach is widely practiced by Central American groups (Conzemius 1932) and was undoubtedly true for prehistoric agriculturalists as well. As a result, today there are only remnants of a forest community that once covered all of the valley floors and much of the fertile uplands. A plant community transect during pre-settlement times starting at the lowest elevation would have included a thin stretch of circum-riverine community along the rivers and streams, a large area of tropical deciduous forest, especially in the river valleys, a band of pine-oak forest on the steep upland areas below 1,000 m MSL, and a pine-oak-sweet gum forest in the highlands above the pine-oak community.

Utilizable Plant Resources

Each of the zones described has a distinctive, but characteristic biota with different configurations of economically useful plants. The exploitation of these resources is, of course, a culturally dependent factor, influenced largely by the native mindset and the array of available technological capabilities. By outlining the potentially exploitable resources in an area, we can delimit the realm of possibilities from which inhabitants can select items for sustenance and manufacturing purposes. Comparison with the list of products actually selected from the universe of alternatives can reveal important insights into the adaptive practices of the native population. A list of the more frequently used plants in the El Cajon study area is found in Table 4.7.

Circum-riverine habitats include many plants that are abundant fruit producers and can be exploited by simple gathering techniques during the appropriate season. Potentially useful food plants in the circum-riverine community include *Coccoloba laurifolia*, *Ficus radula*, *Inga* spp., *Simarouba glauca*, *Cassia* spp., and *Crotalaria* spp. This zone is traversed as people draw water for their daily needs and the plant resources which it contains offer an accessible supply of products that could have been exploited on a frequent basis.

probablemente cubiertas con bosque tropical deciduo. Este bosque no se restringía necesariamente a las elevaciones menores puesto que Carr (1950) lo registra en Honduras a una altura de 915 msnm en las pendientes expuestas a los vientos. De haberlo permitido las condiciones del suelo, esta comunidad podría haberse extendido desde los valles en las riberas hasta alcanzar casi el bosque de pino-roble-liquidambar. Sin embargo, muchas de las pendientes en esta zona son tan escarpados que es difícil imaginar que hayan contado con suficiente suelo para sostener un bosque tropical deciduo. La mayor parte de las pendientes entre 150 a 1,000 msnm, parecen haber estado cubiertas con bosque de pino-roble excepto a lo largo de las corrientes permanentes o en las áreas donde los suelos son más profundos y las especies del bosque tropical deciduo pueden crecer.

Un hipotético corte longitudinal de las comunidades de vegetación originales a lo largo del Río Sulaco, es presentado en la Figura 4.2. Nótese que el bosque tropical deciduo cubre una extensión mucho mayor que la que el mapa moderno de las comunidades de vegetación podría sugerir. Esta discrepancia es el resultado de la actividad humana, la cual ha hecho sentir su impacto en mayor grado en esta comunidad de vegetación. Los campesinos locales consideran, y esto es correcto, que los terrenos en donde se ha talado el bosque tropical deciduo son las mejores milpas (ver Loker, Capítulo 6). De acuerdo con esto, puesto que el suelo del bosque tropical deciduo provee la mejor tierra para propósitos agrícolas, es el primero en ser talado y explotado. Los registros etnográficos indican que esta estrategia es ampliamente practicada por los grupos indígenas en América Central (Conzemius 1932) y fue indudablemente puesta en práctica también por los agricultores precolombinos. Como resultado, hoy en día solo quedan remanentes de esta comunidad de vegetación que alguna vez cubrió todos los pisos de los valles y una gran parte de los suelos fértiles de las tierras altas. Un corte longitudinal de las comunidades de vegetación en época precolombina, empezando con los terrenos de menor elevación, pudo haber incluido lo siguiente: una estrecha faja de vegetación correspondiente a la comunidad de ribera a lo largo de los ríos y quebradas; una extensa área de bosque tropical deciduo, especialmente en los valles; una banda de bosque de pino-roble en las áreas de pendientes elevadas bajo los 1,000 msnm y, a partir de esta altura, el bosque de pino-roble-liquidambar en las tierras altas.

Los Recursos Vegetales Utiles

Cada una de las zonas descritas posee un distintivo y característico biotopo con diferentes configuraciones de plantas económicamente útiles. La explotación de esos recursos es, por supuesto, un factor culturalmente dependiente e influenciado grandemente por la concepción mental del nativo de una región y la gama de conocimientos tecnológicos disponibles. Por medio del registro de los recursos potencialmente explotables en la región, se puede delimitar el conjunto de

posibilidades del cual los pobladores pueden seleccionar los alimentos para su subsistencia y la materia prima para manufacturas. La comparación de este registro con la lista de los productos seleccionados en la práctica por el hombre del universo a su disposición, puede permitir obtener profundos conocimientos sobre las prácticas adaptativas de la población nativa. En el Cuadro 4.7 se ofrece una lista de las plantas más frecuentemente usadas, así como de las plantas útiles en general, en la región de El Cajón.

El habitat de ribera incluye muchas plantas que producen frutos en abundancia y pueden ser explotados con simples técnicas de recolección durante la estación respectiva. Las plantas potencialmente útiles de la comunidad de ribera incluyen *Coccoloba laurifolia*, *Ficus radula*, *Inga* spp., *Simarouba glauca*, *Cassia* spp. y *Crotalaria* spp. Esta zona es atravesada por los campesinos en el acarreo del agua para sus necesidades diarias y los recursos que contiene ofrecen un accesible abastecimiento de productos que pudo haber sido explotado en forma frecuente en el pasado.

El bosque tropical deciduo, aunque majestuoso en apariencia, con probabilidad no fue excesivamente provechoso como comunidad natural de vegetación para los grupos prehispánicos a lo largo de los Ríos Sulaco y Humuya. Corpulentos árboles, altos ramajes y escaso monte bajo, hacen la explotación del bosque tropical deciduo ineficiente en su estado original. A pesar de que hay árboles en este bosque, tales como *Pouteria mammosa* (zapote) y *Brosimum alicastrum* (ramón), productores de frutas comestibles, muchos productos del techo vegetal de altura no serían accesibles en un bosque desarrollado. Aún la madera, ya sea para leña o construcción, sería difícil de extraer de un bosque tropical deciduo en su clímax únicamente con artefactos de piedra.

Las áreas dentro del bosque tropical deciduo serían mucho más productivas después de haber sido taladas para la agricultura, una tarea que se lleva a cabo con los mejores resultados con la ayuda del fuego, al final de la estación seca, cuando los árboles deciduos han perdido su follaje y el suelo está cubierto por la hojarasca que se convierte en excelente material de combustión. Los tempranos agricultores en la región se asentaron probablemente en el bosque tropical deciduo debido a la alta fertilidad de esas tierras. Los campesinos modernos de los Ríos Sulaco y Humuya prefieren los terrenos que sostienen el bosque tropical deciduo para sembrar sus milpas debido a que tienen la certeza que éstos son los más fértiles suelos de la región. Los indios miskitos y sumus talan este bosque en forma selectiva (dejando en pie los árboles de madera dura a lo largo de las corrientes fluviales), no solo debido a que estos suelos son más fértiles sino también por que estos terrenos proveen el acceso a las rutas fluviales de transporte (Conzemius 1932: 60). Los mayas también talan selectivamente los árboles de este bosque antes de preparar los terrenos para la siembra, sin perturbar árboles aprovechables como el zapote y ramón (Lundell 1933:67; Marcus 1982:249; Alcorn 1984:342). Una estrategia tal permite la utilización al máximo de los recursos, proveyendo además el acceso a los suelos

The tropical deciduous forest, although majestic in appearance, was probably not excessively bountiful as a natural plant community for prehispanic groups along the Sulaco and Humuya Rivers. Stout trees, high canopies, and somewhat sparse undergrowth make the exploitation of tropical deciduous forests difficult in their pristine condition. Although there are trees in the tropical deciduous forest which produce edible fruits such as *Pouteria mammosa* (*zapote*) and *Brosimum alicastrum* (*ramon*), many products of the upper canopy would be inaccessible in a mature forest. Even the wood resources of climax tropical deciduous forests, whether for firewood or construction, would be difficult to utilize with stone tools.

Areas within the tropical deciduous forests would have been far more useful after they had been cleared for agriculture, a task best undertaken with the help of fire at the end of the dry season when the deciduous trees have lost their leaves and the ground is covered with combustible litter. The earliest agriculturalists in the area probably settled within the tropical deciduous forest zone because of its high productivity. The local residents of the Sulaco and Humuya River valleys prefer the land underlying tropical deciduous forest for their *milpas* because they are aware that these are the most fertile soils in the region. The Miskito and Sumu Indians selectively clear the forests (leaving the larger hardwoods standing) along navigable waterways not only because the soil is more fertile, but also because these lands provide access to river transport routes (Conzemius 1932:60). The Maya also selectively cut forest trees when clearing before planting, leaving valuable trees, e.g., *zapote* and *ramon*, undisturbed (Lundell 1933:67; Marcus 1982:249; Alcorn 1984:342). Such an approach allows maximum resource utilization, providing access to fertile soils for agriculture as well as continuing productivity from fruit bearing trees. Forest clearance also promotes the growth of many useful plants which can, in turn, be exploited and protected by prudent slash-and-burn agriculturalists.

The secondary growth zones contain many plants that are useful to man. The competitive strategy of the plants in this zone is to grow quickly and produce an abundance of seeds, e.g. *Chenopodium* and *Amaranthus*. Many small trees such as the palms, wild plum, and the leguminous species produce copious amounts of edible fruit. More fruits, of course, translate into a direct bonus for humans both as primary consumers and the many foraging game animals they attract.

Although the pine-oak forest is underlain by generally poor soils and offers little in the way of productive land for agriculture, there are many useful products that can be gleaned from this plant community. The Jicaque Indians of Montaña de la Flor live in the upland regions of north central Honduras on land that is covered mostly by pine-oak and pine-oak-sweet gum forest. Although they have been modernized to some extent, the Jicaques still maintain a distinct identity as an indigenous culture. Edible plants from the pine-oak forest that they frequently exploit include *Spondias* spp., *Canavalia* sp., *Inga* spp., *Parathesis membranacea*, and *Calathea atropur-*

purea. Other edible plants, such as *Byrsonima crassifolia*, *Cassia* spp., *Passiflora* spp., and *Psidium guineense* can be found in pine-oak forests as well. Although the Jicaque do collect products from the forest, most of their time is spent tending to small agricultural plots cut out of the forest in a system of shifting cultivation on soils that yield grudgingly for the effort applied. Gathering of wild foods often is done opportunistically when traversing from one *milpa* to the next. One commodity that is in abundant supply from the pine-oak forest is wood. Oaks and pines are everywhere, so the Jicaques have little trouble finding firewood or construction timber.

The pine-oak-sweet gum forest is exploited by the Jicaques in much the same fashion as the pine-oak forest. Oaks and pines are used for fuel and in construction. Sweet gum (*Liquidambar styraciflua*) is also used in a variety of medicinal applications. Some of the edible plants found in the pine-oak-sweet gum forest are *Lantana hispida*, *Parathesis* sp., *Calathea insignis*, *Phytolacca* spp., and *Smilax* spp. Despite the fact that the Jicaques have managed to subsist in their pine-oak and pine-oak-sweet gum habitat, they are not prospering by any means. They occupy these marginal lands, not by preference, but because they fled the oppression during the last two centuries (Chapman 1971). During precolumbian times, they occupied the fertile lands of the lower Ulua and Chamelecon Rivers (Johnson 1963). Today the Jicaques still practice what is apparently a lowland technological adaptation in an environment that is far less productive. Many products that they could exploit are unknown to them. For example, although the Jicaque are surrounded by oak forests, they make no use of acorns despite frequent food shortages. Without the cultural adaptation for processing acorns (there are no oaks in the lowland ancestral home of the Jicaques), they remain unable to take advantage of an important resource. Essentially, the Jicaques collect wild products from the upland forests and practice slash-and-burn agriculture, a system that works far better in the fertile tropical deciduous forest zone.

Discussion

Each of the plant communities listed above yields economically important products. Nevertheless, the most valuable commodity to slash-and-burn agriculturalists is deep, fertile, and easily tillable soil which is found mostly in areas covered by tropical deciduous forests located in the vegas and valley bottoms along the water courses. The regional settlement reconnaissance indicated that the prehispanic occupants of the Humuya and Sulaco River valleys preferred site locations on or near the alluvial vegas (Hirth et al. 1981; Hasemann 1987). The advantage of this kind of settlement pattern include 1) close proximity to the best agricultural land and 2) easy access to multiple resource areas including the circum-riverine community, the pine-oak forest, and the high diversity interfaces between zones. The pine-oak-sweet gum forest is more distantly removed from settlement within the alluvial valleys (greater than 10 km away from most sites) and probably was

fértiles para la agricultura y a la cosecha de los árboles productores de frutas. La tala selectiva o limpieza del bosque promueve el crecimiento de muchas plantas útiles que, a su vez, pueden ser explotadas y protegidas con un prudente uso de la agricultura de tala y roza.

La zona de crecimiento secundario contiene muchas plantas que son de utilidad. La estrategia competitiva de las plantas en esta comunidad consiste en un crecimiento rápido y una producción abundante de simiente, como es el caso, por ejemplo, con *Chenopodium* y *Amaranthus*. Muchos pequeños árboles como las palmas, ciruela y las especies leguminosas producen copiosas cantidades de frutos comestibles. Muchas de estas frutas constituyen, por supuesto, una dádiva para el hombre como consumidor principal de ellas y por la gran cantidad de animales de caza que atraen.

No obstante que los suelos que sostienen el bosque de pino-roble son generalmente pobres y ofrecen poco como tierra agrícola productiva, existen muchos productos útiles que pueden ser recolectados en esta comunidad de vegetación. Los indios jicaques en La Montaña de la Flor habitan las tierras altas en la parte norte del centro de Honduras, cubiertas en su mayoría por bosque de pino-roble y bosque de pino-roble-liquidambar. Aunque se encuentran hasta cierto grado modernizados, los jicaques todavía mantienen una distintiva identidad como cultura indígena. Las plantas comestibles del bosque de pino-roble que los jicaques explotan frecuentemente incluyen *Spondias* spp., *Canavalia* sp., *Inga* spp., *Parathesis membranacea* y *Calathea atropurpurea*. Otras plantas comestibles, tales como *Byrsonima crassifolia*, *Cassia* spp., *Passiflora* spp. y *Psidium guineense*, pueden encontrarse igualmente en el bosque de pino-roble. A pesar de que los jicaques recolectan los productos de este bosque, la mayor parte de su tiempo la invierten en el cuidado de pequeñas parcelas localizadas en el bosque, las cuales cultivan bajo un sistema de agricultura migratoria en suelos que arrojan una magra producción en relación con el esfuerzo aplicado. La recolección de plantas silvestres se realiza en forma oportunista al atravezar de una milpa a la otra. Un material que ofrece en abundancia el bosque de pino-roble es leña. Los jicaques invierten poco esfuerzo en obtener material de combustión y construcción.

El bosque de pino-roble-liquidambar es explotado por los jicaques en una manera similar. Robles y pinos son utilizados para combustible y en la construcción. La resina del liquidambar (*Liquidambar styraciflua*) es también empleada en una variedad de aplicaciones medicinales. Algunas de las plantas comestibles que se encuentran en el bosque de pino-roble-liquidambar son *Lantana hispida*, *Parathesis* sp., *Calathea insignis*, *Phytolacca* spp. y *Smilax* spp. A pesar del hecho que los jicaques han logrado establecer un patrón de subsistencia en base al bosque de pino-roble y al bosque de pino-roble-liquidambar, no se puede considerar que hayan alcanzado prosperidad en ningún sentido. La ocupación moderna de esas tierras marginales por los jicaques no obedece a una preferencia por este habitat, sino que es el resultado de su deseo de sustraerse de la opresión colonial y mestiza de los últimos dos siglos (Chapman 1971). En época precolombina, los jicaques habitaban las fértiles tierras de los bajos cursos de los Ríos Ulúa y Chamelecón (Johnson 1963). Hoy en día, todavía practican lo que es en apariencia una adaptación tecnológica de tierra baja en un ambiente que está lejos de tener esa productividad. Muchos productos que los jicaques pudieran explotar les son desconocidos. Por ejemplo, aunque los jicaques están rodeados del bosque de roble, no hacen ningún uso de las bellotas aún durante las frecuentes carestías. Sin la adaptación cultural para el procesamiento de las bellotas (no hay robles en las tierras bajas ancestrales de los jicaques), se ven imposibilitados de aprovechar este importante recurso. En esencia, los jicaques recolectan las plantas silvestres del bosque de tierra alta y practican una agricultura de tala y roza, un sistema que funciona mucho mejor en la relativamente fértil comunidad del bosque tropical deciduo.

Discusión

Cada una de las comunidades de vegetación mencionadas arriba ofrece productos económicamente importantes. No obstante esto, el recurso más valioso para los agricultores de tala y roza es un fértil y profundo suelo, fácilmente arable que se encuentra sobre todo en las áreas cubiertas de bosque tropical deciduo, localizado en las vegas y pisos de los valles a lo largo de las corrientes fluviales. El reconocimiento regional del patrón de asentamiento indicó que los habitantes precolombinos de los valles de los Ríos Sulaco y Humuya, prefirieron localidades en o cerca de las planicies aluviales (Hirth et al. 1981; Hasemann 1987). Las ventajas de este patrón de asentamiento comprenden 1) proximidad directa a la tierra agrícola óptima (Loker 1986) y 2) fácil acceso a los múltiples recursos de las distintas comunidades de vegetación incluyendo el habitat de ribera, el bosque de pino-roble y la amplia diversidad de zonas de transición entre estas comunidades. El bosque de pino-roble-liquidambar se encontraba más distante de los focos de población en los valles (a más de 10 km. de la mayoría de los asentamientos) y probablemente no fue explotado en forma intensa.

Desde una perspectiva regional es claro que los habitantes precolombinos de la región de El Cajón tenían mucho menos tierra agrícola óptima a su disposición que los ocupantes de otras regiones cercanas (Valle de Sula y Valle de Comayagua). Honduras tiene un territorio extremadamente plegado de suelos pobres en su mayor parte. Las mejores áreas para la agricultura son los pisos de los valles, los cuales contienen depósitos aluviales de relativa fertilidad, similares a los descritos para la región de El Cajón. Existen algunos valles en la vecindad de nuestra región con grandes extensiones de buena tierra agrícola, el Valle de Comayagua al sur y el Valle de Sula al noroeste. Ambas regiones estuvieron densamente pobladas a partir del Formativo Tardío (Healy 1984) y pueden haber sido las tierras de origen de los colonizadores de la región de El Cajón. Así, se podría postular una migración procedente del Valle de Sula o del de Comayagua, hacia las tierras marginales

not heavily exploited.

From a regional perspective it is clear that prehistoric inhabitants of the El Cajon region had far less prime agricultural land to develop than the occupants of nearby valleys. Honduras has extremely rugged terrain and most areas have poor soil. The best areas for agriculture are the valley floors which have deposits of relatively fertile alluvium similar to what I have described for the El Cajon study area. There are several adjacent valleys that have large expanses of good agricultural land located on either side of the El Cajon study area, viz., the Comayagua Valley to the south and the Sula Valley to the north. Both of these areas were heavily populated from the Middle Formative period onward (Healy 1984) and may have been areas from which pioneer settlers of the El Cajon region originated. One scenario would have migrants moving from the Sula or Comayagua Valleys into the more marginal lands of the lower Humuya and Sulaco River valleys as a result of population pressure, soil exhaustion, or some other causal factor. Whatever the original reasons for occupying the El Cajon region, it is certain that its early inhabitants were agriculturalists (Lentz, chapter 7) who entered the valleys and found pockets of arable land underlying the tropical deciduous forests. That, combined with products extracted from the circum-riverine community, the pine-oak forest, and the artifact secondary growth, formed the resource base of prehispanic populations located within the Humuya and Sulaco River valleys.

de los bajos cursos de los Ríos Humuya y Sulaco, causada por la presión demográfica, el agotamiento de los suelos o cualquier otro factor similar. Cualesquiera que hayan sido los móviles de la ocupación original de la región de El Cajón, estos tempranos ocupantes eran, por cierto, agricultores (ver Lentz, Capítulo 7), quienes en su penetración del área encontraron bolsones de tierra labrantía cubiertos por bosque tropical deciduo. Esto, combinado con los productos extraídos de la comunidad de ribera, del bosque de pino-roble y la creación de la zona de crecimiento secundario, constituyó la base de los recursos de la población prehispánica que floreció en los valles aluviales de los Ríos Sulaco y Humuya.

Table 4.7. Useful plants of the El Cajon Study Area.

Scientific Name	Spanish Name	Habitat	Plant Part	Use	Reference
Calycophyllum candidissimum (Vahl.)DC.	salamo	tree, circum-riverine comm.	wood	bow making; used locally for agricultural implements, wagons, etc.	Uphof 1959:70
				charcoal; used for making combs	Standley 1931:364
Coccoloba laurifolia Jacq.	uva de pantano	"	wood	cabinet making	Uphof 1959:99
Dalbergia tucurensis Donn.	granadilla	"	wood	furniture making	Williams 1981:165
Enterolobium cyclocarpum (Jacq.) Gresib.	guanacaste		wood	used to make canoes, water troughs, cabinets, etc.	Uphof 1959:142
			young pods	edible, cooked	
			bark & fruit	soap substitute	
			sap	medicinal, colds; source of gum "goma de caro"	
Erythrina standleyana Krukoff	gualiqueme	"	bark	used as a treatment for internal parasites	Lentz, personal observation
Ficus radula Willd.	higuero	"	bark	used to make mats & cloth	Uphof l959:158
Pimenta racemosa Krukoff	pimienta	"	fruits	eaten fresh	Lentz, personal observation
Salix chilensis Molina	sauce	"	wood	fuel	Williams 1981:294
			branches	weaving	
Simarouba glauca DC.	negrito	"	fruit	edible	Williams 1981:305
			seeds	oil extracted for cooking & soap making; washing hair	
Centrosema pubescens Benth.		shrub, circum-riverine comm.	plant	green manure	Uphof 1959:83
Gliricidia sepium (Jacq.) Steud.	madriado, madre de cacao	"	seeds	medicine	Lentz, personal observation
Eryngium foetidum L.	cilantro, culantro	herb, circum-riverine comm.	roots	condiment in soup and meat dishes	Uphof 1959:144
			leaves	eaten fresh	Lentz, personal observation
			roots	ground up, for intestinal problems	

Cuadro 4.7. Plantas útiles en la región de El Cajón.

Nombre científico	Nombre Común	Habitat	Parte Util	Uso	Referencia
Calycophyllum candidissimum (Vahl.)DC.	salamo	árbol, comunidad de ribera	madera	arcos; uso local en implementos agrícolas, carretas, etc.	Uphof 1959:70
				carbón, manufactura de pienes	Standley 1931:364
Coccoloba laurifolia Jacq.	uva de swampo	"	madera	fabricación de cajones y anaqueles	Uphof 1959:99
Dalbergia tucurensis Donn.	granadilla	"	madera	fabricación de muebles	Williams 1981:165
Enterolobium cyclocarpum (Jacq.) Gresib.	guanacaste	"	madera	canoas, artesas, cajones, anaqueles, etc.	Uphof 1959:142
			vaina tierna	comestible, cocida	
			corteza y fruta	substituto de jabón	
			savia	medicinal, resfriados; materia prima para "goma de caro"	
Erythrina standleyana Krukoff	gualiqueme	"	corteza	tratamiento para parásitos intestinales	Lentz, observación
Ficus radula Willd.	higuero	"	corteza	petates y tela	Uphof 1959:158
Pimenta racemosa Krukoff	pimienta	"	fruto	se come fresco	Lentz, observación
Salix chilensis Molina	sauce	"	madera	combustible	Williams 1981:294
			ramas	tejido	
Simarouba glauca DC.	negrito	"	fruto	comestible	Williams 1981:305
			semillas	extracción de aceite para cocinar y de jabón; lavado de cabello	
Centrosema pubescens Benth.		arbusto, comunidad de ribera	planta entera	abono verde	Uphof 1959:83
Gliricidia sepium (Jacq.) Steud.	madriado, madre de cacao	"	semillas	medicina	Lentz, observación
Eryngium foetidum L.	cilantro, culantro	hierba, comunidad de ribera	raíces	condimento en sopas y carne	Uphof 1959:144
			hojas	se comen frescas	Lentz, observación
			raíces	molidas para el intestino	Lentz, observación

Table 4.7 (cont.)

Scientific Name	Spanish Name	Habitat	Plant Part	Use	Reference
Oxalis negei DC.	vinagrillo	herb, circum-riverine comm.	leaves	edible	Williams 1981:248
Pachyrhizus erosus (L.) Urban	jicama	"	roots	eaten raw, cooked, or in soup	Uphof 1959:261
Polypodium triseriale Swartz	calaquala	"	rhizomes	crushed in hot water to make a beverage	Lentz, personal observation
Rechsteineria warscewiczii (Bouche & Hanst) O. Kuntze	escorcionero	"	roots	ground up to make a beverage; women drink during menstruation	Lentz, personal observation
Sagittaria latifolia Willd.	wapato	"	roots	roasted or boiled	Uphof 1959:322
Sida acuta Burm.	escobilla	"	stems	bunches used in making brooms; for making twine	Williams 1981:209
Spathiphyllum phryniifolium Schott	guisnay	"	flowers	edible	Williams 1981:37
Annona lutescens Safford	anona amarilla	tree, tropical deciduous forest	bark	tying framework of houses	Williams 1981:25
A. scleroderma Safford	anona del monte	"	fruits	edible	Williams 1981:26
A. squamosa L.	anona	"	fruits	edible	Williams 1981:26
			seeds	insecticide (?)	"
Brosimum alicastrum Sw.	ramon, masica	"	fruits	edible	Williams 1981:221
			seeds	edible	
Bursera simaruba (L.) Sarg.	almacigo, indio desnudo	"	wood	used as fence post	Williams 1981:62
			sap	medicine for blood and respiratory ailments; resin source	Lentz, personal observation
Castilla elastica Cerv.	hule	"	sap	rubber	Stanley 1931:165
Ceiba pentandra (L.) Gaetn.	ceiba	"	pod-silk fibers	stuffing pillows, matresses	Uphof 1959:82
			seeds	oil source for soap	"
Ficus costaricana (Liebm.) Miq.	higuero	"	fruits	edible	Standley & Steyermark
Ficus glabrata HBK	amate	"	fruits	edible	Williams 1981:226
			sap	anthelmintic	

Cuadro 4.7 (cont.)

Nombre científico	Nombre Común	Habitat	Parte Util	Uso	Referencia
Oxalis negei DC.	vinagrillo	hierba, comunidad de ribera	hojas	comestible	Williams 1981:248
Pachyrhizus erosus (L.) Urban	jicama	"	raíces	se comen crudas o cocidas en sopa	Uphof 1959:261
Polypodium triseriale Swartz	calaquala	"	rizomas	machacados en agua caliente para bebida	Lentz, observación
Rechsteineria warscewiczii (Bouche & Hanst) O. Kuntze	escorcionero (?)	"	raíces	molidas para preparar una bebida para mujeres durante la menstruación	Lentz, observación
Sagittaria latifolia Willd.	wapato (?)	"	raíces	se comen asados o cocidos	Uphof 1959:322
Sida acuta Burm.	escobilla	"	tallos	escobas de manojas, cordel	Williams 1981:209
Spathiphyllum phryniifolium Schott	guisnay	"	inflorescencia	comestible	Williams 1981:37
Annona lutescens Safford	anona amarilla	árbol, bosque tropical deciduo	corteza	material para amarrar la armazón de casas	Williams 1981:25
A. scleroderma Safford	anona del monte	"	fruto	comestible	Williams 1981:26
A. squamosa L.	anona	"	fruto	comestible	Williams 1981:26
			semillas	insecticida (?)	"
Brosimum alicastrum Sw.	ramón, masica	"	fruto	comestible	Williams 1981:221
			semillas	comestible	
Bursera simaruba (L.) Sarg.	almácigo, indio desnudo	"	madera	postes para cerco	Williams 1981:62
			savia	medicina para la sangre y enfermindades respiratorias; fuente de resina	Lentz, observación
Castilla elastica Cerv.	hule	"	savia	hule	Stanley 1931:165
Ceiba pentandra (L.) Gaetn.	ceiba	"	vainas de fibras sedosas	relleno de almohadas, colchones	Uphof 1959:82
			semillas	fuente de aceite para jabón	"
Ficus costaricana (Liebm.) Miq.	higuero	"	fruto	comestible	Standley y Steyermark

Table 4.7 (cont.)

Scientific Name	Spanish Name	Habitat	Plant Part	Use	Reference
Genipa caruto HBK	jagua	tree, tropical deciduous forest & secondary growth	fruit	edible; used as a dye	Standley 1931:367
			wood	construction	
Luehea candida (DC.) Mart.	algodoncillo	tree, tropical deciduous forest	leaves	ground & used for stomach	Lentz, personal observation
			branches	fences	
			bark	used like soap to wash insect bites or cuts	
			leaves	ground & used for stomach pain	
Pouteria mammosa (L.) Cronquist	zapote	"	fruit pulp	edible	Williams 1981:301
			seeds	dried & used for flavoring	
			seed oil	hairdressing; soap making	
Roseodendron donnell-smithii (Rose) Miranda	San Juan	"	wood	cabinet making, veneers	Williams 1981:48
Sterculia apetala (Jacq.) Karst.	castaño, panoma	"	seeds	edible; roasted and ground to make a beverage	Williams 1981:317
Swietenia macrophylla King	caoba	"	wood	furniture manufacturing	Uphof 1959:351
Monstera pertusa (L.) de Vriese	hoja de sereno	understory plant, tropical deciduous forest	fruit	edible	Williams 1981:36
			roots	dried & used to weave chair seats, hats, etc.	
Syngonium podophyllum Schott	pico de guara, amor de hombre	"	fruits	edible	Williams 1981:37
Acrocomia mexicana Karw.	coyol	tree, secondary growth	fruits	edible	Williams 1981:249
			trees	wine making	
			fronds	thatch	
Carica papaya L.	papaya	"	fruits	edible	Williams 1981:68
			sap	papain-digestant, in meat tenderizer	

Cuadro 4.7 (cont.)

Nombre científico	Nombre Común	Habitat	Parte Util	Uso	Referencia
Ficus glabrata HBK	amate	árbol, bosque tropical deciduo	fruto	comestible	Williams 1981:226
			savia	antihelmíntico	
Genipa caruto HBK	jagua	árbol, bosque tropical deciduo y zona de crecimiento secundario	fruto	comestible; tinte	Standley 1931:367
			madera	construcción	
Luehea candida (DC.) Mart.	algodoncillo	árbol, bosque tropical deciduo	hojas	molida para el estómago	Lentz, observación
			ramas	cerco	
			corteza	jabó para lavar picadas de insectos y heridas	
			hojas	molidas para dolor	
Pouteria mammosa (L.) Cronquist	zapote	"	pulpo del fruto	comestible	Williams 1981:301
			semillas	secascomo, condimiento	
			aceite de la semilla	pomadada para el pelo; preparación de jabón	
Roseodendron donnell-smithii (Rose) Miranda	San Juan	"	madera	láminas para cajones y gabinetes	Williams 1981:48
Sterculia apetala (Jacq.) Karst.	castaño, panoma	"	semillas	comestible, asada y molida para preparar bebida	Williams 1981:317
Swietenia macrophylla King	caoba	"	madera	fabricación de muebles	Uphof 1959:351
Monstera pertusa (L.) de Vriese	hoja de sereno	planta de monte bajo, bosque tropical deciduo	fruto	comestible	Williams 1981:36
			raíces	secas para tejer asientos de sillas, sombreros, etc.	
Syngonium podophyllum Schott	pico de guara, amor de hombre	"	fruto	comestible	Williams 1981:37
Acrocomia mexicana Karw.	coyol	árbol, zona de crecimiento secundario	fruto	comestible	Williams 1981:249
			árbol	preparación de vino	

Table 4.7 (cont.)

Scientific Name	Spanish Name	Habitat	Plant Part	Use	Reference
Cassia grandis L.	carao	tree, secondary growth	pulp of pods	edible; has purgative action	Standley 1931:218
Cecropia peltata L.	guarumo	"	trunk	trough for water conduction	Uphof 1959:81
			wood	tinder, paper pulp	
			juice	caustic for wart removal and dysentary	
			leaves	medicine for liver ailments & dropsy	
			young buds	pot herb	
Diospyros cuneata Standley	pepenance	"	fruits	edible	Lentz, personal observation
Gliricidia sepium (Jacq.) Steud.	madre de cacao	"	seeds	medicine	Lentz, personal observation
Guazuma ulmifolia Lam.	guacimo	"	wood	boats, furniture, etc.	Uphof 1959:176
			juice	sugar source	
			bark	medicine	
Inga edulis Mart.	guavo-bejuco, guama	"	pods	edible	Uphof 1959:194
			fruits	edible	
Inga paterno Harms.	paterno	"	pods	edible	Uphof 1959:194
			pulp around seed	edible	
			seeds	edible	
Iresine arbuscula Uline & Bray	doradillo		ash	soap manufacture	Uphof 1959:198
Myrica cerifera L.	candelillo	"	wax around fruit	candle making	Uphof 1959:243
			roots	medicine; astringent & tonic	
Saurauria villosa DC.	confite	"	fruits	edible	Lentz, personal observation
			stems	manufacture of blow guns	
Spondias mombin L.	ciruela	"	fruits	edible	Williams 1981:23
S. purpurea L.	ciruela del garrobo, jobo	"	fruits	edible	Uphof 1959:345

Cuadro 4.7 (cont.)

Nombre científico	Nombre Común	Habitat	Parte Util	Uso	Referencia
Acrocomia mexicana Karw. (cont.)			palmas	techos	
Carica papaya L.	papaya	árbol, zona de crecimiento secundario	fruto	comestible	Williams 1981:68
			savia	digestivo (papaina) en suavizante para carne	
Cassia grandis L.	carao	"	pulpa de las vainas	comestible, de acción purgante	Standley 1931:218
Cecropia peltata L.	guarumo	"	tronco	conducto para agua	Uphof 1959:81
			madera	yesca, papel	
			jugo	caústico para quitar verrugas y desentería	
			hojas	medicina para el hígado e hidropesía	
			vástagos	hortaliza	
Diospyros cuneata Standley	pepenance	"	fruto	comestible	Lentz, observación
Gliricidia sepium (Jacq.) Steud.	madre de cacao	"	semillas	medicina	Lentz, observación
Guazuma ulmifolia Lam.	guacimo	"	madera	botes, muebles, etc.	Uphof 1959:176
			savia	fuente de azúcar	
			corteza	medicina	
Inga edulis Mart.	guavo-bejuco, guama	"	vainas	comestible	Uphof 1959:194
			fruto	comestible	
Inga paterno Harms.	paterno	"	vainas	comestible	Uphof 1959:194
			pulpa de la semilla	comestible	
			semillas	comestible	
Iresine arbuscula Uline & Bray	doradillo	"	ceniza	manufactura de jabón	Uphof 1959:198
Myrica cerifera L.	candelillo	"	envoltura cerosa del fruto	candle making	Uphof 1959:243
			raíces	medicina, astringente y tónico	
Saurauria villosa DC.	confite	"	fruto	comestible	Lentz, observación

Table 4.7 (cont.)

Scientific Name	Spanish Name	Habitat	Plant Part	Use	Reference
Thevetia ovata (Cav) A.DC.	rompemuellas	tree, secondary growth	fruit juice	destroys (?) tooth decay	Lentz, personal observation
Trema micrantha (L.) Blume	capulin	"	bark	fiber source	Williams 1981:326
			wood	charcoal	
			branches	basket weaving	Lentz, personal observation
			fruits	edible	
Alvaradoa amorphoides Liebm.	plumajillo	shrub, secondary growth	leaves	medicine, used to treat bruises	Williams 1981:304
Calliandra houstoniana Standl. (Mill)	cabello de angel	"	bark	antiperiodic medicine	Uphof 1959:68
Cassia cobanensis (B&R) Irwin & Barneby	frijolillo	"	pods, seeds	beverage flavorings	Lentz, personal observation
C. occidentalis L.	frijolillo	"	seeds	edible	Uphof 1959:78
			roots	medicinal, tea for stomach pains	
			pods	medicinal, nervous disorders	
C. xiphoidea Bertol.	frijolillo	"	roots	medicinal, tea for stomach pains	Lentz, personal observation
Cnidoscolus acontifolius (Mill) I.M. Johnston	chaya	"	leaves	pot herb	Williams 1981:113
			roots	medicinal, kidney problems	
Jatropha curcas L.	piñon	"	seeds	edible if roasted, otherwise a violent purgative	Uphof 1959:199
			fruit	soap	
Mimosa pudica L.	dormilona	"	leaves	somniferous and/ or hallucinogenic	Lentz, personal observation
Momordica charantia L.	pepino	"	leaves	edible	Uphof 1959:240
			fruit	edible	
			sap	medicinal, colic & worms	
Physalis angulata L.	miltomate	"	fruits	component of hot sauces	Williams 1981:312
Rauwolfia tetraphylla L.	chalchuapa	"	leaves (?)	medicinal, malaria & snake bites	Williams 1981:21
Solanum torvum Swartz	lavaplatos	"	young shoots	edible	Uphof 1959:340

Cuadro 4.7 (cont.)

Nombre científico	Nombre Común	Habitat	Parte Util	Uso	Referencia
Saurauria villosa D.C. (cont.)			tallos	manufactura de cerbatanas	
Spondias mombin L.	ciruela	árbol, zona de crecimiento secundario	fruto	comestible	Williams 1981:23
S. purpurea L.	ciruela del garrobo, jobo	"	fruto	comestible	Uphof 1959:345
Thevetia ovata (Cav) A.DC.	rompemuelas	"	jugo de fruto	quita (?) las caries	Lentz, observación
Trema micrantha (L.) Blume	capulín	"	corteza	fuente de fibra	Williams 1981:326
			madera	carbón	
			ramas	tejido de canastas	Lentz, observación
			fruto	comestible	
Alvaradoa amorphoides Liebm.	plumajillo	arbusto, zona de crecimiento secundario	hojas	medicina, tratamiento de magulladuras	Williams 1981:304
Calliandra houstoniana Standl. (Mill)	cabello de ángel	"	corteza	medicina antiperiódica	Uphof 1959:68
Cassia cobanensis (B&R) Irwin & Barneby	frijolillo	"	vainas y semillas	condimento para bebidas	Lentz, observación
C. occidentalis L.	frijolillo	"	semillas	comestible	Uphof 1959:78
			raíces	té medicinal para dolor de estómago	Lentz, observación
			vainas	desórdenes nerviosos	
C. xiphoidea Bertol.	frijolillo	"	raíces	té medicinal para dolor de estómago	Lentz, observación
Cnidoscolus acontifolius (Mill) I.M. Johnston	chaya	"	hojas	hortaliza	Williams 1981:113
			raíces	tratamiento de problemas renales	
Jatropha curcas L.	piñon	"	semillas	comestible tostados, de otra manera un violente purgante	Uphof 1959:199
			fruto	jabón	
Mimosa pudica L.	dormilona	"	hojas	somnífero y/o halucinógeno	Lentz, observación
Momordica charantia L.	pepino	"	hojas	comestible	Uphof 1959:240
			fruta	comestible	
			savia	tratamiento para cólicos y lombrices	

Table 4.7 (cont.)

Scientific Name	Spanish Name	Habitat	Plant Part	Use	Reference
Thevetia ahouai A.DC.	huevo de gato	shrub, secondary growth	plant	medicinal, ulcers	Uphof 1959:359
Amaranthus spinosus L.	bledo	herb, secondary growth	leaves & shoots	pot herb	Williams 1981:14
Asclepias curassavica L.	viborana	"	roots	medicinal, congestion & female diseases	Lentz, personal observation
Chenopodium ambrosioides L.	apazote	"	leaves	condiment in soups; medicinal, stomach problems	Uphof 1959:86
Clematis dioica L.		"	leaves	medicinal, ointment for cutaneous diseases	Uphof 1959:97
			flowers & leaves	cosmetic	
Dorstenia drakena L.	contrahierba	"	leaves	tea, relieves hangover	Uphof 1959:133
			roots	snuff	
Gomphrena decumbens Jacq.		"	roots	medicinal, tea for heart problems	Lentz, personal ovservation
Heliotropum indicum L.	borraja	"	roots	medicinal, tea for heart problems	Lentz, personal observation
Hyptis suaveolens (L.) Poit.	chian, oregano	"	seeds	edible	Williams 1981:148
			leaves	mosquito repellent	
Hyptis verticillata Jacq.	hoja del dolor	"	leaves	medicinal, tea for stomach pain	Lentz, personal observation
Indigofera lespedeziodes HBK	alcotana	"	roots	medicinal, tea for stomach pain	Lentz, personal observation
Lantana camara L.	cinco negritos	"	leaves	various home remedies	Uphof 1959:208
	morala		fruits	edible	
L. trifolia L.	petatillo	"	fruits	edible, fermented for wine	Lentz, personal observation
Pachyrrhizus erosus Rich.	pera de monte	"	roots	edible	Uphof 1959:261
Petiveria alliacea L.	epacina	"	roots	insecticides	Uphof 1959:273
				medical, congestion	Lentz, personal observation
Pilea hyalina Fenzl.	carne de pero	"	leaves	medicinal, tea for fever	Lentz, personal observation

Cuadro 4.7 (cont.)

Nombre científico	Nombre Común	Habitat	Parte Util	Uso	Referencia
Physalis angulata L.	miltomate	arbusto, zona de crecimiento secundario	fruto	componente de salsas picantes	Williams 1981:312
Rauwolfia tetraphylla L.	chalchuapa	"	hojas (?)	tratamiento de malaria y mordidas de serpientes	Williams 1981:21
Solanum torvum Swartz	lavaplatos	"	vástagos	comestible	Uphof 1959:340
Thevetia ahouai A.DC.	huevo de gato	"	planta	tratamiento de úlceras	Uphof l959:359
Amaranthus spinosus L.	bledo	hierba, zona de crecimiento secundario	hojas y vástagos	hortaliza	Williams 1981:14
Asclepias curassavica L.	viborana	"	raíces	tratamiento de congestión y enfermedades femeninas	Lentz, observación
Chenopodium ambrosioides L.	apazote	"	hojas	condimento en sopas; medicinal, problemas del estómago	Uphof 1959:86
Clematis dioica L.		"	hojas	medicinal, pomada para enfermedades de la piel	Uphof 1959:97
			flores y hojas	cosmético	
Dorstenia drakena L.	contrahierba	"	hojas	té, alivio de malestar de la intoxicación alcohólica	Uphof 1959:133
			raíces	polvillo para aspirar	
Gomphrena decumbens Jacq.		"	raíces	medicinal, té para problemas del corazón	Lentz, observación
Heliotropum indicum L.	borraja	"	raíces	medicinal, té para problemas del corazón	Lentz, observación
Hyptis suaveolens (L.) Poit.	chian, orégano	"	semillas	comestible	Williams 1981:148
			hojas	repelente de sancudos	
Hyptis verticillata Jacq.	hoja del dolor	"	hojas	medicinal, té para dolores de estómago	Lentz, observación
Indigofera lespedezioides HBK	alcotana	"	raíces	medicinal, té para dolores de estómago	Lentz, observación

Table 4.7 (cont.)

Scientific Name	Spanish Name	Habitat	Plant Part	Use	Reference
Pityrogramma calomelanos (L.) Link	archicorin	herb, secondary growth	sap	medicine, kidney disorders	Lentz, personal observation
			leaves	medicine, liver problems	
Plantago major L.		"	leaves	medicinal uses	Lentz, personal observation
Rubus irasuensis Liebm.	mora	"	fruits	edible	Lentz, personal observation
Serjania triquetra Radlk.	barbasco (?)	"	vine bark	fish poison	Lentz, personal observation
Stachytarpheta cayennensis (L. Rich) Vahl.	mozote	"	leaves	medicinal, remedy for malaria, dysentery	Williams 1981:333
Anacardium occidentale L.	marañon	tree, domesticated	seeds, fruit	edible	Williams 1981:19
Annona purpurea L.	anona	"	seed	powder for lice control	Williams 1981:26
			bark	string substitute	
			leaves	dye for leather	
	suncuya		fruit	edible	Lentz, personal observation
Castilla elastica Sesse ex cervantes	hule	"	latex	water proofing for clothing; rubber balls	Williams 1981:223
Cescentia cujete L.	calabasa	"	seeds	edible, cooked	Uphof 1959:113
			pulp	medicinal	
			fruit shells	drinking cups	
			young fruits	pickles	
Cupressus lusitanica Mill.	cipres	"	wood	construction, fuel	Williams 1981:100
			oil of cypress	fragrance	
Persea americana Mill.	aquacate	"	fruit	edible	Uphof 1959:272
			seed	oil source	
Scheelea preussii Burret.	corozo	"	leaves	thatch, brooms, fans, etc.	Williams 1981:258
			cabbage	edible	
			kernels	edible; oil used in soap making	
Theobroma cacao L.	cacao	"	seeds	beverage; source of cacao butter	Uphof 1959:359

Cuadro 4.7 (cont.)

Nombre científico	Nombre Común	Habitat	Parte Util	Uso	Referencia
Lantana camara L.	cinco negritos	hierba, zona de crecimiento secundario	hojas	varios remedios caseros	Uphof 1959:208
	morala		fruto	comestible	
L. trifolia L.	petatillo	"	fruto	comestible, se fermenta para vino	Lentz, observación
Pachyrrhizus erosus Rich.	pera de monte	"	raíces	comestible	Uphof 1959:261
Petiveria alliacea L.	epacina	"	raíces	insecticida	Uphof 1959:273
				medicinal, congestión	Lentz, observación
Pilea hyalina Fenzl.	carne de pero	"	hojas	medicinal, té para fiebres	Lentz, observación
Pityrogramma calomelanos (L.) Link	archicorín	"	savia	tratamiento para disórdenes renales	Lentz, observación
			hojas	tratamiento de problemas hepáticos	
Plantago major L.		"	hojas	medicinal	Lentz, observación
Rubus irasuensis Liebm.	mora	"	fruto	comestible	Lentz, observación
Serjania triquetra Radlk.	barbasco	"	corteza del tallo	veneno para pescar	Lentz, observación
Stachytarpheta cayennensis (L. Rich) Vahl.	mozote	"	hojas	medicinal, remedio para la malaria y la disenteria	Williams 1981:333
Anacardium occidentale L.	marañón	árbol domesticado	semillas	comestible	Williams 1981:19
			fruto	comestible	Lentz, observación
Annona purpurea L.	anona	"	semillas	polvo para tratar los piojos	Williams 1981:26
			corteza	substituto de cordel	
			hojas	tinta	
Annona sp.	suncuya	"	fruto	comestible	Lentz, observación
Castilla elastica Sesse ex cervantes	hule	"	látex	ropa impermeable; pelotas de goma	Williams 1981:223
Cescentia cujete L.	calabasa	"	semillas	comestible	Uphof 1959:113
			pulpa	medicinal	
			cáscara de la fruta	recipientes para beber	
			fruta tierna	legumbre	
Cupressus lusitanica Mill.	ciprés	"	madera	combustible; construcción	Williams 1981:100

Table 4.7 (cont.)

Scientific Name	Spanish Name	Habitat	Plant Part	Use	Reference
Thevetia peruviana (Pers.) Schum.	chilca	tree, domesticated	seeds	contain 2 glycosides, one toxic	Williams 1981:34
			bark	medicinal, febrifuge, purgative & emetic	
			fruit	medicinal, paste for toothaches	
Galphimia glauca Cav.	boton de oro	shrub, domesticated	leaves	tea	Lentz, personal observation
Gossypium barbadense L.	algodon	"	seed hairs	fiber	Williams 1981:205
			seed	source of oil	
Sambucus mexicana Presl.	sauco	"	fruits	edible	Uphof 1959:324
			leaves	tea made for stomach problems	Lentz, personal observation
Amaranthus caudatus L.	moño	herb, domesticated	seeds	edible, bread	Uphof 1959:20
			leaves	pot herb	
Capsicum annuum L.	chile	"	fruits	edible	Williams 1981:308
Cucurbita pepo L.	ayote	"	fruits	edible	Uphof 1959:116
			seeds	edible, source of oil; medicinal, anthelmintic, taenifuge	
Lippia graveolens HBK	oregano	"	leaves	food flavoring; medicine	Williams 1981:332
Manihot esculenta Crantz	yuca	"	roots	edible	Uphof 1959:228
Nicotiana tabacum L.	tabaco	"	leaves	tobacco products	Uphof 1959:247
Phaseolus vulgaris L.	frijole	"	seeds	edible	Uphof 1959:274
Zea mays L.	maiz	"	fruits	edible	Uphof 1959:389
Byrsonima crassifolia (L.) HBK	nance	tree, pine-oak forest	fruits	edible, jam, alcoholic beverage	Williams 1981: 202–203
			bark & wood	red dye; remedy for diarrhea	
Curatella americana L.	chaparro	"	leaves	polishing, like sandpaper	Williams 1981:105
			bark	tanning hides	Lentz, personal observation
Erythea salvadorensis (Wendl. ex Beccari) H.E. Moore		"	leaves	thatch	Lentz, personal observation

Cuadro 4.7 (cont.)

Nombre científico	Nombre Común	Habitat	Parte Util	Uso	Referencia
Cupressus lusitanica Mill. (cont.)			aceite	fragancia	
Persea americana Mill.	aguacate	árbol domesticado	fruto	comestible	Uphof 1959:272
			semillas	fuente de aceite	
Scheelea preussii Burret.	corozo	"	hojas	techos, escobas, abanicos, etc.	Williams 1981:258
			cogoyo	comestible	
			semillas	aceite para jabón	
Theobroma cacao L.	cacao	"	semillas	bebida; fuente de manteca	Uphof 1959:359
Thevetia peruviana (Pers.) Schum.	chilca	"	semillas	contiene 2 glycosides, una tóxica	Williams 1981:34
			corteza	medicina, febrífugo, pur-gante, emético	
			fruto	medicina, pasta para dolor de muelas	
Galphimia glauca Cav.	bóton de oro	arbusto, domesticado	hojas	té	Lentz, observación
Gossypium barbadense L.	algodón	"	fibra de la semilla	fibra	Williams 1981:205
			semilla	fuente de aceite	
Sambucus mexicana Presl.	saúco	"	fruto	comestible	Uphof 1959:324
			hojas	té para problemas del estómago	Lentz, observación
Amaranthus caudatus L.	moño	hierba, domesticada	semillas	pan	Uphof 1959:20
			hojas	hortaliza	
Capsicum annuum L.	chile	"	fruto	comestible	Williams 1981:308
Cucurbita pepo L.	ayote	"	fruto	comestible	Uphof 1959:116
			semillas	comestible; fuente de aceite; medicinal, antihelmíntico, taenífugo	
Lippia graveolens HBK	orégano	"	hojas	condimento; me-dicinal	Williams 1981:332
Manihot esculenta Crantz	yuca	"	raíces	comestible	Uphof 1959:228
Nicotiana tabacum L.	tabaco	"	hojas	derivados de tabaco	Uphof 1959:247
Phaseolus vulgaris L.	frijoles	"	semillas	comestible	Uphof 1959:274

Table 4.7 (cont.)

Scientific Name	Spanish Name	Habitat	Plant Part	Use	Reference
Inga punctata Willd.	guama	tree, pine-oak forest	seeds	edible	Lentz, personal observation
			pulp around seed	edible	
Pinus spp.	pino	tree, pine-oak forest; pine-oak-sweet gum forest	wood	lumber; fuel	Williams 1981:266
			sap	resin	
Quercus spp.	roble, encino	"	wood	lumber; fuel	Williams 1981:122
			sap	tanning agent	
Caesalpinia pulcherrima (L.) Swartz	guacamaya	shrub, pine-oak forest	flowers	medicine; scalp treatment	Lentz, personal observation
Conostegia xalapensis (Bonpl.) D. Don	capirote	"	fruits	edible	Williams 1981:212
Furcraea guatemalensis Trell.	maguey	"	leaves	source of fiber	Williams 1981:17
Malvaviscus arboreus Cav.	monaguillo	"	fruits	edible	Williams 1981:204
Miconia prasina (Swartz) DC.	uva	"	fruits	edible	Lentz, personal observation
Parathesis membracea Lundell	uva	"	fruits	edible	Lentz, personal observation
Psidium guineense Sw.	guayaba	"	fruits	edible	Williams 1981:240
Calathea atropurpurea Matuda		herb, pine-oak forest	tubers	edible	Lentz, personal observation
Indigofera lespedeziodes HBK	alcotana	"	roots	medicinal, tea for stomach pains	Lentz, personal observation
Polypodium triseriale Swartz	calaguala	"	rhizomes	made into a beverage	Lentz, personal observation
Pteridium aquilinum (L.) Kuhn	eral	"	stalks & fronds; rhizomes	pot herbs, edible; medicine, used to treat tape worms	Uphof 1959:299
Rechsteinaria warscewiczii (Bouche & Hanst) O. Kuntze	escorcionero	"	root	ground up to make beverage; medicine, taken during menstruation	Lentz, personal observation
Schoenocaulon officinale (Schlect. & Cham.) Gray	cebadilla	"	seeds	insecticide	Uphof 1959:330
Tillandsia usneoides L.	barba de palo	"	whole plant	packing & filling material	Williams 1981:61
Vanilla planifolia Andrews	vainilla	"	capsules	vanilla of commerce	Williams 1981:247

Cuadro 4.7 (cont.)

Nombre científico	Nombre Común	Habitat	Parte Util	Uso	Referencia
Zea mays L.	maíz	hierba, domesticada	fruto	comestible	Uphof 1959:389
Byrsonima crassifolia (L.) HBK	nance	árbol, bosque de pino-roble	fruto	comestible, mermelada, bebida alcohólica	Williams 1981:202-203
			corteza y madera	tinte rojo; remedio para la diarrea	
Curatella americana L.	chaparro	"	hojas	pulidor, como papel de lija	Williams 1981:105
			corteza	curtiembre	Lentz, observación
Erythea salvadorensis (Wendl. ex Beccari) H.E. Moore		"	hojas	techo	Lentz, observación
Inga punctata Willd.	guama	"	semillas	comestible	Lentz, observación
			pulpa alrededor de la semilla	comestible	
Pinus spp.	pino	árbol, bosque de pino-roble, bosque de pino-roble-liquidámbar	madera	construcción; combustible	Williams 1981:266
			savia	resina	
Quercus spp.	roble, encino	"	madera	construcción; combustible	Williams 1981:122
			savia	curtiembre	
Caesalpinia pulcherrima (L.) Swartz	guacamaya	arbusto, bosque de pino-roble	flores	medicinal; tratamiento del cuero cabelludo	Lentz, observación
Conostegia xalapensis (Bonpl.) D. Don	capirote	"	fruto	comestible	Williams 1981:212
Furcraea guatemalensis Trell.	maguey	"	hojas	fuente de fibra	Williams 1981:17
Malvaviscus arboreus Cav.	monguillo	"	fruto	comestible	Williams 1981:204
Miconia prasina (Swartz) DC.	uva	"	fruto	comestible	Lentz, observación
Parathesis membracea Lundell	uva	"	fruto	comestible	Lentz, observación
Psidium guineense Sw.	guayaba	árbol, bosque de pino-roble	fruto	comestible	Williams 1981:240
Calathea atropurpurea Matuda		hierba, bosque de pino-roble	tubérculo	comestible	Lentz, observación
Indigofera lespedeziodes HBK	alcotana	"	raíces	medicinal, té para el dolor de estómago	Lentz, observación
Polypodium triseriale Swartz	calaquala	"	rizoma	preparación como bebida	Lentz, observación

Table 4.7 (cont.)

Scientific Name	Spanish Name	Habitat	Plant Part	Use	Reference
Croton xalapensis HBK	pela-nariz	trees, pine-oak-sweet gum forest	sap	used for cleaning teeth	Uphof 1959:114
Dendropanax arboreus (L.) Decne. & Planch.	palo de agua	"	wood	general carpentry work	Uphof 1959:125
Liquidambar styraciflua L.	liquidambar	"	wood	cabinet work; pulpwood	Uphof 1959:218
			sap	source of balsam for medicinal uses	
Calathea insignis Peterson	bijao	herb, pine-oak-sweet gum forest	leaves	Indians of Talamanca use to wrap their dead	Williams 1981:210
Lisianthus auratus Standl.	huele de noche	"	leaves	tea for soothing rashes	Lentz, personal observation
Phytolacca·icosandra L.	quilete	"	roots	soap substitute	Lentz, personal observation
P. rivinoides Kunth & Bouche	cola de ardilla	"	roots	soap substitute	Uphof 1959:277
			leaves & shoots	edible	
Renealmia aromatica (Aubl.) Griseb.	chuco	"	fruits	edible	Williams 1981:336
			leaves	medicinal	

Cuadro 4.7 (cont.)

Nombre científico	Nombre Común	Habitat	Parte Util	Uso	Referencia
Pteridium aquilinum (L.) Kuhn	eral	hierba, bosque de pino-roble	tallos y fronda	comestible; hortaliza	Uphof 1959:299
			rizomos	medicina para la solitaria	
Rechsteinaria warscewiczii (Bouche & Hanst) O. Kuntze	escorcionero	"	raíces	molidas para una bebida; medicina tomada durante la menstruación	Lentz, observación
Schoenocaulon officinale (Schlect. & Cham.) Gray	cebadilla	"	semillas	insecticida	Uphof 1959:330
Tillandsia usneoides L.	barba de palo	"	toda la planta	empaque y material de relleno	Williams 1981:61
Vanilla planifolia Andrews	vainilla	"	cápsulas	comercio	Williams 1981:247
Croton xalapensis HBK	pelanariz	árbol, bosque de pino-roble-liquidámbar	savia	limpieza de los dientes	Uphof 1959:114
Dendropanax arboreus (L.) Decne. & Planch.	palo de agua	"	madera	carpintería en general	Uphof 1959:125
Liquidambar styraciflua L.	liquidámbar	"	madera	fabricación de cajones y anaqueles; pulpa para papel	Uphof 1959:218
			savia	fuente de bálsamo para medicinas	
Calathea insignis Peterson	bijao	hierba, bosque de pino-roble-liquidámbar	hojas	indios de Talamanca envuelven sus muertos con ellas	Williams 1981:210
Lisianthus auratus Standl.	huele de noche	"	hojas	té para aliviar salpullidos	Lentz, observación
Phytolacca icosandra L.	quilete	"	raíces	sustituto de jabón	Lentz, observación
P. rivinoides Kunth & Bouche	cola de ardilla	"	raíces	sustituto de jabón	Uphof 1959:277
			hojas y tallos	comestible	
Renealmia aromatica (Aubl.) Griseb.	chuco	"	fruto	comestible	Williams 1981:336
			hojas	medicinal	

Chapter 5

Geoarchaeology in the El Cajon Area

Charles Norville
Michael Collins

A significant part of archaeological inquiry involves questions of paleoecology, site formation processes, and geochronology which can be profitably addressed from the perspective of geoarchaeology, an emerging subdiscipline which integrates relevant geological and archaeological concepts (Renfrew 1976; Butzer 1982; Rapp and Gifford 1985; Stein and Farrand 1985). In the case of the El Cajon project area, two constraints narrow the focus of geoarchaeological investigations to a concern primarily with the floors and lowest slopes of the Sulaco and Humuya valleys. First, the project addresses those cultural resources to be adversely affected by creation of a reservoir by the construction of a dam across the Humuya River, 1.5 km below its confluence with the Sulaco River (Figure 1.1). Second, the major archaeological manifestations occur almost exclusively on fluvial features in the valley floor and on adjacent colluvial toeslopes rather than on the steeper valley walls. Archaeological reconnaissance of the El Cajon project area in 1980 had determined that significantly more large sites occurred on the vegas of the Sulaco River than on vegas of the Humuya River. The reasons for this were not apparent, and explaining this difference in site distributions was identified as a research topic. The first step in investigating this issue was to determine if the different site distributions in the two valleys reflected cultural patterns or were the product of differential site visibility. Particularly germane, since the known sites were on fluvial and colluvial depositional features, was the issue of buried sites.

A brief geoarchaeological study of limited scope was conducted as part of the Proyecto Arqueologico El Cajon. Fieldwork was accomplished in two sessions, one from 30 December 1980 through 16 January 1981, and another from 9 May through 2 July 1981. Twenty-eight localities were examined, and data were recorded on 99 measured sections. Norville and Collins both participated in the first field session and Norville conducted the second. We were assisted in many ways by various project members at different times; their support was invaluable.

It was known from the outset that the means did not exist to conclude a thorough geoarchaeological study of the magnitude warranted at El Cajon. Under those circumstances, it was decided to direct the effort toward a generalized, overall study rather than concentrate in depth on any particular issue. At the time the project was being planned, no specific geoarchaeological problem loomed larger than any others and data were collected to produce a generalized synthesis of the cultural and environmental history in the project area. The following five objectives were identified and investigated within the project area:

1) establish geomorphological and depositional histories for the major vegas in the project area;
2) characterize the geomorphology and fluvial depositional regime of the floors of the Sulaco and Humuya valleys;
3) locate prehistoric or historic sites buried in the valley alluvium;
4) determine what effect, if any, human occupation of the region has had on the fluvial system;
5) integrate the results of the foregoing efforts with the results of the surficial archaeological survey to formulate a predictive model of valley settlement patterns.

The final objective, a fuller understanding of valley settlements systems over time, was the principal motivation for the study with the other four objectives viewed primarily as means toward that end. In spite of limited resources and adverse logistical conditions, substantive results were achieved in each of these five endeavors.

The overriding result of this effort is demonstration that, in spite of massive fluvial deposits of Quaternary age, the buried archaeological record differs little from that of the record exposed at the surface. This relatively short archaeological record is at least partly the product of a highly dynamic fluvial regime and the youthfulness of its extant deposits. Although no protracted cultural sequence could be established, this does not necessarily reflect the cultural history of the area.

Setting

The general environmental setting of the project area is discussed in Hirth and Coskren (this volume) and only specific

La Geoarqueología de la Región de El Cajón

Charles Norville
Michael Collins

Una significativa parte de la investigación arqueológica involucra interrogantes referentes a la paleoecología, los procesos de formación de los sitios y la geocronología. Estos asuntos pueden ser tratados con éxito desde la perspectiva de la geoarqueología, una surgiente disciplina que integra relevantes conceptos geológicos y arqueológicos (Renfrew 1976; Butzer 1982; Rapp y Gifford 1985; Stein y Farrand 1985). En el caso de la región de estudio del Proyecto Arqueológico El Cajón, dos limitaciones redujeron el foco de la investigación geoarqueológica a aspectos que conciernen principalmente los pisos y las más bajas pendientes de los valles en los Ríos Sulaco y Humuya. Primero, el Proyecto Arqueológico El Cajón se concentró en aquellos recursos culturales que se verían afectados por el embalsamiento de estos valles, a 1.5 km. río bajo de la confluencia del Río Humuya con el Sulaco (Figura 1.1). Segundo, las principales manifestaciones arqueológicas tienen lugar casi exclusivamente en los accidentes fluviales en el piso de los valles o adyacentes a ellos.

El reconocimiento arqueológico de la región de estudio del Proyecto Arqueológico El Cajón realizado en 1980, estableció que sitios significativamente más grandes ocupaban las vegas del Río Sulaco que las del Río Humuya. Las razones para ello, aunque intuibles, no eran obvias y la explicación de esta diferencia en la distribución de los sitios fue identificada como un tópico de estudio. El primer paso en esta investigación fue determinar si la diferente distribución de los sitios en ambos valles reflejaba patrones culturales determinados o era simplemente el producto de una parcial visibilidad de los sitios. De particular interés fue la hipotética existencia de sitios soterrados, puesto que los sitios conocidos se localizaron en los accidentes topográficos correspondientes a las deposiciones fluviales y coluviales.

Un estudio geoarqueológico de limitado alcance fue conducido dentro del marco interdisciplinario del Proyecto Arqueológico El Cajón. El trabajo de campo se llevó a cabo en dos etapas, una del 30 de diciembre de 1980 al 16 de enero de 1981, y la otra del 9 de mayo al 2 de julio de 1981. Se examinaron 28 localidades y se registraron datos sobre las mediciones de 99 unidades de muestreo. Ambos autores participaron en la primera etapa del trabajo de campo, mientras que Norville condujo solo la segunda. En el desarrollo de nuestra empresa nos asistieron de muchas maneras varios miembros del proyecto cuya cooperación fue invaluable.

Desde el inicio era de nuestro conocimiento que no se contaba con los medios para realizar un estudio geoarqueológico completo en un territorio de la magnitud de la región de El Cajón. Bajo estas circunstancias, se decidió concentrar los esfuerzos en una investigación de carácter general, en vez de dedicarse detenida y profundamente a un aspecto particular. Al momento de elaborarse el programa del proyecto, ningún problema geoarqueológico específico indicaba ser mayor que cualquiera de los otros y se necesitaban datos concretos para elaborar una síntesis generalizada de la historia cultural y ambiental en la región de El Cajón. De acuerdo con esto, se identificaron los siguientes cinco objetivos, los cuales fueron investigados en forma general para la totalidad de la región:

1) establecer la historia geomorfológica y de deposición de las principales vegas en la región bajo estudio;
2) caracterizar la geomorfología y el régimen de la deposición fluvial en el piso de los valles de los Ríos Sulaco y Humuya;
3) localizar los sitios precolombinos e históricos soterrados en el aluvión de los valles;
4) determinar el efecto—de darse alguno—que la ocupación humana tuvo en el sistema fluvial;
5) integrar los resultados de los esfuerzos descritos con los del reconocimiento arqueológico del terreno para formular un modelo predecible del patrón de asentamiento en los valles.

El último objetivo—una más completa comprensión del sistema de asentamiento en los valles a través del tiempo—constituyó la principal motivación del estudio, siendo considerados los cuatro objetivos restantes en esencia, un medio para alcanzar el fin propuesto. A pesar de estas modestas expectativas y el restringido tratamiento del problema dictado por las circunstancias para este estudio, se alcanzaron resultados substanciales en cada uno de los cinco objetivos.

El resultado más sobresaliente de esta empresa es la demostración de que a pesar de los masivos depósitos aluviales de la Era Quaternaria, el registro de los sitios soterrados difiere poco

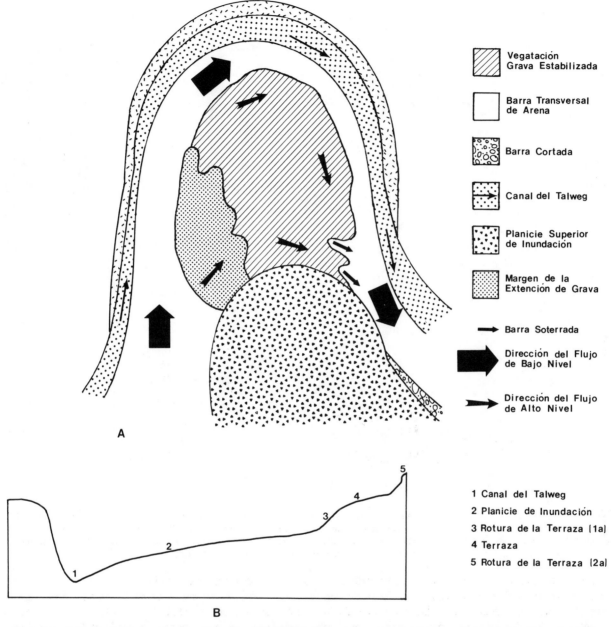

Figure 5.1. A) Idealized point bar taken from Reineck and Singh 1973. Figure depicts channel thalweg, cut banks, upper and lower floodplains, orientation of chute bars, and the direction of water flow during high and low flood stage; B) Cross-section of the idealized point bar along line A-A'.

Figura 5.1. A) Banco de arena en punta idealizado, tomado de Reineck y Singh 1973; B) Sección transversal A-A' del banco de arena en punta idealizado.

characteristics relevant to this study are reiterated here. The terrain is rugged with relief over 600 m along the valleys of the Sulaco and Humuya Rivers. These valleys are youthful with steeply sloping walls and relatively narrow floors. The two rivers drop an average of four meters per kilometer through the project area. The traction load of both streams includes large boulders, gravel, and sand. Sand and silt dominate the overbank deposits with clay occurring in very small proportions and limited areas.

Bedrock lithology varies significantly over the project area, particularly in the Sulaco valley, and undoubtedly exerts a major influence on valley configuration and stream geometry. Of necessity, we directed our efforts toward the valley fill and related the fluvial regime only to valley topography. Small parcels of flat bottomlands are located along both rivers. These tend to occur on alternate sides of the stream on the insides of bends. Typically, each vega consists of floodplain, terrace, and colluvial surfaces. A narrow, youthful floodplain

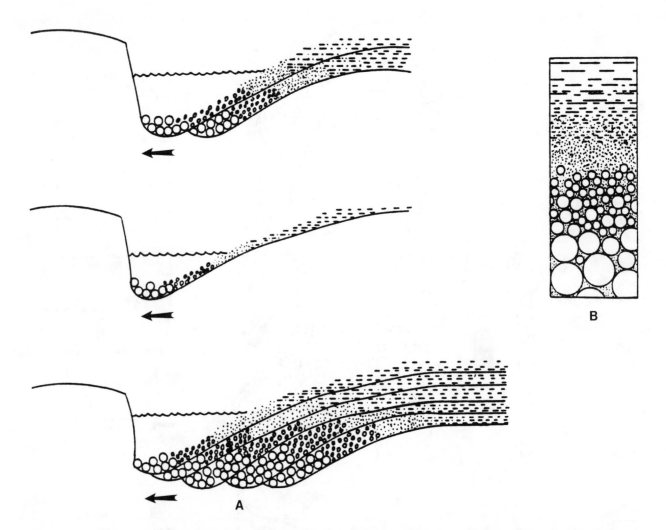

Figura 5.2. A) Diagrama del patrón de deposición resultante de la formación de meandros por la corriente; B) Corte idealizado de la acumulación
del banco de arena en punta con la variación del gránulo de los elementos de bronco en la parte superior a fino en el fondo de la columna.
Figure 5.2. A) Diagram showing an idealized depositional pattern resulting from stream meandering; B) Idealized cross-section of a prograding
point bar showing size grading from coarse sediments at the bottom to fine sediments at the top of the column.

de la evidencia encontrada en la superficie. Este relativamente
corto registro arqueológico es, al menos parcialmente, un
producto de la intensa dinámica del régimen fluvial y de la
reciente edad de los depósitos existentes. Aunque no fue
posible establecer una dilatada secuencia cultural, esto no
refleja necesariamente la historia del área.

El Ambiente

La situación general del ambiente de la región de El Cajón
ha sido descrita antes (Hirth y Coskren, este volumen), por lo
cual solamente se mencionarán en forma breve aquellas características específicas relevantes para el estudio geoarqueológico. El terreno es quebrado con un relieve que alcanza más
de 600 m. a lo largo de los valles de los Ríos Sulaco y Humuya.
Estos valles son de reciente formación con paredes de extre-
mado declive y pisos relativamente estrechos. Ambos ríos se
precipitan un promedio de cuatro metros por kilómetro en su

recorrido a través de la región. La carga de tracción de ambas
corrientes incluye grandes peñascos, grava y arena. La arena
y el aluvión predominan en los depósitos sobre los bancos con
muy pequeñas proporciones de arcilla en delimitadas áreas.

La petrología de la roca madre varía significativamente en
la totalidad de la región bajo estudio, en particular en el Río
Sulaco, ejerciendo, sin lugar a dudas, una gran influencia en
la configuración del valle y la geometría de la corriente; sin
embargo, nuestros esfuerzos se concentraron por necesidad en
los depósitos en el valle y establecieron únicamente la relación
del régimen fluvial con la topografía del mismo. A lo largo de
ambos ríos se extienden las relativamente amplias planicies
aluviales, las así llamadas vegas. Estas tienden a presentarse
en riberas alternas, en el interior del arco de los meandros.
Típicamente cada vega consiste en una planicie de inundación,
una terraza y las respectivas superficies coluviales. Por lo
general, adyacente al río se extiende una planicie de inundación de reciente formación demarcada por una rampa sobre la

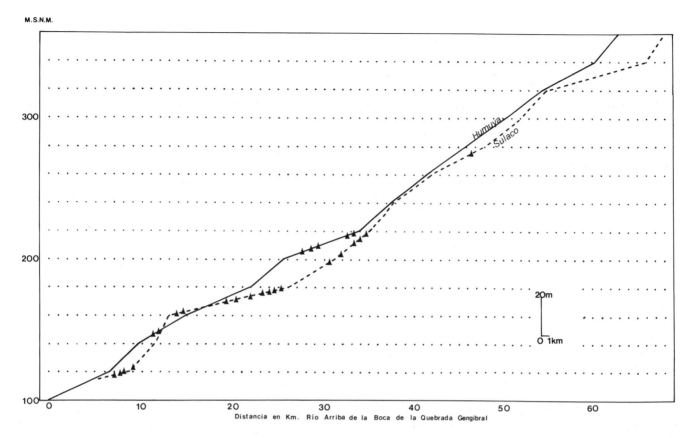

Figure 5.3. Gradient profiles of the Sulaco and Humuya Rivers above the Quebrada Gengibral and the El Cajon hydroelectric facility. The gradient represents the change in MSL elevation per km of river distance.
Figura 5.3. Perfiles altimétricos de los Ríos Sulaco y Humuya río arriba de la Quebrada Gengibral cerca de la presa de El Cajón.

generally lies adjacent to the river and is demarcated by a scarp above which one or more terraces occur. Colluvial toeslopes and alluvial fans merge with the upper terrace surfaces nearest the valley wall. Levees and channel chutes or swales occur on the floodplains, but tend to be ephemeral. Most of the vegas formed as point bars.

Briefly, point bars are fluvial geomorphic features that occur when a stream migrates by progressive erosion of the outside bank of bends. Simultaneous deposition of sediments occurs in the quieter waters on the inside of the bend as shown in Figures 5.1 and 5.2 (Leopold and Wolman 1957; Krumbein and Sloss 1963; Wolman and Miller 1964; Reineck and Singh 1973). Accretion is roughly perpendicular to the direction of streamflow at the apex of the bend and is characterized by vertical sections that grade from coarser to finer grain sizes (Figure 5.2b) (Allen 1965; Visher 1965; Kukal 1971). On rivers with confined floodplains such as the Humuya and Sulaco, large point bars offer the best possibilities for finding alluvial deposits of sufficient age to contribute data to archaeological inquiry. They may represent long periods of time during which utilization by human groups could have occurred. Also, because floodplains offer a number of advantages to human groups over other geomorphic features, there is a good chance that these areas may have been utilized in one manner or another at some time in the past.

Although the average gradients of the Sulaco and Humuya Rivers in the investigated area are almost identical (ca. 4 m/km), the two differ significantly in the gradient configuration. The Humuya maintains a relatively constant rate of descent whereas the Sulaco exhibits a series of steplike gradient changes (Figure 5.3). Bedrock along most of the Humuya valley consists of Tertiary volcanic rocks whereas the Sulaco valley cuts an alternating series of resistant and soft rocks of varied lithologies (Hirth and Coskren, this volume).[1] In both valleys, vega development is greatest along stretches of lower river gradient, and the placement of investigated localities reflects this relationship. Width of valley floor covaries with gradient in that steeper gradients occur in narrow valley segments and gentler gradients are found in wider valley segments. The floor of the Humuya valley is consistently narrow to very narrow whereas that of the Sulaco varies from very narrow to moderately wide. Predictably, greater preservation of the fluvial record was found in the broad vegas of the Sulaco valley than in the narrow vegas of the Humuya valley.

1. The general pattern of the lithologies of the El Cajon Reservoir Zone is depicted by Elvir (1974) and Williams and McBirney (1969).

cual existen una o más terrazas. Piedemontes coluviales y abanicos aluviales emergen en las superficies más cercanas de la terraza superior a las paredes del valle. Diques naturales, brazos abandonados o depresiones ocurren en las planicies de inundación, pero tienden a ser temporales. La mayoría de las vegas se formaron como bancos de arena en punta.

Brevemente, los bancos de arena en punta son rasgos geomorfológicos que surgen cuando una corriente migra a causa de la progresiva erosión del banco exterior de los meandros, lo cual se ve acompañado de deposición de sedimentos en las quietas aguas del interior del arco del respectivo meandro, tal y como se observa en las Figuras 5.1 y 5.2 (Leopold y Wolman 1957; Krumbein y Sloss 1963; Wolman y Miller 1964; Reineck y Singh 1973). La acumulación es más o menos perpendicular a la dirección del flujo de la corriente en el ápice del meandro (Figura 5.2b); estos bancos se caracterizan, además, por secciones verticales que contienen elementos que varían de muy gruesos a muy finos (Allen 1965; Visher 1965; Kukal 1971). En los ríos con constreñidas planicies de inundación, como es el caso de los Ríos Sulaco y Humuya, los bancos de arena en punta ofrecen las mejores posibilidades para encontrar depósitos fluviales de suficiente edad que arrojen datos para la investigación geoarqueológica. Ellos pueden representar prolongados períodos de tiempo durante los cuales pueden haber sido utilizados por el hombre. Por lo tanto, teniendo en cuenta que las planicies de inundación, con respecto a otros rasgos geomorfológicos, ofrecen un gran número de ventajas a los grupos humanos, existe un buen margen de probabilidad que esas áreas hayan sido utilizadas de una u otra manera en alguna época en el pasado.

No obstante que el promedio de la inclinación de los Ríos Sulaco y Humuya en la región investigada es casi idéntica (alrededor de 4 m./km.), estos difieren considerablemente. El Río Humuya mantiene una tasa relativamente constante de descenso, mientras que el Sulaco muestra una serie de cambios progresivos en su gradiente (Figura 5.3). La roca madre a lo largo de la mayor parte del valle del Río Humuya consiste en roca volcánica de la Era Terciaria, en tanto que el valle del Río Sulaco corta una serie alternada de rocas duras y suaves de variada petrología (Ver Capítulo 2, este volumen).[1] En ambos valles, el desarrollo de las vegas es mayor a lo largo de los trechos de menor inclinación del río; la ubicación de las localidades investigadas refleja esta correlación. La anchura del piso de lo valles varía de acuerdo con el gradiente, de tal manera que las inclinaciones más pronunciadas tienen lugar en los más angostos segmentos del valle. El piso del valle del Río Humuya va uniformemente de estrecho a muy estrecho; por el contrario, el del Río Sulaco varía de muy estrecho a moderadamente ancho. Como era de esperar, se encontró una mayor preservación del registro fluvial en las vegas más amplias del valle del Río Sulaco que en las estrechas vegas del valle del Río Humuya.

1. El patrón general de la litología de la zona de embalse de El Cajón se presenta en Elvir (1974) y Williams y McBirney (1969).

Métodos

Previo al trabajo de campo, se examinaron los mapas topográficos y fotografías aéreas de la región para determinar las localidades más prometedoras de depósitos de edad geoarqueologicamente relevante o de materiales culturales soterrados. Estas fueron identificadas de acuerdo a criterios geomorfológicos y seleccionadas teniendo en consideración la logística. Se les dio prioridad a los prolongados y bien desarrollados bancos de arena en punta debido a que la secuencia en la progresión de los depósitos de baja energía que forman tales accidentes, es una fuente óptima de los datos requeridos para los objetivos de la investigación.

No obstante encontrarse extensas masas de depósitos fluviales en los valles de los Ríos Humuya y Sulaco, la exposición natural es mínima debido a la densa vegetación que las cubre. Debido a la casi total inexistencia de carreteras en la región de El Cajón, virtualmente la totalidad del trabajo de campo fue llevado a cabo utilizando instrumentos manuales, en localidades accesibles a pie. Aunque también se usaron bestias de carga en algunas de las áreas más remotas, el tiempo de viaje limitó severamente el número de localidades que pudo ser investigado. Adicionalmente, las limitaciones impuestas por la escasa disponibilidad de mano de obra determinaron la cantidad de trincheras que fue posible hacer para exponer los depósitos. Para contrarrestar las consecuencias de dichas limitaciones, se aplicó la siguiente estrategia durante la primera etapa del trajo de campo. En base a las fotografías aéreas, mapas topográficos e información derivada del reconocimiento arqueológico inicial, se seleccionaron los más prometedores bancos de arena en punta, marcando en las fotografías aéreas las localidades del sondeo geológico. Estos pozos de sondeo fueron excavados y cercados por un grupo de trabajadores previo a nuestra llegada y dejados abiertos para su inspección. Nuestro propio trabajo de campo se inició con una revisión de estas exposiciones de los depósitos. Después de una revisión preliminar se excavaron pozos adicionales donde se consideró necesaria una exposición complementaria para la interpretación.

Una vez que se identificaron las áreas más prometedoras, se excavaron una serie de pozos de sondeo de 1 x 2 m. en alineamiento más o menos paralelo a la inferida dirección del crecimiento del banco de arena en punta; esto es, perpendicular a la dirección del flujo en el ápice de los meandros. Esto se realizó por las razones siguientes. Primero, facilitó la correlación lateral de las secuencias estratigráficas. Segundo, existe una mayor probabilidad de que el área del eje del banco de arena en punta se haya formado a través de un más prolongado período de tiempo que cualquiera de sus "alas". Tercero, es a lo largo de este eje que se asume que ha tenido lugar el mayor acrecentamiento (Reineck y Singh 1973). Cada localidad investigada fue denominada "localidad geomorfológica" a la cual se le asignó un código de identificación.

La localización de cada una de las excavaciones de sondeo

Methods

Prior to fieldwork, topographic maps and aerial photographs of the project area were examined to determine the most promising locations for the occurrence of deposits of archaeologically relevant age and/or buried cultural materials. These were identified by geomorphological criteria and selected with the additional consideration of logistics. Large, well-developed point bars were given priority because the progradational sequence of low-energy deposits making up such features is optimal for the data requirements of the project's objectives.

Although fairly extensive masses of alluvium occur in the valleys of the Humuya and Sulaco Rivers, natural exposure is at a minimum due to dense vegetation cover. Almost no roads existed in the project area, and virtually all fieldwork had to be carried out using handtools at localities accessed by foot. Although pack animals were used in some of the more remote areas, travel time severely limited the number of localities that could be investigated. Furthermore, the limitations of manual labor dictated the amount of artificial exposure that could be made. To lessen the consequences of these limitations, the following strategy was devised. Promising point bars were selected and locations of geologic test pits marked on aerial photographs. These test pits were dug, fenced, and left open by a field crew prior to our arrival. Our field effort began with a review of these exposures to determine if supplementary exposure was needed for interpretation.

Once promising areas had been identified, a series of 1 x 2 m test pits were excavated in an alignment roughly parallel to the inferred direction of point-bar growth, that is, perpendicular to the direction of flow at the apex of the river bend. This was done for a number of reasons. First, this facilitated lateral correlation of stratigraphic sequences. Second, the axis area of the point bar is more likely to have been stable over a longer period of time than either of its ends. Third, it is along this axis that the greatest accretion is thought to occur (Reineck and Singh 1973). Each locality investigated was termed a *geomorphic locality* and given an identifying label. The location of each test excavation was recorded on 1:50,000 topographic maps with the trenches designated by the name of the quadrangle and numbered consecutively. All notes and samples were referred to by these designations. The quadrangles so used were Las Flores (LF), Montanuelas (M) and Victoria (V). Generalized notes were then taken on each pit dug, including such observations as location in relation to topographic features, other trenches, the river, vegetal cover, weather conditions, and any other relevant or unique information.

The concept "zone" was used to organize the stratigraphic observations recorded. A zone is here defined as any distinguishable unit, whether natural or manmade. It may be defined on the basis of color, texture, inclusions, or any other criterion or combination of criteria.

If the trench walls appeared to be stable, the geoarchaeologist entered the trench and described the wall that revealed the greatest amount of sedimentological data. The stratigraphic profile was mapped and descriptions of the stratigraphic column were recorded with each zone being described as a separate entity.

Zones were designated with Roman numerals beginning with the uppermost and progressing downward. Color and/or grain-size ratios were the principal criteria used to distinguish zones. In the case of transitional boundaries between zones, the boundaries were treated as gradational. Zone descriptions included observations of color (using the Munsell Color Chart), grain size (using the Wentworth Scale), ratios of grain-size categories (estimated), unit thickness, presence or absence of diagnostic characteristics such as mineralization, hydration, reworking, cultural material, charcoal, organic matter, and any other preliminary observations or interpretations that could be made concerning depositional origin or relationships to other excavated units. Also recorded were any inclusions such as rock fragments, disturbances, or anomalies (Olson 1976). The overall profile was appraised for such depositional features as graded sequences, repeated sequences, truncations, and cross-bedding.

After the stratigraphic columns were described samples were taken from each zone for laboratory analysis. In the case of transitional zones, samples were taken just below the upper zone boundary, just above the lower zone boundary, and approximately every 15 cm in between to document the rate and nature of changes within the unit. Both color and black and white photographs were taken of the profile.

In addition to the trenches excavated specifically for the geoarchaeologist, a number of pits dug for other purposes at archaeological sites were also examined. These were documented in the same way as those described above.

In the laboratory 300 matrix samples were subjected to standard sieving to provide more detailed information on the majority of the depositional and pedogenic units observed in the field. These data are reported elsewhere (Norville 1986) and form the primary basis for identification of depositional facies discussed below.

A Geomorphic locality (GML) is here defined as a contiguous area of similar or related topographic expression and geologic origin. All of the GMLs examined were fluvial features that extended for short distances onto the colluvial valley slopes. Each geomorphic locality is generally equivalent to a single vega.

During the course of the El Cajon geoarchaeological investigations, 28 GMLs were examined, 20 on the Sulaco River drainage and eight in that of the Humuya (Figures 5.4–5.6). A total of 99 vega sections were measured and described, including 94 trench profiles and five exposed river cutbanks. Seventy of these were located along the Sulaco and 29 were on the Humuya.

The Sulaco GMLs are denoted by the letter "S" followed by the number designating that area. Similarly, Humuya vegas

se registró en mapas topográficos de 1:50,000, designando las trincheras con el nombre del cuadrángulo y numerándolas consecutivamente. A todas las notas y pruebas se hará referencia con estas designaciones. Los cuadrángulos utilizados para nuestros propósitos fueron Las Flores (LF), Montañuelas (M) y Victoria (V). Se tomaron notas generales sobre cada pozo de sondeo incluyendo observaciones tales como la localización en relación a los accidentes topográficos, las otras trincheras y el río; la cubierta de vegetación, las condiciones atmosféricas y cualquier otra información relevante o única.

El concepto de "zona" se utilizó para organizar las observaciones topográficas registradas. Una zona fue definida aquí como una unidad distinguible, ya fuera natural o hecha por la mano del hombre. Una zona pudo ser definida en base al color, textura, inclusiones o cualquier otro criterio semejante o una combinación de ellos.

Si las paredes de la trinchera parecían ser estables, los geoarqueólogos descendieron a ella para describir aquella pared en que se apreciaba la mayor cantidad de datos sedimentarios. El perfil estratigráfico fue dibujado, registrándose las descripciones de la columna estratigráfica y defininédose cada zona como una entidad separada.

Las zonas se designaron con números romanos, empezando con la superior progresivamente hasta alcanzar el fondo. Los principales criterios para distinguir las zonas fueron el color y el tamaño de los gránulos. En el caso de transición en los límites de diferentes zonas, aquellos se trataron como cambios de graduación. Las descripciones de las zonas incluyendo observaciones sobre el color (de acuerdo a la Cartilla de Colores Munsell), tamaño del gránulo (de acuerdo a la Escala de Wentworth), proporción de los gránulos (estimación), unidad de engrosamiento presencia o ausencia de características diagnósticas tales como mineralización, hidratación, reelaboración, material cultural, carbón, materia orgánica y cualquier otra observación o interpretación preliminar concerniente al origen del depósito o su relación con las otras unidades excavadas. También se registró todo tipo de inclusiones como fragmentos de roca, perturbaciones o anomalías (Olson 1976). El perfil general fue evaluado con respecto a los rasgos del depósito tales como escalonamiento de secuencias, repetición de secuencias, truncamientos y entrecruzamiento de estratos.

Después de que las columnas estratigráficas fueron descritas, se tomaron muestras de cada zona para el análisis de laboratorio. En el caso de las zonas de transición, las muestras se sacaron directamente de debajo del límite de la zona superior; directamente de encima del límite más inferior de la zona y aproximadamente cada 15 cm. con el objeto de documentar el grado y naturaleza de los cambios dentro de la unidad. Se tomaron fotografías de los perfiles, tanto a color como blanco y negro.

Además de las trincheras excavadas específicamente para los geoarqueólogos, se examinaron algunas en los sitios en proceso de excavación o aquellas dejadas abiertas en sitios previamente excavados. Estas trincheras se documentaron de la misma manera que las anteriores.

En el laboratorio se sometieron 300 muestras de suelo matriz a un análisis normalizado para obtener información más detallada de la mayoría de las unidades de deposición y pedogenéticas observadas en el campo. Estos datos son presentados en otra parte (Norville, 1986) y constituyen la base primordial para la identificación de las facies de deposición discutidas abajo.

Una Localidad Geomorfológica (LG) es definida aquí como un área contigua de similar o relacionada expresión topográfica y origen geológico. Todas las LG examinadas son rasgos fluviales que se extienden una corta distancia hasta alcanzar las pendientes coluviales de un valle. Cada LG es, por lo general, equivalente a una vega en particular.

En el curso de la investigación geoarqueológica en la región de El Cajón, se examinaron 28 LG, de las cuales 20 estaban localizadas en el sistema fluvial del Río Sulaco y ocho en el del Río Humuya (Figuras 5.4–5.6). Se tomaron medidas y se describieron un total de 99 unidades de muestreo en las vegas. De éstas, 94 eran perfiles en trincheras y cinco perfiles naturales expuestos en los cortes de las márgenes de los ríos. Del número total, 70 estaban localizados a lo largo del Río Sulaco y 29 adyacentes al Río Humuya.

Las LG en el Río Sulaco son representadas por la letra "S" seguida del número que designa el área. De manera similar, las vegas del Río Humuya son representadas por la letra "H" y el número respectivo. Las LG en el Río Sulaco se enumeraron consecutivamente de este a oeste, mientras que aquellas sobre el Río Humuya se enumeraron de sur a norte.

Las Localidades Geomorfológicas en el Río Sulaco

LG S-1 (Figura 5.4a) TUM 1655000/449000

Esta vega es un banco de arena en punta en un gran meandro del Río Sulaco; tiene cerca de 1 km. de largo y casi alcanza 0.5 km. de anchura en su base. La vega había sido desmontada con propósitos agrícolas. En el ápice de este banco de arena en punta se encuentra un corte de cerca de 4 m. de altura adyacente al río. Sobre la rotura originada por este corte se extiende una suave pendiente que asciende sin interrupción de la topografía por cerca de 800 m. En este punto, otra rotura de alrededor de 3 m. separa la planicie de inundación de la terraza. Los sitios PC-88 y PC-85 se levantan sobre la cima de esta terraza, al igual que la aldea de La Pimienta. La terraza es muy regular y de pendiente suave en el trazo de los primeros 100 m. más o menos, pero se convierte en pronunciadas colinas cerca de las paredes del valle.

Seis pozos de sondeo se excavaron en una línea aproximada al eje del banco de arena en punta. Estos se enumeraron del 1–6, encontrándose V-1 sobre la terraza y V-6 cercano al ápice del meandro. Se describió también otra sección, V-7, localizada en el corte del río en el ápice del meandro.

Esta serie de trincheras exploró la gama más amplia posible en cuanto a edad de los depósitos en cada uno de los accidentes

are designated by the letter "H" and a number. Sulaco GMLs are numbered consecutively from east to west whereas those along the Humuya are numbered from south to north.

Sulaco River Geomorphic Localities

GML S-1 (Figure 5.4a) UTM 1655000/449000

This vega is a point bar in a large bend of the Sulaco River. It is nearly one kilometer long, almost 0.5 km wide at its base, and has been cleared of vegetation for agricultural purposes. At the apex of the point bar is a steep cutbank nearly four meters in height adjacent to the river. Above the break formed by this cut is a gently sloping surface that continues without topographic interruption for nearly 800 m. There, a second break of about three meters separates the floodplain from the terrace. Sites PC-88 and PC-85 are located atop this terrace, as is the town of La Pimienta. The terrace is very regular and gently sloping for the first 100 m, but then becomes increasingly hummocky near the valley slopes.

Six trenches were excavated on a line approximating the axis of the point bar. These were designated V-1 through V-6, with V-1 being located on the terrace and V-6 near the apex of the bend. Another section (V-7) located in the cutbank at the apex of the bend was also described.

These trenches sampled the greatest possible age range of deposits and each of the prominent topographic features on the vega. Examination of these units indicated that any cultural remains located on the terrace would be only shallowly buried and would probably include visible surface manifestations.

Buried cultural horizons containing Late Classic ceramics were located in V-2 and V-3. The relationship between these deposits and sites PC-88 and PC-85 was not determined. One additional horizon containing ceramic sherds was noted in V-6 and dates to historic times.

At the time the La Pimienta vega sites were occupied, the floodplain north of the Sulaco River was probably much narrower than today, and the river was probably less than 200 m to the southwest. The approximately 700 m of prograded point bar sediments currently located to the southwest of V-3 were probably deposited during the past few centuries and represent the latest in a series of episodes of alternating destruction and redeposition of the lower floodplain during the past millenium. The steep cutbank at the apex of the bend may be indicative of a renewed episode of cutting along that part of the vega.

GML S-2 (Figure 5.4b) UTM 1662300/444500

This is a narrow vega about 300 m wide located one kilometer west of the town of Cueva Grande. There is a low floodplain, 1 to 2.5 m high and approximately 160 m wide adjacent to the river. A scarp approximately three meters in height borders a "terrace" at the back of the vega above which is located site PC-59. This "terrace" is composed principally of colluvium, and is more accurately designated a bench.

Three trenches, designated LF-22 through 24, were excavated and documented on this vega. Trench LF-24 is on the lower floodplain and LF-23 and 22 are on the bench. Three other trenches excavated by archaeologists testing PC-59 were also examined.

The stratigraphic data recovered from the six trenches indicate a colluvial valley slope of pre-Postclassic age that was subsequently truncated at its lower margin by the Sulaco River. Fluvial sediments were then deposited at its base and prograded outward, being periodically destroyed, reworked, or redeposited until the present day. It is unknown whether PC-59 is preserved in its entirety or whether part of it has been eroded away with the distal portions of the colluvial bench. No additional buried sites can be expected on this vega.

GML S-3 (Figure 5.4b) UTM 1663300/443500

This GML is located on a bench immediately adjacent to the Sulaco River about 250 m upstream of the town of Las Cuevitas. The river bank is approximately two meters high, and the bench is narrow (about 25 m wide) and hammocky due to the extensive influence of colluvial slope wash and to the proximity of the valley slope. Site PC-57 is located on this feature. One unit, LF-63, was examined and described. The colluvial deposits upon which PC-57 is located are pre-Postclassic with little active deposition since the site was occupied. No deeply buried sites are to be expected on this vega.

GML S-4 (Figure 5.4b) UTM 1663400/442800

Geomorphic locality S-4 is in a southern bend of the Sulaco River approximately 0.5 kilometers east of the town of Las Cuevitas. There the floodplain is about 25 m wide by 100 m long and is relatively flat. A 2-meter scarp divides the floodplain from the terrace. Sites PC-56 and PC-76 are located on the terrace. Two trenches, designated LF-25 and LF-26 were excavated on the present-day floodplain. LF-25 exhibited a stratigraphic sequence composed entirely of colluvium while that of LF-26 comprised fluvial units. The floodplain area of this vega is interpreted as a partially eroded colluvial terrace that was buried by more recent fluvial deposits and subsequently re-exposed. No buried sites are to be expected on the floodplain, and only surface sites are expected on the terrace.

GML S-5 (Figure 5.4c) UTM 1664300/441500

Geomorphic locality S-5 is a point bar on the south side of the Sulaco River opposite the town of El Mango. There, the river makes a bend to the north and has formed a large vega which has been cleared for agriculture. The floodplain is narrow and separated from the terrace by a low scarp about one meter high, though in other areas the transition occurs without any distinguishable topographic break. The vega is large (about 700 m long by 450 m wide) and relatively flat. The hamlet of La Vega is on the terrace as are sites PC-66, 71,

topográficos de la vega. El examen de esas unidades indicó que cualquier tipo de resto cultural localizado sobre la terraza hubiera sido soterrado tan lentamente que probablemente serían visibles en la superficie algunas manifestaciones.

Se localizaron horizontes culturales soterrados en V-2 y V-3, conteniendo cerámicas del Período Clásico Tardío. La relación entre estos depósitos y los sitios PC-88 y PC-85 no pudo ser determinada. Otro horizonte que contenía fragmentos de cerámica se registró en V-6 y fecha de los tiempos modernos.

En la época de la ocupación precolombina de la vega de La Pimienta, la planicie de inundación al norte del Río Sulaco era probablemente mucho más estrecha que hoy en día; el río mismo corría con probabilidad a menos de 200 m. hacia el suroeste. Los aproximadamente 700 m. de acumulación de sedimentos del banco de arena en punta, actualmente localizados hacia el suroeste de V-3, fueron probablemente depositados durante las últimas centurias y representan el evento posterior en una serie de episodios de alternada destrucción y redeposición por los que pasó la más baja planicie de inundación en el último milenio. La inclinada pendiente del corte en el ápice del meandro puede ser indicativo de un renovado episodio de truncamiento a lo largo de esta parte de la vega.

LG S-2 (Figura 5.4b) TUM 1662300/444500

Se trata de una estrecha vega de unos 300 m. de anchura localizada a más o menos 1 km. de la aldea de Cueva Grande. Tiene una baja planicie de inundación, entre 1 a 2.5 m. de altura, de aproximadamente 160 m. de anchura y adyacente al río. Una rampa de aproximadamente 3 m. de altura enmarca una "terraza" en la parte posterior de la vega, sobre la cual se levanta el sitio PC-59. Esta "terraza" está compuesta principalmente de coluvión y se puede designar más apropiadamente como un banco.

Tres pozos de sondeo, designados LF-22 a LF-24, se excavaron y documentaron en esta vega. El pozo LF-24 se encuentra en la más baja planicie aluvial y LF-23 y LF-22 sobre el banco. Tres trincheras excavadas por los arqueólogos a cargo del sitio PC-59 también fueron examinadas.

Los datos estratigráficos recolectados de estas seis trincheras indican que la pendiente del valle es de origen coluvial y de edad anterior al Posclásico Tardío, que sufrió un truncamiento causado por el Río Sulaco en su margen más baja. Los sedimentos fluviales fueron depositados en su base e impulsados hacia el exterior, siendo periódicamente destruidos, reelaborados y redepositados hasta el momento presente. Se desconoce si PC-59 se preservó en su totalidad o si acaso una parte se erosionó junto con las porciones distales del banco coluvial. No es de esperar que se haya encontrado algún otro sitio soterrado en esta vega.

LG S-3 (Figura 5.4b) TUM 1663300/443500

Esta localidad se encuentra en un banco inmediatamente adyacente al Río Sulaco, alrededor de 250 m. río arriba de la aldea de Las Cuevitas. La margen del río tiene aproximada-

mente 2 m. de altura; el banco mismo es estrecho (de unos 25 m.) y se eleva en una colina debido a la extensa influencia del lavado sobre la pendiente coluvial y a la proximidad de la pared del valle. El sitio PC-57 está localizado sobre este accidente. Una sola unidad—LF-63—fue examinada y descrita.

Los depósitos coluviales sobre los cuales se levanta PC-57, corresponden al Posclásico y muestran poca actividad de deposición a partir de la ocupación del sitio. No es de esperar que se encuentren sitios soterrados a mayor profundidad en esta vega.

LG S-4 (Figura 5.4b) TUM 1663400/442800

La LG S-4 está ubicada en la margen sur del Río Sulaco, a aproximadamente 0.5 km. al este de la aldea de Las Cuevitas. Aquí la planicie aluvial alcanza alrededor de 25 m. de anchura por 100 m. de largo y es relativamente plana. Una rampa de 2 m. divide la planicie de inundación de la terraza. Los sitios PC-56 y PC-76 se localizan sobre ella. Dos pozos de sondeo, designados LF-22 y LF-26, fueron excavados en la actual planicie de inundación. LF-25 muestra una secuencia estratigráfica compuesta enteramente de coluvión; en cambio la de LF-26 comprende unidades fluviales. El área correspondiente a la planicie de inundación en esta vega se interpretó como una terraza coluvial parcialmente erosionada que fue soterrada por más recientes depósitos fluviales y, por lo tanto, nuevamente expuesta. No es de esperar que existan sitios soterrados en la planicie de inundación y de haberlos en la terraza, se encontrarían visibles sobre la superficie.

LG S-5 (Figura 5.4c) TUM 1664300/441500

Esta localidad es un banco de arena en punta situado en el lado sur del Río Sulaco, más o menos opuesto a la aldea de El Mango. Aquí el río forma un meandro hacia el norte dando lugar a una amplia vega, la cual había sido desmontada con propósitos agrícolas. La planicie de inundación es estrecha y en algunas partes está separada de la terraza por una baja rampa de alrededor de 1 m. de altura. Sin embargo, en otros lugares la transición ocurre sin que se dé una rotura topográficamente distinguible. La vega es amplia (de unos 700 m. de largo por 450 m. de ancho) y relativamente plana. La aldea de La Vega se encuentra sobre la terraza, al igual que los sitios PC-71, PC-81 y PC-72. Se documentaron cuatro pozos de sondeo—LF-17 a LF- 20—ubicados sobre la terraza, mientras LF-21 se colocó en el corte de la ribera adyacente a un extremo del sitio PC-71.

La superficie completa de esta terraza estaba cubierta con una capa de coluvión procedente de las adyacentes paredes del valle, indicando un período de relativa estabilidad. La secuencia estratigráfica restante puso de manifiesto, en tres de los pozos, que está compuesta primordialmente de depósitos fluviales, aunque también contiene cantidades substanciales de material coluvial entremezclado. Esto sugiere que el tipo de deposición reinante en la vega ha sido, en mayor o menor grado, el mismo desde la ocupación de los sitios. Es decir que

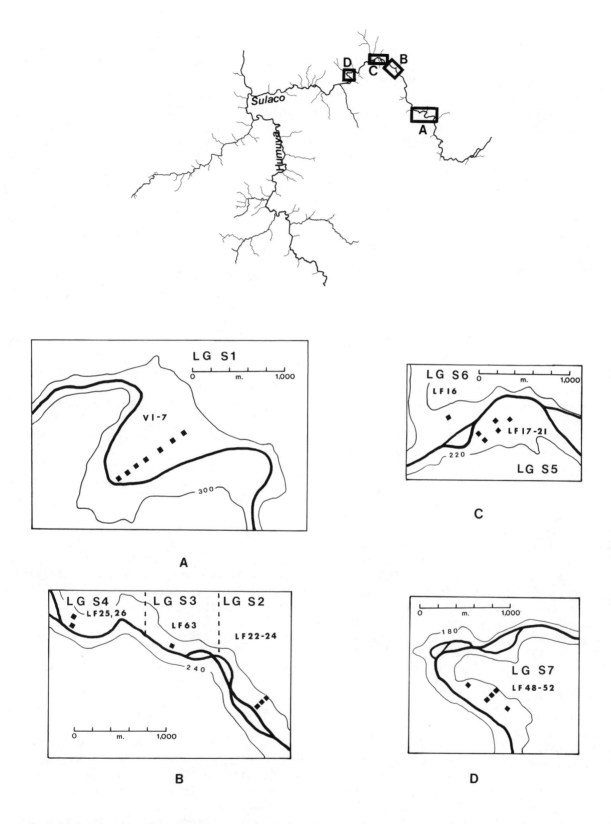

Figure 5.4. Location of Geomorphic Localities S-1 through S-7 along the Sulaco River. A) Geomorphic Locality S-1; B) Geomorphic Localities S-2, S-3, and S-4; C) Geomorphic Localities S-5 and S-6; D) Geomorphic Locality S-7.
Figura 5.4. Ubicación de las Localidades Geomorfológicas de S-1 hasta S-7 en el Río Sulaco. A) Localidad Geomorfológica S-1; B) Localidades Geomorfológicas S-2, S-3, y S-4; C) Localidades Geomorfológicas S-5 y S-6; D) Localidad Geomorfológica S-7.

el área de la terraza sufre periódicas inundaciones, con períodos intermedios de deposición coluvial. La cuarta trinchera, la más cercana a la pared del valle, estaba compuesta enteramente de coluvión sugiriendo una mínima actividad de inundación en esta área de la vega.

LF-21 es un corte del río de 3 m. en el lado oeste de la vega. Este corte, que expone el sitio PC-71, representa la rotura entre la terraza y la planicie de inundación en esta área. El sitio, durante su ocupación, se levantó sobre la terraza, pero desde entonces esta parte de la vega ha sido parcialmente destruida por los meandros del Río Sulaco. LF-18, al igual que LF-21, se encuentra en la porción más baja de la terraza y parece haber sufrido más frecuentes inundaciones que las áreas en los otros tres pozos de sondeo. La vega, sin embargo, ha gozado de suficiente estabilidad en el transcurso del último milenio como para que se preservará el sitio PC-71 intacto hasta muy recientemente. Los sedimentos en esta vega tienen potencial para contener sitios soterrados.

LG S-6 (Figura 5.4c) TUM 1664300/440750

La localidad S-6 es una pequeña vega del Río Sulaco situada inmediatamente río arriba de su confluencia con el Río Chilistagua. Una angosta planicie de inundación se extiende adyacente al Río Sulaco, la cual está separada de la terraza por una rotura de aproximadamente 2 m. Sobre esa terraza se levanta el sitio PC-73. Se documentó un pozo de sondeo designado LF-16, cercano al centro de la terraza.

LF-16 puso de manifiesto una secuencia fluvial más temprana seguida de un horizonte mezclado (aluvial/coluvial) y recubierto por una unidad primariamente coluvial. Se recolectó material cultural procedente del sitio PC-73 en la parte superior al nivel de 1.35 m. del depósito en esta trinchera. Esto sugiere que en la época de ocupación inicial del sitio y en la subsiguiente, la terraza sufrió inundaciones periódicas con la resultante deposición de sedimentos fluviales y el correspondiente soterramiento de material cultural. Con el transcurso del tiempo el área se vio sujeta a menos frecuentes inundaciones y a un incremento de la coluviación. Poca actividad de acumulación de sedimentos había ocurrido desde el abandono del sitio y en su mayor parte ésta había sido de naturaleza coluvial. Como resultado de esto, no hay probabilidad de que hayan existido otros sitios soterrados en esta vega.

LG S-7 (Figura 5.4d) TUM 1661700/437350

La LG S-7 se ubicó en un gran meandro alrededor 3 km. río arriba del sitio de Salitrón Viejo (PC 1). Allí, en la orilla suroeste de una estribación de colinas de tendencia noroeste, se formó una amplia vega, de aproximadamente 400 m. de ancho y casi 1 km. de largo. La planicie de inundación se extiende hasta la pared del valle y parece no tener lugar un desarrollo en terraza. La vega es en su mayor parte plana con varias depresiones de poca extensión causadas por el lavado de la superficie durante la estación lluviosa. Ningún sitio arqueológico o poblado moderno se levanta sobre esta planicie de inundación. Se excavaron y documentaron cinco trincheras

designadas como LF-48 a LF-52.

Desde la perspectiva geoarqueológica esta vega no fue de ninguna utilidad. Se esperaba que la estribación de colinas mencionada arriba, que corre en la orilla noroeste de la planicie aluvial, habría protegido el resto de la misma de los efectos erosivos del Río Sulaco. Este, sin embargo, no fue el caso y los depósitos en esta vega son todos demasiado recientes como para contener sitios soterrados. Por otra parte, la planicie de inundación se extiende hasta el piedemonte de la pared coluvial del valle sugiriendo la destrucción de cualquier tipo de sedimento de edad arqueologicamente relevante que pueda haber existido. El área había estado, en apariencia, muy activa en el transcurso del último milenio y los sedimentos examinados no sobrepasaban probablemente una antigüedad mayor a unas cuantas centurias.

LG S-8 (Figura 5.5a) TUM 1660900/436500

Esta LGF se localiza en un gran meandro en la margen norte del Río Sulaco, a aproximadamente 1.5 km. río arriba del sitio de Salitrón Viejo (PC-1). La vega aquí alcanza casi 1 km. de largo por unos 200 m. de ancho. La planicie de inundación se encuentra protegida hacia el noreste por una baja protuberancia que se deriva de una estribación de la pared del valle. El sitio PC-8 se alza en la cima de estas colinas. La planicie de inundación misma es estrecha, de solamente unos 10 m. de ancho, separada de la terraza por un bajo escarpe de unos 2 m. de altura. Esta es amplia y plana, a excepción de ondulaciones menores que llevan agua durante la estación húmeda. Se excavaron seis pozos de sondeo en esta vega; LF-2 en la planicie de inundación, LF-12 en el piedemonte coluvial adyacente y los restantes—LF-3, LF-4, LF-5 y LF-11—sobre la terraza.

Esta vega demostró ser una de las más complejas examinadas. La planicie de inundación es de edad reciente, al igual que los cercanos depósitos que constituyen la superficie de la terraza. Los depósitos más profundos son, sin embargo, mucho más antiguos. Entre LF-5 y la pared del valle se extiende un área de considerable potencial para material cultural soterrado.

LG S-9 (Figura 5.5a) TUM 1660600/436450

Esta LG consiste en la parte este de una distintiva deposición que se extiende por cerca de 5 km. sobre la margen sur del Río Sulaco. Este accidente geográfico se dividió arbitrariamente en tres LG (S-9, S-12, S-10). La LG S-9 se extiende desde este remanso hasta el límite este de la vega.

Aún cuando no se excavó ningún pozo de sondeo en la LG S-9, se describió una sección de un corte designándola como LF-1. Este corte se localiza adyacente al Río Sulaco sobre el primer escarpe de la terraza. El sitio de PC-5/6 se levantan sobre la terraza de esta vega.

La planicie de inundación de esta LG consiste en recientes sedimentos fluviales y no debería contener sitios soterrados. Cualquier otro sitio ubicado sobre la terraza estaría solamente soterrado a muy poca profundidad y las manifestaciones de su

72, and 81. Four trenches, LF-17 through LF-20, are located on the terrace, and a cutbank (LF-21) was documented adjacent to site PC-66.

The entire surface of this terrace is covered with a layer of colluvium from the adjacent valley walls, indicating a period of relative stability. The remainder of the stratigraphic sequence revealed in three of the four pits is composed primarily of fluvial deposits, but with substantial amounts of colluvial material mixed in as well. This suggests that the depositional mode of the vega has been about the same since the sites were occupied. That is, a terrace area that undergoes periodic flooding with interim periods of colluvial deposition. The remaining trench, that closest to the valley wall, was composed entirely of colluvium, suggesting minimal flood activity in that area of the vega.

Las Flores-21 is a three meter high cutbank on the western side of the vega. This cutbank, which exposes site PC-66, is the break between the terrace and the floodplain in this area. The site, when occupied, was on the terrace, but since then this part of the vega has been partially destroyed by the meandering of the Sulaco River. LF-18, like LF-21, is located on a lower portion of the terrace and appears to have undergone more frequent flooding than the areas of the other three trenches. The vega has been sufficiently stable over the past millenium to preserve PC-66 intact until very recently. The sediments on this vega potentially contain additional buried sites.

GML S-6 (Figure 5.4c) UTM 1664300/440750

Geomorphic locality S-6 is a small Sulaco River vega just upstream from the confluence of the Sulaco and Chilistagua rivers. A narrow floodplain is adjacent to the river. A topographic break of approximately two meters separates the floodplain from the terrace upon which site PC-73 is located. One trench designated LF-16 was documented, near the center of the terrace.

The unit revealed an earlier fluvial sequence followed by a mixed fluvial/colluvial horizon and capped by a primarily colluvial unit. Cultural material from site PC-73 was recovered from the upper 1.35 m of deposit in thin exposure. This sequence suggests that at the time of initial site occupation and following, the terrace underwent periodic flooding with resulting deposition of fluvial sediments and burial of cultural material. As time progressed, the area was subjected to less frequent flooding and increased colluviation. Little active accumulation of sediment has occurred since the abandonment of the site, and most of that has been colluvial in nature. As a result, no additional buried sites are likely to exist on this vega.

GML S-7 (Figure 5.4d) UTM 1661700/437350

Geomorphic locality S-7 is in a large bend about three kilometers upstream from the site at Salitron (PC-1) where a large vega has formed on the southwestern side of a northwest-trending ridge spur. The vega is approximately 400 m wide and nearly one kilometer long. The floodplain extends up to

the valley wall, and there seems to be no terrace development. The vega is generally flat with several small swales caused by surface runoff during the rainy season. No archaeological sites are located on this large floodplain feature. Five trenches, designated LF 48 through 52, were excavated and documented.

From a geoarchaeological perspective, this large vega was a disappointment. It had been hoped that the ridge spur at the northwest end of the feature had protected the rest of the floodplain from the erosional effects of the Sulaco River. This was not the case, however, and the deposits on this vega are too recent to contain buried sites. The floodplain extends up to the base of the colluvial slope and suggests the destruction of any sediments of archaeologically relevant age that may have existed there. The area has apparently been very active over the past millenium, and the sediments examined are probably not older than a few centuries.

GML S-8 (Figure 5.5a) UTM 1660900/436500

This GML is in a large bend on the north side of the Sulaco River approximately 1.5 km upstream from the site of Salitron Viejo (PC-1). The vega is nearly one kilometer long by about 200 m wide. The floodplain is protected to the northeast by a low ridge that protrudes from a spur of the valley wall. Site PC-8 is located atop this ridge. The floodplain is narrow, only about 10 m wide, and is separated from the terrace by a low scarp about two meters high. The terrace is large and generally flat except for minor undulations that carry water during the wet season. Six trenches were excavated on this vega. LF-2 was excavated on the floodplain, LF-12 on the adjacent colluvial toeslope and the remaining trenches, LF-3, 4, 5, and 11 on the terrace.

This vega was one of the more complex of those examined. The floodplain is recent as are the near surface deposits capping the terrace. Deeper terrace deposits, however, are much older. Cultural materials occurred at the contact of the older, buried terrace surface and the recent fluvial deposits. Between LF-5 and the valley wall is an area of considerable potential for buried cultural material.

GML S-9 (Figure 5.5a) UTM 1660600/436450

This geomorphic locality is the eastern part of a large depositional feature that extends for nearly five kilometers along the south bank of the Sulaco River. This feature is arbitrarily divided into three geomorphic localities (S-9, S-12, S-10). Geomorphic locality S-9 extends from the creek that flows from the vicinity of Frijolillos and Agua Blanca to the eastern limit of the vega.

No trenches were excavated on GML S-9. However, a cutbank section designated LF-1 was described. This cutbank is located adjacent to the Sulaco River on the first terrace scarp. Site PC-5/6 is located on the terrace of this vega. The floodplain at this locality consists of recent fluvial sediments and should not contain buried sites. Any additional sites located on the terrace should be only shallowly buried and

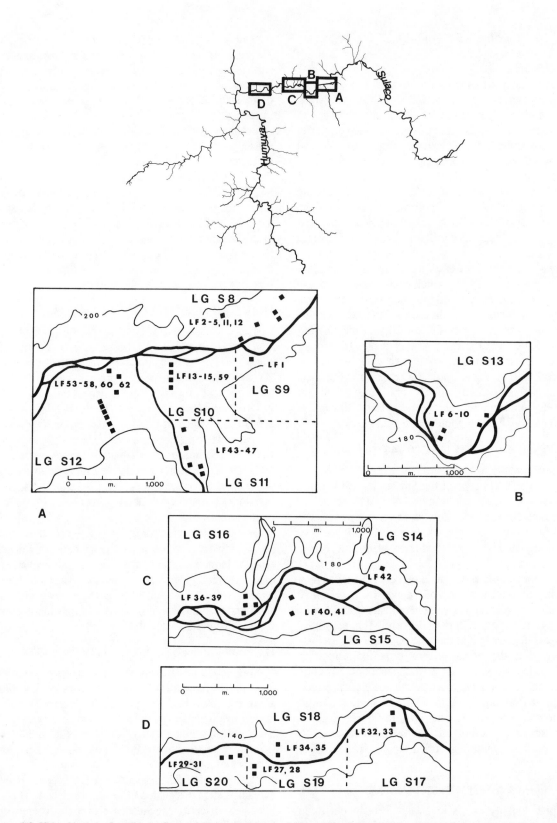

Figura 5.5. Ubicación de las Localidades Geomorfológicas de S-8 hasta S-20 en el Río Sulaco. A) Localidades Geomorfológicas S-8, S-9, S-10, S-11 y S-12; B) Localidad Geomorfológica S-13; C) Localidades Geomorfológicas S-14, S-15 y S-16; D) Localidades Geomorfológicas S-17, S-18, S-19 y S-20.

Figure 5.5. Location of Geomorphic Localities S-8 through S-20 along the Sulaco River. A) Geomorphic Localities S-8, S-9, S-10, S-11 and S-12; B) Geomorphic Locality S-13; C) Geomorphic Localities S-14, S-15, and S-16; D) Geomorphic Localities S-17, S-18, S-19, and S-20.

exhibit surficial manifestations of their presence.

GML S-10 (Figure 5.5a) UTM 1660500/435500

Geomorphic locality S-10 extends eastward along the Sulaco River from the Yunque River to locality S-9 on a narrow strip of floodplain adjacent to the river. This entire vega is interpreted as a terrace. The topography of the vega is complex and results from the interaction of the floodwaters of the Sulaco and Yunque Rivers. A series of low, linear features less than one meter high run parallel to the Sulaco and perpendicular to the Yunque, segmenting the vega into a series of alternating swales and ridges. Additionally, several former river channels, abandoned by the Yunque, are evident. No cultural remains were identified on this vega. Four trenches (LF-13, 14, 15, and 59) were excavated on this vega.

Single cultural horizons were noted in LF-14 and 59, and two cultural zones were noted in LF-15. The cultural remains are located on a low part of the terrace. These cultural horizons appear to contradict the observation that buried sites are not preserved on low-lying areas adjacent to the Sulaco River. The explanation for the preservation of these remains is the confluence of the nearby Yunque River. During times of flooding, waters from the Yunque back up at the mouth of the river, forming a pool in which little erosion takes place due to low current velocity, and deposition of fine-grained material occurs. This process serves to protect the area of GML S-10 while that of other floodplain and lower terrace areas are subject to erosion by the floodwaters.

GML S-11 (Figure 5.5a) UTM 1659700/435980

This geomorphic locality is on the eastern bank of the Yunque River approximately 800 m upstream from the confluence of that river with the Sulaco. The entire vega is about 200 m wide and 600 m long. Only about 50 m of this width is floodplain, however, with no appreciable terrace development evident. The remaining 150 m are primarily colluvial in nature, though some fluvial influence is evidenced there as well. Five trenches were excavated on this vega. These were described and designated LF-43 through LF-47. All five trenches were located on the floodplain.

This GML was investigated in hopes of arriving at a geological explanation for the contrast between the extensive prehistoric settlement along major Humuya tributaries and the virtual absence of such sites along the larger tributaries of the Sulaco. Site PC-7 was located on the lower colluvial slope during the initial archaeological survey, but no other sites were found despite the availability of apparently suitable locations.

The stratigraphic sequences revealed in LF-43 through LF-47 do not indicate periodic destruction and redeposition of the entire floodplain of the Yunque. Sediments of apparent archaeologically relevant age exist, but are devoid of any recognizable cultural remains. No geological explanation can be offered for the lack of habitational sites along the Yunque River.

GML S-12 (Figure 5.5a) UTM 1660400/435250

This geomorphic locality extends along the south bank of the Sulaco immediately west of the Yunque River. The site of Salitron Viejo (PC-1) occupies this geomorphic feature. A strip of lower floodplain ranging from approximately 15–40 m in width lies along the Sulaco and is bounded to the south by a terrace scarp ranging from 1 to 5 m high. Site PC-1 is located on an expanse of terrace about 1.2 km long by 800 m wide. Numerous house mounds dot the site. The terrace is generally flat or gently sloping with minor undulations and swales. Colluvial detritus extends well out onto the terrace from the valley slope. Nine trenches were examined on the terrace. These were designated LF-53 through LF-58 and LF-60 through LF-62. Additionally, numerous pits undergoing excavation by the archaeological testing crews were examined.

Nearly all but the lowest portion of the terrace is covered by a layer of colluvial material ranging in thickness from a few centimeters to over a meter. This overlies fluvial deposits of fairly old age indicating a fluvial origin followed by a long period of stability during which colluvial accumulation occurred. The vega appears to have been stable and fairly old when it was first inhabited. There also seems to be evidence that the original terrace was enlarged and stabilized with the addition of artificial fill, though the extent of this activity could not be determined without extensive additional excavations.

GML S-13 (Figure 5.5b) UTM 1659500/433300

This point bar is in a large bend in the Sulaco, approximately 2.5 km downstream from the confluence of the Sulaco and Yunque Rivers. Site PC-37/38 occupies the uppermost terrace and lowermost colluvial slope. The terrace is fairly extensive, about 500 m wide by 500 m long. The floodplain is present only as a narrow strip of land immediately adjacent to the Sulaco and varies in width from three to 20 m in width. The floodplain and terrace are separated by a terrace scarp approximately three meters high. Five measured sections were documented on this vega. Two sections, LF-6 and 7, were exposed cutbanks on the eastern flank of the point bar while the remaining three were trenches designated LF-8, 9, and 10. The trenches were located on the western side of the vega.

Cultural material was found in LF-6 in fluvial zones that were quite possibly situated on a lower floodplain at the time of habitation. The extent of destruction of this site caused by some lateral migration of the Sulaco that produced the cutbank at LF-6 is unknown. The cultural horizon was located beneath more than two meters of overburden, so no further excavations could be conducted to determine the extent of those layers. The existence of a second, lower floodplain site would seem to support the idea of at least some utilization of lower floodplain areas during prehistoric times. No structures were located, however, artifact scatters and features such as fire and refuse pits were noted.

presencia se distinguirían sobre la superficie.

LG S-10 (Figura 5.5a) TUM 1660500/435500

La LG S-10 se extiende hacia el este sobre el Río Sulaco, desde el Río Yunque hasta la LG S-9, sobre una estrecha faja de la planicie de inundación adyacente al río. La vega en su totalidad es considerada una terraza. La topografía de la vega es compleja y es el resultado de la interacción entre las corrientes de los Ríos Sulaco y Yunque. Una serie de poco pronunciados accidentes lineales de menos de 1 m. de altura, corren paralelos al Río Sulaco y perpendiculares al Yunque segmentando la vega alternativamente en depresiones. Adicionalmente, son evidentes varios lechos abandonados del Río Yunque. Ningún resto cultural fue localizado en esta vega previo a las investigaciones geoarqueológicas. Cuatro pozos de sondeo designados LF-13, LF-4, LF-15 y LF-59 se excavaron en dicha vega.

Horizontes culturales individuales se pusieron de manifiesto en LF-14 y LF-59, así como dos zonas culturales en LF-15. Los restos culturales se localizaron en una parte baja de la terraza. Estos horizontes culturales parecen contradecir la observación que no se han preservado sitios soterrados en las áreas adyacentes al Río Sulaco. La explicación para la preservación de estos restos está en la confluencia del cercano Río Yunque. Durante las épocas de inundación, las aguas del Yunque se retraen a la boca del río, formando una poza en la cual tiene lugar poca erosión debido a la baja velocidad de la corriente y, por lo tanto, en ella se deposita el material de gránulo fino. Este proceso ha protegido el área de la LG S-10, en tanto que otras planicies de inundación y las áreas más bajas de la terraza sufren la erosión causada por el flujo de la corriente.

LG S-11 (Figura 5.5a) TUM 1659700/435980

Esta LG se encuentra en la margen este del Río Yunque, a aproximadamente 800 m. río arriba de la confluencia de éste con el Río Sulaco. La vega completa tiene alrededor de 200 m. de ancho por 600 m. de largo. Solamente unos 50 m. de la anchura de esta vega constituyen la planicie de inundación; sin embargo, no es evidente el desarrollo de una terraza. Los restantes 150 m. son principalmente de naturaleza coluvial, aunque también se aprecia alguna influencia fluvial. Cinco pozos de sondeo se excavaron en esta vega, descritos y designados LF-43 a LF-47. Todos ellos fueron ubicados sobre la planicie aluvial.

Esta LG se investigó esperando poder explicar geoarqueologicamente el contraste entre el extensivo asentamiento precolombino sobre los principales tributarios del Río Humuya y la virtual ausencia de sitios en los tributarios del Río Sulaco. El sitio PC-7 fue localizado en el reconocimiento arqueológico inicial en la más baja pendiente coluvial, pero no se han descubierto otros sitios a pesar de la disponibilidad de otros lugares aparentemente aptos.

Las secuencias estratigráficas arrojadas por las LF-43 a LF-47, no indicaron una destrucción periódica o redeposición

en la totalidad de la planicie de inundación del Río Yunque. Existen sedimentos de edad, en apariencia, arqueologicamente relevante, pero no contienen restos culturales reconocibles. No es posible ofrecer una explicación geoarqueológica para la falta de asentamientos sobre el Río Yunque.

LG S-12 (Figura 5.5a) TUM 1660500/435250

Esta LG se extiende sobre la margen sur del Río Sulaco inmediatamente al oeste del Río Yunque. El sitio de Salitrón Viejo (PC-1) ocupa este accidente geomorfológico. Una faja de la más baja planicie de inundación que alcanza de 15 a 40 m. aproximadamente, corre a lo largo del Río Sulaco y es enmarcada por el sur por una rampa de la terraza de 1 a 5 m. de altura. PC-1 se localiza sobre una extensa terraza de alrededor de 1.2 km. de largo por 800 m. de ancho. Numerosas manifestaciones culturales (montículos) marcan el sitio. Aparte de esto, la terraza es, por lo general, plana o de suave pendiente con ondulaciones menores y algunas depresiones. El detrito coluvial se extiende desde la pared del valle cubriendo buena parte de la terraza. Nueve pozos de sondeo fueron examinados sobre la terraza, designados LF-53 a LF-58 y LF-60 a LF-62. Se examinaron, además, numerosas trincheras hechas por los arqueólogos en el proceso de excavación del sitio.

Casi toda la terraza con excepción de la porción más baja, está cubierta por una capa de material coluvial que varía en espesor de unos pocos centímetros a más de un metro. Subyacentes se hallan depósitos fluviales de considerable antigüedad, indicando un origen fluvial seguido de un largo período de estabilidad durante el cual tuvo lugar la acumulación coluvial. La vega parece haber sido estable y ya bastante antigua cuando fue ocupada por primera vez. También parece haber evidencia acerca de que la terraza original creció y se estabilizó con un relleno artificial adicional, aunque la magnitud de esta actividad no pudo ser determinada sin excavaciones más extensas.

LG S-13 (Figura 5.5b) TUM 1659500/433300

Este banco de arena en punta consiste en un largo meandro del Río Sulaco, a aproximadamente 2.5 km. río abajo de su confluencia con el Río Yunque. El sitio PC-37/38 ocupa la terraza más elevada y la más baja pendiente coluvial. La terraza es bastante amplia, de alrededor de 500 m. de ancho por otros 500 m. de largo. La planicie de inundación hace su aparición solamente como una estrecha baja de tierra inmediatamente adyacente al Río Sulaco, variando en anchura de unos 3 m. a cerca de 20 m. La planicie de inundación y la terraza están separadas por una rampa de la terraza de aproximadamente 3 m. de altura. Se documentaron seis unidades de muestreo en esta vega. Dos de ellas, LF-6 y LF-7, consistieron en cortes expuestos en el flanco este del banco de arena en punta; las tres restantes son pozos de sondeo, designados LF-8, LF-9 y LF-10, que se localizaron en el lado oeste de la vega.

Se descubrió material cultural en LF-6 en zonas fluviales que estuvieron muy posiblemente situadas en una más baja

GML S-14 (Figure 5.5c) UTM 1660800/431700

The vega at and near the hamlet of La Conce is broad and flat. The floodplain is present as a strip of land approximately 20–25 m wide along the Sulaco. A low terrace scarp between 1–1.5 m high separates the floodplain and the terrace. The terrace is over 500 m long by 350 m wide and has been largely cleared of vegetation for agriculture. One trench, LF-42, was examined on this vega.

GML S-15 (Figure 5.5c) UTM 1660400/430650

Geomorphic locality S-15 is on a vega on the south bank of the Sulaco River just upstream from the confluence of that river and the Quebrada de Arrosa. The floodplain is narrow, about 10–15 m wide at its maximum extent. The scarp that separates the terrace from the floodplain is approximately three meters high. The terrace is broad and generally flat. Maximum width is about 250 m and the length reaches a maximum of about 400 m. A second scarp approximately 2.5 m high separates the terrace from the colluvial bench upon which site PC-22 is located. Two trenches, LF-40 and 41, were located on the terrace atop two low ridges running roughly parallel to the Sulaco. Both trenches were sterile and exhibited fluvial sequences too recent for any buried cultural material to be expected there or elsewhere on this vega.

GML S-16 (Figure 5.5c) UTM 1660400/430000

This GML consists of Guarabuqui vega along the Sulaco River adjacent to, and extending westward from, the Quebrada de Arrosa, about 2 km south-southeast of the town of Guarabuqui. Site PC-15 occupies the upper part of this locality. The floodplain is divided into two similar but separate zones. The lower part of the floodplain is a narrow strip of land along the Sulaco River approximately 10 m wide bounded by a scarp about two meters high. The upper floodplain also measures 10 m across. Both floodplain zones are undulating and contain numerous shallow swales and low hummocks. The terrace begins at the top of a second scarp and comprises the bulk of the vega. The flat and relatively featureless terrace is approximately 400 m long by 300 m wide. A third scarp extends over roughly half of the vega margin and separates the terrace from the colluvial valley slope. Where the terrace break is absent, the transition is a gradational one.

One large pit measuring 3 x 3 x 3 meters and designated LF-36 was excavated on the terrace. Three additional small pits (LF-37, 38, and 39) were excavated on the lower floodplain to assist in the interpretation of the depositional history of that area. No buried cultural material was noted, and the deposits observed appeared to be too recent to host cultural horizons. PC-15 is located on the uppermost terrace near the colluvial valley slope. The sediments noted in the open pits at that site were of a different character from those noted on the lower floodplain, being composed for the most part of much older colluvial material.

GML S-17 (Figure 5.5d) UTM 1659900/425350

This locality is a point bar in a bend of the Sulaco River approximately 4.5 km upstream from its confluence with the Humuya River. A broad, flat floodplain occupies nearly the entire vega with only a narrow strip of terrace adjacent to the colluvial valley slope. The vega is about 400 m long by 250 m wide. Two trenches, LF-32 and 33, were excavated on the terrace. Both trenches were culturally sterile and exhibited fluvial sequences too recent for any buried cultural material to be expected elsewhere on the vega.

GML S-18 (Figure 5.5d) UTM 1659750/424000

This vega is on the north bank of the Sulaco River about 3.2 km upstream from its confluence with the Humuya River. The floodplain is broad and flat, approximately 150 m wide by 550 m long, and is bounded to the north by a scarp about two meters high. Located atop this rise is the terrace, which riverward is flat but becomes increasingly hummocky toward the colluvial valley slopes. At the time of the geoarchaeological investigations in this area, the vega had just been cleared of vegetation and burned. Site PC-32 was located on the terrace immediately adjacent to the terrace break. The site contained five mounds and ceramic and lithic artifacts scattered on the surface. Two trenches, one on the floodplain (LF-34) and the other on the terrace (LF-35) were excavated.

The depositional sequences revealed in both trenches were predominantly fluvial with LF-35 containing a minor colluvial component. A cultural horizon associated with PC-32 was noted in LF-35. The sediments examined in LF-34 were too recent to contain buried archaeological material.

GML S-19 (Figure 5.5d) UTM 1659600/423375

Geomorphic locality S-19 is on an eastward extension of the La Ceiba vega on which GML S-20 is situated. Locality S-19 is a large depositional feature, about 2.7 km upstream from the confluence of the Sulaco and Humuya Rivers, on the south bank of the Sulaco. The La Ceiba vega is arbitrarily divided into two geomorphic localities by a small south flowing creek that enters the Sulaco at UTM coordinates 1659680/423700.

The Sulaco River floodplain is virtually nonexistent at S-19, and the terrace is narrowly confined by the lower colluvial slope which extends well out into the vega. Surface topography is hummocky and undulating and site PC-41 is located on the lowermost part of this slope. Two trenches (LF-27 and 28) were placed on the lower colluvial slope. The sequence observed was largely colluvial with only a minor fluvial component in LF-27 and virtually none in LF-28. Cultural material from site PC-41 was noted in the uppermost two zones of these units at depths of 35–83 cm below surface.

GML S-20 (Figure 5.5d) UTM 1659650/423400

Geomorphic locality S-20 is west of the small unnamed stream bounding S-19 and includes the La Ceiba site (PC-13).

planicie de inundación en la época de ocupación precolombina. Es desconocida la extensión del sitio que representan estos restos, el cual fue destruido por la migración lateral del Río Sulaco, produciendo el corte en LF-6. El horizonte cultural se localizó debajo de más de 2 m. de yacimientos, en consecuencia no se pudieron realizar otras excavaciones para determinar la extensión de esos estratos. La existencia de un sitio en una segunda planicie de inundación más baja, parece apoyar la idea de que tuvo lugar, cuando menos, cierta utilización de las áreas bajas durante el período precolombino. No se localizaron estructuras; sin embargo, eran visibles algunos artefactos aislados y rasgos tales como las huellas de la acción del fuego y pozos de desechos.

LG S-14 (Figura 5.5c) TUM 1660800/431700

La vega en y cerca del caserío de La Conce es amplia y plana. La planicie de inundación está presente en una faja de tierra de aproximadamente 20 a 25 m. de anchura sobre el Río Sulaco. Una baja rampa de la terraza separa la planicie de inundación de la terraza propiamente dicha, variando en altura de 1 m. a alrededor de 1.5 m. La terraza tiene más de 500 m. de largo por 350 m. de ancho y había sido desmontada en buena parte con propósitos agrícolas. Un pozo de sondeo, LF-42, se examinó en esta vega.

LG S-15 (Figura 5.5c) TUM 1660400/430650

La LG S-15 se encuentra en una vega en la margen sur del Río Sulaco, exactamente río arriba de su confluencia con la Quebrada de Arrosa. La planicie de inundación es estrecha, de unos 10 a 15 m. de anchura en su máxima extensión. La rampa que separa la terraza de la planicie de inundación es de aproximadamente 3 m. de altura. La terraza misma es amplia y en su mayor parte plana. La anchura máxima es de 250 m. y el largo máximo es de unos 400 m. Una segunda rampa de alrededor de 2.5 m. de altura separa la terraza del banco coluvial sobre el cual se eleva el sitio PC-22. Dos pozos de sondeo, LF-40 y LF-41, se ubicaron sobre la terraza en la cima de dos bajos coyados que corren paralelas al Río Sulaco. Ambos pozos resultaron ser estériles, mostrando una secuencia fluvial demasiado reciente como para esperar descubrir material cultural soterrado aquí o en cualquier otra parte de esta vega.

LG S-16 (Figura 5.5c) TUM 1660400/430000

Esta LG la constituye la vega de Guarabuquí sobre el Río Sulaco, adyacente también, al extenderse en dirección oeste, a la Quebrada de Arrosa, a unos 2 km. al sur-sureste de la aldea de Guarabuquí. El sitio PC-15 ocupa la parte superior de esta LG. La planicie de inundación consiste en dos zonas similares, pero separadas. La parte más baja es una estrecha faja de tierra sobre el Río Sulaco, de aproximadamente 10 m. de ancho enmarcada por una rampa de unos 2 m. de altura. La planicie de inundación superior también mide 10 m. de ancho. Ambas zonas de la planicie de inundación son onduladas y contienen numerosas depresiones, así como bajas elevaciones. La terra-

za comienza sobre la cima de la segunda rampa y comprende el grueso de la vega. Esta terraza plana y carente relativamente de accidentes tiene aproximadamente 400 m. de largo por 300 m. de ancho. Una tercera rampa se extiende sobre casi toda la mitad de la orilla de la vega y separa la terraza de la pared coluvial del valle. En los puntos donde no se observan roturas en la terraza, la transición es gradual.

Se excavó un pozo de sondeo de 3 x 3 x 3 m. sobre la terraza, designado LF-36. Tres pequeños pozos adicionales (LF-37, LF-38 y LF-39) se excavaron en la más baja planicie de inundación para corroborar la interpretación de la historia de deposición de esta área.

No se registró ningún material cultural soterrado y los depósitos observados parecen ser demasiado recientes para contener horizontes culturales. PC-15 está localizado en la terraza más elevada y cercana a la pared coluvial del valle. Los sedimentos observados en las trincheras abiertas durante la excavación del sitio, eran de diferente carácter al que se pudo apreciar en la más baja planicie de inundación, puesto que estaban constituidos en su mayoría por material coluvial de mucha más antigüedad.

LG S-17 (Figura 5.5d) TUM 1659900/425350

Esta LG es un banco de arena en punta en un meandro del Río Sulaco de aproximadamente 4.5 km. río arriba de su confluencia con el Río Humuya. Una plana y amplia planicie de inundación ocupa casi por completo la vega con solamente una estrecha faja de terraza adyacente a la pared coluvial del valle. La vega tiene alrededor de 400 m. de largo por 250 m. de ancho. Se excavaron dos pozos de sondeo, LF-32 y LF-33, sobre la terraza. Ambos pozos eran culturalmente estériles y mostraron secuencias fluviales demasiado recientes como para esperar encontrar material cultural soterrado en alguna parte de la vega.

LG S-18 (Figura 5.5d) TUM 1659750/424000

Se trata de la llamada vega de La Ceiba Norte en la margen norte del Río Sulaco, alrededor de 3.2 km. río arriba de su confluencia con el Río Humuya. La planicie de inundación es amplia y plana, de aproximadamente 150 m. de ancho y por 500 m. de largo y está enmarcada hacia el norte por una rampa de unos 2 m. de altura. Localizada en la cima de esta elevación se encuentra la terraza, la cual es plana en dirección al río, pero se vuelve considerablemente accidentada a medida que se acerca a la pared coluvial del valle. Al momento de las investigaciones geoarqueológicas en esta área, la vega acababa de ser desmontada y quemada. El sitio PC-32 se levantaba inmediatamente adyacente a la rotura de la terraza. El sitio constaba de cinco estructuras (montículos) y sobre la superficie se observaron artefactos de cerámica y lítica. Se excavaron dos pozos de sondeo, uno en la planicie de inundación (LF-34) y el otro sobre la terraza (LF-35).

La secuencia de deposición puesta de manifiesto en ambas trincheras fue predominantemente fluvial, conteniendo LF-35 un componente coluvial de menor importancia. Se registró un

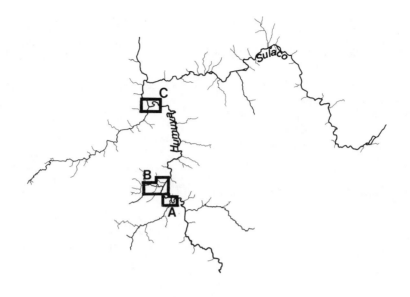

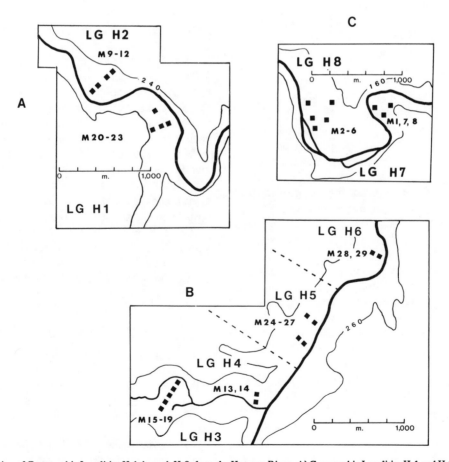

Figure 5.6. Location of Geomorphic Localities H-1 through H-8 along the Humuya River. A) Geomorphic Localities H-1 and H-2; B) Geomorphic Localities H-3, H-4, H-5, and H-6; C) Geomorphic Localities H-7 and H-8.
Figura 5.6. Ubicación de las Localidades Geomorfológicas de H-1 hasta H-8 en el Río Humuya. A) Localidades Geomorfológicas H-1 y H-2; B) Localidades Geomorfológicas H-3, H-4, H-5 y H-6; C) Localidades Geomorfológicas H-7 y H-8.

horizonte cultural en LF-35 asociado con el sitio mencionado arriba. Los sedimentos examinados en LF-34 eran demasiado recientes como para contener material arqueológico soterrado.

LG S-19 (Figura 5.5d) TUM 1659600/423375

La LG S-19 se encuentra en una extensión del lado este de la vega sobre la cual estaba situada la LG S-20. Por su parte S-19 consiste en un prolongado depósito de alrededor de 2.7 km. río arriba de la confluencia del Río Sulaco con el Humuya, en la margen sur del primero. La vega, conocida como La Ceiba, se dividió arbitrariamente en dos LG debido a una pequeña corriente sin nombre que fluye hacia el sur y desemboca en el Río Sulaco a la altura de las coordenadas 1659680/423700.

La planicie de inundación del Río Sulaco es prácticamente inexistente en S-19, encontrándose la terraza muy restringida por la más baja pendiente coluvial. Esta se extiende bastante dentro de la vega misma. La topografía presenta colinas y ondulaciones; el sitio PC-41 está localizado en la parte más baja de la pendiente coluvial. Se documentaron dos pozos de sondeo, LF-27 y LF-28, en la más baja pendiente coluvial. La secuencia observada tiene solamente un componente fluvial de menor importancia en LF- 27 y virtualmente ninguno en LF-28. Material cultural procedente del sitio PC-41 se observó en las zonas superiores de estas unidades, a una profundidad entre 83 y 35 cm. bajo la superficie.

LG S-20 (Figura 5.5d) TUM 1659650/423400

La LG S-20 se encuentra al oeste de la pequeña corriente sin nombre que bordea S-19 e incluye el sitio de La Ceiba (PC-13). La planicie de inundación tiene aproximadamente de 20 a 25 m. de ancho y termina abruptamente en una rampa de la terraza de 3 m. de altura. Sobre esta elevación se extiende la terraza, la cual continúa por unos 50 m. más antes de unirse a la pared coluvial del valle, dando lugar a considerables colinas y a un incremento de la pendiente en ese recorrido. El sitio PC-13 está localizado sobre la terraza y la más baja pendiente coluvial. Se documentaron tres pozos de sondeo, LF-29, LF-30 y LF-31.

LF-29, el pozo situado más hacia el este, puso de manifiesto una secuencia mezclada de material aluvial y coluvial con predominio del primero. LF 30 se ubicó cerca del centro del sitio PC-13 y arrojó una secuencia primordialmente fluvial recubierta de una zona mezclada de aluvión/coluvión con mayor contenido de este último. Se encontró material cultural cerca de la superficie en LF-30 y un horizonte cultural fue localizado a aproximadamente 1.78 m. de profundidad. LF-31 se colocó más hacia el oeste, fuera del sitio propiamente dicho, y contenía una secuencia fluvial estéril recubierta por una zona mezclada de aluvión/coluvión, con más sedimentos coluviales que aluviales.

Localidades Geomorfológicas en el Río Humuya

LG H-1 (Figura 5.6a) TUM 1641350/423700

La LG H-1 es una vega en la margen oeste del Río Humuya, a unos 550 m. al noreste de la aldea de Santa Rosa. Está limitada hacia el sureste por el Río Maragua y se extiende hacia el noroeste alrededor de 625 m. La planicie de inundación en propiedad es relativamente estrecha, de unos 50 m. de ancho. La pared coluvial del valle baja hasta la margen de la planicie de inundación y termina en un abrupto incremento del declive de la pendiente. Se excavaron cuatro pozos de sondeo en este accidente de la planicie de inundación. Cada uno de ellos puso de manifiesto depósitos fluviales demasiado recientes como para contener material arqueológico soterrado.

LG H-2 (Figura 5.6a) TUM 1641500/423350

La LG H-2 es un prolongado banco de arena en punta exactamente río arriba de la LG H-1, en la margen este del Río Humuya. La vega se encuentra a 650 m. al norte/noroeste de la aldea de Santa Rosa y está dividida por una pequeña corriente sin nombre. La planicie de inundación es una franja de 20 m. de ancho inmediatamente adyacente al Río Humuya. Una rampa de la terraza de alrededor 2 m. de altura separa la planicie de inundación de la terraza misma. Esta tiene unos 300 m. de ancho por 500 m. de largo y es, en su mayoría, plana con suaves depresiones y bajas colinas de menos de 1.5 m. de elevación. La escarpada pendiente coluvial baja hasta la superficie de la terraza. Se excavaron y documentaron cuatro pozos de sondeo (M-9, M-10, M-11 y M-12) en esta vega.

M-9 fue la unidad colocada más hacia el noreste y puso de manifiesto una secuencia fuertemente deteriorada por los fenómenos atmosféricos, es decir lavada, mineralizada y extremadamente compactada. No obstante que esta área ha gozado probablemente de estabilidad a lo largo del pasado arqueologicamente relevante, no se observó material cultural o cualquier otra manifestación humana de antigüedad. Los otros tres pozos, M-10, M-11 y M-12, arrojaron secuencias fluviales de insuficiente edad como para contener restos arqueológicos soterrados. En cualquier caso, en M-10 se expuso un rico estrato de carbón de aproximadamente 6 cm. de espesor, a una profundidad entre 11 y 17 cm. Durante las conversaciones sostenidas con los trabajadores contratados para excavar los pozos, tuvimos conocimiento que la vega había sido desmontada y quemada probablemente por primera vez de 50 a 100 años antes. Dada la tasa presente de la actividad de deposición en esta vega, consideramos que el estrato de carbón representa los restos de este desmonte y quema inicial.

LG H-3 (Figura 5.6b) TUM 1643350/422000

La LG H-3 consiste en un bastante prolongado banco de arena en punta en la margen sur de la Quebrada El Chamo, 200 m. al sur de la aldea de Agua Caliente. Esta corriente arrastra

The floodplain is approximately 20–25 m wide and terminates abruptly at a 3-meter high terrace scarp. Atop this rise is the terrace that continues for about 50 m before grading into the colluvial valley slope, becoming increasingly hummocky and steeper as it does so. Site PC-13 is located on the terrace and the lowest colluvial slope. Three trenches, LF-29, 30 and 31, were documented.

Trench LF-29 was the easternmost of the three trenches and revealed a sequence of mixed fluvial and colluvial material, with the latter dominating. LF-30 was located near the center of site PC-13 and revealed a primarily fluvial sequence capped by a mixed fluvial/colluvial zone containing more of the latter. Cultural material was found near the surface in LF-30 and a lower cultural horizon was located at approximately 1.78 m below ground surface. LF-31 was located farther to the west, outside the site boundary, and contained a sterile fluvial sequence capped by a mixed alluvial/colluvial zone also containing more colluvial than alluvial sediments.

Humuya River Geomorphic Localities

GML H-1 (Figure 5.6a) UTM 1641350/423700

Geomorphic locality H-1 is a vega on the west bank of the Humuya River about 550 m northeast of the town of Santa Rosa. It is bounded to the southeast by the Maragua River and extends about 625 m to the northwest. The floodplain proper is relatively narrow, about 50 m wide, and the colluvial valley slope extends down to the floodplain margin and terminates in an abrupt increase in slope gradient. Four trenches were excavated on this floodplain. Each of the four excavated units revealed fluvial deposits too recent to contain buried archaeological material.

GML H-2 (Figure 5.6a) UTM 1641500/423350

Geomorphic locality H-2 is a large point bar just downstream from GML H-1 on the eastern bank of the Humuya River. The vega is 650 m north-northwest of the town of Santa Rosa and is dissected by a small unnamed stream. The floodplain is a 20 m wide strip of land immediately adjacent to the Humuya River. A terrace scarp about two meters high separates the floodplain and terrace. The terrace is about 300 m wide by 500 m long and generally flat with minor swales and low ridges of less than 1.5 m relief. The steep colluvial slope extends down to the terrace surface. Four trenches (M-9, 10, 11, and 12) were excavated and documented on this vega.

Trench M-9 was the northeasternmost of the four units and revealed a heavily weathered, leached, mineralized, and tightly compacted sequence. This area has probably been stable over the archaeologically relevant past; however, no cultural material or other manifestations of past human activity were noted. The other three trenches, M-10, 11, and 12, revealed fluvial sequences of insufficient age to contain buried archaeological remains. M-10 did expose a charcoal-rich layer

approximately six centimeters thick at a depth of 11–17 cm below ground surface. During conversations with workers hired to dig the pits, it was learned that the vega had probably been cleared and burned for the first time between 50 and 100 years ago. Given the present rate of active deposition on this vega, the charcoal layer is believed to be a remnant of that initial clearing.

GML H-3 (Figure 5.6b) UTM 1643350/422000

Geomorphic locality H-3 is a fairly large point bar on the south bank of the Quebrada del Chamo, 200 m south of the town of Agua Caliente. This stream carries water year-round, and from the size and development of the floodplain in this area, appears to be quite active. The floodplain is approximately 60 m wide and slopes gently toward the quebrada. A terrace scarp about two meters high separates the floodplain from the terrace, which is about 40 m wide and slopes more steeply. Above this terrace are two erosional benches of colluvial material with an intervening scarp 2.5 m high. An archaeological site lay on the first and second bench (PC-142) which contained the remnants of several possible structures.

Five trenches were excavated on this vega. Two trenches, M-15 and M-16, were situated on the floodplain. M-17 was on the terrace while M-18 and M-19 were located on the first and second benches where archaeological remains were noted on the surface. The floodplain trenches revealed very recent fluvial deposits indicating active progradation and lateral migration of the quebrada. M-17 exhibited a culturally sterile deposit of mixed fluvial and colluvial character overlying a colluvial zone that was also devoid of cultural material but is believed to be of sufficient age to contain buried cultural remains. M-18 and M-19 were excavated in areas dominated by colluvial deposition. The presence of the cultural remains in trenches M-18 and M-19 documents their antiquity.

GML H-4 (Figure 5.6b) UTM 1643200/422850

This vega is at the confluence of the Humuya River and the Quebrada del Chamo on the northern bank of the quebrada. The floodplain occupies the vast majority of the vega with only a narrow strip of terrace less than 20 m wide atop a 1.5 m scarp. The floodplain is fairly flat and featureless. Two pits, (M-13 and M-14) were excavated on the floodplain in an effort to learn something about the nature of the sedimentological environment at the confluence of the two streams.

While the deposits examined in these units were of insufficient age to contain buried archaeological materials, a potentially significant observation was made. An unusually large clay content in the upper 90–121 cm of deposits in this setting suggests that the depositional processes operating on this vega are different from any of the others encountered in the Reservoir Zone. The explanation for the unusually high clay content is the proximity of the vega to the confluence of the Quebrada de Chamo and the Humuya River. During periods of flooding, the waters of the quebrada are impounded at its mouth creating slackwater in which the deposition of clay occurs. Potentially

agua durante todo el año y a juzgar por el tamaño y el desarrollo de la planicie de inundación en esta área, parece ser muy activa. La planicie de inundación es de aproximadamente 60 m. de ancho y desciende suavemente hacia la quebrada. Una rampa de la terraza de alrededor de 2 m. de altura separa la planicie de inundación de la terraza misma, la cual tiene unos 40 m. de ancho y pendientes más abruptas. Sobre esta terraza se encuentran dos bancos erosionados de material coluvial con intervención de una rampa de 2.5 m. de altura. Un sitio se ubicaba sobre los primeros dos bancos (PC-142), el cual consistía en los restos de posibles estructuras.

Se excavaron cinco pozos de sondeo en esta vega. Dos de ellos, M-15 y M-16, se colocaron en la planicie de inundación; M-17 sobre la terraza; M-18 y M-19, por su parte, sobre los primeros dos bancos donde se observaron restos en la superficie. Las trincheras en la planicie de inundación arrojaron depósitos fluviales muy recientes indicando una activa degradación y migración lateral de la Quebrada El Chamo. M-17 arrojó un depósito mezclado de carácter aluvial/coluvial culturalmente estéril, recubriendo una zona coluvial en la cual también estaba ausente cualquier material cultural aunque se considera de suficiente edad como para contener restos arqueológicos soterrados. M-18 y M-19 se excavaron en áreas dominadas por la deposición coluvial. La presencia de restos culturales registrada en los pozos M-18 y M-19 comprobó su antigüedad.

LG H-4 (Figura 5.6b) TUM 1643200/422850

Esta vega se extiende en la confluencia del Río Humuya con la Quebrada El Chamo en la margen norte de ésta. La planicie de inundación ocupa la gran mayoría de la vega dejando solamente una estrecha faja de terraza de menos de 20 m. de ancho sobre una rampa de 1.5 m. de altura. La planicie de inundación es bastante plana y sin accidentes. Se excavaron dos pozos de sondeo, M-13 y M-14, en la planicie de inundación, con el objeto de establecer, parcialmente cuando menos, el carácter del ambiente sedimentario en la confluencia de estas dos corrientes.

A pesar de que los depósitos examinados en estas unidades eran de edad insuficiente para contener materiales culturales soterrados, se pudo observar un hecho potencialmente importante. Un alto y desacostumbrado contenido de arcilla entre los 90 y 121 cm. del depósito en este contexto, sugiere que los procesos de deposición en operación en esta vega son diferentes de los encontrados en el resto de la Zona de Embalse. La explicación para ese desacostumbradamente alto contenido de arcilla está en la proximidad de la vega a la confluencia de la Quebrada El Chamo y el Río Humuya. Durante las épocas de inundación, las aguas de la quebrada se estacionan en su boca dando lugar a una disminución de la velocidad de las aguas y a que ocurra la deposición de arcilla. Depósitos de arcilla potencialmente útiles han resultado, sin lugar a dudas, de análogas condiciones en otras partes de la región de El Cajón en el pasado.

LG H-5 (Figura 5.6b) TUM 1644200/423450

Esta LG consiste en un área muy restringida de la planicie de inundación, en una sección sobre el Río Humuya relativamente recta, a 1.6 km. al noreste de la aldea de Agua Caliente. La planicie de inundación aquí tiene alrededor de 40 m. de ancho y está limitada al oeste por una baja rampa de la terraza de unos 1.5 m. de altura. La terraza es igualmente estrecha, de aproximadamente 30 m. de ancho y ha recibido fuertemente la influencia de la adyacente pendiente coluvial. El sitio PC-131 está localizado en un más alto banco coluvial exactamente por sobre la terraza.

Se excavaron cuatro pozos de sondeo en esta vega: M-24 y M-26 en la planicie de inundación; M-25 y M-27 sobre la terraza. Las trincheras M-24 y M-26 arrojaron depósitos fluviales recientes y estériles, mientras que M-25 y M-27 contenían horizontes culturales en secuencias mezcladas de material aluvial/coluvial en las cuales predominaba este último. Estos horizontes culturales estaban probablemente asociados con el sitio PC-131.

LG H-6 (Figura 5.6b) TUM 1644750/424175

Esta LG consiste en un pequeño meandro en la margen oeste del Río Humuya, a 2.6 km. al noreste de la aldea de Agua Caliente. La planicie de inundación tiene cerca de 100 m. de ancho por 300 m. de largo. Una baja rampa de la terraza de alrededor de 1.5 m. delínea el límite superior de la planicie de inundación. La terraza es estrecha y asciende abruptamente a la pared coluvial del valle. Se esperaba que la baja elevación localizada en el extremo sur (río arriba) de la vega proveería cierto grado de protección a la planicie de inundación más allá. Esto no fue el caso, sin embargo. Los dos pozos de sondeo excavados en la planicie aluvial, M-28 y M-29, sirvieron para enfatizar la naturaleza dinámica del Río Humuya. Ambas unidades eran estériles y arrojaron secuencias fluviales demasiado recientes como para contener material arqueológico soterrado.

LG H-7 (figura 5.6c) TUM 1656250/421800

La LG H-7 es un prolongado meandro en la margen sur del Río Humuya, a 900 m. al noreste de su confluencia con el Río Yure. La planicie de inundación ocupa la mayor parte de la vega y alcanza un máximo de 200 m. de anchura. Una baja rotura de la terraza de aproximadamente 2 m. de altura separa la planicie de inundación de la terraza. Esta es bastante estrecha, de unos 25 m. de ancho y termina en la pared coluvial del valle correspondiente a la estribación de colinas en el centro del meandro.

Se excavaron tres pozos de sondeo en esta vega. M-1 y M-7 se colocaron en la planicie de inundación y M-8 sobre la terraza. Los tres pozos eran estériles y los sedimentos de edad insuficiente para contener material arqueológico soterrado. Dos de las tres trincheras, M-1 y M-7, arrojaron solamente secuencias fluviales; en cambio M-8 expuso una secuencia fluvial recubierta por una zona mezclada de material aluvial y

useful clay deposits can expect to be found at analogous locations elsewhere in the project area.

GML H-5 (Figure 5.6b) UTM 1644200/423450

This GML is a narrowly confined section of floodplain along a relatively straight section of the Humuya River, 1.6 km northeast of the town of Agua Caliente. The floodplain there is about 40 m wide and is bounded on the west by a low terrace scarp about 1.5 m high. The terrace is likewise narrow, approximately 30 m wide, and has been strongly influenced by the adjacent colluvial slope. Site PC-131 is located on a higher colluvial bench immediately above the terrace.

Four trenches were excavated on this vega, M-24 and M-26 on the floodplain, and M-25 and M-27 on the terrace. Trenches M-24 and M-26 revealed sterile, recent fluvial deposits whereas M-25 and M-27 contained cultural horizons in sequences of mixed fluvial and colluvial material in which the colluvium predominated. These cultural horizons are probably associated with site PC-131.

GML H-6 (Figure 5.6b) UTM 1644750/424175

This GML is in a small bend on the west bank of the Humuya River, 2.6 km northeast of the town of Agua Caliente. The floodplain is nearly 100 m wide and 300 m long. A low terrace scarp of about 1.5 m delineates the upper limit of the floodplain. The terrace is narrow and grades sharply into the colluvial valley slope. It had been hoped that the low ridge located at the southern (upstream) end of the vega would provide some degree of protection to the floodplain beyond. This was not the case, however. The two trenches excavated on the floodplain, M-28 and 29, document the dynamic nature of the Humuya River. Both units were sterile and revealed alluvial sequences too recent to contain buried archaeological material.

GML H-7 (Figure 5.6c) UTM 1656250/421800

Geomorphic locality H-7 is in a large bend on the south bank of the Humuya River, 900 m northeast of the confluence of the Yure and Humuya Rivers. The floodplain occupies most of the vega and is a maximum of 200 m wide. A low terrace break approximately two meters high separates the floodplain from the terrace. The terrace is fairly narrow, about 25 m wide, and grades into the colluvial valley slope of the ridge spur in the center of the bend.

Three trenches, M-1, M-7, and M-8, were excavated on this vega. M-1 and M-7 were located on the floodplain and M-8 was situated on the terrace. All three pits were sterile and contained no sediments of sufficient age to contain buried archaeological material. Two of the three trenches, M-1 and M-7, contained only fluvial sequences whereas M-8 exposed a fluvial sequence capped by a zone of mixed fluvial and colluvial materials.

GML H-8 (Figure 5.6c) UTM 1656300/421200

Geomorphic locality H-8 represents the westernmost limit of the El Cajon geoarchaeological investigations. The Humuya in the vicinity of its confluence with the Yure River makes a large southern bend. The vega, located on the northern bank of the river, is the largest investigated along the Humuya. The southern third of the interior of the bend is occupied by a spur of a ridge that rises to the north. Of the remaining area, approximately half is terrace and half is floodplain. The break separating the terrace from the floodplain is about one meter high. The floodplain is generally flat with minor low ridges and swales running roughly parallel to the present course of the Humuya. The vega is largely free of dense vegetation.

Five trenches (M-2 through M-6) were excavated on GML H-8. Trenches M-2, M-5, and M-6 were located on the floodplain, and M-3 and M-4 were situated on the terrace. All five trenches were devoid of cultural material or other manifestations of past human activity and were composed of fluvial sequences of relatively recent age.

Discussion

The fluvial geological record in the Reservoir Zone is surprisingly uncomplicated. The region is tectonically active and the streams are down cutting rapidly. Therefore, the extant deposits in the valley floors are all very young. The fluvial systems preserve few deposits greater than one to two millennia. Most fluvial deposits are point bars with straightforward stratigraphy, and cultural materials are sufficiently well distributed throughout the deposits to provide adequate temporal control. The results of each of the project's objectives are discussed individually.

The results of the first objective, establishing geomorphological and depositional histories of the major vegas in the project area, are presented in the foregoing locality descriptions. In general, all of the studied vegas are similar. Within valleys, they are particularly similar.

Results of the second objective, characterizing the geomorphology and fluvial depositional regimes of the floors of the Sulaco and Humuya valleys, depend upon integrating the findings at each GML with an understanding of broader regional conditions. The principal regional variable considered is topography, which is influenced by bedrock lithology and tectonics. The Humuya and Sulaco flow through contrasting geologic areas and manifest different geometries as a result. Virtually the entire course of the Humuya River is entrenched in volcanic rocks of Tertiary age, whereas the Sulaco River dissects a heterogeneous series of limestones, volcanic rocks, red beds, and marls (Hirth and Coskren, Chapter 2). The Humuya valley is narrow and has a V-shaped cross section throughout most of the Reservoir Zone. Fluvial deposition is mostly in the form of small point bars. In most cases large point bars usually form near the mouths of tributary streams. The gradient of the Humuya River is fairly constant, averaging 4.13 m/km in the project area but varies between extremes of 8 m/km at its steepest to 2.35 m/km at its gentlest fall. In

coluvial.

LG H-8 (Figura 5.6c) TUM 1656300/421200

La LG H-8 representa el límite más oeste de las investigaciones geoarqueológicas. El Río Humuya en la vecindad de su confluencia con el Yure, hace un prolongado meandro en dirección sur. La vega, localizada en la margen norte del río, es la de mayor tamaño que se investigó en el Río Humuya. El tercio sur del interior del meandro está ocupado por una estribación de colinas que corre en dirección norte. Del área restante, aproximadamente la mitad corresponde a la terraza y la otra mitad a la planicie de inundación. La rotura que separa la terraza de la planicie de inundación es de alrededor de 1 m. de altura. La planicie de inundación misma es en su mayoría plana con elevaciones menores y depresiones que corren más o menos paralelas al presente curso del Río Humuya. La vega se encontraba en gran parte descubierta de vegetación.

Se excavaron cinco pozos de sondeo (M-2 a M-6) en la LG H-8. M-2, M-5 y M-6 se colocaron en la planicie de inundación y M-3 y M-4 sobre la terraza. En todos los pozos estaba ausente el materia cultural u otras manifestaciones de actividad humana en el pasado y estaban constituidos de secuencias fluviales de edad relativamente reciente.

Discusión

El registro geológico-fluvial de la región de El Cajón es sorprendentemente poco complejo. La región es activa tectonicamente y las corrientes están cortando el terreno con rapidez. Por lo tanto, los depósitos existentes en los pisos de los valles son todos desde el punto de vista geológico muy recientes. Los activos y jóvenes sistemas fluviales han preservado poco en cuanto a depósitos de mayor antigüedad se refiere que de uno a dos milenios; la mayoría de los depósitos se presentan en forma de bancos de arena en punta de clara estratigrafía y los materiales culturales se encuentran lo suficientemente bien distribuidos a través de los depósitos como para permitir un adecuado control temporal. Los resultados de cada uno de los objetivos de esta investigación se discutirán por separado.

Los resultados del primer objetivo, es decir establecer la historia geomorfológica y de deposición de las más grandes vegas en la región bajo estudio, se presentaron en la descripción precedente de las localidades geomorfológicas. En general, todas las vegas estudiadas son similares; es más, dentro de los límites de cada valle son, además, particularmente semejantes.

Los resultados del segundo objetivo, o sea la caracterización del régimen geomorfológico y de la deposición fluvial del piso de los valles de los Ríos Sulaco y Humuya, dependen de los descubrimientos en las respectivas localidades geomorfológicas. Dichos resultados dependen de la integración de los descubrimientos en cada localidad geomorfológica con la comprensión de las condiciones generales de la región. La principal variable considerada es la topografía, la cual se ve influenciada por la petrología de la roca madre y la tectónica.

Los Ríos Sulaco y Humuya riegan áreas geológicas disímiles y, en consecuencia, muestran diferentes geometrías en su paisaje. Virtualmente, el curso completo del Río Humuya se encuentra atrincherado en rocas volcánicas de la Era Terciaria; en cambio el Río Sulaco corta una serie heterogénea de calizas, rocas volcánicas, suelos rojos y margas (Ver Capítulo 2, este volumen). El valle del Río Humuya es estrecho y tiene un corte vertical en forma de V en la mayor parte de su curso. Los prolongados bancos de arena en punta se han formado, en la mayoría de los casos, cerca de las desembocaduras de los tributarios. El gradiente de este río es bastante constante, con un promedio 4.13 m./km. dentro de la región de El Cajón, variando de extremos de 8 m./km. en su mayor inclinación a 2.35 m./km. en su caída mas suave. En oposición, el valle del Río Sulaco alterna de barrancas en forma de V, de pronunciado gradiente y ausencia de depósitos fluviales sobre las márgenes, a segmentos moderadamente amplios y planos de plácido curso de la corriente en meandros y extensas vegas. El gradiente del Río Sulaco es considerablemente más variable, con un promedio de 3.82 m./km. dentro de la región de El Cajón, que fluctúa de extremos de 13.3 m./km. a 1.53 m./km.

Los efectos de estas contrastantes condiciones se reflejan es que la migración lateral del Río Humuya dentro de la parte más restringida del piso del valle, remueve completamente el relleno del valle siguiendo un ciclo más frecuente que lo que es el caso en los más amplios segmentos del Río Sulaco. Con mucho, la mayoría del relleno fluvial del valle existente hoy en día en el Río Humuya tiene menos de un milenio de antigüedad; en las más extensas vegas del Río Sulaco, por el contrario, los depósitos de hasta un milenio de edad son bastante frecuentes y algunos de mayor edad existen en áreas muy limitadas. La amplia vega de La Pimienta en el valle del Río Sulaco proveyó adecuada evidencia acerca de que la migración lateral del río en este lugar, ha alcanzado un promedio aproximado de 1 m./año en el transcurso del último milenio. En cambio, en la vega de La Máquina, cercana a la desembocadura del Río Yure en el Humuya, la migración lateral ha sido más bien de 4 a 5 m./año y los informantes locales nos mostraron un punto en donde el Río Humuya cortó lateralmente una extensión de 17 m. durante una inundación ocurrida en la última década. De esta manera, el registro fluvial en el valle del Río Humuya es destruido y más frecuentemente borrado que el del valle del Río Sulaco, aunque la naturaleza y estructura de los depósitos fluviales sobrevivientes sean similares, excepto por alteraciones relacionadas con su antigüedad.

Los aspectos de la geomorfología de los valles que muestran uniformidad dentro de la región bajo estudio, se observa en un corte vertical idealizado (Figura 5.7). Ocho distintos accidentes geomorfológicos son evidentes. Estos son el principal lecho del río (talweg), los bancos o depósitos de arena, la rampa de la planicie de inundación, la rotura de la rampa de la terraza, la más baja pendiente coluvial o del talud de ribera y las paredes del valle.

Del centro del río, a lo largo del eje de un banco de arena

contrast, the Sulaco valley alternates from narrow, V-shaped gorges with steep river gradients and no overbank fluvial deposits to moderately broad, flat-bottomed segments with placid, meandering stretches of river and extensive vegas. The Sulaco River has an average gradient of 3.82 m/km in the Reservoir Zone. The gradient, however, is considerably more variable than the Humuya River ranging between extremes of 13.3 m/km and 1.53 m/km.

The consequence of these contrasting conditions is that lateral migration of the Humuya River within its narrow valley floor completely removes valley fill on a more frequent cycle than occurs in wider segments of the Sulaco valley. By far the majority of the fluvial valley fill existing in the Humuya valley today is less than one millenium in age. In the larger vegas of the Sulaco, deposits up to one millenium in age are fairly extensive and some of greater age occur in very limited areas. The large vega at La Pimienta in the Sulaco valley provided good evidence that lateral migration of the river at that location had averaged approximately one meter/year over the last millenium, whereas in the Vega de la Maquina near the mouth of the Yure River, lateral migration had been more on the order of four to five meters/year. Local informants showed us one locale where the Humuya River had cut laterally a distance of 17 meters during a single flood in the last decade. Thus the fluvial record of the Humuya valley is more frequently erased than it is in the Sulaco valley, yet the nature and structure of the surviving fluvial deposits are similar except for age-related alterations.

Aspects of valley geomorphology that are consistent over the project area are depicted on the idealized valley cross-section (Figure 5.7). Eight distinct geomorphic features are evident. These include the main river channel (thalweg), river banks or bar deposits, scarp, floodplain, terrace, lower colluvial/talus slope and the valley walls.

Moving from the center of the river across the axis of a point bar to the valley wall, the first geomorphological feature encountered is the main river channel (thalweg). Here the river reaches its maximum depth and contains water year round. Thalweg deposits may range in size from boulders to fine or very fine sand dependent on local river velocities.

Next encountered are the banks and/or bars. Banks may be nearly vertical to gently sloping toward the river, whereas bars are virtually flat. Banks usually cut through floodplain deposits and may expose material ranging in size from silt to coarse grades. Bars usually consist of sand and/or boulders, although intermediate size grades also occur. Such bars are alternately inundated and exposed depending on season.

The next geomorphological feature encountered is the floodplain. It usually is located atop a small rise (first scarp) and slopes gently toward the river. This is the most sedimentologically active part of the valley floor and is inundated during floods that occur every few years. Sediments range in size from silt to fine sand grades, generally decreasing in coarseness away from the river. Because of its proximity to the meandering river, the floodplain is the least stable part of

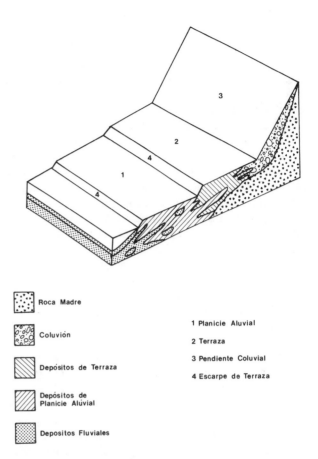

⬚ Roca Madre	
⬚ Coluvión	1 Planicie Aluvial
	2 Terraza
⬚ Depósitos de Terraza	3 Pendiente Coluvial
	4 Escarpe de Terraza
⬚ Depósitos de Planicie Aluvial	
⬚ Depositos Fluviales	

Figure 5.7. Idealized cross-section of the Sulaco and Humuya River valleys. Figure depicts bedrock, alluvial and colluvial strata in river channel, floodplain, terrace and valley slope zones.
Figura 5.7. Corte vertical idealizado de los valles de los Ríos Sulaco y Humuya.

the valley deposits. Deposits are characteristically recent and are consequently devoid of prehistoric cultural remains; however, more recent sites may be preserved there.

A second rise of approximately one to three meters (second scarp) terminates the floodplain. Like the first scarp, this feature is an erosional feature and probably represents an older river bank remnant. Beyond this scarp is the terrace, which is flat or gently sloping at its lower extremities, but increases in steepness toward the valley walls. This area is only rarely inundated, and then by floods of maximum intensity and short duration. There may be more than one such terrace. Sites with visible surface manifestations are common and may be buried to a depth of one meter near the colluvial slope interface. Farther out on the terrace, fluvial deposits are thicker and more extensive. It is in this area that the greatest potential exists for the preservation of buried cultural horizons. The terrace may be very narrow or absent in both the Humuya and Sulaco valleys. These terraces are sometimes well defined on the intermediate and larger Sulaco vegas. Terrace fluvial deposits characteristically consist of coarse to fine silt with some clay present on the uppermost reaches. Mean grain size decreases away from the river.

en punta, hasta la pared del valle, el primer accidente geomorfológico que se observa es el lecho principal del río (talweg). Aquí el río alcanza su máxima profundidad y arrastra agua durante todo el año. Los depósitos del talweg pueden variar en tamaño de peñascos a arena fina o muy fina, dependiendo de la velocidad local de la corriente.

El próximo accidente son los bancos y barras. Los bancos pueden variar de casi completamente verticales a pendientes suaves en dirección al río, mientras que las barras son virtualmente planas. Los bancos usualmente cortan a través de los depósitos de la planicie de inundación y pueden llegar a exponer material que difiere en tamaño de aluvión a gránulos gruesos. Las barras se componen, por lo general, de arena y peñascos, aunque los gránulos de tamaño intermedio se observan ocasionalmente. Tales barras son inundadas y expuestas en alternación dependiendo de la estación.

La planicie de inundación constituye el accidente siguiente. Usualmente está localizada en la cima de una pequeña elevación (primera rampa) y desciende suavemente hacia el río. Esta es la parte más activa del piso del valle sedimentariamente hablando y es cubierta por el agua durante las inundaciones que ocurren cada pocos años. Los sedimentos varían en tamaño de aluvión a gránulos de arena fina, decreciendo generalmente en grosor al alejarse del río. Debido a su proximidad al meandroso río, la planicie de inundación es la parte menos estable de los depósitos del valle. Los depósitos se caracterizan por su poca antigüedad y carecen, en consecuencia, de restos culturales precolombinos, aún cuando sitios de origen más reciente podrían encontrarse preservados en ellos.

Una segunda elevación de aproximadamente 1 a 3 m. (segunda rampa) delimita la planicie de inundación. Al igual que la primera rampa, este accidente es producto de la erosión y representa con probabilidad el remanente de un más viejo banco del río. Más allá de esta rampa se extiende la terraza, la cual es plana o de suave pendiente en sus extremos más bajos, pero su inclinación se incrementa en dirección a las paredes del valle. Esta área es inundada solo raramente y esto ocurre durante la máxima intensidad del desbordamiento y por cortos períodos. Puede existir más que una de estas terrazas. Los sitios con manifestaciones sobre la superficie son comunes y pueden encontrarse soterrados hasta una profundidad de 1 m., cerca de la interfacies de la pendiente coluvial. Más al interior de la terraza, los depósitos fluviales son más gruesos y más extensos. Es en esta área que se da el mayor potencial para la preservación de horizontes culturales soterrados. La terraza puede ser muy estrecha o estar completamente ausente en ambos valles. Sin embargo, se hallan bien definidas en el Río Sulaco en las vegas que van de intermedias a grandes. Los depósitos fluviales de la terraza consisten característicamente en aluvión fino a grueso, con algo de arcilla en los terrenos más elevados. El tamaño medio del gránulo decrece en relación a la distancia del río.

La terraza asciende en dirección a la pendiente coluvial, incrementando paulatinamente su gradiente. Las pendientes más bajas del valle están cubiertas de coluvión y están formadas en gran parte de este material. Entrecruzamiento de estratos o relaciones de transición entre la terraza y los depósitos de la más baja pendiente del valle, son comunes, al igual que la reelaboración fluvial, dando lugar a cierta mezcla del material aluvial y coluvial. En general, la proporción de coluvión con respecto al aluvión decrece de la más baja pendiente del valle a la terraza. Debido a tasas de sedimentación relativamente bajas en estas áreas, no es de esperar sitios soterrados a gran profundidad. Las áreas de más baja pendiente coluvial están situadas adyacentes a la terraza y la rara ocurrencia de inundaciones y la poca inclinación, las hacen muy aptas para la ocupación humana. Se han descubierto numerosos sitios en tales áreas en la región de El Cajón. Se trata usualmente de sitios visibles que pueden encontrarse soterrados en parte a 0.5 m. o raras veces hasta 0.75 m. bajo la superficie. Las manifestaciones sobre la superficie incluyen comunmente estructuras y artefactos dispersos. Los depósitos coluviales son típicamente ricos en arcilla, pero pueden contener fragmentos de roca angular hasta del tamaño de un peñasco.

Una delgada capa de suelo que sostiene el crecimiento de la cubierta vegetal recubre la roca madre que compone las paredes que limitan el valle. Estas paredes pueden elevarse pronunciadamente alcanzando declives de 20° a 60°. Las escarpadas pendientes impiden el asentamiento, aún cuando se pueden localizar canteras y talleres en estos lugares.

En algunos puntos las paredes del valle restringen en extremo a ambos ríos, dejando poco espacio para migraciones laterales. Como resultado de esto, la planicie de inundación es periódicamente destruida junto con cualquier resto cultural contenido en ella. La erosión debido a la migración lateral de la corriente, no se limita, sin embargo, a la planicie de inundación. Se registraron ejemplos de ello, tanto en el Río Sulaco como el Humuya, que indican claramente que segmentos de las terrazas también son objeto de destrucción. Uno de los casos más sorprendentes se pudo observar en Guarabuquí (PC-15), en donde un corte activo del Río Sulaco de aproximadamente 13 m. de altura estaba siendo socavado y afectado lateralmente por la erosión. El sitio, ubicado en la cima del corte, se encontraba truncado indicando la destrucción de una porción desconocida de los restos culturales preservados allí hasta en época reciente. No es posible determinar cuantos otros sitios han sido truncados o destruidos completamente por la migración lateral de la corriente. Donde estos cortes no están activos, las terrazas son relativamente estables y se encuentran bien sujetas por la vegetación.

En base a los datos geomorfológicos presentados arriba y al análisis de los datos sobre el tamaño de los gránulos ofrecido en otra parte (Norville, sin fecha), se identificaron cinco facies de deposición y dos facies de transición. Estas siete facies son A) depósitos de grava del eje del talweg, B) depósitos de arena en la periferia del talweg, C) depósitos de la planicie de inundación, D) depósitos de la terraza, E) depósitos de transición de la terraza/pared del valle, F) depósitos de la pendiente coluvial y G) depósitos de transición de la planicie de inundación/terraza (Figura 5.8).

The terrace grades into the colluvial slope, increasing in gradient as it does so. The lower valley slopes are covered with colluvium and are largely composed of it. Interfingering or transitional relationships between the terrace and lower valley slope deposits are common, as is fluvial reworking, resulting in some mixing of alluvial and colluvial material. In general, the proportion of colluvium to alluvium decreases from the lower valley slope to the terrace. Due to the relatively slow sedimentation rates in these areas, deeply buried sites are not expected. Lower colluvial slope areas are located adjacent to the terrace, and the rarity of flooding and low gradient make them desirable for human occupation. Numerous sites have been found in such areas in the El Cajon region. These are usually surface sites and may extend to 0.5 m or rarely to 0.75 m below the surface. Surface manifestations including structures and artifact scatters are common. Colluvial deposits are typically clay-rich but may contain angular rock fragments of up to boulder grade.

A thin veneer of soil overlies the bedrock that composes the confining valley walls. The valley walls may rise steeply with gradients of 20 to 60 degrees from the horizontal. The steeper slope gradients prohibit habitational sites, though quarry and workshop sites may be found there.

The valley walls confine both rivers, leaving little room for them to migrate laterally. As a result, the floodplain is periodically destroyed along with any buried cultural remains contained therein. Erosion due to lateral stream migration is not limited to the floodplain, however. Examples were noted along both the Sulaco and Humuya Rivers that clearly indicate that portions of terraces are also subject to destruction. One of the more striking cases observed was at Guarabuqui (PC-15) where an active Sulaco cutbank approximately 13 m high was being undercut and was eroding laterally. The site, located at the top of the cutbank, is truncated by this erosional cut, which has destroyed a portion of the cultural remains located there. How many other sites have been so truncated or destroyed completely by lateral stream migration will never be known. Where such cutting is not active, terraces are relatively stable being well enclosed by vegetation.

Based on the geomorphological data presented above and the grain-size analysis data presented elsewhere (Norville 1986), five depositional and two transitional facies were identified in the El Cajon Reservoir Area. The facies are A) Axial Channel Gravel Deposits, B) Peripheral Channel Sand Deposits, C) Floodplain Deposits, D) Terrace Deposits, E) Transitional Terrace/Valley Slope Deposits, F) Colluvial Slope Deposits, and G) Transitional Floodplain/Terrace (Figure 5.8).

The criteria used to delineate the facies were the data obtained from grain-size analysis. From the outset of the sieving, it was assumed that a direct correlation could be made between the sediment grade range observed in surficial deposits in the active Sulaco/Humuya depositional system and that of buried deposits tested during the geoarchaeological investigations. Using the results obtained from the surficial deposits as baselines, ranges of grain sizes were established

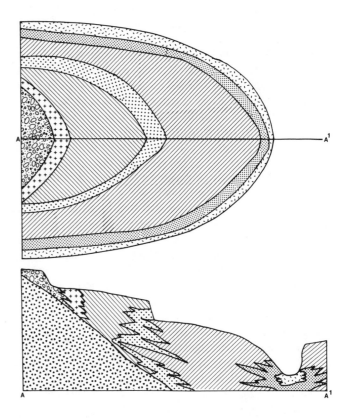

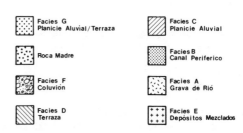

Facies G Planicie Aluvial / Terraza	Facies C Planicie Aluvial	
Roca Madre	Facies B Canal Periferico	
Facies F Coluvión	Facies A Grava de Río	
Facies D Terraza	Facies E Depósitos Mezclados	

Figure 5.8. Location of depositional facies in plan view and cross-section.

Figura 5.8. Localización de las facies de deposición en planta y perfil.

and applied to the buried deposits in an effort to interpret the paleodepositional environment of those units. For the terrace and floodplain deposits, the silt percentage was found to be the most useful indicator of the depositional environment. Similarly, the various sand fractions were most useful in distinguishing channels and colluvial detritus in valley slope deposits. The cutoff points, based on a population of 300 samples, are admittedly arbitrary as any such limits must be in a gradational classification system. These were:

Facies A: > 30% coarse sand and gravel
Facies B: > 50% fine to medium sand
Facies C: > 50% very fine and fine sand with the bulk of the remainder composed of silt
Facies D: > 50% silt and < 35% very fine sand or coarser
Facies E: > 30% colluvium with the remainder composed

Los criterios utilizados para delinear las facies se basaron en los datos obtenidos en el análisis sobre el tamaño de los gránulos. Desde el inicio de este procedimiento se asumió que se podía establecer una correlación directa entre la variación del tamaño de los sedimentos observados en los depósitos superpuestos en el activo sistema de deposición de los Ríos Sulaco y Humuya, así como en los depósitos soterrados examinados durante las investigaciones geoarqueológicas. Empleando como punto de partida los resultados obtenidos de los depósitos superpuestos, se determinaron las variaciones del tamaño de los gránulos y aplicaron a los depósitos soterrados, con el objeto de interpretar el ambiente de paleodeposición de esas unidades. En lo que corresponde a los depósitos de la terraza y de la planicie de inundación, se comprobó que el aluvión era el más útil indicador del ambiente de deposición. De igual forma, las distintas fracciones de arena resultaron las más útiles para identificar el talweg y el detrito coluvial en los depósitos de la pared del valle. Los puntos de intercepción, establecidos en base a una muestra de 300 especímenes, son reconocidamente arbitrarios, tal y como cualquier tipo de límites debe serlo en un sistema de clasificación de tipo gradual. Estos son los siguientes:

Facies A: > 30% de arena bronca y grava

Facies B: > 50% de arena fina a media

Facies C: > 50% de arena muy fina y fina con el grueso del material restante compuesto de aluvión

Facies D: > 50% de aluvión y < 35% de arena muy fina o más bronca

Facies E: > 30% de coluvión y el resto del material compuesto de arena aluvial y/o arcilla

Facies F: > 90% de coluvión

Facies G: zonas con bajas proporciones de arena muy fina y partículas de aluvión.

Además, todas las unidades que contenían 20% o más de partículas de arcilla se clasificaron como depósitos de la Facies D independientemente del contenido de aluvión. Puesto que ninguno de los arriba mencionados subambientes puede localizarse adyacente a otro en un activo sistema fluvial y debido a que los depósitos sedimentarios resultantes de los distintos subambientes con frecuencia muestran una gradual diferenciación en sus límites en lugar de una abrupta separación, los depósitos de transición de la terraza pueden encontrarse en la planicie de inundación bajo ciertas condiciones y viceversa. El caso contrario también es cierto. Por esta razón, las facies delineadas aquí solamente pretenden ser utilizadas como guías y, por consiguiente, debería tenerse el cuidado de no interpretarlas demasiado literalmente. Cada una de ellas se describe brevemente a continuación (Figura 5.8).

Facies A—Depósitos de Grava del Talweg. Esta facies se localiza en e inmediatamente adyacente al talweg. Es la facies de mayor energía y se caracteriza por cárcavas en la base, gránulos redondeados por la corriente y gravas mezcladas o de bajo grado de separación, así como una variación en tamaño que va de arena fina a peñascos. A pesar de que esta facies se ve inundada interrumpidamente, el tamaño del gránulo muestra un amplio espectro de variabilidad, lo cual es el reflejo de las diferencias en la energía de la corriente y las estaciones.

Facies B—Depósitos de la Periferia del Talweg. Esta facies está localizada tanto adyacente a la Facies A como en otras áreas que únicamente son inundadas con regularidad durante la estación lluviosa y permanecen expuestas a la influencia atmosférica durante la estación seca. Las marcas de ondas son comunes y las cárcavas usualmente observables, excepto donde los depósitos de la Facies A se encuentran inmediatamente subyacentes en secuencias graduales. El tamaño de los gránulos varía de arena muy fina a bronca; la mayoría de las unidades observadas en la región de estudio van de arena fina a media. Las unidades de la Facies B se encuentran típicamente bien separadas, indicando velocidades recurrentes bastante constantes.

Facies C—Depósitos de la Planicie de Inundación. Estas unidades están depositadas adyacentes a la Facies B y se encuentran, como el nombre lo sugiere, en la planicie de inundación. Raras veces se encuentran cárcavas presentes y las zonas de este tipo frecuentemente sostienen crecimientos exuberantes de vegetación. El tamaño de los gránulos varía de arcilla a arena media, con la mayoría de los depósitos compuestos de aluvión medio a arena muy fina. Esta facies es una de tipo gradual y el promedio del tamaño del gránulo, por lo general, decrece a medida que se aleja del río. Los contactos entre zonas pueden ser de transición y estar recubiertos con unidades de la Facies D. La inmersión de estas áreas ocurre solamente durante las inundaciones y el límite superior de esta facies usualmente refleja la extensión de las inundaciones regulares.

Facies D—Depósitos de la Terraza. Esta facies se encuentra adyacente a la Facies C, en la porción más elevada del régimen fluvial propiamente dicho. Los sedimentos aluviales están bien separados; el tamaño de los gránulos difiere de arcilla a arena fina con el grueso de los depósitos compuestos de aluvión. Esta área es inundada solamente durante los períodos de masivo desbordamiento y en esas ocasiones, por corto tiempo. En el transcurso de los largos períodos de exposición atmosférica puede ser depositado localmente material coluvial de tamaño y composición altamente variable. Los depósitos de la Facies D son igualmente de transición y con frecuencia muestran contactos de este tipo con las facies adyacentes C y E. Esta facies sostiene un exuberante crecimiento de vegetación.

Facies E—Depósitos de Transición de la Terraza/Pared del Valle. Este ambiente de deposición se localiza en la interfacies de la terraza/pared del valle y se caracteriza por depósitos mezclados de origen fluvial y coluvial. Los depósitos fluviales consisten en partículas de tamaño correspondiente al de la arcilla y el aluvión; el detrito coluvial puede diferir en tamaño de arcilla a peñascos. La base de la terraza/pared del valle es inundada únicamente durante los desbordamientos de máxima intensidad y, en tales casos, solo las porciones más bajas de la pared del valle quedan sumergidas. Son comunes las relaciones de entrecruzamiento con los depósitos de la terraza, al

of alluvial silt and/or clay

Facies F: > 90% colluvium

Facies G: zones with low proportions of very fine sand and silt fractions.

Additionally, any units containing 20% or more clay fraction were classified as Facies D deposits regardless of silt content. Because any of the above subenvironments may be located adjacent to any other in an active alluvial system, and because sedimentary deposits resulting from the various subenvironments frequently exhibit gradational rather than sharp boundaries, transitional terrace deposits may be encountered on the floodplain under certain conditions and vice versa. For this reason, the facies delineated are only intended as utilitarian guidelines, and care should be taken not to interpret them too literally. Each is described briefly below (Figure 5.8).

Facies A—Channel Gravel Deposits. This facies is located at and immediately adjacent to the thalweg of the river channel. It is the highest energy facies and is characterized by basal scour, stream-rounded grains, and poorly sorted or unsorted gravels ranging in size from fine sand to boulders. Despite the fact that this facies is perpetually inundated, grain size exhibits a wide range of variability that is a reflection of seasonal differences in stream energy.

Facies B—Peripheral Channel Sand Deposits. This facies is located both adjacent to Facies A and in other areas that are regularly inundated during the rainy season and are subaerially exposed during the dry season. Ripple marks are common, and basal scour is usually evident except where Facies A deposits are located immediately below in graded sequences. Grain size ranges from very fine to coarse grained sand, with most of the units observed in the RZ containing fine to medium grained sand. Facies B units are characteristically well to very well sorted, indicating fairly constant current velocities.

Facies C—Floodplain Deposits. These units are deposited adjacent to Facies B and are found on the floodplain. Basal scour is rarely present, and zones of this type frequently support massive vegetal growths. Grain size varies from clay to medium sand with the majority of the deposits being composed of medium silt to very fine sand. The facies is a gradational one, and mean grain size generally decreases away from the river. Zone contacts may be transitional with overlying Facies D units. Immersion of these areas occurs only during floods, and the upper limit of this facies usually reflects the extent of normal flooding.

Facies D—Terrace Deposits. This facies is located adjacent to Facies C on the highest portion of the fluvial regime. Alluvial sediments are well sorted, with grain size ranging from clay to fine sand with the bulk of the deposits being composed of silt. This area is inundated only during brief periods of large scale flooding. During the lengthy periods of subaerial exposure, colluvial material of highly variable size and constituency may be deposited locally. Facies D deposits are similarly transitional and frequently exhibit transitional contacts with the adjacent C and E facies. This facies also

supports massive vegetal growth.

Facies E—Transitional Terrace/Valley Slope Deposits. This depositional subenvironment is located at the terrace/valley slope interface and is characterized by deposits of mixed fluvial and colluvial origin. Fluvial deposits are clay and silt sized, whereas colluvial detritus may range in size from clay to boulder sized particles. The terrace/valley slope base is inundated only during floods of maximum intensity and then, only the lower portions of the valley slopes are submerged. Interfingering relationships with terrace deposits are common as are mixed colluvial/fluvial zones. Leaching, mineralization, and soil horizon development may be present to varying degrees.

Facies F—Colluvial Slope Deposits. Facies F is located at the base and lowest slopes of the valley walls and is characterized by tightly packed, unsorted colluvium and talus showing no fluvial influence. Outwash fans may be present but are comparatively uncommon. Mineralization, leaching, limonite and/or manganese nodules (concretions), and advanced soil-horizon development are common. Surface topography is often hummocky due to slumping and/or soil creep. Slope gradients increase dramatically in this depositional facies.

Facies G—Transitional Floodplain/Terrace Deposits. Facies G is a transitional zone between Facies C and D exhibiting characteristics of both. Because of the scarp that frequently separates the terrace and the floodplain, the deposits of each are fairly distinct. Where this topographic break is less pronounced or absent, a more gradational contact occurs. The depositional processes at work in Facies G are identical to those of Facies C and D and frequently represent interfingerings of laminae of floodplain and terrace deposits, mixed by bioturbation into homogenous units.

Several general trends can be noted in moving from the valley walls toward the river in this facies model: 1) an increase in grain size, 2) an increase in stream velocity and depositional energy, 3) a decrease in the rate of colluvial to fluvial content, 4) an increase in the rate of sediment deposition and/or erosion, 5) a decrease in the level of mechanical compaction, leaching, mineralization, concretion formation and soil development, 6) a decrease in elevation, and 7) a decrease in sediment age. Facies data and paleodepositional environment reconstruction also indicate that the valleys of the Sulaco and Humuya Rivers have looked much as they do today over the span represented by their deposits.

The third objective, locating buried archaeological sites, was numerically successful, but disappointing in that no early cultural manifestations were found. This is consistent with the late Holocene age of the deposits and probably does not accurately reflect the cultural history of the region. Also consistent with the geological patterns discussed above is the distribution of the encountered archaeological manifestations. The majority were in the Sulaco valley where more investigation of more extensive deposits of greater age took place.

A total of 44 buried cultural horizons in 38 measured sections were observed of which 42 were prehistoric and two

igual que zonas mezcladas de material coluvial y fluvial. Lixiviación, mineralización y desarrollo de horizontes pueden encontrarse presentes en distinto grado.

Facies F—Depósitos de la Pendiente Coluvial. La Facies F se encuentra en la base de las paredes del valle en las pendientes más bajas y se caracteriza por un fuerte amasamiento, coluvión sin separación y un talud en el que no se observa la influencia fluvial. Abanicos de lavado pueden estar presentes, pero son relativamente poco comunes. Por el contrario, son comunes la lixiviación, mineralización, los nódulos (concreciones) de limonita y manganeso, así como el desarrollo avanzado de horizontes. El relieve es a menudo de colinas debido a hundimientos y arrastre del suelo. El declive de la pendiente aumenta dramáticamente en esta facies de deposición.

Facies G—Depósitos de Transición de la Planicie de Inundación/Terraza. La Facies G es una zona de transición entre las Facies C y D que incluye características de ambas. Debido a la rampa que frecuentemente separa la terraza de la planicie de inundación, los depósitos de cada una se diferencían bastante claramente. Donde esta rotura es menos pronunciada o está ausente, se da un contacto más gradual. Los procesos de deposición en actividad en la Facies G son idénticos a aquellos de las Facies C y D y con frecuencia representan entrecruzamiento de láminas de los depósitos de la planicie de inundación y la terraza, después de haber sido convertidas por los efectos de la bioperturbación en unidades homogéneas.

Varias tendencias generales pudieron ser observadas en este modelo de facies, partiendo de las paredes del valle en dirección al río: 1) se da un incremento del tamaño del gránulo, 2) incremento de la velocidad de la corriente y la energía de deposición, 3) decrecimiento del contenido coluvial e incremento del fluvial, 4) incremento de la tasa de deposición de sedimentos y la erosión, 5) decrecimiento del nivel de compactación mecánica, lixiviación, mineralización, formación de concreciones y crecimiento del suelo, 6) decrecimiento en elevación y 7) decrecimiento de la edad sedimentaria. Adicionalmente, los datos sobre las facies y la reconstrucción del ambiente de paleodeposición indican que los valles de los Ríos Sulaco y Humuya, han mantenido hasta el día de hoy mucho del paisaje representado por la edad de sus depósitos.

El tercer objetivo, o sea la localización de sitios arqueológicos soterrados, tuvo éxito en cuanto a número, pero no arrojó manifestaciones culturales más tempranas de las ya conocidas. Esto corresponde con la antigüedad de los depósitos investigados, los cuales se ordenaron dentro del Holoceno Tardío y no reflejan necesariamente la historia cultural completa de la región. La distribución de las manifestaciones arqueológicas localizadas está, además, en correspondencia con los patrones geológicos discutidos arriba. La mayoría de los restos se descubrieron en el valle del Río Sulaco donde no solo se encuentran los depósitos más extensos y de mayor antigüedad, sino también se llevó a cabo una más intensa investigación.

Se pudo observar un total de 44 horizontes culturales soterrados en 38 secciones donde se tomaron mediciones. De éstas 42 eran precolombinas y 2 de reciente historia (Cuadro 5.1). De los 44 horizontes culturales definidos, 28 fueron ubicados dentro de los límites de los sitios ya conocidos. Un número adicional de 16 horizontes culturales fue identificado en otras unidades estratigráficas en la región (Cuadro 5.1). Todos los horizontes culturales fechables descubiertos durante los sondeos geoarqueológicos, fueron asignados al Período Clásico Tardío. El significado de estos horizontes culturales soterrados se discutirá más adelante.

La secuencia estratigráfica de la trinchera V-2, LGF S-1, reveló una serie de depósitos aluviales, el séptimo de los cuales (partiendo de la superficie) contenía cerámica y restos asociados, incluyendo fragmentos de gasterópodos y pelecípodos, así como carbón. La zona que se extendía de los 136 cm. a los 171 cm. bajo la superficie, contenía material cultural concentrado en los primeros 20 cm. de la unidad. Los sedimentos indicaron la existencia de una planicie de inundación en la parte superior o, más probablemente, un ambiente de deposición de terraza. La reconstrucción paleogeomorfológica sugiere que la planicie de inundación era mucho más pequeña que en el presente y que el ápice de este meandro del Río Sulaco se encontraba probablemente a menos de 200 m. al suroeste de esta localidad. La relación entre este sitio y el cercano PC-88 se desconoce. La cerámica procedente de esta localidad fecha del Período Clásico Tardío.

V-3, en LG S-1, puso de manifiesto una secuencia fluvial que contenía dos horizontes culturales. El horizonte superior se localizó en la Zona III y contenía cerámica, fragmentos de gasterópodos y carbón. La Zona III se extendía de los 36 cm. a los 46 cm., con los restos culturales distribuidos más o menos uniformemente en toda la zona. La Zona VII contenía el segundo horizonte cultural soterrado, el cual también incluía cerámica y gasterópodos. Esta unidad se extendía de los 198 cm. a los 225 cm. de profundidad, con el material cultural concentrado en los primeros 10 cm. a 15 cm. de la zona en cuestión. Los depósitos indican un ambiente de terraza para la Zona VII y un medio de deposición de planicie de inundación para la Zona III. Siguiendo a la ocupación representada por la Zona VII, el Río Sulaco migró del oeste hacia el suroeste trayendo como resultado el soterramiento del sitio por medio de la gradación de los depósitos sedimentarios. Una migración del río hacia el este dio lugar a una intrusión del Río Sulaco dentro de los depósitos de la Zona VII. La erosión removió algunos de los yacimientos que cubrían la Zona VII sin exponer los restos culturales. La antigua ubicación del sitio, en el presente muy cerca a la margen del río y a parte de la planicie de inundación, fue reocupada (Zona III). Una segunda desviación hacia el suroeste en la migración lateral de la corriente trajo como resultado el soterramiento del segundo estrato de ocupación. Por último, la deposición continua y la migración de la corriente dieron lugar a la incorporación de esta área en la terraza, la cual ha permanecido intacta hasta la actualidad. No fue posible adjudicar una fecha a ninguno de los horizontes culturales debido a la falta de artefactos diagnósticos.

Table 5.1. Cultural horizons located during the geoarchaeological investigations.
Cuadro 5.1. Horizontes culturales localizados durante la investigación geoarqueológica.

Unit Unidad	Geomorphic Locality Localidad Geomorfológica	Proximate Archaeo- logical Site Sitio Arqueológico	Comments Comentarios
V-2	S-1		
V-3	S-1		2 cultural horizons/2 horizontes culturales
V-6	S-1		historic/histórico reciente
M-10	H-2		historic/histórico reciente
M-18	H-3		
M-19	H-3	PC-142	
M-25	H-5		
M-27	H-5	PC-131	
LF-5	S-8		
LF-6	S-13		
LF-7	S-13		2 cultural horizons/2 horizontes culturales
LF-14	S-10		
LF-15	S-10		2 cultural horizons/2 horizontes culturales
LF-16	S-6	PC-73	
LF-17	S-5	PC-66	
LF-18	S-5	PC-71	2 cultural horizons/2 horizontes culturales
LF-19	S-5	PC-71	
LF-20	S-5	PC-81	2 cultural horizons/2 horizontes culturales
LF-21	S-5	PC-66	
LF-22	S-2	PC-59	
LF-23	S-2	PC-59	
LF-27	S-19	PC-22	
LF-28	S-19	PC-22	
LF-29	S-20	PC-13	
LF-30	S-20	PC-13	2 cultural horizons/2 horizontes culturales
LF-35	S-18	PC-32	
LF-42	S-14	PC-39	
LF-53	S-12	PC-1	
LF-54	S-12	PC-1	
LF-55	S-12		
LF-56	S-12	PC-1	
LF-57	S-12	PC-1	
LF-58	S-12	PC-1	
LF-59	S-10		
LF-60	S-12	PC-1	
LF-61	S-12	PC-1	
LF-62	S-12	PC-1	
LF-63	S-3	PC-57	

were historic (Table 5.1). Of the prehistoric cultural horizons encountered, 28 were located within the boundaries of known sites. An additional 16 buried cultural horizons were identified in stratigraphic units elsewhere in the region (Table 5.2). All datable cultural horizons encountered during the geoarchaeological testing are assigned to the Late Classic period. The significance of these buried cultural horizons is discussed below.

The stratigraphic sequence at trench V-2 (GML S-1) revealed a series of alluvial deposits, the seventh of which (from the surface) contained ceramics and associated remains, including gastropod and pelecypod tests and charcoal. The zone extended from 136–171 cm below ground surface with the cultural material being concentrated in a band occupying the top 20 cm of the unit. The sediments indicate an upper floodplain or, more probably, terrace environment of deposition.

Paleogeomorphological reconstruction suggests that the floodplain was probably much smaller than now and the apex of the bend of the Sulaco was less than 200 m southwest of this locality. The relation between this site and nearby PC-88 is unknown. Ceramics recovered from this locale date to the Late Classic Period.

Trench V-3 at GML S-1 revealed a fluvial sequence containing two cultural horizons. The uppermost of these was found in Zone III and contained ceramics, gastropod tests, and charcoal. Zone III extended from 36–46 cm below ground surface with the cultural remains distributed more or less

La Zona II en la trinchera V-6, LG S-1, contenía varios fragmentos de cerámica que en un inicio causaron cierta sorpresa. La Zona II se extendía de los 36 cm. a los 61 cm. de profundidad y, al igual que el resto de la secuencia arrojada en V-6, parecía ser demasiado reciente como para incluir sedimentos de edad arqueologicamente relevante. En efecto, los depósitos en los cuales se descubrieron los fragmentos fueron estimados en una antigüedad no mayor de 100 años, en base al grado de compactación y la completa falta de mineralización o lixiviación. Además, un informante ya de cierta edad quien habitaba cerca de La Pimienta señaló que una línea de árboles cercana a la trinchera V-6 constituía la margen del río cuando él era niño, sesenta años antes. El subsecuente análisis en el laboratorio indicó que la cerámica fechaba de tiempos muy recientes y que un cálculo de unos 50 años de antigüedad sería correcto. El soterramiento de estos artefactos tan recientes por un sedimento de 40 cm. a 60 cm. de espesor en el transcurso de los últimos 50 años, más o menos, subraya la naturaleza dinámica del ambiente de deposición en las planicies de inundación del Río Sulaco y su potencial para un rápido y profundo recubrimiento de restos culturales más antiguos.

La unidad M-10, colocada cerca de la segunda rampa en la LG H-2, arrojó una secuencia fluvial que contenía varios lentes de grava. Estos se interpretaron como antiguos lechos del río. La Zona II, un espeso (174 cm.) lente de arena aluvial, contenía abundantes manchas de carbón de hasta 6 cm. de diámetro. Los yacimientos se interpretaron como que fueron depositados en un ambiente de terraza y parecían ser muy recientes. Las observaciones de los informantes locales indicaron que la adyacente pared del valle fue desmontada por primera vez de 50 a 100 años antes. Del carbón se asumió que se derivó de las quemas iniciales asociadas con este evento. El soterramiento a una profundidad de 10–80 cm. en este corto período de tiempo es el resultado de la erosión de la pronunciada pendiente.

M-18, situada sobre la segunda terraza en la Quebrada El Chamo (LG H-3), puso de manifiesto dos zonas mezcladas de origen fluvial y coluvial. La zona superior contenía material cultural incluyendo restos fechables de cerámica y lítica. La mayoría de estos restos se concentraba en los primeros 15–20 cm. de La Zona I, aún cuando no se notó nada que indicara su existencia sobre la superficie del terreno que rodeaba la trinchera. La reconstrucción paleogeomorfológica sugiere que el paisaje en el área actualmente es, en principio, igual al de la ocupación precolombina. La topografía del sitio es la típicamente relacionada con las terrazas superiores en el área.

M-19, LG H-3, se colocó en un banco coluvial a aproximadamente 40 m. al suroeste de M-18. Se descubrieron dos zonas coluviales; la primera contenía lítica y cerámica a una profundidad de alrededor de 15 cm. Los depósitos parecían ser coluviales y la secuencia en su conjunto mostró evidencias de ser bastante antigua y de haberse desarrollado probablemente en sito. Tal y como fue el caso en M-18, este accidente geomorfológico con probabilidad ha mantenido hasta el presente mucho de su carácter al tiempo de la ocupación pre-

colombina. La relación de los horizontes culturales en M-18 y M-19 en cuanto a su edad, no fue determinada.

La trinchera LF-5, LG S-8, arrojó una secuencia de unidades sedimentarias de las cuales cuatro contenían cerámica y carbón. La trinchera se colocó en una baja elevación sobre la terraza que corre más o menos paralela al Río Sulaco. Esta elevación representa probablemente un desarrollo reciente en la historia de la vega. La Zona IV se extendía de los 46 cm. a los 80 cm. de profundidad conteniendo material cultural en todo su espesor. La trinchera estaba situada en la terraza moderna, la cual probablemente ha cambiado poco desde la época de la ocupación precolombina, aunque la superficie debió haberse encontrado 1 m. más baja que hoy en día.

LF-6 es un corte de la margen expuesta por la migración lateral del Río Sulaco en la LG S-13. Algunos fragmentos de cerámica se recolectaron en el perfil de la Zona V a una profundidad de 294 cm. La secuencia expuesta era totalmente de origen fluvial, puesto que esta zona fue depositada en la planicie de inundación, muy cerca del río. Debido a la profundidad del horizonte cultural, no se pudieron excavar pozos de sondeo adicionales para determinar la extensión del sitio o examinar más detenidamente este horizonte. El análisis preliminar del material cultural en esta unidad sugiere una fecha del Período Clásico Tardío para la ocupación de este sitio.

También LF-7, LG S-13, situada a aproximadamente 15 m. río abajo de LF 6, consiste en un corte de la margen que arrojó una secuencia fluvial y contenía restos culturales. Se observaron dos horizontes culturales en las Zonas IV y VI respectivamente. La Zona IV se extendía de los 79 cm. a los 151 cm. de profundidad e incluía una faja de alrededor de 115–135 cm. que contenía cerámica, carbón y un rasgo que se interpretó como una hoguera u horno. El rasgo tenía la forma de una depresión y contenía carbón y fragmentos quemados de cerámica, a una profundidad de 128 cm. La tierra debajo de este rasgo era de color rojizo y más fuertemente compactada que en el resto de la zona encontrándose, además, parcialmente cocida. Los sedimentos de la Zona IV fueron con probabilidad depositados en la planicie de inundación superior o en la terraza más baja.

La Zona VI comenzó a los 185 cm. y continuó hasta el fondo visible del perfil por una distancia indeterminada. El material cultural, incluyendo cerámica, carbón y un rasgo similar al descrito antes, se observó en una banda que cubría desde el principio de la zona hasta alrededor de los 200 cm. de profundidad. El rasgo mismo se localizó a 197 cm. Los sedimentos en la Zona VI fueron muy probablemente depositados en la planicie de inundación a muy corta distancia del río. Puesto que no fue posible trazar un horizonte cultural de una unidad a la otra, no se pudo establecer ninguna relación temporal entre los restos de LF-6 y LF-7. Sin embargo, teniendo en cuenta la estratigrafía, los depósitos en LF-7 también fechan del Período Clásico al igual que los de LF-6. La disparidad en la profundidad de las tres zonas parecería sugerir tres distintos horizontes; sin embargo, las irregularidades de la paleotopografía pueden ser las causantes de esta aparente diferencia en

Table 5.2. Cultural horizons outside of known archaeological sites.
Cuadro 5.2. Horizontes culturales más allá de los límites de sitios arqueológicos conocidos.

Unit Unidad	Geomorphic Locality Localidad Geomorfológica	Comments Comentarios
V-2	S-1	
V-3	S-1	2 cultural horizons/2 horizontes culturales
V-6	S-1	historic/histórico reciente
M-10	H-2	historic/histórico reciente
M-18	H-3	
LF-5	S-8	
LF-6	S-13	
LF-7	S-13	2 cultural horizons/2 horizontes culturales
LF-14	S-10	
LF-15	S-10	2 cultural horizons/2 horizontes culturales
LF-30	S-20	2 cultural horizons/2 horizontes culturales
LF-59	S-10	

evenly throughout. Zone VII contained the second buried cultural horizon, which included ceramics and gastropod tests. This lower unit extends from 198–225 cm below ground surface with the cultural material concentrated in the uppermost 10–15 cm of the zone. The deposits indicate a terrace setting for Zone VII and a floodplain depositional environment for Zone III. Following the occupation represented by Zone VII, the Sulaco migrated to the west or southwest resulting in the burial of the site by prograding sedimentary deposits. An eastward migration of the river resulted in the encroachment of the Sulaco back toward the Zone VII deposits. Erosion removed some of the overburden covering Zone VII, but did not expose the cultural remains. This old site location, now very close to the river bank and part of the floodplain, was reoccupied (Zone III). A second southwestward shift in the lateral migration of the river resulted in burial of the second occupation layer. Ultimately, continued deposition and stream migration resulted in the incorporation of this area into the terrace which has remained intact until the present day. No date was possible for either cultural horizon due to a lack of diagnostic artifacts.

The relationship between the two cultural horizons in V-3 and V-2 is uncertain. It appears that Zone VII in V-3 is correlative with Zone VII in V-2 (Late Classic), whereas Zone III in V-3 is somewhat younger. The cultural remains in both zones appear to represent *in situ* deposits rather than fluvially redeposited material derived elsewhere.

Zone II in trench V-6 at GML S-1 contained several ceramic sherds that initially caused some surprise. Zone II extended from 36–61 cm below ground surface and, like the rest of the sequence revealed in V-6, appeared to be too recent to contain sediments of archaeologically relevant age. In fact, the deposits in which sherds were found were estimated to be less than 100 years old, based on the degree of compaction and complete lack of mineralization or leaching. Also, an elderly informant living in nearby La Pimienta pointed out a tree line

near trench V-6 which had been the river bank when he was a child, sixty years ago. Subsequent laboratory analysis indicated that the ceramics dated from the early to mid 20th century. The burial of these artifacts by 40–60 cm of sediment within the past 50 years re-emphasizes the dynamic nature of the depositional environment of the Sulaco floodplain and the potential for rapid and deep burial of older cultural remains.

Unit M-10, situated near the second scarp at GML H-2, revealed a fluvial sequence containing several gravel lenses interpreted to be ancient river channels. Zone II, a thick (74 cm) alluvial silt lens contained abundant charcoal flecks up to six centimeters in diameter. The deposits were interpreted as having been deposited in a terrace environment and appeared to be quite recent. Conversations with local informants indicated that the adjacent valley wall had been cleared for the first time approximately 50–100 years ago. The charcoal is believed to be derived from the initial burning associated with that event. Burial of from 10–80 cm in that short span of time resulted from erosion of the steep slope.

Unit M-18 is located on the second terrace of the Quebrada del Chamo (GML H-3) and revealed two zones of mixed fluvial and colluvial origin. The uppermost of these contained undated ceramic and lithic debris. Most of the debitage was concentrated in the uppermost 15–20 cm of Zone I, though none was noted on the surface in the area of the trench. Paleogeomorphological reconstruction suggests that the area looked much as it does today at the time of aboriginal occupation. The site appears to be typical of the upper terrace sites in the area.

Unit M-19 (GML H-3) is located on a colluvial bench approximately 40 m to the southwest of M-18. Two colluvial zones were encountered, the first of which contained lithics and ceramics to a depth of about 15 cm. The deposits appeared to be colluvial. The sequence showed evidence of being quite ancient and probably developed in situ. Like M-18, this geomorphic feature probably looks today much as it did at the

elevación.

La trinchera LF-14, LG S-10, fue excavada cerca del lugar del campamento arqueológico en Salitrón Viejo en 1981, sobre una elevación baja que corría más o menos paralela al Río Sulaco. Este pozo de sondeo reveló una secuencia aluvial con un horizonte cultural que se extendía de los 10 cm. a aproximadamente 35 cm. de profundidad con inclusión de cerámica y lítica. Los sedimentos observados en la Zona I fueron probablemente depositados en la terraza más baja.

La trinchera LF-15 en la LG S-10, se excavó aproximadamente a 15 m. al sur de LF-14, en una segunda elevación baja paralela a la anterior, pero más alejada del río. La secuencia fluvial contenía dos horizontes culturales. El primero, dentro de la Zona I, se extendía desde unos 7 cm. a 20 cm. de profundidad e incluía lítica, cerámica y manchas de carbón. Esta zona parece haber sido depositada en la terraza más baja. El segundo horizonte cultural comenzaba a unos 80 cm. continuando hasta aproximadamente los 120 cm. de profundidad y contenía cerámica, lítica, manchas de carbón y un húmero humano. Los sedimentos de la Zona III, en los cuales se encontraba el segundo horizonte cultural, fueron probablemente depositados en una terraza. El material cultural procedente de este horizonte fue asignado provisionalmente al Período Clásico Tardío.

La zona cultural superior en LF-15 puede estar en correlación con la correspondiente de LF-14. Esta interpretación se basa en la estrecha proximidad de ambas trincheras y una común profundidad de soterramiento. La Zona III en LF-15 constituye una ocupación más antigua.

LF-59 en la LG S-10; fue excavada entre LF-14 y LF-15. No se observaron materiales culturales en la Zona I, lo cual concuerda a grosso modo con las zonas culturales superiores en LF-14 y LF- 15. Un solo fragmento de cerámica se recolectó a los 110 cm. de profundidad, por lo cual parecería estar en correlación con el horizonte cultural más profundo en LF-15. Parece probable proponer para este horizonte cultural un área de deposición en la terraza más baja.

La trinchera LF-30 en la LG S-20, fue excavada dentro del sitio PC-13 específicamente para la investigación geoarqueológica. En el curso de la excavación de este pozo, se detectó un horizonte cultural a 168 cm. de profundidad. El mismo horizonte cultural fue identificado en otras excavaciones y contenía material del Clásico Tardío.

El horizonte cultural más profundo se encontró en depósitos interpretados como deposiciones de terraza. Después de un período de inundación indicado por los depósitos fluviales que enmarcan y cubren los restos culturales de ese horizonte más profundo (Zona V), tuvo lugar una segunda ocupación del sitio. Las tasas de deposición inferidas de tales depósitos sugieren que la segunda ocupación tuvo lugar poco después del soterramiento provocado por la inundación. De otra manera se esperaría un estrato estéril de mayor espesor sobre el horizonte más profundo.

Posteriormente a la reocupación, sin embargo, las tasas de deposición fluvial decrecieron. Esto se evidencia en la ininte-

rrumpida habitación del sitio reflejada en los gruesos depósitos culturales superiores y en el incremento del contenido coluvial de los depósitos en los alrededores. El área ocupada por el sitio se mantuvo bastante estable y no sufrió mayores inundaciones hasta su abandono. La coluviación ha continuado desde la época del abandono del asentamiento hasta el presente.

LF-35 en la LG S-18, fue excavada en la terraza de la vega La Ceiba Norte, en la vecindad de PC-32. El material cultural estaba distribuido de la superficie a una profundidad de aproximadamente entre 15 y 20 cm. e incluía lítica y cerámica. La reconstrucción paleogeomorfológica indica que los sedimentos subyacentes en el sitio fueron depositados en una terraza muy parecida a la existente allí hoy en día.

De los 18 horizontes soterrados descritos antes, 14 se levantan sobre las terrazas o las más bajas pendientes coluviales. Esto no es sorprendente en vista de la relativa estabilidad de estos accidentes topográficos en comparación con las áreas más bajas. Por otra parte, el hecho que todos los sitios detectados previamente sobre la superficie estaban localizados sobre las terrazas o los accidentes geomorfológicos de mayor elevación, sugiere que cualquier horizonte cultural adicional es de esperar que se encontraría soterrado allí. Las otras cuatro zonas culturales soterradas fueron interpretadas como que se originaron sobre los depósitos correspondientes a la planicie de inundación.

La preservación de ciertas porciones de la planicie de inundación es predecible de acuerdo a modelos idealizados de migración de la corriente (Reineck y Singh 1973). A lo largo de los Ríos Sulaco y Humuya, sin embargo, tales depósitos son raros debido a la naturaleza dinámica de ambas corrientes en combinación con sus estrechamente delimitadas planicies de inundación. Los depósitos de planicie de inundación se han preservado en aquellas áreas en donde la migración del río y el profundo soterramiento los han protegido de la erosión. Es de esperar encontrar estas áreas principalmente en aquellos segmentos más anchos en donde el intervalo entre los ciclos destructivos es mayor. En cuando menos cuatro casos, horizontes culturales intactos han sido asociados con los depósitos preservados en las planicies de inundación de amplias vegas.

De los cuatro horizontes culturales soterrados en planicies de inundación (trincheras V-3, V-6, LF-6 y LF-7), uno (V-6) es de origen histórico reciente. Los tres restantes son importantes puesto que representan los únicos casos documentados del uso precolombino de áreas en planicies de inundación en la región de El Cajón, para otros propósitos que los puramente agrícolas.

V-3 en la vega de La Pimienta contenía dos horizontes culturales soterrados de los cuales el más cercano a la superficie estaba localizado dentro de los depósitos de la planicie de inundación. El material cultural se restringió a cerámica no diagnóstica acompañada de fragmentos de gasterópodos y carbón.

Los otros dos sitios en planicies de inundación (LF-6 y LF-7), estaban localizados río arriba en la margen de una

time of aboriginal occupation. The age relationships between the cultural horizons in M-18 and M-19 have not been established.

Trench LF-5 (GML S-8) revealed a sequence of sedimentary units, the fourth of which contained ceramic sherds and charcoal. The trench is located on a low ridge on the terrace, which runs roughly parallel to the Sulaco River. This ridge probably represents a recent development in the history of the vega. Zone IV extends from 46–80 cm below ground surface with the cultural material occurring throughout. The trench is situated on the present-day terrace, which is probably little changed from the time of occupation by the inhabitants of the site, though the ground surface would have been about one meter lower in elevation than it is today.

Unit LF-6 is a cutbank exposed by the lateral migration of the Sulaco River at GML S-13. A number of ceramic sherds were recovered from Zone V of the profile at a depth of 294 cm below ground surface. The sequence exposed was wholly fluvial in origin, and Zone V was deposited on the floodplain fairly close to the river. Due to the depth of the cultural horizon, no additional pits could be excavated to investigate the extent of the site. Initial analysis of the cultural material recovered from this unit suggests a Late Classic date for the occupation of the site.

Unit LF-7 (GML S-13) is located approximately 15 m downstream from LF-6 and is also a cutbank section exhibiting a fluvial sequence and containing cultural remains. Two cultural horizons were noted, one each in Zones IV and VI. Zone IV extended from 79–151 cm below ground surface and included a band from about 115–135 cm below ground surface containing ceramics, charcoal, and a feature believed to be a fire pit or kiln. The feature appeared as a depression containing charcoal and burned sherds of pottery at a depth of 128 cm. The earth below the feature was reddened, partially baked, and more tightly compacted than that in the rest of the zone. The sediments of Zone IV were probably deposited on the upper floodplain or the lowermost terrace.

Zone VI started at 185 cm and continued below the bottom of the visible profile for an undetermined distance. Cultural material, including ceramics, charcoal, and a feature similar to the one described above, were noted in a band extending from the top of the zone to about 200 cm below ground surface. The feature was at a depth of 197 cm. Sediments contained in Zone VI were very probably deposited on the floodplain very near the river. Because no cultural horizon could be traced from one described section to the other, no temporal relationship can be established between the LF-6 and LF-7 remains. The LF-7 deposits probably also date to the Late Classic based on stratigraphic relationships to LF-6. The disparity of depths of the three zones would seem to suggest three distinct horizons; however, irregularities in the paleotopography may account for the apparent elevational differences.

Trench LF-14 at GML S-10 was excavated near the site of the 1981 Salitron Viejo (PC-1) on a low ridge running roughly parallel to the Sulaco River. The pit revealed a fluvial se-

quence containing a cultural horizon from 10–35 cm below ground surface and containing ceramic and lithic artifacts. The sediments observed in Zone I were probably deposited on the lower terrace.

Trench LF-15 at GML S-10 was located approximately 15 m south of LF-14 on a second low ridge running parallel to the one mentioned above but farther from the river. The fluvial sequence contained two cultural horizons. The first of these, located in Zone I, extended from approximately 7–20 cm below ground surface and included lithic artifacts, ceramic sherds, and charcoal flecks. The zone appears to have been deposited on the lower terrace. The second cultural horizon extends from 80–120 cm and contained ceramics, lithics, charcoal flecks, and a human humerus. The sediments of Zone III, in which the second cultural horizon was located, were probably deposited on a terrace. Cultural material derived from this horizon has been tentatively assigned to the Late Classic Period.

The upper cultural zone in LF-15 may correlate with that in LF-14. This interpretation is based on the close proximity of the two trenches and on a common depth of burial. Zone III in LF-15 constitutes an older, undated occupation.

Trench LF-59 (GML S-10) was excavated between LF-14 and LF-15. No cultural material was noted in Zone I, which should be roughly equivalent to the upper cultural zones in LF-14 and LF-15. A single sherd was noted at 110 cm below ground surface, which would seem to correlate with the lower cultural horizon noted in LF-15. A lower terrace area of deposition for this cultural horizon seems probable.

Trench LF-30 (GML S-20) was excavated at site PC-13 and identified a buried cultural horizon at a depth of 168 cm. This same cultural horizon was identified in other pits and contains material from the Late Classic period. The lower cultural horizon was interpreted to have been buried in terrace deposits. Following a period of flooding indicated by fluvial deposits that encase and cover the cultural remains from the lower horizon (Zone V), a second occupation of the site occurred. Rates of deposition inferred for such deposits suggest that reoccupation occurred fairly soon after the burial of the first occupation. Otherwise, a thicker layer of sterile deposits would be expected to overlie the lower horizon. Following the reoccupation, however, fluvial depositional rates decreased. This is evidenced by the continuous occupation, which is represented by the thick upper cultural deposits and the increasingly colluvial content of the surrounding deposits. The area occupied by the site remained fairly stable and suffered no major flooding until it was abandoned. Colluviation has continued from before the time of abandonment until the present.

Trench LF-35 (GML S-18) was excavated on the terrace at the north end of the La Ceiba vega in the vicinity of PC-32. Cultural material extended downward from the surface to a depth of approximately 15–20 cm and included lithics and ceramics. Paleogeomorphological reconstruction indicates that the sediments underlying the site were deposited on ter-

amplia vega. Los horizontes culturales soterrados habían sido parcialmente destruidos por la migración del río. Al contrario del material en V-3, fue imposible asignar los restos culturales en LF-6 y LF-7 al Período Clásico Tardío. Sin embargo, aunque las planicies de inundación fueron utilizadas en diferentes formas en la región de El Cajón en los tiempos precolombinos, la evidencia disponible no es suficiente para proponer que esas funciones incluyeron el uso de aquellas como áreas de habitación.

Manifestaciones arqueológicas completamente soterradas en la Zona de Embalse, se ubicaron en los ambientes en donde a la rápida deposición la siguió la utilización del lugar y en donde la subsecuente acción de la corriente no ha removido los restos del sitio o los depósitos que lo recubren. Estas condiciones están presentes casi exclusivamente en las cercanas paredes del valle, por cierto en bancos de arena en punta localizados en los más o menos amplios segmentos del valle en los que el gradiente reinante se mueve entre los más bajos y el promedio. En otras partes de la zona fluvial, la destrucción a consecuencia del corte ha sido demasiado activa como para que los sitios, de haber existido, se preservaran. En oposición, el corte ha ocurrido raramente en los ambientes de las terrazas superiores a los bancos coluviales, y los sitios son visibles sobre la superficie debido a que las tasas de deposición han sido demasiado graduales como para soterrarlos. Lo que continuará siendo desconocido es que extensivamente fueron utilizados los ambientes en el piso de los valles, en las más activas áreas fluviales y, en consecuencia, si el número de sitios destruidos en esos ambientes ha sido considerablemente bajo o considerablemente alto.

El cuarto objetivo, es decir determinar los efectos que la ocupación humana puede haber tenido sobre el régimen fluvial de las corrientes en la Zona de Embalse, arrojó más preguntas que repuestas. Datos de carácter diacrónico no fueron recolectados extensivamente por el proyecto sobre las cambiantes condiciones fluviales; sin embargo, se obtuvo cierta reveladora evidencia.

Al inicio del estudio, se anticipó que se podría obtener evidencia sobre un incremento de las tasas de sedimentación en las vegas, en los estratos que representaban períodos de desarrollo agrícola. En una sola vega (LG H-2 en la trinchera M-10) se encontró evidencia de desmonte en el pasado; aquí se observó abundante carbón a poca profundidad asociado con un desmonte histórico reciente. Sin embargo, aún en este caso no se pudo establecer ninguna relación entre las prácticas de uso de la tierra y la alteración de las tasas de sedimentación

El último objetivo fue formular un modelo predecible de los patrones de asentamiento en los valles a la luz de los datos geológicos. Las concordancias en el régimen fluvial de los dos principales valles permiten hacer predicciones bastante seguras acerca de la localización de los sitios soterrados. Los patrones de distribución de los sitios visibles también se han tomado en cuenta parcialmente en términos geológicos. Es de subrayar aquí lo anteriormente dicho: en el valle del Río Humuya y en las secciones más restringidas del valle del Río

Sulaco, los sitios se han preservado solamente en los bancos elevados, los piedemontes coluviales y los restos de las terrazas superiores en donde la erosión y la deposición han sido muy limitadas. En las secciones más amplias de los valles, los prolongados bancos de arena en punta también preservaron los vestigios culturales más profundamente soterrados en los espesos depósitos fluviales. La evaluación de la distribución de los sitios sobrevivientes debe tener en consideración el significado de estos hallazgos, al igual que las implicaciones de otros aspectos del registro arqueológico.

Aquellos sitios originalmente establecidos sobre las planicies de inundación se encontrarían probablemente subrepresentadas en el registro arqueológico debido a la destrucción causada por la erosión dentro del ambiente fluvial. Aún los más protegidos ambientes en las terrazas superiores y los bancos en los piedemontes, no han permanecido siempre fuera del alcance de las fuerzas destructivas de los ríos. La pérdida de sitios en tales ambientes es más probable en aquellos segmentos de los valles en donde el corte lateral es mayor, esto es, los puntos más estrechos de más altos gradientes de la corriente. El interrogante que emerge es si estas mismas condiciones de inestabilidad de los pisos de los valles, también impidieron su utilización en el Período Clásico Tardío. Las vegas sujetas a más frecuentes inundaciones, excesiva sedimentación de arena o material más bronco, o a la erosión, pueden haber sido menos apropiadas para el cultivo con un correspondiente menos frecuente establecimiento de asentamientos en los promontorios adyacentes. Por otra parte, estos segmentos de los valles pueden haber sido favorecidas áreas para el cultivo, con los frecuentes desbordamientos reponiendo la fertilidad del suelo, pero lugares inseguros para habitación.

La distribución de los sitios en los valles de los Ríos Sulaco y Humuya es disímil. Los sitios a lo largo del Río Sulaco son numerosos, pero en el Río Humuya son menos frecuentes. Sin embargo, a los largo de los principales tributarios de ambos ríos este patrón se invierte.

El Río Humuya es el más estrechamente delimitado de los dos ríos, mostrando en general un menos amplio piso y poco o ningún desarrollo de terrazas en ciertas áreas. Los sedimentos fluviales son en su mayoría de más reciente edad que aquellos en las vegas del Río Sulaco. Esto indica un más rápido ciclo de deposición y corte y, por lo tanto, un mayor potencial de destrucción de los restos culturales soterrados. No es posible afirmar que los sitios en el Río Humuya fueron alguna vez tan numerosos como en el Sulaco, pero si se puede decir que probablemente fueron alguna vez más numerosos que lo que el registro actual pareciera sugerir.

En el transcurso del reconocimiento inicial y los subsiguientes, se notó una diferenciación en la distribución de los sitios en los valles de los tributarios de los Ríos Sulaco y Humuya. Mientras numerosos sitios fueron localizados en los principales tributarios del Río Humuya, los del Sulaco probaron carecer en gran parte de asentamientos precolombinos. Las planicies de inundación de la Quebrada El Chamo (LG

race like that found at the time of the survey.

Fourteen of the 18 buried cultural strata described above are located on terrace or lower colluvial slopes. This is not surprising in view of the relative stability of this setting compared to lower areas. Also, the fact that all previously detected surface sites were located on terrace or higher geomorphological features suggested that additional buried cultural horizons were to be expected there. The four remaining buried cultural zones were interpreted as occurring on floodplain deposits.

Preservation of portions of the floodplain is predicted from idealized models of stream migration (Reineck and Singh 1973). Along the Sulaco and Humuya Rivers, however, such deposits are rare due to the dynamic nature of these streams combined with their narrowly confined floodplains. Floodplain deposits are preserved in areas where river migration and deep burial have resulted in protection from erosion. Such areas are primarily expected in wider segments of the floodplain where the interval between destructive cycles is greater. In at least four cases, intact buried cultural horizons have been associated with preserved floodplain deposits on large vegas.

Of the four buried floodplain cultural horizons (units V-3, V-6, LF-6 and LF-7), one (V-6) is historic. The remaining three are important in that they represent the only documented cases of prehistoric use of floodplain areas for other than agricultural purposes in the El Cajon project area.

Unit V-3 on the La Pimienta vega contained two buried cultural horizons, the uppermost of which was located within floodplain deposits. Cultural material was restricted to non-diagnostic ceramics, gastropod tests, and charcoal. The remaining two floodplain occupations found in LF-6 and LF-7 were located on the upstream side of a large vega. The cultural horizons buried there had been partially destroyed by river migration. Unlike the V-3 material, however, it was possible to tentatively assign the cultural remains at LF-6 and LF-7 to the Late Classic. While this data indicates that floodplains were utilized during prehistoric times, it is not possible to determine if they were used for habitation.

Buried archaeological manifestations in the RZ were identified in settings where rapid deposition followed utilization of the site and subsequent stream action did not remove the site and its overlying deposits. These conditions are met almost exclusively near valley walls in point bars located in relatively wide valley segments with lower than average stream gradients. Elsewhere in the fluvial zone, cutting has been too active for the preservation of sites if they did exist. In contrast, cutting has occurred rarely along upper terraces, and sites remain visible at the surface because depositional rates have been too gradual to bury them. What can never be known is how many sites have been destroyed and how these areas were used in the more active fluvial zones.

The fourth objective, determining the effects that humans had on the fluvial regimes of streams in the RZ raised more questions than it answered. Extensive diachronic data on changing fluvial conditions were not collected by this project although some enlightening evidence was gathered.

At the outset of the project, it was anticipated that evidence for increases in sedimentation rates on the vegas would be observed in strata representing periods of agricultural development. On only one vega (GML H-2 in trench M-10) was land clearing during the recent past documented by buried charcoal. Even there, however, no correlation could be made between human practices and altered sedimentation rates.

The final objective was to formulate a predictive model of valley settlement patterns using geological data; consistencies in the fluvial regimes of the two major valleys permit some fairly secure predictions to be made on the basis of buried site locations. The distributional patterns of visible sites is partially accounted for by geological conditions. In the Humuya and more constrained sections of the Sulaco valleys, sites were preserved only on high benches, colluvial toeslopes, and high terrace remnants where erosion and deposition had been very limited. In broader valley sections of the Sulaco River large point bars also preserve more deeply buried cultural vestiges in thick fluvial deposits. Assessment of the distributions of surviving sites must take into account the significance of these findings as well as the implications of other aspects of the archaeological record.

Any sites originally located on floodplains would probably be under-represented in the present archaeological record because of erosion within the fluvial environment. Even the more protected settings of high terraces and toeslope benches have not always been beyond the reach of the destructive forces of the rivers. The loss of sites in such settings is more probable in those valley stretches where lateral cutting is greatest, that is, the narrower places with higher stream gradients. The question that emerges is whether these same conditions of valley floor instability also discouraged their utilization in Late Classic times. Vegas subject to more frequent flooding, excessive sedimentation of sand or coarser material, or erosion may have been less suited to farming with correspondingly fewer residential sites on adjacent promontories. Alternatively, these valley segments may have been desirable areas to farm, with frequent flooding replenishing soil fertility, but unsafe places to live.

Site distributions along the Sulaco and Humuya Rivers are dissimilar. Numerous sites are to be seen along the Sulaco, but sites are less frequent along the Humuya River. In contrast, however, this pattern is reversed along the major tributaries of the two rivers.

The Humuya is the more closely confined of the two rivers, exhibiting a narrower valley floor and little to no terrace development in some areas. The fluvial sediments are generally of more recent age than those of the Sulaco vegas, indicating a more rapid cycle of filling and cutting and thus a greater potential for the destruction of buried cultural remains. It cannot be stated that sites on the Humuya were ever as numerous as those on the Sulaco, but it can be said that they were probably once more numerous than the present record would suggest.

During the initial and subsequent surveys, a difference in

H-3) y el Río Yunque (LG S-11), tributarios de los Ríos Sulaco y Humuya respectivamente, fueron examinados con el objeto de investigar este patrón.

En ambos tributarios se observaron planicies de inundación que son bastante angostas con un desarrollo local de planicies de inundación y áreas de terraza. El Río Yunque se encuentra ligeramente más restringido, con una planicie de inundación más angosta que la de El Chamo. Las paredes del valle son también algo menos escarpadas que a lo largo de El Chamo. Por lo demás, no se dan otras diferencias físicas. Dos sitios soterrados (M-18 y M-19) y un horizonte cultural a nivel de la superficie fueron descubiertos en la Quebrada El Chamo durante los sondeos geoarqueológicos. No se localizaron sitios adicionales a lo largo del Río Yunque, enfatizando el contraste entre los tributarios de los Ríos Humuya y Sulaco.

Los sedimentos que parecen ser de edad arqueologicamente relevante, existen en ambos tributarios, aunque la proporción presente en la más restringida Quebrada de El Chamo es mayor. Las áreas de terraza que se pueden considerar adecuadas para la ocupación humana, se extienden a lo largo de ambas. La frecuencia e intensidad de los desbordamientos no parecen ser más severas que en otros accidentes similares situados en los Ríos Sulaco y Humuya. Ninguna otra restricción geológica puede explicar la ausencia de asentamientos a lo largo del Río Yunque en particular.

Se puede proponer que el Río Humuya fue evitado como lugar de asentamiento debido al riesgo de desbordamientos, pero sus vegas eran idóneas para los propósitos agrícolas de los grupos que habitaban en la relativa seguridad de los valles de los tributarios. La bastante extensa y extremada inclinación del sistema fluvial del Río Humuya río arriba de la Zona de Embalse, son capaces de generar devastadoras "inundaciones silenciosas" como resultado de fuertes lluvias en puntos tan lejanos río arriba que los residentes río abajo permanecen ignorantes del peligro hasta que suben las aguas del río.

Para resumir, los habitantes del Período Clásico Tardío en la región, parecen haber ocupado la mayor parte de las áreas planas de terraza y las más bajas pendientes coluviales en una época u otra. Todos los sitios visibles sobre la superficie registrados durante el reconocimiento inicial y los subsiguientes, se levantaban en estos ambientes, al igual que la mayoría (38 de 42) de los horizontes culturales soterrados descubiertos por medio de la investigación geoarqueológica. Ningún sitio precolombino de cualquier tipo ha sido registrado en las planicies de inundación modernas de las principales corrientes o sus más importantes tributarios, como tampoco es factible que así sea debido a la reciente edad sedimentaria de los depósitos. Tres horizontes culturales soterrados se localizaron dentro de los depósitos de planicies de inundación, pero ninguno parece representar asentamientos. El reconocimiento arqueológico de pendientes y cimas de colinas seleccionadas arrojaron sitios adicionales, pero ninguno de ellos parece ser sitio de habitación. En consecuencia, parece haber existido una preferencia por las terrazas y las más bajas pendientes coluviales para áreas de habitación durante la época precolombina en la región de El Cajón.

site distribution patterns was noticed along Sulaco and Humuya tributary valleys. Whereas numerous sites were located along major the Humuya tributaries, those of the Sulaco were largely devoid of prehistoric sites. The floodplains of two tributaries, the Quebrada del Chamo (GML H-3) and the Yunque River (GML S-11), were tested to investigate this pattern. Both tributaries have narrow, confined floodplains with locally developed floodplain and terrace areas. The Yunque has a slightly narrower floodplain and is more confined than those of the Quebrada del Chamo. Also, the valley slopes are slightly less steep along the Chamo. No other appreciable physical differences are apparent.

Two buried cultural horizons (M-18 and M-19) were found along the Quebrada del Chamo during the geoarchaeological testing. No additional sites were located along the Yunque River, thus re-emphasizing the contrast between Sulaco and Humuya tributaries. Sediments of archaeologically relevant age are present along both tributaries, with a greater proportion present along the less narrowly confined Chamo. Terrace areas suitable for human habitation exist along both streams. Frequency and intensity of flooding appears no more severe than on other similar features located along the Sulaco and Humuya Rivers. No other geological restrictions appear to explain the absence of habitational sites along the Yunque River itself.

It may be hypothesized that the Humuya valley was avoided for habitation due to flood risk but that its vegas were suitable for agricultural purposes with people living in the relative security of the tributary valleys. The considerable length and steep gradient of the Humuya drainage upstream of the RZ are capable of generating devastating "silent floods" derived from heavy rains so far upstream that local residents are unaware of them until the river rises.

To summarize, the Late Classic period inhabitants of the region appear to have occupied most level terrace and lower colluvial slope areas. All surficial habitational sites recorded during the survey were located in these settings, as were the majority (38 of 42) of the buried cultural horizons found during the geoarchaeological investigations. No prehistoric sites of any kind have been recorded on the present-day floodplain of either river or along major tributaries, nor are any to be expected due to the recent age of the sedimentary deposits there. Three prehistoric buried cultural horizons were found to lie within floodplain deposits, but they seem not to represent habitational sites. The data suggest a preference for terrace and lower colluvial slope areas for habitation during prehistoric times in the El Cajon region.

Chapter 6

Contemporary Land Use and Prehistoric Settlement:
An Ethnoarchaeological Approach

William Loker

This study reviews the results of a contemporary land use study carried out as part of the El Cajon Archaeological Project. The goal of the research was to determine the amount and productivity of agricultural land in the study area in order to determine the importance that access to agricultural land had in shaping the location of archaeological sites. A strong association between settlement location and agricultural resources would indicate significant influence of the local environment on prehistoric societies, while a weak correlation would focus attention on the importance of other factors.

Two hypotheses were generated to test this relationship. Hypothesis One states that all archaeological sites are located in order to maximize access to prime agricultural land. Hypothesis Two states that larger sites will have access to more and better agricultural land than do smaller sites. The null hypothesis is that no significant relationship exists between site location or size and agricultural land.

Three sets of data are necessary to test these hypotheses: 1) the location and size of archaeological sites, 2) the distribution and productivity of agricultural land, and 3) an objective measure of the strength of association between the size of sites and the productivity of agricultural land in their hinterlands. Information on size and location of archaeological sites was provided by the El Cajon Archaeological Project through systematic archaeological reconnaissance (Hirth et al. 1981; Hasemann et al. 1982, 1983). The productivity of agricultural land was determined through an analysis of contemporary land use. The two sets of data were linked through catchment analysis which provides an objective measure of the relationship between archaeological sites and agricultural land.

Summary of Results

Analysis of maize yields from 84 agricultural fields (hereafter referred to as *milpas*) led to the definition of three Agricultural Resource Zones (ARZ) of varying productivity. These zones are closely tied to the three major physiographic zones of the study area: vegas, piedmont, and steep slopes.

Vegas are areas of fairly level land to undulating terrain (<10% slope) along major rivers; piedmont includes intermediate slopes (approximately 10–27% slope) irrespective of elevation; and steep slopes are located at any elevation on slopes exceeding 27%. Once defined, these agricultural resource zones were mapped using aerial photographs, topographic maps and extensive ground checking. As will be demonstrated below, the ARZ have differing agricultural potential both in terms of yield per hectare and intensity of land use.

The catchment analysis revealed strong support for Hypothesis One and provided qualified support for the second hypothesis. The catchment method had to be modified in significant ways in order to illuminate the relationship between site size and available agricultural land. Significant correlations were only obtained for larger regional centers and for larger territorial units defined in the course of the analysis.

An estimate of carrying capacity was devised for the prehistoric subsistence system based on contemporary agricultural productivity. This estimate was defined for a range of productivity for ancient maize cultivars and a variety of subsistence systems that had differing dietary dependencies on maize. One of these scenarios was then chosen to test against the estimated prehistoric population of the El Cajon region at the height of occupation during the Late Classic period (ca. 600–1000 AD). Both maximum and optimum carrying capacities were defined based on the assumption that periodic lean years reduced agricultural production by half. From this process emerged a model of population-resource relationships for the prehistoric inhabitants of the region. My estimates suggest that the population throughout the region appears to have been well below the theoretical maximum and close to the optimum carrying capacity. I conclude that internal stress on the subsistence system was not the immediate cause for the abandonment of the El Cajon region at the end of the Classic period.

Capítulo 6

Uso Moderno de la Tierra y Asentamiento Precolombino: Una Perspectiva Etnoarqueológica

William Loker

En este trabajo se revisan los resultados del estudio sobre el uso moderno de la tierra en la región de El Cajón, como parte del proyecto arqueológico del mismo nombre. La meta de la investigación fue determinar la capacidad y productividad del suelo agrícola en la región con el objeto de establecer la importancia que tuvo el acceso a la tierra cultivable, en cuanto a la localización específica de los sitios arqueológicos. Una fuerte asociación entre la ubicación de los asentamientos y los recursos agrícolas indicaría una significativa influencia del ambiente en las sociedades precolombinas de la región; una débil correlación, en cambio, enfocaría la atención en la importancia a adjudicar a los factores externos.

Dos hipótesis se generaron para someter a prueba esta correlación. La Hipótesis No. 1 declara que todos los sitios arqueológicos están localizados para garantizar el mejor acceso a la tierra agrícola óptima. La Hipótesis No. 2 declara que los sitios mayores tendrán acceso a más y mejor tierra agrícola que los sitios menores. La Hipótesis Cero se expresa en la ausencia de una correlación significativa entre la ubicación de los sitios o su tamaño y la tierra cultivable.

Tres conjuntos de datos son necesarios para examinar estas hipótesis: 1) la ubicación y tamaño de los sitios arqueológicos, 2) la distribución y productividad de la tierra agrícola y 3) una medida objetiva de la validez de la asociación entre el tamaño y ubicación de los sitios y la tierra cultivable en su respectivo hinterland. La información sobre el tamaño y ubicación de los sitios arqueológicos fue proveída por el proyecto a través de un reconocimiento arqueológico sistemático (Hirth et al. 1981; Hasemann et al. 1982, 1983). La productividad de la tierra agrícola fue determinada por medio de un análisis del uso moderno de la tierra. Dos conjuntos de datos fueron unificados por medio de un análisis de captación; éstos aportaron una medida objetiva de la relación entre los sitios arqueológicos y la tierra agrícola.

Resumen de los Resultados

El análisis del producto arrojado por 84 parcelas (de aquí en adelante llamadas milpas) condujo a la definición de tres Zonas de Recursos Agrícolas (ZRA) de variada productividad. Estas zonas se encuentran estrechamente unidas a las tres zonas fisiográficas mayores de la región bajo estudio: vegas, piedemontes y pendientes escarpadas. Las vegas son áreas de terrenos planos a ondulados (<10% de pendiente) a lo largo de las principales corrientes fluviales; los piedemontes incluyen las pendientes intermedias (de aproximadamente 10–27% de pendiente) independientemente de la elevación; las pendientes escarpadas se localizan a cualquier elevación y su inclinación excede al 27%. Una vez definidas estas zonas de recursos agrícolas, se levantaron mapas de ellas utilizando fotografías aéreas, mapas topográficos y una extensiva confirmación en el campo. Como se demostrará abajo, las ZRA difieren en potencial agrícola tanto en cuanto al rendimiento por hectárea como a la intensidad de su uso.

El análisis de captación arrojó una sólida base para la Hipótesis No. 1 y proveyó limitado apoyo para la Hipótesis No. 2. El método de captación tuvo que ser modificado en forma significativa con el objeto de esclarecer la relación entre el tamaño de los sitios y la tierra agrícola disponible. Correlaciones significativas se obtuvieron solamente para los centros regionales y las unidades territoriales mayores definidas en el curso del análisis.

Una estimación de la capacidad de carga fue deducida para el sistema de subsistencia precolombino en base a la productividad agrícola contemporánea. Esta estimación fue definida para los distintos niveles de productividad de las antiguas variedades de maíz y para una gama de sistemas de subsistencia con diferenciada dependencia dietética del maíz. Uno de estos sistemas postulados fue luego escogido para ser sometido a prueba, confrontándolo con la población precolombina estimada para la región de El Cajón en el clímax de su ocupación durante el Período Clásico Tardío (alrededor de 600–1,000 d.C.). Tanto la capacidad de carga mínima como máxima fueron definidas partiendo del supuesto que los periódicos años magros reducían la producción agrícola a la mitad. De este proceso emergió un modelo de correlación población-recurso aplicable a los habitantes precolombinos de la región. Nuestras estimaciones sugieren que la población en toda la

Contemporary Agricultural Ecology of the El Cajon Region

The environmental setting of the El Cajon region has been described in detail elsewhere in this volume (see Chapters 2–4). Chapter 3 presents a detailed review of the regional climate with special emphasis on its influence on agricultural strategies. Here I review the influence of topography and soil on agricultural practices throughout the region.

Topography

The El Cajon region is a typical Honduran landscape: mountainous with extremely broken, dissected topography. While the mountains do not exceed 3,000 m MSL in elevation, they are extensive and dominate the geography of the country. Flat land is restricted to numerous small river valleys and intermontane basins. River valleys in the El Cajon region are narrow and bordered by steep ridges cut by numerous small streams. The widest point of the two principal river valleys is the El Barro/Salitron area on the Sulaco River where the valley reaches 1.5–2.0 km across. The widest point along the Humuya is at the confluence of the Yure River where the valley is about .75 km in width. Tributaries are confined to narrower valleys but contain important pockets of fertile agricultural land.

The best agricultural land occurs in small vega parcels in the river bottoms. The hillside terrain outside of these vegas suffers from a potentially serious problem of erosion. The degree of erosion depends on the slope and the type of soil present. Limestone derived soils are relatively fertile and resistant to erosion. The more acid soils derived from Tertiary volcanic tuffs are granular in texture, lack humus development, and are extremely susceptible to erosion. The limited tracts of level land in the intermontane basins are not used extensively for maize agriculture today, primarily due to the predominance of heavy clay soils that present serious drainage problems.

Soils

The distribution of arable land in the El Cajon region is tied to soil quality. There are four primary factors that influence the fertility of soil: mineral nutrient content, organic matter content, soil chemistry, and soil texture. These factors are interrelated and a deficiency in one can lead to reduced agricultural potential.

Information on the soils of the El Cajon region was gathered through surface sampling in agricultural plots and interviewing local cultivators. Samples were collected and analyzed at the Honduran government Department of Natural Resources. A total of 64 samples were tested for pH, percent organic matter content, soil texture, and the amount of phosphorous, potassium, calcium, magnesium, and several micronutrients.

Table 6.1. Summary of soil analysis.

pH
  average: 6.6 (s=.68)
  range: 5.2-7.8

Percentage Organic Material
  average: 4.9 (s=2.4)
  range: 1.2-13

Nutrient Content
  Phosphorous: 43 of 64 samples deficient in P.*
    Average P content: 10.8 mg/ml soil (s=7.1)
    Range P content: 3.6-29 mg/ml soil
  Potassium: 4 of 64 samples deficient in K.*
    Average K content: .57 milliequivilents/100/ml soil (s=.27)
    Range K content: .10-1.75 meq/100/ml soil
  Calcium: 0 of 64 samples deficient in Ca.*
    Average Ca content: 33.3 meq/100/ml soil (s=12.9)
    Range Ca content: 12-74 meq/100/ml soil
  Magnesium: 0 of 64 samples deficient in Mg.*
    Average Mg content: 4.37 meq/100/ml soil (s=2.04)
    Range Mg content: 1.75-11.5 meq/100/ml soil

Soil Texture:
  % Sand overall average=46% (s=14) N=64
  vega average=44% (s=15) N=16
  piedmont average=40% (s=17) N=17
  steep slope average=50% (s=13) N=31

  % Silt overall average=25% (s=8)
  vega average=30% (s=11)
  piedmont average=23% (s=6)
  steep slope average=24% (s=6)

  % Clay overall average=26% (s=9)
  vega average=23% (s=9)
  piedmont average=33% (s=11)
  steep slope average=23% (s=7)

Soil Texture Class

	total	vega	pied-mont	steep slopes
sandy clay loam	17	2	2	13
loam	15	7	1	6
clay loam	14	3	7	4
sandy loam	10	2	1	7
clay	7	1	5	1
silt loam	1	1	0	0
loamy sand	1	0	1	0
N=	64	16	17	31

*"deficiency" defined per Honduran Natural Resource Soil Laboratory guidelines

región parece haberse encontrado bastante por debajo del máximo teórico y cerca de la capacidad de rendimiento óptima. En consecuencia, la presión interna en el sistema de subsistencia no fue la causa inmediata para el abandono de la región de El Cajón al final del Período Clásico.

Ecología Agrícola Moderna y la Región de El Cajón

El marco ambiental de la región de El Cajón ha sido descrito en detalle en otra parte de este volumen (ver Capítulos 2–4). El Capítulo 3 ofrece un examen detallado del clima regional con especial énfasis en su influencia sobre las estrategias agrícolas. Aquí examinaremos la influencia de la topografía y el suelo en las prácticas agrícolas de la región.

Topografía

La región de El Cajón representa un paisaje típicamente hondureño: montañoso con una topografía extremadamente quebrada y atomizada. Aunque las montañas no exceden los 3,000 msnm, son extensas y dominan la topografía del país. La tierra plana se restringe a los numerosos y pequeños valles de los ríos y a las hoyas intramontanas. Los valles de los ríos en la región de El Cajón son estrechos y bordeados de prolongadas e inclinadas elevaciones, cortadas por un sinnúmero de pequeñas corrientes. El punto de mayor anchura en los dos principales valles se localiza a la altura de El Barro y el área de Salitrón Viejo en el Río Sulaco, en donde el valle alcanza una extensión de 0.75 km. Los tributarios están confinados a valles aún más estrechos, pero que contienen importantes bolsones de fértil tierra agrícola.

El mejor suelo para la agricultura se encuentra en pequeñas parcelas de vega en el piso de los valles. El terreno de las laderas fuera de estas vegas, está expuesto al problema potencialmente crítico de la erosión. El grado de erosión depende de la pendiente y el tipo de suelo presente. Los suelos derivados de caliza son relativamente fértiles y resistentes a la erosión. Los suelos más ácidos derivados de las tobas volcánicas del terciario son de textura granular, carecen de desarrollo de humus y son extremadamente susceptibles a la erosión. Los limitados espacios de tierra plana en las hoyas intramontanas no son utilizados extensamente hoy en día para el cultivo del maíz, principalmente debido al predominio de suelos con alto contenido de arcilla que ofrecen serios problemas para el desagüe.

Suelos

La distribución de la tierra cultivable en la región de El Cajón está ligada a la calidad del suelo. Existen cuatro factores primarios que influencian la fertilidad del suelo: el contenido de nutrientes minerales, el contenido de materia orgánica, la química propia del suelo y la textura. Estos factores se encuentran relacionados y la deficiencia de uno de ellos puede conducir a la reducción del potencial agrícola.

La información sobre los suelos de la región de El Cajón

Cuadro 6.1. Resumen del Análisis de suelos.

pH
  promedio: 6.6 (s= 0.68)
  amplitud: 5.2–7.8

% Materia Orgánica
  promedio: 4.9 (s=2.4)
  amplitud: 1.2–13

Contenido de Nutrientes
  Fósforo: 43 de 64 muestras deficientes en P*
    promedio: 10.8 mg/ml de suelo (s=7.1)
    amplitud: 3.6–29 mg/ml de suelo
  Potasio: 4 de 64 muestras deficientes en K*
    promedio: 0.57 meq**/100/ml de suelo (s=0.27)
    amplitud: 0.10–1.75 meq/100/ml de suelo
  Calcio: 0 de 64 muestras deficientes en Ca
    promedio: 33.3 meq/100/ml de suelo (s=12.9)
    amplitud: 12–74 meq/100/ml de suelo
  Magnesio: 0 de 64 muestras deficientes en Mg*
    promedio: 4.37 meq/100/ml de suelo (s=2.04)
    amplitud: 1.75–11.5 meq/100/ml de suelo

Textura del Suelo:
  % del promedio global de arena=46% (s=14) N=64
  promedio en vegas=44% (s=15) N=16
  promedio en piedemontes=40% (s=17) N=17
  promedio en pendientes escarpadas=50% (s=13) N=31

  % del promedio global de aluvión=25% (s= 8)
  promedio en vegas=30% (s=17)
  promedio en piedemontes=23% (s= 6)
  promedio en pendientes escarpadas=24% (s= 6)

  % del promedio global de arcilla=26% (s= 9)
  promedio en vegas=23% (s= 9)
  promedio en piedemontes=33% (s=11)
  promedio en pendientes escarpadas=23% (s= 7)

Clases de Textura del Suelo

	total	vega	piedemonte	pendiente escarpada
marga de arcilla arenosa	17	2	2	13
marga	15	7	1	6
marga de arcilla	14	3	7	4
marga arenosa	10	2	1	7
arcilla	7	1	5	1
marga de aluvión	1	1	0	0
arena margosa	1	0	1	0
N =	64	16	17	31

* La "deficiencia" fue definida de acuerdo a las normas del Laboratorio de Suelos del Ministerio de Resursos Naturales.

Soils from the three principal physiographic zones (vegas, piedmont, and steep slopes), exhibit significant differences in texture, phosphorous content, and the percent of organic matter. Results of the soil analysis are summarized in Table 6.1.

In general the analysis indicates that agricultural soils in the El Cajon region have a neutral pH. Soils with pH in the "moderately acid" range (5–6), were found exclusively in the uplands, away from the river valleys. But overall, acidity is not characteristic of soils in the El Cajon region. Organic matter content is above average. Honduran Natural Resources guidelines recommend a minimum level of two percent organic matter. Only four samples from the El Cajon region (two each from vega and steep slope areas) fall below this figure. Organic matter (OM) levels are generally higher in the uplands than in the vegas. Organic matter averaged 4.5% in the vegas, 6.3% in the piedmont, and 4.8% on the steep slopes. Statistical comparison (using chi-square) of organic matter content among vega, piedmont, and steep slopes, in which percent OM was sorted into high (>6%), medium (3.7–6%), and low (<3.7%) categories, indicated a significant divergence between expected and observed distributions that was statistically significant at the .02 level (see Table 6.2).

Organic matter content in El Cajon soils is high relative to reported levels of OM in other Central American soils. Organic levels in soils from the Copan Valley (Johnson 1983:75) varied from 1.3 to 6.3% with vega soils ranging from 1.3–3.2%, and the cultivated upland soils 1.9–6.3%. Similarly, Olson (1983:58–60) sampled both contemporary and ancient soil surfaces (the latter buried in volcanic eruptions) in El Salvador. The highest OM percentages in a series of over 125 samples ranged from 2.8 to 4.6%. Levels of organic matter comparable to those found in the El Cajon soils are reported from the Lake Peten region of Guatemala by Cowgill (1962:281). The combination of neutral pH and high organic matter content in the El Cajon soils indicates a high cation exchange capacity and adequate nutrient availability.

The level of available nitrogen was not measured in the analysis. Instead, we must rely on the OM level as an indirect indicator of soil nitrogen content, assuming that nitrogen levels are closely correlated with organic matter content (Ewel et al. 1981:823–824; Franco and Munns 1982:2). Based on this assumption we might tentatively conclude that soils in the El Cajon region generally have adequate supplies of nitrogen.

A serious limitation is found in the low levels of phosphorous present in soils of the El Cajon region. Forty-three (67%) of the soils sampled were deficient in phosphorous (<12 mg/ml). This result is consistent with observations made in other tropical regions where shifting agriculture is practiced. Norman (1979:113), for example, has observed that shifting cultivation in tropical regions is most frequently limited by the availability of phosphorous in the soil.

Phosphorous deficiency was a more serious problem in upland than in vega soils. Of the 16 vega soils sampled only five (31%) were deficient in P, while 14 of the 17 piedmont soils (82%) and 24 of 31 soils from steep slopes (77%) exhibited low levels of phosphorous. A chi-square test revealed that this differential distribution of P deficiency was statistically significant at the .01 level. In regard to other nutrients the El Cajon soils generally have adequate to high levels of potassium, calcium, and magnesium (Table 6.3).

Soil texture varies from predominantly clay to predominantly sand. However, most of the soils fall into intermediate categories exhibiting a balanced mixture of particle sizes. Upland soils are predominantly sandy clay loams and sandy loams. These two classes account for 20 of 31 (64%) of the soils on steep slopes. In general soils on steep slopes tend to be sandier than soils in the piedmont or vegas. Vega soils are predominantly loamy in texture, with loams, clay loams, and silty loams accounting for 11 of 16 (69%) of the vega soils. Piedmont soils are distinguished by clay and clay loams which account for 13 of 17 (76%) of the piedmont samples. In general the balance of textures exhibited by the El Cajon soils indicates that problems of drainage, leaching, moisture holding capacity, and nutrient availability which characterize soils

Table 6.2. Statistical test of relative levels of organic material in vega, piedmont, and upland soils.

| | | Organic Matter | | | |
		Vega	Piedmont	Slopes	Total
High	expected	4.75	5.00	9.20	19
	observed	3.00	10.00	6.00	
Medium	expected	6.75	7.20	13.10	27
	observed	6.00	6.00	15.00	
Low	expected	4.50	4.80	8.70	18
	observed	7.00	1.00	10.00	
	Total	16.00	17.00	31.00	64

chi-square=11.88; p=.02; df=4

fue obtenida por medio de muestras tomadas en las parcelas de cultivo y de entrevistas con los campesinos de la localidad. Las muestras fueron recolectadas y analizadas por la Dirección General de Recursos Naturales en Tegucigalpa. Un total de 64 muestras fueron analizadas con respecto a su pH, porcentaje de materia orgánica, textura del suelo y cantidad de fósforo, potasio, calcio, magnesio y varios otros micronutrientes. Los suelos de las tres principales zonas fisiográficas—vegas, piedemontes y pendientes escarpadas—exhiben diferencias significativas en la textura, contenido de fósforo y porcentaje de materia orgánica. Los resultados del análisis de suelos se han resumido en el Cuadro 6.1.

En general, el análisis indicó que los suelos de vocación agrícola en la región de El Cajón tienen un pH neutro. Los suelos con pH de la clase "moderadamente ácido" (5–6), se ubicaron exclusivamente en las tierras altas, lejos de los valles de los ríos. Como regla general, acidez no es una de las características de los suelos de la región. El contenido de materia orgánica (MO) se situó por encima del promedio. Las normas del Ministerio de Recursos Naturales en Honduras recomiendan un nivel mínimo de 2% de materia orgánica. Solamente cuatro muestras (dos de vega y dos de áreas de pendientes escarpadas) cayeron por debajo de esta figura. Los niveles de materia orgánica son generalmente más altos en las tierras altas que en las vegas. La materia orgánica alcanzó un promedio de 4.5% en las vegas, de 6.3% en los piedemontes y de 4.8% en las pendientes escarpadas. La comparación estadística (usando Ji cuadrado) del contenido de materia orgánica entre las vegas, los piedemontes y las pendientes escarpadas—el porcentaje de materia orgánica se ordenó en categorías de porcentajes altos (>6%), medios (3.7–6%) y bajos (<3.7%)—indicaron una significativa divergencia entre las esperadas y las observadas distribuciones, la cual se consideró estadísticamente significativa cuando alcanzó el nivel 0.02 (ver Cuadro 6.2).

El contenido de materia orgánica en los suelos de la región de El Cajón es relativamente alto con respecto a los niveles registrados en otros suelos de Centroamérica. Los niveles de materia orgánica en los suelos del Valle de Copán (Johnson 1983:75) varían de 1.3 a 6.3%, con suelos de vega que varían de 1.3 a 1.2% y suelos cultivados de tierra alta de 1.9 a 6.3%. De manera similar, Olson (1983:58–60) examinó tanto los suelos contemporáneos como las antiguas superficies (estas últimas soterradas por erupciones volcánicas) en El Salvador. Los más altos porcentajes de materia orgánica en un serie de más de 125 muestras variaron de 2.8 a 4.6%. Niveles de materia orgánica comparables a los encontrados en los suelos de la región de El Cajón han sido registrados por Cowgill (1962:281) en la región del Lago Petén en Guatemala. La combinación de pH neutros y un alto contenido de materia orgánica en los suelos de la región de El Cajón, indica una alta capacidad de intercambio de cationes y disponibilidad adecuada de nutrientes.

El nivel disponible de nitrógeno no fue establecido en el análisis. En su lugar, deberemos basarnos en el nivel de materia orgánica como un indicador indirecto del contenido de nitrógeno del suelo, asumiendo que los niveles de nitrógeno están estrechamente correlacionados con el contenido de materia orgánica (Ewel et al. 1981:823–824; Franco y Munns 1982:2). De acuerdo con este supuesto podríamos concluir tentativamente que los suelos de la región de El Cajón tienen generalmente un adecuado suplemento de nitrógeno.

Una limitación crítica la constituyen los bajos niveles de fósforo presentes en los suelos de la región. Cuarenta y tres (67%) de las muestras de suelos eran deficientes en fósforo (<12 mg/ml). Este resultado corresponde con observaciones hechas en otras regiones tropicales en donde se practica la agricultura migratoria. Norman (1979:113), por ejemplo, ha observado que la agricultura migratoria en las regiones tropicales se ve limitada más frecuentemente por la disponibilidad de fósforo en los suelos.

La deficiencia de fósforo constituyó un problema más crítico en las tierras altas que en las vegas. De los 16 suelos de vega examinados, solamente cinco (31%) eran deficientes

Cuadro 6.2. Prueba estadística de los niveles de materia orgánica en suelos de vega, piedemonte y tierra alta.

| | | Materia Orgánica | | | Total |
		Vega	Piedemonte	Pendiente	
Alto	esperada	4.75	5.0	9.2	19
	observada	3.00	10.0	6.0	
Medio	esperada	6.75	7.2	13.1	27
	observada	6.00	6.0	15.0	
Bajo	esperada	4.50	4.8	8.7	18
	observada	7.00	1.0	10.0	
	Total	16.00	17.0	31.0	64

Ji cuadrado=11.88; p=.02; df=4

dominated by a single particle size are not significant obstacles to crop production in the area.

The variation among soils from differing physiographic zones can be summarized as follows.

Vegas

Vega soils are generally fine textured, loamy soils with high porosity, good water infiltration rates, and fairly good moisture holding capacity. Organic matter is lower than upland soils, probably reflecting both the younger age of these soils and their cultivation history. Of the 16 vega soils sampled, 13 (81%) had been cultivated continuously for more than five years, and most have been under annual production for 10–20 years consecutively. Agronomists working in the tropics have noted the tendency for OM to decrease with continued cropping, reaching a stable equilibrium after several years:

> We can expect a steady decline in organic matter which will in time stabilize at a lower level than when the vegetation was first cleared for cropping. The level at which this stability is reached will bear a general relation to crop yield and to the productivity of the farming system as a whole. (Norman 1979:119)

In the case of the vega soils in the El Cajon region, it appears that this equilibrium has been established at a fairly high level; comparisons with other Central American soils indicate that OM in the vegas is well above average despite many years of continuous production.

In general vega soils have adequate to high mineral content including phosphorous, which is notably lacking in the upland soils. The relatively high levels of mineral nutrients may be explained by the constant slope wash from the surrounding hills. Soil creep, the almost imperceptible movement of soil particles downhill (Butzer 1976:92), makes a constant incremental contribution. More dramatic are the occasional episodes of sheetwash during heavy rains which can deposit 10–15 mm of silty soil on a vega after an extremely violent rainstorm. Nitrogen deficiency may be the only serious limitation of the vega soils but this could not be determined without more detailed soil analysis.

Piedmont

Piedmont soils are characterized by high levels of organic matter (average 6.3%, s=1.9) and relatively high clay content. These two factors, together with neutral pH, indicate high nutrient availability. The high levels of OM also indicate good soil structure, perhaps compensating for higher clay content which can lead to problems with permeability and drainage. Because the soils are located on moderate slopes (10–27%), the problem of drainage associated with clay soils is not a significant factor limiting agricultural productivity. The combination of high clay and OM content reduces the dangers of nutrient leaching and the erosive potential of these soils (cf. Johnson 1983:76 for related soils in the Copan region).

Some of the piedmont soils were weathered out of limestone deposits which produce highly fertile soil. These soils have been mixed with colluvium washing down off the surrounding steep slopes. These soils are not generally farmed for extended periods and constant cultivation of fields on slopes over 20% leads to soil degradation without modifications to the landscape (check dams, terraces) to conserve soils.

Steep Slopes

Soils of the steep slopes represent the most marginal of the various physiographic zones discussed, yet some of these soils are capable of high yields in the initial years after clearing. As a group, these soils have slightly lower phosphorous content and pH levels than vegas or piedmont soils, with organic matter intermediate between the higher levels of the piedmont and the lower levels of the vegas. Soils on steep slopes are sandier and less clayey on average, which indicate potential problems with nutrient availability, nutrient leaching, and erosion. These soils have fair qualities of aeration, water permeability, and adequate water retaining capabilities, although piedmont soils would be superior in all these respects. Cultivated soils on steep slopes are usually located in ravines surrounding or adjacent to permanent or intermittent watercourses. These are areas of soil accumulation characterized by high water tables and higher relative humidity than the

Table 6.3. Statistical test of phosphorous deficiency in vega, piedmont, and steep slopes.

		Phosphorous			Total
		Vega	Piedmont	Slopes	
Sufficient	expected	5.2	5.6	10.2	21
	observed	11.0	3.0	7.0	
Deficient	expected	10.8	11.4	20.8	43
	observed	5.0	14.0	24.0	
	Total	16.0	17.0	31.0	64

chi-square=12.8; p<.01; df=3

en fósforo, mientras que 14 (82%) de los 17 suelos de piedemonte y 24 de los 31 suelos de pendiente escarpada (77%), mostraron bajos niveles de fósforo. Una prueba de Ji cuadrado reveló que esta distribución diferenciada de fósforo es estadísticamente significativa al nivel 0.01. Con respecto a otros nutrientes, los suelos de la región de El Cajón generalmente contienen niveles de potasio, calcio y manganeso que van de adecuados a altos.

La textura del suelo varía de predominantemente arcillosa a predominantemente arenosa. Sin embargo, la mayoría de los suelos caen en las categorías intermedias mostrando una balanceada mezcla en el tamaño de las partículas. En los suelos de tierra alta predominan las margas de arcilla arenosa y las arenosas. Estas dos clases caracterizan 20 de los 31 (64%) suelos de pendiente escarpada. En general, los suelos de pendiente escarpada tienden a ser más arenosos que los de piedemonte o vega. Los suelos de vega son de textura predominantemente margosa, con margas, margas arcillosas y aluviales que caracterizan 11 de los 16 (69%) de estos suelos. Los suelos de piedemonte se distinguen por arcillas y margas arcillosas en 13 de las 17 (76%) muestras. En general, el balance en la textura que muestran los suelos de El Cajón indica que los problemas de desagüe, lixiviación, capacidad de retención de humedad y disponibilidad de nutrientes que caracterizan a los suelos en los que predomina un único tamaño de partículas, no constituyen obstáculos significativos para la producción agrícola en el área.

La variación entre los suelos de diferentes zonas fisiográficas puede ser resumida de la manera siguiente.

Vegas

Los suelos de vega son generalmente de fina textura. Se trata de suelos margosos de alta porosidad, adecuadas tasas de filtración de agua y capacidad considerablemente adecuada de retención de humedad. El contenido de materia orgánica es menor que en los suelos de tierra alta, reflejando probablemente tanto la más joven edad de estos suelos como su historia de explotación agrícola. De los 16 suelos de vega examinados, 13 (81%) han estado continuamente bajo cultivo por más de

cinco años, mientras la mayoría se encuentra en producción anual interrumpidamente desde hace 10 a 20 años. Los agrónomos que trabajan en los trópicos han notado una tendencia de la materia orgánica a decrecer bajo cultivo continuado, alcanzando un equilibrio después de varios años:

> Podemos esperar una constante declinación de la materia orgánica, la cual se estabilizará con el tiempo a un nivel más bajo que cuando se taló por primera vez la vegetación para el cultivo. El nivel al cual se alcanza esta estabilidad mostrará una relación general con el rendimiento en la cosecha y la productividad del sistema agrícola por entero. (Norman 1979:119)

En el caso de los suelos de vega en la región de El Cajón, parece que este equilibrio se ha estabilizado a un nivel considerablemente alto; la comparación con otros suelos de Centroamérica indica que la materia orgánica en las vegas se encuentra bastante por sobre el promedio, a pesar de los muchos años de producción continua.

En general, los suelos de vega tienen un adecuado a alto contenido mineral, incluyendo fósforo, el cual es notablemente deficiente en los suelos de tierra alta. Los relativamente altos niveles de nutrientes minerales pueden ser explicados por medio del constante lavado de las pendientes de los cerros a su alrededor. El arrastre del suelo, el casi imperceptible desplazamiento de las partículas de suelo pendiente abajo (Butzer 1976:92), contribuye constantemente a su incremento. Más dramáticos son los ocasionales episodios de lavado de las capas de suelo durante las fuertes lluvias, pudiendo depositarse de 10 a 15 mm. de suelo aluvial en una vega después de una tormenta extremadamente violenta. La deficiencia de nitrógeno podría ser la única limitación crítica en los suelos de vega, pero esto no puede ser determinado sin un análisis más detallado del suelo.

Piedemontes

Los suelos de piedemonte están caracterizados por altos niveles de materia orgánica (promedio de 6.3%, s=1.9) y un relativamente alto contenido de arcilla. Estos dos factores, junto con el pH neutro, indican una alta disponibilidad de nutrientes. Los altos niveles de materia orgánica indican también una adecuada estructura del suelo, compensando tal

Cuadro 6.3. Prueba estadística de deficiencia de fósforo en vegas, piedemontes y pendientes escarpadas.

		Fósforo			
		Vegas	Piedemontes	Pendientes Escarpadas	Total
Suficiente	esperado	5.2	5.6	10.2	21
	observado	11.0	3.0	7.0	
Deficiente	esperado	10.8	11.4	20.8	43
	observado	5.0	14.0	24.0	
	Total	16.0	17.0	31.0	64

Ji cuadrado=12.8; p<.01; df=3

surrounding, more exposed hillslopes.

Pockets of upland soil accumulation represent a fragile resource which is easily degraded under conventional slash and burn agriculture, particularly if cropping periods are extended or fallow periods shortened.

It should be noted that only a fraction of the area classified as steep slopes is used for agriculture. Much of the area is covered by pine forests underlain by thin, coarse, acidic, and nutrient-poor soils which are highly susceptible to erosion and incapable of sustained agricultural production without extensive modification.

Climate

The climate in the El Cajon region is tropical and is characterized by uniformly warm temperatures throughout the year. Seasonality in the study area, as in most tropical regions, is determined by variations in rainfall.

The critical climatic factors for agriculturalists in the El Cajon region are 1) the timing of the onset of the rains which determines the optimal date for burning and planting of fields, 2) the timing and severity of the interruption of the rainy season (the "canicula" or "veranillo") that usually occurs in July or August when maize is most vulnerable to drought, and 3) the duration of the rainy season which determines the feasibility of producing a second crop of maize. The reader should consult Chapter 3 in this volume for a more detailed discussion of climatic conditions and their effect on agriculture.

Vegetation

The vegetation patterns in the El Cajon region are discussed in detail by Lentz in Chapter 4. I am concerned here only with those aspects of vegetation most important for agricultural adaptations in the region.

It is important to understand contemporary vegetation patterns because 1) contemporary cultivators use vegetation as their primary guide to choosing sites for *milpas* and 2) understanding the factors which shape current vegetation patterns are important for inferring prehistoric agricultural activity including the quantity and quality of available land and estimates of labor input and potential productivity.

Lentz identified five general vegetation zones in the study area. These are the circum-riverine zone, monsoon forest, pine-oak forest, pine-oak-sweet gum forest, and agricultural/secondary growth communities (Lentz 1983b, 1984, and Chapter 4). The most important zone for agricultural purposes is the monsoon forest. From the remnants observed in the area today, Lentz feels that, "the monsoon forest was once the climax vegetation of the valley bottoms in presettlement times" (Lentz 1984:36). This monsoon forest differs from tropical rain forests in having fewer species, wider spacing of trees, a slightly open canopy, and a distinct dry season aspect in which many trees loose their leaves and/or flowers.

I have argued elsewhere (Loker 1986:168–175) that the monsoon forest extended from the vega lands up onto the

Table 6.4. Areal extent of environmental zones in the El Cajon region.

Environmental Zone	Area (km^2)	%
Vega	13.7	5
Piedmont	18.6	7
Steep Slopes		
(a) arable	90.6	33
(b) non-arable	142.4	53
Upland Basins	4.7	2
Total	270.0	100

hillslopes following the courses of streams where deep well-watered soils are present, up to 600–900 m MSL. This latter environmental zone has been labelled the "hondonada zone" by Carr (1950), who discussed its importance as an ecological "corridor" linking the cloud forests of higher elevations with the monsoon forest. With increasing elevation or slope, it is likely that species diversity and vigor become attenuated, and gradually the monsoon forests grades into either a pine-oak or the pine-oak-sweet gum forest.

Cultivators seek well-watered sites with deep soils for agricultural use. Phytogeographic studies and informant interviews suggest that the vast majority of area under cultivation today (Lentz's agricultural/second growth community) was originally monsoon forest. I think these are areas where the oak portion of the pine-oak forest was cleared for agriculture. But in general, areas under 1,000 m MSL currently covered by *milpas* or secondary growth were originally covered by monsoon forest. Extrapolating back to the precolumbian situation, we can expect that the Classic period settlers also cleared monsoon forest.

In summary, the environment of the El Cajon region can be divided into several distinct categories based on various physical environmental criteria such as topography, elevation, soil, climate, and vegetation. These broad physiographic zones also exhibit varying potential for agricultural exploitation. The zones are

1) Vegas: relatively level to undulating terrain (slope less than 10%) flanking major river courses, composed of floodplain or one or more alluvial terraces, located below 300 m MSL in the study area;

2) Piedmont: intermediate slopes (10–27% slope) that occupy the terrain between vegas and steeper slopes, as well as limited areas at higher elevations;

3) Steep Slopes: slopes greater than 27% which characterize most of the terrain in the study area. This zone can be subdivided into 1) an *arable component* located in the ravines near permanent water courses and other areas, such as those underlain by limestone, where relatively deep fertile soils have developed; and, 2) a *nonarable component*

vez así el alto contenido de arcilla, el cual puede traer problemas de permeabilidad y desagüe. Debido a que estos suelos están localizados en pendientes moderadas (10–27%), el problema del desagüe asociado a los suelos arcillosos no constituye un factor limitativo de peso para la producción agrícola (comparar con Johnson 1983:76 para los suelos correspondientes en la región de Copán).

En algunos de los suelos de piedemonte la exposición a los agentes atmosféricos ha desgastado los depósitos de caliza, produciendo suelos extremadamente fértiles. Estos suelos se han mezclado con el coluvión lavado de las pendientes escarpadas a su alrededor. Generalmente estos suelos no son cultivados por extensos períodos y el cultivo continuo de las parcelas en pendientes de más de 20% de gradiente conduce a la degradación cuando no se modifica el terreno (canales en tablero, terrazas) para conservar el suelo.

Pendientes Escarpadas

Los suelos de pendiente escarpada representan la más marginal de las distintas zonas fisiográficas discutidas, aún cuando algunos de ellos son capaces de arrojar un alto rendimiento en los años iniciales después del desmonte. En su conjunto, estos suelos tienen un contenido ligeramente más bajo de fósforo, al igual que más bajos niveles de pH, que los suelos de vega o de piedemonte; el contenido de materia orgánica es intermedio entre los más altos niveles del piedemonte y los más bajos niveles de las vegas. Los suelos de pendiente escarpada son más arenosos y menos arcillosos en promedio, lo cual indica potenciales problemas con la disponibilidad de nutrientes, lixiviación de nutrientes y erosión. Tales suelos presentan buenas condiciones de aireación, permeabilidad del agua y capacidad adecuada de retención de la humedad, no obstante que los suelos de piedemonte son superiores en todos estos aspectos. Las parcelas cultivadas en las pendientes escarpadas se localizan usualmente en los alrededores de quebradas o adyacentes a las corrientes permanentes o estacionales. Estas son áreas de acumulación de suelo caracterizadas por altos niveles freáticos y más alta humedad relativa que las vecinas y más expuestas pendientes de los cerros.

Los bolsones de acumulación de suelo en las tierras altas representan un frágil recurso que se ve fácilmente degradado bajo el influjo de la agricultura convencional de tala y roza, en particular si los períodos de cultivo se extienden o los de barbecho se acortan.

Es de hacerse notar que solamente una fracción del área clasificada como de pendiente escarpada es utilizada para la agricultura. Gran parte del área está cubierta de bosques de pino sostenidos por suelos delgados, fuertemente ácidos y pobres en nutrientes y, por lo tanto, altamente susceptibles a la erosión e incapaces de una producción agrícola continuada sin una extensa modificación del terreno.

Clima

El clima en la región de El Cajón es tropical y se caracteriza por temperaturas uniformemente cálidas a lo largo de todo el año. La estacionalidad en nuestra región de estudio está determinada, como en la mayoría de las regiones tropicales, por las variaciones en la precipitación pluvial.

Los factores climáticos críticos para el agricultor en la región de El Cajón son 1) la calendarización del principio de las lluvias, lo cual determina la fecha óptima para la roza y siembra de las parcelas, 2) la calendarización y severidad de la interrupción de la estación lluviosa (la canícula o veranillo) que usualmente ocurre en julio o agosto cuando el maíz es más vulnerable a la sequía y 3) la duración de la estación de lluvias que determina la factibilidad de una segunda cosecha de maíz. Para una discusión más detallada de las condiciones climáticas y sus efectos en la agricultura puede consultarse el Capítulo 3 de este volumen.

Vegetación

Los patrones de vegetación en la región de El Cajón son tratados en detalle por Lentz en el Capítulo 4. Aquí nos conciernen solamente aquellos aspectos de la vegetación de mayor importancia para la adaptación agrícola en la región.

Es importante comprender los patrones contemporáneos de la vegetación debido a que 1) los agricultores modernos usan la vegetación como su principal guía para escoger las parcelas para las milpas y 2) la comprensión de los factores que dan forma a estos patrones contemporáneos permiten inferir la actividad agrícola precolombina, incluyendo la cantidad y calidad de la tierra disponible; asimismo, permiten estimar la inversión de labor y el potencial productivo.

Lentz identifica cinco zonas generales de vegetación en el área de estudio. Estas son la comunidad de rivera, el bosque tropical deciduo, el bosque de pino-roble, el bosque de pino-roble-liquidambar y la zona de explotación agrícola o crecimiento secundario (Lentz 1983, 1984 y Capítulo 4). La más importante zona para propósitos agrícolas es el bosque tropical deciduo. De acuerdo a los remanentes observados en el área hoy en día, Lentz considera que "el bosque tropical deciduo fue la vegetación de máximo desarrollo en los pisos de los valles en tiempos precolombinos" (Lentz 1984:36). Este bosque difiere de los bosques húmedos tropicales por contener un menor número de especies, un mayor espacio entre los árboles, un ramaje ligeramente abierto y un distintivo aspecto en la estación seca en la cual muchos árboles pierden sus hojas y flores.

En otra parte hemos argumentado (Loker 1986:168–175) que el bosque tropical deciduo se extendía de las vegas a las pendientes de los cerros, siguiendo el curso de las corrientes en donde existen suelos profundos y bien irrigados, hasta alcanzar los 600 a 900 msnm. Esta última zona ambiental ha sido designada la "zona de hondonada" por Carr (1950) quien discute su importancia como un "corredor" ecológico que enlaza los bosques nublados a mayor elevación con el bosque tropical deciduo. Con el aumento de la elevación o la pendiente, es probable que la diversidad de especies y el vigor sean atenuados y el bosque tropical deciduo gradualmente se convierta en bosque de pino-roble o bosque de pino-roble-liqui-

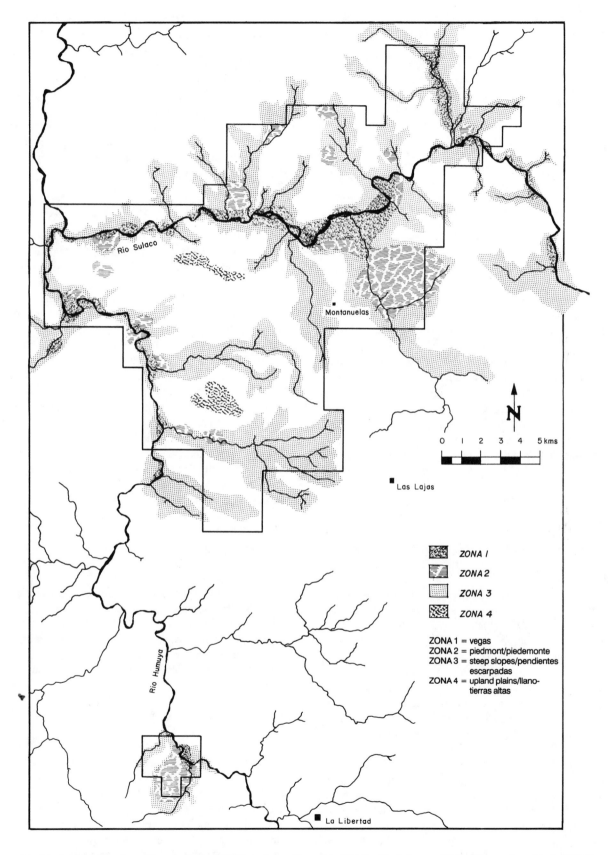

Figure 6.1. Distribution of physiographic zones in the El Cajon region.—Figura 6.1. Distribución de las zonas fisiográficas en la región de El Cajón.

Cuadro 6.4. Extensión de las zonas ambientales
en la región de El Cajón.

Zona Ambiental	Area (km^2)	%
Vega	13.7	5
Piedemonte	18.6	7
Pendientes Escarpadas:		
a) arables	90.6	33
b) no arables	142.4	53
Planicies de Tierra Alta	4.7	2
Total	270.0	100

dambar.

Los agricultores buscan parcelas bien irrigadas con suelos profundos para el cultivo. Los estudios fitogeográficos y las entrevistas con los informantes sugieren que la mayor parte del área bajo cultivo hoy en día (la zona de explotación agrícola o crecimiento secundario de Lentz), fue originalmente bosque tropical deciduo. Aunque consideramos que existen áreas en donde la parte correspondiente al bosque de pino-roble fue desmontada, en general las áreas bajo los 1,000 msnm, actualmente cubiertas de milpas o de vegetación de crecimiento secundario, se encontraban originalmente cubiertas de bosque tropical deciduo. Por lo tanto, retrocediendo hacia la situación precolombina, podemos hipotetizar que los colonizadores del Período Clásico talaron este bosque tropical deciduo.

En resumen, el ambiente en la región de El Cajón puede ser dividido en distintas categorías en base a variados criterios físicos tales como la topografía, la elevación, el suelo, el clima y la vegetación. Estas amplias zonas fisiográficas también exhiben un variado potencial para la explotación agrícola. Ellas son

1) Las vegas: terrenos relativamente planos a ondulados (pendiente menor de 10%), flanqueando los cursos de los principales ríos, compuestos de planicies aluviales o de una o más terrazas también aluviales, localizadas bajo los 300 msnm en la región de estudio;

2) Los piedemontes: pendientes intermedias (10–27%) que ocupan los terrenos entre las vegas y las pendientes escarpadas, al igual que áreas limitadas a mayor elevación;

3) Las pendientes escarpadas: pendientes mayores de 27% caracterizan la mayoría de los terrenos en la región de estudio. Esta zona puede ser subdividida en a) un componente cultivable localizado en las quebradas cerca de las fuentes permanentes de agua y otras áreas, tales como aquellas con calizas subyacentes, en donde se han desarrollado suelos relativamente profundos y fértiles y b) un componente no cultivable cubierto con suelos ácidos de gránulo grueso derivados de las tobas volcánicas del terciario.

4) Las planicies de tierra alta: terrenos planos a suavemente ondulados en las tierras altas alejados de los principales ríos, muy limitados en extensión, a menudo con serios problemas de desagüe que restringen su capacidad agrícola bajo las condiciones reinantes.

El área aproximadamente cubierta por cada una de estas zonas ambientales se expresa en el Cuadro 6.4 y la extensión y distribución se presentan en la Figura 6.1. Estas zonas ambientales y su diferenciado potencial agrícola constituyen la base para la investigación de las estrategias agrícolas dentro de la región de El Cajón.

El Sistema Agrícola

Los datos sobre la productividad agrícola y las técnicas fueron recolectados por medio de observación directa, mediciones en el terreno y entrevistas estructuradas y no estructuradas. Se estudió intensivamente una muestra compuesta por 40 milpas, visitando los agricultores mensualmente para establecer el avance de la siembra y observar la inversión de labor. Con el objeto de extender el área de cobertura, se llevó a cabo un reconocimiento extensivo durante el tiempo de cosecha, incorporándose así los datos sobre la producción en 44 milpas adicionales. De esta manera se estudiaron un total de 84 milpas a variado nivel de intensidad.

La información fue recolectada utilizando un cuestionario y un formato para el registro uniforme de datos (Loker 1986: Anexo B). Se adquirió información sobre la elevación, el declive, la orientación, la vegetación cercana y el suelo de cada milpa; asimismo, los agricultores fueron interrogados sobre la calendarización y la cantidad de labor requerida en las diferentes etapas del cultivo. Se obtuvo información detallada sobre la inversión de labor en 54 parcelas y datos incompletos sobre 28 terrenos adicionales.

Igualmente se recolectó información sobre el tamaño de las parcelas, régimen de tenencia de la tierra, cosecha, ciclo de barbecho, tipo y cantidad de maíz sembrado; tiempo necesario para la germinación del maíz, floración, aparición de los primeros frutos y maduración hasta alcanzar la cosecha; causas de las pérdidas en la cosecha y la percepción del agricultor acerca de la fertilidad del suelo y los patrones climáticos, así como una evaluación de la cosecha del año de 1984 en comparación con otros años. También se obtuvieron datos sobre el tamaño de las familias, fuentes de ingresos, consumo y comercialización del maíz. Se recolectó, por último, una muestra de las mazorcas y de los suelos.

El Ciclo Agrícola: Labor y Productividad

En esta sección se presenta una descripción a grandes rasgos del ciclo agrícola, la inversión de labor requerida y la productividad resultante (Ver Loker 1986 para una información detallada). La técnica agrícola practicada en la región es del tipo conocido como de "tala y roza". Estos términos son preferibles al de "agricultura migratoria" puesto que en muchos casos los agricultores practican una siembra a largo plazo

covered with oak-pine vegetation and characterized by highly acidic coarse-grained soils derived from Tertiary volcanic tuffs;

4) Upland basins: relatively level to gently sloping terrain in the uplands away from major rivers, very limited in areal extent, often with serious drainage problems restricting their suitability for agriculture under current conditions.

The approximate area covered by each of these environmental zones is given in Table 6.4 and their areal extent and distribution are presented in Figure 6.1. These environmental zones and their differing agricultural potential form the basis for investigating agricultural strategies within the El Cajon region.

The Agricultural System

Data on agricultural productivity and techniques were gathered using participant observation, field measurements, and formal and informal interviews. A sample of 40 *milpas* was studied intensively with monthly visits to cultivators to check progress and monitor labor input. To increase areal coverage, an extensive survey was carried out at harvest time in which production data from an additional 44 *milpas* was gathered. Thus a total of 84 *milpas* was studied at varying levels of intensity (Figure 6.2).

Information was collected using a standardized questionnaire and data recording form (Loker 1986:Appendix B). Information was collected on the elevation, slope, orientation, nearby vegetation, and soil of each *milpa*, and cultivators were interviewed about the timing and amount of labor required at various stages of cultivation. Detailed information on labor input was gathered from 54 fields, with incomplete data from an additional 28 plots.

Information was also gathered on size of fields; land tenure; crop:fallow cycles; type and amount of maize sown; time necessary for maize to germinate, flower, give first fruits, and mature to harvest; sources of crop losses; and cultivator perceptions of soil fertility, weather patterns, and an assessment of this year's harvest compared to other years. Data were gathered on family size, sources of income, and the consumption and marketing of corn. A sample ear of corn and soil samples were also taken.

Agricultural Cycle: Labor and Productivity

This section presents a broad outline of the agricultural cycle, labor requirements, and productivity (see Loker 1986 for detailed information). The agricultural technique practiced in the region is the "swidden" or "slash and burn" type. These terms are preferable to "shifting agriculture" because in many cases cultivators practice longterm, almost permanent cropping of their fields, with little "shifting" to new plots. Agriculture is characterized by very simple technology with low capital input. The minimum tool kit of agricultural implements consists of the machete used for clearing and weeding and the digging stick used for planting. Other implements

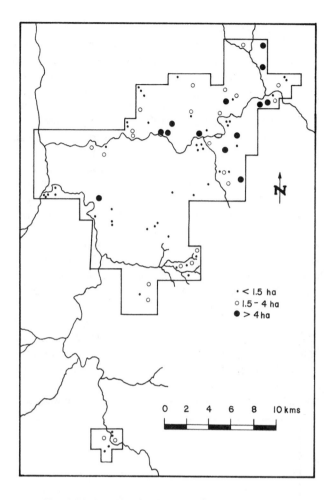

Figure 6.2. Location of agricultural fields used in this study.
Figura 6.2. Localización de los terrenos agrícolas estudiados.

commonly employed are the axe for felling large trees, the hoe for weeding, and the wooden metal-tipped plow which is drawn by oxen and used in the vegas for cultivation, planting, and weeding. The only chemical input widely used is herbicide, adopted in the late 1970s to augment or replace manual weeding.

Production is principally for home consumption though many cultivators sell small amounts of grain on the market. Of those giving information on crop marketing, 44% said they would sell some grain, while 55% said they would not. The relative isolation of the area reduces the pull of regional and national markets. These relatively isolated subsistence farmers rely on income from day labor on neighboring *milpas*, small-scale livestock rearing, and seasonal work on the coffee harvest for some additional cash income. In general, though, people are poor, cash is in short supply, and opportunities for supplementing incomes are rare. For the most part people in the study area are only marginally successful subsistence agriculturalists. Almost 70% admitted that they found it necessary to purchase maize after their supplies from the 1982 crop year (an average to below average crop year) were

o casi permanente de sus parcelas con poca "migración" hacia nuevos terrenos. Esta agricultura se caracteriza por una tecnología muy simple y baja inversión de capital. El conjunto mínimo de implementos agrícolas consiste en el machete para desmontar y desyerbar y la coa (conocida localmente como "chuzo") para sembrar. Otras herramientas comunmente empleadas son el hacha para talar árboles de gran tamaño, el azadón para desyerbar, el arado de madera con puntas de metal tirado por bueyes y utilizado en las vegas para arar, sembrar y desyerbar. Los únicos químicos de amplio uso son los herbicidas, adoptados al final de la década de 1970 para disminuir o reemplazar la desyerba a mano.

La producción se destina principalmente al consumo casero, aún cuando muchos agricultores venden pequeñas cantidades de grano en el mercado. De aquellos que ofrecieron información sobre la comercialización de la cosecha, el 44% declaró que venderían cierta parte del grano, mientras que la respuesta del 55% fue negativa. El relativo aislamiento del área reduce la demanda por parte de los mercados regionales y nacionales. Estos relativamente aislados agricultores de subsistencia dependen del trabajo asalariado en las milpas vecinas, crianza de ganado a menor escala y del trabajo en la estación de la cosecha de café para obtener un ingreso adicional en efectivo. En general, sin embargo, se trata de gente pobre; el dinero en efectivo es escaso y las oportunidades de aumentar sus ingresos son raras. En su mayor parte los habitantes de la región bajo estudio son agricultores de subsistencia que obtienen solo un beneficio marginal. Casi el 70% admitió que se había visto en la necesidad de comprar maíz al agotarse tempranamente su existencia de la cosecha de 1982 (un año de cosecha conforme o más baja que el promedio).

El ciclo agrícola se resume en la Figura 6.3. El ciclo anual consiste en desmonte, quema, siembra, desyerba y cosecha. La cantidad de trabajo invertida en estas tareas varía ampliamente dependiendo de la cantidad y clase de tierra, así como del número de años que ésta tiene bajo cultivo.

El desmonte toma lugar entre enero y abril, alcanzando su máxima actividad en marzo para ser generalmente concluido a mediados de abril. Las parcelas deben ser desmontadas a tiempo para que la vegetación cortada se seque y pueda ser quemada previo al comienzo de las lluvias. Las quemas se inician a mediados de abril y pueden continuar hasta finales de mayo dependiendo de las condiciones climáticas y de los planes del agricultor con respecto a la siembra de la milpa. Si la parcela será arada, esta tarea se realiza después de la quema.

Una considerable controversia existe en la literatura agronómica con respecto a los efectos de la quema sobre el suelo. Ahora es generalmente aceptado que la quema es uno de los métodos más eficientes y agronomicamente adecuados para desmontar los bosques tropicales (Ewell et al. 1981; Valverde

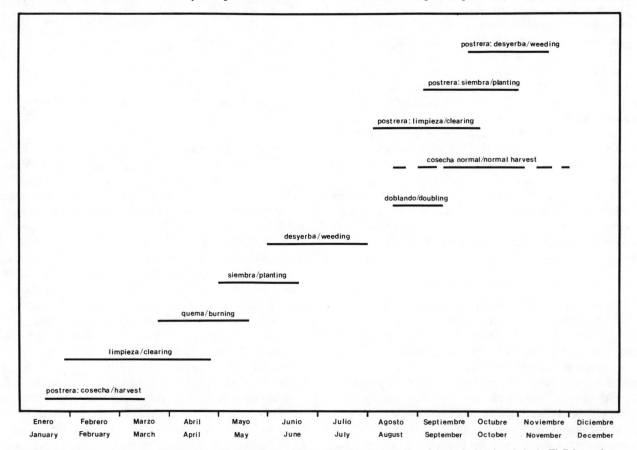

Figura 6.3. Esquema del ciclo agrícola en la región de El Cajón.—Figure 6.3. Schematic outline of the agricultural cycle in the El Cajon region.

exhausted.

The agricultural cycle is summarized in Figure 6.3. The annual cycle consists of clearing, burning, sowing, weeding, and harvesting. The amount of work put into these tasks varies widely and depends on the amount and kind of land farmed and the number of years it has been cultivated.

Clearing takes place from January to April; clearing activity peaks in March and is generally finished by mid-April. Fields must be cleared in time for downed vegetation to dry out for burning before the onset of the rains. Burning begins in mid-April and may continue until the end of May depending on weather conditions and when the cultivator plans to sow his *milpa*. If a *milpa* will be plowed, this task is done after the burn.

Considerable controversy exists in the agronomic literature regarding the effects of burning on soil. It is now generally accepted that burning is one of the most efficient and agronomically sound methods of clearing tropical forests (Ewell et al. 1981; Valverde and Bandy 1982; c.f. Norman 1979; Cowgill 1962 for differing interpretations). Ewell et al. (1981: 822–828) summarized the effects of burning on soils:

1) It causes a decrease in the number of viable seeds and reduces initial vegetative regrowth on the plot;
2) It increases soil pH which affects phosphorous availability and raises cation exchange capacity;
3) Most nutrient loss occurs in the process of drying the vegetation and after burning as ashes are removed by wind;
4) Nutrients and microrhizae in the upper five centimeters of the soil generally survive burning.

The chief advantage of clearing and burning is that it releases nutrients immobilized in vegetation and makes them available for plant uptake (Ewell et al. 1981: 822–828). But this same process makes the nutrients susceptible to leaching. Therefore, crops must be established soon after the burn to take advantage of the available nutrients before wind and rain remove them from the soil. That is one reason why the timing of the burn, and subsequent planting, is so crucial.

Planting

Once the fields are cleared and burned, the cultivators of the El Cajon region must make their most critical decision of the entire agricultural cycle: the timing of the planting. If the *milpa* is planted too early, before the regular rhythm of rains is established, the cultivator loses his time, effort, and seed corn, for without adequate moisture, the seeds either fail to germinate or the young maize plants are burned up in the tropical sun. The decision to plant is arrived at by observation, introspection, and, above all, discussion with other cultivators.

In the El Cajon region 90% of all cultivators planted their fields between May 20 and June 20; over 50% planted in the ten-day period from June 1 to 10 with the remaining 40% about equally divided between the last week in May and the second week in June. In one case a man planted in mid-April hoping for early rains and lost the entire planting.

Seed for planting the *milpa* is usually derived from the previous year's harvest (75% of the cultivators used their own seed to plant their *milpas*; the remainder purchased seed for planting). Average seeding rate is about 12 kg per ha, with about 10,300 holes per ha and 3–5 seeds per hole. Distance between holes averages just under one meter (96 cm) on all sides; that is, each hill of maize is separated by about one meter from its nearest neighbor. The average time to plant a hectare of land using a digging stick is about 32 man hours. Five men working an average day can seed one hectare of land. Planting with a plow is somewhat faster: on the average a team of two men, one plowing and the other following with the seeds, can plant one hectare in two days time (28 man hours/ha). Germination usually occurs in four or five days, a week at most.

Weeding

After planting, the next major task of the agricultural cycle is weeding. Weeding is labor intensive, time consuming, and tedious work. Weeding begins in mid- to late June, and is finished by the end of July to the beginning of August, after which the weeds continue their inexorable resurgence unimpeded.

Of all the inputs measured, there is more variability regarding the amount of time spent weeding than any other variable. The mean time spent weeding was 105 man hours/ha (s=75) and ranged from 10 to 346 man hours! This great variability is due to several factors. One is that land in different stages of the crop:fallow cycle demand variable levels of labor spent in weeding. A t-test was run on time spent weeding plots that were in their first year of production (GRP 1 below) versus multi-year plots (those planted two or more years in succession, GRP 2 below). The results, shown in Table 6.5, show a significant difference in weeding time for the two classes of *milpa*, with multi-year *milpas* requiring half again as much weeding time as first year *milpas*.

Another cause of variation is the use of several different weeding techniques. A field may be hand-weeded using a machete, a hoe, or some combination of the two. Plowed fields are also weeded with a plow, using a technique known as *aporcado* in which the plow is run between the furrows where maize is planted, pulling up weeds by the roots and piling fresh earth around the base of the maize plants. The third method of weeding is the use of chemical herbicides

Table 6.5. Comparison of labor input for weeding fields of various fallowing times.

	N	Mean	S
GRP 1 (1st year *milpas*)	29	73	38
GRP 2 (multi-year *milpas*)	39	128	87

t=-3.18; sig=.002 (2-tailed); df=66

y Bandy 1982; comparar Norman 1979; Cowgill 1962 para una interpretación diferente). Ewell et al. (1981:822–828) resume así los efectos de la quema en los suelos:

1) causa un decrecimiento del número de semillas de maleza con capacidad para crecer y reduce el inicial resurgimiento de la vegetación en la parcela;

2) aumenta el pH del suelo que afecta la disponibilidad de fósforo y eleva la capacidad del intercambio de cationes;

3) da lugar a una gran pérdida de nutrientes en el proceso de secado de la vegetación y después de la quema cuando las cenizas son removidas por el viento;

4) permite generalmente que los nutrientes y microrizomas sobrevivan a la quema en los 5 cm. superiores del suelo.

La principal ventaja del desmonte y la quema es que desprende los nutrientes inmovilizados en la vegetación y los hace disponibles para ser absorbidos por las plantas (Ewell et al. 1981:822–828). Este mismo proceso, sin embargo, vuelve a los nutrientes susceptibles a la lixiviación. En consecuencia la siembra debe tener lugar poco después de la quema para aprovechar los nutrientes disponibles antes que el viento y la lluvia los remuevan del suelo. Esta es una razón por la cual la calendarización de la quema y la subsecuente siembra, es tan crucial.

Siembra

Una vez que las parcelas han sido desmontadas y quemadas, los agricultores de la región de El Cajón deben tomar la decisión más crítica de todo el ciclo agrícola: la calendarización de la siembra. De plantarse la milpa muy temprano, antes de que empiece el ritmo regular de las lluvias, el agricultor corre el riesgo de perder el tiempo y esfuerzo invertido, además de la semilla, pues sin la humedad adecuada las semillas no germinarán o bien las jóvenes plantas de maíz serán abrasadas por el tórrido sol tropical. Se llega a la decisión de sembrar por medio de la observación, introspección y, sobre todo, discusión con otros agricultores.

En la región de El Cajón, 90% de los agricultores siembran sus terrenos entre el 20 de mayo y el 20 de junio; más del 50% realiza la siembra en el período comprendido entre el 1 y el 10 de junio; el restante 40% se distribuye igualmente entre la última semana de mayo y la segunda semana de junio. En un caso, un agricultor llevó a cabo la siembra a mediados de abril, confiando en las tempranas lluvias, perdiendo por completo el sembradío.

La semilla para sembrar la milpa es derivada usualmente de la cosecha del año anterior (75% de los agricultores utilizan su propia semilla para sembrar sus milpas, mientras los restantes la compran). La tasa media para la siembra es de alrededor de 12 kg. por hectárea, con unos 10,300 hoyos por hectárea y de 3 a 5 semillas por hoyo. La distancia entre los hoyos es en promedio menor que un metro (96 cm.) por todos sus lados; esto es, el amontonamiento de semilla está separado del siguiente por más o menos un metro de distancia. El tiempo promedio para sembrar una hectárea usando la coa es alrededor de 32 horas-hombre. Cinco hombres trabajando un pro-

Cuadro 6.5. Comparación de la inversión de trabajo en la desyerba de parcelas en varios períodos de producción.

	N	Media	S
GRUPO 1 (1. año producción)	29	73	38
GRUPO 2 (múltiple producción)	39	128	87

t=-3.18; sig.=.002 (2-agregado); df=66

medio de un día pueden sembrar una hectárea. La siembra con arado es algo más rápida: por lo regular dos hombres—uno arando y el otro sembrando seguidamente—pueden cubrir una hectárea en dos días (28 horas-hombre por hectárea). La germinación usualmente ocurre de cuatro a cinco días o, lo más, una semana más tarde.

Desyerba

Después de la siembra la siguiente importante tarea del ciclo agrícola es la desyerba. Esta labor es intensiva y se trata de un trabajo tedioso que consume tiempo. La desyerba se inicia de mediados a finales de junio, terminándose hacia el final de julio o principios de agosto, después de lo cual la maleza continúa su inexorable resurgimiento sin ningún impedimento.

De todas las mediciones sobre la labor que exige la milpa, existe mayor fluctuación en cuanto a la cantidad de tiempo invertido desyerbando que con respecto a cualquier otra variable. La media de tiempo consumido en la desyerba fue de 105 horas-hombre por hectárea (s=75) variando de 10 a 346 horas-hombre. Esta gran variabilidad obedece a diferentes factores. Uno es que el terreno demanda la aplicación de variables niveles de labor a la desyerba de acuerdo a los diferentes estadios del ciclo cultivo/barbecho. Se realizó una prueba cronológica sobre el tiempo invertido en la desyerba de parcelas en su primer año de producción (GRUPO 1, ver abajo) en contraste con parcelas de múltiples años de producción (aquellas sembradas sucesivamente durante dos años o más, GRUPO 2, ver abajo). Los resultados presentados en el Cuadro 6.5 muestran una significativa diferencia en el tiempo de duración de la desyerba en las dos clases de milpas, requiriendo las milpas de múltiple producción un tanto más de la mitad del tiempo de desyerba que las parcelas de primer año.

Otro factor de diferenciación es el uso de una serie de distintas técnicas de desyerba. Una parcela puede ser desyerbada a mano usando el machete, el azadón o una combinación de ambos. Los terrenos arados son también desyerbados con arado, empleando una técnica conocida como aporcado, en la cual el arado es pasado alrededor de los surcos donde se ha sembrado el maíz, tirando la maleza por las raíces y amontonando tierra fresca en la base de las plantas. El tercer método lo constituye el empleo de herbicidas químicos mencionado

Table 6.6. Weeding techniques used in the El Cajon region.

Technique	Frequency	%
Machete	14	18
Hoe	3	4
Machete & Hoe	3	4
Herbicide	5	6
Herbicide & Machete/Hoe	46	59
Aporcado w/ Plow	7	9
Total	78	100

mentioned earlier. Table 6.6 shows the frequency of the use of these techniques in the *milpas* studied.

From the above we can see that 26% of all cultivators rely exclusively on hand tools for weeding, 6% rely exclusively on chemical means, 59% on a combination of chemicals and hand tools, while 9% weed their fields using an ox drawn plow. Table 6.7 presents an analysis of variance comparing the time spent weeding with the technique used. GRP 1 includes hand tools only, GRP 2 includes hand tools plus herbicide, GRP 3 includes herbicide only, and GRP 4 includes plow weeding.

The most common method is hand weeding supplemented by a small amount of herbicide for those areas where the resurgent vegetation is heaviest. It is clear from the analysis that herbicide represents a dramatic labor saving strategy as compared to hand weeding. When comparing the two traditional methods that have been available to cultivators for the last four centuries, plow weeding versus hand weeding, it is equally clear that plow weeding saves labor.

Herbicide use has its costs, however. In a system characterized by an extreme shortage of capital, why have so many cultivators adopted the use of herbicide? To answer this question we need to understand a little bit more about the dynamics of weeding in the region.

The average time to hand weed one hectare of land is 133 hours (Table 6.7). During the peak agricultural season the average *campesino* spends about 38 hours per week working in the *milpa*. At that rate, it would take 3.5 weeks, or approximately 24 days to weed one hectare. The average *milpa* is 2.5 ha. At 24 days/ha, it takes 60 days to weed the average *milpa*. If the *campesino* starts on June 10, he will finish weeding his plot the first week in August.

Weeding is important for crop production and should be done within 6–10 weeks after sowing by the time the corn is flowering. Most corn is flowering in late July to early August. Using hand tools, the typical *campesino* has to weed without letup for two months on his 2.5 ha and at that he barely weeds his entire field by the time the corn is flowering. If the cultivator has sons of age ten or over they will help with weeding. (Time spent weeding is the only input that is sensitive to family size. There is a weak, but statistically significantly correlation between weeding input and family size: $r=.20$, r-squared$=.04$, $p=.049$). Another solution is to hire day labor which most cultivators do. But nearly everyone has a *milpa* planted and all the *milpas* have to be weeded at about the same time. The result is a shortage of labor at a critical point in the agricultural cycle.

The conclusion is that *weeding is the single most important factor limiting the size of* milpas. Weeding takes a larger average amount of time per ha compared with other inputs (weeding per hectare$=105$ man hours). A man requires about 96 man hours to clear a ha of land; it is hard work, but he has five months (January–May) to complete the task. While the timing of planting is important, it is not strenuous work, takes only about 32 hours per hectare, and is a task very amenable to cooperative labor exchange because the effort required does not vary much from plot to plot.

This explains why herbicides have been so widely adopted. Using herbicide enables the cultivator to either 1) expand the size of his *milpa* while keeping labor input constant or 2) grow

Table 6.7. Labor input for weeding by technique in the El Cajon Region.

	N	Mean	S	Min	Max
GRP 1	17	133	75	60	346
GRP 2	39	110	74	25	303
GRP 3	5	19	10	10	34
GRP 4	7	69	58	26	182
Total	64	105	75	10	346

GRP 3 is significantly different than GRP 1 and 2, $p < .05$.
GRP 4 is significantly different than GRP 1, $p < .05$.

Note: Different totals from Table 6.5 are due to lack of data on labor input for some cultivators.

antes. El Cuadro 6.6 muestra la frecuencia en el uso de estas técnicas en las milpas estudiadas.

De lo anterior podemos establecer que 26% de todos los agricultores depende exclusivamente de implementos manuales para desyerbar, 6% aplica exclusivamente substancias químicas, 59% recurre a una combinación de químicos e implementos manuales, mientras que el 9% desyerba sus parcelas con el arado de bueyes. El Cuadro 6.6 ofrece un análisis de variancia comparando el tiempo consumido en la desyerba según la técnica utilizada. El GRUPO 1 incluye solamente implementos manuales, el GRUPO 2 incluye implementos manuales y herbicidas, el GRUPO 3 incluye herbicidas solamente y el GRUPO 4 utiliza solamente el arado.

El método más común es la desyerba a mano suplementada por pequeñas cantidades de herbicida en aquellas áreas en donde el resurgimiento de la vegetación es más fuerte. Es claro de acuerdo con el análisis que los herbicidas representan un dramático ahorro de labor en comparación con la desyerba a mano. De la comparación de los dos métodos tradicionales que han estado a disposición de los agricultores durante las últimas cuatro centurias—desyerba a mano frente a la desyerba con arado—es igualmente claro que la segunda constituye un ahorro de labor.

El uso de herbicidas, sin embargo, es costoso. En un sistema caracterizado por una extrema escasez de capital, ¿por qué han adoptado tantos agricultores el uso de herbicidas? Para contestar a esta pregunta necesitamos comprender un poco más sobre la dinámica de la desyerba en la región.

El promedio de tiempo para desyerbar a mano una hectárea de terreno es de 133 horas (Cuadro 6.7). Durante el período de máxima actividad de la estación agrícola, el campesino típico dedica alrededor de 38 horas a la semana al trabajo de la milpa. A esta tasa, le tomaría 3.5 semanas o aproximadamente 24 días desyerbar una hectárea. La milpa promedio alcanza 2.5 hectáreas. A 24 días por hectárea, le tomaría 60 días desyerbar su milpa. Si el campesino comienza el 10 de junio, terminaría con la desyerba de su parcela la primera

Cuadro 6.6. Técnicas de desyerba en uso en la region de El Cajón.

Técnica	Frecuencia	%
Machete	14	18
Azadón	3	4
Machete y azadón	3	4
Herbicida	5	6
Herbicida, machete/azadón	46	59
Aporcado/arado	7	9
Total	78	100

semana de agosto.

La desyerba es importante para el producto resultante de la cosecha y debería estar terminada dentro de las siguientes seis a diez semanas después de la siembra cuando el maíz está en florescencia. La mayor parte del maíz florece de finales de julio a principios de agosto. Utilizando implementos manuales, el campesino típico tiene que desyerbar sin interrupción durante dos meses sus 2.5 hectáreas y aún así apenas llega a desyerbar toda la parcela para cuando el maíz llega a la florescencia. De tener el agricultor hijos de 10 o más años, ellos le ayudarán con la desyerba. (El tiempo dedicado a la desyerba es la única inversión que se muestra sensible al tamaño de la familia. Existe una débil aunque estadísticamente significativa correlación entre la inversión de labor en la desyerba y el tamaño de la familia: $r=0.20$, r-cuadrado=0.04, $p=0.049$). Otra solución es contratar mano de obra asalariada, lo que hacen, en efecto, la mayoría de los agricultores. Puesto que casi todos los campesinos siembran una milpa y todas ellas deben ser desyerbadas a más o menos el mismo tiempo, el resultado es escasez de mano de obra en un punto crítico del ciclo agrícola.

Cuadro 6.7. Inversión de trabajo en la desyerba con relación a la técnica empleada en la región de El Cajón.

	N	Media	S	Min	Max
GRUPO 1	17	133	75	60	346
GRUPO 2	39	110	74	25	303
GRUPO 3	5	19	10	10	34
GRUPO 4	7	69	58	26	182
Total	64	105	75	10	346

GRUPO 3 es significativamente diferente de GRUPO 1 y 2, $p < 0.05$
GRUPO 4 es significativamente diferente de GRP 1, $p < 0.05$

Nota: Los diferentes totales del Cuadro 6.5 se deben a la falta de datos sobre la inversión de trabajo de algunos agricultores.

Table 6.8. Comparative labor input for maize agriculture in various regions of Mesoamerica.
(All figures in man/hours per hectare for first year *milpa* from second growth.)

	Lowland Guatemala	El Cajon	Yucatan	Highland Guatemala
Clear	107	98	127	155
Burn	10	12	31	included above
Plant	32	30	50	64
Weed	73	84	63	155
Double	16	10	0	0
Harvest	80	80	272	78
Total	318	314	543	451
(Avg yield kg/ha)	1440	1270	847	1037

Sources: Villa Rojas 1945 for Yucatan (Quintana Roo); Carter 1969 for Lowland Guatemala (Lake Izabal region); Stadelman 1940 for Highland Guatemala (Huehuetenango).

an average *milpa*, decrease labor input, be available to work at a time of peak labor demand, and thus earn some dearly needed cash.

Harvest

The progress of the maize crop is monitored with increasing anticipation from late July onward. The pre-harvest period is a time of scarcity and high prices. By this time the household's grain stocks are either running low or exhausted. In 1983 from mid-July to mid-August maize was extremely scarce and the price rose to L. 100.00/carga. At harvest time in late September, the price immediately fell to L 20.00/carga.

Milpas begin producing *elotes* (edible green corn) around mid-July to late August depending on the date of planting and variety of maize grown. The coming of the first fruits of the *milpa* is a time of happiness and relief that the period of hunger is over. People consume quantities of green corn, either boiled, roasted, or made into *tamales*.

Once the maize matures, it is left in the fields to dry before harvesting. Cultivators may or may not double over their maize. Corn is doubled for several reasons: to hasten drying, to facilitate harvesting, to reduce moisture infiltration and subsequent rot on the end of the cob, and to "fool the birds into thinking the field is harvested." Doubling over of corn in mid- to late September was done by about 53% of the cultivators studied. Doubling takes about 16 man hours per ha.

Actual harvest occurs over a protracted period from late September to December, peaking in late October to mid-November. Actual time spent harvesting is a function of three factors: size of the field, amount of corn to be transported, and distance from the house to the *milpa*. Unlike the Yucatan (Redfield and Villa R. 1934; Steggerda 1941) and Lowland Guatemala (Carter 1969) corn is not stored in the *milpa* but instead is transported on the cob to the cultivator's house.

There it is stored either in a granary or in the house itself. The protracted nature of the harvest plus other circumstances make an accurate determination of average time spent harvesting difficult. Travel time to *milpas* varies from 0 to 90 minutes, with an average of about 36 minutes (s=20). It takes approximately 80 man hours to harvest the production from one hectare of land and transport it from a *milpa* located about 30 minutes from the owner's home.

Other Crops and the *Postrera*

The bean crop and the second maize crop called the "*postrera*" are also important in the El Cajon region (see Chapter 3 for a discussion of *postrera*). Beans are usually planted from early September to mid-October for harvest in late January and February. Beans may be planted in a separate field cleared for that purpose, intercropped with a *postrera* planting, or intercropped with the main mature maize crop (*milpa de primavera*) that has been or is about to be harvested.

In contrast to beans several types of squash are interplanted with the *milpa de primavera*, including *ayote* (*Cucurbita pepo*), *calabaza* (pumpkin), and *tecomate* (*Lagenaria* sp.), an inedible gourd used as a storage vessel. Squashes tend to be planted along the edges of *milpas* in concentrations where their fruits are easily recovered.

Summary and Comparisons

The agricultural cycle described here is similar to other areas in Mesoamerica. In most areas the timing of sowing is closely related to the onset of the rainy season. Table 6.8 compares the average labor input required to farm one hectare of land in the El Cajon region with similar figures from other regions. Average input for one hectare of *guamil* (see Chapter 4) equals 318 man hours, or about 45 days labor per ha. The total input for an average *milpa* of 2.48 ha equals 788 man

Cuadro 6.8. Comparación de la inversión de trabajo en el cultivo de maíz en diferentes regiones de Mesoamérica. (Figuras en horas/hombre por hectárea en milpas de primer año en zonas de crecimiento secundario.)

	Tierra Baja Guatemala	El Cajón	Yucatán	Tierra Alta Guatemala
Desmonte	107	98	127	155
Quema	10	12	31	incluido arriba
Siembra	32	30	50	64
Desyerba	73	84	63	155
Doblado	16	10	0	0
Cosecha	80	80	272	78
Total	318	314	543	451
Producción promedio kg/ha	1,440	1,270	847	1,037

Fuentes: Villa Rojas 1945 para Yucatán (Quintana Roo); Carter 1969 para las tierras bajas de Guatemala (región del Lago de Izabal); Stadelman 1940 para las tierras altas de Guatemala (Huehuetenango).

La conclusión es que la desyerba es el factor limitativo del tamaño de las milpas de mayor importancia. La desyerba consume un mayor promedio de tiempo por hectárea en comparación con otras labores (desyerba de una hectárea=105 horas-hombre). Un campesino requiere alrededor de 96 horas-hombre para rozar una hectárea de terreno; aunque es trabajo pesado, cuenta con cinco meses (enero–mayo) para completar su tarea. No obstante que la calendarización de la siembra es importante, no se trata de un trabajo extenuante, toma solamente 32 horas por hectárea y es una tarea que se presta a un intercambio cooperativo debido a que el esfuerzo requerido no varía mucho de parcela a parcela.

Esto explica la razón por la cual los herbicidas han sido adoptados tan ampliamente. El empleo de estos químicos permite al agricultor a) expandir el tamaño de su milpa, manteniendo constante la inversión de labor o b) sembrar una milpa de tamaño medio, disminuir la inversión de labor y estar disponible para ofrecer mano de obra asalariada en el momento de máxima demanda y ganar así parte del necesario efectivo.

Cosecha

El progreso del crecimiento del maíz es observado con creciente anticipación a partir de finales de julio. En el período de precosecha reina la escasez y los precios son altos. Para este tiempo, el aprovisionamiento de grano para consumo casero ha disminuido considerablemente o se ha agotado por completo. En 1983, de mediados de julio a mediados de agosto, el maíz estaba escaso en extremo y el precio se elevó a L.100.00 la carga. En el tiempo de cosecha a finales de septiembre, el precio bajó inmediatamente a L.20.00 la carga.

Las milpas empiezan a producir elotes (maíz tierno comestible) alrededor de mediados de julio a finales de agosto, dependiendo de la fecha de la siembra y la variedad de maíz empleado. El brote de los primeros frutos en la milpa es una etapa de alegría y alivio puesto que por el momento el período de hambre ha pasado. Los campesinos consumen maíz verde o elotes en gran cantidad, ya sea cocidos, asados o en tamales.

Una vez que el maíz madura, se deja en las parcelas secando antes de la cosecha. Los agricultores pueden doblar o no las matas de maíz. El maíz se dobla por varias razones: para un secado rápido; para facilitar la cosecha; para reducir la infiltración de humedad y el subsecuente pudrimiento del extremo de la mazorca; para "hacer creer a los pájaros que la cosecha ha sido recogida". El doblado del maíz a mediados de septiembre fue llevado a cabo por alrededor de 53% de los agricultores incluidos en el estudio. El doblado toma unas 16 horas-hombre por hectárea.

La verdadera cosecha toma lugar a lo largo de un prolongado período de finales de septiembre a diciembre, alcanzando su máximo de finales de octubre a mediados de noviembre. El tiempo real invertido en la cosecha está en función de tres factores: el tamaño de la parcela, la cantidad de maíz a ser transportada y la distancia de la casa a la milpa. Al contrario de Yucatán (Steggerda 1941; Redfield y Villa Rojas 1934) y las tierras bajas de Guatemala (Carter 1969), el maíz no se almacena en la milpa sino que es transportado en mazorca a la casa del agricultor. Aquí es almacenado en un granero (la troja) o en la casa misma. El carácter prolongado de la cosecha, más circunstancias adicionales, hacen difícil una estimación adecuada del promedio de tiempo invertido en ella. El tiempo de viaje a las milpas varía de 0 a 90 minutos, con un promedio de 36 minutos por viaje (s=20). Bajo estas condiciones toma aproximadamente 80 horas-hombre cosechar la producción de una hectárea y transportarla hasta la casa del propietario desde la milpa localizada a unos 30 minutos de camino.

hours, or about 112 days.

The averages presented for the El Cajon region mask significant variation in labor input figures depending on the agricultural techniques employed and the inevitable idiosyncrasies of a diverse group of cultivators. Some of the most important determinants of labor input in the El Cajon region include

1) Type of vegetation cleared: Fields cleared after long fallow periods (>5–10 years) have heavier vegetation cover and take longer to clear;

2) Number of years cultivated: First year *milpas* need less weeding than fields that have been cultivated for two or more years in succession;

3) Weeding techniques: The recent introduction of herbicides contributes strongly to variation observed in time spent weeding. Use of herbicides lowers labor input, while raising capital input. *Aporcado* with plow in vega lands also saves labor in weeding;

4) Transport time of harvest: Time is extremely variable depending on total harvest, size of *milpa*, preharvest consumption of *elotes*, and distance from the *milpa* to the homestead where corn is customarily stored.

Ecological Aspects of Production

One of the central concerns of this research is the measurement of agricultural productivity within and between the vegas, piedmont, and arable steep slopes. Table 6.9 presents a frequency distribution of *milpas* by environmental zone and the relative area of each zone within the contemporary land use survey area. The category of steep slopes refers to those arable slopes located in ravines or possessing limestone derived soils. Arable land in this area totals 122.9 km^2. The distribution of each of these zones is shown in Figure 6.4.

There are two important aspects of agricultural productivity that need examination. The first is harvest yield per unit area which is defined here in terms of kilograms of maize per hectare. The second is the crop:fallow ratio. This later characteristic is sometimes referred to as the "measure of intensity" and indicates how many harvests a unit of land will yield before it is necessary to rest the land and allow fertility to be restored. A quantitative measure of intensity has been suggested by Ruthenberg (1980:15) as follows:

$$R = \frac{years\ of\ cultivation \times 100}{cycle\ of\ utilization}$$

where R equals the measure of intensity and cycle of utilization equals years of cultivation plus years of fallow. The smaller the R value, the less intensive the agricultural system. According to Ruthenberg, an R value of 1–33 indicates shifting cultivation, 33–66 equals semipermanent cultivation, and more than 66 can be considered permanent cultivation.

Significant differences in productivity were observed across physiographic zones. Table 6.10 presents an analysis of variance of the average yield per ha in each of these zones. It indicates that *milpas* located in the vegas have significantly higher yields than those on both the steep slopes and in the piedmont.

A fundamental question is whether these differences are due to environmental factors or different agricultural practices in each zone. Labor is the most important input affecting agricultural productivity in the region. Table 6.11 presents an analysis of variance for labor input measured in man hours per ha for each of the environmental zones listed in Table 6.10. While there is some variation in labor input, it is not statistically significant. All labor inputs (clearing and burning, sowing, and weeding) were each tested individually and no significant difference was found among the environmental zones defined. We conclude, therefore, that the differences in yields

Table 6.9. Frequency of *milpas* by environmental zone.

Environmental Zone	N	Area (km)^2	% Total Area	% Arable Land
Vega	23	13.7	5	11
Piedmont	22	18.6	7	15
Steep Slopes	39	90.6	34	74
Total Arable Land		123.0	45	100

Table 6.10. Analysis of variance for average yield (kg per hectare) by environmental zone.

	N	Mean	S	Min	Max
GRP 1 (Vegas)	23	1,831	1,176	560	4,850
GRP 2 (Piedmont)	20	1,165	392	504	2,425
GRP 3 (Steep Slopes)	32	1,333	672	168	3,780
Total	75	1,440	840	168	4,850

GRP 1 is significantly different than GRP 2, GRP 3 p= <.05

Cuadro 6.9. Frecuencia de las milpas según zonas ambientales.

Zona Ambiental	N	Area (km)^2	% Area Total	% Tierra Cultivable
Vegas	23	13.7	5	11
Piedemonte	22	18.6	7	15
Pendientes Escarpadas	39	90.6	34	74
Total de Tierra Cultivable		123.0	45	100

Otros Cultivos y la Postrera

La cosecha de frijoles y la segunda cosecha de maíz (llamada postrera) también son importantes en la región de El Cajón (ver Capítulo 3 para una discusión de la postrera). Los frijoles se siembran usualmente de principios de septiembre a mediados de octubre para ser cosechados a finales de enero y febrero. Los frijoles pueden sembrarse por separado en una parcela desmontada para ese propósito, alternándolos con un sembradío de postrera o con la principal cosecha de maíz ya maduro (milpa de primavera) que ha sido o está por ser cosechada.

En contraste con los frijoles, varios tipos de cucurbitáceas son intercalados en la milpa de primavera, incluyendo el ayote (*Cucurbita pepo*), calabaza y tecomate (*Lagenaria* sp.), una cucurbitácea cuyos frutos no comestibles son utilizados como contenedores. Las cucurbitáceas tienden a ser plantadas a las orillas de las milpas, concentrándolas en determinados puntos para facilitar la recolección de los frutos.

Resumen y Comparaciones

El ciclo agrícola descrito aquí es similar al de otras áreas de Mesoamérica. En la mayoría de ellas la calendarización de la siembra se encuentra estrechamente relacionada con el inicio de la temporada lluviosa. En el Cuadro 6.8 se compara el promedio de inversión de labor requerido para cultivar una hectárea en la región de El Cajón con figuras similares procedentes de otras regiones. La inversión media por hectárea de guamil (ver Capítulo 4) es igual a 318 horas-hombre o sea 45 días de labor. La inversión total para una milpa típica de 2.48 hectáreas es igual a 788 horas-hombre o sea 112 días.

Los promedios presentados para la región de El Cajón oscurecen la significativa variación entre las figuras correspondientes a la inversión de labor, dependiendo de las técnicas empleadas y la particular idiosincrasia de un diferente grupo de agricultores. Entre las más importantes determinantes de la inversión de labor en la región de El Cajón se encuentran

1) tipo de vegetación desmontada: los terrenos desmontados después de un largo período de barbecho (>5–10 años) tienen una vegetación más enmarañada y toman más tiempo;

2) número de años bajo cultivo: las milpas de primer año exigen menos desyerba que los terrenos que han sido cultivados por dos o más años consecutivos;

3) técnicas de desyerba: la reciente introducción de herbicidas contribuye fuertemente a la variación observada en el tiempo dedicado a la desyerba. El uso de herbicidas reduce la inversión de labor y eleva la inversión de capital. El aporcado con arado en los terrenos de vega también economiza tiempo en la desyerba;

4) tiempo para transporte de la cosecha: extremadamente variable, dependiendo de la producción total de la cosecha, el tamaño de la milpa, el consumo de elotes previo a la cosecha y la distancia de la milpa a la vivienda donde se acostumbra almacenar el grano.

Aspectos Ecológicos de la Producción

Una de las principales preocupaciones de esta investigación es la medición de la productividad agrícola dentro y entre las zonas fisiográficas representadas por las vegas, piedemontes y pendientes escarpadas cultivables. El Cuadro 6.9 presenta una distribución de frecuencia de las milpas según zonas ambientales y el área relativa que abarca cada zona dentro de la región de reconocimiento delimitada para el estudio de uso moderno de la tierra. La categoría denominada pendientes

Cuadro 6.10. Análisis de varianza de la producción media (kg./ha.) según zonas ambientales.

	N	Media	S	Mín.	Máx.
GRUPO 1 (vegas)	23	1,831	1,176	560	4,850
GRUPO 2 (piedemontes)	20	1,165	392	504	2,425
GRUPO 3 (pendientes escarpadas)	32	1,333	672	168	3,780
Total	75	1,440	840	168	4,850

GRUPO 1 difiere significativamente de GRUPO 2, GRUPO 3 p= <.05

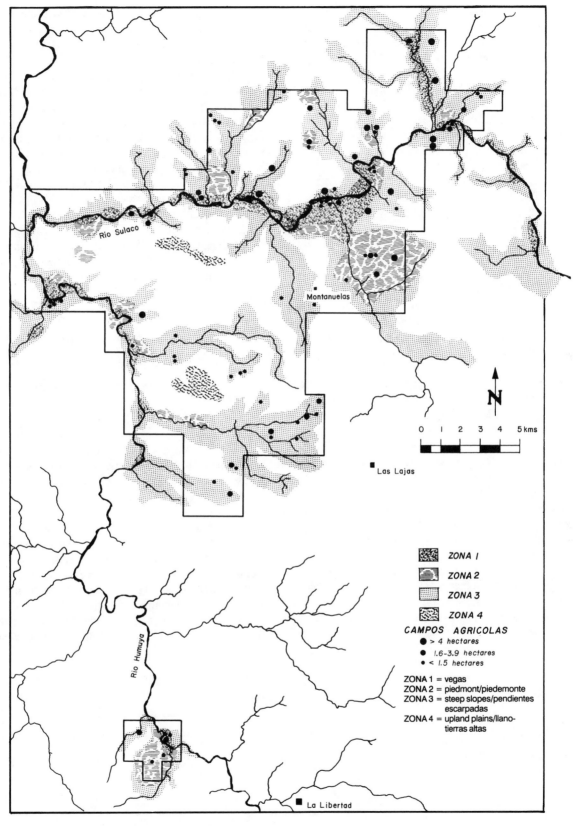

Figure 6.4. Map showing areal extent of arable land in the El Cajon land use study region. Solid circles represent agricultural fields.
Figura 6.4. Mapa de la extensión del área de tierra cultivable estudiada en la región de El Cajón.

escarpadas se refiere a aquellas pendientes cultivables situadas en barrancas o que poseen suelos derivados de caliza. La tierra cultivable en esta zona alcanza un total de 112.9 km². La distribución de cada una de estas zonas se aprecia en la Figura 6.4.

Dos importantes aspectos de la productividad agrícola requieren ser examinados. El primero consiste en el rendimiento por unidad de área, definida aquí en forma de kilogramos de grano por hectárea de terreno. El segundo es el radio de cultivo/barbecho. A esta última característica se le designa a veces como "medida de intensidad" e indica cuantas cosechas una unidad de terreno va a arrojar antes de que sea necesario dejarla en barbecho y permitir que recupere su fertilidad. La siguiente medida de intensidad cuantitativa ha sido sugerida por Ruthenberg (1980:15):

$$R = \frac{A\tilde{n}os\ de\ cultivo \times 100}{Ciclo\ de\ utilizaci\acute{o}n}$$

R es igual a la medida de intensidad y el ciclo de utilización igual a los años de cultivo más los años de barbecho. Entre más pequeño sea el valor de R, tanto menos intensivo será el sistema agrícola. De acuerdo a Ruthenberg, un valor de R de 1–33 indica agricultura migratoria; un valor de 33–66 indica cultivo semipermanente y un valor mayor de 66 indica cultivo permanente.

Diferencias significativas en la productividad se observaron a lo largo de las zonas fisiográficas. El Cuadro 6.10 muestra un análisis de variancia de la producción media por hectárea en cada una de estas zonas. Esto indica que las milpas localizadas en las vegas arrojan un rendimiento significativamente mayor que aquellas en las pendientes escarpadas y los piedemontes.

Un interrogante fundamental es si tales diferencias obedecen a factores ambientales o a las distintas prácticas agrícolas en cada zona. La inversión de labor es lo que afecta más decisivamente la productividad agrícola en la región. El Cuadro 6.11 presenta un análisis de variancia de acuerdo a la inversión de labor medida en horas-hombre por hectárea en cada una de las zonas ambientales enumeradas en el Cuadro 6.10. Aunque se da una variación en la inversión de labor, ésta no es estadisticamente significativa. Todas las formas de inversión de labor (desmonte, quema, siembra y desyerba) fueron examinadas individualmente sin establecer ninguna diferencia significativa entre las zonas ambientales definidas. Concluimos, por lo tanto, que las diferencias en la producción mostradas en el Cuadro 6.10, se deben al rendimiento inherente a esos terrenos y no a la diferencia en inversión de labor.

Llama la atención que la inversión de labor y la producción por hectárea muestran una correlación estadisticamente significativa ($r+0.27$, $r^2=0.07$, $p=0.01$). Esto indica que el incremento en la inversión de labor trae como resultado el incremento del rendimiento por hectárea, independientemente de la zona ambiental. Las producciones registradas en cada zona ambiental se comparan en el Cuadro 6.12 con las conocidas para otros lugares de Mesoamérica.

La información sobre el ciclo de cultivo/barbecho en cada zona fisiográfica fue obtenida preguntando cuantos años consecutivos había sido cultivada cada parcela en particular. En base a las declaraciones de los informantes se calculó la siguiente medida de intensidad para la región de El Cajón:

1) Vegas: Ciclo de cultivo/barbecho = 10:5

$$R = \frac{10 \times 100}{10 + 5} = 66.6$$

2) Piedemontes: Ciclo de cultivo/barbecho = 2:5

$$R = \frac{4 \times 100}{4 + 5} = 44.4$$

3) Pendientes escarpadas: Ciclo de cultivo/barbecho = 2:5

$$R = \frac{2 \times 100}{2 + 5} = 28.5$$

En consecuencia, cada zona muestra una significativa diferencia en ambas mediciones de productividad: producción por hectárea e intensidad. Mientras la productividad por hectárea refleja la capacidad inherente a los terrenos, la intensidad refleja la respuesta del agricultor a las características ambientales de cada zona.

El alto rendimiento sostenido bajo condiciones de cultivo casi constante acentúa el valor comparativo de las vegas como recurso agrícola. La productividad se manifiesta en forma pronunciada al ser observada a través del tiempo.

Por ejemplo, dado un ciclo de cultivo/barbecho de 10:5, una hectárea de terreno típico de vega produciría alrededor de 27,465 kg. de grano en un período de 20 años (15 de producción a 1,831 kg. por ha.). Una hectárea de piedemonte con un

Cuadro 6.11. Análisis de varianza de la inversión por hectárea según zonas ambientales.

	N	Media	S	Mín.	Máx.
GRUPO 1 (vegas)	22	243	121	97	602
GRUPO 2 (piedemontes)	19	213	103	116	440
GRUPO 3 (pendientes escarpadas)	27	235	92	40	428
Total	68	232	105	40	602

No difieren significativamente, p>.05.

exhibited in Table 6.10 are due to the inherent productivity in these lands and not to variations in labor input.

It is interesting that labor input and yield per hectare do exhibit a statistically significant correlation (r=.27, r-squared=.07, p=.01). This indicates that increased labor input does result in an increase in yield per ha, regardless of environmental zone. Yields noted from each environmental zone are compared to those from elsewhere in Mesoamerica in Table 6.12.

Information on the crop:fallow cycle in each physiographic zone was collected by asking how many years in succession individual *milpa* had been cultivated. Based on informant statements the following measures of intensity were calculated for the El Cajon region:
1) Vegas: Crop:fallow cycle = 10:5
$$R = \frac{10 \times 100}{10 + 5} = 66.6$$
2) Piedmont: Crop:fallow cycle =4:5
$$R = \frac{4 \times 100}{4 + 5} = 44.4$$
3) Steep slopes: Crop:fallow cycle = 2:5
$$R = \frac{2 \times 100}{2 + 5} = 28.5$$

Thus, each zone shows significant differences in both measures of productivity: yield per ha and intensity. While productivity per ha reflects the inherent capacity of these lands, intensity reflects the cultivator's response to the environmental characteristics of each zone.

High yields sustained under near-constant cultivation accentuates the comparative value of vegas as an agricultural resource. Vega productivity is pronounced when viewed over time.

For example, given a 10:5 crop:fallow cycle, a hectare of average vega land would yield about 27,465 kg of grain over a 20 year period (15 years of production x 1831 kg per ha). A ha of piedmont land with a 4:5 crop:fallow cycle would yield 11,640 kg of grain (10 years production x 1164 kg per ha). While a hectare of agricultural land in the steep slopes with a 2:5 crop:fallow cycle would yield 7,998 kg of grain (6 years production x 1333 kg per ha). It is interesting to note that piedmont areas, despite having a low average yield per ha are more productive than the steep slopes over the long run.

Analysis reveals significant differences in the agricultural productivity among vega, piedmont, and arable steep slopes. These areas represent distinct Agricultural Resource Zones (ARZ), a concept focused on the agricultural potential of a given type of land under a defined system of cultivation. These zones form the basis of an analysis of the relationship between archaeological sites and agricultural land in the next section.

Archaeological Sites and Agricultural Resources: A Test of Hypotheses

In this section we examine the degree of articulation between archaeological sites and agricultural endowment of their hinterlands. To review briefly, the hypotheses to be tested are:

Hypothesis One: Archaeological sites are located to maximize access to prime agricultural land;

Hypothesis Two: Larger archaeological sites have access to more and better agricultural land.

For the purposes of this analysis we will make certain assumptions regarding site size and settlement in the El Cajon region. These assumptions are:
1) that the number of structures recorded at each site is a fair indicator of the prehistoric population;
2) that all sites were occupied during the Late Classic period (ca. 600–1000 AD), an assumption supported by archaeological evidence;
3) contemporaneity of occupation of all structures at sites, or that equal proportions of structures were abandoned at each site;
4) that the contemporary distribution of Agricultural Resource Zones is similar to their distribution in the Classic period; and,
5) that the prehistoric subsistence system was based on cultivation of crops and that maize was an important component of the system.

Because we currently lack detailed internal chronological control regarding the evolution of settlement, this analysis is

Table 6.11. Analysis of variance for input per hectare by environmental zone.

	N	Mean	S	Min	Max
GRP 1 (Vegas)	22	243	121	97	602
GRP 2 (Piedmont)	19	213	103	116	440
GRP 3 (Steep Slopes)	27	235	92	40	428
Total	68	232	105	40	602

No significant difference, p >.05.

Cuadro 6.12. Datos comparativos sobre la producción de maíz.

Localización	Fuente	Producción kg/ha	Comentarios
El Cajón, Honduras	Loker 1986	1,440	promedio total
		1,830	planicie aluvial
		1,165	piedemonte
		1,333	pendiente escarpada
		155–4,330	gama de producción registrada
San Lorenzo, Veracruz	Coe y Diehl 1980	1,800–2,700	tierra alta
		2,000–2,800	planicie aluvial
Quintana Roo, México	Villa Rojas	1,270	promedio milpa de 1. año
		652	promedio milpa de 3. año
Norte de Yucatán	Steggerda 1941	1,173	producción esperada
		570–1,954	gama del promedio
Chan Kom, Yucatán	Redfield y Villa Rojas 1934	762–952	gama del promedio
		476–1,333	gama de producción registrada
Uaxactún, México	Urrutia 1967	1,597	milpa de 1. año en 10 años de barbecho
Lago Petén, Guatemala	Cowgill 1962	878	milpa de 1. año en 4 años de barbecho
		623	milpa de 2. año en 4 años de barbecho
		257	milpa de 3. año en 4 años de barbecho
Lacandón, Chiapas	Nations y Nigh 1980	3,300	milpa de invierno
Toledo, Belice	Wilk 1982	1,515	promedio total
		1,097–2,820	gama de producción registrada
Indian Church, Belice	Lambert y Arnason 1981	1,700	aprox. milpa de 1. año en barbecho de bosque
Cayo District, Belice	Bernsten y Herdt 1977	981–1,436	gama del promedio
		313–1,804	gama de producción registrada
Chichipate, Guatemala	Carter 1969	847	promedio en milpa de 1. y 2. año
Honduras	USAID 1978	615–1,240	"métodos tradicionales"
Copán, Honduras	Turner 1983	2,360**	promedio total
		3,220**	planicie aluvial
		2,180**	faldas
		2,360**	faldas
		1,920**	valle intramontano
		2,140**	terraza de pequeño río
Aldeas de Copán, Honduras	Shumann 1983	1,297*	Buena Vista
		1,074*	Los Achiotes
		871	Salitrón
		974*	Sesemil Segundo
Tierras Altas, Chiapas	Nigh 1975	1,500	"producción media"
Valle de Oaxaca, México	Kirkby 1971	1,900	promedio total
		750–1,540	milpa de tierra árida
		2,840	milpa de irrigación
Huehuetenango, Guatemala	Stadleman 1940	1,037	"promedio total"
		2,075	milpa de 1. año en bosque
		1,037–1,560	milpa de 1. año en crecimiento secundario
		251–500	milpa en sabana en barbecho por varios años
Tierras Altas, Guatemala	McBryde 1945	617–1,235	promedio total
Ixil, Guatemala	Monteforte Toledo 1959	716	promedio total en "sector de subsistencia"
Tierras Altas, Costa Rica	Barlett 1975	1,533	"producción media"

* utilización de fertilizantes
** Las figuras de Turner sobre la producción se refieren aparentemente al rendimiento anual con doble cosecha y utilización de fertilizantes.

Table 6.12. Comparative data on maize yields.

Location	Source	Yield kg/ha	Comments
El Cajon, Honduras	Loker 1986	1440	overall average
		1830	alluvium
		1165	piedmont
		1333	steep slopes
		155–4330	range of reported yields
San Lorenzo, Veracruz	Coe & Diehl 1980	1800–2700	upland soils
		2000–2800	alluvium
Quintana Roo, Mexico	Villa Rojas 1945	1270	avg 1st yr milpa
		652	avg 3rd yr milpa
Northern Yucatan	Steggerda 1941	1173	"expected yield"
		570–1954	range of avgs
Chan Kom, Yucatan	Redfield & Villa	762–952	range of avgs
	Rojas 1934	476–1333	range of reported yields
Uaxactun, Mexico	Urrutia 1967	1597	1st yr milpa on 10 yr fallow
Lake Peten, Guatemala	Cowgill 1962	878	1st yr milpa on 4 yr fallow
		623	2nd yr milpa on 4 yr fallow
		257	3rd yr milpa on 4 yr fallow
Lacandon, Chiapas	Nations & Nigh 1980	3300	wet season milpa
Toledo, Belize	Wilk 1982	1515	overall average
		1097–2820	range of reported yields
Indian Church, Belize	Lambert & Arnason 1981	1700	approx of 1st yr milpa forest fallow
Cayo District, Belize	Bernsten & Herdt 1977	981–1436	range of averages
		313–1804	range of reported yields
Chichipate, Guatemala	Carter 1969	847	avg. 1st & 2nd yr milpas
Honduras	USAID 1978	605–1240	traditional methods
Copan, Honduras	Turner 1983	2360**	overall average
		3220**	alluvium
		2180**	hillsides
		2360**	hillsides
		1920**	upland valley
		2140**	small river terrace
Copan Aldeas, Honduras	Schumann 1983	1297 *	Buena Vista
		1074 *	Los Achiotes
		871	Salitron
		974 *	Sesemil Segundo
Highland Chiapas, Mexico	Nigh 1975	1500	average yield
Oaxaca Valley, Mexico	Kirkby 1971	1900	overall average
		750–1540	dryland milpa
		2840	irrigated milpa
Huehuetenango, Guatemala	Stadleman 1940	1037	"overall average"
		2075	1st year milpa from forest
		1037–1560	1st year from second growth
		251–500	from grassland rested several years
Guatemala Highlands	McBryde 1945	617–1235	overall average
Ixil, Guatemala	Monteforte Toledo 1959	716	overall average subsistence sector
Highland Costa Rica	Barlett 1975	1533	average yield

* fertilizer used
** Turner's yield figures apparently refer to annual yield under double cropping, with fertilizer.

ciclo de cultivo/barbecho de 4:5, arrojaría 11,640 kg. de grano (10 años de producción a 1,164 kg. por ha.). Mientras que una hectárea de tierra agrícola en pendiente escarpada, con un ciclo de cultivo/barbecho de 2:5, produciría 7,998 kg. de grano (6 años de producción a 1,333 kg. por ha.). Es interesante hacer notar que las áreas de piedemonte, a pesar de mostrar un bajo promedio de producción por hectárea, son más productivas a largo plazo que las pendientes escarpadas.

El análisis reveló significativas diferencias en la productividad agrícola de vegas, piedemontes y pendientes escarpadas cultivables. Estas áreas representan distintas Zonas de Recursos Agrícolas (ZRA), un concepto centrado en el potencial agrícola de determinados tipos de suelos bajo un sistema particular de cultivo. Estas zonas constituyen la base para el análisis de la relación entre los sitios arqueológicos y la tierra agrícola en la siguiente sección.

Sitios Arqueológicos y Recursos Agrícolas: Una Prueba de las Hipótesis

En esta sección examinaremos el grado de articulación entre los sitios arqueológicos y el potencial agrícola de su hinterland. Revisando brevemente, las hipótesis a comprobar son:

Hipótesis 1: Los sitios arqueológicos están localizados para garantizar el mejor acceso a la tierra agrícola óptima.

Hipótesis 2: Los sitios arqueológicos mayores tienen acceso a más y mejor tierra agrícola.

Para los propósitos del análisis, partiremos de ciertos supuestos con respecto al tamaño de los sitios y al carácter del asentamiento en la región de El Cajón. Ellos son:

1) el número de estructuras registradas en cada sitio es un indicador confiable de la población precolombina;

2) el total de los sitios estaba ocupado durante el Período Clásico (alrededor de 600–1,000 d.C.), lo cual es apoyado por la evidencia arqueológica;

3) la coetaneidad en la ocupación de todas las estructuras en los sitios o que igual proporción de estructuras se encontraba abandonada en cada sitio;

4) la distribución actual de las ZRA es similar a la del Período Clásico; y

5) el sistema de subsistencia precolombino se basaba en la explotación agrícola, siendo el maíz un importante componente de ese sistema.

Debido a que por el momento carecemos de un detallado control cronológico en lo que se refiere a la evolución de los asentamientos, este análisis será esencialmente sincrónico, centrándose en el carácter del sistema de asentamiento al momento de su máxima expresión en el Clásico Tardío.

El supuesto 5) le adjudica una importante posición al maíz en la dieta precolombina. En otra parte hemos considerado en detalle la probable naturaleza del sistema precolombino de subsistencia y hemos discutido como se diferencia del sistema agrícola actual (Loker 1986:Capítulo 6). El modelo propuesto difiere de las prácticas contemporáneas en varios aspectos:

1) Debido a limitaciones tecnológicas (principalmente a la falta de implementos de metal), los habitantes precolombinos ponían énfasis en el mantenimiento de la productividad y fertilidad de las parcelas desmontadas. Por ello, el sistema de subsistencia precolombino se basaba tanto menos en un cultivo de extensiva tala y roza cuanto más en un cultivo continuado de las parcelas bajo explotación agrícola.

2) El sistema de subsistencia precolombino incluía probablemente una más amplia variedad de cultivos para alimentación e industria, con el objeto de utilizar eficientemente los terrenos agrícolas. Esperaríamos, por lo tanto, una mezcla mayor de cultivos (cultivo alternado) con inclusión de tubérculos y árboles frutales.

3) Los habitantes precolombinos probablemente disfrutaban de una dieta más variada con una mayor dependencia en una serie de alimentos cultivados, semicultivados y silvestres, así como suministro de proteína por medio de la caza y pesca. El maíz (conjuntamente con los frijoles y las cucurbitáceas) constituyó probablemente un importante cultivo, pero con un lugar menos prominente en la dieta que entre la población moderna.

Todos estos supuestos se ven apoyados por la evidencia paleobotánica procedente de la región de El Cajón (Lentz 1984; Capítulo 7) o por las deducciones alcanzadas por medio de la información etnohistórica y etnográfica sobre otros horticultores en Mesoamérica (Wilken 1971; Bronson 1972; Harris 1973; Netting 1973; Hellmuth 1977; Wiseman 1978; Nigh 1985; comparar con Boserup 1968; Sanders 1977; Turner y Harrison 1978) para contrastantes puntos de vista sobre la trayectoria seguida por los antiguos sistemas de subsistencia).

Análisis de Captación

El análisis de captación de un sitio es el estudio del ambiente que rodea un sitio arqueológico con el objeto de llegar a conocer la forma y función del mismo (Roper 1979). El análisis de captación de un sitio evalúa los recursos disponibles a distintos niveles dentro de una cierta distancia del sitio. En base a la abundancia o variedad de los recursos, se hacen inferencias con respecto a la economía y ecología de tal sitio.

La aplicación del análisis de captación a la región de El Cajón requirió se tomaran consecuentemente varias decisiones. El tamaño y configuración del área de captación tuvo que ser determinada para calcular la tierra agrícola disponible. Otros análisis de captación de sociedades agrícolas han utilizado círculos de captación con radios que varían de 0.5 km. (Zarky 1976) a 5 km. (Brumfiel 1976; Vita-Finzi y Higgs 1970). Para establecer círculos de captación que respondieran a las condiciones ecológicas y agrícolas reinantes en la región de El Cajón, nos volvimos a los datos etnográficos recolectados sobre los agricultores contemporáneos en esa región. El promedio de tiempo de camino a las milpas entre los agricultores modernos es de alrededor de 35 minutos (s=20 minutos). De las 69 milpas sobre las que contamos con información

essentially a synchronic one, focusing on the nature of the settlement system at the time of its maximum expression in the Late Classic.

Assumption five posits an important position of maize in the prehistoric diet. Elsewhere, I have considered in detail the probable nature of the prehistoric subsistence system and discussed how it differed from the contemporary agricultural system (Loker 1986:Chapter 5). The model I proposed differs from contemporary subsistence practices in several ways:

1) Due to technological constraints (principally the lack of metal tools), the prehistoric inhabitants placed a premium on maintaining the productivity and fertility of cleared plots. Therefore the prehistoric subsistence system relied less on extensive slash and burn cultivation and more on continuous cultivation of agricultural clearings.

2) The prehistoric subsistence system probably included a wider variety of cultigens and cultivars in order to efficiently utilize agricultural clearings. We would expect a greater mix of crops (polyculture) including root and tree crops.

3) Prehistoric inhabitants probably had a more varied diet with increased reliance on a variety of cultivated, semi-cultivated, and wild foods with protein supplied by game and fish. Maize (along with beans and squash) was probably an important crop, but with a less prominent place in the diet than in the modern population.

All of these assertions are supported either by the archaeobotanical evidence from the El Cajon region (Lentz 1984, Chapter 7) or by deduction from ethnohistoric and ethnographic information about other tropical horticulturalists in Mesoamerica (Bronson 1972; Harris 1973; Hellmuth 1977; Netting 1973; Nigh 1985; Wilken 1971; and Wiseman 1978; c.f. Boserup 1968; Sanders 1977; Turner and Harrison 1978 for contrasting views of the trajectory of ancient subsistence systems).

Catchment Analysis

Site catchment analysis is the study of the landscape surrounding an archaeological site in order to gain insight into the form and function of a site (Roper 1979). Site catchment analysis evaluates resource levels available within a given distance from a site. Based on the abundance or range of resources, inferences are made regarding the site's economy and ecology.

The application of site catchment analysis to the El Cajon region required making several corollary decisions. The size and configuration of the catchment area had to be determined to calculate available agricultural land. Other catchment analyses of agricultural societies have used catchment circles with radii varying from half a kilometer (Zarky 1976) to five kilometers (Brumfiel 1976; Vita-Finzi and Higgs 1970). To create catchments that were sensitive to the agricultural and ecological conditions in the El Cajon region, I turned to the ethnographic data gathered from contemporary cultivators in the region. Mean travel time to *milpas* among contemporary cultivators is about 36 minutes (s=20 minutes). Of the 69

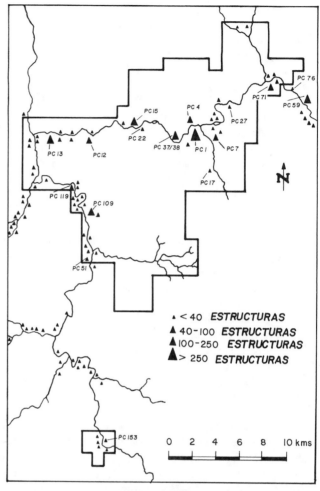

Figure 6.5. Map of the study area showing the size and location of archaeological sites.
Figura 6.5. Mapa del área de estudio con el tamaño y la localización de los sitios arqueológicos.

milpas from which I have information on travel time, only six farmers travelled more than 60 minutes to their *milpas*. Contemporary cultivators have beasts of burden to help transport their harvest which increases the feasible distance travelled to *milpas*. Therefore, I decided that a catchment area that reflected about 35 minutes travel time to fields was appropriate for evaluating prehistoric behavior. Based on my experience walking the trails of the El Cajon region, I estimated two kilometers as the average distance one can travel in 35 minutes. Therefore, site catchments were calculated as circular areas using a two kilometer radius extending from the center of each site.

Sixty-seven archaeological sites with observable architecture are located within the bounds of the land use study area (Figure 6.5). I decided *a priori* to do catchment analyses of all archaeological sites with more than 40 structures, plus a number of smaller sites for comparative purposes. However, when I drew my first catchment circle around the large site of Salitron Viejo (PC-1), I found that the catchment encompassed

acerca del tiempo de camino, solamente seis campesinos caminaban más de 60 minutos hasta sus milpas. Los agricultores de hoy poseen bestias de carga para ayudarles a transportar la cosecha, lo cual incrementa la distancia viable a las parcelas. Por lo tanto, decidimos que un área de captación que reflejara un tiempo de camino de alrededor de 35 minutos, era apropiado para la evaluación de la conducta respectiva en la época precolombina. En base a nuestra propia experiencia en los senderos de la región de El Cajón, estimamos que 2 km. constituyen el promedio de la distancia que se puede recorrer en 35 minutos. De allí que las áreas de captación de los sitios fueron calculadas como áreas en círculo, usando un radio de 2 km. partiendo del centro de cada sitio.

Sesenta y siete sitios arqueológicos con arquitectura visible se encuentran localizados dentro de los límites del área circunscrita para el estudio del uso moderno de la tierra (Figura 6.5). A priori decidimos llevar a cabo un análisis de captación de todos los sitios arqueológicos con más de 40 estructuras, incorporando un cierto número de sitios más pequeños para efectos comparativos. Sin embargo, al trazar el primero círculo de captación alrededor del sitio mayor, Salitrón Viejo (PC-1), se hizo evidente que éste incluía tres sitios grandes, PC-37/38 (con 118 estructuras), PC-7 (con 82 estructuras) y PC-4 (con 59 estructuras), además de tres sitios pequeños y considerables porciones del área de captación de otros cinco sitios.

Después de examinar la distribución de los sitios se puso de manifiesto que existían concentraciones de sitios a lo largo de las márgenes de los ríos. Estos agrupamientos de sitios fueron denominados conglomerados regionales. Empleando un radio de 2 km. se produce un considerable traslape de los respectivos áreas de captación dentro de las conglomerados regionales, pero se da un muy escaso traslape entre éstos (Figura 6.6). Es muy posible que estos conglomerados regionales correspondan a unidades sociales integradas. Con una excepción (Plan de Cerro), cada uno de esos conglomerados incluye, cuando menos, un sitio grande con más de 40 estructuras, el cual puede haber funcionado como una especie de centro administrativo regional (ver también Hasemann 1985b, 1987).

Prueba de la Hipótesis 1

Para someter a prueba la Hipótesis 1, medimos el área de captación de los sitios más grandes en cada conglomerado regional. Esto incluye los sitios de PC-1, Salitrón Viejo (394 estructuras); PC-15, Guarabuquí (209 estructuras); PC-109, Intendencia (200 estructuras); PC-13, La Ceiba (159 estructuras); PC-59, Cueva Grande (122 estructuras) y PC-71, El Mango (41 estructuras). También medimos el área de captación del sitio mayor en el conglomerado regional de Plan de Cerro (PC-153 con 13 estructuras), localizado en la margen del Río Humuya arriba, cercano a Corralitos. Para completar la muestra, medimos las áreas de captación de un sitio pequeño en cada uno de los principales valles de los ríos; esto incluye a PC-27 con dos estructuras en el Río Sulaco, PC-51 con 14

cerca de la confluencia de los Ríos Humuya y Colorado y PC-17 con dos estructuras en el Río Yunque. Esto proveyó una muestra de 10 sitios, 15% de los 67 sitios localizados en el área de estudio sobre el uso moderno de la tierra.

La cantidad de tierra cultivable en esas tres ZRA fue calculada por separado para cada sitio (Cuadro 6.13). Puesto que un radio de 2 km. corresponde a un área de 12.5 km.^{2}, la sustracción del total cubierto por las ZRA de estos 12.5 km.^{2} varía como resultado de la cantidad de tierra no cultivable en cada círculo de captación. La columna denominada "Area en Ciclo de Cultivo" muestra la proporción de cada ZRA que se encontraría en producción en cualquier tiempo. Esta figura se obtiene multiplicando la cantidad de tierra en cada ZRA por su respectivo valor R o medida de intensidad. La figura resultante es la cantidad de tierra disponible para cultivo, hecha la corrección de la cantidad que debe quedar en barbecho cada año. La columna denominada "% Total de Captación" se refiere a la cantidad de tierra cultivable en forma de un porcentaje del total del área de captación y se obtiene dividiendo las figuras de la primera columna entre 12.5. La columna "% de Tierra Cultivable según ZRA" indica la proporción relativa de tierra en cada ZRA en forma de un porcentaje de la cantidad total de tierra cultivable en cada área de captación (ZRA 1 + ZRA 2 + ZRA 3).

El Cuadro 6.13 pone de manifiesto una considerable variabilidad tanto en la proporción como cantidad de las diferentes clases de terrenos en las áreas de captación. La cantidad de tierra cultivable varía de 29 a 74% en tales áreas. Aunque todos los sitios tienen ciertos terrenos que se ordenan dentro de la ZRA 1, la cantidad varía de 4.68 km.^{2} (468 ha.) en el área de captación de Salitrón Viejo a solamente 0.25 km.^{2} (25 ha.) en el sitio de El Yunque. Si la tierra cultivable se evalúa de acuerdo a la medida de intensidad, la cantidad de tierra bajo cultivo varía de 4.44 km.^{2} alrededor de Salitrón Viejo a solamente 1.2 km.^{2} en Cueva Grande.

Con el objeto de someter a prueba la Hipótesis 1, debemos determinar si la distribución de la tierra agrícola observada en las áreas de captación de los sitios difiere significativamente de la de la región bajo estudio vista como un todo. De acuerdo al Cuadro 6.9, el cual provee información acerca de la distribución del total de tierra cultivable en la región de estudio, podemos calcular la esperada cantidad de tierra agrícola en las áreas de captación de los sitios y compararla—por medio de una prueba de Ji cuadrado—con las cantidades en el Cuadro 6.13. Los resultados de esta prueba se encuentran en el Cuadro 6.14.

Tomados conjuntamente con la prueba de Ji cuadrado, los resultados de la prueba t apoyan la conclusión que los sitios fueron localizados con el objeto de garantizar el mejor acceso a la tierra agrícola óptima. *Haciendo un balance, el análisis presentado aquí aporta un considerable apoyo a la hipótesis que propone que los sitios arqueológicos se localizaron para garantizar el más directo acceso a la tierra agrícola óptima.*

Se llevó a cabo una segunda prueba de la Hipótesis 1 por medio de la comparación de la cantidad de tierra agrícola en

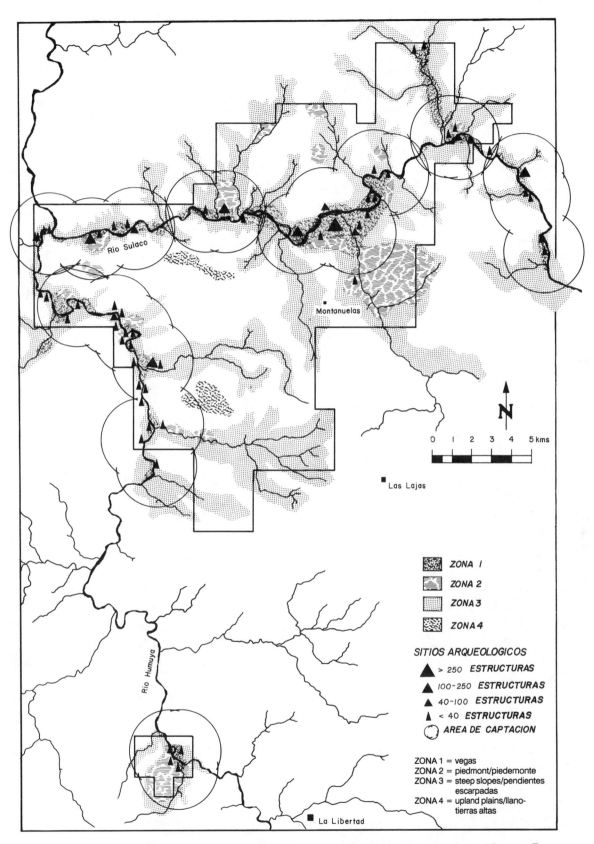

Figure 6.6. Map of the study area showing the location of regional clusters of archaeological sites and Agricultural Resource Zones.
Triangles define archaeological site size and circles represent site catchment areas.

Figura 6.6. Mapa del área de estudio con la localización de los conglomerados pregionales de sitios arqueológicos en las Zonas de Recursos Agrícolas.

Cuadro 6.13. Porcentaje de tierra agrícola según ZRA en las áreas de captación de los sitios (medido in km^2).
Table 6.13. Percent agricultural land by ARZ in site catchments (measured in km^2).

Site / Sitio	Area by ARZ / Area por ZRA	Area in Crop Cycle / Area en Ciclo de Cultivo	% Total Catchment / % Total de Captación	% Arable Land by ARZ / % de Tierra Cultivable por ZRA
PC-1 (Salitrón Viejo)				
ARZ 1—ZRA 1	4.68	3.12	37%	56%
ARZ 2—ZRA 2	1.78	.79	14%	21%
ARZ 3—ZRA 3	1.87	.53	15%	23%
Total	8.33	4.44	66%	100%
PC-109 (Intendencia)				
ARZ 1—ZRA 1	.60	.39	5%	10%
ARZ 2—ZRA 2	.84	.37	7%	14%
ARZ 3—ZRA 3	4.40	1.25	35%	76%
Total	5.84	2.02	47%	100%
PC-15 (Guarabuquí)				
ARZ 1—ZRA 1	1.69	1.12	14%	26%
ARZ 2—ZRA 2	1.36	.60	11%	19%
ARZ 3—ZRA 3	4.19	1.19	33%	55%
Total	7.23	2.91	58%	100%
PC-13 (La Ceiba)				
ARZ 1—ZRA 1	.78	.52	6%	16%
ARZ 2—ZRA 2	1.37	.61	11%	27%
ARZ 3—ZRA 3	2.91	.83	23%	57%
Total	5.06	1.96	40%	100%
PC-59 (Cueva Grande)				
ARZ 1—ZRA 1	.59	.39	5%	16%
ARZ 2—ZRA 2	.00	.00	0%	0%
ARZ 3—ZRA 3	3.03	.86	24%	84%
Total	3.62	1.25	29%	100%
PC-71 (El Mango)				
ARZ 1—ZRA 1	1.25	.83	10%	18%
ARZ 2—ZRA 2	.25	.11	2%	3%
ARZ 3—ZRA 3	5.31	1.51	42%	79%
Total	6.81	2.45	54%	100%
PC-153 (Plan de Cerro)				
ARZ 1—ZRA 1	.56	.37	4%	11%
ARZ 2—ZRA 2	2.34	1.04	18%	48%
ARZ 3—ZRA 3	2.00	.57	16%	41%
Total	4.90	1.98	38%	100%
PC-51 (Río Colorado)				
ARZ 1—ZRA 1	.50	.33	4%	14%
ARZ 2—ZRA 2	.47	.21	3%	13%
ARZ 3—ZRA 3	2.72	.77	22%	73%
Total	3.69	1.32	29%	100%

Table 6.13 (cont.)—Cuadro 6.13 (cont.)

Site Sitio	Area by ARZ Area por ZRA	Area in Crop Cycle Area en Ciclo de Cultivo	% Total Catchment % Total de Captación	% Arable Land by ARZ % de Tierra Cultivable por ZRA
PC-27 (Vega Gutiérrez)				
ARZ 1—ZRA 1	1.50	1.00	12%	23%
ARZ 2—ZRA 2	.78	.34	6%	12%
ARZ 3—ZRA 3	4.30	1.13	31%	65%
Total	6.58	2.57	49%	100%
PC-17 (Yunque)				
ARZ 1—ZRA 1	.25	.16	2%	3%
ARZ 2—ZRA 2	5.44	2.80	44%	59%
ARZ 3—ZRA 3	3.47	.99	28%	38%
Total	9.16	3.54	74%	100%
Total for All Sites—Total para Todos los Sitios				
ARZ 1—ZRA 1	12.40	8.24	--	--
ARZ 2—ZRA 2	14.66	6.50	--	--
ARZ 3—ZRA 3	34.20	9.75	--	--
Total	61.26	24.49	--	--
Average for All Sites—Promedio para Todos los Sitios				
ARZ 1—ZRA 1	1.24	.81	10%	19%
ARZ 2—ZRA 2	1.46	.64	12%	22%
ARZ 3—ZRA 3	3.42	.97	25%	59%
Total	6.12	2.42	48%	100%

the three large sites of PC-37/38 (122 structures), PC-7 (82 structures), and PC-4 (59 structures); three smaller sites; and considerable portions of the catchments of five others.

After examining the distribution of sites it became apparent that there were clusters of sites grouped together along the length of the rivers. These groups of sites were termed regional clusters. Using two kilometer catchment circles produced considerable overlap of catchment areas *within* regional clusters, but very little overlap *between* regional clusters (Figure 6.6). It is very possible that these regional clusters correspond to integrated social units. With one exception (Plan de Cerro) each of these clusters included at least one large site with more than 40 architectural structures which may have functioned as some kind of regional administrative center (see Hasemann 1985b, 1987).

Test of Hypothesis One

To test Hypothesis One, I measured the catchments of the largest sites in each regional cluster. These include the sites of PC-1, Salitron Viejo (394 structures); PC-109, Intendencia (200 structures); PC-15, Guarabuqui (209 structures); PC-13, La Ceiba (159 structures); PC-59, Cueva Grande (122 structures); and PC-71, El Mango (41 structures). I also measured

the catchment of the largest site in the Plan de Cerro cluster (PC-153 with 13 structures) located along the upper Humuya near Corralitos. To complete my sample, I also measured the catchments of one small site in each of the major river valleys. These included PC-27 with 2 structures on the Sulaco River, PC-51 with 14 structures located near the confluence of the Humuya and Colorado rivers, and PC-17 with 2 structures located on the Yunque River. This provided a sample of ten sites, 15% of the 67 sites located in the land use study area.

The amount of arable land for each of the three Agricultural Resource Zones (ARZ) was calculated for each site (Table 6.13). Since the area of each two-kilometer circle is 12.5 km^2, subtracting the ARZ total from 12.5 would give the amount of nonarable land in each catchment. The column labeled "Area in Crop Cycle" gives the proportion of each ARZ that would have been under production at any one time. This figure is obtained by multiplying the amount of land in each ARZ by its respective R-value, or measure of intensity. The resulting figure is the amount of land available for cultivation, corrected for the amount that must be left fallow in any one year. The column labelled "% Total Catchment" refers to the amount of arable land as a percentage of the total catchment and is obtained by dividing the figures in column one by 12.5. The

las áreas de captación de los sitios con una serie de puntos escogidos al azar. Limitaciones de espacio impiden una extensa discusión aquí de este asunto; el lector interesado puede consultar a Loker (1986:318–327) para mayores detalles. En general, el área de captación de los puntos escogidos al azar abarca una cantidad considerablemente menor de tierra agrícola, pero varios casos de traslape complicaron el análisis entre las áreas de captación de dichos puntos escogidos al azar y aquellos de los sitios arqueológicos.

En resumen, la comparación de los puntos escogidos al azar y el área de captación de lo sitios arqueológicos ofreció varias dificultades metodológicas que debilitaron el análisis. Los resultados únicamente proporcionaron un ambiguo apoyo para la Hipótesis 1. Sin embargo, tomados en conjunto con la prueba de Ji cuadrado descrita arriba, podemos aceptar la hipótesis que declara que los sitios arqueológicos se situaron para garantizar el mejor acceso posible a la tierra agrícola óptima.

Prueba de la Hipótesis 2

La Hipótesis 2 propone que los sitios arqueológicos más grandes tendrían acceso a más y mejor tierra agrícola que los sitios pequeños. Para someter a prueba esta hipótesis, utilizamos la cantidad de tierra disponible para el cultivo durante cada año ("Area en Ciclo de Cultivo" del Cuadro 6.13) por ser la medida más apropiada para calcular la extensión de la tierra agrícola, puesto que incorpora la corrección que se hace obligatoria debido a la tierra en barbecho en cada ZRA. La correlación/regresión estadística fue utilizada para medir la solidez de la correlación entre el tamaño de los sitios y la cantidad de tierra agrícola en sus respectivas áreas de captación. Pruebas similares se han realizado con sitios arqueológicos en el Valle de México (Brumfiel 1976; Steponaitis 1982).

La Figura 6.7 muestra una gráfica y el resumen estadístico para la prueba de correlación/regresión, comparando el tamaño de los sitios y el potencial agrícola. El coeficiente de correlación (r) resultante es igual a 0.50 con un r^2 igual a 0.246. Estos valores numéricos confirman lo que es intuitivamente aparente por medio de una inspección visual de la gráfica de la Figura 6.7. Los puntos en esta gráfica no presentan una correlación lineal, sino que más bien un número considerable de puntos esparcidos a cierta distancia de la línea de compatibilidad más idónea. Cuando la significación del coeficiente de correlación obtenido es sometido a evaluación por medio de la prueba t, el valor resultante no es significativo al nivel 0.05 (probabilidad mayor que 0.05, pero menor que 0.10). Por lo tanto, esta prueba no confirma la hipótesis que propone que el tamaño de los sitios está relacionado en forma estadísticamente significativa con el potencial agrícola de sus áreas de captación.

Una observación más detenida de la Figura 6.7 revela algunas interesantes correlaciones. Por ejemplo, seis de los siete centros regionales (sitios con más de 40 estructuras) parecen corroborar una vaga correlación lineal entre el tamaño de los sitios y su potencial agrícola. Los sitios más pequeños

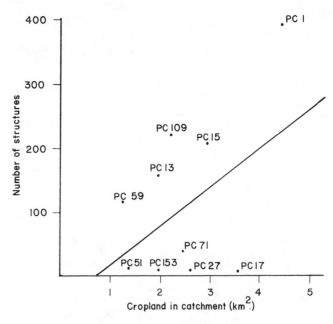

Summary Statistics—Resumen Estadístico:
r=.50; r^2=.25
slope= 65—pendiente=65
intercept=-40—intersección=-40

Y-data—Datos del eje Y	X-data—Datos del eje X
Mean=119–Media=119	Mean=2.44–Media=2.44
S=128	S=.98

t=1.63; df=8; p>.05<.10

	X-values valores de X	Y-values valores de Y
PC-1	4.44	394
PC-15	2.91	209
PC-109	2.02	200
PC-13	1.96	159
PC-59	1.25	122
PC-71	2.45	41
PC-51	1.32	13
PC-153	1.98	13
PC-17	3.54	10
PC-27	2.57	10

Figura 6.7. Diagrama de dispersión de la correlación/regresión midiendo la relación entre tamaño de los sitios (en el número de estructuras) y el potencial agrícola de sus áreas de captación. El potencial agrícola está representado por el área de los campos de cultivo disponible cada año en el área de captación.
Figure 6.7. Scattergram of the correlation-regression measuring the relationship between site size and agricultural potential of site catchments.

column "% Arable Land by ARZ" indicates the relative proportion of land in each ARZ as a percentage of the total amount of arable land in each catchment (ARZ 1 + ARZ 2 + ARZ 3).

Table 6.13 reveals considerable variability in both the proportions and amount of different classes of land in the catchments. Amount of arable land varies from 29 to 74 percent of the catchment areas. While all sites have some ARZ 1 land, the amount varies from 4.68 km^2 (468 ha) in the Salitron Viejo catchment to only .25 sq. km^2 (25 ha) in the catchment of Yunque. When arable land is weighted using the measure of intensity, the amount of cropped land varies from 4.44 km^2 around Salitron Viejo to only 1.25 sq. km^2 at Cueva Grande.

In order to test Hypothesis One, we must determine whether the observed distribution of agricultural land in site catchments differs significantly from that of the study area as a whole. From Table 6.9, which provides information on the distribution of arable land in the study area as a whole, we can calculate the expected amount of agricultural land in the site catchments and compare that, via a chi-square test, with the observed amounts in Table 6.13. The results of this test are presented in Table 6.14.

Taken in conjunction with the chi-square test, the results of the t-test support the conclusion that sites are located in order to maximize access to prime agricultural land. *On balance, the analysis presented here provides considerable support for the hypothesis that archaeological sites are oriented so as to maximize access to prime agricultural land.*

A second test of Hypothesis One was carried out by comparing the amount of agricultural land in site catchments with a series of randomly generated points. Space limitations preclude an extended discussion here, and the reader is referred to Loker (1986:318–327) for details. In general the catchments of random points had considerably less agricultural land, but the analysis was complicated by several cases of overlap between the catchments of random points and those of archaeological sites.

In summary, the comparison of random points and archaeological site catchments present several methodological difficulties that weakened the analysis. The results provided ambiguous support of Hypothesis One. However, taken in conjunction with the chi-square test described above, we can accept the hypothesis that archaeological sites are located to maximize access to prime agricultural land.

Test of Hypothesis Two

Hypothesis Two states that larger sites will have access to more and better agricultural land than small sites. In testing this hypothesis we used the amount of land available for cropping in any one year ("Area in Crop Cycle" in Table 6.13) as the most accurate measure of agricultural land since it corrects for fallow land in each ARZ. The correlation-regression statistic was used to measure the strength of the relationship between site size and amount of agricultural land in site catchments. Similar tests have been performed on archaeological sites from the Valley of Mexico (Brumfiel 1976; Steponaitis 1982).

Figure 6.7 presents a graph and summary statistics for the correlation-regression test comparing site size and agricultural potential. The resulting correlation coefficient (r) equals .50, with r-squared equal to .247. These numerical values confirm what is intuitively apparent by visual inspection of the graph in Figure 6.7. The points on this graph do not display a linear relationship, with considerable scatter of points at some distance from the best fit line. When the correlation coefficient obtained is tested for significance using the t-test, the resulting value is not significant at the .05 level (probability is greater than .05, but less than .10). Therefore this test does not confirm the hypothesis that size of sites is related in a statistically significant way to the agricultural potential of their catchments.

A closer look at Figure 6.7 reveals some interesting relationships. For example, six of the seven regional centers (sites with more than 40 structures and public architecture) do seem to demonstrate a roughly linear relationship between site size and agricultural potential. The smaller sites show absolutely no linear relationship between size and catchment productivity and one of the regional centers, PC-71 (El Mango), seems to have fewer structures than would be expected given the productivity of its catchment.

To investigate the relationship between regional centers and catchment productivity, a second correlation-regression was performed using only the sites with more than 40 structures.

Table 6.14. Statistical test of expected vs. observed amounts of land in site catchments by ARZ.
Cuadro 6.14. Prueba estadística de la cantidad de tierra esperada y observada en las áreas de captación de los sitios según ZRA.

	ARZ 1 ZRA 1	ARZ 2 ZRA 2	ARZ 3 ZRA 3	Non-Arable No Cultivable
Expected—Esperada	6.39	8.55	41.6	67.5
Observed—Observada	12.40	14.66	34.2	63.7

Chi-square=11.34—Ji cuadrado=11.34; df=3; p<.01

Cuadro 6.15. Comparación de la extensión y población de los conglomerados regionales.
Table 6.15. Comparison of area and population of regional clusters.

Cluster Conglomerado	Area (km^2) Extensión	No. Structures No. Estructuras	No. Structures per km^2 No. Estructuras por km^2
Salitrón Viejo	40	720	18.0
Intendencia	49	443	9.0
Guarabuquí	14	227	16.2
La Ceiba	27	344	12.7
Cueva Grande	26	142	5.5
El Mango	14	73	5.2
Plan de Cerro	16	27	1.7
Total	185	1,976	---
Mean—Media	26	282	9.7
S	12	242	6.1

no muestran en absoluto una correlación lineal entre el tamaño y el área productiva de captación; además, uno de los centros regionales más grandes, PC-71 (El Mango), parece contar con menos estructuras que las que sería de esperar dada la productividad del área de captación.

Para investigar la relación entre los centros regionales y la productividad del área de captación, se llevó a cabo una segunda correlación/regresión incluyendo únicamente los sitios con más de 40 estructuras. Los resultados de esta prueba se presentan en la Figura 6.8. Existe una clara correlación entre los sitios más grandes y el potencial de sus áreas de captación. El coeficiente de correlación es 0.77, con un r^2 de 0.59. Esta última figura indica que casi el 60% de la diferenciación observada en el tamaño de esos sitios se debe a su potencial agrícola. La prueba t llevada a cabo utilizando este coeficiente de correlación es significativa al nivel de probabilidad 0.05. Los resultados de esta prueba confirman una versión modificada de la Hipótesis 2, restringiendo su aplicación a los grandes centros regionales.

Este resultado concuerda estrechamente con lo establecido tanto por Brumfiel como Steponaitis para el Valle de México. En una serie de análisis de regresión para medir el tamaño de los sitios en contraste con su productividad, los sitios más pequeños (las llamadas "aldeas dispersas") en forma constante no se correlacionaron con la productividad de su área de captación (Steponaitis 1982:345–350). La dirección de que la cual se parte en una correlación lineal es la misma en ambos casos: estos sitios parecen ser más pequeños que el potencial agrícola sugerido por sus áreas de captación. Existen varias posibles explicaciones para este fenómeno. Steponaitis prefiere la explicación basada en la necesidad de sitios más pequeños para el pago de tributo a los grandes centros en el Valle de México. Nosotros también opinamos que la clave para comprender la relación entre los sitios pequeños y sus

áreas de captación se halla en su interacción con unidades sociales y políticas mayores.

Los sitios de menor tamaño en la región de El Cajón representan pequeñas aldeas o caseríos localizados en estrecha proximidad de los terrenos en los cuales trabajaban sus habitantes. Estos pequeños sitios estaban, sin lugar a dudas, integrados en unidades sociales y políticas mayores tales como los conglomerados regionales descritos en la discusión del análisis de captación. Si los conglomerados regionales representan una unidad socioeconómica integrada, entonces la totalidad de la tierra agrícola en un conglomerado regional puede haberse encontrado a disponibilidad de cualquiera de sus residentes. Los habitantes de los grandes sitios como Salitrón Viejo, Intendencia o Guarabuquí probablemente tenían acceso a los terrenos dentro de su respectivo conglomerado regional. Al contrario, los habitantes de los sitios menores dentro de estos conglomerados probablemente no gozaban de derechos de exclusividad sobre las áreas de captación a su alrededor. Esta impresión es reforzada por el frecuente traslape de las correspondientes áreas de captación dentro de los conglomerados regionales.

De ser los conglomerados regionales unidades sociales válidas, podríamos esperar una estrecha correlación entre el tamaño de la población y la productividad total del área de captación. La variación en el patrón de asentamiento en cuanto a tipos de comunidades dispersas o agrupadas se refiere, allana más bien el asunto y no afecta nuestra habilidad para detectar las relaciones de subsistencia dentro de un conglomerado.

El Cuadro 6.15 resume la gama de datos útiles sobre el número de estructuras dentro de cada conglomerado regional, así como la extensión de éstos. En base a estas figuras emergen ciertas interesantes regularidades. Primero, Plan de Cerro es un sitio claramente anómalo, con una población relativa-

The results of this test are presented in Figure 6.8. A clear correlation exists between the larger sites and the agricultural potential of their catchments. The correlation coefficient is .77, with an r-squared value of .59. This last figure indicates that almost 60% of the variation in site size observed among these sites is due to the agricultural potential. The t-test run using this correlation coefficient is significant at the .05 level of probability. The results of this test confirm a modified version of Hypothesis Two, restricting its application to large, regional centers.

This result closely matches that found by both Brumfiel and Steponaitis for the Valley of Mexico. In a series of regression analyses measuring site size versus productivity, smaller sites (his "dispersed villages") consistently failed to correlate with site catchment productivity (Steponaitis 1982:345–350). The direction of departure from a linear relationship is the same in both cases: these sites appear to be smaller than the agricultural potential suggested by their catchments. There are several potential explanations for this phenomenon. Steponaitis prefers an explanation based on the need for smaller sites to pay tribute to the larger centers in Valley of Mexico. I also feel that the key to understanding the relationship of small sites to their catchment lies in their interaction with larger social and political units.

Small sites within the El Cajon region represent small villages or hamlets located in close proximity to the fields which their inhabitants worked. These small sites were no doubt integrated into large social and political units such as the regional clusters described in the course of the catchment analysis. If the regional site clusters represent an integrated socioeconomic unit, then agricultural land of the entire cluster may have been available to any resident of that cluster. The inhabitants of large sites like Salitron Viejo, Intendencia, or Guarabuqui probably had access to land throughout their regional cluster. Conversely, inhabitants of the small sites within these clusters probably did not have exclusive rights to their surrounding catchment areas. This impression is reinforced by the frequent overlap of individual site catchments within regional clusters.

If regional clusters are valid social units we might expect a close correlation between the population size and productivity of its total catchment area. Variation in the settlement pattern in terms of dispersed or nucleated community types even out and do not affect our ability to detect subsistence relationships within the cluster.

Table 6.15 summarizes a variety of useful data on the number of structures within, and the areal extent of each regional cluster. Based on these figures some interesting regularities emerge. First, Plan de Cerro is clearly anomalous. It has a relatively small population both in the absolute numbers of structures present and the density of structures per square kilometer. It is the only cluster which lacks a regional center with either forty or more structures or monumental structures over two meters high (see Hasemann 1985b, 1987 for discussion of regional centers and monumental architec-

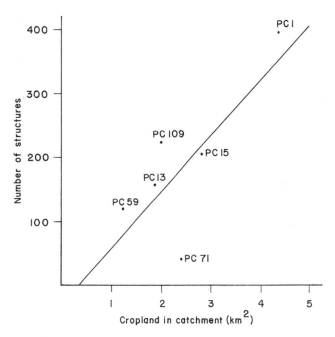

Summary Statistics—Resumen Estadístico:
$r=.77$; $r^2=.59$
slope=84—pendiente=84
intercept=-20—intersección=-20

Y-data—Datos del eje Y	X-data—Datos del eje X
Mean=190—Media=190	Mean=2.5—Media=2.5
S=120	S=1.09

$t=2.40$; df=4; $p>.05<.10$

	X-values valores de X	Y-values valores de Y
PC-1	4.44	394
PC-109	2.02	200
PC-15	2.91	209
PC-13	1.96	159
PC-59	1.25	118
PC-71	2.45	41

Figure 6.8. Scattergram of the correlation-regression measuring the relationship between size of regional centers and agricultural potential of site catchments.
Figura 6.8. Diagrama de dispersión de la correlación/regresión midiendo la relación entre el tamaño de los centros regionales (en el número de estructuras) y el potencial agrícola de sus áreas de captación. El potencial agrícola está representado por el área de los campos de cultivo disponible cada año en el área de captación.

ture). It seems that Plan de Cerro represents a different level of organization than that found at the other sites.

The most densely populated clusters are located along the Sulaco River. The Salitron Viejo, Guarabuqui, and La Ceiba clusters are located along a 13 km stretch of the Sulaco be-

Cuadro 6.16. Porcentaje de tierra agrícola según ZRA en las áreas de captación de los conglomerados regionales.
Table 6.16. Percent of agricultural land by ARZ in regional cluster catchments.

Cluster / Conglomerado	Area by ARZ / Extensión por ZRA	Area in Crop Cycle / Area en Ciclo de Cultivo	% Total Catchment / % Total de Captación	% Arable Land by ARZ / % Tierra Cultivable por ZRA
Salitrón Viejo (PC-1)				
ARZ 1—ZRA 1	6.62	4.41	16%	29%
ARZ 2—ZRA 2	4.06	1.80	10%	18%
ARZ 3—ZRA 3	11.65	3.32	29%	52%
Total	22.33	9.53	54%	100%
Intendencia (PC-109)				
ARZ 1—ZRA 1	2.69	1.79	5%	15%
ARZ 2—ZRA 2	2.19	.97	4%	12%
ARZ 3—ZRA 3	13.12	3.74	26%	73%
Total	18.00	6.50	35%	100%
Guarabuquí (PC-15)				
ARZ 1—ZRA 1	1.78	1.18	13%	22%
ARZ 2—ZRA 2	1.34	.59	10%	17%
ARZ 3—ZRA 3	4.78	1.36	34%	61%
Total	7.90	3.13	57%	100%
La Ceiba (PC-13)				
ARZ 1—ZRA 1	1.62	1.08	6%	20%
ARZ 2—ZRA 2	1.38	.61	5%	17%
ARZ 3—ZRA 3	5.03	1.43	19%	63%
Total	8.02	3.12	30%	100%
Cueva Grande (PC-59)				
ARZ 1—ZRA 1	1.03	.68	4%	12%
ARZ 2—ZRA 2	.00	.00	0%	0%
ARZ 3—ZRA 3	7.78	1.35	29%	88%
Total	8.81	2.03	33%	100%
El Mango (PC-71)				
ARZ 1—ZRA 1	1.40	.93	10%	19%
ARZ 2—ZRA 2	.25	.11	2%	3%
ARZ 3—ZRA 3	5.72	1.63	41%	78%
Total	7.37	2.67	53%	100%
Plan de Cerro (PC-153)				
ARZ 1—ZRA 1	.56	.37	4%	9%
ARZ 2—ZRA 2	3.03	1.34	19%	47%
ARZ 3—ZRA 3	2.81	.80	18%	44%
Total	6.40	2.51	41%	100%
Total for All Clusters—Total para Todos los Conglomerados				
ARZ 1—ZRA 1	15.70	10.45	—	—
ARZ 2—ZRA 2	12.25	5.43	—	—
ARZ 3—ZRA 3	50.89	14.50	—	—
Total	78.83	50.38	—	—

Table 6.16 (cont.)—Cuadro 6.16 (cont.)

Cluster Conglomerado	Area by ARZ Extensión por ZRA	Area in Crop Cycle Area en Ciclo de Cultivo	% Total Catchment % Total de Captación	% Arable Land by ARZ % Tierra Cultivable por ARZ
Average for All Clusters—Promedio para Todos los Conglomerados				
ARZ 1—ZRA 1	2.24	1.49	8%	18%
ARZ 2—ZRA 2	1.75	.77	7%	16%
ARZ 3—ZRA 3	7.27	1.94	28%	66%
Total	11.26	4.21	43%	100%

tween its confluence with the Humuya River and a narrow gorge that separates Salitron Viejo from upstream clusters at El Mango and Cueva Grande. Intendencia, located along the lower Humuya, has the largest cluster catchment in terms of areal extent. The Intendencia sites are very small and are dispersed along vegas close to the Humuya River. This pattern is repeated all along the Humuya. Intendencia is large and is the only site along the entire 28 km course of the Humuya River with elaborate monumental architecture. Table 6.16 summarizes the amount and kinds of agricultural resources in each regional cluster in the same format as the site catchment data were presented in Table 6.13.

One interesting result of extending the catchments over the regional clusters is not apparent from Table 6.16. *The cluster catchments cover 100% of the ARZ 1 land in the study area. No ARZ 1 land exists outside the cluster catchments. This is strong evidence that sites are located in order to maximize access to ARZ 1 land.*

A correlation-regression test was conducted to measure the strength of association between the number of structures and the amount of land in the crop cycle within each regional cluster. Figure 6.9 presents the results of this test. The r-value obtained is .93, and r-squared equals .87, indicating an extremely close linear relationship between the population of clusters and their agricultural potential. This means that more than 85% of the observed variation in the population of regional clusters is explainable by the amount of agricultural land they contain. This is strong support of Hypothesis Two. A t-test run on this result indicates that there is less than a .005 probability of obtaining this result by chance alone.

The analysis in this section supports the notion that the size of archaeological sites reflects the agricultural potential of their sustaining areas. However, it has modified our thinking on this question in some important ways. The appropriate unit of analysis for measuring the relationship between human groups and their environment appears to be the regional cluster of archaeological sites, not the individual site. While the hypothesis is generally applicable to larger regional centers, it does not fit for a mix of large and small archaeological sites, a finding consistent with the results of other investigators (e.g.

Steponaitis 1982, Brumfiel 1976). My interpretation of this finding rests on social organizational principles. Archaeological sites and groups they represent do not exist in isolation but are part of larger social, economic, and ecological systems.

The analysis suggests that ecological relationships are mediated through larger social groups than those represented at a single site of 10–20 households. Larger social aggregates such as the regional cluster is an appropriate unit of analysis since it reflects the larger social aggregate within which ecological relationships are most clearly expressed.

Agricultural Potential and Prehistoric Population: An Estimate of Carrying Capacity

In this section I will attempt to quantify some of the relationships discussed by estimating the prehistoric population of sites and the actual productivity of the ancient agricultural system. Clearly this is a highly conjectural undertaking fraught with difficulties. While the figures presented here must be considered only as best estimates of population and agricultural productivity, they are useful for understanding the population's relationship to its environment.

Carrying Capacity

The concept of carrying capacity is a controversial one in anthropology (Glassow 1978; Hassan 1981; Dewar 1984). There are three fundamental objections to the concept:

1) It is impossible to quantify all the aspects of the environment that impact on a population's well-being.
2) Even if limiting factors can be identified and quantified, environmental fluctuations can drastically alter the availability of resources.
3) Human groups are capable of changing the carrying capacity of their environments through adaptation and technological change rendering carrying capacity estimates useless.

This research examines the level of agricultural production as represented by yields of maize under a swidden agricultural system. In doing so I adopt Hassan's (1978) concepts of

mente pequeña tanto con respecto a la cifra absoluta de estructuras presentes como a la densidad de las mismas por km^2. Se trata de la única concentración que carece de un centro regional con 40 o más estructuras, así como de estructuras monumentales de más de 2 m. de altura (ver Hasemann 1985a para una discusión de las estructuras monumentales; ver Hasemann 1985b y 1987 para una discusión de los centros regionales). Tal parece que Plan de Cerro representa un nivel de organización diferente al que se aprecia en los otros sitios.

Los conglomerados más densamente poblados están localizados a lo largo del Río Sulaco. Los conglomerados de Salitrón Viejo, Guarabuquí y La Ceiba se encuentran en una faja de 13 km. entre la confluencia del Río Sulaco con el Humuya y una estrecha barranca que separa Salitrón Viejo de los conglomerados aguas arriba, El Mango y Cueva Grande. Intendencia, en el Río Humuya abajo, tiene la más grande área de captación que cualquier otro conglomerado en términos de extensión territorial. Los sitios del conglomerado de Intendencia son muy pequeños y se encuentran dispersos en vegas cercanas al Río Humuya. Este patrón se repite a lo largo de todo este río. Intendencia no solo es un sitio grande, sino que además el único, en los 28 km. del curso del Río Humuya, que presenta elaborada arquitectura monumental. En el Cuadro 6.16 se resume la cantidad y las clases de recursos agrícolas de cada conglomerado regional en el mismo formato en que fueron presentados los datos sobre la respectiva área de captación de cada sitio en el Cuadro 6.13.

Un resultado interesante de la ampliación del área de captación más allá de los conglomerados regionales, pasa desapercibido en el Cuadro 6.16. *Las áreas de captación de los conglomerados regionales cubren el 100% de la ZRA 1 en la región bajo estudio.* Fuera del área de captación de un conglomerado no se encuentra tierra perteneciente a la ZRA 1. Esto constituye una fuerte evidencia acerca de que los sitios se localizaron con el objeto de garantizar el mejor acceso a la ZRA 1.

Se condujo una prueba de correlación/regresión para medir la solidez de la asociación entre el número de estructuras y la cantidad de tierra en ciclo de cultivo dentro de cada concentración regional. La Figura 6.9 presenta los resultados de esta prueba. El valor obtenido para r es de 0.93 y r^2 es igual a 0.86, indicando una muy estrecha relación lineal entre la población de los conglomerados y el potencial agrícola. Esto significa que más del 85% de la variación observada en la población de los conglomerados regionales se explica en función de la cantidad de tierra agrícola dentro de sus límites. Esto apoya fuertemente la Hipótesis 2. La prueba t llevada a cabo en base a estos resultados indica que existe una probabilidad menor que 0.005 de que esto sea producto del azar.

El análisis en esta sección apoya la noción que el tamaño de los sitios arqueológicos refleja el potencial agrícola de sus áreas de sostenimiento. Sin embargo, también ha modificado nuestra idea previa sobre este asunto en importantes maneras. La unidad apropiada de análisis para medir la relación entre los grupos humanos y su ambiente parece ser la concentración

regional de sitios arqueológicos y no los sitios individualmente vistos. Aunque la hipótesis es aplicable en forma general a los grandes centros regionales, no se presta para ser aplicada a la combinación de sitios grandes y pequeños, lo cual está de acuerdo con los resultados de otros investigadores (por ejemplo, Brumfiel 1976; Steponaitis 1982). Nuestra propia interpretación de los resultados descansa en los principios de la organización social. Los sitios arqueológicos y los grupos humanos precolombinos que aquellos representan, no existieron aisladamente, sino como parte de más grandes sistemas sociales, económicos y ecológicos.

El análisis sugiere que las relaciones ecológicas son dictadas por grupos sociales mayores que aquellos representados en un sitio compuesto de 10 a 20 unidades familiares. Un agrupamiento social de gran tamaño tal como el conglomerado regional, es una apropiada unidad de análisis puesto que refleja el sistema de interacción social dentro del cual las relaciones ecológicas se encuentran más claramente expresadas.

El Potencial Agrícola y la Población Precolombina: Estimación de la Capacidad de Carga

En esta sección intentaremos cuantificar algunas de las relaciones discutidas por medio de la estimación de la población precolombina de los sitios arqueológicos y la productividad real del antiguo sistema agrícola. Es claro que se trata de una empresa altamente especulativa plagada de dificultades. Aún cuando las figuras presentadas aquí deben ser consideradas solamente como estimaciones óptimas de la población y la productividad agrícola, son útiles para la comprensión de la relación de dicha población con su ambiente.

Capacidad de Carga

El concepto de capacidad de carga es motivo de controversia en antropología (Glassow 1978; Hassan 1981; Dewar 1984). Existen tres objeciones fundamentales a este concepto:
1) Es imposible cuantificar todos los aspectos del ambiente que hacen impacto sobre el bienestar de una población dada;
2) Aún cuando los factores limitativos puedan ser identificados y cuantificados, las fluctuaciones ambientales pueden alterar drasticamente la disponibilidad de recursos;
3) Los grupos humanos son capaces de cambiar la capacidad de carga de su medioambiente por medio de adaptación y cambio tecnológico volviendo inútiles las estimaciones sobre la capacidad de carga.

Esta investigación examina el nivel de la producción agrícola representado por la producción de maíz bajo un sistema de agricultura de tala y roza. Siguiendo este punto de vista, adoptaremos los conceptos de Hassan (1978) sobre capacidad de carga "máxima" y "óptima" para tomar en cuenta la fluctuación ambiental. "Capacidad de carga máxima" se refiere al nivel de población capaz de ser sostenido en años de

"maximum" and "optimum" carrying capacity to account for environmental fluctuation. "Maximum carrying capacity" refers to the level of population capable of being supported during average crop years while "optimum carrying capacity" refers to the population that can be supported during periodic lean years. Despite difficulties with the carrying capacity concept, ultimately I find myself in agreement with Hassan (1978:73) when he says, "after all, there is only a certain number of people that can be adequately supported at any one time in a region, given certain environmental parameters and a specific regime of food procurement and technology."

As used here, agricultural potential refers to the approximate levels of sustainable productivity by a given subsistence system under predictable conditions. Production levels are yields of the principal maize crop from 1983, a crop year recognized by approximately 75% of the cultivators queried as average to above average. Estimates of sustainable population derived from these figures should probably be considered as the maximum carrying capacity. In calculating optimum carrying capacity, I follow Hassan's suggestion of reducing these figures by 50% for periodic lean years and storage losses (Hassan 1981:167).

Agricultural potential was calculated for regional clusters by multiplying estimated yields by the area in crop cycle for each ARZ within the catchment. Yield levels are drawn from Table 6.10 and the amount of agricultural land from Table 6.16. Multiplying estimated yields by amount of land in crop cycle gives the amount of maize in kilograms capable of being grown in each regional cluster. This figure is then multiplied by 3,610 to obtain the number of calories of food energy represented by this quantity of maize. (This figure is drawn from Webster 1981:920.) If this figure is divided by the amount of calories obtained in the prehistoric diet from maize, we have an estimate of carrying capacity under given yield and consumption patterns. This figure can be adjusted to reflect the lower productivity of ancient cultivars, periodic lean years, storage loss or other factors that systematically reduce yields. This procedure can be summarized mathematically as follows:

$$CCm = \frac{([H \times Y] \times 3610 \times r}{(2,200 \times 365) \times p}$$

where:

CCm = maximum carrying capacity
H = area in hectares
Y = yield per hectare in kg
3,610 = calories per kg of dry maize
r = reduction factor
2,200 x 365 = calories per person per year
p = percentage of calories from maize

The figure of 2,200 calories per day is drawn from Dickson's (1980) estimate of caloric requirements for ancient inhabitants of Tikal and accords well with other estimates for tropical peoples (Bogert, Briggs, and Calloway 1973:543; Milton 1984:16).

Prehistoric carrying capacity was calculated under differing assumptions. The principal factors varied were degree of

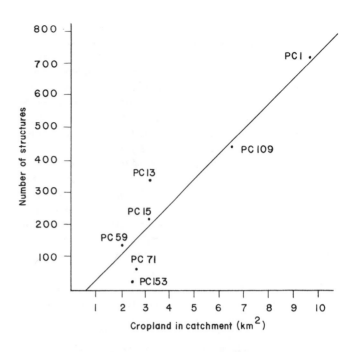

Summary Statistics—Resumen Estadístico:
r=.93; r²=.87
slope=82—pendiente=82
intercept=-62—intersección=-62

Y-data—Datos del eje Y	X-data—Datos del eje X
Mean=282—Media=282	Mean=4.22–Media=4.22
S=242	S=2.76

t=5.56; df=5; p<.005

	X-values valores de X	Y-values valores de Y
PC-1	9.53	720
PC-109	6.50	443
PC-15	3.13	227
PC-13	3.12	344
PC-59	2.03	142
PC-71	2.67	73
PC-153	2.51	27

Figure 6.9. Scattergram of the correlation-regression measuring the relationship between number of structures and agricultural potential of cluster catchments.
Figura 6.9. Diagrama de dispersión de la correlación/regresión midiendo la relación entre el número de estructuras y el potencial agrícola en las áreas de captación de los conglomerados regionales. El potencial agrícola está representado por el área de los campos de cultivo disponible cada año en el área de captación.

producción media, mientras que "capacidad de carga óptima" se refiere a la población que puede ser sostenida durante los periódicos años magros. A pesar de las dificultades involucradas en el concepto de capacidad de carga, en última instancia estamos de acuerdo con Hassan (1978:73) cuando dice "después de todo, solamente cierto número de personas puede ser sostenido adecuadamente en un determinado momento en una región, dados ciertos parámetros ambientales y un régimen específico de obtención de alimentos y tecnología".

Como es utilizado aquí, potencial agrícola se refiere a los niveles aproximados a que se sostiene la productividad en un sistema dado de subsistencia bajo condiciones predecibles. Los niveles de producción se refieren al rendimiento de la principal cosecha de maíz de 1983, un año cuya cosecha fue reconocida por el 75% de los agricultores entrevistados como de nivel medio a superior. Los estimados de la población susceptible de ser sostenida que se derivan de estas figuras, deberían probablemente ser considerados reflejo de la capacidad de carga máxima. Al calcular la capacidad de rendimiento óptima, nos apegamos a la sugerencia de Hassan de reducir estas figuras en un 50% para incluir los periódicos años magros y las pérdidas en el almacenamiento (Hassan 1981:167).

El potencial agrícola fue calculado por conglomerados regionales, multiplicando las producciones estimadas por la extensión de tierra en ciclo de cultivo en cada ZRA dentro del área de captación. Los niveles de producción son tomados del Cuadro 6.10 y la cantidad de tierra agrícola del Cuadro 6.16. Multiplicando las producciones estimadas por la cantidad de tierra en ciclo de cultivo, se obtiene la cantidad de maíz en kilogramos susceptible de ser cultivado en cada conglomerado regional. Esta figura se multiplica luego por 3,610 para obtener el número de calorías de energía-alimento representadas en esta cantidad de maíz. (Esta figura se tomó de Webster 1981:920). Si esta figura se divide entre la cantidad de calorías obtenida del maíz en la dieta precolombina, tendremos una estimación de la capacidad de carga bajo patrones de producción y consumo dados. Esta figura puede ser ajustada para reflejar la baja productividad de los antiguos agricultores, los periódicos años magros, las pérdidas en el almacenamiento u otros factores que sistemáticamente reducen la producción. Este procedimiento puede resumirse matemáticamente como sigue:

$$CCm = \frac{([H \times P] \times 3{,}610) \times fr}{(2{,}200 \times 365) \times p}$$

en donde:

CCm = capacidad de carga máxima
H = extensión en hectáreas
P = producción por hectárea en kg.
3,610 = calorías por kg. de maíz seco
fr = factor de reducción
2,200 x 365 = calorías por persona por año
p = porcentaje de calorías del maíz

La figura de 2,200 calorías por día se tomó de la estimación de Dickson (1980) sobre el requerimiento calórico de los antiguos habitantes de Tikal y se acopla bien con otras es-

timaciones hechas para el trópico (Boget, Briggs y Calloway 1973: 543; Milton 1984:16).

La capacidad de carga precolombina se calculó a partir de diferentes supuestos. Los principales factores divergentes son el grado de dependencia dietética del maíz y la productividad de los antiguos agricultores. De acuerdo a los datos de Kirkby para el Valle de Oaxaca, el maíz del Período Clásico era aproximadamente un 50% menos productivo que las variedades modernas (1971:408). Existe un cierto número de razones para suponer que ésta es una figura bastante conservativa; no obstante, esta baja estimación es la adoptada aquí.

De haber sido el maíz antiguo solamente un 50% menos productivo, deberíamos esperar que la dependencia dietética también era menor. En efecto, nuestro modelo del sistema de subsistencia precolombina postula una dieta más variada para esa época. La actual dependencia dietética del maíz en la región de El Cajón se estima en un 80%. Con los antiguos agricultores produciendo solamente la mitad a tres cuartas partes de lo que se obtiene de las variedades modernas, deberíamos esperar que el maíz cubría entre 40% y 60% del total de las necesidades dietéticas.

Las capacidades de carga máxima y óptima de los conglomerados regionales se calculó a tres diferentes niveles de producción agrícola y consumo (ver Loker 1986: Anexo D para más detalles). El Cuadro 6.17 presenta el nivel máximo de la producción de maíz en los conglomerados regionales, en base a las cosechas modernas (sin la reducción debida a los años magros o las menos productivas variedades antiguas) como punto de partida para establecer la productividad agrícola.

El Cuadro 6.18 muestra la estimación de la capacidad de carga máxima y óptima para tres combinaciones de producción y dependencia dietética: 1) la situación actual (100% producción/80% dependencia dietética), 2) una situación de reducida producción y alta dependencia dietética (75% producción/80% dependencia dietética) y 3) una situación de producción severamente reducida con una moderada dependencia dietética (50% producción/60% dependencia dietética). Personalmente opinamos que la última es la proyección más realista para la población del Período Clásico en la región de El Cajón. Las estimaciones de la población son presentadas acumulativamente según las ZRA, empezando con la ZRA 1, para permitir una evaluación del potencial productivo de cada zona. Queda por comparar estas estimaciones de la capacidad de carga con las correspondientes a la población del Período Clásico.

Se dan numerosas dificultades con la estimación de la población en base a los restos arqueológicos. Los más recurrentes y críticos son

1) el asunto de la ocupación coetánea,
2) la distinción de las estructuras residenciales de las no residenciales,
3) la estimación de figuras sobre el número de habitantes por estructura.

Puesto que estos tópicos han sido discutidos detenidamente

Table 6.17. Maximum production levels of maize (in kg and calories) based on contemporary yields.
Cuadro 6.17. Niveles máximos de producción de maíz (en kg. y calorías) en base a la producción actual.

Cluster—Conglomerado		Kilograms—Kilogramos	Calories—Calorías
Salitrón Viejo			
ARZ 1—ZRA 1	441 Ha x 1,831 Kg =	807,471 Kgs x 3610 =	2,914,970,300
ARZ 2—ZRA 2	180 Ha x 1,164 Kg =	209,520 Kgs x 3610 =	756,367,200
ARZ 3—ZRA 3	332 Ha x 1,333 Kg =	442,556 Kgs x 3610 =	1,597,627,200
		1,459,547	5,268,964,700
Intendencia			
ARZ 1—ZRA 1	179 Ha x 1,831 Kg =	327,749 Kgs x 3610 =	1,183,173,900
ARZ 2—ZRA 2	97 Ha x 1,164 Kg =	112,908 Kgs x 3610 =	407,597,880
ARZ 3—ZRA 3	374 Ha x 1,333 Kg =	498,542 Kgs x 3610 =	1,799,736,600
		939,199	3,390,508,380
Guarabuquí			
ARZ 1—ZRA 1	118 Ha x 1,831 Kg =	216,058 Kgs x 3610 =	779,969,380
ARZ 2—ZRA 2	59 Ha x 1,164 Kg =	68,676 Kgs x 3610 =	247,920,360
ARZ 3—ZRA 3	136 Ha x 1,333 Kg =	181,288 Kgs x 3610 =	654,449,680
		466,022	1,682,339,420
La Ceiba			
ARZ 1—ZRA 1	108 Ha x 1,831 Kg =	197,748 Kgs = x 3610 =	713,870,280
ARZ 2—ZRA 2	59 Ha x 1,164 Kg =	68,676 Kgs = 3610 =	247,920,360
ARZ 3—ZRA 3	143 Ha x 1,333 Kg =	190,619 Kgs = x 3610 =	688,134,590
		457,043	1,649,825,230
Cueva Grande			
ARZ 1—ZRA 1	68 Ha x 1,831 Kg =	124,508 Kgs x 3610 =	449,473,880
ARZ 2—ZRA 2	0 Ha x 1,164 Kg =	0 Kgs x 3610 =	0
ARZ 3—ZRA 3	135 Ha x 1,333 Kg =	179,955 Kgs x 3610 =	649,637,550
		304,463	1,099,111,430
El Mango			
ARZ 1—ZRA 1	93 Ha x 1,831 Kg =	170,283 Kgs x 3610 =	614,721,630
ARZ 2—ZRA 2	11 Ha x 1,164 Kg =	12,804 Kgs x 3610 =	46,222,440
ARZ 3—ZRA 3	163 Ha x 1,333 Kg =	217,279 Kgs x 3610 =	784,377,190
		401,366	1,445,321,260
Plan de Cerro			
ARZ 1—ZRA 1	37 Ha x 1,831 Kg =	67,747 Kgs x 3610 =	244,566,670
ARZ 2—ZRA 2	134 Ha x 1,164 Kg =	155,976 Kgs x 3610 =	563,073,360
ARZ 3—ZRA 3	80 Ha x 1,333 Kg =	106,640 Kgs x 3610 =	384,970,400
		330,363	1,192,610,430

dietary dependence on maize and productivity of ancient cultivars. According to Kirkby's Oaxaca Valley data, Classic period maize was approximately half as productive as contemporary cultivars (1971:408). There are a number of reasons to suspect that this is an overly conservative figure, but this is the low estimate adopted here.

If ancient maize were only half as productive, we might expect that dietary dependence would be less as well. In fact,

our model of the precolumbian subsistence system postulates a more varied diet for ancient inhabitants. Contemporary dietary dependence on maize in the El Cajon region is estimated at 80 percent. With ancient cultivars yielding only half or three-quarters as much as contemporary varieties, we might expect maize to constitute between 40 to 60 percent of the overall diet.

Maximum and optimum carrying capacities of regional

Cuadro 6.18. Estimación de la capacidad de carga máxima y cargo óptima de los conglomerados regionales
según diferentes niveles de producción y consumo de maíz.
Table 6.18. Estimated maximum and optimum carrying capacity of regional clusters
based on varying levels of maize production and consumption.

Yield—Producción:		100%	75%	50%
Calories—Calorías:		80%	80%	60%
Salitrón Viejo				
ARZ 1	MAX.	4,537	3,403	3,025
ZRA 1	OPT.	2,268	1,701	1,512
ARZ 1 & 2	MAX.	5,715	4,286	3,810
ZRA 1 y 2	OPT.	2,857	2,143	1,905
ARZ 1,2,3	MAX.	8,202	6,151	5,454
ZRA 1,2,3	OPT.	4,101	3,075	2,727
Intendencia				
ARZ 1	MAX.	1,841	1,380	1,227
ZRA 1	OPT.	920	690	613
ARZ 1 & 2	MAX.	2,476	1,857	1,650
ZRA 1 y 2	OPT.	1,238	928	825
ARZ 1,2,3	MAX.	5,278	3,958	3,518
ZRA 1,2,3	OPT.	2,639	1,979	1,759
Guarabuquí				
ARZ 1	MAX.	1,214	910	809
ZRA 1	OPT.	607	455	404
ARZ 1 & 2	MAX.	1,553	1,164	1,035
ZRA 1 y 2	OPT.	776	582	517
ARZ 1,2,3	MAX.	2,618	1,963	1,745
ZRA 1,2,3	OPT.	1,309	981	872
La Ceiba				
ARZ 1	MAX.	1,111	833	740
ZRA 1	OPT.	555	416	370
ARZ 1& 2	MAX.	1,497	1,222	997
ZRA 1 y 2	OPT.	748	611	498
ARZ 1,2,3	MAX.	2,568	1,926	1,712
ZRA 1,2,3	OPT.	1,284	963	856

Table 6.18 (cont.)—Cuadro 6.18 (cont.)

Yield—Producción: Calories—Calorías:		100% 80%	75% 80%	50% 60%
Cueva Grande				
ARZ 1	MAX.	699	524	466
ZRA 1	OPT.	349	262	233
ARZ 1 & 2	MAX.	699	524	466
ZRA 1 y 2	OPT.	349	262	233
ARZ 1,2,3	MAX.	1,710	1,282	1,140
ZRA 1,2,3	OPT.	855	641	570
El Mango				
ARZ 1	MAX.	957	717	622
ZRA 1	OPT.	478	358	311
ARZ 1 & 2	MAX.	1,028	771	668
ZRA 1 y 2	OPT.	514	385	334
ARZ 1,2,3	MAX.	2,249	1,686	1,461
ZRA 1,2,3	OPT.	1,124	843	730
Plan de Cerro				
ARZ 1	MAX.	380	285	253
ZRA 1	OPT.	190	142	126
ARZ 1 & 2	MAX.	1,257	942	838
ZRA 1 y 2	OPT.	626	471	419
ARZ 1,2,3	MAX.	1,856	1,392	1,237
ZRA 1,2,3	OPT.	928	696	618

clusters were calculated at three different levels of agricultural production and consumption (see Loker 1986: Appendix D for details). Table 6.17 presents the maximum level of maize production in regional clusters based on contemporary yields (without reduction for lean years or ancient cultivars) as the baseline of agricultural productivity.

Table 6.18 presents the estimated maximum and optimum carrying capacities for three combinations of yield and dietary dependence: 1) the contemporary situation (100% yield—80% dietary dependence), 2) a situation of reduced yield and high dietary dependence (75% yield—80% dietary dependence), and 3) a situation of severely reduced yield with moderate dietary dependence (50% yield—60% dietary dependence). I personally feel the latter is the most realistic projection for the Classic period population in the El Cajon

region. The population estimates are presented cumulatively by ARZ starting with ARZ 1 to allow assessment of the productive potential of each zone. It remains to compare these carrying capacity estimates with estimates of the Classic period population.

There are numerous difficulties in estimating population from archaeological remains. The most persistent and serious of these are
1) the problem of contemporaneity of occupation,
2) distinguishing residential from nonresidential structures,
3) estimating numbers of inhabitants per structure.
Since these issues have been discussed at length elsewhere (Puleston 1973:Chapter 5), I will only discuss them briefly with reference to the El Cajon data.

Determining contemporaneity of occupation is always a

Cuadro 6.19. Estimación de la población en los conglomerados regionales según el número de estructuras por conglomerado.
Table 6.19. Population estimate of regional clusters based on number of structures per cluster.

Cluster Conglomerado	Total No. Structures No. Total Estructuras	Estimated No. Res. Mounds No. Estimado Montículos Residenciales	Estimated Population Población Estimada
Salitrón Viejo	720	484	2,613
Intendencia	443	297	1,604
La Ceiba	344	231	1,247
Guarabuquí	227	152	821
Cueva Grande	141	95	513
El Mango	68	46	248
Plan de Cerro	27	18	97
Total	1,970	1,323	7,147

por otro autor (Puleston 1973:Capítulo 5), solo los trataremos someramente en referencia a los datos de la región de El Cajón.

Determinar la coetaneidad de la ocupación es siempre un problema en el análisis de los restos arqueológicos. En la etapa en que se encuentran los análisis del proyecto, sin embargo, no es posible decidir aún cuales sitios y estructuras son exactamente coetáneas. Sencillamente, hace falta en este momento el control cronológico necesario para distinguir unidades temporales precisas; tampoco se ha alcanzado en el análisis de los artefactos el punto en que podamos poner en perspectiva la variación interna en los sitios mismos y entre ellos con respecto a la historia de ocupación. Asumir coetaneidad en la ocupación es aceptable, siempre y cuando estemos concientes que al hacerlo sobreestimamos el nivel de la población existente en una época determinada durante el Período Clásico.

El problema de distinguir entre las estructuras residenciales y las no residenciales es también crítico y se complica por el hecho que se está utilizando un conteo en bruto de estructuras para la mayoría de los sitios de la región. Basicamente, son dos los asuntos que nos ocupan aquí: uno consiste en como separar los montículos de los otros rasgos arquitectónicos y el segundo, como separar los montículos residenciales de los no residenciales. Partiendo de un examen detenido de los mapas de los sitios y de los informes del recorrido regional de los mismos, se ha determinado que aproximadamente un 80% de todas las estructuras registradas en los sitios de la región de El Cajón son montículos (plataformas) y el 20% restante se compone de muros de contención, rampas y otros rasgos arquitectónicos. Por lo tanto, al reducirse el número total de estructuras en un 20%, se obtendría una estimación más exacta del número total de montículos.

El interrogante sobre cual porcentaje de estos montículos es de carácter residencial, continúa sin resolver. Lo mismo se aplica al porcentaje que representa construcciones con otras funciones como cocinas, altares, estructuras de almacena-miento u otros usos. Seguimos con respecto a este interrogante la dirección tomada por Puleston, reduciendo el número total de montículos en un 16% para eliminar las estructuras no residenciales (Puleston 1973:437). Esto, por supuesto, es un procedimiento arbitrario basado en una estimación tomada de un área que aunque está culturalmente relacionada con la región de El Cajón, muestra ciertas diferencias; aún así constituye la mejor aproximación bajo las actuales circunstancias.

De las estructuras restantes—después de la reducción en un 20% del total y luego de este resultado en un 16% más—se asume que son residenciales. La tarea que queda por hacer es estimar el número de personas que ocupaba cada residencia. Este asunto ha sido extensamente debatido dentro de la arqueología de Mesoamérica (Haviland 1968; Thompson 1971; Sanders 1972; Haviland 1972). La información etnohistórica y etnográfica frecuentemente se ha combinado para inferir el tamaño de las unidades domésticas en el pasado. Es notable la ausencia de datos etnohistóricos y etnográficos acerca de la composición de las unidades domésticas en Honduras[1] y el factor de 7.2 personas correspondiente al promedio moderno no se considera aplicable al Período Clásico. Por consiguiente, adoptaremos por practicidad la figura utilizada por Puleston en su estudio del área residencial alrededor de Tikal. Puleston estimó un promedio de 5.4 residentes por estructura residencial (Puleston 1983:183–185, Anexo 9).

La ecuación utilizada para estimar la población de los conglomerados regionales es la siguiente:

$$Pe = ([T \times 0.8] \times 0.84) \times 5.4$$

en donde:

Pe = Población estimada

T = Número total de rasgos arquitectónicos

---

1. Al momento de la preparación de este trabajo, el autor desconocía la reciente publicación de Newson (1985), en la cual establece un factor de 3.8 personas por unidad doméstica.

problem in analyzing archaeological remains. At the project's current stage of analysis, it is not possible to unravel what sites and structures are exactly contemporaneous. We simply lack the chronological controls to distinguish fine temporal units, nor have artifact analyses proceeded to the point where we can begin to approach inter- and intra-site variation in occupational history. Assuming contemporaneity of occupation is acceptable, however, if we realize that doing so overestimates the level of population which existed at any point in time during the Classic period.

The problem of distinguishing residential from nonresidential structures is also a serious one, made more difficult by the fact that I am using gross structure counts for the most of the sites in the region. Basically there are two issues here: one is to separate mounds from "other architectural features" and the other is to separate residential from nonresidential mounds. Based on close examination of site maps and site survey reports, I determined that approximately 80% of all the structures recorded at El Cajon sites were platform mounds and the remaining 20% were retaining walls, ramps, and other architectural features. Thus, reducing the total number of structures by 20% gives a close estimate of the total number of mounds.

The question remains as to what percentage of those mounds are residential and what percentage represent buildings with other functions such as kitchens, shrines, storage structures, or other uses. I followed the lead of Puleston regarding this question and reduced the total number of mounds by 16% to eliminate nonresidential structures (Puleston 1973:437). This is admittedly an arbitrary procedure based on a figure drawn from an area culturally related but somewhat distinct from the El Cajon region, but it represents my best approximation under the circumstances.

The structures remaining after sequential reduction of the total by 20% and again by 16% were assumed to be residential. The task remained of estimating the number of people which occupied each house. This question has been extensively debated in Mesoamerican archaeology (Sanders 1972; Haviland 1966, 1972; Thompson 1971). Ethnohistoric and ethnographic information frequently is combined to infer past household size. Ethnohistoric and ethnographic data on household composition are notably absent from Honduras[1] and the figure for average contemporary households of 7.2 persons is not considered applicable to the Classic period. Therefore, I will simply adopt the figure used by Puleston in his study of the residential area around Tikal. Puleston estimated an average of 5.4 inhabitants per residential structure (Puleston 1973:183–85, Appendix 9).

The equation used to estimate the population of regional clusters is

$$Pe = ([T \times .8] \times .84) \times 5.4$$

1. When this report was prepared the author was unaware of the recent publication by Newson (1985) where she establishes a factor of 3.8 individuals per household.

where:
Pe = estimated population
T = total number of structures
.8 = conversion from total structures to mounds
.84 = conversion from mounds to residential mounds
5.4 = inhabitants per residential mound

The results of the population estimates of each regional cluster are presented in Table 6.19 (also see Loker 1986: Appendix E).

Estimated Population and Carrying Capacity

How do these population estimates compare with our estimates of maximum and optimum carrying capacity? This relationship is illustrated graphically in Figures 6.10 and 6.11 and in tabular form in Table 6.19. Figure 6.10 compares maximum capacity with the estimated population of the seven regional clusters. The bar graphs in Figure 6.10 represent the maximum number of people capable of being supported in each Agricultural Resource Zone, by regional cluster. The line graph represents the estimated population of each cluster. As can be seen, the estimated population of each cluster is below its maximum carrying capacity. This relationship can be expressed quantitatively by calculating estimated population as a percentage of the maximum carrying capacity. This information is presented for each regional cluster in Table 6.20. The estimated population in most of the regional clusters is about 50% of the maximum carrying capacity. Only the La Ceiba cluster exceeds this 50 percent limit with an estimated population that is 73% of its maximum carrying capacity. The two regional clusters of El Mango and Plan de Cerro have estimated populations that are very small and represent only 17% and 8% of their theoretical maximum.

Figure 6.11 illustrates the relationship between optimum carrying capacity and the estimated population of each regional cluster. In all cases except one the estimated population is below the theoretical optimum. The exception is La Ceiba, where the estimated population exceeds the optimum carrying capacity. Consistent with earlier results, El Mango and Plan de Cerro again appear to be underpopulated compared to their potential agricultural production. The remaining sites appear to be very close to the optimum carrying capacity.

If our analyses are correct, this means that the Classic period population throughout the El Cajon region was approaching or had exceeded its optimum carrying capacity but remained well below the theoretical maximum. Further population growth would have necessitated adjustments in the subsistence system or some other cultural measures to cope with the periodic lean years. Failing this, continued population growth would place the system at risk through pressure on the agricultural resource base.

It is significant that population had reached optimum levels with all of the prime agricultural land under production. Remaining unused agricultural lands capable of being brought

0.8 = Conversión del total de rasgos arquitectónicos a montículos

0.84 = Conversión de montículos a estructuras residenciales

5.4 = Residentes por estructura residencial

Los resultados de las estimaciones de la población en cada conglomerado regional se muestran en el Cuadro 6.19 (ver también Loker 1986:Anexo E).

Población Estimada y Capacidad de Carga

¿En qué forma son comparables estas estimaciones sobre la población con las anteriores sobre la capacidad de carga máxima y óptima? Esta relación se ilustra en las Figuras 6.10 y 6.11 y en forma de una tabulación en el Cuadro 6.19. La Figura 6.10 compara la capacidad máxima con la población estimada de los siete conglomerados regionales. Los gráficos de barras de la Figura 6.10 representan el número máximo de personas suceptible de ser sostenido en cada ZRA dentro de un conglomerado regional. El gráfico lineal representa la población estimada en cada conglomerado regional. Como se puede apreciar, la población estimada en cada conglomerado está por debajo de su capacidad de carga máxima. Esta relación puede ser expresada cuantitativamente calculando la población estimada como un porcentaje de la capacidad de carga máxima. Esta información se ofrece para cada conglomerado regional en el Cuadro 6.20. La población estimada en la mayoría de los conglomerados regionales es de alrededor de un 50% de la capacidad de carga máxima. Solamente el conglomerado de La Ceiba excedió el límite de 50% con una población estimada que constituye el 73% de su capacidad de carga máxima. Los dos conglomerados regionales de El Mango y Plan de Cerro tienen poblaciones estimadas que son muy pequeñas y solamente representan el 17% y 8% respectivamente de su capacidad teórica de carga máxima.

La Figura 6.11 ilustra la relación entre la capacidad de carga óptima y la población estimada en cada conglomerado regional. En todos los casos excepto uno, la población estimada cae por debajo del óptimo teórico. La excepción es La Ceiba, en donde la población estimada excede la capacidad de carga óptima. De acuerdo con anteriores resultados, El Mango y Plan de Cerro, una vez más, parecen encontrarse subpoblados en comparación con el potencial de producción agrícola. Los sitios restantes parecen acercarse bastante a la capacidad de carga óptima.

De ser correcto nuestro análisis, esto significaría que la población del Período Clásico en la totalidad de la región de El Cajón, se había acercado o había excedido su capacidad de carga óptima, pero se seguía manteniendo bastante por debajo del máximo teórico. Un crecimiento adicional de la población habría exigido ajustes en el sistema de subsistencia o la toma de otras medidas culturales para enfrentar los periódicos años magros. Sin ello, el continuado crecimiento de la población habría puesto en riesgo el sistema al ejercer presión sobre la base de recursos agrícolas.

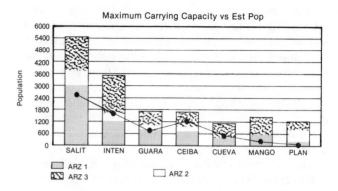

Figura 6.10. Capacidad de carga máxima de las Zonas de Recursos Agrícolas en los conglomerados regionales (gráfico en barras) en comparación con la población estimada en cada conglomerado (gráfico lineal).

Figure 6.10. Maximum carrying capacity by Agricultural Resource Zone of regional clusters (bar graphs) compared with estimated population of each cluster (line graph).

Es significativo que la población había alcanzado los niveles óptimos, manteniendo toda la tierra agrícola óptima bajo producción. Terrenos agrícolas sin utilizar, capaces de ser puestos en producción, fueron localizados en las ZRA 1 y 2, los cuales son menos productivos y deben ser cultivados menos intensivamente que las parcelas de la ZRA 1. De muchas maneras, dado el sistema de subsistencia esbozado aquí, el sistema cultural se había acercado bastante a su máxima expresión demográfica.

Desearíamos agregar que las proyecciones sobre la dependencia dietética y la producción utilizadas aquí, constituyen las posibilidades más conservadoras enumeradas en el Cuadro 6.18. Por otra parte, concluimos que nuestra estimación de la población por debajo del máximo teórico, acercándose al óptimo, pero sin haber llegado a excederlo, constituye probablemente la evaluación del "caso más extremo" de la capacidad de carga en la región de El Cajón.

¿Qué luz arroja el análisis de la capacidad de carga sobre esta región aparentemente abandonada en el Período Posclásico? Obviamente este evento se encuentra estrechamente ligado a las transformaciones ocurridas en las tierras bajas mayas en esta misma época. El desbalance entre la población y los recursos ha sido frecuentemente señalado como una posible causa del abandono de la región maya en las tierras bajas (Meggers 1954; Sanders 1973; Webster 1981). ¿Tuvo algo que ver el desbalance entre la población y los recursos en el abandono de la región de El Cajón? El análisis llevado a cabo sugiere que la población del Período Clásico en la mayor parte de la región estaba alcanzando, sin haberlos excedido todavía, los niveles óptimos. Esto, a su vez, sugiere que en su punto de máximo apogeo, *la población en la región de El Cajón no estaba ejerciendo una seria presión sobre el ecosistema. Un desbalance localmente generado entre la población y los recursos no parece haber sido la causa del abandono de*

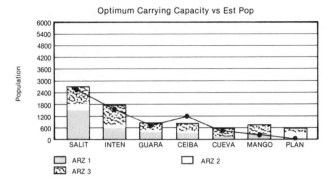

Figure 6.11. Optimum carrying capacity of regional clusters (bar graphs) compared with estimated population of each cluster (line graph).
Figura 6.11. Capacidad de carga óptima en los conglomerados regionales (gráfico de barras) en comparación con la población estimada en cada conglomerado (gráfico lineal).

under production were located in ARZ 2 and 3, which are less productive and must be cropped on a less intensive basis than ARZ 1 lands. Pioneer settlements, therefore, could not be as populous or as dense as existing settlements. In many ways, given the subsistence system outlined here, the cultural system had reached what was very close to its maximum demographic expression.

I would like to add that the projections of dietary dependence and yield used here are the most conservative of the possibilities listed in Table 6.18. I conclude that my estimation of a population below the theoretical maximum, and approaching, but not exceeding, the optimum is probably the "worst case" assessment of carrying capacity in the El Cajon region.

What light does the carrying capacity analysis cast on the apparent abandonment of the area in the Postclassic? Obviously this event is closely tied to the transformations occurring in the Maya Lowlands at the same time. Population-resource imbalances have frequently been posited as one possible cause of the abandonment of the Maya Lowland region (Meggers 1954; Sanders 1973; Webster 1981). Were population-resource imbalances involved in the abandonment of the El Cajon region? The analysis performed here suggests that the Classic period population in most of the El Cajon region was approaching, but had not exceeded, optimum levels. This in turn suggests that, at its maximum, *the population in the El Cajon region was* **not** *generating serious stress on the ecosystem. Locally generated population-resource imbalance does not seem to have been the cause of the abandonment of the region at the end of the Classic period.* Apparently we must look to other factors to explain this phenomenon.

Conclusions

The El Cajon land use study has attempted a fine-grained analysis of the agricultural ecology of the El Cajon region.

This analysis revealed that the region is characterized by substantial amounts of microenvironmental diversity with significant differences in agricultural productivity and potential. The definition of Agricultural Resource Zones represents an attempt to order this diversity. Defining and mapping the distribution of ARZ formed the basis for all subsequent analysis of the relationship between archeological sites and their settings.

The settlement pattern analysis indicates that much of the variation in site location can be explained by local ecological factors, particularly the distribution of agricultural resources. In this sense my research tends to agree with the viewpoint outlined by Sanders and his collaborators regarding the location of prehistoric settlements in numerous areas in Mesoamerica (Sanders 1972, 1973, 1977; Sanders, Parsons, and Santley 1979; Logan and Sanders 1976). Investigators in other regions such as the Valley of Oaxaca have minimized the importance of agricultural land as a factor influencing settlement (Kowalewski 1980; Blanton 1976a, 1976b). While my research can not settle questions regarding settlement pattern in Oaxaca, it bears mentioning that in Kirkby's earlier study of the Oaxaca Valley, she was able to predict the evolution of settlement pattern based on the distribution of agricultural land (Kirkby 1971: Chapter 8). Clearly what is necessary is a means of objectively measuring variation in agricultural productivity and the strength of association between sites and their ecological setting. The present research has attempted to fulfill these conditions.

Two points bear mentioning in this context. One is that within the "boundaries" governing settlement location outlined by environmental conditions, there is still considerable flexibility regarding site location. The model outlined here cannot predict with certainty the *precise* location of a settlement. Ecological conditions only set the broad parameters shaping the settlement system.

Secondly, more complex societies respond to a series of nonlocal demands in orienting their settlements which can obscure or override the influence of local ecological factors. There is no set formula for predicting settlement patterns from local ecological data. The degree of fit between population and local resources varies with the level of social complexity and the mix of internal and external economic and ecological factors to which they respond. Regardless of the circumstances, I feel that the ecological approach is robust enough to provide useful insights into the cultural patterns of the most complex societies, particularly if we follow the advice of Flannery (1972) and include the study of the flow of information as well as matter and energy in our ecological analyses.

Differences in agricultural productivity in the El Cajon region can be explained by reference to a limited set of physical environmental factors of which soil, slope, and rainfall are the most important. Variation in these factors tends to cluster in the physiographic zones represented by vegas (riverbottoms), piedmont, and steep slopes. This enables the definition of agricultural resource zones (ARZ) of varying agricul-

Cuadro 6.20. Población estimada como un porcentaje de la capacidad de carga (cc) máxima y óptima.
Table 6.20. Estimated population as a percentage of maximum and optimum carrying capacity (cc).

Location Localización	Estimated Population Población Estimada	Maximum CC CC Máxima	% Maximum CC % CC Máxima	Optimum CC CC Optima	% Optimum CC % CC Optima
Salitrón Viejo	2,613	5,454	48	2,727	96
Intendencia	1,604	3,518	45	1,759	91
Guarabuquí	821	1,745	47	872	94
La Ceiba	1,247	1,712	73	856	145
Cueva Grande	513	1,140	45	570	90
El Mango	248	1,461	17	730	34
Plan de Cerro	97	1,237	8	618	16

la región al final del Período Clásico. En apariencia, debemos buscar otros factores para explicar este fenómeno.

Conclusiones

El estudio de uso moderno de la tierra en la región de El Cajón intentó realizar un análisis preciso de la ecología de esta región. El análisis puso de manifiesto que la región se caracteriza por una sustantiva diversidad microambiental con significativas diferencias en el potencial y la productividad agrícola. La definición de las ZRA constituye un intento por ordenar esta diversidad. La definición y trazamiento de los mapas de las ZRA aportaron la base para el subsecuente análisis de la relación entre los sitios arqueológicos y su localización en un determinado ambiente.

El análisis del patrón de asentamiento indicó que buena parte de la variación en cuanto a la localización de los sitios puede ser explicada por medio de los factores ecológicos locales, particularmente la distribución de los recursos agrícolas. En este sentido, nuestra investigación tiende a adoptar el punto de vista de Sanders y sus colaboradores con respecto a la ubicación de los asentamientos precolombinos en numerosas áreas de Mesoamérica (Sanders 1972, 1973, 1977; Logan y Sanders 1976; Sanders, Parsons y Santley 1979). Los investigadores en otras regiones tales como el Valle de Oaxaca, han reducido la importancia de la tierra agrícola como factor influyente en el patrón de asentamiento (Blanton 1976a, 1976b; Kowalewski 1980). Aunque esta investigación no puede dilucidar los interrogantes que atañen al patrón de asentamiento en Oaxaca, vale la pena mencionar que Kirkby en su anterior estudio del Valle de Oaxaca, se encontró en capacidad de predecir la evolución del patrón de asentamiento en base a la distribución de la tierra agrícola (1971:Capítulo 8). Es claro que lo que se necesita es un instrumento objetivo para medir la variación de la productividad agrícola y la validez de la asociación entre los sitios arqueológicos y su ubicación ambiental. La presente investigación trató de llenar estas condiciones.

Vale mencionar dos puntos en este contexto. Uno es que dentro de los "límites" impuestos por las condiciones ambientales, los cuales rigen la ubicación de los asentamientos, no deja de existir una considerable flexibilidad con respecto a la localización de los sitios. El modelo esbozado aquí no puede predecir con certeza la localización exacta de un asentamiento. Las condiciones ecológicas solamente delinean a grandes rasgos los parámetros que dan forma al sistema de asentamiento.

En segundo lugar, muchas sociedades complejas responden a una serie de demandas no locales al ubicar sus asentamientos, lo cual puede obscurecer o hacer difusa la influencia de los factores ecológicos locales. No existe una fórmula preestablecida para predecir los patrones de asentamiento en base a los datos ecológicos locales. El grado de compatibilidad entre la población y los recursos locales varía con el nivel de complejidad social y la combinación de los factores ecológicos externos e internos a los cuales responden. Independientemente de las circunstancias, consideramos que la perspectiva ecológica es lo suficientemente robusta como para aportar útiles conocimientos sobre los patrones culturales de la mayoría de las sociedades complejas, en particular si se sigue el consejo de Flannery (1972) y se incluye el estudio del flujo de información, así como de la materia y energía, en un análisis ecológico como el nuestro.

Las diferencias en la productividad agrícola en la región de El Cajón pueden ser explicadas en referencia a un limitado conjunto de factores físicos del ambiente de los cuales el suelo, el declive y la precipitación pluvial son los más importantes. La variación en estos factores tiende a concentrarse en las zonas fisiográficas representadas por las vegas (planicies aluviales), los piedemontes y las pendientes escarpadas. Esto permite, a su vez, la definición de las ZRA, de variado potencial y productividad agrícola. Los terrenos de la ZRA 1 son capaces de sostener la producción con un ciclo de cultivo/barbecho en una proporción de 10:5 (diez años de productividad seguidos de cinco años de barbecho). Los terrenos de la ZRA 2 tiene un ciclo de cultivo/barbecho de alrededor 4:5,

tural productivity and potential. ARZ 1 lands are capable of sustained production with a crop:fallow cycle on the order of 10:5 (ten years of production followed by five years fallow). ARZ 2 lands have a crop:fallow cycle of about 4:5, while the crop:fallow cycle of ARZ 3 lands is about 2:5.

The two hypotheses regarding the relationship between archeological sites and agricultural resources were strongly supported by a series of inferential statistical tests. However, the process of testing these hypotheses forced important modifications in how relationships between sites and their environment are expressed. The relationships posited in Hypothesis Two (site size covaries with productivity of agricultural catchment) are more apparent at the level of larger social aggregates such as regional administrative centers and regional territorial units.

Estimates of prehistoric carrying capacity were based on modern productivity levels, modified to reflect the lower productivity of ancient cultivars and periodic reductions in yield due to adverse agricultural conditions. Based on estimates of ancient agricultural productivity, two levels of carrying capacity were defined: the theoretical maximum and the theoretical optimum. Estimated carrying capacity, when compared with the estimated population of archeological sites, indicated that population levels did not exceed the theoretical maximum. In most cases population levels approached, but did not exceed, the theoretical optimum. It follows that internally generated demographic stress on the subsistence base was not the principal cause of the apparent abandonment of the El Cajon region around 1000 AD.

These conclusions are the product of an ecological approach to the analysis of human behavior which views culture as the means of adaptation of human groups to their environment. The unit of analysis is a human population viewed as part of an ecosystem in a process of exchange of matter, energy, and information with the physical and social environment. This research has successfully analyzed the interrelationship between the subsistence system and the physical environment in an attempt to better understand important aspects of prehistoric human behavior.

mientras que el ciclo de los terrenos de la ZRA 3 es de alrededor de 2:5.

Las dos hipótesis concernientes a la relación entre los sitios arqueológicos y los recursos agrícolas se ven fuertemente apoyadas por una serie de pruebas estadísticas de inferencia. Sin embargo, el proceso de comprobación de las hipótesis condujo a importantes modificaciones en la forma en que se expresan las relaciones entre los sitios y su ambiente. Las relaciones expresadas en la Hipótesis 2 (el tamaño de los sitios varía de acuerdo con la productividad agrícola del área de captación) se observan más claramente al nivel de los más grandes conglomerados sociales, tales como los centros administrativos regionales y las unidades territoriales regionales.

Las estimaciones de la capacidad de carga precolombina se basaron en los niveles modernos de productividad, modificándolos para reflejar la más baja productividad de las antiguas variedades de grano y las periódicas reducciones en la producción debidas a condiciones agrícolas adversas. Partiendo de estas estimaciones sobre la antigua productividad agrícola, se definieron dos niveles de capacidad de carga: el máximo teórico y el óptimo teórico. La capacidad de carga estimada, al ser comparada con la población estimada de los sitios arqueológicos, indica que los niveles de poblamiento no excedieron el máximo teórico. En la mayoría de los casos, los niveles de la población se acercaron, sin llegar a excederlo, al óptimo teórico. En consecuencia una tensión en la base de subsistencia generada internamente no fue la principal causa del aparente abandono de la región de El Cajón alrededor del año 1,000 d.C.

Estas conclusiones son el producto de una perspectiva ecológica aplicada al análisis de la conducta humana que considera la cultura como un medio de adaptación de los grupos humanos a su ambiente. La unidad de análisis es una población humana vista como parte de un ecosistema, en un proceso de intercambio de materia, energía e información con el ambiente físico y social. Esta investigación ha analizado con éxito la interrelación entre el sistema de subsistencia y el ambiente físico en un intento por alcanzar una mejor comprensión de importantes aspectos de la conducta del hombre en la época precolombina.

Chapter 7

Botanical Remains from the El Cajon Area: Insights into a Prehistoric Dietary Pattern

David Lentz

Mesoamerican archaeologists working in the humid tropics have often assumed that searching for plant remains in stratigraphic deposits would be a waste of time and resources. The destructive activity of decomposers and other natural forces there is seemingly so great as to preclude the possibility of preserving plant remains. Although the wet tropics do not present ideal conditions, remains can be recovered if plant parts have first been carbonized. This renders them more or less impervious to microbial depredations and essentially inert to chemical activity. The plant remains collected by the El Cajon Archaeological Project have been preserved in this way and provide a glimpse of plant utilization patterns from the Sulaco River valley during the Late Formative and Classic periods. These data, in turn, provide information of a broader nature for our understanding of Mesoamerican subsistence systems.

Methodology

The archaeobotanical sampling strategy was designed to collect a maximum amount of data regarding the subsistence patterns and plant utilization strategies of the prehistoric inhabitants along the Sulaco River. The sampling strategy was a combination of 1) ongoing sampling during excavation, 2) special feature recovery, and 3) controlled column sampling. Two kinds of archaeological plant samples were collected: 1) macrofossils, or those carbonized plant remains that could be seen with the unaided eye, and 2) microfossils, or those small carbonized materials that would generally go unnoticed by even the most careful excavators. Macrofossils were collected by archaeologists as they were encountered during excavations. They were placed in vials, labeled with the appropriate provenience, and forwarded to the archaeobotanical laboratory for cataloguing. Microfossils were collected as one liter soil samples and placed in cloth bags to allow the contents to dry. Later, carbonized plant materials were separated from the soil matrix by the immersion water flotation technique (Struever 1968; Watson 1976). Along with each flotation sample, extra soil samples (approximately 60 ml each) were

collected in paper bags for pollen or phytolith analysis.

One liter soil flotation samples were collected in the northeast corner of each stratum containing cultural material, excluding strata within 10 cm of the surface. Samples were also collected from pedestrian surfaces (floors, plaza areas, pedestrian surfaces, and pavements), middens, and both natural and artificial fill. All features, such as burials, altars, platforms, pits, hearths, and caches, were sampled along with at least one adjacent location used as a control. In this way the unique content of each feature could be determined. Unbroken upright ceramic vessels were treated as separate features following the same control procedures as above. Such vessels were immediately sealed with aluminum foil and sent intact to the laboratory where the contents could be carefully removed and examined. A series of controlled column samples also were taken from a representative exposed profile of archaeological operations. Starting at the lowest stratum and continuing upwards, one liter flotation and auxiliary soil samples were collected from each stratum in a vertical column. This procedure, which is useful for showing diachronic changes in plant use patterns, is similar to recommendations found in Bohrer and Adams (1977).

Almost 200 macrofossil samples were collected in addition to over 2,000 flotation samples. Unfortunately, most of the flotation samples contained little or no carbonized plant material. All of the macrofossils and over 100 of the data bearing flotation samples were analyzed.

Reference material for archaeobotanical analysis was collected along with herbarium vouchers for the flora study of the El Cajon area (see Lentz, Chapter 4). Collecting forays to the open air produce markets in Comayaguela, Comayagua, and La Libertad provided an assortment of ripened fruit, seeds, and other locally grown plant materials of economic importance. Gardens in the smaller hamlets, such as Ojos de Agua, Dulce Nombre, Las Lajas, Agua Blanca, Victoria, El Mango, Montañuelas, and Terreritos provided valuable information on locally used cultigens and horticultural practices as well as complete herbarium specimens of cultivated plants. The Jicaque reservation of Montaña de La Flor was another source for

Los Restos Botánicos de la Región de El Cajón: Una Perspectiva de los Patrones Dietéticos Precolombinos

David Lentz

Los arqueólogos mesoamericanos que trabajan en los trópicos húmedos han asumido con frecuencia que la búsqueda de restos de plantas en los depósitos estratigráficos sería una pérdida de tiempo y recursos. La actividad de descomposición junto con la de otros agentes naturales es, al parecer, tan fuerte que conduce a excluir la posibilidad de preservación de los restos de flora. Aún cuando los húmedos suelos de los trópicos no ofrecen condiciones ideales, los restos pueden ser recuperados si las plantas o partes de ellas se carbonizaron en contextos determinados. Esto los vuelve, en mayor o menor grado, resistentes a la acción de las bacterias y prácticamente invulnerables a la actividad química. Los restos recolectados por el Proyecto Arqueológico El Cajón se preservaron a través de la carbonización y permiten echar una mirada retrospectiva a los patrones de utilización de las plantas en el valle del Río Sulaco desde el Período Formativo Tardío hasta el Clásico. Estos datos, a su vez, proporcionaron la información para una más amplia comprensión de los sistemas de subsistencia mesoamericanos.

Método

La estrategia del muestreo paleobotánico fue diseñada para obtener la mayor cantidad posible de datos sobre los patrones de subsistencia y las técnicas de utilización de las plantas aplicadas por los habitantes precolombinos a lo largo del Río Sulaco. De tal manera que la estrategia de muestreo fue una combinación de 1) constante recolección de muestras durante las excavaciones, 2) recuperación de contextos potencialmente útiles y 3) recolección controlada de muestras en columnas estratigráficas . Se recolectaron dos tipos de muestras arqueológicas de origen vegetal: 1) macrofósiles, o sea aquellos restos de plantas carbonizadas que pueden ser observados a simple vista y 2) microfósiles, o sea aquellos materiales carbonizados de tan pequeño tamaño que generalmente pasarían desapercibidos aún al más cuidadoso arqueólogo. Los macrofósiles fueron recolectados por los arqueólogos mismos al momento de ser descubiertos en las excavaciones, luego colocados en frascos de plástico, registrados con las correspondientes proveniencias y enviados al laboratorio para su catalogación. Los microfósiles se recolectaron en muestras de tierra de un litro, las cuales se almacenaron en bolsas de manta para permitir que la tierra se secara. A continuación, las plantas carbonizadas se separaron de la matriz de tierra sumergiéndolas en agua, utilizando el procedimiento conocido como flotación (Struever 1968; Watson 1976). Con cada muestra de tierra para flotación, se recolectó una muestra de suelo de aproximadamente 60 ml. en bolsas de papel para un futuro análisis palinológico o fitolítico.

En la esquina noreste de cada uno de los estratos que contenían material cultural, se recogieron muestras de suelo de un litro para la flotación, con exclusión de los primeros 10 cm. de la superficie del terreno. También se obtuvieron muestras de las superficies de actividad (pisos, áreas de plaza y empedrados); de los basureros y de las acumulaciones naturales, así como de los rellenos artificiales. Todos los rasgos como depósitos funerarios, plataformas de altares, hogueras, fogones, escondites o depósitos votivos fueron documentados con una muestra, tomándose otra para control, cuando menos, de un punto adyacente. Así fue posible determinar el contenido único de cada rasgo. Las vasijas completas y sin fracturar fueron tratadas como rasgos separados siguiendo los mismos procedimientos de control descritos antes. Tales vasijas eran selladas inmediatamente después de ser excavadas con papel de aluminio y enviadas al laboratorio, en donde el contenido era cuidadosamente extraído y examinado. Se tomaron, además, una serie de muestras de las columnas estratigráficas de aquellos perfiles representativos en las excavaciones. También se recolectaron muestras de un litro para flotación y otras muestras adicionales de suelos, empezando con el estrato más profundo y continuando en ese orden hasta la superficie; la recolección se hizo por cierto en cada estrato a lo largo de la misma columna estratigráfica. Este procedimiento, muy útil para poner de manifiesto cambios diacrónicos en los patrones de uso de las plantas, se asemeja al recomendado por Bohrer y Adams (1977).

information on Amerindian plant utilization practices in the area (Lentz 1986).

Contemporary Subsistence Practices

Modern subsistence in the El Cajon area depends on a diversity of cultigens and collected wild plants. Animal husbandry and hunting contribute a small, but important component of the diet. As in most parts of Central America, however, the mainstay of the diet is corn and beans.

The most productive land along the Sulaco and Humuya Rivers is found in limited valley bottom areas. These lands are committed to swidden agriculture, with some cattle grazing. Monocultures of corn in these alluviated soils are common, but beans and squash are also grown. Frequently, intercropping is practiced and is especially popular on the steep sloped fields of the upland areas. Methods of revitalizing the soil include fallowing and crop rotation (see Loker, Chapter 6). Chemical fertilizers are seldom used because of their prohibitive cost and the difficulty in transporting them to remote *milpas*.

Many other crops are grown near the villages in small fenced in garden plots. Among these are peppers (*Capsicum* spp.), tomatoes (*Lycopersicon esculentum*), *patastillas* (*Sechium edule*), gourds (*Lagenaria siserarea*), sponge gourd (*Luffa aegyptiaca*), pineapple (*Ananas comosus*), and tobacco (*Nicotiana tabacum*). Root crops include manioc (*Manihot esculenta*) and sweet potatoes (*Ipomoea batatas*). A number of fruit producing trees always can be found in the dooryards, providing a major supplement to the diet. Some of these are introduced, e.g., bananas (*Musa X paradisiaca*), coconuts (*Cocos nucifera*), cashews (*Anacardium occidentale*), citruses (*Citrus* spp.), and mangos (*Mangifera indica*). Some of the fruit trees are native, e.g., guavas (*Psidium guajava*), zapotes (*Pouteria mammosa*), coyol palm (*Acrocomia mexicana*), avocados (*Persea americana*), guamas (*Inga edulis*), and wild plum (*Spondias* spp.). Three plants commonly grown in large fields away from the house compounds are valued as cash crops: cocoa (*Theobroma cacao*), coffee (*Coffea arabica*), and sugar cane (*Saccharum officinarum*).

Other supplements to the local diet come from forest trees that bear edible fruit, such as *negrito* (*Simarouba glauca*) and *nance* (*Byrsonima crassifolia*). A number of fast growing trees, e.g., *capulin* (*Muntingia calabura*), coyol palm, guava, wild plum or *ciruela*, and *guama*, will volunteer in abandoned fields and their fruit also contributes to the diet.

Archaeological Plant Remains

Information and reference collections gathered during field research have facilitated the identification of prehistoric plant remains. Comparative material was of vital importance during this study because it represents the first endeavor of its kind in Honduras. Great difficulty has been encountered in the identification of archaeological plant remains because of the poor condition of most of the seeds and other plant parts. Normal distinguishing characteristics, such as attachment areas and surface markings, were often obfuscated by erosion. Nevertheless, numerous plant remains with identifiable features were recovered and catalogued.

Many of the archaeological plant remains were species that appear to have been used as food. These included both cultivated annuals, trees, and other wild plants. In addition to food, a variety of plant utilization practices were also evident and will be discussed accordingly. Provenience for all prehistoric plant remains are listed in Lentz (1984).

Zea mays. Carbonized corn kernels and cupules were recovered from 12 archaeological units which included middens (PC-1:B6u, PC-1:B6v, PC-1:F51p, PC-1:W4o, PC-1:B5t-u, and PC-1:C6g), Late Formative hearths (PC-1:F5ar and PC-1:F5ay), occupational surfaces (PC-1:N4c and PC-1:AI1e), architectural fill (PC-1:C18f), and from inside a ceramic vessel used as a grave offering (PC-59:G1g). All of the kernels were broken and no intact cobs were found. All of the corn remains from the El Cajon sites were found in areas adjacent to elite residences or in ceremonial contexts. In part this may be a function of better preservation and higher recovery rates around and under large protecting architectural structures.

It is well known that the Maya grow corn (Roys 1931; Wisdom 1940; Berlin et al. 1974) and that they had done so for centuries before European contact (Tozzer 1941; Mendez 1921). All of the Caribbean lowland tribes, i.e., the Miskito, Paya, Sumo, and Jicaque, use corn (Kirchoff 1963). Despite the importance of corn to these Amerindian groups, little is known about the races of maize that were grown by each so the ethnographic accounts are of little help in solving the corn race puzzle for Central America.

The corn of the inhabitants of the Cerro Punta site (200–400 AD) in Panama was from the Chapalote/Nal-tel complex and had strong Pollo admixture (Smith 1980b:159). Similar maize remains from the same time period have been described for the Pitti-Gonzalez site, also in Panama (Galinat 1980). Early Classic (345 AD) inhabitants from the Severo Ledesma site in Costa Rica (Snarskis 1976) and Early Formative inhabitants of Salinas La Blanca (Mangelsdorf 1967), on the other hand, grew Chapalote/Nal-tel complex corn.

Although the fragmentary condition of the kernels in the El Cajon collection preclude obtaining measurements needed to accurately identify races, some general conclusions can be drawn regarding probable racial affiliation. In general the kernels are small, with a width greater than the thickness and the length being the greatest dimension. Dorsal ends are rounded without any indication of denting (Figure 7.1a). These characteristics suggest that the corn from the El Cajon sites is of the Chapalote/Nal-tel complex. This ancient race of maize is believed to have been developed in Mexico and used throughout much of Central America during prehistoric times.

En total se recolectaron casi 200 muestras de macrofósiles y más de 2,000 muestras de tierra para flotación. Sin embargo, la mayoría de estas muestras contenían poco o ningún material vegetal carbonizado. Todos los macrofósiles fueron analizados, al igual que más de 100 muestras de tierra para flotación que contenían especímenes.

El material de referencia para el análisis paleobotánico, se recolectó junto con los especímenes de herbario, los cuales constituyen la base para el estudio de la flora de la región de El Cajón (ver Lentz, Capítulo 4). Visitas a los mercados de La Libertad, Comayagua y Tegucigalpa permitieron obtener una amplia gama de frutos para disección, semillas y una variedad de plantas que crecen localmente y son de importancia económica. Los huertos y hortalizas en los caseríos como Ojos de Agua, Dulce Nombre, Las Lajas, Agua Blanca, Victoria, El Mango, Montañuelas, Terreritos y otros en los Deptos. de Comayagua y Yoro, ofrecieron valiosa información sobre las plantas bajo cultivo localmente y las prácticas de horticultura; asimismo aportaron los especímenes para un herbario completo de las plantas cultivadas modernamente. Los poblados jicaques de La Montaña de La Flor constituyeron otra fuente de información sobre las prácticas asociadas con el uso de las plantas amerindias en el área (Lentz 1986).

Prácticas Contemporáneas de Subsistencia

Al momento del estudio la subsistencia en la región de El Cajón se basaba en una diversidad de cultivos y plantas silvestres. Los animales domésticos y los de caza aportaban un pequeño, pero importante componente a la dieta. Como en la mayor parte de América Central, sin embargo, el fundamento de la dieta era el maíz conjuntamente con frijoles.

La tierra más productiva a lo largo de los Ríos Sulaco y Humuya se encontraba en limitadas áreas en el piso del valle. Estas tierras se dedicaban a la agricultura de roza y, en menor grado, al pasturaje. El monocultivo del maíz en estos suelos aluviales era común, aunque también se sembraban frijoles, ayotes y arroz. Frecuentemente se practicaba el cultivo alternado, especialmente en las parcelas en los cerros de pendiente pronunciada. Los métodos de regeneración del suelo incluyen el barbecho y la rotación de cultivos (ver Loker, Capítulo 6). Los fertilizantes químicos raramente eran utilizados debido a su alto costo y a la dificultad que constituía su transporte a las remotas milpas.

En los pequeños huertos cercanos a los poblados crecen muchos otros cultivos. Entre ellos están los chiles (*Capsicum* spp.), tomates (*Lycopersicon esculentum*), patastillas (*Sechium edule*), calabazas (*Lagenaria siserarea*), pastes (*Luffa aegyptiaca*), piñas (*Ananas comosus*) y tabaco (*Nicotiana tabacum*). Los tubérculos utilizados incluyen la yuca (*Manihot esculenta*) y camotes (*Ipomoe batatas*). En los solares de las casas se encuentran diferentes árboles frutales que proveen un importante suplemento a la dieta; algunos de ellos son los bananos (*Musa paradisiaca*), cocos (*Cocos nucifera*), mara-

ñones (*Anacardium occidentale*), cítricos (*Citrus* spp.) y mangos (*Mangifera indica*). Algunos de los árboles frutales son nativos como, por ejemplo, las guayabas (*Psidium guajava*), zapotes (*Pouteria mammosa*), coyol (*Acrocomia mexicana*), aguacates (*Persea americana*), guamas (*Inga edulis*) y ciruelas (*Spondias* spp.). Los cultivos que por lo general se hacen en extensiones grandes de terreno situadas a cierta distancia de las casas y que son considerados fuentes de dinero en efectivo son el cacao (*Theobroma cacao*), café (*Coffea arabica*) y caña de azúcar (*Saccharum officinarum*).

De los árboles que crecen en el bosque cuyas frutas son comestibles y, por lo tanto, constituyen un suplemento a la dieta local, se pueden mencionar el negrito (*Simarouba glauca*) y el nance (*Byrsonima crassifolia*). Ciertos árboles de rápido crecimiento como el capulín (*Muntingia calabura*), coyol, guayaba, ciruela y guama crecen espontaneamente en las parcelas abandonadas y sus frutos contribuyen también a la dieta de los campesinos de la región.

Restos Arqueológicos de Flora

Las recolecciones hechas para información y referencia durante el trabajo de campo en la región de El Cajón, facilitaron la identificación de los restos de la flora precolombina. El material comparativo fue de decisiva importancia para este estudio debido a que representa el primero de su clase en Honduras. En la identificación de los restos arqueológicos de la flora se enfrentaron grandes dificultades a causa de las deficientes condiciones en que se descubrieron las semillas y otras partes de las plantas. Características tales como los puntos de unión y las marcas de la superficie, reconocibles en condiciones normales, estaban con frecuencia desgastadas por la erosión. No obstante esto, se recuperaron numerosos especímenes cuyos rasgos pudieron ser identificados y catalogados.

Muchos de los restos arqueológicos de la flora son especies que parecen haber sido utilizadas como alimento; esto incluye tanto los cultivos anuales como los árboles frutales y las plantas silvestres. Además de las especies dedicadas a la alimentación que pudieron ser identificadas, se hicieron evidentes las prácticas asociadas con la utilización de una variedad de plantas, lo cual será tema de discusión oportunamente. Las proveniencias de todos los restos de la flora precolombina ya han sido dadas a conocer (Lentz 1984).

Zea mays. Los granos y las cúpulas carbonizadas de maíz fueron recolectados en 12 distintas unidades de excavación que incluyen basureros (PC-1:B6u, PC-1:B6v, PC-1:F51p, PC-1:W4o, PC-1:B5t-u, PC-1:C6g), hogueras del Formativo Tardío (PC-1:F5ar, PC-1:F5ay), superficies de actividad (PC-1:N4c, PC-1:AI1e), relleno de construcción (PC-1:C18f) e interiores de vasijas empleadas como ofrendas funerarias (PC-59:G1g). Todos los granos se encontraron quebrados y no se localizó ninguna mazorca completa. Todos los restos de maíz en los sitios del proyecto se encontraron adyacentes a áreas

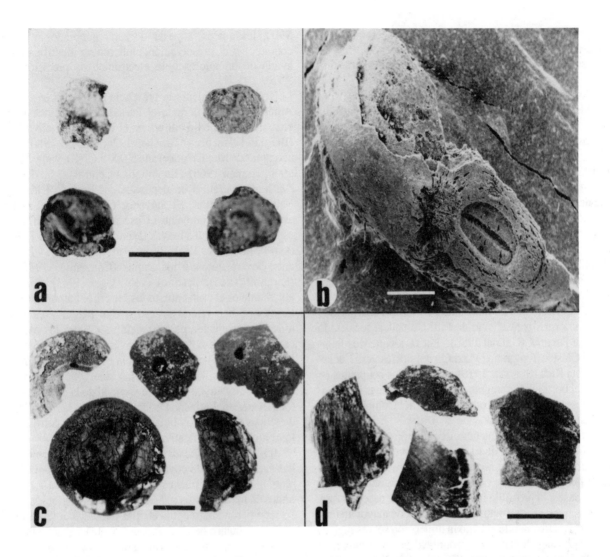

Figure 7.1. A) Carbonized corn kernels. Although always fragmentary, corn remains were widespread among Cajon Project excavations; bar = 5 mm; B) Scanning electron micrograph of a prehistoric *Phaseolus vulgaris* seed showing the hilum area, from PC1:AJ4e; bar = 0.5 mm; C) Carbonized prehistoric *Acrocomia mexicana* stone fragments from PC1:B6s; bar = 5 mm; D) Carbonized prehistoric *Pouteria* cf. *mammosa* seed coat fragments from PC1:AD1f; bar = 5 mm.

Figura 7.1. A) Granos de maíz carbonizados. Aún cuando los restos de maíz se encuentran siempre fragmentados, estaban ampliamente distribuidos en las excavaciones; escala: 5 mm.; B) Micrografía por microscopio electrónico de un grano de *Phaseolus vulgaris* que muestra el área del pedúnculo, procedente de Salitrón Viejo (PC-1:AJ4e); escala: 5 mm.; C) Fragmentos carbonizados de semillas de *Acrocomia Mexicana* procedente de Salitrón Viejo (PC-1:B6s); escala: 5 mm.; D) Fragmentos carbonizados de cubierta de semilla de *Pouteria* cf. *mammosa* procedente de Salitrón Viejo (PC-1:AD1f); escala: 5 mm.

Apparently this complex received an influx of germplasm from Colombia (the race Pollo) at some point in its ancestry (Wellhausen et al. 1957). Without whole cobs, however, it is impossible to sort out the exact racial affinities of the El Cajon maize collection, i.e., whether it is more closely related to the Mexican or Colombian races of the complex. Nevertheless, from the shape of the kernels it seems that the inhabitants of the Sulaco valley were drawing from the same maize gene pool as their other contemporaries in Mesoamerica.

Phaseolus vulgaris. Carbonized common bean seeds were recovered from the matrix of a stone wall (PC-1:AJ4e) and interior mound fill (PC-15:M4f). These were broken and in

poor condition, but could be identified with the aid of scanning electron microscopy (Figure 7.1b).

It was no surprise, of course, to find beans at a Central American site during Classic times since they were under cultivation in Peru by 5730 BC (Kaplan 1980; Berglund-Brucher and Brucher 1976) and in nearby Mexico by 5000 BC (Kaplan 1965, 1967; Kaplan and MacNeish 1960). Elsewhere in Central America, *P. vulgaris* was found in deposits dating to AD 200 in Panama (Smith 1980b) and in Classic period deposits from the Zapotitan Valley, El Salvador (Zier 1980). Ethnographic sources attest to the widespread use of this staple crop among the Maya (Mendez 1921; Roys 1931; Wisdom

definidas como residencias élites o en contextos ceremoniales. Esto puede estar, por supuesto, en función del mejor medio para preservación que ofrece la arquitectura de mayores proporciones.

Es bien conocido que los mayas cultivaban maíz (Roys 1931; Wisdom 1940; Berlin et al. 1974), centurias antes del contacto con los españoles (Méndez 1921; Tozzer 1941). Todos los grupos indígenas de las tierras bajas atlánticas — miskitos, payas, sumus y jicaques—lo utilizan también (Kirchoff 1963). No obstante la importancia que tiene el maíz entre estos grupos amerindios, se sabe muy poco acerca de las variedades de maíz que eran cultivadas por cada uno en particular. En este asunto los registros etnográficos ofrecen un muy pobre apoyo para resolver este interrogante en América Central.

El maíz utilizado por los habitantes del sitio de Cerro Punta (200–400 d.C.) en Panamá, pertenece al Complejo Chapalote/Nal-Tel con una fuerte mezcla del Complejo Pollo (Smith 1980b:159). Restos de un maíz similar y del mismo período han sido descritos para el sitio de Pitti-González, localizado también en Panamá (Galinat 1980). Por otra parte, los habitantes del Clásico Temprano (345 d.C.) del sitio Severo Ledesma en Costa Rica (Snarskis 1976), así como los ocupantes en tiempos del Formativo Temprano del sitio de Salinas La Blanca (Mangelsdorf 1967) cultivaban el maíz del Complejo Chapalote/Nal-Tel.

A pesar de que la fragmentaria condición de los granos presentes en la colección de El Cajón excluyó la posibilidad de realizar las mediciones necesarias para identificar adecuadamente las variedades, se pudieron esbozar algunas conclusiones en base a la probable filiación con ciertas especies. En términos generales, los granos son pequeños, de mayor anchura que su diámetro, siendo el largo la dimensión sobresaliente. Las terminaciones dorsales son redondeadas sin el más leve indicio de una cortadura dentada (Figura 7.1a). Estas características sugieren que el maíz utilizado en la región de El Cajón pertenece al Complejo Chapalote/Nal-Tel. De esta antigua variedad de maíz se cree que fue desarrollada en México y su uso se extendió por una buena parte de América Central durante la época precolombina. Aparentemente, los ancestros de este complejo cayeron en algún punto bajo la influencia del plasma de un germen (Variedad Pollo) procedente de Colombia (Wellhausen et al. 1957). Sin contar con mazorcas completas, sin embargo, no es posible identificar la afinidad específica del maíz descubierto en la región de El Cajón, es decir si se encuentra más cercanamente relacionado con las variedades del complejo mexicano o colombiano. En resumen, de acuerdo a la forma de los granos parece que los pobladores del valle del Río Sulaco en el Clásico Tardío, estaban aprovechando un maíz perteneciente a la misma fuente de variación genética que utilizaban sus contemporáneos en Mesoamérica.

Phaseolus vulgaris. Granos carbonizados de frijol común se recogieron en la matriz de barro entre las piedras de los muros (PC-1:AJ4e) y del relleno de construcción (PC-15:

M4f), los cuales, a pesar de estar quebrados y en malas condiciones de preservación, pudieron ser identificados con la ayuda de un microscopio electrónico de precisión (Figura 7.1b).

No es sorprendente la presencia de frijoles en un sitio de América Central durante el Período Clásico, puesto que se encontraban ya bajo cultivo en el Perú por el año 5,730 a.C. (Berglund-Brucher y Brucher 1976; Kaplan 1980) y en las cercanías de México por el año 5,000 a.C. (Kaplan y MacNeish 1960; Kaplan 1965). En América Central, se ha descubierto *Phaseolus vulgaris* en depósitos del Período Clásico en el Valle de Zapotitán, El Salvador (Zier 1980). Las fuentes etnográficas documentan el uso ampliamente difundido de este cultivo entre los mayas (Méndez 1921; Roys 1931; Wisdom 1940; Tozzer 1941; Berlin et al. 1974; Reina y Hill 1980); entre los miskitos y los sumus (Conzemius 1932), payas (Kirchoff 1963), jicaques (von Hagen 1943), como probablemente es el caso entre todos los grupos amerindios sedentarios que han tenido acceso a esta planta y cuentan con terrenos apropiados para su siembra. Entre los campesinos contemporáneos del sistema fluvial del Río Sulaco, el más importante cultivo de subsistencia es el maíz conjuntamente con los frijoles. Los beneficios sinergéticos de estos dos cultivos constituyen una parte esencial de la dieta moderna en toda América Latina. De igual manera, las implicaciones dietéticas que esta combinación tiene para los patrones precolombinos son significativas.

Acrocomia mexicana. Los endocarpios, epicarpios y semillas carbonizadas de coyol representan, al lado del carbón de pino, los restos de plantas más comunes (Figura 7.1c) encontrados en los contextos arqueológicos en la región de El Cajón. Se recogieron fragmentos en 103 unidades de Salitrón Viejo (PC-1), en cuatro de Guarabuquí (PC-15) y una de PC-22.

Especímenes modernos de *Acrocomia mexicana* se recolectaron en la región de El Cajón y sus frutas se asemejan mucho a los especímenes precolombinos. En la región existe otra palmera, *Bactris balanoidea*, cuyos endocarpios se parecen a los del coyol aunque son mucho más delgados, con segmentos conspicuamente abultados alrededor de los poros que pueden alcanzar hasta 2.2 mm. de espesor. Sin embargo, ninguna de estas partes tan distintivas fueron identificadas entre los restos de la paleoflora.

El coyol es una planta nativa en Honduras y comunmente bajo cultivo (Moore 1961). Los mayas comían las semillas frescas de coyol y preparaban también una bebida de ellas (Roys 1931:288; Tozzer 1941:200; Alcorn 1984:534). Marcus (1982) enumera el coyol entre los árboles frutales utilizados por los mayas del siglo XVI en la Península de Yucatán. Los jicaques de La Montaña de La Flor y los campesinos hondureños plantan palmeras de coyol en sus patios y, con más frecuencia, en sus milpas, en donde dejan las plantas en pie durante las actividades de tala y roza. El coyol puede ser comido fresco o utilizado para extraer el aceite de las semillas (Williams 1981:249–250). Los endocarpios, por lo general, se quiebran entre dos piedras para sacar la semilla (Standley y

1940; Tozzer 1941; Berlin, et al. 1974; Reina and Hill 1980), the Miskito and Sumu (Conzemius 1932), the Paya (Kirchoff 1963), the Jicaque (von Hagen 1943), and probably every sedentary Amerindian group with access to bean seeds and a place to grow them. Among the present day residents of the Sulaco River drainage, beans together with corn are the most important subsistence crops. The complementary benefits of these two cultigens are an essential part of the modern diet throughout Latin America, and the implications of this combination for prehistoric dietary patterns are significant.

Acrocomia mexicana. Carbonized endocarps, exocarps, and kernels from coyol palm were, next to pine charcoal, the most common plant remains (Figure 7.1c) recovered from archaeological contexts in the El Cajon region. Fragments were recovered from 103 units at Salitron Viejo (PC-1) four units at Guarabuqui (PC-15), and one unit from PC-22.

Acrocomia mexicana specimens have been collected from the El Cajon region and their fruits closely resemble the prehistoric plant remains. Another palm in the area, *Bactris balanoidea* has endocarps that resemble *coyol* but are much thinner, with conspicuous but thickened areas around the pores that can reach 2.2 mm thick. However, none of these distinctive parts were found among the prehistoric plant remains.

Coyol palm is native to Honduras and is commonly cultivated (Moore 1961). The Maya eat *coyol* kernels fresh and make a drink from it (Alcorn 1984:534; Tozzer 1941:200; Roys 1931:288). Marcus (1982) lists *coyol* as one of the fruit trees grown by the sixteenth century Maya in the Yucatan Peninsula. The Jicaque of Montaña de La Flor and Honduran peasants have *coyol* palms growing in their dooryards and more often in their fields where they leave *coyol* standing during slash-and-burn activities. *Coyol* can be eaten fresh or oil can be extracted from the kernel (Williams 1981:249–250). The endocarps are usually cracked open between stones to remove the kernel (Standley and Steyermark 1946a:201–202). The early inhabitants of Salitron Viejo probably cracked open their *coyol* in a similar manner, as the several nutting stones and numerous cracked *coyol* endocarps found at the site would suggest. Elsewhere in Central America, "palm nuts" (genus not listed) were recovered from the Aquadulce Shelter (5000–10,000 BC) in Panama (Ranere and Hansell 1978). *Coyol* remains have been identified from other prehistoric archaeological sites of the region, e.g., from the Chiriqui sites, 4600–2300 BC, also in Panama (Smith, 1980a); from the Late Preclassic Cerros site in Belize (Crane 1986a, 1986b); from Tikal in Guatemala before 850 AD (C. Earle Smith, personal communication); and from the Tehuacan Valley sites, circa 4800 BC, in Central Mexico (Smith 1967), where the palm may have been cultivated (Smith 1965).

Pouteria cf. *mammosa.* Carbonized *zapote* seed coat fragments were recovered from primary contexts associated with a pavement (PC-1:AF14c) and in midden deposits (PC-1:AD1f-g). This species was identified by those fragments bearing parts of the seed scar (Figure 7.1d).

Pouteria mammosa (L.) Cronquist, which has been placed in synonymy with *Calocarpum mammosum* Pierre (Cronquist 1946), is under cultivation in the Sulaco and Humuya River valleys and is native to Central America as a component of the tropical deciduous forest (Standley and Williams 1967; Standley and Steyermark 1945). The Maya relish the juicy red flesh of the fruit and the edible seed kernels are a source of oil, soap, and medicine (Tozzer 1941:199; Roys 1931:228; Wisdom 1940:62; Berlin, et al. 1974:196). The Carribean lowland tribes, i.e., the Misquito, Sumo, Paya, and Jicaque, grow *zapote* (Kirchoff 1963:220) as do the peasants of the region (Standley 1931:316; Popenoe 1948:340; Hill 1952:433; Standley and Williams 1967:240; Williams 1981:301). Prehistoric *Pouteria* remains (*P. lucuma*) were also unearthed during the Guitarrero Cave excavations in Peru (Smith 1980a:101) and in Late Preclassic deposits (*P. mammosa*) at the Cerros site in Belize (Crane 1986a, 1986b), and in early deposits (1000 BC–AD 250) at the Cuello site in Belize (Turner and Miksicek 1984).

Other seed coat segments, including some seed scars, from El Cajon excavations could not be identified as *Pouteria mammosa* and were listed as Sapotaceae seed coats. Although these remains have the shiny surface and smooth texture characteristic of sapotaeceous seed coats, they are from a smaller seeded species. The smaller size can be detected by the narrow arc in the curvature of the fragments versus the broad arc characteristic of the large seeded *P. mammosa* fragments.

Byrsonima crassifolia. Several carbonized *nance* stones were recovered from one interior mound fill stratum from Guarabuqui (PC-15:G7b) and two strata from Salitron Viejo: a sub-floor pit (PC-1:AF2ac) and a level of rubble debris (PC-1:011i). Although broken, the tough pits of this species were preserved well enough for identification (Figure 7.2a).

B. crassifolia is a native component of the pine-oak forest and is common on the slopes of the El Cajon region. The trees are often cultivated for their fleshy fruits which are eaten fresh or made into a beverage. These fruits regularly appear in market places throughout Central America (Standley and Steyermark 1946b:476; Williams 1981:202–203). *Nance* is widely cultivated among the Maya speaking people (Wisdom 1940:62; Berlin et al. 1974:289; Smith and Cameron 1977:99) who eat the fruits fresh, make it into a beverage, or use it in a decoction as a bath treatment for asthma and coughs (Roys 1931:306). *Nance* stones also were discovered in archaeological deposits at the Chiriqui sites (4600–2300 BC) in Panama (Smith 1980b), in Late Preclassic period deposits at the Cerros site (Crane 1986b), and at the Cuello site (2000 BC–AD 250) (Turner and Miksicek 1984).

Muntingia calabura. Carbonized fruit was recovered from a midden deposit (PC-1:F51d). This edible fruit, called *capulin*, is from a tree found throughout Central America. It is sometimes planted for its fruit and for its bark, which contains strong fiber used to manufacture cordage, cloth, and baskets (Standley 1931:270; Standley and Steyermark 1949:316; Williams 1981:109–110).

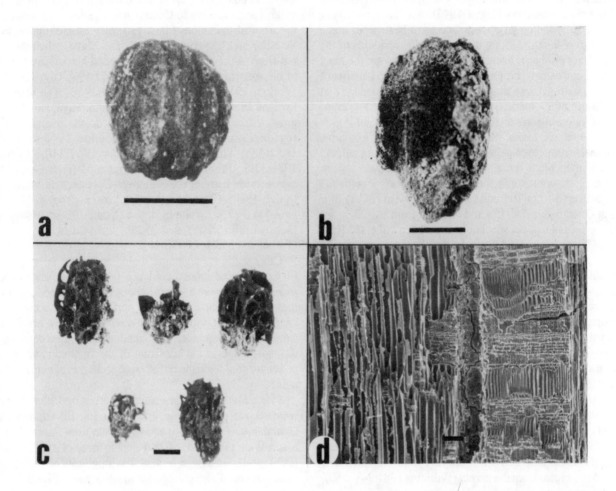

Figura 7.2. A) Semilla carbonizada de *Byrsonima crassifolia* procedente de escombro terminal en Salitrón Viejo (PC-1:O11i); escala: 5 mm.; B) Semilla carbonizada de *Simarouba glauca* con la pulpa parcialmente intacta, procedente de un piso en Salitrón Viejo (PC-1:B13e); escala: 5 mm.; C) Semillas carbonizadas de *Spondias* sp. procedentes de un posible piso interior de La Ceiba (PC-13:L3d); escala: 5 mm.; D) Micrografía por microscopio electrónico de madera de pino carbonizada procedente de una superficie de actividad en Salitrón Viejo (PC-1:F32ah); escala: 0.1 mm.
Figure 7.2. A) Carbonized prehistoric *Byrsonima crassifolia* stone from PC1:O11i, rubble debris stratum; bar = 5 mm; B) Carbonized prehistoric *Simarouba glauca* stone with surrounding flesh partially intact from PC1:B13e, a floor surface; bar = 5 mm; C) Carbonized prehistoric *Spondias* sp. stones from PC13:L3d, a possible interior floor; bar = 5 mm; D) Scanning electron micrograph of prehistoric carbonized pine wood from PC1:F32ah, an occupational surface; bar = 1 mm.

Steyermark 1946a:201–202). Los antiguos habitantes de Salitrón Viejo probablemente quebraban los coyoles de manera similar, como lo demuestran varios cascanueces de piedra y numerosos endocarpios quebrados de coyol encontrados en el sitio. En otras partes de Centroamérica, se han recolectado "nueces de palmera" (no se registra el género) en el abrigo de Aquadulce (5,000–1,000 a.C.), en Panamá (Ranere y Hansell 1978). Restos de coyol procedentes de otros sitios precolombinos de la región centroamericana han sido identificados, por ejemplo, en los sitios de Chiriquí (4,600–2,300 a.C.), también en Panamá (Smith 1980a), en el sitio preclásico tardío de

Cerros, en Belice (Crane 1986a, 1986b), en Tikal, Guatemala, antes de 850 d.C. (comunicación personal de C.E. Smith) y en los sitios del Valle de Tehuacán, alrededor del año 4,800 a.C., en la parte central de México (Smith 1967), en donde esta palmera puede haber estado bajo cultivo (Smith 1965).

Pouteria cf. *mammosa*. Fragmentos carbonizados de la cubierta de semilla de zapote fueron recolectados en contextos primarios asociados con un empedrado (PC-1:AF14c) y con basureros (PC-1:AD1f–g). Esta especie fue identificada por medio de aquellos fragmentos que tenían aún segmentos de la cicatriz característica de la semilla (Figura 7.1d).

Simarouba glauca. Carbonized *negrito* stones and pericarps (Figure 7.2b) were recovered from two floor units at Salitron Viejo (PC-1:B13c and PC-1:B13e). *Negrito* is native to the region and is part of the circum-riverine community. The fruits are edible (Standley 1931:237–238) and oil can be extracted from the seeds which can be used in cooking and soap making (Williams 1981:305). Even though the residents of the Sulaco valley eat *negrito*, it seems unlikely that the fresh fruits would ever be a major food source since they contain cytotoxic compounds (A. Kinghorn, personal communication).

Spondias sp. Carbonized wild plum or *ciruela* stones were unearthed from 13 archaeological units at the Guarabuqui site (PC-15), including living floors and interior mound fill; from three units at the Salitron Viejo site (PC-1), including pedestrian surfaces and a sub-floor pit; and from a fire pit at the PC-22 site. These plant remains can be easily recognized by the irregularly reticulate surface topography of the endocarp (Figure 7.2c).

Two species of *Spondias* are native to the region and are often planted in fence rows and dooryards (Standley and Steyermark 1949:191–195). Both of these, *S. mombin* and *S. purpurea*, are grown today in the El Cajon study area. Since the stones of the two species are very similar and the fruits of both are used in similar ways (although *S. purpurea* is juicier and by far better tasting), I will not attempt to label the archaeological remains as one species or the other. It is quite possible that either or both are represented in the prehistoric plant record.

Ciruela is both cultivated and found as a natural component of the secondary forest association (Berlin, et al. 1974:217). Native Americans and Central American peasants consume the edible fruits and use other parts of the plant as well. The Maya often cultivate *ciruela* for its fruit (Berlin, et al. 1974:217) and its roots are used in medicinal applications (Roys 1931:213). Historic accounts show that the Zapotec of Oaxaca, Mexico, ate *ciruela* fruit during early contact times (Marcus and Flannery 1978:70). The Jicaque of Montaña de la Flor eat the fresh fruits when they ripen at the end of the dry season in late May. *Ciruela* trees are a common sight in house gardens throughout the El Cajon region and are popular in most areas of Central America (Popenoe 1919:130–131, 1945:279, 1948:157–159; Standley 1931:259; Skutch 1945:283; Hill 1952:427; Williams 1981:23).

Archaeological *ciruela* has been discovered in El Riego phase (6500 BC) deposits in the Tehuacan Valley, Mexico, where according to Smith (1967:251) the recovery of a large number of *ciruela* pits suggests the gathering of crop fruit. *Ciruela* was also eaten during the Cuadros Phase (1000–850 BC) at the Salinas La Blanca site on the southern coast of Guatemala (Coe and Flannery 1967:73), during the Late Classic period at Kokeal in Belize (Miksicek 1983:98), possibly at the Cuello site (2000 BC–AD 250) (Turner and Miksicek 1984), and at Tikal before 850 AD (C. Earle Smith, personal communication).

Rubus sp.? Carbonized seeds were found at Salitron Viejo in a hearth (PC-1:F5ar), midden (PC-1:Y8e), and mound fill (PC-1:F2d). Although these seeds strongly resemble the seeds in the genus *Rubus*, I was not able to match them with a modern seed. These seeds indicate, however, that berries were once being used by the prehistoric El Cajon populace.

Probably the fruits of all native blackberries and raspberries are eaten by peasants (Williams 1981:283–284; Standley and Steyermark 1946a:472–483) and the Tzeltal Maya (Berlin et al. 1974:441). Since these fruits are most often eaten fresh, seeds and all, the carbonization and recovery of these seeds was most fortuitous.

Cassia sp. (sens. lat.). A carbonized seed was found adjacent to a burial at Guarabuqui (PC-15:G5c[a]). A number of useful and indigenous *Cassia* species (Lentz, Chapter 4) can be found in the modern Sulaco and Humuya River drainages. The Maya use several *Cassia* species for medicine and for food (Roys 1931). The residents of the El Cajon study area grind up the roots of *Cassia occidentalis*, called *frijolillo*, and ingest them as a cure for stomach pains. The edible seeds of *frijolillo* also are used as medicine for nervous disorders. Other authors (Standley and Steyermark 1946c; Williams 1981) note a similar usage pattern for adjacent areas in Central America.

Asteraceae achene. Two carbonized achenes were collected from an interior fill stratum (PC-1:O6f) and from a floor zone (PC-7:B3d). Clearly, two different species are represented. Although there are a few economically valuable plants in this large family, most of its representatives are weeds. These achenes probably were not introduced to the sites deliberately.

Lamiaceae nutlet. A tiny carbonized nutlet was recovered from a fill stratum above a floor at Salitron Viejo (PC-1:C18g). The disseminule has the two flattened facets and one curved side that is typical of the family. There are several useful genera in this large family, but many are weeds (Williams 1981:149–150). Probably, the introduction of this nutlet into archaeological deposits was accidental.

Euphorbiaceae seed. A single large (11.6 x 7.8 x 4.5 mm) carbonized euphorbiaceous seed was recovered from mound fill (PC-15:L3c). The basal part of the caruncle, a terminal knobby outgrowth, is still intact. The location of this anatomical feature plus the ovoid shape of the seed, place the disseminule in this large family but otherwise it is too nondescript for generic identification.

In general the seeds from this family are not edible and the oil from them may be poisonous or has a strong purgative action. Because of the latter properties, the seed oil is sometimes used in medicines (Williams 1981:111–122). Possibly, this seed was an accidental inclusion and was not a plant used by the prehistoric El Cajon people.

Verbenaceae seed. One small, broken, carbonized seed in poor condition was found adjacent to a burial at Guarabuqui (PC-15:G5c[a]) along with the *Cassia* seed listed above. The Verbenaceae seed was recognized by the indentation or "tuck" on one side of the seed, a characteristic of this family. *Lantana*

Pouteria mammosa (L.) Cronquist. Considerada un sinónimo de *Calocarpum mammosa* Pierre (Cronquist 1946), se encuentra bajo cultivo en los valles de los Ríos Sulaco y Humuya en la región de El Cajón y es nativa de América Central como componente del bosque tropical deciduo (Standley y Steyermark 1945; Standley y Williams 1967). Los mayas comen el carnoso y jugoso fruto rojo; las pepitas comestibles de la semilla, por su parte, son una fuente de aceite, jabón y medicina (Roys 1931:228; Wisdom 1940:62; Tozzer 1941:199; Berlin et al. 1974:196). Las tribus de las tierras bajas atlánticas como las de los miskitos, sumus, payas y jicaques, siembran zapote (Kirchoff 1963:200), al igual que los campesinos de esta región (Standley 1931:316–433; Popenoe 1948:340; Hill 1952:433; Standley y Williams 1967:240; Williams 1981:301). También se descubrieron restos de *Pouteria* (*P. lucuma*) durante las excavaciones de la Cueva de Guitarrero en Perú (Smith 1980a:101) y en depósitos del Preclásico Tardío (*P. mammosa*) en el sitio de Cerros en Belice (Crane 1986a, 1986b), así como en depósitos tempranos (1,000 a.C. a 250 d.C.) en el sitio de Cuello, también en Belice (Turner y Miksicek 1984).

Otros segmentos de la cubierta de la semilla, incluyendo algunas cicatrices de las mismas, procedentes de las excavaciones en la región de El Cajón, no pudieron ser identificados como *Pouteria mammosa* y fueron registrados como cubiertas de semilla de sapotáceas. Aunque estos restos presentan la brillante superficie y lisa textura característica de la cubierta de la semilla de las sapotáceas, pertenecen a una especie con semilla más pequeña. El menor tamaño pudo ser detectado por medio del estrecho arco de la curvatura de estos fragmentos en comparación con el ancho arco propio de los fragmentos de la semilla más grande de *P. mammosa*.

Byrsonima crassifolia. Varias pepitas carbonizadas de nance fueron recolectadas en el estrato correspondiente al relleno de un montículo en Guarabuquí (PC-15:G7b) y dos estratos de Salitrón Viejo, un depósito bajo un piso (PC-1:AF2ae) y un nivel de escombro terminal (PC-1:O11i). Aunque estaban quebradas, las resistentes marcas de esta especie se preservaron lo suficientemente bien como para permitir su identificación (Figura 7.2a).

B. crassifolia es un componente nativo del bosque de pino-roble, siendo común en las pendientes de la región de El Cajón. Los árboles se encuentran a menudo bajo cultivo debido a sus carnosas frutas, las cuales son comidas frescas o preparadas en una bebida. Estas frutas generalmente son parte del inventario ofrecido en los mercados a lo largo y ancho de América Central (Standley y Steyermark 1946b:476; Williams 1981:202–203). El nance es ampliamente cultivado entre la gente de habla maya (Wisdom 1940:62; Berlin et al. 1974:289; Smith y Cameron 1977:99), quienes además de comerlo fresco y preparar una bebida, lo usan en un cocimiento para un baño contra el asma y la tos (Roys 1931:306). Pepitas de nance se han descubierto también en los depósitos arqueológicos de los sitios de Chiriquí (4,600–2,300 a.C.) en Panamá (Smith 1980b), en los depósitos preclásico tardíos del sitio de Cerros

(Crane 1986b) y en sitio de Cuello (2,000 a.C.–250 d.C.), en Belice (Turner y Miksicek 1984).

Muntingia calabura. De esta especie se recogieron frutas carbonizadas en un basurero (PC-1:F51d). Esta fruta comestible, llamada localmente capulín, procede de un arbusto presente en toda Centroamérica. A veces es sembrado tanto por sus frutas, como por su corteza, la cual contiene fibras resistentes usadas en la manufactura de cordeles, tela y canastos (Standley 1931:270; Standley y Steyermark 1949:316; Williams 1981:109–110).

Simarouba glauca. Semillas carbonizadas de negrito, al igual que pericarpios (Figura 7.2b), se recolectaron en dos unidades correspondientes a pisos en Salitrón Viejo (PC-1: B13c y PC-1:B13e). El negrito es nativo de la región y forma parte de ribera. Las frutas no solo son comestibles (Standley 1931:237–238) sino que además se puede extraer aceite de las semillas, el cual puede emplearse para cocinar o hacer jabón (Williams 1981:305). Aunque los residentes del valle del Río Sulaco comían negritos, parece improbable que las frutas frescas hayan constituido una gran fuente de alimentación debido a que contienen compuestos citotóxicos (comunicación personal de A.D. Kinghorn).

Spondias spp. Se recogieron semillas carbonizadas de ciruela en 13 unidades de excavación en Guarabuquí (PC-15), incluyendo pisos y el relleno de construcción en varios montículos; tres unidades de Salitrón Viejo (PC-1), superficies de actividades y un depósito bajo un piso, así como en una hoguera en el sitio PC-22. Los restos de esta planta pueden ser fácilmente reconocidos por la irregular superficie reticulada del endocarpio (Figura 7.2c).

Dos especies de *Spondias* son nativas de la región y con frecuencia son plantadas en las líneas de los cercos y en los patios de las casas (Standley y Steyermark 1949:191–195). Ambas especies, *S. mombin* y *S. purpurea*, crecen hoy en día en la región de El Cajón. Teniendo en cuenta que las semillas de ambas especies son muy similares y son utilizadas también de manera similar (aunque *S. purpurea* es más jugosa y dé mucho mejor sabor), no se hará el intento de ordenar los restos arqueológicos como una u otra especie. Es muy posible que ambas estén representadas en el inventario de las plantas precolombinas.

La ciruela se encuentra como un cultivo y como un componente natural de la comunidad de flora asociada con el crecimiento secundario (Berlin et al. 1974:217). Tanto los indígenas como los campesinos de Centroamérica consumen estas frutas utilizando, además, otras partes de la planta. Los mayas con frecuencia cultivan la ciruela por su fruta (Berlin et al. 1974:217) y sus raíces son usadas en aplicaciones medicinales (Roys 1931:213). Los registros históricos muestran que los zapotecas en Oaxaca, México, comían los frutos del ciruelo en los tempranos tiempos del contacto con los europeos (Marcus y Flannery 1978:70). Los jicaques de La Montaña de La Flor comen la fruta fresca cuando madura al término de la estación seca, a finales de mayo. Los árboles de ciruela son comunes en los solares de las casas en toda la región de El Cajón e

Table 7.1. Ratios of pine charcoal (g) to angiosperm charcoal (g) per one liter of soil from superimposed strata of four archaeological sites in the El Cajon Reservoir Impact Zone. Most recent strata are uppermost and rows are synchronous within operations.

Cuadro 7.1. Proporciones de carbón de pino (g) / carbón de angiospermas (g) por litro de suelo de los estratos superpuestos de cuatro sitios arqueológicos en la Zona de Embalse de El Cajón. El estrato más tardío se encuentra en la línea superior y las columnas están ordenadas de acuerdo a las operaciones.

PC1B5 Structure 66 Estructura 66		PC1F Mound 1 Montículo 1		PC1N Structure 119 Estructura 119		PC13P	PC15M	PC22C
0.01/0.0		0.16/0.0	0.11/0.0	0.01/0.01	0.21/0.0	0.13/0.0	0.05/0.0	0.09/0.0
0.05/0.0		0.08/0.0	0.02/0.0	0.11/0.02	0.05/0.0	0.04/0.0	0.11/0.02	0.02/0.01
0.02/0.0		0.50/0.06	0.37/0.0	0.24/0.0	0.46/0.0	0.00/0.0	0.0 /0.0	0.03/0.0
0.14/0.0				0.05/0.03	0.30/0.01	0.13/0.0	0.03/0.05	0.01/0.0
0.01/0.0	0.09/0.0					0.08/0.01	0.0 /0.0	0.11/0.01
0.17/0.0							0.0 /0.0	
0.10/0.0							0.0 /0.0	
0.10/0.0	0.09/0.0							
0.19/0.0	0.24/0.03							

is the only native genus of this family from Central America with edible fruits as listed by Williams (1981:331–333). A number of species in the genus *Lippia* have aromatic leaves with medicinal properties (Guzman 1950:382), but in general the Verbenaceae is lacking in useful plants.

Pinus sp. wood charcoal (Figure 7.2d) was identified in 177 of 309 analyzed samples and was the most ubiquitous plant remain recovered in the collections. Pine was probably the major material used for constructing dwellings as well as the major source of fuel. Pine charcoal was recovered in all hearths where wood remains were observed. Ethnographic references reinforce these observations. The Chorti Maya, for example, use charcoal made from pine for cooking fires (Wisdom 1940:21). The mestizos of both the Copan (Popenoe 1919:138) and Sulaco valleys use pine for kindling and illumination as do the Jicaque (von Hagen 1943:71). During the Early Formative period (1150–850 BC) in Oaxaca, Mexico, Flannery (1976a:108–109) observed that:

> pine was the preferred fuel used in charcoal braziers predominating as much as 5 to 1 over oak, which also comes from the mountain zone. Thus the villagers who theoretically could have picked up mesquite, willow, and alder as firewood from nearer their homes, chose instead to make round trips of more than 10 km to obtain mountain woods.

The prehistoric inhabitants of the Sulaco valley did not have to go far for pine since it covers the surrounding hillsides (especially *Pinus oocarpa*). It is important to note that the sites along the Sulaco River were in the valley bottoms which were most likely covered by tropical deciduous forest without pine. This precludes the possibility of pine charcoal being present simply as a result of forest clearance.

The amounts of pine charcoal versus other types of wood charcoal from flotation columns are compared in Table 7.1. It is clear from these data that pine was much more frequently used than all other wood types. In terms of technological advantages, pine is easier to fell than the larger hardwood

species, especially if one is equipped with only stone tools. This factor would make pine tremendously attractive to the prehistoric Sulaco River valley inhabitants. The Tzeltal Maya (Berlin et al. 1974:135–136) and the Jicaque use pine in the construction of their houses and other buildings. The Early Formative period builders in Oaxaca used pine for their uprights; in fact, 100% of the burned posts were of this material. Pine grows straight, and has enough resin to repel termites; this probably made it the preferred construction material (Flannery 1976b:19). Unfortunately, no burned posts were found in situ among the El Cajon sites as they were at the Oaxaca sites. Nevertheless, the evidence strongly suggests that pine was used as a fuel, in construction, and probably for many other purposes.

The contents of some intact ceramic vessels were examined for plant remains. These included two whole pots from beneath an altar, grave offerings, and several *candeleros*. Although they all contained pine charcoal, no special interpretations should be drawn from this discovery since pine charcoal was a common component of most cultural strata throughout the archaeological sites.

Angiosperm charcoal. Angiosperm charcoal includes carbonized fragments from a wide selection of broad-leafed tree species, e.g., *Annona* spp., *Bursera simarouba*, *Ceiba pentandra*, *Ficus* spp., *Genipa caruta*, *Octoea eucuneata*, and *Roseodendron donnell-smithii*, and can be recognized by their vessel bearing woody tissue. Specific taxonomic identifications were prevented by the small size of the charcoal fragments (often 2 mm by 2 mm, especially in the flotation samples) and the large number of possible angiosperm tree species.

Remnants of palm leaves were discovered on an early living surface (PC-1:AE2ag) at Salitron Viejo. This may well have been the remains of some roof thatch or matting in a house that burned down (Figure 7.3a). Palm is a common thatch for the

igualmente populares en la mayor parte de América Central (Popenoe 1919:130–131, 1945:279, 1948:157–159; Standley 1931:259; Skutch 1945:283; Hill 1952:427; Williams 1981:23).

Se han descubierto ciruelas en los depósitos de la Fase El Riego (6,500 a.C.) en el Valle de Tehuacán, México, que de acuerdo con Smith (1967:251) el gran número de semillas recolectadas "... sugiere la cosecha de la fruta". La ciruela también formó parte de la dieta durante la Fase Cuadros (1,000–850 a.C.) en el sitio Salinas La Blanca en la costa sur de Guatemala (Coe y Flannery 1967:73); en el Período Clásico Tardío de Kokeal en Belice (Miksicek 1983:98); posiblemente en el sitio de Cuello (2,000 a.C.–250 d.C.) en Belice (Turner y Miksicek 1984) y en Tikal antes del año 850 d.C. (comunicación personal de C.E. Smith).

Rubus sp.? Las semillas carbonizadas de estas plantas fueron localizadas en Salitrón Viejo en un fogón (PC-1:F5ar), un basurero (PC-1:Y8e) y el relleno de construcción de un montículo (PC-1:F2d). No obstante que estas semillas se asemejan fuertemente a las del género *Rubus*, no fue posible acoplarlas con una semilla moderna. Estos restos, sin embargo, podrían indicar que la población precolombina en la región de El Cajón utilizaba las especies de moras nativas.

Las frutas de todas las especies nativas de moras son comidas por los campesinos (Standley y Steyermark 1946a:472–483; Williams 1981:283–284), al igual que por los tzeltal maya (Berlin et al. 1974:441). Puesto que estas frutas son consumidas en su mayor parte frescas con todo y semillas, la carbonización y descubrimiento de sus restos ha sido verdaderamente fortuito.

Cassia sp. (sens. lat.). Una semilla carbonizada se encontró adyacente a un entierro en Guarabuquí (PC-15:G5c[a]). Un cierto número de especies nativas de *Cassia* (ver Lentz, Capítulo 4) se encuentra en los sistemas fluviales de los Ríos Sulaco y Humuya. Los mayas usan varias especies de *Cassia* como medicamento y alimento (Roys 1931). Los campesinos de la región de El Cajón muelen las raíces de *Cassia occidentalis* llamada frijolillo y las toman como curativo de los dolores de estómago. Las semillas comestibles del frijolillo también son utilizadas como medicina para los desórdenes de tipo nervioso. Otros autores (Standley y Steyermark 1946c; Williams 1981) observaron patrones similares de uso en áreas adyacentes de Centro América.

Achene de asterácea. Se recolectaron dos achenes en un estrato correspondiente al relleno de construcción (PC-1:O6f), así como en una zona de piso (PC-7:B3d). Dos especies diferentes están claramente representadas. No obstante haber algunas plantas de provecho económico en esta gran familia, la mayoría de sus representantes son matorrales. Es probable que estos achenes no hayan sido deliberadamente introducidos en los sitios arqueológicos.

Nuececilla de laminácea. Una nuececilla carbonizada fue encontrada en un estrato de relleno de construcción sobre un piso en Salitrón Viejo (PC-1:C18g). La cascarilla tiene las dos facetas aplanadas y el lado curvo típicos de esta familia.

Existen varios géneros útiles en esta gran familia, pero muchos son maleza (Williams 1981:149–150). Probablemente la introducción de esta nuececilla en el depósito arqueológico es accidental.

Semilla de euforbiácea. Una única semilla carbonizada de euforbiácea de gran tamaño (11.6 x 7.8 x 4.5 mm.) fue recolectada en el relleno de construcción de un montículo (PC-15: L3c). La parte basal de la carúncula, un nudoso crecimiento en el extremo, está todavía intacta. La localización de este rasgo anatómico, más la forma ovoide de la semilla, ordena la cascarilla dentro de esta gran familia, pero no permite una identificación genérica. Por lo general, las semillas de esta familia no son comestibles y el aceite extraído de ellas puede ser venenoso o, cuando menos, ejerce una fuerte acción purgativa. Debido a esta última propiedad, ese aceite es, a veces, incorporado en medicamentos (Williams 1981:111–112). Posiblemente se trata de una inclusión accidental en el depósito arqueológico y no de una planta utilizada por los habitantes precolombinos de la región de El Cajón.

Semilla de verbenácea. Una pequeña semilla, fragmentada y carbonizada, en malas condiciones de preservación, fue encontrada en un depósito funerario de Guarabuquí (PC-15: G5c[a]) junto con la semilla de Cassia descrita arriba. Esta semilla de verbenácea fue reconocida por la endentadura o "pliegue" en un lado de la misma, una característica de esta familia. Lantana es el único género nativo de esta familia en Centroamérica con frutas comestibles, como registra Williams (1981:331–333). Algunas especies tienen hojas aromáticas con propiedades medicinales (Guzmán 1950:382), pero en términos generales las verbenáceas carecen de plantas útiles.

Pinus sp. Madera carbonizada de pino (Figura 7.2d) se identificó en 177 de las 309 muestras analizadas, siendo la planta mejor representada en las colecciones. El pino fue probablemente el principal material utilizado en la construcción de casas, así como la principal fuente de combustible. Madera de pino se recolectó en todos los fogones en los cuales se preservaron restos de este material. Las referencias etnográficas apoyan estas observaciones. Los maya chortí, por ejemplo, usan carbón de pino en sus fogones (Wisdom 1940:21). Los campesinos, tanto del valle del Río Sulaco como del Valle de Copan (Popenoe 1919: 138), utilizan pino para combustión e iluminación, tal y como lo hacen los jicaques (von Hagen 1943:71). Para el Período Formativo Temprano (1,150–850 a.C.) en Oaxaca, México, Flannery (1976a:108–109) observó que:

> pino fue el combustible preferido en los braceros de carbón predominando en una proporción de 5 a 1 sobre el roble, el cual también proviene de la zona montañosa. De tal manera que los residentes de las aldeas quienes teóricamente podían escoger entre mezquite, sauce y aliso para leña en las cercanías de sus casas, preferían, en su lugar, hacer un viaje de ida y vuelta de más de 10 km. para obtener madera de la montaña.

Los habitantes precolombinos del valle del Río Sulaco no tenían que ir muy lejos en busca de pino, puesto que este árbol cubría las colinas adyacentes (especialmente *Pinus oocarpa*).

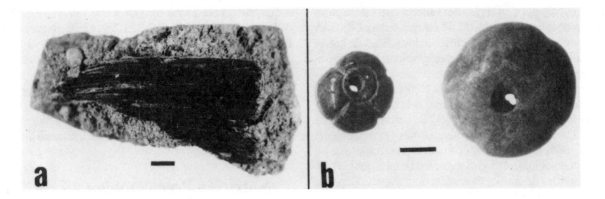

Figure 7.3. A) Carbonized prehistoric palm leaf from PC15:N5c; bar = 5 mm; B) Jade beads carved in a squash motif recovered from Salitron Viejo provide evidence for the use of this important cultigen during prehistoric times; bar = 1 mm.
Figura 7.3. A) Hoja de palmera carbonizada procedente de PC-15:N5c; escala: 5 mm.; B) Ornamentos tallados en jade con motivos de ayote procedentes de Salitrón Viejo, que aportaron la evidencia sobre el uso de esta importante planta en época precolombina; escala: 5 mm.

Caribbean lowland tribes (Conzemius 1932:30; Kirchoff 1963:222) and also among the Maya (Wauchope 1938:104).

Monocotyledon leaf impressions of unknown species (probably grasses) were discovered in daub from an occupation zone (PC-22:A4i) and from interior mound fill (PC-15:L2c). The impressions ostensibly were from building materials used in house construction. Other plant materials, such as dicot stems, were mixed with the daub. The Maya use grass, among other plant materials, as a binding in mud daubing (Wauchope 1938:89). Flannery (1976b:19) also found grass leaf impressions in daub from Early Formative structures in Oaxaca, Mexico.

Prehistoric Nutrition and Plant Use Practices

The amount of carbonized plant material retrieved from the El Cajon sites is more abundant than is normally reported at humid tropical sites. Until recently, discussions of prehistoric dietary patterns for Mesoamerica have been largely based on ethnographic analogy and early historic accounts. The El Cajon plant remains, on the other hand, provide an outline of a nutritionally complete diet for the Late Formative to Late Classic inhabitants of the Sulaco River valley based on archaeobotanical evidence.

The complementary effects of corn and beans offer a substantial base for nutrition. Corn is a good source of all the essential amino acids except for lysine and tryptophane (Block and Weiss 1956). Beans, including the *Phaseolus* species, are moderately high in lysine and tryptophane (Kaplan 1973). These two crops when consumed together in sufficient quantity will meet all human amino acid needs (Manglesdorf 1974:1). Add an occasional game animal (deer and other animal bones were numerous at the El Cajon sites) and a very reasonable protein diet could have been attained.

Plant remains of squash, the third component of the traditionally accepted Mesoamerican domesticated plant triad, were not found. This is not surprising considering the soft nature of the fruits and the fact that plant parts of cucurbits normally are only preserved in comparatively dry sites (Cutler and Whitaker 1961:474). Nevertheless, a few small fragments of cucurbit rind were collected at the Salitron Viejo site. They were too badly eroded, however, for secure identification even with the aid of scanning electron microscopy. Luckily, evidence for squash at the El Cajon sites did come from another source. Two jade beads carved in a squash motif (Figure 7.3b) were discovered at Salitron Viejo. These artifacts suggested that the Salitron Viejo inhabitants had knowledge of the plant even if they were not actively cultivating it.

The large amount of coyol palm remains recovered in archaeological contexts indicates that it was an important plant to the prehistoric Sulaco valley inhabitants, especially those of Salitron Viejo. *Coyol* is a good source of carbohydrates and vitamins (Smith 1980b). Also, oil and wine are products that can be derived from *coyol* (Conzemius 1932; Guzman 1950). Apparently, the kernels were being used prehistorically since all of the bony endocarps found at the Cajon sites were cracked open. The mesocarps also may have been used along with the kernels in the production of oil which can be extracted by boiling.

One of the hearths at Salitron Viejo (PC-1:F5ar) clearly demonstrates that *coyol* was being cooked. A three-stone hearth, with support stones widely set, was found in PC-1:F5ar. Similar hearths designed to support a pot with fire underneath have been described for the Maya (Lundell 1933:66; Wauchope 1938:117). The PC-1:W5ar hearth showed burned soil, pine charcoal fragments, and handfuls of carbonized *coyol* endocarps. Oil extraction or the preparation of a large meal including *coyol* offer likely explanations for the array of materials surrounding the three-stone hearth.

Es importante hacer notar que los sitios a lo largo del Río Sulaco se encontraban en el piso del valle, el cual estaba en su mayoría probablemente cubierto de bosque tropical deciduo que no contiene pinos. Esto excluye la posibilidad de que el carbón de pino se encuentre presente simplemente como resultado de la tala y roza del bosque.

Las cantidades de carbón de pino en comparación con otros tipos de madera recolectados por medio del procedimiento de flotación se presenta en el Cuadro 7.1. Se aprecia claramente en estos datos que el pino fue mucho más frecuentemente usado que todos los otros tipos de madera. Con respecto a las ventajas tecnológicas, el pino es más fácil de talar que las más grandes especies de árboles de madera dura, especialmente si solo se tienen a disposición artefactos de piedra. Este factor habría convertido al pino en la madera preferida en extremo por los habitantes precolombinos del valle del Río Sulaco. Los maya tzeltal (Berlin et al. 1974:135–136) y los jicaques utilizan pino en la construcción de sus casas y otras edificaciones. Los constructores del Período Formativo Temprano en Oaxaca empleaban pino para sus postes. En efecto, 100% de los postes carbonizados eran de esta madera. El pino crece recto y contiene suficiente resina para repeler las termitas; esto probablemente lo convirtió en el material de construcción preferido (Flannery 1976b:19). Desafortunadamente no se encontraron postes en sito en los sitios de la región de El Cajón, como en los de Oaxaca. Teniendo en cuenta el peso de la evidencia representada en las muestras, no cabe duda que el pino fue usado como combustible, en construcción y otros muchos propósitos.

Los contenidos de algunas vasijas intactas fueron examinados en busca de restos de plantas. Esto incluyó dos ollas completas sacadas de debajo de un altar, ofrendas funerarias y varios candeleros. Aunque todos contenían carbón de pino, no se puede hacer una interpretación relativa a este descubrimiento, puesto que el carbón de pino fue un componente común de la mayoría de los estratos culturales en todos los sitios.

Carbón de angiospermas. Esto incluye fragmentos carbonizados de una amplia gama de especies de árboles de hoja ancha, como *Annona* spp., *Bursera simarouba*, *Ceiba pentandra*, *Ficus* spp., *Genipa caruta*, *Octoea eucuneata* y *Roseodendron donnell-smithii*. Estas especies pueden ser reconocidas por su tejido leñoso cubierto de conductos. El pequeño tamaño de los fragmentos de carbón (a menudo 2 mm. x 2 mm., en especial en las muestras de flotación), impidió la identificación taxonómica específica, al igual que el gran número de posibles especies angiospermas de árboles.

Restos de hojas de palmera se encontraron sobre un piso (PC-1:AE2ag) en Salitrón Viejo. Estos restos (Figura 7.3a) podrían proceder de algún techo o petate en una casa presa del fuego. La palmera es un material comunmente utilizado para techos entre las tribus de las tierras bajas atlánticas (Conzemius 1932:30; Kirchoff 1963:222) y también entre los mayas (Wauchope 1938:104).

Impresiones de hojas monocotiledóneas de especies desconocidas (probablemente hierbas), se descubrieron en el bajareque procedente de una zona de ocupación (PC-22:A4i) y del relleno de construcción (PC-22:L2c). Las impresiones procedían obviamente de los materiales utilizados en la construcción de una casa. Otros restos de flora, tales como tallos de dicotiledóneas, estaban mezclados también con el bajareque. Los mayas usan hierbas, entre otras plantas, para preparar el barro del bajareque (Wauchope 1938:8a). Flannery (1976b:19) también identificó impresiones de hierbas en el bajareque de estructuras del Formativo Temprano en Oaxaca, México.

Nutrición Precolombina y Prácticas de Uso de las Plantas

La cantidad de plantas precolombinas carbonizadas obtenidas en los sitios de la región de El Cajón, es más abundante que la que generalmente se ha registrado en las áreas húmedas del trópico. Hasta en tiempos recientes, las discusiones sobre los patrones dietéticos precolombinos en Mesoamérica se habían basado fuertemente en la analogía etnográfica y en los tempranos registros históricos. Los restos de plantas en la región de El Cajón, por su parte, proveyeron una apreciación basada en la arqueología acerca de la dieta nutricionalmente completa de los habitantes en el valle del Río Sulaco, en la época que cubre del Formativo Tardío al Clásico Tardío.

Los efectos complementarios que resultan de la combinación de maíz y frijoles ofrecen una base substancial para la alimentación. El maíz es una buena fuente de todos los aminoácidos esenciales excepto lisina y triptofana (Block y Weiss 1956). Los frijoles, incluyendo la especie *Phaseolus*, son moderadamente ricos en ambos elementos (Kaplan 1973). Estos dos cultivos, consumiéndose juntos en suficiente cantidad, llenan todas las necesidades de aminoácidos del cuerpo humano (Mangelsdorf 1974:1). Si se añade un ocasional animal de caza, como venado o alguna otra especie cuyos huesos fueron encontrados en gran número en los sitios de la región de El Cajón (Fernández 1982, 1983), esto resultaría en una dieta razonablemente rica en proteínas.

Restos de plantas de ayote, el tercer componente tradicionalmente aceptado como parte de la triada de plantas domesticadas en Mesoamérica, no se encontraron en las excavaciones. Esto no debería sorprender considerando la delicada naturaleza de estos frutos y el hecho que los restos de las plantas de cucúrbita normalmente solo se han preservado en sitios relativamente secos (Cutler y Whitaker 1961:474). No obstante esto, algunos pequeños fragmentos de la cáscara de cucúrbita fueron recolectados en Salitrón Viejo. Sin embargo, estaban demasiado erosionados para una identificación segura, aún con la ayuda del microscopio electrónico de precisión. Afortunadamente, la evidencia de la existencia de ayotes en la región de El Cajón provino de otras fuentes. Dos ornamentos tallados en jade con el motivo de un ayote (Figura 7.3b) se descubrieron en Salitrón Viejo. Estos artefactos sugieren que los habitantes de este sitio si no tenían la planta activamente

Coyol was especially abundant at Salitron Viejo and perhaps its oil or wine was involved in ceremonial feasting or other rituals.

The other carbonized fruits that were recovered from the El Cajon excavations, i.e., *capulin*, *ciruela*, *zapote*, *nance*, and *negrito*, gave evidence of another dietary dimension. These fruits could have augmented the diet substantially with their carbohydrate, vitamin, and mineral contribution. *Capulin* is exceptionally high in calcium, phosphorous, iron, and ascorbic acid. *Ciruela* is also high in calcium, iron, and has ascorbic acid. The flesh of the *zapote* fruit contains large amounts of calcium, iron, carotene, and niacin (Sturrock 1959) while the seed kernel is a source of oil (Roys 1931). *Nance* is also rich in vitamins, especially vitamin C (Smith 1980b). Undoubtedly, *negrito* contributed to the vitamin and mineral component of the diet as well. All of these fruits came from trees that were native to the area. The prehistoric Sulaco valley inhabitants could have actively planted them or selectively cut around the fruit trees when clearing the forest, a common practice among the Maya (Lundell 1933) and other people of Central America. In either case, their fruits would have produced an important adjunct to the diet, especially during the dry season when all of these bear fruit and other food sources are low.

Plant materials used for construction purposes along the Sulaco River follow the pattern elucidated for other native Americans in Mesoamerica. The high proportion of pine to all other types of wood represented by charcoal specimens suggest that it was the favored construction material as well as the predominant fuel source. Although some examples of stone masonry have been found at the El Cajon sites, most buildings may have been corner post structures utilizing wattle and daub with grass and other plant materials as binding. Burned palm leaves found among archaeological deposits suggest its use as roof thatch (Figure 7.3a).

Discussion

The initial colonists moving into the El Cajon region probably found tropical deciduous forest in the areas below 1,000 m, especially in the fertile alluvium of the valleys, and pine-oak-sweet gum forest above 1,000 m. Steep slopes above the valley floors with gravelly soils were covered with pine-oak forest. The rivers were lined by aquatic plants that grow best near permanent water sources.

The first area to be cleared was probably the tropical deciduous forests since they occupy the best land for agriculture (Vivo Escoto 1964:214). Local inhabitants along the Sulaco and Humuya Rivers prefer land underlying the tropical deciduous forest because these soils are the most fertile in the region. The Miskito and Sumu Indians selectively clear the forests (leaving the larger hardwoods standing) along navigable waterways not only because the soil is more fertile but also because these lands provide access to the river transport routes (Conzemius 1932:60). The Maya also selectively cut forest trees when clearing, leaving valuable trees, e.g., *zapote*

and *ramon*, undisturbed (Lundell 1933:67). This maximizes resource utilization, providing access to fertile soils for agriculture as well as continued productivity from fruit bearing trees. Forest clearance also promotes the growth of many useful plants which can, in turn, be exploited and protected by prudent slash-and-burn agriculturalists. The mix of useful plant remains retrieved from the El Cajon excavations suggest that this land utilization strategy was in operation as early as Late Formative times among the inhabitants of the lower Sulaco River.

A great deal has been written about Mesoamerican agricultural systems and their ability to support large populations (Lundell 1933; Dumond 1961; Reina 1967; Rathje 1971; Wilken 1971; Puleston and Puleston 1971; MacNeish 1971; Turner 1974; Flannery 1976a; Netting 1977; Sanders 1973; Reina and Hill 1980). Studies elsewhere in Middle America (Turner 1974, 1978a, 1978b, 1979, 1983b; Bronson 1978; Hammond 1978; Harrison 1978; Matheny 1978, 1982; Puleston 1978; Rice 1978; Siemens 1978, 1982, 1983; Vlcek et al. 1978; Wiseman 1978; Donkin 1979; Antoine et al. 1982; Denevan 1982; Freidel and Scarborough 1982; Matheny 1982; Sheets 1982; Scarborough 1983) have provided evidence for the use of hydraulic agriculture, e.g., irrigation systems, raised fields, and terraces, in regions north of the El Cajon study area. However, since no evidence for water control systems has been found in either the Sulaco or Humuya River valleys despite extensive searching, it appears likely that agricultural approaches were limited to slash-and-burn techniques in prehistoric times. Since the soils of the valley bottoms were of thick alluvium, a short fallow cycle could have been practiced in these areas and would have sustained high yields for a relatively long period of time (Loker, Chapter 6). Today, land on steeper slopes away from the valley bottoms is cut, burned, then planted in a similar fashion but with wider fallow intervals. This pattern probably was practiced in prehistoric times as well.

Another important supplement to the horticultural repertoire during the prehistoric occupation of the valleys was arboriculture. Recent authors (Puleston 1978; Wiseman 1978) have pointed to the cultivation of fruit trees as an important component of Mesoamerican agriculture. Four approaches to the exploitation of the food resources from trees could have been employed in the El Cajon area. One possibility is that trees bearing edible fruit in virgin forests were spared during forest clearance. The growth of *zapote* trees, a component of the tropical deciduous forest, could have been promoted in this way. Numerous carbonized *zapote* seed coats were recovered from Late Classic deposits along the Sulaco River, especially at Salitron Viejo. Another tree that may have been encouraged by selective cutting was *nance*, a useful fruit-bearing tree of the pine-oak forest whose remains have appeared in El Cajon archaeological deposits.

A second approach to arboriculture in prehistoric times has also been mentioned: selective cutting around useful trees during clearance of secondary growth. Removal of climax

bajo cultivo, al menos la conocían.

Las grandes cantidades de coyol recolectadas en los contextos arqueológicos indican que se trataba de una importante planta para la población del valle del Río Sulaco, especialmente para la de Salitrón Viejo. El coyol es una buena fuente de carbohidratos y vitaminas (Smith 1980b). Aceite y vino también son productos que pueden obtenerse del coyol (Conzemius 1932; Guzmán 1950). Aparentemente las semillas estaban siendo utilizadas en época precolombina puesto que los duros endocarpios encontrados en los sitios de la región de El Cajón fueron quebrados. Los mesocarpios pueden haber sido usados junto con las semillas en la producción de aceite, el cual se extrae por medio de cocimiento.

Uno de los fogones excavados en Salitrón Viejo (PC-1: F5ar) demostró claramente que los coyoles fueron sometidos a cocimiento. Este fogón consistía en tres piedras dispuestas en un amplio espacio, similar a los fogones diseñados para colocar una gran olla descritos entre los mayas (Lundell 1933:66; Wauchope 1938:117). El fogón de Salitrón Viejo arrojó tierra cocida, fragmentos de carbón de pino y endocarpios carbonizados de coyol en abundancia. La extracción de aceite o la preparación de una comida de grandes proporciones que incluía coyol, ofrece la más plausible explicación para el conjunto de materiales que rodeaban a este fogón de tres piedras. La abundancia de coyol en Salitrón Viejo sugiere una producción de aceite o vino y, tal vez, su empleo en celebraciones o ceremonias.

Las otras frutas carbonizadas que se encontraron en las excavaciones de la región de El Cajón, a saber capulín, ciruela, zapote, nance y negrito, ofrecen la evidencia para otra dimensión de la dieta precolombina. El capulín es excepcionalmente rico en calcio, fósforo, hierro y ácido ascórbico. La ciruela tiene también un alto contenido de calcio, hierro y ácido ascórbico. La pulpa del zapote contiene fuertes cantidades de calcio, hierro, carotina y niacina (Sturrock 1959), mientras que la semilla es una fuente de aceite (Roys 1931). El nance también es rico en vitaminas, especialmente vitamina C (Smith 1980b). Sin lugar a dudas, el negrito contribuía con sus componentes vitamínicos y minerales a la dieta. Todos estos árboles frutales son nativos del área. Los habitantes precolombinos del valle del Río Sulaco pueden haberlos sembrado en forma activa o bien haber limpiado alrededor de estos árboles durante el proceso de tala del bosque, una práctica común entre los mayas (Lundell 1933) y otros grupos de América Central. En cualquiera de los dos casos, sus frutas deben haber representado un importante aporte a la alimentación, especialmente durante la estación seca que es cuando estos frutos maduran y las reservas de maíz u otra clase de alimentos hállanse reducidos.

La utilización de materiales de origen vegetal en construcción a lo largo de los sitios en el Río Sulaco, sigue el patrón conocido entre otros indígenas de Mesoamérica. La alta proporción de pino con respecto a otros tipos de madera representados por los especímenes carbonizados, sugiere que fue el material de construcción preferido, asimismo el combustible predominante. Aunque se han descubierto algunos ejemplos de uso de piedra canteada en construcción en la región de El Cajón, la mayoría de las edificaciones sobre las plataformas parecen haber sido estructuras con postes en las esquinas de paredes de bajareque, en las cuales se usaron hierbas y otros materiales vegetales. Los restos carbonizados de hojas de palmera sugieren, además, que los techos fueron elaborados con ese material (Figura 7.3a).

Discusión

Los colonizadores originales de la región de El Cajón probablemente se enfrentaron al entrar en ella con una vegetación de bosque tropical deciduo en las áreas bajo los 1,000 msnm, en especial en las fértiles tierras aluviales del piso del valle, mientras que los suelos arenosos de las pendientes pronunciadas se encontraban cubiertas de bosque de pino-roble. Los ríos estaban enmarcados por plantas acuáticas que crecían con mayor exuberancia cerca de las fuentes permanentes de agua.

La primera en ser talada fue con gran probabilidad la vegetación del bosque tropical deciduo puesto que cubría la más apta tierra para propósitos agrícolas (Vivo Escoto 1964:214). Los campesinos modernos de los Ríos Sulaco y Humuya dan preferencia a estos suelos debido a su mayor fertilidad. Los miskitos y sumus talan el bosque en forma selectiva (dejando en pie los grandes árboles de maderas duras) a lo largo de las corrientes navegables, no solamente por la mayor fertilidad de los suelos, sino además por que constituyen los terrenos de acceso a las rutas de transporte fluvial (Conzemius 1932:60). Los mayas también talaban el bosque selectivamente dejando los árboles frutales, como zapote y ramón, en pie (Lundell 1933:67). Esto conduce a una utilización de los recursos provechosa al máximo puesto que provee el acceso a la fértil tierra agrícola y, a la vez, incorpora a los árboles frutales. La limpieza del bosque promueve, por su parte, el crecimiento de muchas plantas útiles, las que también pueden ser explotadas y protegidas por medio de una prudente aplicación de la técnica de tala y roza. La mezcla de plantas útiles representada en los restos arqueológicos de la región de El Cajón, sugiere que esta estrategia de aprovechamiento de los recursos estaba en operación entre los habitantes del bajo Río Sulaco en una época tan lejana como el Formativo Tardío.

Mucho se ha escrito sobre los sistemas agrícolas mesoamericanos y su capacidad para sostener poblaciones de gran tamaño (Lundell 1933; Dumond 1961; Reina 1967; Rathje 1971; Wilken 1971; Puleston y Puleston 1971; MacNeish 1971; Sanders 1973; Turner 1974; Flannery 1976a; Netting 1977; Reina y Hill 1980). Los estudios en otras partes de la América Intermedia (Turner 1974, 1978a, 1978b, 1979, 1983b; Bronson 1978; Hammond 1978; Harrison 1978; Matheny 1978, 1982; Puleston 1978; Rice 1978; Siemens 1978, 1982, 1983; Vlcek et al. 1978; Wiseman 1978; Donkin 1979; Antoine et al. 1982; Denevan 1982; Freidel y Scarborough

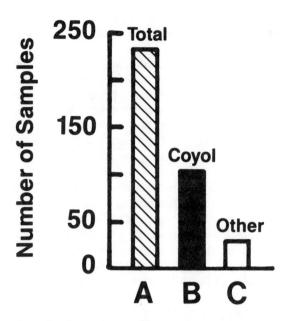

Figure 7.4. Bar graph comparing the total number of archaeobotanical samples analyzed, the number of samples containing *coyol*, and the number of samples containing all other kinds of tree fruits from the Salitron Viejo site.

Figura 7.4. Gráfica de barra que compara el número total de muestras arqueobotánicas analizadas, el número de muestras que contienen coyol y el número de muestras de todas las otras clases de árboles frutales procedentes de Salitrón Viejo.

carbohydrate content, which can be eaten fresh or fermented and made into wine. Furthermore, *coyol* is commonly grown in the dooryards of modern residents of the study area. The abundance of *coyol* remains suggests that numerous *coyol* palms were growing near Salitron Viejo in prehistoric times, some of which may have been planted within the site itself although there was limited room for them. In any case *coyol* seems to have been an important food source at Salitron.

Another possible tree cultivar was *ciruela* grown at the Guarabuqui site. The number of Guarabuqui contexts which contain *ciruela* greatly surpasses those with other kinds of fruit remains (Figure 7.5). Although not as abundant as *coyol* at Salitron Viejo, carbonized *ciruela* stones at Guarabuqui were more numerous than at all other El Cajon project sites put together. The dramatically uneven distribution of these plant remains suggests that some special attention had been given to their procurement at Guarabuqui. These trees are common in dooryards among modern Sulaco River valley residences and produce a juicy fruit that is eaten fresh. Since the fruits ripen at the end of the dry season (late April–May) and probably do not store well, their presence in archaeological deposits indicates seasonal exploitation of these resources. Perhaps the residents of prehistoric Guarabuqui enjoyed *ciruela* fruits from their hand planted trees just as modern residents do.

The fourth method of exploiting edible fruit-bearing trees include gathering fruit from wild trees growing in essentially

vegetation, such as tropical deciduous forest, followed by fallowing periods, encourages the growth of a variety of useful plants, e.g., *ciruela*, *capulin*, and *coyol*. These trees will volunteer in abandoned fields and can be a dependable and nutritious food source if allowed to mature. The prehistoric inhabitants along the Sulaco River may have practiced this approach since carbonized remains of the fruits of all of these trees have been found in archaeological deposits. Other useful plants available from secondary growth whose archaeobotanical remains have been recovered are *Cassia* sp. and *Rubus* sp.

A third approach to arboriculture would have been the purposeful planting and cultivation of trees bearing edible fruit. This may have occurred at the Salitron Viejo site with *coyol*. Smith (1967) suggests that *coyol* was cultivated during prehistoric times in the Tehuacan Valley. Numerous strata bearing plant remains at Salitron Viejo contained *coyol* which was literally everywhere (Figure 7.4). Other sites in the valley yielded infrequent *coyol*.

Remains of material culture at Salitron Viejo indirectly suggest a widespread use of *coyol* or some similar food. Nutting stones were discovered with cup-shaped indentations that would have been of a perfect size for cracking *coyol* fruits. Also, several hearths were found with numerous *coyol* endocarp fragments. These features may have served as a processing centers for the extraction of oil contained in the abundant *coyol* fruits. The trunks of *coyol* palms are high in

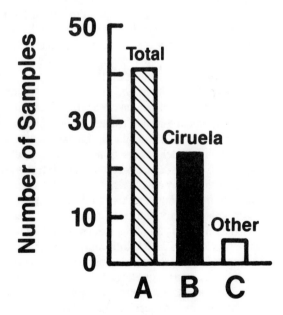

Figure 7.5. Bar graph comparing the total number of archaeobotanical samples analyzed, the number of samples containing *ciruela*, and the number of samples containing all other kinds of tree fruits from the Guarabuqui site.

Figura 7.5. Gráfica de barra que compara el número total de muestras arqueobotánicas analizadas, el número de muestras que contienen ciruela y el número de muestras de todas las otras clases de árboles frutales procedentes de Guarabuquí.

1982; Sheets 1982; Scarborough 1983) han aportado la evidencia del uso de agricultura hidráulica, es decir de sistemas de irrigación, terrenos elevados y terrazas, en regiones al norte de la región de El Cajón. Sin embargo, puesto que no se han encontrado indicios de sistemas de irrigación en ninguno de los dos valles de la región de El Cajón, a pesar de una extensiva búsqueda, parece probable que las técnicas agrícolas estaban limitadas a la tala y roza en la época precolombina. Debido a que los suelos en el piso de los valles son de espeso aluvión, el ciclo de barbecho practicado en estas áreas debió haber sido corto, manteniendo una alta producción por un período relativamente largo de tiempo (ver Loker, Capítulo 6). Hoy en día los terrenos en las pendientes más pronunciadas alejadas del piso del valle se encuentran taladas, quemadas y bajo cultivo de una manera similar, pero con ciclos largos de barbecho. Este patrón probablemente fue llevado también a la práctica en tiempos precolombinos.

Otro importante suplemento del repertorio agrícola fue la arboricultura. Algunos autores (Puleston 1978; Wiseman 1978) han indicado que el cultivo de árboles frutales fue un componente de la agricultura mesoamericana. Cuatro formas de explotación de los recursos alimenticios procedentes de los árboles pueden haberse empleado. Una de ellas sería que los árboles frutales en bosques vírgenes se dejaron en pie durante la limpieza del bosque tropical deciduo. El crecimiento de los árboles de zapote, un componente de este bosque, habría sido promovido de esta manera. Numerosas cubiertas de semillas carbonizadas de zapote se recolectaron en los depósitos clásico tardíos a lo largo del Río Sulaco, especialmente en Salitrón Viejo (PC-1). Otro árbol que habría sido protegido con la selectiva tala de la vegetación es el nance, un útil árbol frutal del bosque de pino-roble, cuyos restos se descubrieron en los depósitos arqueológicos de Salitrón Viejo (PC-1).

Una segunda técnica de arboricultura aplicada en época precolombina ya ha sido mencionada. Se trata de la limpieza selectiva alrededor de los árboles frutales durante la tala de la vegetación de crecimiento secundario. La extirpación de la vegetación dominante del bosque tropical deciduo, seguida por períodos de barbecho, apoya el crecimiento de frutas útiles como la ciruela, capulín y coyol. Estos árboles crecen espontáneamente en terrenos abandonados y sus frutas pueden haber representado una segura y nutritiva fuente de alimentación, siempre y cuando se les permitiera madurar. Los habitantes precolombinos a lo largo del Río Sulaco podrían haber puesto en práctica esta técnica debido a que los abundantes restos de todas estas frutas se han recolectado en los depósitos arqueológicos. Otras plantas útiles dentro de la vegetación de crecimiento secundario cuyos restos se han descubierto en los sitios son *Cassia* sp. y *Rubus* sp.

Una tercera técnica de arboricultura pudo haber sido la intencionada siembra y cosecha de árboles frutales. Este puede haber sido el caso del coyol en Salitrón Viejo. Smith (1967) sugiere que el coyol fue cultivado en época precolombina en el Valle de Tehuacán. Numerosos estratos en Salitrón Viejo contenían restos de coyol, el cual se encontró literalmen-

te en todas partes (Figura 7.4). Otros sitios en el valle del Río Sulaco, por el contrario, arrojaron restos de esta fruta en baja frecuencia.

Los restos de cultura material en Salitrón Viejo sugieren indirectamente un amplio uso del coyol o algún otro alimento similar. Aquí se descubrió una especie de cascanueces de piedra con muescas cóncavas que tendrían el tamaño adecuado para quebrar coyoles. También se encontraron varios fogones asociados con numerosos fragmentos del endocarpio. Estas localidades pueden haber servido como centros procesadores del aceite extraído del coyol, del cual se pueden obtener copiosas cantidades de este producto. El tallo de la palmera es rico en carbohidratos, pudiendo ser comido fresco o fermentado en una bebida. Además, el coyol crece comunmente en los patios de los campesinos de la región de El Cajón. La abundancia de restos sugiere que numerosas palmeras crecían cercanas a Salitrón Viejo en la época precolombina, algunas de las cuales pueden haber sido sembradas dentro del sitio mismo, aún cuando no había mucho espacio disponible para ello. En cualquier caso, el coyol puede haber sido una importante fuente de alimento en Salitrón Viejo.

Otro árbol que posiblemente fue plantado en el sitio de Guarabuquí (PC-15) es la ciruela. El número de contextos que contienen ciruela sobrepasa grandemente a aquellos con restos de otras frutas (Figura 7.5). Aunque no es tan abundante como el coyol, las semillas carbonizadas de ciruela se presentan en número mayor en Guarabuquí (PC-15) que en todos los otros sitios juntos. La desigual distribución de estos restos sugiere que su explotación recibía alguna atención en Guarabuquí (PC-15). Estos árboles son comunes en los patios de los campesinos en la región de El Cajón y su jugosa fruta es comida fresca. Puesto que las frutas maduran al final de la estación seca (finales de abril, principios de mayo) y probablemente son difíciles de almacenar, su presencia en los depósitos arqueológicos es un indicador de la explotación de esta fruta. Quizá los antiguos residentes de Guarabuquí (PC-15) cosechaban las frutas de la ciruela de los árboles sembrados por ellos mismos, como lo hacen los modernos campesinos en la región.

La cuarta técnica de explotación de los árboles frutales incluye la obtención de frutos de los árboles que crecen silvestres en áreas virtualmente no perturbadas. Sin embargo, al mismo tiempo que se come la fruta se promueve su crecimiento al esparcir las semillas de la misma. Tal puede haber sido el caso del negrito, el cual crece en la comunidad de ribera y produce una abundante cosecha. Las semillas carbonizadas de negrito procedentes de Salitrón Viejo (PC-1) aportaron la evidencia de su uso en el pasado.

Los terrenos aledaños dispuestos de acuerdo al modelo del bosque tropical artificial de Wiseman (1978), pueden haber sido utilizados para sembrar coyol, ciruela y otras plantas útiles. Maíz, frijoles, ayotes y otros cultivos de subsistencia pueden haber crecido en estos huertos de múltiples propósitos adicionalmente a los árboles frutales. Los sitios menores en la región de El Cajón, pueden haber desarrollado su actividad

undisturbed habitats. However, when humans eat the fruit of

undisturbed habitats. However, when humans eat the fruit of any tree, they promote its growth by spreading the seeds. Such may have been the case with *negrito* which grows in the circum-riverine community and produces abundant edible fruit. The carbonized *negrito* stones from Salitron Viejo provide evidence of their use in the past.

Outlying fields arranged according to Wiseman's artificial rain forest model (1978) may have been used to grow *coyol*, *ciruela*, and other important plants. Corn, beans, squash, and other crops could have been grown in these multipurpose gardens in addition to the tree crops. The smaller El Cajon sites may have conducted their agriculture in an artificial rain forest pattern as hypothesized for the larger sites, or they may have kept house gardens for herbs and fruit trees while relying on *milpas* away from the house compound for major cultigen production. This type of agricultural system has been variously referred to as the infield-outfield system (Sanders 1973) or house garden and *milpa* (Linares de Sapir and Ranere 1971).

To what extent the above hypothesized agricultural system was actually utilized may never be known for certain. One thing is clear: the prehistoric inhabitants of the Sulaco River valley did not rely strictly on corn, beans, and squash for their sustenance. Some form of arboriculture was an integral part of their food procurement system. This system carried the advantage of providing a sustained yield, a varied diet, and well-balanced nutrition.

Another topic that must be addressed is why plants like peppers, sweet potatoes, manioc, and cacao were not found in the archaeobotanical record. The answer lies mostly with the poor preservation qualities commonly found in the wet-and-dry tropics, especially at open sites like those of the El Cajon region. For example, although a very convincing argument has been presented (Bronson 1966) for the cultivation of root crops, e.g., sweet potato, manioc, and yautia, in prehistoric Central America, the chance of finding remains of these soft tissues at an open tropical site under ordinary circumstances is very remote. Artifacts used to process manioc, such as griddles and manioc graters like those discovered at Parmana (Roosevelt 1980), would probably be the most realistically expected evidence. None was found in the El Cajon region. Plants such as cacao, peppers (except for possibly the seeds), cotton, and other plant fiber sources also would have little

chance of survival. Although many of these plants may have been utilized by the prehistoric El Cajon population, there is no direct evidence to substantiate this assertion. The plants that have been preserved from the El Cajon region are those with tough, bony fruit parts that have been carbonized. In this regard the sample of prehistoric plant remains from the El Cajon project is, regrettably but inescapably, biased.

One plant that has a bony seed but was not found in the El Cajon Project archaeobotanical records was *ramon* (*Brosimum alicastrum*). Puleston (1982) and other authors have suggested that *ramon* was an important Mesoamerican tree crop during prehistoric times but other scholars have refuted this idea (Peters 1983; Peters and Pardo-Tejeda 1982). None of the arguments has been based on archaeobotanical evidence, however. *Ramon* does grow in the El Cajon area and if it had been as popular during prehistoric times as it supposedly was in the Maya area, then it should have turned up among the plant remains. The seed is very hard, and if commonly used, should have been preserved within site utilization contexts. One mitigating circumstance exists in favor of the pro-*ramon* camp, however. The seed, as well as the mesocarp, is edible. If the seeds were regularly eaten, this would tend to reduce the possibility of finding the seed remains in archaeological deposits. Nevertheless, no *ramon* remains have been found and the hypothesis proposing *Brosimum* as a major food source in prehistoric Mesoamerica is not supported.

Conclusions

The ecological preference of the prehistoric inhabitants of the lower Sulaco River valley was the tropical deciduous forest, but plant products were also extracted from the pine-oak forest as well as the circum-riverine community. They were slash-and-burn agriculturalists who grew corn, beans, and squash and augmented their diet with a number of shrub or tree fruits. If any surpluses derived from plant materials were produced for trade, they came from *coyol* as oil or wine. The findings of this study have added new insights into plant uses of the past. More importantly, they prove that archaeobotanical remains can be retrieved from open sites in the tropics if systematic sampling strategies are employed.

agrícola en el patrón hipotético del bosque tropical artificial al igual que los sitios mayores, o mantenido huertos para hierbas y árboles frutales mientras que cultivaban las milpas fuera del complejo de viviendas. Este sistema agrícola ha sido llamado en diversas ocasiones cultivo dentro y fuera de la parcela (Sanders 1973), o sistema de huerto y milpa (Linares de Sapir y Ranere 1971).

Hasta que punto el hipotético sistema agrícola mencionado arriba refleja adecuadamente la realidad, es difícil de decidir. Una cosa es segura, sin embargo, los habitantes precolombinos del Río Sulaco no dependían estrictamente del maíz, frijoles y ayotes para su subsistencia. Alguna forma de arboricultura constituyó, sin duda, una parte integral del sistema de obtención de alimentos. Este sistema tenía la ventaja de ofrecer continuas cosechas, una dieta variada y una balanceada alimentación.

Otro tópico que debe ser contemplado aquí es el hecho que plantas como el chile, camote, yuca y cacao no forman parte del inventario arqueobotánico. Su ausencia tiene que ver, en su mayor parte, con las pobres condiciones de preservación reinantes generalmente en los trópicos con pronunciadas estaciones seca y lluviosa, en especial en sitios abiertos como los de la región de El Cajón. Por ejemplo, a pesar de los muy convincentes argumentos (Bronson 1966) a favor del cultivo de tubérculos, como camote, yuca y yautia en época precolombina en Centroamérica, la posibilidad de encontrar restos de estos suaves tejidos en un sitio abierto, bajo las circunstancias de ordinario prevalecientes en un medio ambiente tropical, es muy remota. Los artefactos empleados para procesar la yuca, tales como rayadores y coladores, similares a los encontrados en el sitio de Parmaná (Roosevelt 1980), son una expectativa mucho más realista, aunque estos artefactos tampoco fueron encontrados en los sitios de la región de El Cajón. Las plantas como el cacao, chile (con excepción posiblemente de las semillas), algodón y otras plantas de las cuales se obtienen fibras, tampoco tienen gran oportunidad de conservarse. No obstante que muchas, o todas estas plantas, pueden haber sido utilizadas por los habitantes de la región bajo estudio, no existe una evidencia directa en que basar esta suposición. Las plantas que se preservaron fueron aquellas con frutas cuyas partes resistentes y duras se carbonizaron. En este aspecto el registro de los restos de la flora precolombina recolectados en la Zona de Embalse de El Cajón, es necesariamente incompleto.

Una de las plantas que tiene semilla dura, pero no se encontró entre las muestras arqueobotánicas de la región de El Cajón es el ramón (*Brosimum alicastrum*). Puleston (1982) y otros autores han sugerido que el ramón fue un importante árbol de cosecha en la época precolombina en Mesoamérica, aunque otros estudiosos han refutado esa idea (Peters y Pardo-Tejeda 1982; Peters 1983). Ninguna de ellos basó, sin embargo, su argumento en la evidencia arqueológica. El ramón crece en la región de El Cajón y de haber sido tan apetecido durante los tiempos precolombinos, como se ha supuesto que lo era en el área maya, sus restos deberían estar presentes en el inventario de la flora, puesto que su semilla es muy dura y, en consecuencia, se hubiera preservado en más de alguno de los contextos. Existe, sin embargo, una circunstancia a favor de los que abogan por el uso del ramón. Esto es que la semilla, al igual que el mesocarpio, son comestibles. Por lo tanto, esto reduce las posibilidades de descubrir los restos de las semillas en los depósitos arqueológicos. No obstante lo anterior, no se ha identificado ningún resto de ramón y la hipótesis que propone *Brosimum* como una importante fuente de alimentación en la Mesoamérica precolombina puede no ser confirmada.

Conclusiones

El medio ecológico al que dieron preferencia los habitantes precolombinos del valle del bajo Río Sulaco es el bosque tropical deciduo, aunque también se obtenían productos del bosque de pino-roble, así como de la comunidad de ribera. Tratamos con agricultores que empleaban la técnica de tala y roza, que cultivaban maíz, frijoles y ayotes y habían incorporado un cierto número de arbustos y árboles frutales para enriquecimiento de su dieta. De haberse generado algún superávit para el comercio del aprovechamiento de las plantas, este provino del procesamiento del coyol en aceite y vino. Los resultados de este estudio han añadido nuevos conocimientos acerca del uso de las plantas y, lo que es más importante, han comprobado que los restos paleobotánicos pueden ser recolectados en sitios abiertos en los trópicos húmedos con aplicación de estratégias sistemáticas de muestreo.

Chapter 8

Chronology and Ceramic Variability within the El Cajon Region

Kenneth Hirth
Nedenia Kennedy
Maynard Cliff

In archaeological interpretation the two fundamental dimensions which must be controlled are 1) the spatial location of cultural materials and 2) their age or relative placement in time. While spatial location and provenience of archaeological materials are controlled during initial data collection, chronological age must be established through interpretive means. Establishing the age of archaeological deposits and the length of occupation of archaeological sites is a prerequisite for other levels of analysis.

In this paper we summarize the ceramic chronology for the El Cajon region as reconstructed from the ongoing analysis of ceramic materials.[1] The purpose of this paper is to define the broad outline of regional cultural development. It is intended as a working statement which can guide ongoing project analyses until such time that the final chronology is completed.

The paper is divided into three sections. First, we will discuss the general methodological and theoretical guidelines employed in constructing the regional chronology. Second, we discuss the five major chronological divisions which span the time period from 400 BC–AD 1000. Finally, we summarize some of the culture historical issues which emerge from an understanding of the chronological sequence.

Methodology

The methodology used in the ceramic analysis of the El Cajon project combines aspects of the type-variety system

1. Each of the three authors is involved with establishing the regional ceramic chronology for the El Cajon Archaeological Project. Nedenia Kennedy developed the initial analytical methodology, identified the major paste groups, and proposed a preliminary typology based on ceramic attribute clusters at Salitron Viejo. Kenneth Hirth has directed a systematic analysis of the ceramic materials from Salitron Viejo between 1985 and 1989. Maynard Cliff began work on the Late Sulaco materials from the site of Guarabuqui in 1986. The typology presented here represents the joint work of all three investigators. The senior author takes responsibility, however, for discrepancies in the chronological placement and discussion of these ceramic types.

(Gifford 1960) with that of modal analysis (Rouse 1939; Spaulding 1960; Kennedy 1981). We recognize that ceramics are one of the plastic arts and, therefore, have the capacity to vary infinitely in terms of color, surface treatment, and vessel form. Nevertheless, indigenous potters tend to be traditional in their conformity to established and existing norms of ceramic style. The two classic problems faced by archaeologists in their culture historical treatment of ceramic materials are 1) whether ceramic types reflect the modal norms of their makers or whether they are arbitrary categories established by the archaeologist to meet analytical needs, and 2) whether classes should be defined as nomothetic groups with strict criteria for membership or as polythetic groups which are defined by a cluster of traits, not all of which need to be present for admission into the group (Clarke 1968).

We recognize the fact that the intent of the archaeologist is very different from that of the original potter, and the variety of questions asked of ceramic data frequently require different analytical approaches. More than any other issue, ceramics are called upon to establish regional chronologies. For these purposes any arbitrary, nomothetic classification which can accurately and efficiently date archaeological sites is defensible no matter how far removed from the original criteria of the potter. On the other hand, as archaeologists begin to use ceramics to answer questions about social or economic structure, their taxonomic categories must more closely approximate the norms of the culture in question. The concern, therefore, is not which methodological approach is better, but rather what questions are being asked and what kinds of classifications are necessary to answer them.

In the El Cajon Archaeological Project ceramics are used to 1) define and date the major chronological periods represented in the occupation of the region and 2) examine socioeconomic interaction within and between contemporaneous communities. In addressing the issue of a regional chronology we have employed a ceramic classification which is a modified version of the traditional type-variety taxonomic system (Gif-

Capítulo 8

Cronología y Variabilidad Cerámica en la Región de El Cajón

Kenneth Hirth
Nedenia Kennedy
Maynard Cliff

Para la interpretación arqueológica las dos dimensiones fundamentales que deben ser sujetas a examen son 1) la localización en el espacio de los materiales y 2) su relativa posición en el tiempo o antigüedad. Mientras la localización espacial y proveniencia de los materiales arqueológicos están sujetas a control en el transcurso de la recolección inicial de datos, la relación cronológica debe ser establecida a través de métodos interpretativos. El establecimiento de la antigüedad de los depósitos y la duración de la ocupación de los sitios arqueológicos es un prerequisito para el análisis a otros niveles.

En este estudio se resume la cronología cerámica de la región de estudio del Proyecto Arqueológico El Cajón, de la manera en que ha sido reconstruida hasta la fecha a través del análisis de los materiales pertinentes.[1] El propósito de este escrito es definir el amplio esquema del desarrollo cultural en la región, el cual se entiende aquí como un instrumento de trabajo que puede guiar los análisis que el proyecto está realizando mientras se propone la cronología definitiva.

La presentación se ha dividido en tres secciones. Primero, se discutirán los principios generales, metodológicos y teóricos empleados en el establecimiento de la cronología regional. Segundo, se tratarán las cinco principales divisiones cronológicas que cubren el período del año 400 a.C. al 1000 d.C. Por último, se resumirán algunas de las consideraciones históricas que emergen de nuestra comprensión de la secuencia cronológica.

---

1. Cada uno de los tres autores estuvo involucrado en el establecimiento de la cronología regional para el Proyecto Arqueológico El Cajón. Kennedy desarrolló la metodología analítica general, identificó los grupos mayores de lozas y propuso la tipología preliminar basándose en el agrupamiento de los atributos cerámicos de Salitrón Viejo. Hirth inició el análisis sistemático de los materiales de Salitrón Viejo llevado a cabo entre 1985 y 1987. Cliff empezó el análisis de los materiales del Clásico Tardío del sitio de Guarabuquí en 1986. La tipología presentada aquí es el resultado del esfuerzo conjunto de los tres investigadores. El autor principal, sin embargo, toma la responsabilidad por cualquier discrepancia en la ubicación cronológica y la discusión de los tipos cerámicos.

Metodología

La metodología utilizada en el análisis cerámico del proyecto combina aspectos del sistema conocido como "tipo-variedad" (Gifford 1960) con los del análisis de "modo" (Rouse 1939; Spaulding 1960; Kennedy 1981). Es decir que reconocemos que la alfarería, como un arte plástica, posee la capacidad de una variación infinita en cuanto a color, tratamiento de la superficie y forma de los objetos se refiere. Sin embargo, sabemos que los alfareros indígenas tienden a ser tradicionales, ajustándose a los estilos cerámicos preestablecidos y las normas asociadas existentes. Los dos problemas clásicos enfrentados por los arqueólogos en el tratamiento histórico-cultural de los materiales cerámicos tienen que ver con 1) si los tipos cerámicos deberían reflejar las normas de modo seguidas por sus creadores o pueden seguir las categorías arbitrarias establecidas por el arqueólogopara llenar sus necesidades analíticas y 2) si las clases deberían ser definidas como grupos nomotéticos con estrictos criterios de pertenencia o como grupos politéticos, definidos, a su vez, por medio de un conjunto de rasgos que no necesitan estar todos presentes para su admisión dentro del grupo (Clarke 1968).

De igual manera, reconocemos el hecho que el objetivo del arqueólogo es muy diferente del que mueve al alfarero y que la variedad de interrogantes traspuestos a los datos cerámicos requieren frecuentemente diferentes tratamientos analíticos. Más que para ningún otro objetivo, la cerámica es utilizada para establecer la cronología regional. Para tales propósitos cualquier clasificación nomotética arbitraria que pueda fechar adecuada y eficientemente los sitios arqueológicos es aceptable, sin importar que alejada se encuentre de los criterios originales del alfarero. Por otra parte, cuando el arqueólogo comienza a utilizar la cerámica para responder interrogantes acerca de la estructura social o económica, entonces sus categorías taxonómicas deben aproximarse mucho más a aquellas de la cultura en cuestión. El asunto no es, por lo tanto, cuál

ford 1960; Smith, Willey and Gifford 1960). Nevertheless, questions of social and economic relationships require an approach which is sensitive to more discrete forms of behavior. We are concerned, therefore, with looking at the frequency of individual traits, their modal tendencies, and what these indicate about past cultural behavior.

In the analysis of the El Cajon materials priority was given to the attributes of paste, surface finish, and technique of decoration for defining taxonomic categories. All ceramics were classified first by paste group on the basis of the color, texture, and composition of the paste. Smaller taxonomic units which became our working types were then defined using characteristics of surface finish (slipping, burnishing) and techniques of decoration (painting, incising, plastic application). Vessel form generally was not used to define a taxon, but rather was studied and described for each individual type. Types were subdivided into related varieties on the basis of variation within decorative techniques. For example, specific decorative designs or design combinations were most frequently handled at the variety level.

The taxonomic method in combination with the relative stratigraphic position of ceramic materials have allowed us to define a preliminary chronology consisting of two broad periods which can be divided into five distinct phases (Table 8.1). Chronometric analyses of radiocarbon, archaeomagnetic, and obsidian hydration samples have not been completed. As a result the dates for these phases are based largely on cross-dating with sequences in neighboring regions. It must be recognized that *none* of the cultural sequences in Honduras is adequately dated using chronometric techniques. As a result, neither the dates nor the duration of these phases should be considered final determinations. They are first approximations which represent cultural episodes whose ages will be more securely established once radiocarbon and other chronometric analyses are completed.[1]

The two broad divisions in the chronology are referred to as the Yunque (400 BC–AD 400) and the Sulaco (400–1000 AD) periods. The Yunque period is characterized by ceramic types distinguished by forms of resist, incised, and applique decoration. Ceramic similarities can be found with the greater range of Late Formative materials reported widely throughout Honduras, El Salvador, and Guatemala (Strong, Kidder, and Paul 1939; Canby 1951; Baudez and Becquelin 1973; Andrews 1976; Sharer 1978; Kennedy 1981). The Sulaco period corresponds to the introduction and development of painted polychrome ceramic types throughout Honduras. The two diagnostic ceramics associated with this period are the Ulua and the Sulaco (or Bold Geometric) polychrome styles. Phase divisions within the Sulaco period reflect the evolution of

1. As of October of 1987 five radiocarbon samples have been processed for the El Cajon region. All of these samples are from the site of Salitron Viejo. While these analyses were not available at the time this article was written, the dates generally confirm the temporal assignments given to the phase divisions listed in Table 8.1. The future interpretation of chronological data will certainly clarify the dating and duration of these chronological phases

Table 8.1. Preliminary chronological phases
for the El Cajon region.
Cuadro 8.1. Fases cronológicas preliminares
para la región de El Cajón.

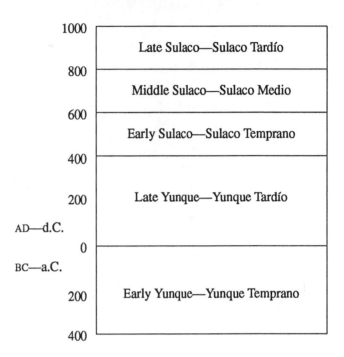

these ceramic styles within the El Cajon region.

The following discussion examines the major ceramic types found during each of these two periods. The descriptions are neither complete nor intended to represent all of the types represented in each phase. Rather, they provide an outline of the major chronological episodes and the criteria which we have used to identify them. No quantifiable information on the relative frequency of ceramic types within phases is available at this time. The types themselves remain subject to revision and for that reason we prefer to use names already known throughout the literature to characterize the general ceramic content of our collections. As the analysis nears its conclusion, we will rename our types when their definitions do not correspond to published descriptions. Specific names (e.g., Sulaco Orange, Ulua Trichrome, Trogon Red-on-Tan) are used only in those circumstances where we are confident that no reclassification is necessary.

The Early Yunque Phase

Early Yunque materials are well represented in the El Cajon region. Large deposits have been excavated at Salitron Viejo (PC-1) with small occupations recorded also at PC-22 and PC-37/38. The Early Yunque covers the time period between 400 BC–AD 0. Dates for this phase have been established largely through cross-dating with collections in Honduras, El Salvador, and the Guatemalan highlands. The earliest stylistic

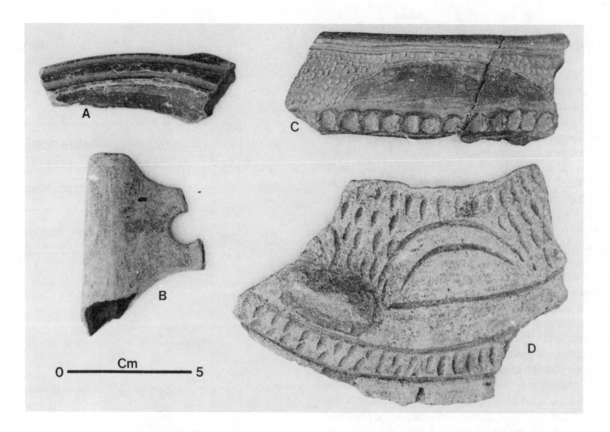

Figura 8.1. La cerámica de la Fase Yunque Temprano. a–b) Trogon Rojo sobre Pardo Claro; c) Punteado Padío; d) Punteado en Zonas Tepemechín.
Figure 8.1. Early Yunque ceramics. a–b) Trogon Red-on-Tan; c) Padio Punctate; d) Tepemechin Zoned Punctate.

tratamiento metodológico es el mejor, sino cuáles interrogantes se han formulado y que tipo de clasificaciones son necesarias para encontrarles respuesta.

El Proyecto Arqueológico El Cajón se vale de la cerámica para interpretar dos diferentes tipos de datos para 1) definir y fechar los principales períodos arqueológicos representados durante la ocupación de la región y 2) examinar la interacción socioeconómica dentro y entre comunidades contemporáneas. En el tratamiento del asunto de la cronología cerámica regional, hemos empleado una versión modificada del tradicional sistema taxonómico tipo-variedad (Gifford 1960; Smith, Willey y Gifford 1960). No obstante esto, los interrogantes que se refieren a las relaciones sociales y económicas requieren un tratamiento más sensitivo para detectar formas concretas de conducta. Por estas razones también estamos interesados en observar la frecuencia de los rasgos individuales, sus tendencias de modo y lo que esto indica acerca de la conducta cultural en el pasado.

En el análisis de los materiales de la región de El Cajón, se le dio prioridad a la definición de los atributos que tienen que ver con la pasta, el acabado de la superficie y la técnica de decoración. Todas las cerámicas fueron clasificadas primero en grupos de acuerdo a la pasta, en base al color, textura y composición de la misma. Las unidades taxonómicas menores, las cuales se convirtieron en nuestros "tipos" base, fueron

definidas por medio de las características del acabado de la superficie (engobe, bruñido) y las técnicas de decoración (pintura, incisión, aplicado). La forma de las vasijas generalmente no fue usada para definir una taxonomía, sino que fue examinada y descrita para cada tipo individualmente. Los tipos fueron subdivididos en "variedades" relacionadas entre sí, cuya asociación se basa en las diferencias presentes en las técnicas decorativas. Por ejemplo, diseños decorativos específicos o combinaciones de ellos fueron tratados con mayor frecuencia a nivel de variedad.

El método taxonómico, en combinación con la relativa posición estratigráfica de los materiales cerámicos, nos ha permitido establecer una cronología preliminar consistente en dos amplios períodos que pueden ser divididos, a su vez, en seis distintas fases (Cuadro 8.1). El análisis cronométrico de las muestras para radiocarbono, arqueomagnetismo e hidratación de obsidiana no ha sido terminado aún. Como resultado de esto, la cronología de estas fases se basa principalmente en el fechamiento cruzado con las secuencias de las regiones vecinas. Sin embargo, es necesario reconocer que ninguna de las secuencias culturales en Honduras ha sido adecuadamente fechada por medio de las técnicas cronométricas. En consecuencia, ni las fechas ni la duración de estas fases deberían ser consideradas como definitivas. Ellas son una primera aproximación y representan episodios culturales cuya antigüedad

Figure 8.2. Muerdalo Orange Resist Decorated bowl.—Figura 8.2. Un tazón tipo Muérdalo Anaranjado con decoración al Negativo.

markers resemble ceramic types reported in Toyos phase deposits at Playa de los Muertos (Kennedy 1981).

Trogon Red-on-Tan: This distinctive and well made ceramic type is an excellent diagnostic for Early Yunque occupation in the El Cajon region. Vessels are fashioned from a very fine tan paste which fires to buff (7.5YR 8/4) or tan (7.5YR 7/4). Clay bodies are only partially oxidized leaving a dark grey to black interior core. Vessel shapes include divergent and outflaring wall bowls with wide everted rims and small jars with tubular spouts. Rims of both bowls and jars are decorated with a thick red fugitive paint (10YR 4/6–8). Bowls with widely everted rims may be decorated with single or double incised lines (Figure 8.1a). Shallow, outflaring wall dishes may have sets of multiple vertical lines incised on their exterior. Alternatively, bowl exteriors were either left plain or decorated with one or more circumferential bands. Jars may be painted red around their necks and spouts. In several instances tubular spouts were painted with simple geometric designs (Figure 8.1b).

Aguila Incised: This type is constructed of a fine to medium coarse paste. Vessels are unslipped and fired to tan (10YR 6/6) to dark brown (10YR 3–4/4–6). Exterior surfaces are usually burnished to a low lustrous finish. This type occurs in two primary vessel forms: 1) composite silhouette bowls with direct rims and 2) divergent and outflaring wall bowls with wide everted rims. Plastic decoration consists of sets of three deeply incised lines or channels on bowl exteriors. Composite silhouette bowls may have a circumferential, continuous, or discontinuous incised line along the upper shoulder. Everted rim bowls may have a single circumferential line or sets of diagonal lines incised along the upper surface of the flat everted rim.

Fugitive Red-on-Black: This type is reported in low frequency at Salitron Viejo but is nevertheless diagnostic of Toyos phase deposits in the Sula Valley (Kennedy, personal communication). The type is constructed of a medium coarse paste and only occurs on divergent wall bowls with rounded or slightly everted rims. Vessel surfaces are unslipped and fired to dark grey to black (10YR 3–4/1–2) in a reducing atmosphere. Bowls may have a circumferential band painted along the top of the rim and which may extend 2–3 mm down into the interior of the vessel. Several bowls also show evidence of additional circumferential, thickly painted 5–8 mm wide red bands along the interiors of the vessels. The paint is red (10YR 4/6–8) to dark red (10YR 3/6). Like Trogon Red-on-Tan, red painting appears to have been applied after firing and has a tendency to erode easily from vessel surfaces. Frequently bowl rims are incised with a single continuous line along or near the upper part of the rim.

Padio Punctate: This type has a medium to coarse paste

será establecida con mayor seguridad una vez que los análisis de radiocarbono y los otros de tipo cronométrico se concluyan.[1]

Las dos amplias divisiones en la cronología son llamadas aquí Período Yunque (400 a.C.–400 d.C.) y Período Sulaco (400–1,000 d.C.). El primero se caracteriza por tipos cerámicos distinguibles por la decoración al negativo, incisa y de aplicado. Semejanzas entre las cerámicas pueden ser establecidas dentro de la amplia gama de materiales del Período Formativo Tardío registrado para el resto de Honduras, así como El Salvador y Guatemala (Strong, Kidder y Paul 1939; Canby 1951; Baudez y Becquelín 1973; Andrews 1976; Sharer 1978; Kennedy 1981). El Período Sulaco, por su parte, corresponde a la introducción y desarrollo de tipos cerámicos con pintura polícroma en toda Honduras. Las dos cerámicas diagnósticas asociadas con este período son los estilos Polícromo Ulúa y Polícromo Sulaco (Geométrico Audaz). Las divisiones en fases dentro del Período Sulaco reflejan la evolución de estos estilos cerámicos dentro de la región de El Cajón.

A continuación se discuten los principales tipos cerámicos adjudicados a cada uno de estos dos períodos. Las descripciones no son definitivas ni pretenden representar todos los tipos contenidos en cada fase. Más que todo proveen un esbozo de los más importantes episodios cronológicos y los criterios por medio de los cuales los hemos identificado. Además, no contamos con ninguna información cuantificable sobre la frecuencia relativa de los tipos cerámicos dentro de las respectivas fases. Los tipos mismos continúan sujetos a revisión y por esta razón preferimos usar nombres globales ya conocidos en la literatura para la caracterización del contenido cerámico general de nuestras colecciones. A medida que el análisis se acerque a su conclusión, daremos nuevos nombres a los tipos cuando su definición no corresponda con las descripciones publicadas. Nombres originales específicos (Anaranjado Sulaco, Tricolor Ulúa, Rojo Trogón sobre Pardo Claro) solo son utilizados en aquellas circunstancias en donde tenemos la certeza que no será necesaria una reclasificación.

Fase Yunque Temprano

Los materiales correspondientes al Yunque Temprano se encuentran bien representados en la región de El Cajón. Grandes depósitos fueron excavados en Salitrón Viejo (PC-1) y una reducida muestra se ha registrado, además, en PC-22 y PC-37/38. La Fase Yunque Temprano se extiende de la época entre 400 a.C. al año 0. Las fechas para esta fase han sido establecidas en su mayor parte por medio del fechamiento cruzado entre las colecciones en Honduras, El Salvador y las

tierras altas de Guatemala. Los marcadores estilísticos más tempranos se asemejan a los tipos cerámicos registrados en los depósitos de la Fase Toyos en Playa de los Muertos (Kennedy 1981).

Trogón Rojo sobre Pardo Claro: Este distintivo y bien manufacturado tipo cerámico es un excelente diagnóstico de la ocupación del Yunque Temprano en la región de El Cajón. Las vasijas están hechas de una pasta pardo claro muy fina que se cuece a un color amarillo ligero (7.5YR 8/4) o pardo claro (7.5YR 7/4). Los cuerpos de arcilla solo están parcialmente oxidados, dejando un núcleo interior que va de gris oscuro a negro. Las formas de las vasijas incluyen cazuelas de paredes volteadas en curva hacia afuera o de bordes anchos volteados hacia afuera, así como pequeñas jarras de vertederas tubulares. Los bordes de escudillas y jarras están decorados con residuos de una gruesa pintura roja (10YR 4/6–8). Las cazuelas con bordes muy anchos volteados hacia afuera pueden estar decoradas con líneas incisas individuales o dobles (Figura 8.1a). Platos secos de bordes volteados en curva hacia afuera pueden tener grupos de múltiples líneas verticales incisas en su exterior. Una alternativa consistió en dejar los exteriores de las cazuelas sin decoración o decorarlos con una o más bandas en circunferencia. Las jarras pueden estar pintadas de rojo alrededor de sus cuellos y vertederas. En varios casos las vertederas tubulares fueron pintadas en simples diseños geométricos (Figura 8.1b).

Inciso Aguila: Este tipo fue manufacturado de una pasta fina a media bronca. Las vasijas no tienen engobe y se cocieron a un color entre pardo claro (10YR 6/6) y pardo oscuro (10YR 3–4/4–6). Las superficies exteriores están usualmente bruñidas a un acabado de poco lustre. Este tipo se presenta en dos formas primarias: 1) vasijas de silueta compuesta con bordes directos y 2) cazuelas de paredes volteadas hacia afuera y cazuelas con paredes volteadas en curva hacia afuera con anchos bordes también volteados hacia afuera. La decoración plástica consiste en conjuntos de tres líneas profundamente incisas o canales en el exterior de las cazuelas. Las vasijas de silueta compuesta pueden tener una línea incisa en circunferencia, continua o discontinua, a lo largo de la parte superior del hombro de la vasija. Las cazuelas con bordes volteados hacia afuera pueden tener una sola línea incisa en circunferencia o grupos de líneas diagonales incisas a lo largo de la parte superior de la superficie de su borde plano volteado hacia afuera.

Rojo Residual sobre Negro: Este tipo se ha registrado en baja frecuencia en Salitrón Viejo, no obstante es diagnóstico de la Fase Toyos en los depósitos del Valle de Sula (comunicación personal de N. Kennedy). Se trata de un tipo manufacturado de una pasta media bronca que solo está presente en vasijas de paredes divergentes con bordes redondeados o ligeramente volteados hacia afuera. La superficie de las vasijas no tiene engobe y se cuece a un color entre gris oscuro y negro (10YR 3–4/1–2), a una atmósfera reductora. Las vasijas pueden tener una banda en circunferencia a lo largo de la parte superior del borde, la cual puede extenderse de 2 a 3 mm. hacia

---

1. Hasta octubre de 1987 se habían procesado cinco muestras de radiocarbono para la región de El Cajón. Todas estas muestras proceden del sitio de Salitrón Viejo. Aunque estos resultados no estaban disponibles al momento de la redacción de este trabajo, las fechas confirman en forma global la adscripción temporal de las divisiones en las fases esquematizadas en el Cuadro 8.1. La futura evaluación de los datos cronométricos esclarecerá, sin duda, el fechamiento y la duración de las fases cronológicas.

Figure 8.3. Candungo Incised ceramics.—Figura 8.3. Cerámica tipo Inciso Candungo.

and only occurs on incurving and shouldered bowls. It is easily recognized because it combines plastic and aplastic decoration in diagnostic patterns (Figure 8.1c). Its most diagnostic characteristic is its small, punctate decoration which is found on vessel exteriors. The "dot" punctations are confined to triangular shaped zones defined by lateral, straight, or curvilinear incising. Zones of punctate decoration are restricted to the upper registers of hemispherical and shouldered bowls. While zones of punctate decoration are left plain, areas between them may be slipped with a slightly fugitive, dark red paint (10YR 4/6–8). In some cases red painting was confined to a narrow band 3–5 mm in width which outlined the zoned punctate design. On one incurving bowl, a punctate applique band around the midpoint of the vessel was used to define the upper decorative register.

Muerdalo-related Types with Resist Decoration: Muerdalo Orange is well known throughout Honduras and is one of the most common decorated types found in Early Yunque collections. It occurs in three distinctly different pastes in the El Cajon region which have been used to subdivide this ceramic class into several different types and varieties. These paste types include 1) a fine textured, temperless cream paste, 2) a fine textured light orange paste, and 3) a coarse cream granular paste. All paste variants are slipped orange and occur with both monochrome and resist decorated surfaces.

Vessel forms in this type include outflaring wall bowls with flat or slightly rounded bases and four nubbin supports (Figures 8.2, 8.6a); shallow dishes and short-necked jars with or without tubular spouts. Plastic decoration on bowl forms include single or double line incising at or near the interior edges of vessel mouths, scalloped rims, and continuous circumferential channeling or grooving along the exterior of outflaring wall bowls. This type compares very favorably to Muerdalo Orange described from Los Naranjos which combines all of the paste variants identified in the El Cajon region into a single type (Baudez and Becquelin 1973:170–184).

Bolo Orange: The characteristic feature of this type is its thick orange (5YR 6/6–8) on white, double slip surface which is applied to a medium to fine paste. Preliminary estimates suggest that approximately 60% of the Bolo Orange vessels were decorated with resist decoration while the remainder were left undecorated as a strong orange monochrome. Plastic decoration is quite varied and varieties of this type are found which have incised, engraved, and applique decoration. Vessel forms include a variety of outflaring wall bowls and dish forms with four nubbin supports. Jars with outflaring necks are also present, but in general are less numerous then bowls. This type is very similar to the type described by Baudez and Becquelin (1973:185–193) from Los Naranjos.

Candungo Incised: The form of incised decoration which defines this type at Los Naranjos (Baudez and Becquelin 1973:213–217) is actually a modal characteristic which cuts

el interior de la vasija. Varias vasijas muestran, además, evidencia de haber tenido bandas rojas adicionales en circunferencia, de 5 a 8 mm., toscamente pintadas en el interior de las vasijas. La pintura va de rojo (10YR 4/6–8) a rojo oscuro (10YR 3/6). Al igual que el Trogón Rojo sobre Pardo Claro, la pintura roja parece haber sido aplicada después del cocimiento y tiende a erosionarse fácilmente de la superficie de las vasijas. Frecuentemente los bordes de las vasijas están incisos con una sola línea continua en o cerca de la parte superior del borde.

Punteado Padío: Este tipo tiene una pasta media a bronca y solamente se presenta en cuencos. Es reconocible fácilmente debido a que combina la decoración plástica y no plástica en un patrón diagnóstico (Figura 8.1c). Su principal característica es una reducida decoración punteada que se observa en el exterior de las vasijas. El punteado está confinado a zonas de forma triangular definidas por líneas incisas, rectas o curvas. Las zonas de decoración punteada se restringen a los espacios superiores de los cuencos. Mientras las zonas de decoración punteada son dejadas al natural, las áreas entre ellas pueden tener engobe de color rojo oscuro (10YR 4/6–8). En ciertos casos, el uso de la pintura roja se limitó a una delgada banda de 3 a 5 mm. de anchura que enmarca la zona de diseño punteado. En un cuenco se utilizó una banda punteada alrededor del punto medio de la vasija para definir el espacio decorativo superior.

Tipos de Decoración al Negativo Relacionados con Muérdalo: El tipo Anaranjado Muérdalo es bien conocido en todo Honduras y es uno de los tipos decorados más comunes dentro de las colecciones del Yunque Temprano. Se presenta en tres distintivas pastas en la región de El Cajón, las cuales son usadas para subdividir esta clase cerámica en diferentes tipos y variedades. Las pastas de estos tipos incluyen 1) una pasta crema sin desgrasante de textura fina, 2) una pasta anaranjada pálida de textura fina y 3) una pasta crema de textura bronca y granulosa. Todas estas variantes tienen engobe anaranjado y se encuentran tanto en superficies de decoración monócroma como negativa.

Las formas de las vasijas de este tipo incluyen cazuelas con paredes volteadas en curva hacia afuera, de bases planas o ligeramente redondeadas y con cuatro soportes de tetilla (Figuras 8.2, 8.6a); platos secos y jarras de cuello corto con o sin vertederas tubulares. La decoración plástica en las distintas formas de vasija incluye líneas incisas, individuales o dobles, en o cerca de la orilla interior de la vasija, bordes festoneados y acanalado continuo a lo largo del exterior de las cazuelas de paredes volteadas en curva hacia afuera. Entre ese tipo y el Anaranjado Muérdalo descrito para Los Naranjos, se puede establecer una comparación muy útil que permite reunir todas las variantes en la pasta identificadas en la región de El Cajón en un único tipo (Baudez y Becquelín 1973:170–184).

Anaranjado Bolo: El rasgo característico de este tipo es el grueso y doble engobe anaranjado (5YR 6/6–8) sobre blanco aplicado a una pasta media a fina. Las estimaciones preliminares sugieren que aproximadamente un 60% de las vasijas

Anaranjado Bolo estaban decoradas al negativo mientras que las restantes fueron dejadas monócromas en un fuerte color anaranjado. La decoración plástica es muy diferenciada y se han encontrado variedades de este tipo que muestran incisión, grabado y aplicado. Las formas de las vasijas incluyen una variedad de cazuelas con paredes volteadas en curva hacia afuera y platos secos con cuatro soportes de tetilla. Las jarras de cuellos volteados en curva hacia afuera también están presentes, pero en general son menos numerosas que las cazuelas. Este tipo es muy similar al tipo descrito por Baudez y Becquelín (1973:185–193) para Los Naranjos.

Inciso Candungo: La forma de decoración incisa que define este tipo en Los Naranjos (Baudez y Becquelín 1973:213–217) es en realidad una característica de modo que se da en varios diferentes tipos en la colección de El Cajón. El tipo más simple es una vasija bruñida y sin engobe que se presenta como jarras de cuellos largos volteados en curva hacia afuera. Una segunda clase de vasijas incorpora incisiones del estilo Candungo en el exterior de las jarras de cuello largo (Figura 8.3a) con diseños pintados en rojo sobre natural. La decoración en rojo (10YR 4/6–8) o rojo pálido (10YR 4/4) incluye una banda a lo largo del borde de la vasija con incisiones y pintura decorativa en los hombros y los cuerpos de las jarras (Figura 8.3c). Los diseños en pintura roja frecuentemente incluyen grupos de líneas verticales que terminan en puntos, asemejándose a motivos de llamas o plumas (Figura 8.3b). Pequeñas caras de aplicado se moldearon en ocasiones en los lados de las jarras, las cuales pueden encontrarse también pintadas con delgadas capas de color rojo. Un tercer tipo relacionado con el estilo de incisiones Candungo se clasificó dentro de las colecciones de El Cajón como Inciso Bolo. Esta cerámica se caracteriza por un grueso engobe monócromo de color anaranjado (5YR 4/6–8), aplicado sobre una pasta media a fina. El Inciso Bolo solamente se da en jarras de cuellos volteados en curva hacia afuera con incisiones del estilo Candungo colocadas sobre sus cuellos (Figura 8.3d).

Punteado en Zonas Tepemechín: Este es un tipo de cerámica bruñido y sin engobe que se presenta característicamente en una pasta bronca de color crema (Figura 8.1d). Las formas principales incluyen jarras de cuellos largos y cortos y cuencos. Unas cuantas de las jarras de cuello largo en esta categoría parecen haber tenido vertederas tubulares. La decoración varía de punzado a punteado, por cierto en transversales colocadas dentro de las zonas definidas lateralmente por líneas incisas rectas o curvas. El punzado se encuentra usualmente como decorado en zonas en los cuellos de las jarras mientras que el punteado (2–3 mm. de diámetro) tiende a restringirse a los hombros y cuerpo de la vasija.

Otros Tipos Cerámicos: Cerámicas pulidas, como Negro Pino, ocurren en pequeñas cantidades (generalmente 1%).

Discusión de la Fase Yunque Temprano

La investigación en progreso para la región de El Cajón sugiere que el Yunque Temprano puede ser subdividido en dos distintas subfases (Fig. 8.1). Varios de los tipos identificados

Figure 8.4. Tamaro Incised small jar with a tubular spout.
Figura 8.4. Jarrita tipo Inciso Támaro con vertedura tubular.

across several different types in the El Cajon collection. The simplest type is an unslipped burnished ceramic which occurs as tall, outflaring neck jars. A second ceramic class incorporates Candungo style incising on the exterior of tall neck jars (Figure 8.3a) with red on natural painted designs. The red (10YR 4/6–8) or weak red (10YR 4/4) decoration includes a band along the lip of the vessel with both incised and painted decoration on jar shoulders and bodies (Figure 8.3c). Red painted designs frequently include sets of vertical lines which end in points resembling flame or feather motifs (Figure 8.3b). Small applique faces are sometimes molded onto the sides of jars and may also be overpainted with small amounts of red paint. A third related ceramic type with Candungo style incising is classified within the El Cajon collections as Bolo Incised. This ceramic is characterized by a thick orange (5YR 4/6–8) monochrome slip applied over a medium to fine paste. Bolo Incised only occurs in outflaring neck jars with Candungo style incising applied to the neck of the vessel (Figure 8.3d).

Tepemechin Zoned Punctate: This is an unslipped, burnished ceramic type which characteristically occurs on a coarse cream paste (Figure 8.1d). The principle forms include tall and short neck jars and incurving bowls. A few of the tall neck jars in this category appear to have had tubular spouts. Punctations vary from round to linear in cross-section and are placed within zones defined laterally by rectilinear or curvilinear incising. Linear or "jab" punctates are usually found as zoned decoration on the necks of jars while round punctations (2–3 mm in diameter) tend to be restricted to vessel shoulders and bodies.

Other Ceramic Types: Highly polished, reduced ceramics like Pinos Black occur, but in small quantities (generally less than 1%).

Discussion of the Early Yunque Phase

Ongoing research in the El Cajon region may eventually subdivide the Early Yunque into two separate subphases. Several of the types identified during the Early Yunque show stylistic relationships with Late Formative Toyos materials reported from the Sula Valley. The Toyos complex was first defined by Kennedy (1981) as the latest occupation at Playa de los Muertos. Ceramic types within the El Cajon region which resemble some Toyos types include Trogon Red-on-Tan, Trogon Incised, Padio Punctate, Aguila Incised, and Fugitive Red-on-Black. Muerdalo-related ceramic types with resist decoration are present in all the deposits although they increase in frequency as the Early Yunque phase proceeds. Although Candungo Incised is found in all deposits, neither Bolo Incised nor Tepemechin Zoned Punctate become prevalent until the end of the Early Yunque phase.

The Late Yunque Phase

The Late Yunque refers to the interval between 0–400 AD. A number of types continue from the Early Yunque with changes in either their frequency of occurrence or their modes of decoration.

Muerdalo-related types with resist decoration: Muerdalo related ceramic types continue to be manufactured from both a) the fine textured cream paste and b) fine textured orange pastes, with the latter increasing in frequency at the expense of the former. The coarse cream variety apparently does not continue into the Late Yunque phase. Many of the same vessel forms continue, while mammiform supports appear for the first time in the collection.

Bolo Orange: This ceramic type decreases in frequency during the Late Yunque phase. The type is restricted to outflaring and subhemispherical bowls during this phase.

Tamaro Incised: This becomes a very important decorated ceramic type within the El Cajon region during the Late Yunque phase. Vessel surfaces are generally unslipped but may be well burnished, giving the false impression of slip. Vessel surfaces range in color from cream (10YR 8/1–2) to buff (7.5YR 7–8/4) or brown (5YR 4/4). The distinguishing characteristic of this type is the incised decoration which occurs on vessel exteriors in zoned and unzoned formats (Baudez and Becquelin 1973:220–222). Incising occurs as a characteristic zig-zag or false rocker stamping. The three principal vessel form categories of this phase are 1) straight-necked or collared jars with or without tubular spouts (Figure 8.4), 2) neckless jars and shouldered bowls with direct or exterior bolstered rims (Figures 8.5a, 8.5b), and 3) vertical and inflected wall bowls.

Coarse brown pastes replace cream pastes as the Late Yunque continues. Furthermore, vessels become better bur-

Figura 8.5. La cerámica de la Fase Yunque Tardío. a–b) Inciso Támaro; c–d) Variedad Inciso en zig-zag de tres líneas.
Figure 8.5. Late Yunque ceramics. a–b) Tamaro Incised; c–d) Three-line zig-zag Incised variant.

para la Fase Yunque Temprano muestran relaciones estilísticas con los materiales Toyos del Formativo Tardío registrados en el Valle de Sula. El Complejo Toyos, originalmente definido por Kennedy (1981), representa la más tardía ocupación en Playa de los Muertos. Los tipos cerámicos de la región de El Cajón que se asemejan a ciertos tipos Toyos son Trogón Rojo sobre Pardo Claro, Inciso Trogón, Punteado Padío, Inciso Aguila y Rojo Residual sobre Negro. Los tipos cerámicos con decoración negativa relacionados con Muérdalo están presentes en todos los depósitos aunque su frecuencia aumenta a medida que avanza la Fase Yunque Temprano. No obstante que el Inciso Candungo se descubrió en todos los depósitos, tanto el Inciso Bolo como el Punteado en Zonas Tepemechín no se vuelven predominantes hasta el final de esta fase.

Fase Yunque Tardío

Con Fase Yunque Tardío nos referimos al lapso de tiempo entre el año 0 y 400 d.C. Ciertos tipos del Yunque Temprano se prolongaron con cambios en su frecuencia de aparición o en los modos de decoración.

Tipos con Decoración Negativa Relacionados con Muérdalo: Los tipos cerámicos relacionados con Muérdalo continúan siendo manufacturados tanto en a) pasta crema de fina textura como en b) pastas anaranjadas también finas, incrementándose la frecuencia de las últimas a expensas de la primera. La variedad de pasta bronca de color crema aparentemente no continuó dentro de la Fase Yunque Tardío. Muchas de las mismas formas de vasija continúan siendo manufacturadas; sin embargo, por primera vez se presentan en la colección los soportes mamiformes.

Anaranjado Bolo: Este tipo cerámico decrece en frecuencia durante la Fase Yunque Tardío, quedando restringido a cazuelas y escudillas de paredes volteadas en curva hacia afuera.

Inciso Támaro: Este es un importante tipo cerámico en la región de El Cajón durante la Fase Yunque Tardío. Las superficies de las vasijas generalmente carecen de engobe, pero pueden encontrarse bien cocidas, lo cual puede dar la impresión de un falso engobe. El color de la superficie varía de crema (10YR 8/1–2) a amarillo ligero (7.5YR 7–8/4) o pardo (5YR 4/4). La distinguible característica de este tipo es la decoración incisa en un patrón en zonas o sin ellas presente en el exterior de las vasijas (Baudez y Becquelín 1973:220–222). Las incisiones se dan como un peculiar trazo de zig-zag o falso estampado en zig-zag. Las tres principales categorías en las formas de las vasijas durante este período son 1) jarras con cuello directo y con o sin vertederas tubulares (Figura 8.4), 2) jarras sin cuello y cuencos con bordes directos o engrosados

Figure 8.6. Late Yunque and Early Sulaco ceramic types. a) Muerdalo Orange Resist; b–c) Ladrillo Orange;
d) Ladrillo Orange Incised; e) Meambar Bichrome.
Figura 8.6. Tipos de cerámica de las Fases Yunque Tardío y Sulaco Temprano. a) Muérdalo Anaranjado con decoración al Negativo;
b–c) Anaranjado Ladrillo; d) Inciso Ladrillo; e) Bicromático Meámbar.

nished and there is a change in the decoration with closely spaced cross-hatch incised decoration becoming popular by the end of this phase. The cross-hatching is frequently arranged in triangular or rectangular panels along the upper shoulders of neckless jars. Tamaro Incised is related to Tepemechin Zoned Punctate in both paste type and vessel forms and may first appear toward the end of the Early Yunque phase.

Another diagnostic and presently unnamed ceramic type from this phase combines both incised and applique decoration on the vessel exteriors. The incising technique is a distinctive three-line zig-zag where sets of three closely spaced incised lines (1.0–1.5 mm apart) are arranged in alternating diagonal groups around the vessel exterior (Figures 8.5c, 8.5d). The incised lines are frequently reproduced with such care that they produce an impression of false-comb incision. The three-line zig-zag incision frequently is restricted to the upper shoulders of neckless jars usually below a plain or cut applique band.

Ladrillo Orange: This is an abundant and highly diagnostic ceramic type which occupies a short temporal span between the end of the Late Yunque and the beginning of the Early Sulaco phases. This type is a monochrome orange on a coarse paste which has a distinctive reddish-orange color when well

fired. The exterior surfaces of serving bowls are sealed with a bright red orange slip (10YR 5–6/8) which is usually well polished (Figure 8.6b). Outflaring wall bowls with flat bottoms and small solid nubbin or mammiform supports are particularly popular forms. These bowls have diagnostic exterior beveled or bolstered rims which make them easy to identify even when badly eroded. Other vessel forms include short-necked and neckless jars which frequently are not as well slipped as the bowl forms. Plastic decoration may include cross-hatch incising on neckless jars (Ladrillo Incised) (Figure 8.6d), exterior applique bands on short-necked jars (Ladrillo Applique), and cut and/or punctate applique lugs on bowl exteriors, bowl lips, or jar handles (Figure 8.6c).

Unslipped Striated Jars: Unslipped monochrome jars with heavily striated exteriors appear for the first time as a diagnostic ceramic type at the end of the Late Yunque phase. The predominant vessel forms include neckless and convergent neck jars fashioned from a coarse tempered paste. Striations on neckless jars usually begin 2–3 cm below the rim; the unstriated zone below the rim is usually left unburnished.

Sulaco Orange: This type is the earliest expression of the Bold Geometric Polychrome ceramic family which previously

en el exterior (Figuras 8.5a, 8.5b) y 3) cuencos con paredes verticales.

Pastas broncas de color pardo reemplazaron a las pastas crema durante el Yunque Tardío. Además, las vasijas están mejor bruñidas, dándose un cambio en la decoración: un sombreado-cruzado inciso, sin mucho espacio entre bloques, se volvió popular hacia el final de este período, pudiendo estar situado en bloques triangulares o rectangulares a lo largo de la parte superior de los hombros de las jarras sin cuello. El Inciso Támaro muestra una relación con el Punteado en Zonas Tepemechín en cuanto al tipo de pasta y las formas de las vasijas y bien puede haber hecho su aparición hacia el final de la Fase Yunque Tardío.

Otro tipo cerámico diagnóstico, hasta la fecha sin nombre, se encuentra presente en la fase que nos ocupa, el cual combina ambas técnicas—incisión y aplicado—en el decorado exterior de las vasijas. La técnica de incisión consiste en un distintivo zig-zag de tres líneas, en el cual grupos muy juntos de tres líneas incisas (separadas de 1.0 a 1.5 mm.) están colocadas en bloques diagonales alternados alrededor del exterior de la vasija (Figuras 8.5c, 8.5d). Las líneas incisas fueron llevadas a cabo frecuentemente con un cuidado tal que dan la impresión de un falso inciso hecho con peine. El inciso en zig-zag de tres líneas a menudo se restringe a la parte superior de los hombros de las jarras sin cuello en donde se coloca usualmente bajo una simple banda de aplicado o de aplicado seccionado.

Anaranjado Ladrillo: Se trata de un tipo cerámico abundante y altamente diagnóstico que debido a su corta existencia sirve de marcador para el fin del Yunque Tardío y el inicio de las fases correspondientes al Sulaco Temprano. Este tipo es un monócromo de color anaranjado en pasta bronca y toma un distintivo tono anaranjado rojizo cuando está bien cocido. La superficie exterior de las escudillas está sellada con un engobe rojo-anaranjado brillante (10YR 5-6/8), el cual usualmente está bien bruñido (Figura 8.6b). Las cazuelas de paredes volteadas en curva hacia afuera, con fondo plano y pequeños suportes sólidos de tetilla o mamiformes, son formas particularmente populares. Estas cazuelas tienen un exterior muy diagnóstico consistente en bordes biselados o engrosados que las hacen fáciles de identificar aún cuando estén muy erosionadas. Otras formas de vasijas incluyen jarras de cuellos cortos o sin cuello, las cuales con frecuencia no tienen el engobe tan bien aplicado como las cazuelas. La decoración plástica puede incluir sombreado-cruzado inciso en jarras sin cuello (Inciso Ladrillo) (Figura 8.6d), bandas de aplicado en el exterior sobre jarras de cuello corto (Aplicado Ladrillo) y tacos de aplicado seccionado o punteado en el exterior, en los bordes de las vasijas o en las asas (Figura 8.6c).

Jarras Estriadas sin Engobe: Durante el final de la Fase Yunque Tardío hacen su aparición las jarras monócromas con exteriores fuertemente estriados, las cuales constituyen un tipo diagnóstico en la región de El Cajón. Las formas de vasija predominantes incluyen jarras sin o de cuello vuelto hacia adentro manufacturadas de una pasta con bronco material desgrasante. Las estrías en las jarras sin cuello usualmente empiezan de 2 a 3 cm. bajo el borde; la zona sin estrías bajo el mismo borde es dejado a menudo sin bruñir.

Anaranjado Sulaco: Este tipo constituye la más temprana expresión de la familia cerámica polícroma Geométrico Audaz, el cual previamente solo había sido registrado en contextos del Clásico Tardío en el resto de Honduras (Stone 1957; Glass 1966). El Anaranjado Sulaco es una cerámica monócroma con engobe, manufacturada de una pasta fina de color anaranjado que utiliza un desgrasante de toba riolítica (Figura 8.7a). Un detenido examen de las pastas sugiere que este tipo cerámico se desarrolló de la pasta anaranjada de fina textura del grupo cerámico Muérdalo, el cual prevalece en toda esta fase. Las formas de vasija predominantes incluyen platos secos y cazuelas de paredes volteadas hacia afuera. Aunque las superficies con engobe anaranjado comprenden la mayoría de las vasijas dentro de este tipo, también se observan dos variantes decorativas menores. Estas incluyen 1) superficies con engobe anaranjado que muestran intentos de decoración al negativo y 2) engobe anaranjado en zonas o paneles sobre la superficie natural de la vasija de color anaranjado pálido. Los intentos por crear una decoración por medio de la técnica al negativo produjeron resultados muy poco satisfactorios debido al reducido contraste entre el fondo y las superficies al negativo. El Anaranjado Sulaco surge al final del Yunque Tardío, pero alcanza la cima de su popularidad durante la fase subsecuente, el Sulaco Temprano.

Otros Tipos Cerámicos: Las cerámicas estilo Chilanga que combinan la pintura roja con la decoración al negativo son muy raras en toda la región de El Cajón. Varias piezas polícromas de reborde basal con desgrasante de calcita fueron identificadas y son similares al Polícromo Caldera registrado por Viel (1983:509–510) en Copán. Dos escudillas con engobe rojo y de fino acabado al fresco se descubrieron, además, en un entierro Yunque Tardío en La Iglesia; estas escudillas fueron pintadas en diseños de color rosado, acua y amarillo. El Bicromático Meámbar está presente en bajas frecuencias en algunos de los depósitos más tardíos, los cuales parecen fechar de la época de transición entre el Yunque Tardío y el Sulaco Temprano (Figura 8.6e).

Fase Sulaco Temprano

El Sulaco Temprano fecha de la época entre 400 y 600 d.C. y coincide con ciertos significativos cambios en la manufactura y decoración de los tipos cerámicos. Los modos propios del Período Yunque, en cuanto a las formas y decoración de la superficie de las vasijas se refiere, desaparecen; los modos de decoración al negativo, incisión y aplicado son reemplazados por dicromáticos en diferentes combinaciones, tricolores y polícromos. Es durante este período que el Grupo Cerámico Sulaco, también conocido como Geométrico Audaz, se encuentra ampliamente distribuido en toda la región de El Cajón. Además, hacen su aparición los más tempranos tipos del Polícromo Ulúa, los cuales marcan el comienzo de esta importante tradición cerámica en Honduras.

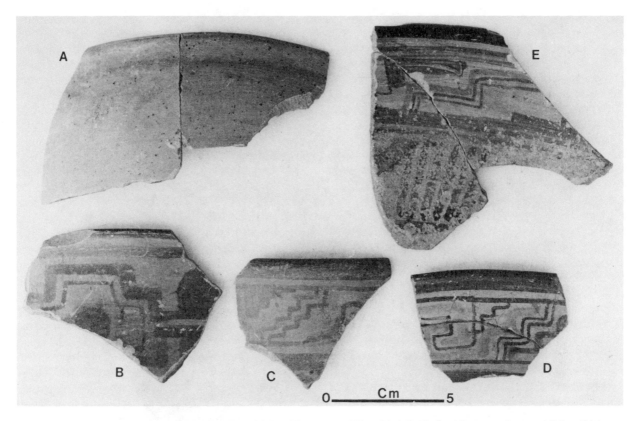

Figure 8.7. Early Sulaco ceramics. a) Sulaco Orange; b–c) Sulaco Bichrome; d) Sulaco Black and Red and Orange on Orange; e) Sulaco Trichrome.
Figura 8.7. La cerámica de la Fase Sulaco Temprano. a) Anaranjado Sulaco; b–c) Bicromático Sulaco; d) Sulaco Negro y Rojo y
Anaranjado sobre Anaranjado; e) Tricolor Sulaco.

had only been reported from Late Classic contexts throughout Honduras (Stone 1957; Glass 1966). Sulaco Orange is a slipped monochrome ceramic constructed from a fine orange paste with rhyolite tuff temper (Figure 8.7a). Close examination of ceramic pastes suggests that this ceramic type developed out of the fine textured orange paste Muerdalo ceramic group which is prevalent throughout this phase. Dominant vessel forms include shallow dishes and everted wall bowls. Although orange slipped surfaces comprise the majority of vessels in this type, two minor decorative variants are also found. These variants include 1) orange slipped surfaces with attempted resist decoration and 2) orange slipping in zones or panels on the natural light orange surface of the vessels. Attempts to create a decoration using the resist technique produced unsatisfactory results because of low contrast between the background and resist surfaces. Sulaco Orange appears at the end of the Late Yunque but reaches its peak popularity during the subsequent Early Sulaco phase.

Other ceramic types: Chilanga style ceramics, which combine red painting with resist decoration, are present but very rare throughout the El Cajon region. Several pieces of calcite tempered, basal flange polychrome were also identified which are similar to Caldera polychrome reported by Viel (1983:509–510) at Copan. Two finely finished, *al fresco* red slipped bowls were also recovered from a Late Yunque burial

in the Iglesia complex. These vessels were painted with pink, pale green, and yellow designs. Meambar Bichrome (Figure 8.6e) is present in low frequency in some of the latest deposits, apparently dating to the Late Yunque-Early Sulaco phase transition around 400 AD.

The Early Sulaco Phase

The Early Sulaco phase dates to the period from 400–600 AD and corresponds to a number of significant changes in manufacture and decoration of ceramic types. Yunque period modes of vessel form and surface decoration disappear; modes of resist, incised, and applique decoration are replaced by various forms of bichrome, trichrome, and polychrome painting. It is during this phase that the Sulaco Ceramic Group, also known as Bold Geometric, is widely distributed throughout the region. Furthermore, the earliest Ulua polychromes appear, marking the beginning of this important central Honduran ceramic tradition.

Sulaco Orange: This type continues from the previous phase and reaches its peak frequency during the Early Sulaco phase (Figure 8.7a). It occurs in three primary vessel form categories: 1) composite and false-composite silhouette bowls with mammiform supports, 2) ring base hemispherical and subhemispherical bowls, and 3) flat bottom vases with hollow

Figura 8.8. La cerámica de la Fase Sulaco Temprano. a–c) Chinda Rojo sobre Natural; d) Marimba Rojo sobre Natural.
Figure 8.8. Early Sulaco ceramics. a–c) Chinda Red-on-Natural; d) Marimba Red-on-Natural.

Anaranjado Sulaco: Este tipo se prolonga de la fase previa y alcanza su máxima frecuencia durante la Fase Sulaco Temprano (Figura 8.7a). Esto ocurre en tres categorías primarias de vasijas: 1) vasijas de silueta compuesta y falsa silueta compuesta con soportes mamiformes, 2) escudillas hemisféricas y escudillas, ambas de base anular, 3) vasos de base plana con soportes trípodes tubulares huecos y soportes rectangulares planos. Es sorprendente la similitud de estas dos últimas categorías de vasijas definidas de acuerdo a su forma, con aquellas asociadas con el Anaranjado Delgado. El Anaranjado Sulaco representado en escudillas de base anular y vasos trípodes, produce un tipo que es muy semejante al Anaranjado Delgado con respecto a la apariencia externa y habría constituido un excelente substituto de esta loza de comercio.

Bicromático Sulaco: Estas vasijas fueron manufacturadas de la pasta del Grupo Sulaco, éstas tienen engobe y están decoradas en una variedad de diseños geométricos de color rojo. Las formas dominantes de las vasijas comprenden 1) jarras cilíndricas con cuello de bordes redondeados o volteados hacia afuera, 2) escudillas y escudillas hemisféricas sin soportes y 3) cazuelas de paredes volteadas en curva hacia afuera y platos secos con bordes volteados hacia afuera. Los diseños geométricos de color rojo incluyen cruces circunscri-

tas (Figura 8.7b), siluetas de pirámide (Figura 8.7c) y nudos en el exterior de las vasijas. Con frecuencia se observan semicírculos en el interior de los bordes de las jarras, en donde están adheridos a una banda roja a lo largo del labio de la vasija. Las escudillas generalmente solo están decoradas en la superficie interior.

Tricolor Sulaco: El criterio diagnóstico para este tipo es el uso de un patrón de tres colores para crear un distintivo color rojo (10YR 4–5/6–9) y anaranjado (2.5YR 5–6/8) sobre el anaranjado pálido de la superficie de las vasijas (Figura 8.7e). La pintura roja fue utilizada para definir los principales motivos del diseño, mientras el anaranjado usualmente se reservó para los elementos secundarios o para delinear, rellenar y hacer sobresalir los diseños en rojo. El Tricolor Sulaco se presenta en tres formas principales: 1) escudillas y escudillas hemisféricas con bases redondeadas y cóncavas, 2) escudillas acanaladas y de falsa silueta compuesta y 3) jarras globulares de largos cuellos con asas planas.

Chinda Rojo sobre Natural: Este tipo cerámico utilitario es predominante en este período. Las vasijas Chinda fueron manufacturadas de una bronca pasta granulosa. Las formas principales de las vasijas son 1) jarras de cuello curvado hacia adentro con asas a la altura de los hombros y 2) jarras sin cuello

tubular and rectangular slab tripod supports. The similarity between these last two vessel form categories and those associated with Thin Orange is striking. Sulaco Orange reproduced in ring base bowls and tripod vases yields a type which in appearance is very similar to Thin Orange and would have been an excellent substitute tradeware.

Sulaco Bichrome: Vessels are fashioned from Sulaco group paste, which are slipped and decorated with a variety of red painted geometric designs. The dominant vessel forms include 1) cylindrical neck jars with round or everted rims, 2) hemispherical and subhemispherical bowls without supports, and 3) shallow outflaring bowls and dishes with everted rims. Red geometric designs include nested crosses (Figure 8.7b), stepped terraces (Figure 8.7c), and knots on vessel exteriors. Half circles are frequently found on the interior of jar rims where they attach to a red band along the vessel lip. Bowls are generally only decorated on the interior surface.

Sulaco Trichrome: The diagnostic criterion of this type is the use of a three color pattern to create a distinctive red (10YR 4–5/6–9) and orange (2.5YR 5–6/8) on light orange vessel surface (Figure 8.7e). Red painting was used to define the principle design motifs while orange usually was reserved for secondary elements or to outline, fill in, or highlight red designs. Sulaco Trichrome occurs in three main forms: 1) hemispherical and subhemispherical bowls with rounded and dimple bases, 2) channeled and false composite silhouette bowls, and 3) convex and long neck globular jars with strap handles.

Chinda Red-on-Natural: This is a prevalent utilitarian ceramic type during this phase. Chinda vessels are manufactured from a coarse granular paste. The predominant vessel forms are 1) incurving neck jars with handles at the shoulder and 2) neckless jars with two round handles and thickened rims. Vessels are painted with a thick red or strong red (2.5YR 4/4) slip which may be applied over unslipped surfaces or surfaces covered with a thin whitewash (Figures 8.8a–8.8c). On incurving neck jars red painting is frequently limited to a single red band along the lip of the vessel. Neckless jars, on the other hand, can be decorated with both a red band, 10–20 mm wide along the exterior rim, and sets of red diagonal bands between 15–20 mm wide painted across the vessel sides. Handles were frequently painted red. Neckless jars are frequently smudged across their surfaces and appear to have been used primarily as cooking vessels.

Marimba Red-on-Natural: This type occurs only in jar forms and appears to be a trade ware in the El Cajon region. The paste is distinctively different from other types in the collection because of its high mica content, a characteristic of ceramic fabrics in the Sula Valley. Vessel forms are short-necked jars with widely everted rims. The rims and sides of jars are painted with a red (7.5YR 4/6) to dusky red (10YR 3–4/4) paint which is burnished to an even luster. The upper surfaces of vessel rims are decorated with triangular motifs while bands and crosshatch motifs adorn the lower portions of vessels (Figure 8.8d).

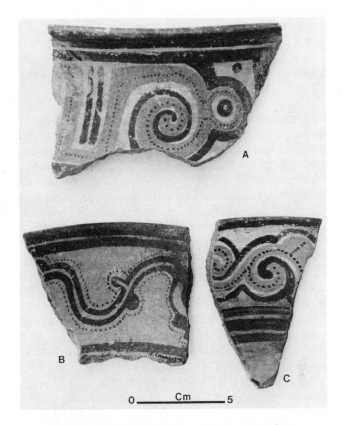

Figure 8.9. Cancique Bichrome and Trichrome ceramics.
Figura 8.9. La cerámica Cancique Bicromático y Tricolor.

Cancique: This distinctive ceramic type occurs in the El Cajon collections in several different bichrome and trichrome combinations. The paste has a medium coarse fabric and may be of nonlocal origin. Hemispherical bowls with rounded lips and medial flanges are the most frequently encountered forms although outflaring neck jars also occur. Sherds may be classified either as red-on-orange (Figure 8.9b) or red-on-orange-on-natural, depending on which part of the vessel they come from since painted decoration is usually restricted to the upper two-thirds of the vessel. Several examples in the El Cajon collection exhibit a true trichrome effect with red and orange designs painted over a white base slip (Figures 8.9a, 8.9c). The red used on these vessels usually reaches a dark red (2.5YR 3/6) to reddish brown (2.5YR 3–4/4), and painted surfaces are usually well burnished. The diagnostic stylistic element of this type is the juxtaposition of small dots along a painted line.

Ulua Trichome: This is a diagnostic, but low frequency type within the El Cajon collections which is important because of its similarities to Ulua polychromes reported elsewhere in Honduras (Viel 1978). Paste has a medium texture with quartz inclusions. The principal vessel form is a low subhemispherical bowl with tetrapod nubbin supports. Vessel interiors and exteriors are slipped with a light orange base (5YR 6–7/8). Design elements are painted on this light background in dark red (7.5YR 3–4/6; 10YR 3/6) and reddish

con dos asas redondas y bordes engrosados. Las vasijas están pintadas con gruesas capas de engobe color rojo o rojo oscuro (2.5YR 4/4), el cual puede haber sido aplicado sobre una superficie sin engobe o cubierto con un delgado baño blanco (Figuras 8.8a–8.8c). En las vasijas de cuello curvado hacia adentro la pintura roja frecuentemente se limita a una única banda roja a lo largo del labio de la vasija. Las jarras sin cuello, por otra parte, pueden estar decoradas tanto con una banda roja de 10 a 20 mm. de ancho a lo largo del borde exterior, al igual que con grupos de bandas diagonales de color rojo de entre 15 y 20 mm. de ancho que fueron pintadas a lo largo de los lados de las vasijas. Las asas fueron frecuentemente pintadas de rojo. Las jarras sin cuello se encuentran a menudo tiznadas en toda su superficie y parecen haber sido utilizadas principalmente como implementos para cocinar.

Marimba Rojo sobre Natural: Este es un tipo que ocurre solamente en formas de jarra y parece ser una loza de comercio en la región de El Cajón. La pasta es particularmente distintiva en relación con los otros tipos en la colección debido a su alto contenido de mica, una característica de las cerámicas fabricadas en el Valle de Sula. Entre las formas de las vasijas se observan jarras de cuello corto con bordes extremadamente volteados hacia afuera. Los bordes y lados de las jarras están pintados de rojo (7.5YR 4/6) a rojo mustio (10YR 3–4/4) bruñido a un lustre uniforme. La superficie superior de las vasijas está decorada con motivos triangulares mientras que bandas y sombreado-cruzado adornan las porciones inferiores de las mismas (Figura 8.8d).

Cancique: Este distintivo tipo cerámico se presenta en las colecciones de El Cajón en diferentes combinaciones de dicromáticos y tricolores. La pasta de textura medio bronca pudiera ser de origen ajeno a la región. Las escudillas hemisféricas de bordes redondeados y rebordes medios son las más frecuentes formas, aunque también están presentes las jarras con cuellos volteados hacia afuera. Los fragmentos de cerámica pueden ser clasificados en rojos sobre anaranjado (Figura 8.9b) o rojos sobre anaranjado sobre natural, dependiendo de cual parte de la vasija proceden puesto que el decorado con pintura se restringe usualmente a los dos tercios superiores de ella. A varios ejemplares en la colección de El Cajón se les dio el efecto de un verdadero tricolor, aplicándoles un engobe de base blanco, sobre el cual se pintaron los diseños de color rojo y anaranjado (Figuras 8.9a, 8.9c). El rojo utilizado en estas vasijas con frecuencia alcanza un color rojo oscuro (2.5YR 3/6) a pardo rojizo (2.5YR 3–4/4) y las superficies pintadas están generalmente bien bruñidas. El elemento diagnóstico de este tipo consiste en la yuxtaposición de pequeños puntos a lo largo de una línea de pintura.

Tricolor Ulúa: Este es un tipo diagnóstico de importancia, pero de baja frecuencia en las colecciones de El Cajón, debido a sus semejanzas con los Polícromos Ulúa registrados en otras partes de Honduras (Viel 1978). La pasta es de textura media con inclusiones de cuarzo. La principal forma de vasija es la escudilla con soportes tetrápodos de tetilla. Los exteriores e interiores de las vasijas tienen un engobe con una base anaran-

jada pálida (5YR 3–4/6). Los elementos del diseño están pintados en rojo oscuro (7.5YR 3–4/6; 10YR 3/6) y anaranjado rojizo (2.5YR 4–5/8). El patrón de colores rojo y anaranjado sobre un fondo anaranjado pálido es muy familiar al que presenta el Tricolor Sulaco. Los exteriores de las vasijas están decorados con emblemas figurativos tales como cabezas de Chac adornadas con plumas, mientras que los interiores se dejaron sin decoración o solamente con sencillos diseños geométricos. Las vasijas están uniformemente bien bruñidas, pero cuando se erosionan el engobe parece desprenderse en láminas desiguales.

Otros Tipos Cerámicos: Varios tipos del Yunque Tardío se prolongan dentro del Sulaco Temprano para desaparecer hacia el final de este período. Estos incluyen Anaranjado Ladrillo, Inciso Tepemechín y las formas del estilo Muérdalo con decoración negativa. Las formas de Inciso Tepemechín fueron reemplazadas por las variedades de Chinda como las lozas utilitarias predominantes. A su vez, la vajilla decorada de estilo Muérdalo fue reemplazada por diferentes tipos cerámicos con pintura roja del Grupo Sulaco, al igual que por importaciones como Cancique y Tricolor Ulúa. Pintura anaranjada se añadió a las vasijas Meámbar, creando otro tricolor rojo y anaranjado similar al Tricolor Tirantes del área de Santa Bárbara (Urban 1986). Hacia el final de esta fase, la pintura negra empieza a ser incorporada como un color adicional a los estilos del Tricolor Sulaco (Figura 8.7d).

Fase Sulaco Medio

Los materiales del Sulaco Medio están bien representados y fueron excavados en un numerosos sitios, grandes y pequeños, en la región de El Cajón. Los depósitos cerámicos utilizados para definir la cronología provienen de excavaciones a gran escala llevadas a cabo en los sitios de Salitrón Viejo (PC-1), Guarabuquí (PC-15) y La Ceiba (PC-13). El Sulaco Medio fecha de la época entre 600 y 800 d.C. Esta fase se caracteriza por varios importantes cambios que afectan la cerámica de fases precedentes. El Tricolor Sulaco desaparece y es reemplazado por el Complejo Polícromo Sulaco. Asimismo, el Bicromático Sulaco continúa, pero en porcentajes decrecientes a medida que se va incorporando la decoración de color negro a lo que de otra manera serían elementos de diseño del Bicromático Sulaco. El Anaranjado Ladrillo desaparece para ser reemplazado por una menos distintiva loza utilitaria anaranjada con engobe y de pobre manufactura. El Rojo Chinda sobre Natural se prolonga, pero se observan distinguibles cambios en la forma y el patrón de decoración de las vasijas. Por último, aparece el Polícromo Ulúa en variedades estilísticas que pueden ser correlacionadas con las secuencias en el Valle de Sula.

Polícromo Sulaco: Este tipo se caracteriza por sus distintivos diseños en color rojo (10YR 4–5/6) y negro (7.5YR 2/1) aplicados sobre un fondo de engobe anaranjado pálido (5YR 7/6–8) (Figura 8.10). La pasta corresponde a aquella utilizada en otros tipos cerámicos del Grupo Sulaco. Las formas de las

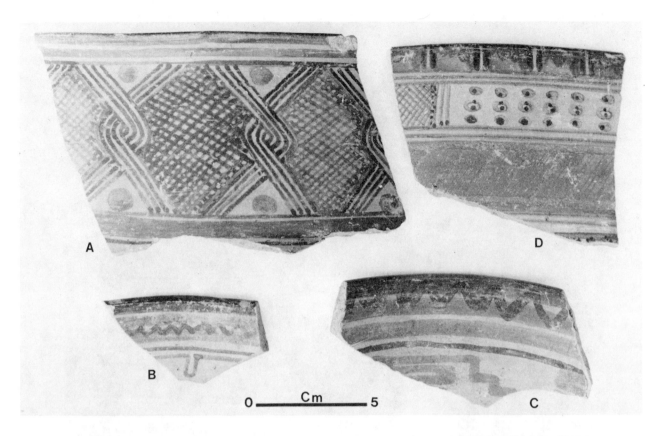

Figure 8.10. Middle Sulaco ceramics. a) Sulaco Polychrome; b–c) Sulaco Polychrome Pendant-U variety; d) Sulaco Incised Polychrome.
Figura 8.10. La cerámica de la Fase Sulaco Medio. a) Polícromo Sulaco; b–c) Polícromo Sulaco decorado con líneas en U; d) Inciso Sulaco.

orange (2.5YR 4–5/8). The color pattern of red and orange on a light orange background is noticeably similar to that found on Sulaco Trichrome. Vessel exteriors are decorated with emblems such as Chac heads embellished with feathers while the interiors are either left plain or have simple geometric designs. Overall, the vessels are well burnished; when eroded the slip will flake off unevenly.

Other ceramic types: Several Late Yunque types continue into the Early Sulaco, eventually disappearing by the end of this phase. These include Ladrillo Orange, Tepemechin Incised, and Muerdalo-style resist decorated forms. Tepemechin Incised forms are replaced by the Chinda varieties as the dominant utilitarian wares. In turn, Muerdalo-style decorated service ware is replaced by several red painted ceramic types from the Sulaco Decorated Group as well as imports like Cancique and Ulua Trichrome. Orange painting is added to Meambar vessels, creating another red and orange trichrome which is similar to Tirantes Trichrome in the Santa Barbara area (Urban 1986). By the end of the phase black painting begins to be added as an additional color to the Sulaco Trichromes (Figure 8.7d).

The Middle Sulaco Phase

Middle Sulaco materials are well represented and have been excavated at numerous large and small sites in the El Cajon

region. Ceramic deposits used to define the chronology come from large scale excavations at the sites of Salitron Viejo (PC-1), Guarabuqui (PC-15), and La Ceiba (PC-13). The Middle Sulaco phase dates to between 600–800 AD. The Middle Sulaco is characterized by several important ceramic developments from the preceding phase. Sulaco Trichrome disappears and is replaced by the Sulaco Polychrome complex. Likewise, Sulaco Bichrome continues but in decreasing percentages as black decoration is added to what otherwise would be Sulaco Bichrome design elements. Ladrillo Orange disappears and is replaced by a less distinctive and poorly made Orange slipped utilitarian ware. Chinda Red-on-Natural continues but there are noticeable changes in the form and decorative format on the vessels. Finally, Ulua Polychrome appears in stylistic varieties which can be correlated with sequences in the Sula Valley.

Sulaco Polychrome: This type is characterized by its distinctive red (10YR 4–5/6) and black (7.5YR 2/1) painted designs applied over a light orange (5YR 7/6–8) slipped background (Figure 8.10). The paste conforms to that used in other Sulaco Group ceramic types. Vessel forms are limited to 1) straight and incurving neck jars with rounded or slightly everted rims and 2) hemispherical and subhemispherical bowls with beveled or everted rims. Jars usually have vertically oriented strap handles situated between the neck and shoulder and may have monkey head *adornos* on their surface.

Figura 8.11. La cerámica Polícroma Ulua de la Fase Sulaco Medio.—Figure 8.11. Middle Sulaco period Ulua Polychrome.

vasijas se ven limitadas a 1) jarras de cuello recto y volteados hacia adentro con bordes redondeados o ligeramente volteados hacia afuera y 2) escudillas hemisféricas y escudillas con bordes biselados o volteados hacia afuera. Las jarras usualmente tienen asas planas orientadas verticalmente, situadas entre el cuello y el hombro, las cuales pueden haber tenido adornos de cabeza de mono en su superficie. Las escudillas tienen bases de fondos redondeados y cóncavos y pueden llevar pequeños apéndices en forma de tacos en su exterior.

La decoración con frecuencia cubre enteramente la superficie exterior de las jarras, del labio al hombro y, a veces, más allá. Los motivos identificables en las jarras con cuello incluyen nudos (Figura 8.10a), motivos de lagartijas y serpientes, grecas y siluetas de pirámide. La decoración de los hombros contiene líneas diagonales, cuadrículas, motivos en forma de S y triángulos. La decoración usualmente termina en una ancha banda roja en circunferencia pintada inmediatamente bajo el hombro de la vasija. La compleja decoración de las escudillas se restringe frecuentemente al interior de la vasija, reteniendo los exteriores una única banda roja en circunferencia en o cerca del borde. Las vasijas pueden tener una banda decorada continua o segmentada a lo largo del borde. Los interiores de las escudillas frecuentemente están decoradas con líneas conectadas por figuras en U y una combinación de

dos líneas rojas paralelas superpuestas en una única línea negra ondulante (Figuras 8.10b, 8.10c).

Inciso Sulaco: Este tipo hace su aparición en bajas proporciones en todos los depósitos estratigráficos en Salitrón Viejo. La manufactura de las vasijas está claramente relacionada con el Grupo de Pasta Sulaco, aunque en ocasiones la pasta es ligeramente más pálida en color. Este tipo se presenta principalmente en jarras de cuello largo con labios redondeados y asas colocadas verticalmente entre el cuello y el hombro. Las cuellos tienen característicamente una banda incisa que constituye la segunda o tercera zona de decorado en el cuello de las jarras (Figura 8.10d). La banda incisa usualmente consiste en líneas diagonales o de sombreado-cruzado apiñadas en grupos rectangulares de 15 a 20 mm. de ancho. Las vasijas pueden tener decoración esculpida o pintada en "cartouches" rectangulares en el cuerpo de las jarras, encima del hombro. Las cazuelas son raras, pero se presentan en formas con fondo plano y paredes rectas o divergentes. La decoración incisa en las escudillas por lo general se observa en un ancho panel, el cual ocupa por completo su superficie exterior. La decoración en anchos paneles con frecuencia reproduce una figura de serpiente o una compleja, pero falsa, inscripción jeroglífica.

La pintura decorativa en los cuellos de las jarras incluye óvalos en pares, siluetas continuas de pirámide, líneas ondu-

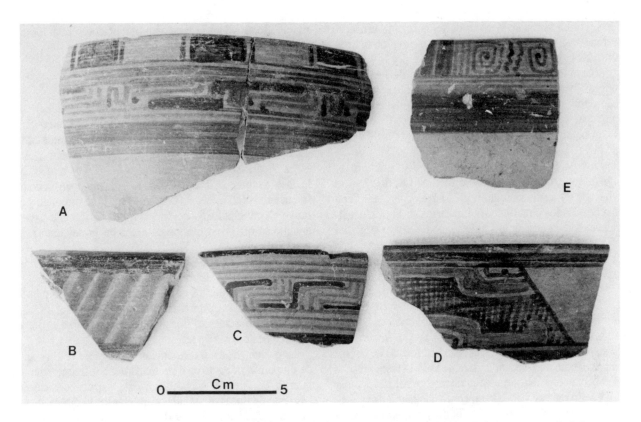

Figure 8.12. Late Sulaco Polychrome. a and e) black lip bowl; b) interior diagonal decoration; c) Sulaco Polychrome geometric designs; d) Sulaco Polychrome serpent imagery.
Figura 8.12. La cerámica polícroma de la Fase Sulaco Tardío. a y e) vasijas con bordes de banda negra; b) líneas diagonales interiores; c) Polícromo Sulaco con diseños geométricos; d) Polícromo Sulaco con motivos de serpientes.

Bowls have rounded or convex bottoms and may carry small lug appendages on the exterior body.

Decoration usually covers the entire exterior surface of jars from the lip to the shoulder and sometimes beyond. Identifiable motifs on jar necks include knots (Figure 8.10a), lizard and serpent motifs, pyramids, and step-frets. Shoulder decoration includes diagonal lines, checkerboards, S-shaped motifs, and triangles. Decoration usually ends at a wide circumferential red band painted immediately below the vessel shoulder. Complex decoration on bowls is usually restricted to vessel interiors with exteriors retaining a single red circumferential band at or near the rim. Vessels may have a continuous or segmented decorated band along the lip of the rim. Bowl interiors frequently are decorated by pendant-U bands and/or a combination of two red parallel lines superimposed by a single black wavey line (Figures 8.10b, 8.10c).

Sulaco Incised: This type appears for the first time, but in low proportions, throughout stratified deposits at Salitron Viejo. The vessel fabric is clearly related to the Sulaco Paste Group although it sometimes is slightly lighter in color. The type occurs primarily as long neck jars with rounded lips and vertically positioned strap handles between the neck and shoulder. Necks characteristically have an incised band as the second or third decorated zone on the jar neck (Figure 8.10d).

The incised band usually consists of diagonal incised or cross-hatched lines clustered in rectangular groups between 15–20 mm wide. Vessels may have carved or painted decoration in round or rectangular cartouches on jar bodies above the shoulder. Bowl forms are rare, but present in flat bottom forms with straight or divergent walls. Incised decoration on bowls usually occurs in a broad panel which occupies the entire exterior surface. Wide panel decoration on bowls frequently reproduces a serpent figure or complex false hieroglyphic inscription.

Painted decoration on jar necks include paired lozenges, running pyramids, wavy lines, inverted V motifs, and cross-hatching. The incised panel is usually situated at or near the center line of the jar neck and is usually covered with a thick red slip applied after incision. In some of the better preserved examples, traces of white paint can be seen filling blocks of space or used as outlining around other designs. This white paint appears to have been applied before the ceramic was fired.

Chinda Red on Natural: This utilitarian ceramic continues throughout the Middle Sulaco phase. The two primary forms are 1) neckless jars and 2) long neck jars with rounded or squared rims. Neckless jars are usually decorated with a single red band along the exterior of the rim while tall neck jars have

ladas, motivos en forma de V invertida y sombreado-cruzado. El panel inciso está situado usualmente en o cerca de la línea central de las jarras con cuello y está cubierta, por lo general, con un grueso engobe rojo aplicado después de hechas las incisiones. En algunos de los ejemplares mejor preservados se pueden apreciar trazas de pintura blanca, rellenando bloques de espacio o delineando el contorno de otros diseños. Esta pintura blanca parece haber sido aplicada antes de que el resto de la vasija había sido cocida.

Chinda Rojo sobre Natural: Está cerámica utilitaria se prolonga durante toda la Fase Sulaco Medio. Las dos formas primarias son 1) jarras sin cuello y 2) jarras con cuello con bordes redondeados o rectilíneos. Las jarras sin cuello usualmente están decoradas con una única banda roja a lo largo del exterior del borde; las jarras con cuello, en cambio, tienen una amplia banda roja de 4 a 6 cm. de ancho debajo del borde (Figura 8.8b). Ambas formas tienen dos asas redondas orientadas verticalmente y colocadas encima del hombro de la vasija. Las asas están frecuentemente pintadas de rojo o colocadas dentro de un círculo rojo. La decoración en bandas rojas a los lados de las jarras sin cuello decrece en frecuencia, aunque se prolonga durante toda la fase. Las formas de cuello largo incrementan su frecuencia durante toda la fase, presentándose en una variedad de estilos de cuello volteado hacia adentro, cuello recto y volteado en curva hacia afuera.

Inciso Masica: Este tipo es definido por una compleja decoración incisa ejecutada generalmente con una especie de peine o carda. Las vasijas fueron manufacturadas de una pasta media bronca de color amarillo ligero (10YR 8/4) a pardo (7.5YR 5/4) cuya superficie carece de engobe. El Inciso Masica solamente se presenta en 1) jarras sin cuello o de cuello convergente o 2) en jarras de cuello corto con bordes engrosados o biselados. Las jarras tienen asas ovales colocadas vertical u horizontalmente debajo del cuello. Los diseños incisos están colocados en el cuello y el cuerpo y consisten en líneas rectas, curvas o en zig-zag. Algunas jarras tienen también pequeños tacos de aplicado seccionado o bandas de aplicado incorporadas en el diseño general.

Otra variedad de Inciso Masica combina múltiples incisiones hechas a peine con pintura roja sobre natural. Los diseños pintados varían en color de rojo (10YR 4/8) a rojo suave (10YR 4/4). Las jarras predominan también aquí y la decoración incisa es combinada con la pintura de color rojo sobre los bordes, cuellos y asas de las dichas jarras. La decoración incisa es la misma que en la variedad sin engobe excepto por haberse registrado líneas onduladas e interrumpidas. También se observa decoración no plástica en forma de efigies con ojos de grano en los lados de las vasijas similares a los registrados en Los Naranjos (Baudez y Becquelín 1973:Fig. 115w).

Polícromo Ulúa: Diferentes variedades de Polícromo Ulúa se identificaron, las cuales pueden ser correlacionadas con los materiales localizados en otras partes de Honduras (Figura 8.11). Particularmente sobresalientes son los polícromos de la clase Santa Rita en formas de vasos y escudillas. Ambas variedades decoradas, Santa Rita Mellizo y Santa Rita Cyrano,

fueron identificadas. Otros ejemplares representan los estilos decorativos Yojoa y Travesía.

Fase Sulaco Tardío

La Fase Sulaco Tardío fecha del año 800 al 1,000 d.C. Varios importantes cambios en el conjunto cerámico diferencian esta fase del Sulaco Medio. La mayoría de estos cambios se dan en el estilo y la decoración de los Polícromos Sulaco y Ulúa. El Inciso Sulaco aumenta en frecuencia a medida que la fase avanza; el Inciso Masica, a la inversa, decrece en frecuencia. El Chinda Rojo sobre Natural se prolonga y constituye el principal tipo cerámico utilitario durante esta fase, aunque se observan ciertos cambios en la decoración de la superficie.

Polícromo Sulaco: Este tipo está bien representado hasta el final de la fase en diferentes variedades decorativas (Figura 8.12). Tanto escudillas como jarras se encuentran presentes, incrementando las primeras su frecuencia a costa de las últimas. Dos diferentes estilos de pintura decorativa se dan en la colecciones de esta época.

La primera de estas diferencias se establece por la apanción de un patrón decorativo extremadamente característico en el interior de jarras y escudillas. Este patrón consiste en un conjunto de líneas diagonales paralelas de 3 a 5 mm. de ancho que se extienden alrededor de todo el borde o que, en vasijas grandes, se presenta como dos grupos de líneas separadas por zonas sin decoración (Figura 8.12b). La decoración interior es usualmente de color rojo, pero algunos ejemplares tienen tanto líneas diagonales rojas como negras. Las jarras continúan siendo decoradas con motivos geométricos, a pesar de que las figuras de serpiente incrementan su frecuencia durante esta fase (Figura 8.12d). Las formas más comunes son las escudillas hemisféricas con bordes redondeados. Los exteriores de estas vasijas se convierten en el principal espacio decorativo; éstos están pintados con diseños geométricos que incluyen líneas onduladas (Figura 8.12c), paralelas y bandas con pintura rectilínea circunscrita. En general, la elaboración del diseño pintado es menor que durante la fase anterior y los colores pueden ser calificados en cierta manera como de una transparente calidad.

El segundo estilo decorativo está representado por una clase de vasijas cuyos bordes exteriores llevan una banda negra (Figuras 8.12a, 8.12e). Esta variedad de cerámica solamente se encuentra en escudillas y cuencos con bordes redondeados o biselados. Los bordes de las vasijas están siempre pintados con una delgada banda negra, que no se extiende hacia abajo, en el exterior o interior de la vasija. El diseño está pintado en el tercio o mitad superior del exterior de la vasija y consiste en uno o dos paneles de decoración seguidos por una banda de color rojo, la cual marca la extensión más inferior de la pintura exterior. Los motivos decorativos comunes son siluetas continuas de pirámide y grecas. Las escudillas contienen, a veces, una pequeña "dona" de aplicado de 6 a 9 mm. de diámetro y de 2 a 4 mm. de altura.

a wide red band between 4–6 cm wide below the rim (Figure 8.8b). Both jar forms have two round, vertically oriented handles attached above the vessel shoulder. Handles are frequently painted red or set within a round red circle. Red band decoration on the sides of neckless jars decreases in frequency although this technique is still present throughout the phase. The long neck forms increase in frequency throughout the phase and occur in a variety of incurving, straight, and outflaring neck forms.

Masica Incised: This type is defined by complex incised decoration which is usually executed using a multiple-toothed instrument. Vessels are fashioned from a medium coarse buff (10YR 8/4) to brown (7.5YR 5/4) paste, the surfaces of which are unslipped. Masica Incised vessels only occur in 1) neckless or convergent neck jars or 2) short-necked jars with thickened or beveled rims. Jars have ovate handles set vertically or horizontally below the neck. Incised decorations are located on the neck and body and consist of linear, curvilinear, and zig-zag designs. Some jars also have small, cut applique lugs or applique bands incorporated into the overall design.

Another variety of Masica Incised combines multiple comb incising with red-on-natural painting. The painted designs range from red (10R 4/8) to weak red (10YR 4/4). Jar forms again predominate and incised decoration is combined with red painting on the rims, necks, and handles of jars. Incised decoration is the same as the unslipped variety except that sine curves and dashed lines also occur. Aplastic decorations similar to those reported at Los Naranjos (Baudez and Becquelin 1973:Fig. 115w) are also found. These consist of effigy faces with coffee bean eyes on the sides of vessels.

Ulua Polychrome: Several varieties of Ulua Polychrome were identified which can be correlated with materials located elsewhere in Honduras (Figure 8.11). Particularly prominent are Santa Rita class polychromes in vase and bowl forms. Both Santa Rita Mellizo and Santa Rita Cyrano decorated varieties were identified. Other examples include both Yojoa and Travesia decorative styles.

The Late Sulaco Phase

The Late Sulaco phase dates from 800–1000 AD. Several important changes in the ceramic assemblage distinguish this phase from the Middle Sulaco. Most of these changes are in the style and decoration of Sulaco and Ulua polychromes. Sulaco Incised increases during this phase while Masica Incised decreases in frequency. Chinda Red on Natural continues to be the main utilitarian ceramic type during this phase although several changes in surface decoration were observed.

Sulaco Polychrome: This type is well represented until the end of the phase in several different decorative varieties (Figure 8.12). Both bowls and jars are present with the former increasing at the expense of the latter. Two different styles of decorative painting are found within the collection at this time.

The first of these is distinguished by the appearance of a highly characteristic decorative scheme on the interior of both jars and bowls. This pattern consists of a set of parallel diagonal lines 3–5 mm wide which extend around the entire rim or, on large vessels, occur as two groups of lines separated by zones of undecorated space (Figure 8.12b). Interior decoration is usually red, but some examples have both black and red diagonal lines. Jars continue to be decorated with geometric motifs although serpent imagery increases in frequency during this phase (Figure 8.12d). The most common bowl forms are simple hemispherical vessels with rounded lips. Bowl exteriors become the main decorative register and are painted with geometric designs including sine curves (Figure 8.12c), parallel lines, and bands with nested rectalinear painting. Overall, the strength of the painted design is weaker than during the Early and Middle Sulaco phases, and colors have a somewhat transparent quality.

The second decorative style is represented by a vessel class known as exterior banded black lip bowls (Figures 8.12a, 8.12e). This ceramic variety only occurs on subhemispherical to incurving bowls with round or blunt lips. Vessel lips are always painted with a thin black band which does not extend down the interior or exterior vessel wall. The design is painted on the upper third to half of vessel exteriors and consists of one or two panels of painted decoration underscored by a solid red band marking the lowest extent of exterior painting. Common decorative motifs are running pyramids, inverted V-motifs with interior dots, blocks of parallel lines, and step-frets. Bowls sometimes contain a small "doughnut" applique 6–9 mm in diameter and 2–4 mm in height.

Sulaco Incised: This important type increases in frequency and occurs mostly as jar forms, offsetting the apparent reduction of plain Sulaco Polychrome jars. There is a striking resemblance in the decorative painting style and design elements found on the banded black lip bowls. Like these bowls, Sulaco Incised jars also are painted with a black band along the lip.

Chinda Red-on-Natural: Chinda types continue into this phase. Wide band geometric decoration on the sides of neckless jars is absent in our collections. Long neck jars with wide red bands continue and some vessel bodies appear to be slipped red over their entire exterior surfaces. Jars are also decorated with vertical red panels which begin at the rim and extend down onto the sides of the vessels.

Ulua Polychrome: Nebla and Santa Ana class polychromes also appear, with Bilbao and Salmo design varieties well represented in the collections (Figure 8.13). Also prevalent within our collections are Tenampua class polychromes which have red and black designs painted over a characteristic white base slip. Tenampua class polychromes are readily identifiable even when well eroded and occur in both vase and hemispherical bowls.

Discussion

Past and ongoing ceramic analyses throughout Honduras have revealed considerable stylistic variability between

Figura 8.13. La cerámica Polícroma Ulua de la Fase Sulaco Tardío.
Figure 8.13. Late Sulaco period Ulua Polychromes.

Inciso Sulaco: Este importante tipo incrementa su frecuencia y se presenta más comunmente en forma de jarras, perturbando la aparente reducción de las jarras simples del Polícromo Sulaco. Existe una sorprendente semejanza entre el estilo de la pintura decorativa y los elementos encontrados en las escudillas con bandas negras en sus bordes. Al igual que a esas escudillas, a las jarras Inciso Sulaco también se les pintó una banda negra a lo largo del borde.

Chinda Rojo sobre Natural: Los tipos Chinda se prolongan dentro de este período. La decoración geométrica en anchas bandas, en los lados de las jarras sin cuello, está ausente en

nuestras colecciones. Las jarras de cuello largo con anchas bandas rojas se prolongan en esta fase y el cuerpo de algunas vasijas parece tener un engobe rojo sobre toda la superficie exterior. Las jarras también están decoradas con paneles verticales de color rojo, los cuales comienzan en el borde y se extienden hacia abajo, a los lados de la vasija.

Polícromo Ulúa: Los polícromos de la clase Nebla y Santa Ana están presentes, encontrándose las variedades de diseño Bilbao y Salmo bien representadas en las colecciones (Figura 8.13). Preponderantes dentro de las colecciones son los polícromos de la clase Tenampúa con su característico engobe blanco, fondo sobre el cual se pintaron los diseños de color rojo y negro. Los polícromos de la clase Tenampúa son fácilmente identificables aún cuando se encuentran muy erosionados y se dan tanto en vasos como en escudillas hemisféricas.

Discusión

El análisis cerámico realizado en el pasado y el que se lleva a cabo en el presente en varias regiones de Honduras, ha puesto de manifiesto la considerable variabilidad estilística existente.[1] El cuadro que emerge de este estudio es uno de múltiples conjuntos cerámicos regionales que reflejan variados grados de interacción a través del tiempo. Las semejanzas son lo suficientemente pronunciadas como para permitir una definición general de las esferas cerámicas en el territorio hondureño en base a las características estilísticas compartidas (Urban y Shortman 1986).

No obstante lo anterior, existen muchas sutiles diferencias de una región a otra que no han sido descritas o cuantificadas todavía y, por lo tanto, no son accesibles para establecer una comparación de alcances regionales. Hasta que esta tarea no se complete, el significado de las diferencias regionales en Honduras continuará siendo difícil de interpretar. Ciertamente, una de las principales causas de estas diferencias podría haber sido la subdivisión del área en una serie de distintos cacicazgos en competencia. Mientras muchas de esas semejanzas estilísticas fueron probablemente el resultado de la interacción a nivel interregional, la existencia de múltiples centros de producción y redes de distribución dieron cabida a la variación local dentro de cada entidad política de alcance regional. A pesar de que la variación estilística en los bienes materiales no es de extrañar como un medio de reforzamiento de la cohesión étnica dentro de los límites de los cacicazgos (Hodder 1979), carecemos de estudios totalizadores acerca de

1. Las investigaciones llevadas a cabo en el pasado sobre la cerámica de Honduras incluyen varias discusiones comparativas (Stone 1941, 1957; Glass 1966; Urban y Shortman 1986), así como una serie de informes específicos sobre sitios en el Valle de Sula (Strong, Kidder y Paul 1939; Kennedy 1981; Joyce 1983, 1987), el Lago de Yojoa (Baudez y Becquelín 1973), el Valle de Comayagua (Canby 1951; Baudez 1966; Joesink-Mandeville 1987), Santa Bárbara (Urban y Shortman 1985, 1986; Urban 1986), Copán (Longyear 1952; Viel 1983), el noreste de Honduras (Healy 1978a, 1978b; Strong 1948) y la región de El Cajón (Kennedy, Messenger y Yonk 1982; Kennedy 1986).

regions.[1] The emerging picture is one of multiple regional ceramic assemblages which reflect varying degrees of interaction over time. Similarities are great enough that it has been possible to define several general ceramic spheres throughout Honduras on the basis of shared stylistic characteristics (Urban and Schortman 1986).

Nevertheless, many subtle differences exist from region to region which have yet to be described, quantified, and made available for regional comparison. Until this is completed, the meaning of these variations will be difficult to interpret. Certainly one major cause of these differences was the area's division into many distinct and competing chiefdoms. While many of these stylistic similarities were probably the result of interregional interaction, the existence of multiple production centers and distribution networks enhanced local variability within each regional polity. While stylistic variation in material goods would be expected as a means of reinforcing ethnic relations within regional chiefdoms (Hodder 1979), we lack comprehensive studies of how this would be represented in terms of ceramic styles.

Analysis of ceramic materials from the El Cajon region indicates a number of similarities and differences with neighboring regions. In the final ceramic report we plan a detailed description of the local assemblage and a quantification of its major characteristics. The observations about ceramic affiliations with neighboring areas attempted here are entirely qualitative in nature.

During the Early Yunque phase the El Cajon region appears to be incorporated in a widely interacting cultural network. Similarities in regional ceramic assemblages are striking and many of the differences appear to result from using local clays in ceramic manufacture. Similarities with several Toyos phase ceramic types from Playa de los Muertos suggest contact with the Sula Valley. Moreover, generalized similarities in cooking, storage, and decorated service ware can be found over the greater part of central Honduras during the Early Yunque. These include the widespread Muerdalo and Bolo style service wares with resist and incised decoration. The Candungo style incised jars resemble Fronton varieties from Santa Barbara (Urban 1986), the original Candungo materials from Lake Yojoa (Baudez and Becquelin 1973), as well as materials from San Juan de Intibuca (Sheehy 1983), the Comayagua Valley (Baudez 1966; Leroy Joesink-Mandeville, personal communication), the Sula Valley (Strong, Kidder and Paul 1936; Eugenia Robinson, personal communication), and Copan (Longyear 1952). The ceramic similarities with neighboring

regions suggest unrestricted interaction between the north coast and the central highlands through the El Cajon region.

Ceramic materials in the El Cajon region become increasingly regionalized during the Late Yunque phase. Muerdalo style ceramics with resist decoration continue as the main service ware as they do elsewhere throughout Honduras. Similarly, we note the appearance of red-on-orange painted types, such as Meambar Bichrome, which resemble types like Favela at Copan (Viel 1983), Meambar Rouge-sur-Beige at Los Naranjos (Baudez and Becquelin 1973), and La Isla: La Isla variety from Santa Barbara (Urban 1986).

Nevertheless, there are also some major differences. Chilanga style ceramic types which combine red painting with traditional resist decoration are absent in the collection. Chilanga style vessels are an important component of contemporaneous ceramic assemblages both at Copan (Viel 1983:517–518), Los Naranjos (Baudez and Becquelin 1973:285–287), in the Comayagua Valley (Baudez 1966:311), Choluteca (Baudez 1966:316), and in the Sula Valley.

The most striking difference, however, is the abundance of unslipped burnished-incised and applique types within the collection. The most important of these is Tamaro Incised which is a widely utilized ceramic type found in the El Cajon region. Similar incised and applique types have been reported at Los Naranjos (Baudez and Becquelin 1973:220–222), Santa Rita (Strong, Kidder, and Paul 1939:Plate 9a), and in the Comayagua Valley (Canby 1951; Baudez 1966). Nowhere, however, are the materials as abundant as they are in the El Cajon area. Survey up the Sulaco River revealed that they are also abundant at sites near the town of Sulaco (also see Stone 1957:Fig 39). It is likely that this ceramic tradition has its origins somewhere to the east or southeast of the El Cajon region. An increase in these materials during the Late Yunque may reflect a strengthening of relationships along the Sulaco River which would have provided an important communication corridor to areas like the Olancho and Talanga Valleys in east central Honduras.

The Early Sulaco is an important phase for three reasons. First, it signals the emergence of the Sulaco Ceramic Group which formerly was identified as Bold Geometric Polychrome. This ceramic group is important for two reasons: 1) it is assumed to have been a widely distributed tradeware during the Classic period and 2) it suggests contact with areas of eastern Honduras where Bold Geometric has been reported with great frequency (Strong 1948:111–112). Sulaco Bichrome and Trichrome are the most abundant decorated types found in the El Cajon region. These types have not been reported from Early Sulaco contexts elsewhere in central Honduras except at the site of Santa Rita (Rosemary Joyce, personal communication) and Los Naranjos (Baudez and Becquelin 1973:Fig 111N). The recovery of kiln wasters indicates that at least some of the Sulaco Group ceramic types were manufactured in the El Cajon region. The presence of these ceramics suggests the continuation of cultural ties between the El Cajon region and areas of eastern Honduras.

1. Past research on Honduran ceramics includes several comparative discussions (Stone 1941, 1957; Glass 1966; Urban and Schortman 1986) as well as a number of specific site reports from the Sula Valley (Strong, Kidder and Paul 1939; Kennedy 1981; Joyce 1983, 1987), Lake Yojoa (Baudez and Becquelin 1973), the Valley of Comayagua (Canby 1951; Baudez 1966; Joesink-Mandeville 1987), Santa Barbara (Urban and Schortman 1985, 1986; Urban 1986), Copan (Longyear 1952; Viel 1983), northeastern Honduras (Healy 1978a, 1978b; Strong 1948), and the El Cajon region (Kennedy, Messenger, and Yonk 1982; Kennedy 1986).

como esto podría haberse reflejado en los estilos cerámicos.

El análisis de los materiales cerámicos de la región de El Cajón muestra un cierto número de semejanzas y diferencias con las regiones vecinas. En el trabajo en que se presentarán las conclusiones del estudio cerámico, planeamos incluir una detallada descripción de los conjuntos locales y la cuantificación de sus principales características. Las observaciones acerca de las afiliaciones de la cerámica con las áreas adyacentes que se ofrecieron aquí, son enteramente de naturaleza cualitativa.

Durante la Fase Yunque Temprano la región de El Cajón parece haber estado incorporada en una red de interacción cultural de gran alcance. Las semejanzas entre los conjuntos cerámicos regionales son sorprendentes y muchas de las diferencias parecen ser el resultado del empleo de arcillas locales en la manufactura de la alfarería. Las semejanzas con los materiales de la Fase Toyos en Playa de Los Muertos sugiere un contacto con el Valle de Sula. Es más, las generalizadas semejanzas en la loza para la cocina, para el almacenamiento y la vajilla pueden ser corroboradas en la mayor parte del centro de Honduras durante el Yunque Temprano. Estas lozas incluyen los ampliamente distribuidos estilos Muérdalo y Bolo en vajillas con decoración al negativo e incisa. Las jarras incisas de estilo Candungo se asemejan a las variedades Frontón de Santa Bárbara (Urban 1986); los materiales Candungo originales del Lago de Yojoa (Baudez y Becquelín 1973), San Juan de Intibucá (Sheehy 1983), Valle de Comayagua (Baudez 1966; comunicación personal de L. Joesink-Mandeville), Valle de Sula (Strong, Kidder y Paul 1936; comunicación personal de E. Robinson) y Copán (Longyear 1952). Las semejanzas de las cerámicas con las regiones vecinas sugieren, en efecto, que la interacción entre la costa norte y las tierras altas centrales se realizó libremente a través de la región de El Cajón.

Los materiales cerámicos de El Cajón se regionalizan en gran medida durante la Fase Yunque Tardío. Las cerámicas de estilo Muérdalo con decoración al negativo continúan siendo la principal loza de vajilla, al igual que en el resto de Honduras durante esta época. Asimismo, notamos la aparición de los tipos pintados de color rojo sobre anaranjado como el Dicromático Meámbar, el cual se asemeja a los tipos Favela de Copán (Viel 1973) y La Isla, variedad La Isla de Santa Bárbara (Urban 1986).

A pesar de todo, también se dan diferencias importantes. Los tipos cerámicos de estilo Chilanga, que combinan la pintura roja con la tradicional decoración al negativo, están ausentes en la colección. Las vasijas estilo Chilanga son un importante componente de los conjuntos cerámicos contemporáneos tanto en Copán (Viel 1983:517–518) como en Los Naranjos (Baudez y Becquelín 1973:285–287), el Valle de Comayagua (Baudez 1966:311), Choluteca (Baudez 1966:316) y el Valle de Sula.

La más llamativa diferencia, sin embargo, es la abundancia de tipos sin engobe, bruñidos e incisos y con aplicado en la colección de El Cajón. El más importante de éstos es el Inciso

Támaro, el cual representa un tipo cerámico ampliamente utilizado en nuestra región. Tipos incisos y con aplicado, similares a los registrados en Los Naranjos (Baudez y Becquelín 1973:220–222), Santa Rita (Strong, Kidder y Paul 1939:Lámina 9a) y Valle de Comayagua (Canby 1951; Baudez 1966). En ninguna parte, sin embargo, se encuentran los materiales en tal abundancia como en la región de El Cajón. El reconocimiento del Río Sulaco reveló que se encuentran en abundancia en los sitios cercanos a la población de Sulaco (ver también Stone 1957:Figura 39). Es probable que esta tradición cerámica tuvo su origen en alguna parte al este o sureste de la región de El Cajón. Un incremento de estos materiales durante el Yunque Tardío puede reflejar un estrechamiento de las relaciones corriente arriba del Río Sulaco, el cual pudo haber proveído un importante corredor de comunicación hacia áreas como los Valles de Olancho y Talanga en las tierras centrales del este de Honduras.

La Fase Sulaco Temprano es una época de gran interés por tres razones. Primero, señala la emergencia del Grupo Cerámico Sulaco, el cual anteriormente se identificó con el Polícromo Geométrico Audaz. Este grupo cerámico es importante 1) debido a que se asume que fue una loza comercial de amplia distribución durante el Periodo Clásico y 2) debido a que sugiere contactos con áreas del oriente de Honduras, en donde el Geométrico Audaz ha sido registrado con frecuencia (Strong 1948:111–112). El Bicromático Sulaco junto con el Tricolor Sulaco, son los más abundantes tipos decorados descubiertos en El Cajón. Estos tipos no han sido registrados en contextos del Sulaco Temprano en otras partes en el centro de Honduras, excepto en el sitio de Santa Rita (comunicación personal de R. Joyce) y Los Naranjos (Baudez y Becquelín 1973:Figura 111N). El descubrimiento de los desechos producidos durante el cocimiento indica que cuando menos algunos de los tipos cerámicos del Grupo Sulaco fueron manufacturados en la región de El Cajón. La presencia de esas cerámicas sugiere la ininterrumpida existencia de lazos culturales entre la región de El Cajón y las áreas del oriente de Honduras.

La Fase Sulaco Temprano es importante debido a que es la época durante la cual se desarrollaron las tradiciones polícromas del centro de Honduras. Con anterioridad se ha sugerido (Hirth 1986) que el Tricolor Sulaco es uno de varios tipos cerámicos relacionados entre sí que representan la creación de un temprano polícromo, utilizando los colores rojo y anaranjado sobre un fondo al natural, o con engobe blanco o anaranjado. Los tipos relacionados incluyen el Tricolor Meámbar, identificado en la región de El Cajón, los tipos Cancique registrados en Los Naranjos (Baudez y Becquelín 1973:228–290) y el Valle de Comayagua (Stone 1957:Fig. 50a), así como el Tricolor Tirantes de Santa Bárbara (Urban 1986). Estos, conjuntamente con los tipos del Tricolor Sulaco y el Tricolor Ulúa discutidos aquí, forman el grupo cerámico que se concentra en las tierras altas centrales de Honduras. Como grupo estos tipos cerámicos difieren muy fuertemente de los tempranos polícromos de Copán (por ejemplo, Gualpopa) y del Valle de Sula, que hicieron uso tempranamente de un patrón deco-

The Early Sulaco phase is also important because it is the time period when the central Honduran polychrome traditions develop. One of the authors (Hirth 1986a) has suggested that Sulaco Trichrome is one of several related ceramic types which were combined to create an early polychrome by using red and orange on a natural, white, or orange slipped background. Related types include Meambar Trichrome identified in the El Cajon region, Cancique types reported from Los Naranjos (Baudez and Becquelin 1973:228–290) and the Comayagua Valley (Stone 1957:Fig. 50a), and Tirantes Trichrome from Santa Barbara (Urban 1986). These, together with the Sulaco Trichrome and Ulua Trichrome types discussed here, form a ceramic group which is distributed throughout the central Honduran highlands. As a group these ceramic types differ strongly from the early polychromes both at Copan (e.g. Gualpopa) and in the Sula Valley. These later polychromes make early use of a black painted decorative scheme. The emergence of an early trichrome decorative style in the highlands is another example of the ceramic heterogeneity associated with the evolution of multiple chiefdom societies throughout Honduras.

Finally, the Early Sulaco phase is an era of intensified interregional interaction when the El Cajon region shows involvement in long distance trade. Trade items recovered at Salitron Viejo include a variety of exotic jade, marble, shell, and slate artifacts (Hirth and Grant Hirth 1987; Hirth 1988). Interregional exchange also is reflected in the local ceramic assemblage. The slipped monochrome ceramic type of Sulaco Orange is produced in forms which emulate the well known Middle Classic Teotihuacan Thin Orange tradeware in color, surface finish, and vessel form. Two principle vessel form categories in Sulaco Orange are ring base bowls and vertical wall, flat bottom vases with hollow tubular tripod supports and solid rectangular slab supports. These vessels form a significant percentage of the Early Sulaco ceramic assemblage in all domestic and nondomestic contexts at Salitron Viejo. While we do not as yet understand the mechanisms behind this intriguing stylistic parallel, it certainly documents the importance of interregional interaction in the organization and development of Early Sulaco phase societies in the El Cajon region.

The Middle and Late Sulaco phases are defined by several important ceramic changes in the El Cajon region. These include the appearance of black painting on Sulaco Polychrome, the widespread use of Ulua polychrome types, and the importance of Chinda Red-on-Natural as the main decorated utilitarian ware. Sulaco Polychromes continue as the main

decorated service ware with Ulua Polychrome increasing in frequency during the Late Sulaco. Interestingly, Ulua Polychrome is most frequently represented in vase forms with low rectangular supports.

Chinda related ceramic types are widely distributed throughout Honduras during this phase. Chinda Rouge-sur-Natural and related types have been reported at Los Naranjos (Baudez and Becquelin 1973:241–247), at Santa Rita in the Sula Valley (Strong, Kidder and Paul 1939:49), and the Santa Barbara region (Urban 1986). An increase in ceramic homogeneity among utilitarian types throughout central Honduras is important because it suggests an intensification of local level interaction among groups along the Ulua River during this phase.

Conclusions

Analysis of ceramic materials from the El Cajon region confirms a long sequence of occupation beginning with the Early Yunque phase (400–0 BC). During this phase there were strong stylistic similarities with ceramic complexes reported elsewhere in central Honduras.

During the Late Yunque and Early Sulaco phases the El Cajon region developed ceramic assemblages which are stylistically distinct from those in the Sula Valley and Lake Yojoa regions.[1] Important cultural linkages are apparent with eastern Honduras and it is possible that the Sulaco river was a main artery of trade and communication between groups along the Ulua River and the Olancho and Talanga Valleys. Regional ceramic differences decreased during the Middle and Late Sulaco phases, and while the El Cajon region maintained contact with eastern Honduras, its ceramic assemblage showed greater similarities with those of its neighbors to the north and west.

Ceramic analyses reveal widespread interaction throughout Honduras over a long period of time. What remains unclear is the extent to which this interaction was the result of 1) interregional trade or 2) widespread cultural pluralism and the sharing of decorative motifs, vessel forms, and ceramic painting styles. Undoubtedly, both mechanisms were at work. The task which remains is to raise ceramic analysis to this level of interpretation.

1. We still do not know enough about the Valley of Comayagua. It is possible that some of the distinctive stylistic characteristics of the El Cajon region will also be found in the Comayagua Valley once its regional ceramic chronology is better understood.

rativo con pintura negra. El surgimiento de un estilo decorativo tricolor en las tierras altas es otro ejemplo de la heterogeneidad cerámica asociada con la evolución de las múltiples sociedades cacicales en Honduras.

Por último, el Sulaco Temprano es un período de intensificación de la interacción interregional, cuando las tierras de El Cajón muestran su participación en un comercio de largo alcance. Los objetos de comercio descubiertos en Salitrón Viejo incluyen una variedad de artefactos exóticos de jade, mármol, concha y pizarra (Hirth y Grant Hirth 1987; Hirth 1988). El intercambio interregional también se refleja en el conjunto cerámico local. El tipo monócromo con engobe Anaranjado Sulaco es manufacturado en formas que imitan la bien conocida loza de comercio del Clásico Medio de Teotihuacán—Anaranjado Delgado— en color, tratamiento de la superficie y forma de las vasijas. Dos principales categorías de formas de vasija de Anaranjado Sulaco son las escudillas de base anular y las vasos de paredes verticales y fondo plano con soportes trípodes huecos y tubulares, así como soportes rectangulares planos y sólidos. Estas vasijas constituyen un significativo porcentaje del conjunto cerámico del Sulaco Temprano en todos los contextos domésticos y no domésticos de Salitrón Viejo. Aunque no comprendemos aún los mecanismos tras este intrigante paralelismo de estilos, ciertamente documenta la importancia de la interacción interregional en la organización y desarrollo de las sociedades de la Fase Sulaco Temprano en la región de El Cajón.

Las Fases Sulaco Medio y Tardío están definidas por varios importantes cambios cerámicos en la región de El Cajón. Estos incluyen la aparición de pintura negra en el Polícromo Sulaco, los ampliamente distribuidos tipos del Polícromo Ulúa y la importancia de Chinda Rojo sobre Natural, como la principal loza utilitaria decorada. Los Polícromos Sulaco continúan siendo la principal vajilla decorada, mientras el Polícromo Ulúa incrementa su frecuencia durante todo el Sulaco Tardío. Es de interés que el Polícromo Ulúa se encuentra más frecuentemente representado en formas de vasos de cortos soportes rectangulares.

Los tipos relacionados con Chinda se encuentran ampliamente distribuidos en toda Honduras durante este período. Chinda Rojo sobre Natural y los tipos relacionados han sido

registrados en Los Naranjos (Baudez y Becquelín 1973:241–247), en Santa Rita en el Valle de Sula (Strong, Kidder y Paul 1939:49) y en la región de Santa Bárbara (Urban 1986). El incremento de la homogeneidad cerámica entre los tipos utilitarios del centro de Honduras es de importancia debido a que sugiere una intensificación de la interacción a nivel local entre los grupos a lo largo del Río Ulúa durante esta fase.

Conclusiones

El análisis de los materiales cerámicos procedentes de la región de El Cajón confirma una larga secuencia de ocupación que se inicia en una época tan antigua como la Fase Yunque Temprano. Durante esta fase existían fuertes semejanzas estilísticas entre los complejos cerámicos registrados en otras partes del centro de Honduras.

Durante las Fases Yunque Tardío y Sulaco Temprano, la región de El Cajón desarrolló conjuntos cerámicos que son estilisticamente distinguibles de los del Valle de Sula y la región del Lago de Yojoa.[1] Importantes nexos culturales con el oriente de Honduras se hacen visibles y es posible que el Río Sulaco haya funcionado como la arteria principal de comercio y comunicación entre los grupos a lo largo del Río Ulúa y los Valles de Olancho y Talanga. Las diferencias cerámicas regionales decrecen durante el Sulaco Medio y Tardío. Así, aunque la región de El Cajón mantiene el contacto con el oriente de Honduras, los conjuntos cerámicos muestran mayores semejanzas con los de los vecinos al norte y oeste.

El análisis cerámico confirma la amplia interacción que tuvo lugar en Honduras a través de un largo lapso de tiempo. Lo que continúa sin esclarecer es hasta que punto esta interacción fue el resultado de 1) el comercio interregional o 2) un ampliamente difundido pluralismo cultural y el hecho de compartir motivos decorativos, formas de vasija y los estilos de pintura de la cerámica. Sin lugar a dudas, ambos mecanismos hicieron lo suyo. La tarea que queda por realizar es llevar el análisis cerámico a ese nivel interpretativo.

1. Aún no se cuenta con suficiente información sobre el Valle de Comayagua. Es posible que algunas de las distintivas características estilísticas de la región de El Cajón, se encuentren también en el Valle de Comayagua una vez que la cronología cerámica regional sea mejor estudiada y comprendida.

Chapter 9

Observations about Ecological Relationships and Cultural Evolution in a Prehistoric Tropical Subsistence System

Kenneth Hirth

The contributions to this volume provide a basis for examining ecological relationships within the El Cajon region during prehistoric times. They contain valuable data which assist in interpreting prehistoric social, political, and economic behavior. They have examined topics ranging from agricultural productivity and subsistence practices to environmental constraints on cultural development. In addition to reconstructing local adaptation within the El Cajon region, they have added a variety of new data to the study of prehistoric tropical subsistence systems. Most important among these are the confirmation from archaeological remains of a diversified subsistence base (Lentz, Chapter 7) and documentation of the local agricultural productivity under swidden conditions approximating those of prehistoric cultivators (Loker, Chapters 3 and 6).

My concluding remarks will not attempt to summarize all of the data presented in preceding chapters. This would be repetitive and would add little to our understanding of cultural development throughout the region. Instead, I will discuss some of the ecological and evolutionary implications of these data. By examining their theoretical implications, I hope to point out some current ambiguities and unresolved questions in our understanding of cultural processes in central Honduran societies. Some of these issues will be the subject of future analyses by members of the Proyecto Arqueologico El Cajon (PAEC). Others must await additional information as it becomes available from neighboring areas throughout southeastern Mesoamerica.

I will examine four separate topics in this chapter. First, I will summarize what we know about prehistoric subsistence strategies in the El Cajon region. Then I will evaluate the use of arboriculture in greater detail and comment on the suitability of Wiseman's (1978) model of tropical forest agriculture for the El Cajon region. Third, I will compare local demographic levels to carrying capacity to determine whether population pressure was a factor in the emergence of chiefdom societies during the Classic period. Finally, I will comment on the significance of demographic changes at the end of the Late

Classic period when population declined sharply and the region was abandoned.

Prehistoric Tropical Subsistence Systems

Identifying the form and composition of prehistoric subsistence systems is an important starting point for understanding cultural development in tropical regions. An important question to be answered is what level of demographic and sociopolitical complexity can be supported within a tropical environment using swidden based agricultural systems? How and when do processes such as increased sedentism, nucleation, or population growth bring about change in the level of agricultural intensity? Equally important is how agricultural intensification impacts the tropical environment and under what conditions does it provoke long-term environmental degradation.

The most extensive discussion of tropical subsistence systems in the Mesoamerican literature is that concerning the Lowland Maya. Over the years our understanding of Maya subsistence practices has changed. Sylvanius Morley (1946) in his original discussion of lowland subsistence practices suggested that the Classic Maya were primarily monocrop maize agriculturalists which utilized both long and short fallow swidden systems. Recent investigations have suggested a more diversified agricultural system which include crop diversification and land intensive forms of exploitation (Turner and Harrison 1978). Current models suggest that the Maya exploited a number of important cultivars including maize, beans, root crops (Bronson 1966), and a number of tree crops including *ramon* (Puleston 1978, 1982). These cultivars together with a system of intensive intercropping created a diversified agricultural environment which closely resembled the natural tropical forest (Wiseman 1978). Traditional swidden agriculture was combined in turn with more intensive forms of cultivation including terracing (Turner 1974, 1983b;

Observaciones acerca de las Relaciones Ecológicas y la Evolución Cultural en un Sistema de Subsistencia Tropical en la Epoca Precolombina

Kenneth Hirth

Las contribuciones en este volumen proveen la base para un examen de las relaciones ecológicas dentro de la región de El Cajón en tiempos prehistóricos. Ellas contienen datos valiosos que apoyan la interpretación de la conducta social, política y económica en la época precolombina. También permiten examinar tópicos que cubren desde la productividad agrícola y las prácticas de subsistencia hasta el papel que jugaron las restricciones del ambiente en el desarrollo cultural. Además de reconstruir la adaptación local dentro de la región de El Cajón, dichos datos han aportado una serie de nuevos conocimientos al estudio de los sistemas de subsistencia tropicales en esa remota época. Entre los más importantes se encuentran la confirmación ofrecida por los restos arqueológicos sobre la diversificada base de subsistencia (Lentz, Capítulo 7, este volumen) y la documentación de la productividad agrícola actual bajo un régimen de cultivo de tala y roza, semejante al de los agricultores precolombinos (Loker, Capítulos 3 y 6, este volumen).

En estas observaciones no trataremos de resumir el cuerpo de datos presentado en los capítulos precedentes. Además de ser repetitivo, añadiría poco a nuestra comprensión del desarrollo cultural en la región. En su lugar, discutiremos algunas de las implicaciones ecológicas y evolucionarias a que dan cabida los datos. Al examinar estas implicaciones teóricas, esperamos apuntar hacia algunas de las ambigüedades existentes, así como interrogantes sin resolver que aún obscurecen nuestro entendimiento de los procesos culturales en las sociedades de las tierras centrales de Honduras. Algunos de estos asuntos son y serán el objeto de futuros análisis a cargo de los investigadores asociados con el proyecto; otros, en cambio, deberán esperar la obtención de información adicional, la cual estará disponible en la medida que los estudios avancen en las áreas vecinas del sureste de Mesoamérica.

Cuatro tópicos serán examinados aquí por separado. Primero, se resumirá lo que sabemos acerca de las estrategias de subsistencia precolombinas en la región de El Cajón. En segundo lugar, será evaluado con más detenimiento el uso de la arboricultura y se discutirá la utilidad del modelo de Wiseman (1978) para la agricultura en un ambiente de selva tropical con el objeto de explicar su presencia en la región de El Cajón. Tercero, se harán comparaciones entre los niveles demográficos locales y la capacidad productiva para determinar si la presión demográfica fue un factor que influyó en el surgimiento de las sociedades cacicales durante el Período Clásico. Por último, comentaremos el significado de los cambios demográficos al final del Clásico Tardío, período cuando la población declinó abruptamente y la región fue abandonada.

Sistemas de Subsistencia Tropicales en la Epoca Precolombina

La identificación de la forma y composición de los sistemas de subsistencia precolombinos es un importante punto para la comprensión de la evolución cultural en las regiones tropicales. Un interesante interrogante por contestar es ¿qué nivel de complejidad demográfica y sociopolítica puede ser sostenido dentro de un ambiente tropical utilizando sistemas de cultivo basados en la tala y roza? ¿Cómo y cuándo procesos tales como un creciente sedentarismo, agrupamiento o crecimiento de la población traen cambios en el nivel de intensidad de la explotación agrícola? Igualmente importante es como la intensificación de la agricultura hace impacto sobre el ambiente tropical y bajo que condiciones esto provoca una degradación a largo plazo del ambiente.

La más extensa discusión de los sistemas de subsistencia tropicales en la literatura sobre Mesoamérica es la concerniente a las tierras bajas mayas. A través de los años, nuestra comprensión de las prácticas de subsistencia mayas ha variado. Sylvanus Morley (1946), en su discusión original de las prácticas de subsistencia en las tierras bajas, sugería que los mayas clásicos habían sido primordialmente agricultores de monocultivo—maíz—los cuales utilizaron tanto el sistema de

Donkin 1979; Siemens and Puleston 1972) and ridged field techniques (Turner 1983a; Siemens 1982) to maintain high levels of production or permit multicropping from year to year.

Unfortunately, many current models of prehistoric tropical subsistence systems throughout Mesoamerica are derived from theory and ecological analogy rather than archaeologically confirmed fact. While archaeological investigations have confirmed the existence of agricultural terraces and ridged fields in the Maya region, there is little comprehensive data about specific cultigens or the mix of cultigens comprising the system. Information about prehistoric farming systems has been inferred from ethnographic studies of contemporary land use patterns (Cowgill 1962; Reina 1967; Nations and Nigh 1980; Wilk 1982) and from ethnohistoric documents which include discussions of utilized plants (Marcus 1982). Although the humid tropics certainly present a problem for the preservation of cultigens in prehistoric contexts, few projects have attempted a systematic recovery of paleoethnobotanical specimens using modern processing techniques (Stoltman 1978).

It is here that the data from the PAEC contribute to a broader understanding of tropical subsistence systems in southeastern Mesoamerica. The combination of good preservation, a large excavated sample, and the implementation of systematic recovery techniques have provided one of the largest samples of floral and faunal remains currently available for an inland area of tropical Mesoamerica. The best collections and information about prehistoric subsistence systems in the Maya area come from coastal regions where preservation is either better or dominated by marine species (Lange 1971; McKillop 1984; Crane 1986b; Sorayya Carr 1986). How well the El Cajon data reflect inland subsistence practices elsewhere in tropical Mesoamerica will have to be determined from excavated archaeological remains as they become available. Until that time the El Cajon materials represent a reasonable sample with which to evaluate current models of tropical subsistence systems.

The El Cajon archaeological materials reflect a diversified subsistence system which exploited a wide spectrum of plant and animal resources. While agricultural staples probably constituted the largest part of the diet, nonagricultural products appear to have formed an important segment of the total subsistence economy. The economy consisted of several interrelated subsistence practices which included 1) cultivation of basic grains, 2) arboriculture or selective collection of fruit from a variety of local tree species, 3) fishing and foraging activities for mollusks and crustaceans along riverine environmental zones, and 4) hunting of large and small mammal species in the alluvial bottoms and adjacent upland zones (Hirth 1985b).

Contributions to this volume by David Lentz review the regional plant communities and the evidence for prehistoric plant utilization recovered by the PAEC. The data presented in Chapter 7 document the presence not only of corn and beans, but also of preserved fruit parts from eight additional plant

species in the archaeological collections. Preliminary faunal analysis, while not reported in this volume (Fernandez 1982), reflect a similar broad spectrum utilization. While deer represents the largest amount of consumable protein in the collection, no less than 11 additional terrestrial species also were consumed on a periodic basis (see Chapter 2, this volume). Fish, mollusk, and crustacean resources were also exploited, but remain to be studied before their overall dietary importance can be understood.

The prehistoric subsistence strategy in the El Cajon region appears to have been oriented more toward minimizing subsistence risk than it does to maximizing total caloric returns through specialization. Sanders and Webster (1978) have recently shown that the level of subsistence risk was an important factor in the development of complex society throughout Mesoamerica. Risk minimization strategies usually employ both social and technological mechanisms for reducing risk. These include 1) internal social controls, including prescribed production, storage, and redistributive requirements within a society (Sahlins 1972) and 2) broad spectrum adaptations which prefer diversification through the number, type, location, or quantity of resources being exploited over specialization or intensification strategies. Resource diversification strategies guarantee a high probability of group survival irrespective of unpredictable or changing environmental conditions. They often fail to maximize productivity in any single subsistence sphere since specialization is counterproductive to their overall strategy. On the whole, groups adopting a diversified subsistence strategy tend to stabilize at population levels below the maximal regional carrying capacity.

The analysis of floral and faunal collections suggest that prehistoric groups in the El Cajon region minimized subsistence risk by employing a broad spectrum exploitive strategy. Individual households maintained access to a wide range of resources and avoided overspecialization in any single exploitive system. Subsistence practices in the El Cajon region during the Late Formative and Classic periods resemble the broad spectrum adaptive systems found throughout Mesoamerica among many early sedentary groups (Coe and Flannery 1967; Flannery 1976a). Limited faunal data from elsewhere in Honduras suggest a similar broad spectrum adaptation during Yarumela I-III in the Comayagua Valley (Joesink-Mandeville 1985) and the Late Formative and Classic periods in the Sula Valley (Joyce 1985; Pope 1987).

I believe it is significant that sociopolitical development in the region reached the level of complex chiefdoms (Hirth 1986b, 1987) while still retaining hunting, fishing, and periodic collecting activities as important contributions to the diet. This is probably the result of two interrelated factors: 1) a locally rich and diversified environmental base available for exploitation and 2) low levels of population pressure within the El Cajon region. Actually there are more available resources than appear to have been exploited by prehistoric groups. Neither *ramon* nor acorns appear to have been utilized as food resources despite their presence in the area (Lentz, Chapter 7).

tala y roza con barbecho largo, como el de corta duración. Investigaciones recientes han sugerido un más diversificado sistema agrícola, el cual incluía una amplia gama de cultivos y formas de explotación intensiva de la tierra (Turner y Harrison 1978). Los modelos actuales sugieren que los mayas explotaban una serie de importantes cultivos incluyendo el maíz, frijoles, tubérculos (Bronson 1986) y una serie de árboles frutales como el ramón (Puleston 1978, 1982). Estos cultivos, conjuntamente con un sistema intensivo de cultivo alternado, crearon un ambiente agrícola diversificado que se asemajaba en mucho al ambiente natural propio del bosque tropical (Wiseman 1978). La agricultura tradicional de tala y roza fue combinada, a su vez, con formas más intensivas de cultivo como las terrazas (Siemens y Puleston 1972; Turner 1974, 1983b; Donkin 1979) y las técnicas para elevar los campos (Siemens 1982; Turner 1983a) con el objeto de mantener altos niveles de producción o permitir múltiples cosechas de año a año.

Desafortunadamente, muchos de los modelos existentes sobre los sistemas de subsistencia tropicales en la época precolombina en Mesoamérica, se han derivado de la teoría y no de hechos confirmados arqueologicamente. Aunque las investigaciones arqueológicas han confirmado la existencia de terrazas y de campos elevados en la región maya, se cuenta con pocos datos generales acerca de los cultivos específicos o de la mezcla de cultivos que componían el sistema. La información acerca de los sistemas de cultivo precolombinos ha sido inferida de los estudios etnográficos sobre los patrones de uso moderno de la tierra (Cowgill 1962; Reina 1967; Wilk 1982; Nations y Nigh 1980), así como de los documentos etnohistóricos que contienen discusiones sobre las plantas utilizadas (Marcus 1982). No obstante que los trópicos húmedos ciertamente constituyen un problema para la preservación de las plantas cultivadas en contextos precolombinos, algunos proyectos han intentado una recolección sistemática de los especímenes paleobotánicos de interés etnológico utilizando técnicas modernas en el procesamiento de estos restos (Stoltman 1978).

Es en este punto que los datos obtenidos por el Proyecto Arqueológico El Cajón contribuyen a un mejor entendimiento de los sistemas de subsistencia tropicales en el sureste de Mesoamérica. La combinación resultante del buen estado de preservación de los materiales, la excavación de una amplia muestra y la aplicación de técnicas sistemáticas de recolección, ha arrojado una de las más grandes muestras de restos de flora y fauna actualmente disponible para un área de tierra adentro en el trópico mesoamericano. Las más útiles colecciones y la información acerca de los sistemas de subsistencia en el área maya provienen de las regiones costeras, en donde la preservación es mejor o predominan las especies marinas (Lange 1971; McKillop 1984; Crane 1986b; Sorayya Carr 1986). Que tan estrechamente reflejan los datos de la región de El Cajón las prácticas de subsistencia de tierra adentro en otras regiones tropicales de Mesoamérica tendrá que ser determinado a medida que los restos arqueológicos excavados

en ellas estén disponibles. Hasta entonces, los materiales de la región de El Cajón constituyen una muestra razonable con la cual se pueden evaluar los modelos existentes sobre los sistemas de subsistencia tropicales.

Los materiales de la región de El Cajón reflejan un sistema diversificado de subsistencia en el cual se explotaba un amplio espectro de recursos vegetales y animales. Aunque los productos agrícolas probablemente constituyeron el grueso de la dieta, los productos de origen no agrícola parecen haber representado un importante segmento del total de la economía de subsistencia. Una economía tal consistía en distintas prácticas de subsistencia correlacionadas, las cuales incluían 1) el cultivo de granos básicos, 2) la arboricultura o la selectiva recolección de frutas de una variedad de especies locales, 3) la pesca y actividades para recolección de moluscos y crustáceos en las zonas de ribera y 4) la caza de grandes y pequeñas especies de mamíferos en las planicies aluviales y en las zonas adyacentes de tierra alta (Hirth 1985b).

Las contribuciones de Lentz en este volumen examinan las comunidades regionales de plantas y la evidencia sobre la utilización prehistórica de la flora recolectada por el Proyecto Arqueológico El Cajón. Los datos presentados en el Capítulo 7 documentan no solo la presencia de maíz y frijoles, sino que también se han preservado en las colecciones arqueológicas ciertas partes de las frutas de ocho diferentes especies. El análisis preliminar de la fauna, aunque no se incluye en este volumen (Fernández 1982, 1988), refleja un espectro de utilización igualmente amplio. A pesar de que el venado representa la mayor cantidad del consumo de proteína en la colección, un número no menor de once especies terrestres adicionales fue consumido en forma periódica (Ver Capítulo 2, este volumen). Los recursos acuáticos, peces, moluscos y crustáceos, también fueron explotados, pero aún deben ser estudiados para comprender la importancia que les correspondía en la dieta.

La estrategia de subsistencia precolombina en la región de El Cajón parece haber estado orientada más hacia una reducción al mínimo del riesgo de subsistencia que a alcanzar el máximo total de rendimiento calórico a través de la especialización. Sanders y Webster (1978) han mostrado recientemente que el nivel del riesgo de subsistencia fue un importante factor en el desarrollo de las sociedades complejas en toda Mesoamérica. En las estrategias que reducen al mínimo el riesgo de subsistencia, usualmente se emplean tanto mecanismos sociales como tecnológicos para reducir dicho riesgo. Estos incluyen 1) controles sociales internos tales como prohibiciones limitantes de la producción, almacenaje y redistribución dentro de la sociedad en cuestión (Sahlins 1972) y 2) adaptaciones de amplio espectro que dan preferencia a la diversificación por medio del número, tipo, localización o cantidad de los recursos a ser explotados, por encima de las estrategias dirigidas a la especialización o la intensificación. Las estrategias de recursos diversificados garantizan una alta probabilidad de sobrevivencia para el grupo independientemente de sucesos impredecibles o cambios de las condiciones

Likewise, there is little indication that either dog or turkey, the two principle Mesoamerican domesticates, figured prominently as sources of animal protein (Hirth 1985b). Data from the El Cajon region, therefore, confirm the model of a diversified economy for inland tropical subsistence systems. While groups elsewhere in the tropics may have substituted animal domesticates for terrestrial hunting or periodic collecting, the overall strategy appears compatible with minimizing subsistence risk by exploiting a diversity of environmental niches.

The Artificial Tropical Forest Agricultural Model

In a recent publication Wiseman (1978) has suggested that the Lowland Maya combined maize agriculture with a variety of tree, vine, and tuber crops to create an agricultural system which can be labelled the "Artificial Tropical Forest" (ATF) system. In this system a variety of useful plants are intensively intercropped in the same agricultural plot to create an environment compatible with the surrounding natural vegetation. The result would have been a productive agricultural system which minimized the effects of erosion, soil leaching, weed growth, and plague (Wiseman 1978).

Data from the El Cajon region are at least partially compatible with the ATF model. Lentz (Chapter 7) has documented the utilization of a wide spectrum of plant species including a significant number of tree species. From this he concludes that arboriculture formed a significant component of the subsistence system. Lentz has emphasized the abundance of *coyol* and has suggested that it may have been purposefully planted rather than simply left standing during the clearing of agricultural fields (Lentz 1984). The practice of arboriculture, whether through selective cutting or purposeful planting, would have provided the upper canopy vegetation below which shade loving vine and tuber species could have been cultivated in accordance with the Wiseman (1978) model.

Use of an agricultural system approximating the ATF model would have reduced several environmental constraints limiting contemporary production within the region. Intensive intercropping of the kind associated with ATF model has two advantages over monocrop field agriculture. First, it slows rapid surface runoff which would reduce soil erosion during the rainy season. Soil erosion is one of the major factors limiting the utilization of hillside areas throughout the El Cajon region (Loker, Chapter 6) and intensive intercropping would have increased the length of cultivation in these zones. Second, intensive intercropping would have helped combat weed growth. Loker (Chapter 6) has convincingly demonstrated that weeding is the major labor input limiting the amount of agricultural land which the average domestic household can effectively cultivate. Any reduction in the time needed to weed agricultural plots could have been used to 1) amplify the area under cultivation or 2) engage in alternative subsistence activities such as hunting or fishing (Hirth 1985b).

Either alternative would have significantly raised overall household productivity.

Nevertheless, whether this model realistically represents prehistoric agricultural activity within the El Cajon region must be judged on more than its potential productivity alone. William Sanders (personal communication) has observed that most ethnographic instances which conform to the Wiseman (1978) model are house gardens or kitchen plots associated with domestic residences. Here intensive intercropping is a function of multiple factors including prolonged household sedentism, soil enrichment through periodic compost fertilization, and female involvement in both garden maintenance and use of its products in meal preparation. Kitchen gardens are usually combined with larger fields away from domestic residences which supply the majority of the dietary staples but employ less intensive forms of intercropping. This system is variously referred to as infield-outfield (Sanders 1973) or house garden and *milpa* agriculture (Linares de Sapir and Ranere 1971).

It is questionable, however, whether kitchen gardens were widely utilized by the majority of the population in the El Cajon region. All of the largest communities (e.g. PC-1, PC-13, PC-15, PC-109) are tightly nucleated villages with house mounds frequently spaced 2–10 m apart. The largest open spaces between domestic structures are usually the small patio areas which presumably were left unobstructed and were used as work and assembly areas by the residents of the surrounding structures. In most large sites, therefore, there is little room for kitchen gardens within the limits of the site (Figures 9.1 and 9.2). Except for a few scattered trees or shrubs, virtually all agricultural plots would have been located outside residential boundaries.

Kitchen gardens are more likely to have been utilized at the small and intermediate sized communities throughout the region. Although individual structures are still closely spaced, there is usually enough room between clusters of structures to have allowed for some small kitchen gardens within the limits of the settlement. Although it seems reasonable to project that some form of infield-outfield agricultural system was employed, it is impossible to be sure whether intensive intercropping similar to that predicted by the Wiseman model would have been practiced in vega plots away from individual settlements. It is possible that large communities were surrounded by a small zone of intensively cultivated infield plots approximating the ATF model, with the bulk of the agricultural staples produced in less intensively planted outfield plots. However, in the absence of ethnographic data I would doubt the existence of ATF style intercropping in outfield plots unattached to permanent residences.

The presence of arboriculture throughout the El Cajon region is interesting because of the way access to tree resources was treated among the ancient Maya. Throughout Mesoamerica claims over land were generally limited to usufruct rights by individual community members; land was not owned privately nor could it be alienated from the community land-

ambientales. Con frecuencia, aquellas no consiguen llevar la productividad a su máximo en ninguna de las esferas de subsistencia puesto que la especialización es contraproductiva en el marco estratégico general. Visto en su totalidad, los grupos que adoptan una estrategia de subsistencia diversificada tienden a estabilizarse a niveles demográficos por debajo del máximo de la capacidad de carga regional.

El análisis de las colecciones de flora y fauna sugiere que los grupos precolombinos en la región de El Cajón, redujeron al mínimo el riesgo de subsistencia, empleando una estrategia de explotación de amplia cobertura. Las unidades domésticas individuales mantuvieron el acceso a una amplia gama de recursos, sin extremar la especialización en ninguno de los sistemas de explotación. Las prácticas de subsistencia en la región de El Cajón durante los Períodos Formativo y Clásico se asemejan a los sistemas adaptativos de amplio espectro practicados en toda Mesoamérica entre muchos grupos sedentarios tempranos (Coe y Flannery 1967; Flannery 1976a). Los limitados datos disponibles para otras partes de Honduras sugieren una adaptación semejante durante las Fases I-III de Yarumela en el Valle de Comayagua (Joesink-Mandeville 1985) y en los Períodos Formativo Tardío y Clásico en el Valle de Sula (Joyce 1985; Pope 1987).

Creemos que es significativo que el desarrollo sociopolítico en la región de El Cajón alcanzara el nivel de cacicazgos complejos (Hirth 1986b, 1987), reteniendo las actividades de caza, pesca y recolección periódica como importantes contribuciones a la dieta. Esto es probablemente el resultado de la interrelación de los siguientes factores: 1) un localmente rico y diversificado ambiente disponible para la explotación y 2) bajos niveles de presión demográfica dentro de la región. En realidad, existen muchos más recursos disponibles que los que parecen haber sido explotados por los grupos precolombinos. Ni el ramón, como tampoco la bellota del roble, parecen haber sido utilizados como recurso alimenticio, a pesar de su presencia en la región (Lentz, Capítulo 7, este volumen). De igual manera, hay poca indicación de que el perro o el pavo, los dos principales animales domesticados en Mesoamérica, hayan figurado prominentemente como fuente de proteína animal (Hirth 1985b). Los datos procedentes de la región de El Cajón confirman, por lo tanto, el modelo de economía diversificada característico de los sistemas de subsistencia tropicales continentales. No obstante que los grupos en otras partes de los trópicos pueden haber substituido la caza terrestre o la recolección periódica por la domesticación de animales, la estrategia general parece ser compatible con la reducción al mínimo del riesgo de subsistencia por medio de la explotación de una diversidad de nichos ecológicos.

El Modelo Agrícola del Bosque Tropical Artificial

En una reciente publicación, Wiseman (1978) ha sugerido que los mayas de las tierras bajas combinaron el cultivo del maíz con una variedad de árboles, plantas rastreras y tubércu-

los para crear un sistema agrícola que puede ser designado como "Bosque Tropical Artificial" (BTA). En este sistema una variedad de plantas útiles se intercalan para el uso intensivo de la misma parcela con el objeto de crear un ambiente compatible con la vegetación natural que la rodea. El resultado debió haber sido un sistema de producción agrícola que reducía los efectos de la erosión, lixiviación, crecimiento de la maleza y las plagas (Wiseman 1978).

Los datos provenientes de la región de El Cajón son, cuando menos parcialmente, compatibles con el modelo del Bosque Tropical Artificial. Lentz (Capítulo 7, este volumen) ha documentado la utilización de una amplia gama de especies de plantas, incluyendo ciertas especies de árboles. De lo anterior Lentz concluye que la arboricultura constituía un significativo componente del sistema de subsistencia. Lentz enfatiza la abundancia de coyol y sugiere que bien puede haber sido sembrado intencionalmente más que dejado en pie al azar durante el desmonte de las parcelas destinadas a la agricultura (Lentz 1984). La práctica de la arboricultura, ya sea por medio de una tala selectiva o siembra intencional, habría proporcionado el techo vegetal de altura bajo cuya protección las especies rastreras y tubérculos de sombra podrían haber sido cultivadas de acuerdo al ya mencionado modelo de Wiseman.

La implantación de un sistema agrícola que se aproximará al modelo del Bosque Tropical Artificial podría haber reducido varios de los factores que constreñían la producción en esa época dentro de la región. El cultivo alternado e intensivo, del tipo asociado con el modelo del Bosque Tropical Artificial, ofrece dos ventajas en relación con el monocultivo. Primero, disminuye la pérdida del suelo, lo cual, a su vez, reduce la erosión durante la estación de lluvias. La erosión es uno de los principales factores que limitan la utilización de las laderas en la región de El Cajón (Loker, Capítulo 6, este volumen); el cultivo alternado e intensivo habría reducido la duración del uso de las parcelas en esas zonas. Segundo, un cultivo alternado e intensivo habría ayudado a combatir el crecimiento de la maleza. Loker (Capítulo 6, este volumen) ha demostrado convincentemente que la desyerba es una de las tareas de mayor inversión de labor, limitando la cantidad de tierra agrícola que una unidad doméstica promedio puede cultivar efectivamente. Cualquier reducción en el tiempo necesario para la desyerba de las parcelas podría ser invertido en 1) ampliar el perímetro bajo cultivo o 2) dedicarse a actividades complementarias de subsistencia como la caza o pesca (Hirth 1985b). Cualquiera de estas alternativas podría haber elevado significativamente la productividad general de una unidad doméstica.

En todo caso, de representar este modelo realisticamente el tipo de actividad agrícola precolombina propia de la región de El Cajón, esto deberá ser juzgado en base a algo más que solo su potencial de rendimiento. Sanders (comunicación personal) ha observado que la mayoría de los casos etnográficos que corresponden al modelo de Wiseman (1978) son huertas o pequeñas parcelas de sembrados asociados con las casas de habitación. Aquí un cultivo alternado e intensivo es una

Figure 9.1. Residential clusters with tightly nucleated residential structures at Salitron Viejo.
Figura 9.1. Agrupamientos residenciales muy apiñados con montículos residenciales en Salitrón Viejo.

holding unit except through elite expropriation or conquest. However, the rights to tree crops such as cacao could be privately owned because of the length of time over which they produced (Millon 1955). Presumably this was the basis of Maya elite control over large cacao plantations which were the sources of considerable individual wealth (Thompson 1970; Millon 1955).

This raises the question of how tree crops were controlled throughout the El Cajon region. Tree crops clearly were not controlled by the local elite since these plant remains, especially *coyol*, are found in all households and community types. It is more likely that they were harvested communally or exploited on an ad hoc basis by individual households as part of an unstructured gathering cycle. It is equally possible that the rights to tree crops remained within the domain of in-

dividual agriculturalists within whose fields they occurred. In this scenario arboriculture could help stabilize land tenure and reduce shifting cultivation within the region as agriculturalists maintain access to plots where tree crops were readily available along field boundaries. The potential of stable agricultural systems within vega bottoms has been discussed by Loker in chapter 6 of this volume. It is clear that vega soils had the ability to support productive short fallow and annual cropping patterns over a relatively long period of time. This permitted sites such as Salitron Viejo to maintain a large stable population over a period of more than a 1000 years.

Data from the El Cajon region raises several interesting questions about the suitability of the ATF model (Wiseman 1978) for interpreting agricultural strategies within central Honduras. It appears that prehistoric groups did not incor-

función directa de múltiples factores que incluyen un prolongado período de habitación de la unidad doméstica, enriquecimiento del suelo por medio de la fertilización periódica y la participación de las mujeres en el mantenimiento de la huerta y en la utilización de los productos para la preparación de alimentos. Las huertas se combinan generalmente con parcelas de cultivo mayores situadas a cierta distancia de las casas de habitación, las cuales suplen la mayor parte de los productos de la dieta, pero donde se emplean formas menos intensivas de cultivo alternado. Con distintos nombres se refiere la literatura a este sistema, como parcela en el sitio y fuera del sitio de habitación (Sanders 1973) o también como huerta y milpa (Linares de Sapir y Ranere 1971).

Es dudoso, sin embargo, que la huerta haya sido ampliamente utilizada por la mayoría de la población en la región de El Cajón. Todas las comunidades mayores (PC-1, PC-13, PC-15 y PC-109, por ejemplo) son asentamientos muy apiñados con montículos residenciales apartados entre sí de 2 a 10 m. Los más grandes espacios abiertos entre las estructuras domésticas suelen ser las pequeñas áreas de patio, las cuales presumiblemente fueron dejadas libres y utilizadas como lugares de trabajo y actividad por los residentes de las estructuras a su alrededor. En la mayoría de los asentamientos de gran tamaño, en consecuencia, quedó poco espacio para una huerta dentro de los límites del sitio mismo (Figuras 9.1 y 9.2). Con excepción de unos pocos árboles y arbustos distribuidos entre las estructuras, virtualmente todas las parcelas de cultivo deben haber estado localizadas en la periferia de la comunidad.

Es más probable que las huertas hayan sido utilizadas en las comunidades pequeñas e intermedias en la región. Aunque las estructuras individuales también se encuentran muy juntas, con frecuencia hay más espacio entre los conjuntos de estructuras como para haber permitido la existencia de algunas pequeñas huertas dentro de los límites del asentamiento. Aunque parece razonable asumir que fue practicada alguna forma del sistema que combina la parcela en el sitio con otra fuera de él, es imposible asegurar que se haya practicado un cultivo alternado e intensivo similar al propuesto por el modelo de Wiseman en parcelas de vega alejadas de los distintos asentamientos. Es posible que las comunidades grandes estuvieran rodeadas por una estrecha faja de huertas donde se practicaba el cultivo alternado e intensivo, en aproximación al modelo del Bosque Tropical Artificial, obteniendo el grueso de los productos agrícolas cultivados menos intensivamente en las parcelas fuera del asentamiento. Sin embargo, en ausencia de datos etnográficos, pondríamos en duda la existencia del tipo de cultivo alternado, propio del Bosque Tropical Artificial, en parcelas sin conexión con los lugares de habitación permanente.

La existencia de arboricultura en la región de El Cajón es de interés debido a la forma en que el acceso a los árboles frutales es tratado por los antiguos mayas. En toda Mesoamérica los derechos a la tierra se limitaron generalmente al usufructo por parte de los miembros de una cierta comunidad; la tierra no estaba en manos privadas ni podía ser usurpada a la comunidad que la tenía en uso excepto como resultado de expropiación por parte de la élite o por conquista. Sin embargo, los derechos sobre los árboles frutales, tales como el cacao, podrían haberse vuelto privados debido al largo tiempo en que permanecen productivos (Millon 1955). Es de presumir que ésta fue la base sobre la cual la élite maya ejercía el control sobre las grandes plantaciones de cacao que fueron fuente de considerable riqueza individual (Millon 1955; Thompson 1970).

Esto hace surgir la pregunta de cómo se ejerció el control sobre el usufructo de los árboles frutales en la región de El Cajón. El usufructo de ellos no fue claramente una prerrogativa de la élite local puesto que los restos de estas plantas, especialmente de coyol, se encuentran en todas las unidades domésticas y tipos de asentamientos. Es más probable que la cosecha se hiciera comunalmente o que el producto fuera explotado ad hoc por las unidades domésticas individuales como parte de un ciclo de recolección sin estructuración alguna. Es igualmente posible que los derechos sobre estos árboles correspondieran a la esfera individual de dominio de los agricultores en cuyas parcelas crecían. En este escenario, la arboricultura podría haber estabilizado la tenencia de la tierra y reducido el incentivo para el cultivo rotativo dentro de la región, en la medida que los agricultores mantenían el acceso exclusivo a las parcelas en cuyos límites los árboles frutales estaban disponibles. El potencial de los sistemas agrícolas de explotación continua en las vegas ha sido discutido por Loker en el Capítulo 6 de este volumen. Es claro que los suelos de vega poseen el potencial para mantener productivos ciclos de corto barbecho e ininterrumpida cosecha anual por un relativamente largo período de tiempo. Esto permitió en sitios como Salitrón Viejo sostener una gran población permanente durante un lapso de tiempo de más de 1,000 años.

Los datos de la región de El Cajón hacen surgir varios interesantes interrogantes sobre la utilidad del modelo del Bosque Tropical Artificial para la interpretación de las estrategias agrícolas en las tierras centrales de Honduras. Los grupos precolombinos que nos ocupan no incorporaron dentro del plan de sus comunidades espacio para huertas en las cuales podrían haber practicado un cultivo intensivo y diversificado. El modelo de Wiseman fue originalmente desarrollado para las tierras bajas mayas en donde las huertas fueron aparentemente incorporadas dentro del trazo de los asentamientos. Las comunidades precolombinas en la región de El Cajón (Hirth 1982b; Hasemann, Dixon y Yonk 1982; Messenger, 1982, 1984; Lara Pinto y Sheptak 1985; Benyo y O'Mack 1985; Benyo 1986) están más estrechamente apiñadas que los centros de similar tamaño en la región maya (Willey et al. 1965; Haviland 1970; Folan 1983). Como resultado de lo anterior, las parcelas que rodeaban los asentamientos deben haber tenido una gran demanda. A pesar de que no está claro como la arboricultura fue incorporada dentro de este sistema, consideramos que contribuyó a estabilizar el patrón local de explotación de las parcelas reduciendo el cultivo rotativo al mismo tiempo que ensanchó la base general de subsistencia.

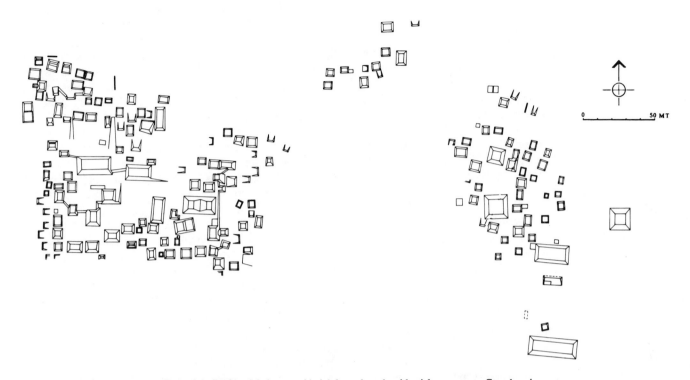

Figure 9.2. Residential clusters with tightly nucleated residential structures at Guarabuqui.
Figura 9.2. Agrupamientos residenciales muy apiñados con montículos residenciales en Guarabuquí.

porate intensely cropped, diversified kitchen gardens into the community plan. Wiseman's model was originally developed for the Maya Lowlands where kitchen gardens were apparently incorporated into the overall community plan. Prehistoric communities in the El Cajon region (Hirth 1982b; Hasemann, Dixon and Yonk 1982; Messenger 1982; Lara and Sheptak 1985; Benyo and O'Mack 1985) are more tightly nucleated than similarly sized centers in the Maya region (Haviland 1970; Willey et al. 1965; Folan 1983). As a result agricultural plots surrounding the village must have been in high demand. Although it is unclear how arboriculture was incorporated into this system, I suspect it helped to stabilize local shifting cultivation while it broadened the subsistence base and reduced subsistence risk.

Population and Agriculture

One relationship which archaeologists are particularly interested in is the extent to which local populations grow to, or exceed the demographic carrying capacity of the local resource base. This relationship is referred to as population pressure and is important conceptually because of evolutionary changes which may occur when insufficient resources are available to support a society (Boserup 1965; Carneiro 1970; Spooner 1972). Population pressure is an interesting evolutionary mechanism because the stimulus for cultural change lies partially outside the cultural system being affected. Demo-

graphic levels and rates of population growth, therefore, are important processes for archaeologists to monitor. Population pressure has been used more often than any other single evolutionary mechanism to explain the development of complex society and the origin of the state in Mesoamerica (Carneiro 1970; Flannery 1972; Sanders, Parsons, and Santley 1979).

One of the theoretical questions which the PAEC was interested in examining was whether population pressure was an important variable in the cultural development of the El Cajon region. Several factors suggested that it was. First, the area resembles a sharply circumscribed agricultural environment (Carneiro 1970). The best agricultural land is restricted to the narrow alluvial valley along the Humuya and Sulaco Rivers and agricultural production is limited by rainfall patterns to a single crop per year. Secondly, the results from the initial settlement survey within the Reservoir Impact Zone (RIZ) suggested that maximum regional demographic levels were achieved during the Late Classic period (Hirth et. al. 1981; Hasemann, Dixon and Yonk 1982; Hasemann 1987). It was possible that population growth within this circumscribed environment could have provided the stimulus for both the emergence of the large Salitron chiefdom and its eventual collapse at the end of the Classic. Finally, regional reconnaissance outside of the reservoir zone (Hirth 1984a) suggested that permanent agricultural communities began to appear in less productive upland zones during the Late Classic period.

Población y Agricultura

Una correlación en la cual los arqueólogos están particularmente interesados es el grado en que las poblaciones locales crecen o exceden la capacidad de carga de los recursos de una región. Esta correlación es denominada presión demográfica y es de importancia conceptualmente debido a los cambios evolucionarios que pueden ocurrir cuando los recursos disponibles son insuficientes para sostener una sociedad dada (Boserup 1965; Carneiro 1970; Spooner 1972). La presión demográfica actúa como un interesante mecanismo evolucionario debido a que el estímulo para el cambio cultural yace fuera del sistema cultural que está siendo afectado. Los niveles demográficos y las tasas de crecimiento poblacional, por lo tanto, son importantes procesos para ser observados por los arqueólogos. La presión demográfica ha sido utilizada más frecuentemente que cualquier otro mecanismo evolucionario para explicar el desarrollo de las sociedades complejas y los orígenes del estado en Mesoamérica (Carneiro 1970; Flannery 1972; Sanders, Parsons y Santley 1979).

Uno de los interrogantes teóricos que el Proyecto Arqueológico El Cajón estaba interesado en examinar fue si en verdad la presión demográfica constituyó una importante variable en el desarrollo cultural de la región de El Cajón. Varios factores sugieren que así fue. Primero, el área representa un ambiente agrícola extremadamente circunscrito (Carneiro 1970). La tierra agrícola óptima está restringida a los estrechos valles aluviales a lo largo de los Ríos Sulaco y Humuya y la producción agrícola se ve limitada por los patrones de precipitación pluvial a una sola cosecha anual. Segundo, los resultados del reconocimiento inicial de los asentamientos dentro de la Zona de Embalse sugieren que el máximo nivel demográfico fue alcanzado durante el Período Clásico Tardío (Hirth et al. 1981; Hasemann, Dixon y Yonk 1982; Hasemann 1987). Es posible que el crecimiento de la población dentro de este circunscrito ambiente pueda haberse convertido en el estímulo tanto para el surgimiento de un gran cacicazgo en Salitrón Viejo como para su colapso al final del Período Clásico. Por último, el reconocimiento regional fuera de la Zona de Embalse (Hirth 1984a) sugiere que comunidades agrícolas permanentes empezaron a hacer su aparición en las tierras altas durante el Clásico Tardío. El asunto que continúa sin ser resuelto es si el movimiento poblacional detectado en las tierras altas fue causado por una presión demográfica en los pisos de los valles aluviales.

Los resultados del análisis de Loker sobre la capacidad de carga regional son de particular importancia para nuestra comprensión del desarrollo cultural dentro de la región de El Cajón (Capítulo 6). Loker intenta estimar la capacidad de carga precolombina de las vegas, piedemontes y pendientes escarpadas utilizando las cifras contemporáneas arrojadas durante un año de productividad típica. Su modelo de la ecología agrícola precolombina se basa en una precisa comprensión de las condiciones locales y toma en consideración los ciclos de cultivo/barbecho, la más baja productividad de las antiguas variedades de plantas y las periódicas reducciones de la cosecha causadas por condiciones agrícolas adversas. Con estos datos Loker ha podido estimar una capacidad de carga teórica *máxima* y una capacidad de carga teórica *óptima*. Estos dos niveles fueron luego comparados con los cálculos preliminares, pero realistas, de los niveles demográficos precolombinos durante el Clásico Tardío.

La conclusión alcanzada es que la presión demográfica *no* parece haber sido un factor importante en la región de El Cajón, aún cuando se utilicen cálculos conservadores de la producción agrícola. Loker observa que aunque la población regional estaba acercándose a la capacidad de carga óptima (es decir, a niveles de población que pueden ser mantenidos aún durante los años de más baja productividad), se encontraba muy por debajo de la capacidad de carga máxima; de haber sido otro el caso, esto habría ocasionado una fuerte tensión en el ecosistema local. Una serie de factores adicionales apoyan estas conclusiones, sugiriendo que los niveles demográficos pueden haber sido intencionalmente mantenidos por debajo de la capacidad de carga óptima.

Las conclusiones de Loker se fundan en el análisis de captación de los conglomerados de sitios más densamente ocupados en la región. Este análisis se base en la cantidad de tierra localizada en el área de captación de sus conglomerados y no en el total disponible de tierra cultivable dentro de la Zona de Embalse o en las zonas adyacentes de tierra alta.[1] Dado el hecho que los horticultores pueden desplazarse 20 km. o más para llegar a sus parcelas (Villa Rojas 1945; Chisholm 1968), es probable que las comunidades en la región de El Cajón también tenían acceso o acaso utilizaban tierra agrícola adicional fuera de los conglomerados regionales y no únicamente la disponible dentro de ellos como se ha propuesto hasta el momento. Bajo estas condiciones, la población estimada sería menor que la capacidad de carga óptima originalmente calculada y presentada en el Cuadro 6.20.

Una manera de evaluar esta posibilidad es calculando la cantidad de tierra que podía ser cultivada utilizando la mano de obra disponible en cada conglomerado de sitios. Esta estimación del potencial de tierra cultivable puede ser comparada, a su vez, con la estimación de la tierra bajo cultivo, como lo hiciera Loker para calcular la capacidad de carga óptima y máxima dentro de cada conglomerado (Cuadros 6.17 y 6.18). El potencial de tierra cultivable en cada conglomerado se calculó utilizando un factor de 2.5 ha. como el promedio de tierra que cada unidad doméstica podía cultivar con utensilios manuales solamente.[2] Esta cifra se expresó luego como un

---

1. Loker menciona, sin embargo, que el cálculo de la capacidad de carga de los conglomerados regionales sí incorpora toda la tierra correspondiente a las vegas en la Zona de Embalse. Esto refleja la fuerte tendencia a que los sitios más grandes se encontraran favorablemente ubicados para garantizar el acceso a la mayor cantidad de tierra agrícola óptima (Ver Capítulo 6).

2. La cifra de 2.5 ha. por unidad doméstica se basa en el reconocimiento etnográfico hecho por Loker, por medio del cual estableció que 2.48 ha. es el

The question which remained to be answered was whether demographic movement into the uplands was caused by population pressure in the valley lowlands.

The results of Loker's analysis of regional carrying capacity is particularly important for understanding cultural development within the El Cajon region (Chapter 6, this volume). He attempts to calculate the prehistoric carrying capacity of vega, piedmont, and steep slope land using contemporary productivity figures from a normal year. His model of prehistoric agricultural ecology is based on a fine-grained understanding of local conditions and takes into account crop-fallow cycles, the lower productivity of ancient cultivars, and periodic yield reductions due to adverse agricultural conditions. Using these data, he is able to calculate a theoretical maximum and theoretical optimum carrying capacity. These levels are then compared to preliminary but realistic estimates of maximum prehistoric population levels during the Late Classic.

The conclusion reached is that population pressure does not appear to have been important factor within the El Cajon region even when conservative estimates of agricultural productivity are used. Loker observes that while the regional population was approaching optimal carrying capacity (i.e. population levels which can be supported during the leanest years), it was well below maximum levels which would have caused serious stress on the local ecosystem. Several additional factors further strengthen these conclusions and suggest that population levels may have been maintained below even optimal carrying capacity.

Loker's conclusions are based on a catchment analysis of the most densely occupied site clusters throughout the region. This analysis is based on the amount of land located in the catchment clusters and not the total amount of cultivable land available to agriculturalists within the RIZ or the adjacent uplands zones.[1] Given the fact that horticulturalists may travel 20 km or more to reach agricultural plots (Villa Rojas 1945; Chisholm 1968), it is likely that communities in the El Cajon region had access to, or utilized more agricultural land than is contained within the regional site clusters as presently calculated. Under these conditions estimated population would be lower than the optimal carrying capacity as it originally was calculated in Table 6.20.

One way to assess this possibility is to calculate the amount of land which could be cultivated using the labor available within each cluster. This estimate of cultivation potential can be compared in turn to the estimated land in cultivation which Loker used to calculate optimal and maximum carrying capacity within each cluster (Tables 6.17 and 6.18). Cultivation potential for each cluster was estimated using 2.5 ha as the average amount of land each household could cultivate using only hand tools.[2] This figure was then expressed as a percentage of resources within each cluster that would have been utilized given average crop:fallow cycles. The results are summarized in Table 9.1. What is immediately apparent is that more land could have been cultivated than is readily available within each of these clusters. Although not all of the households in these communities may have engaged in agricultural production, there certainly was the potential for cultivating additional agricultural land outside of the immediately surrounding RIZ site cluster. This suggests that there was sufficient labor not only to utilize the resources available in each site cluster, but also to exploit more distant zones which would have raised the level at which population pressure might be expected to occur.

Ongoing ceramic analysis is clarifying the chronological phasing of site occupations in greater detail than when Loker attempted his initial analysis. While this work is not complete, it has been possible to subdivide the Late Classic into early and late subphases (see Chapter 8, this volume). Preliminary reanalysis of the regional testing materials suggests that not all of the sites were simultaneously occupied at the end of this period. I anticipate that when the analysis is concluded, regional population estimates will be lower than presently used by Loker (Table 6.20). In most cases this will show population levels substantially below even optimal carrying capacities throughout the region.

These data imply that population pressure did not play a significant role in the development or collapse of sociopolitical groups within the El Cajon region. I have suggested elsewhere that communities along the Sulaco River were organized as a chiefdom society under the domination of Salitron Viejo (Hirth 1986b, 1987). If there is a general conclusion to be reached from this study it is that chiefdom societies may emerge in areas with population levels well below their optimal or maximum carrying capacities. Although regional population growth may bring about culture change, recent investigations (Drennan 1987; Feinman and Neitzel 1984) suggest that regional population pressure was not a fundamental cause in the development of chiefdom societies. In most cases I believe the resource requirements and population levels of chiefdoms were sufficiently low that most areas of Mesoamerica were capable of supporting them at levels well below regional carrying capacities. More important may be the appearance of resource control mechanisms which irrespective of regional population levels, enable wealth to be concentrated in the hands of an emerging elite. This

1. Loker does note, however, that the calculation of carrying capacity by regional site cluster does incorporate all of the class 1 vega land in the RIZ zone. This reflects the strong tendency for the largest sites to be favorably located so as to maintain access to greatest amount of the most productive agricultural land (see Chapter 6, this volume).

2. The figure of 2.5 ha per household is based on Loker's ethnographic survey which found that 2.48 ha was the averaged sized *milpa* cultivated throughout the region today. These figures assume a similar family structure and no economies to scale resulting from communal forms of work. Both larger families or communal labor arrangements would have increased the potential amount of land capable of being cultivated.

Cuadro 9.1. Potencial agrícola dentro de los conglomerados de sitios.

Conglomerado	Estimación de Unidades Domésticas[1]	Potencial Agrícola por Conglomerado[2]	Estimación del Area Cultivada[3]	Porcentaje de Mano de Obra Disponible[4]
Salitrón Viejo	484	1,210	953	78.8
Intendencia	297	743	650	87.5
La Ceiba	231	578	310	53.6
Guarabuquí	152	380	313	82.4
Cueva Grande	95	238	203	85.3
El Mango	46	115	267	100.0 *
Plan de Cerro	18	45	251	100.0 *

1. De cada estructura doméstica del Cuadro 6.20 se asume que representa una unidad deoméstica.

2. El potencial de cultivo se calcula en hectáreas multiplicando el número de las unidades domésticas estimadas en cada conglomerado por 2.5 ha., o sea el promedio del tamaño de una milpa en la región de El Cajón.

3. El área estimada bajo cultivo en cada conglomerado se basa en los Cuadros 6.17 y 6.18 en donde se emplean los ciclos de cultivo/barbecho para calcular la extensión de cada zona agrícola que se habría encontrado bajo cultivo en un momento dado.

4. Esto representa el porcentaje de la mano de obra disponible requerida para cultivar el total de la tierra cultivable que no se encontrara en barbecho en cada conglomerado (cuarta columna dividida entre la tercera columna).

* Indica el superávit de tierra agrícola en cada conglomerado en relación con el estimado de la mano de obra disponible para el cultivo.

porcentaje de los recursos que habrían sido utilizados dentro de cada conglomerado de acuerdo a un régimen promedio dado de ciclos de cultivo/barbecho. Los resultados se resumieron en el Cuadro 9.1. Aquí se trasluce inmediatamente que podría haber sido cultivada mucho más tierra que la que se encuentra disponible directamente dentro de cada uno de estos conglomerados. Aunque no todas las unidades domésticas en tales comunidades necesitan haber estado involucradas en la producción agrícola, existía un potencial adicional en tierra de cultivo fuera de los alrededores inmediatos de cada conglomerado de asentamientos en la Zona de Embalse. Lo anterior sugiere que se contaba con suficiente mano de obra, no únicamente para utilizar los recursos disponibles dentro de cada conglomerado, sino además para explotar zonas más distantes. Esto elevaría el nivel al cual se esperaría que se diera una presión demográfica.

El análisis de cerámica en desarrollo está ofreciendo ahora un panorama mucho más preciso sobre el ordenamiento cronológico de la ocupación de los sitios que el que se tenía a disposición cuando Loker llevó a cabo su evaluación inicial. Aún cuando el trabajo con la cerámica no se ha completado todavía, nos ha sido posible subdividir el Período Clásico Tardío en una subfase temprana y otra tardía (Ver Capítulo 8,

promedio del tamaño de las milpas en la región hoy en día. Estas cifras asumen una estructura familiar similar y que las economías a escala no se derivan de formas comunales de trabajo. Tanto las familias grandes como los arreglos para obtener labor comunal habrían incrementado el potencial de la tierra susceptible de ser cultivada.

este volumen). El apenas iniciado reanálisis de los materiales del programa de pruebas regionales sugiere que no todos los sitios estuvieron simultaneamente ocupados al final de este período. Nos atrevemos a predecir que cuando el análisis cerámico sea concluido, las estimaciones de la población regional serán más bajas que las utilizadas en este volumen por Loker (Cuadro 6.20). En la mayoría de los casos el análisis arrojará niveles demográficos substancialmente por debajo de la capacidad de carga óptima en toda la región.

Estos datos implican que la presión demográfica no jugó un significativo papel en el desarrollo o colapso de la organización sociopolítica de los grupos en la región de El Cajón. Hemos sugerido en otra parte que las comunidades a lo largo del Río Sulaco estaban organizadas en forma de una sociedad cacical bajo el dominio de Salitrón Viejo (Hirth 1986b, 1987). Si se ha de llegar a una conclusión de tipo general en este estudio, ésta será que las sociedades cacicales pueden emerger en áreas con niveles de población por debajo de la capacidad de carga óptima y máxima respectivamente. Aunque el crecimiento demográfico regional puede traer consigo ciertos cambios culturales, recientes investigaciones (Feinman y Neitzel 1984; Drennan 1987) sugieren que la presión demográfica regional no fue una causa fundamental en el desarrollo de las sociedades cacicales. En la mayor parte de los casos, creemos que la exigencia de recursos y los niveles demográficos de los cacicazgos fueron lo suficientemente bajos como para que la mayoría de las áreas de Mesoamérica se encontraran en capacidad de sostenerlos, manteniéndose la explotación de los

Table 9.1. Cultivation potential within site clusters.

Cluster	Estimated Households per Cluster[1]	Cluster Cultivation Potential[2]	Estimated Cultivated Area/Cluster[3]	Percent of Labor Resources[4]
Salitron Viejo	484	1210	953	78.8
Intendencia	297	743	650	87.5
La Ceiba	231	578	310	53.6
Guarabuqui	152	380	313	82.4
Cueva Grande	95	238	203	85.3
El Mango	46	115	267	100.0 *
Plan de Cerro	18	45	251	100.0 *

1. Each domestic structure in Table 6.20 is assumed to represent one household.

2. Cultivation potential is calculated in hectares by multiplying the number of estimated households per cluster by 2.5 ha, the average size milpa throughout the El Cajon region.

3. The estimated area under cultivation in each cluster is based on Tables 6.17 and 6.18 where crop:fallow cycles are used to calculate how much of each agricultural zone would be under cultivation at a given time.

4. This represents the percentage of available labor resources required to cultivate all of the land not in fallow within each site cluster (column 3 divided by column 2).

* Indicates a surplus of agricultural land in each cluster in relation to the estimated labor available for cultivation.

wealth is used for creating and expanding interelite alliances and supporting a larger number of retainers. The combined effect is the appearance of larger communities with greater internally differentiated status positions which may be at, or substantially below, regional demographic carrying capacities.

Population Decreases at the End of the Classic Period

Major cultural and demographic disruptions have been identified throughout southeastern Mesoamerica during the 9th and 10th centuries AD. This phenomenon was first observed within the Peten lowlands and marked the end of the Classic Maya civilization. The Classic Maya collapse is characterized by regional population decline and the abandonment of all major lowland centers between 9.18.9.0.0 (AD 799 at Palenque) and 10.4.0.0.0 (AD 909 at Tikal) A regional failure of elite-class culture is evident in the cessation of architectural activity, monument dedication using long count calendric notation and the manufacture of luxury items for trade and elite utilization. Although the literature on this topic is extensive (Culbert 1973; Willey and Shimkin 1973), scholars have not resolved what cause or set of causes brought about the collapse of Lowland Maya culture.

It is important to realize that cultural disruptions during the 9th and 10th centuries AD were not confined exclusively to the Peten lowlands. Similar events have been observed in adjacent areas of southeastern Mesoamerica including the north coast and central highlands of Honduras.[1] This implies that the events or causes which brought about the collapse of the Lowland Maya were pan-regional in scope and were not confined specifically to the Peten lowlands. Theories on the Maya collapse are quite diverse and include ecological failure (soil exhaustion, erosion, climatic change, grass competition), catastrophism (earthquakes, hurricanes, insect plagues), disease, demographic failure, and a variety of social phenomenon including invasion, economic stagnation and internal class conflict (Adams 1973). Although clearly dramatic, I believe the Classic Maya collapse *was part of a much broader cultural phenomenon which affected a variety of diverse cultures over a large area of southeastern Mesoamerica.* Before this problem can be resolved, archaeologists will have to 1) define the entire area over which this phenomenon occurred, 2) identify the similarities and differences in the cultural changes which took place, and 3) examine common or interrelated causes which could affect these changes across the entire region where it occurs.

In the El Cajon region cultural changes at the end of the Classic period are both dramatic and easy to summarize. All presently available data suggest that the area was completely abandoned at approximately 900 AD. None of the sites in the region show any trace of habitation or building activity after

1. Healy (1984) discusses cultural changes at the end of the Classic period but does not compare them to contemporary events in the Maya lowlands. I believe that scholars have been reticent to compare Late Classic cultural dislocations in Honduras with the "Maya collapse" because the scale of these changes is less dramatic than that recorded in the central Peten.

recursos muy por debajo de la capacidad de carga de la región. Más importante aún puede ser el surgimiento de mecanismos de control de los recursos, los cuales, independientemente de los niveles demográficos regionales, permitieron la concentración de riqueza en las manos de una naciente élite. Esta riqueza fue utilizada para crear y expandir las alianzas entre élites y sostener un gran número de dependientes. El efecto combinado de lo anterior es la aparición de más grandes comunidades con una mayor diferenciación interna en cuanto a sus posiciones, las cuales pueden encontrarse al nivel de la capacidad de carga demográfica o substancialmente por debajo de ella.

Decrecimiento de la Población al Final del Clásico Tardío

Importantes dislocaciones culturales y demográficas han sido registradas en todo el sureste de Mesoamérica durante los siglos IX y X de nuestra era. Este fenómeno fue observado primeramente en las tierras bajas de El Petén y marcan el fin de la civilización maya clásica. El colapso maya del Clásico se caracteriza por un descenso regional de la población y el abandono de los principales centros de las tierras bajas entre 9.18.9.0.0 (799 d.C. en Palenque) y 10.4.0.0.0 (909 en Tikal). Un vacío regional de la cultura de élite se hace evidente en el cese de la actividad arquitectónica, la dedicación de monumentos con uso de anotaciones calendáricas en la cuenta larga y la manufactura de objetos de lujo destinados al comercio y consumo de élite. No obstante que la literatura sobre este tópico es extensa (Culbert 1973; Willey y Shimkin 1973), los estudiosos no han determinando aún la causa o conjunto de causas que condujeron al colapso de la cultura maya en las tierras bajas.

Es importante estar concientes que las dislocaciones culturales acaecidas durante los siglos IX y X de nuestra era no se confinaron exclusivamente a las tierras bajas de El Petén. Eventos similares se han observado en áreas adyacentes al sureste de Mesoamérica, incluyendo la costa norte y las tierras altas centrales de Honduras.[1] Esto significa que los eventos o causas que produjeron el colapso en las tierras bajas mayas, tuvieron un alcance panregional y no redujeron su efecto específicamente a las tierras bajas en El Petén. Las teorías sobre el colapso maya son muy diversas e incluyen desbalances ecológicos (desgaste del suelo, erosión, cambios climáticos, competencia con la maleza), catástrofes (terremotos, huracanes, plagas de insectos), enfermedades, desbalances demográficos y una diversidad de fenómenos sociales que contemplan invasiones, estancamiento económico y conflictos internos de clase (Adams 1973). Aunque se trata sin lugar

a dudas de un dramático evento, creemos que el colapso maya en el Clásico *es parte de un fenómeno cultural de mucho más amplias proporciones, el cual afectó a una serie de culturas diversas en una extensa área del sureste de Mesoamérica.* Antes que este problema pueda ser resuelto los arqueólogos tendrán que 1) definir el área total en la cual se dio este fenómeno, 2) identificar las similitudes y diferencias de los cambios culturales que tuvieron lugar y 3) examinar las causas comunes o interrelacionadas que podrían haber afectado estos cambios a lo largo y ancho de la región donde ocurrieron.

En la región de El Cajón los cambios culturales al final del Período Clásico son dramáticos como fáciles de resumir. Todos los datos disponibles sugieren que el área fue abandonada completamente alrededor del año 900 d.C. Ninguno de los sitios en la región muestra señales de una habitación o actividad de construcción posterior de la ocupación del Yunque Tardío (Ver Capítulo 8, este volumen). De igual manera, el reconocimiento del patrón de asentamiento fuera de la Zona de Embalse ha confirmado que la población no se reubicó simplemente en las tierras altas vecinas a los valles aluviales (Hirth 1984a). Más bien parece que el área fue despoblada rápidamente debido a una emigración o a un dramático colapso demográfico local. Aunque estamos intentando identificar que pudo haber causado este abandono, es difícil hacerlo en ausencia de una cultura poscolapso en base a la cual evaluar los reajustes locales a un cambiante ambiente o cambiantes condiciones culturales.

Asimismo, aunque de naturaleza menos dramática, se tiene conocimiento de cambios culturales acaecidos en otras partes de Honduras al final del Período Clásico. En el Valle de Sula, el sitio de Cerro Palenque se desarrolló como un importante centro regional durante el Clásico Terminal, extendiéndose sus contactos comerciales a puntos tan distantes como la costa norte de Belice (Joyce 1985). Aproximadamente después del año 1,000 d.C., sin embargo, se atestigua en el Valle de Sula una rápido descenso de la población y un dramático cambio del patrón regional de asentamiento, de tal manera que pocos sitios del Posclásico han podido ser identificados por el Proyecto Arqueológico Valle de Sula. Recientes reconocimientos en la región de Santa Bárbara-Tencoa han establecido que el área continuó siendo ocupada a lo largo del Posclásico, a pesar del descenso demográfico que notan los investigadores entre el Clásico Tardío y el Posclásico Temprano (Shortman y Urban 1987:20; Benyo y Melchionne 1987:57). El reconocimiento en realización en el Valle de Comayagua (Dixon, 1986) también registra descenso de la población. En igual forma, los datos sobre el asentamiento procedentes de las áreas de Copán y La Entrada registran fuertes descensos de la población durante la fase (Ejar) correspondiente al Posclásico Temprano (Fash 1983:457). Recientes reconocimientos y excavaciones a escala regional, han establecido que la población que habitaban alrededor de Copán puede no haber disminuido tan rapidamente como se pensó en un principio. El análisis de más de 1,500 fechas obtenidas por medio de la hidratación de obsidiana indica que la población continuó residiendo en todo

---

1. Healy (1984) discute los cambios culturales al final del Período Clásico, pero no los compara con los eventos coetáneos en las tierras bajas mayas. Creemos que los estudiosos se han mostrado reticentes a comparar las perturbaciones culturales del Clásico Tardío en Honduras con el "Colapso Maya" debido a que la escala en que se dieron estos cambios es menos dramática que la registrada en las tierras centrales de El Petén.

the LateYunque phase (Chapter 8). Similarly, settlement survey outside the RIZ has confirmed that populations did not simply relocate locally from the valley alluvium into the neighboring uplands (Hirth 1984a). Rather, the area appears to have been rapidly depopulated either through outmigration or a dramatic local demographic collapse. Although we are attempting to identify what may have caused this abandonment, it is difficult to do so in the absence of a post-collapse culture with which to measure local readjustments to changing environmental or cultural conditions.

Similar, although less dramatic culture changes have been reported elsewhere in Honduras at the end of the Classic period. In the Sula Valley, the site of Cerro Palenque developed into an important regional center during the Terminal Classic period with long distance trade contacts extending as far north as coastal Belize (Joyce 1985). After about AD 1000, however, the Sula Valley witnessed a rapid population decline and a dramatic change in regional settlement pattern such that few Postclassic sites have been identified in the Sula Valley Archaeological Project. Recent surveys in the Santa Barbara-Tencoa region have identified that the area continued to be occupied throughout the Postclassic although investigators similarly note a drop in population between the Late Classic and Early Postclassic periods (Schortman and Urban 1987:20; Benyo and Melchionne 1987:57). Ongoing survey has also reported population declines in the Comayagua Valley at the end of the Classic (Dixon 1986). Likewise, settlement data both from the Copan and La Entrada areas report population declines during the Early Postclassic (Ejar) phase (Fash 1983:457). Recent regional survey and excavation has clarified that populations residing around Copan may not have declined as rapidly as originally thought. Analysis of over 1500 obsidian hydration dates indicate that population continued to reside throughout the Copan Valley to as late as 1000 AD (Webster and Freter 1988).

It seems that many of the same changes which affected a large portion of the Maya region during the 8th and 9th centuries also occurred at the same time in areas of central and western Honduras. The extent to which these changes were the result of similar or different processes is a topic which needs to be resolved. Many of the explanations proposed for the Maya collapse are not appropriate for central Honduras without modifying some of their basic assumptions. Nevertheless, it is useful to consider some of these explanations because they help clarify differences in the cultural composition and adaptive responses between the two areas.

A variety of explanations have been proposed for the Classic Maya ranging from ecological stress and cultural decline to environmental collapse (Adams 1973; Willey and Shimkin 1973). The least acceptable of these are catastrophic explanations which propose either earthquakes or hurricanes as the primary cause for these events. Earthquakes are not prevalent throughout Honduras, and while hurricanes may move inland to create considerable flooding and destroy crops, they would not have created sufficient havoc to bring about a widespread

cultural decline. They are generally unacceptable because they fail to explain why population levels declined and suggest that cultures are unable to adjust to periods of stress and changing environmental conditions.

Ecological explanations which look at the effects of intensive cultivation over a long period are more prevalent and plausible explanations for the Maya collapse (Sanders 1973). Population growth and agricultural intensification in the Peten lowlands appears to have resulted in soil exhaustion and erosion on a broad scale. Data is only beginning to be assembled about the productivity, durability, and recoverability of Honduran soils to judge the effects of prolonged and intensive use. Nevertheless, we would predict a drop in productivity if expanding population resulted in the intensified cultivation of hillside zones since erosion is the chief constraint of prolonged utilization of these areas in the El Cajon region. It appears, however, that soil productivity is significantly higher in the El Cajon region than is commonly found throughout the Maya Lowlands (see Table 6.12, this volume; Pope 1987:95). It is possible, therefore, that alluvial soils in central Honduras were capable of supporting higher regional population densities than the lowlands without placing stress on the ecological system. If this is true, then explanations based on population pressure and ecological stress will have to be carefully evaluated against data on regional agricultural potential.

Before this can be accomplished, soil fertility and production data will be needed from neighboring regions of Honduras. Only then will it be possible to simulate and compare probable carrying capacities with estimates of prehistoric population levels. As already discussed, I do not believe ecological stress and population pressure was a major factor in the demographic collapse of Late Classic culture in the El Cajon region. Furthermore it seems unlikely that ecological stresses would have been greater in areas like the Sula Valley, the Yojoa Basin, or the Comayagua Valley since these areas had greater quantities of rich alluvial land but did not support either significantly higher population densities or a more complex level of sociopolitical organization than is found in the El Cajon region.

An alternative theory is that population declined at the end of the Classic as a result of an increase in communicable diseases. Classic period Maya populations throughout the lowlands show evidence for considerable disease and malnutritional problems (Saul 1972). Nevertheless, it is unclear whether indigenous diseases such as tropical yellow fever ever had a significant effect on region wide population declines similar to the introduction of European diseases at the time of the conquest. Future analysis of large, well preserved skeletal populations may help resolve this problem. Preliminary skeletal analysis suggest that in the El Cajon region populations were both robust and relatively healthy throughout the Classic period (Ballinger and Storey 1986; Storey 1987). What are needed are large skeletal populations from Terminal Classic contexts with which to evaluate and compare overall health

el valle hasta el año 1,000 d.C. (Webster and Freter 1988).

Pareciera que muchos de los mismos cambios que afectaron una gran porción de la región maya durante los siglos VIII y IX ocurrieron al mismo tiempo en las áreas del centro y oeste de Honduras. El grado en que estos cambios fueron el resultado de procesos similares o diferentes es un tópico que todavía necesita ser resuelto. Muchas de las explicaciones propuestas para el colapso maya no son apropiadas para el centro de Honduras sin modificar algunas de los supuestos básicos. No obstante esto, es útil considerar algunas de estas explicaciones debido a que ayudan a esclarecer las diferencias entre ambas áreas en cuanto a la composición cultural y las respuestas adaptativas.

Una serie de explicaciones han sido propuestas para el colapso maya del Clásico, las cuales van de una tensión ecológica y declinación cultural a un colapso ambiental (Adams 1973; Willey y Shimkin 1973). Las explicaciones menos aceptable son aquellas basadas en catástrofes que proponen terremotos o huracanes como la causa primordial de estos eventos. Los terremotos no prevalecen en Honduras y aunque los huracanes pueden alcanzar el interior y crear considerables inundaciones y destrucción de las cosechas, no habrían provocado una asolación tal como para dar lugar a una declinación cultural tan generalizada. Es más, estas catástrofes no pueden explicar el porque los niveles demográficos descendieron y sugieren que las culturas no son capaces de adaptarse a períodos de tensión y de condiciones ambientales cambiantes.

Las explicaciones basadas en la ecología que observan los efectos del cultivo intensivo a lo largo de un gran período de tiempo, son más prevalentes y plausibles en el caso del colapso de la cultura maya clásica (Sanders 1973). El crecimiento de la población y la intensificación de la agricultura en las tierras bajas de El Petén parecen haber tenido como resultado el cansancio y la erosión del suelo a gran escala. Apenas están empezando a acumularse los datos sobre la productividad, durabilidad y regeneración de los suelos en Honduras con el objeto de evaluar los efectos de su prolongado e intensivo uso. A pesar de ello, habríamos predicho una baja de la productividad de provocar la expansión demográfica una intensificación del cultivo en las zonas de ladera, puesto que la erosión es la principal limitación para la utilización continua de estas áreas en la región de El Cajón. Pareciera, sin embargo, que la productividad del suelo es significativamente mayor en la región de El Cajón que lo que comunmente se observa en las tierras bajas mayas (Ver Cuadro 6.12, Capítulo 6; Pope 1987:95). Por ello es posible que los suelos aluviales en el centro de Honduras hayan sido capaces de sostener más altas densidades demográficas en la región, que lo que fue el caso en las tierras bajas, sin poner en tensión el sistema ecológico. Si esto es cierto, entonces las explicaciones basadas en la presión demográfica y el desbalance ecológico tendrán que ser cuidadosamente evaluadas frente a los datos sobre el potencial agrícola regional.

Antes que esto pueda ser realizado será necesario obtener datos sobre la fertilidad del suelo y la producción agrícola en las regiones vecinas de Honduras. Solamente entonces será posible simular y comparar las probables capacidades de carga con las estimaciones sobre los niveles de población precolombinos. Como ya se ha discutido, no creemos que la tensión ecológica y la presión demográfica constituyeron en combinación el principal factor que condujo al colapso demográfico de la cultura del Clásico Tardío en la región de El Cajón. Además, parece improbable que las tensiones ecológicas pudieran haber sido mayores en áreas como el Valle de Sula, la cuenca del Lago de Yojoa o el Valle de Comayagua, puesto que dichas áreas no solo poseen ricos suelos aluviales en mayor proporción, sino que tampoco tuvieron densidades de población significativamente más altas. Por otra parte no se han descubierto tampoco evidencias de un más complejo nivel de organización sociopolítica que el reinante en la región de El Cajón.

Una teoría aceptada como una alternativa es que la población disminuyó al final del Clásico como resultado del incremento de las enfermedades contagiosas. Las poblaciones mayas del Período Clásico muestran evidencias de considerables problemas patológicos y de desnutrición (Saul 1972). No obstante esto, no es claro si las enfermedades aborígenes, tales como la fiebre amarilla, alguna vez tuvieron un efecto determinante en el descenso de la población en un amplio marco regional, similar al que tuvo la introducción de las enfermedades europeas en la época de la conquista española. El incremento de las colecciones de restos óseos en buenas condiciones de preservación procedentes de distintas partes de Honduras, puede ayudar a resolver este problema. El análisis preliminar del material óseo sugiere que en la región de El Cajón la población era robusta y gozó relativamente de buena salud durante todo el Período Clásico (Ballinger y Storey 1986; Storey 1987). Lo que se necesita en este momento son colecciones óseas procedentes de contextos del Clásico Terminal en base a los cuales se puedan establecer comparaciones y hacer evaluaciones sobre las condiciones generales de la salud de estas poblaciones.

Explicaciones de carácter sociopolítico también han sido propuestas como causales del colapso maya en el Clásico. Las dos explicaciones más frecuentemente defendidas son 1) la teoría del conflicto de clases de acuerdo a la cual los agricultores se levantaron contra la despótica élite (Thompson 1966) y 2) la teoría de la invasión de grupos extranjeros (Sabloff y Willey 1967; Adams 1971). Aún cuando ambas teorías tienen aplicabilidad para las tierras bajas mayas del sur, ofrecen poco para el entendimiento de los eventos en las tierras centrales de Honduras. La hipótesis sobre el levantamiento de la masa agrícola asume que la sociedad estaba compuesta de distintas clases sociales, organizadas en un estado politicamente centralizado. Ninguna de estas características corresponde a lo que sabemos sobre las sociedades del Clásico Tardío en el centro de Honduras. Las sociedades aquí parecen haber estado organizadas a nivel de cacicazgos sin divisiones internas de clase (Hirth 1986b, 1987). En las sociedades cacicales las clases no existen y aquellas se encuentran organizadas por

conditions.

Sociopolitical explanations have also been advanced for the Classic Maya collapse. The two most frequently suggested explanations are 1) the class conflict theory where peasants are seen as revolting against a despotic elite (Thompson 1966), and 2) an invasion theory which explain the Maya collapse in terms of conquest by foreign groups (Adams 1971; Sabloff and Willey 1967). While both of these theories have merit for the southern Maya Lowlands, they provide little insight for events in central Honduras. The peasant revolt hypothesis assumes that the society was composed of distinct social classes which were organized as a centralized political state. Neither of these characteristics correspond to what is known about Late Classic societies throughout central Honduras. Societies here appear to have been organized as chiefdom level societies without internal class boundaries (Hirth 1986b, 1987). In chiefdom societies classes do not exist and these societies are organized using kinship relationships and alliances established between community headmen. Moreover, social boundaries are not so sharply drawn that internal conflict will bring about social collapse. Rather, internal social conflict is an ever present element in chiefdom societies where rank and prestige are subject to competition with existing lineage headmen and new lineages may be formed through village fission and resettlement (Flannery and Coe 1968).

Likewise there is no evidence for the conquest or the destruction of indigenous Honduran cultures by foreign invaders. Ethnographic data suggest that warfare was a characteristic of all nonstate societies throughout the world (Dalton 1977). From this it is probably safe to assume that warfare was also present in central Honduran societies during the Late Classic. In chiefdom societies, however, warfare usually does not occur on a large enough scale to eliminate an entire population. Warfare between chiefdoms is frequently prompted by competition over resources. Where this occurs, conflict may result in the gradual displacement and subsequent reoccupation of the disputed territory of one group by another. No such cycle of displacement-reoccupation can be observed in the El Cajon region so it is unlikely that warfare played a significant role in the dislocation of its Late Classic population.

I feel that the disruption of interregional exchange relationships was an important contributing factor to the decline of social complexity throughout central Honduras during the Late Classic period. This belief is based on the role which interregional exchange has in defining the social composition of stateless societies throughout the world. In stateless societies individuals depend on their lineages and community affiliations for their socioeconomic needs. These include 1) provisioning for all the basic subsistence resources, 2) emergency material support in time of death, famine, or plague, and 3) protection against both hostile neighbors and supernatural forces (Dalton 1981; Hirth 1989). These dependencies are expressed and fulfilled by the formation of visiting trade institutions (Heider 1969) and economic interaction spheres (Flannery 1968). Ceremonial exchanges were transactions between allied lineages which established the framework within which other activities took place. As Dalton (1981:23) states, ceremonial exchanges "were necessary to keep the peace of the alliance intact (and so permit other activities, such as trade, to be carried on securely)."

Many important interregional exchange relationships were disrupted throughout Honduras at the end of the Late Classic period (Schortman and Urban 1987). These disruptions would have impacted indigenous sociopolitical relationships in two important ways. First, they reflect a breakdown in the inter-elite exchange and alliance networks which were important in maintaining peace and interregional assistance networks. This would have been particularly important for groups in central Honduras where rainfall patterns are variable and inter-regional exchange networks safeguard against short-term fluctuations in agricultural productivity. The result would have been an increase in endemic warfare and a decrease in economic interdependencies at the regional level. Second, a decrease in interregional exchange would have reduced the quantity and availability of primitive valuables in the society. While this might seem to be a minor factor, primitive valuables play an important role in structuring internal social relationships within chiefdom societies (Dalton 1977; 1981). They are not simply "status goods" but the "currency" by which hierarchical social relationships are established and maintained between lineage heads in these societies (Hirth 1984b).

I feel that the decline in cultural complexity throughout Honduras at the end of the Classic period was a multifaceted process which was not the result of a single cause or event. While the disruption of interregional exchange relationships may have been one piece in this mosaic, they certainly do not explain or account for population declines at the regional level. Furthermore, I do not believe that the Late Classic cultural collapse in Honduras can be linked to similar events in the Maya area except by their relationships to similar causes. In other words, I do not feel that the Classic Maya collapse brought about the decline of Honduran cultures in any sort of "ripple effect." If anything, nonstate societies in Honduras appear to have been less severely damaged and more able to adapt to changing conditions than the more rigidly structured Maya.[1]

A thorough understanding of Late Classic cultural collapse phenomenon in southeastern Mesoamerica is dependent upon first seeing these events as something not restricted to the Maya Lowlands. These events may be linked to a series of common causes or conditions which encompass the southeastern periphery as a whole. While environmental and disease related explanations more readily lend themselves to this type

---

1. In Honduras this certainly appears to be the case when we compare Coner-Ejar phase transition in the Copan valley to the Late Classic-Early Postclassic transition in the Santa Barbara and Comayagua regions. While all of these regions undergo substantial reductions in population size, the decline in level of community complexity in any of these later areas is less dramatic than it is in Copan.

medio de relaciones de parentesco y alianzas establecidas entre los jefes de las distintas comunidades. Es más, las divisiones sociales no se hallan tan claramente definidas que los conflictos internos podrían provocar un colapso social. Más bien, los conflictos sociales internos son un elemento siempre presente en las sociedades cacicales en donde el rango y el prestigio están sujetos a la competencia entre los jefes de los linajes existentes y nuevos linajes pueden surgir por medio de la fisión de las comunidades y reasentamiento del segmento separatista (Flannery y Coe 1968).

De la misma manera no existe evidencia de una conquista o destrucción de las culturas aborígenes de Honduras a manos de invasores extranjeros. Los datos etnográficos sugieren que la guerra fue una característica de todas las sociedades no estados en el mundo (Dalton 1977). De acuerdo con esto, está fuera de riesgo asumir que la guerra también fue un elemento presente en las sociedades del centro de Honduras durante el Período Clásico Tardío. En las sociedades cacicales, sin embargo, la guerra por lo general no ocurre a una escala lo suficientemente amplia como para eliminar poblaciones enteras. La guerra entre cacicazgos puede surgir de la competencia por la obtención de escasos recursos. Donde este es el caso, el conflicto puede traer como resultado un gradual desplazamiento de un grupo y la subsecuente reocupación del territorio en disputa por otro. No se ha podido observar un ciclo tal de desplazamiento y reocupación en la región de El Cajón, de tal manera que es improbable que la guerra haya jugado un papel significativo en la dislocación de la población del Clásico Tardío.

Es nuestro sentir que el resquebrajamiento de las relaciones regionales de intercambio constituye un importante factor que contribuyó a la declinación de la complejidad social en las tierras centrales de Honduras durante el Período Clásico. Esto lo basamos en el papel que se le adjudica al intercambio interregional en la definición de la composición social de las sociedades no estados en el resto del mundo. En las sociedades no estados, los individuos dependen de las afiliaciones de su linaje y comunidad para satisfacer sus necesidades socioeconómicas. Estas incluyen 1) aprovisionamiento de los recursos básicos para la subsistencia, 2) apoyo material de emergencia en casos de muerte, hambre o plagas y 3) protección contra vecinos hostiles y fuerzas sobrenaturales (Dalton 1981; Hirth 1989). Esta dependencia se expresa y es satisfecha por medio de la creación de instituciones de comercio itinerante (Heider 1969) y esferas de interacción económica (Flannery 1968). El intercambio ceremonial se da en forma de transacciones entre linajes aliados, estableciendo el marco dentro del cual tienen lugar otras actividades. Como expresa Dalton (1981:23), el intercambio ceremonial "fue necesario para mantener intacta la paz dentro de la alianza (y permitir llevar a cabo seguramente otras actividades como el comercio)".

Muchos importantes intercambios interregionales fueron interrumpidos en todo Honduras al final del Período Clásico Tardío (Schortman y Urban 1987). Estos rompimientos debieron haber hecho impacto en las relaciones indígenas de orden sociopolítico de dos influyentes maneras. Primero, ellas reflejan una interrupción de la red de intercambio y alianzas entre élites, lo cual era de importancia para mantener la paz y las conexiones de asistencia interregionales. Esto hubiera sido particularmente relevante para los grupos del centro de Honduras donde los patrones de precipitación fluvial son variables y una red de intercambio interregional hubiera constituido una especie de salvaguardia en caso de fluctuaciones a corto plazo de la productividad agrícola. El resultado hubiera sido un incremento de la guerra endémica y una disminución de la interdependencia económica a nivel regional. Segundo, una disminución del intercambio interregional habría reducido la cantidad y disponibilidad de los bienes de valor intrínseco en una sociedad dada. Aunque esto parecería ser un factor de poca monta, los bienes de valor intrínseco juegan un papel importante en la estructuración de las relaciones sociales internas de las sociedades cacicales (Dalton 1977, 1981). Estos valores no son simplemente "bienes de clase", sino que además la "moneda" por medio de la cual se establecen y mantienen las relaciones sociales ente los cabezas de linaje en esas sociedades (Hirth 1984b).

Creemos que la declinación de la complejidad cultural en Honduras al final del Período Clásico fue un proceso multifacético que no se produjo a consecuencia de una única causa o evento. Aunque la interrupción del intercambio interregional puede haber sido una pieza del mosaico, esto ciertamente no explica o da las razones para el descenso de la población a nivel regional. Es más, no somos de la opinión que el colapso cultural en Honduras pueda ser puesto en relación con eventos similares ocurridos en el área maya, excepto por el hecho que tuvieron una causa común. En otras palabras, no creemos que el colapso de la cultura clásica maya trajo consigo la declinación de los grupos en Honduras siguiendo el efecto de una "onda concéntrica". Si acaso, las sociedades no estados en Honduras parecen haber sido menos severamente afectadas y haberse encontrado en mejor capacidad de adaptarse a las condiciones cambiantes que la tan rigidamente estructurada sociedad maya.[1]

Una comprensión a fondo del fenómeno del colapso cultural en el sureste de Mesoamérica en el Clásico Tardío depende mucho de la consideración de estos eventos como algo que no se restringió a las tierras bajas mayas. Estos eventos pueden ser relacionados con una serie de causas o condiciones comunes que cubren la periferia sureste en su totalidad. A pesar de que las explicaciones que se refieren al ambiente o las enfermedades conducen más fácilmente a este tipo de interpretación, no podemos ignorar el efecto acelerativo que los cambios culturales tienen también en este proceso.

---

1. En Honduras esto ciertamente parece ser el caso cuando comparamos la transición de las fases Coner-Ejar en el Valle de Copán con la transición al Posclásico Temprano en las regiones de Santa Bárbara o Comayagua. Aún cuando todas estas regiones sufrieron substanciales reducciones en el tamaño de la población, la declinación es menos notable en cualquiera de estas dos áreas en lo que se refiere a la complejidad jerárquica de las comunidades.

of interpretation, we cannot ignore the accelerating effect which social changes also have on this process.

Summary

The PAEC has provided a large and diversified data set with which to study tropical subsistence systems in southeastern Mesoamerica. Its provides valuable documentation for a variety of subsistence activities including agriculture, wild plant collecting, hunting, and fishing. Groups in the El Cajon region favored diversification rather than intensification as their primary adaptive strategy. While this is a successful way to protect against economic shortfalls due to draught or plague, it does place constraints on cultural development. Groups will be attracted to, and will concentrate in areas of microenvironmental diversity but there are few economies of scale to be achieved by congregating in large communities. While large communities provide security and social interaction, diversified horticulturalists usually prefer a dispersed settlement pattern because it is more efficient for exploiting regional resources. A dispersed settlement pattern also helps maintain population levels below regional carrying capacities since the spacing behavior of communities is based on social factors. This usually insures a lower utilization of good agricultural land than if the population was nucleated into fewer, larger communities.

The PAEC has documented the relationship between population growth and land use throughout the region. Most importantly, the data suggest that populations did not undergo stress due to limited or fluctuating resources. The use of a diversified economic strategy in a rich and bountiful environment maintained subsistence risk at low to moderate levels. In the absence of other external stimuli, there would have been no need to intensify agricultural production. It is significant that nowhere in central Honduras do we find societies which even remotely resemble the powerful states of the Classic period Maya. From an evolutionary perspective this reinforces an observation made in many parts of the world that an abundant environmental base is a necessary but not sufficient condition for the emergence of state societies. Chiefdom societies proliferate in this setting but never cross the boundary into class structured, coercive, and bureaucratic polities.

Evidence for a cultural decline throughout Honduras at the end of the Classic is an interesting phenomenon which has important implications for our understanding of cultural processes throughout southeastern Mesoamerica. While specific causes for these events have not been proposed for the Honduran data, I have critiqued the suitability of those explanations commonly used for the Lowland Maya collapse. In most cases explanations for the Lowland Maya collapse are either too culturally specific or are contradicted by other data about Classic period adaptations in Honduras. The data from central Honduras suggest that dramatic cultural adjustments at the end of the Classic period are much more widespread than presently thought. Only by first defining the geographic extent over which these manifestations occur will we be able to understand the reasons behind the decline of cultural complexity at the end of the Classic period.

This chapter like others in this volume summarizes some of the data collected by the project. It provides "grist for the mill" rather than representing the final synthesis of our ideas. Future volumes will examine many of the issues raised here in greater detail. From this we hope to reconstruct an accurate picture of prehistoric life in the El Cajon region and broaden our understanding of ecological and evolutionary processes in central Honduras.

Resumen

El Proyecto Arqueológico El Cajón ha aportado un conjunto de datos diversificado y de grandes alcances para estudiar los sistemas de subsistencia tropicales en el sureste de Mesoamérica. Además, ha contribuido con documentación valiosa acerca de una diversidad de actividades de subsistencia, incluyendo la agricultura, la recolección de plantas silvestres, la caza y la pesca. Los grupos en la región de El Cajón favorecieron la diversificación por sobre la intensificación como estrategia primaria de adaptación. Aunque ésta es una forma exitosa de protegerse contra los impases económicos ocasionados por la sequía o las plagas, pone limitaciones al desarrollo cultural. Por lo tanto, estos grupos se verían atraídos y se concentrarían en áreas de diversidad microambiental, en donde, sin embargo, existen pocas economías a escala para una congregación de la población en grandes comunidades. No obstante que las comunidades grandes ofrecen seguridad e interacción social, los horticultores que practican la diversificación, por lo general prefieren un patrón de asentamiento disperso, puesto que es más eficiente para la explotación de los recursos regionales. Un patrón de asentamiento disperso también ayuda a mantener los niveles demográficos por debajo de la capacidad de carga regional debido a que el espaciamiento de las comunidades se basa en factores sociales, los cuales usualmente garantizan una menos intensa utilización de la tierra agrícola fértil, que la que se haría necesaria de encontrarse la población concentrada en unas cuantas comunidades de gran tamaño.

El Proyecto Arqueológico El Cajón ha documentado la relación existente entre el crecimiento de la población y el uso de la tierra en la región de El Cajón. De mayor importancia es el hecho que los datos sugieren que la población no estaba sometida, según sugieren los datos, a una presión ejercida por limitados o fluctuantes recursos. El empleo de una estrategia económica diversificada, en un ambiente rico, redujo el riesgo de la subsistencia a niveles que van de bajos a moderados. En ausencia de estímulos externos como el que constituye el crecimiento demográfico, no se habría dado la necesidad de intensificar la producción agrícola. Es significativo que en las tierras centrales de Honduras no se encuentran sociedades que se asemejen ni remotamente a las sociedades estados del Período Clásico. Desde una perspectiva evolucionaria esto refuerza una observación hecha en muchas partes del mundo acerca de que un rico ambiente es una base necesaria, pero no condición suficiente para el surgimiento de sociedades estados. Las sociedades cacicales proliferan en este marco, pero nunca cruzan el límite hacia entes políticos con estructuración de clases, coersivos y burocráticos.

La evidencia de la declinación cultural en todo Honduras al final del Clásico es un fenómeno interesante que tiene importantes implicaciones para nuestra comprensión de los procesos culturales acaecidos en el sureste de Mesoamérica. Aunque no se han propuesto causas específicas para estos eventos en el caso documentado en Honduras, hemos criticado la aplicabilidad de las explicaciones comunmente ofrecidas para el colapso cultural en las tierras bajas mayas. En la mayoría de los casos, las explicaciones para este colapso son o demasiado específicas culturalmente o se ven contradichas por otros datos sobre las distintas adaptaciones de los grupos del Período Clásico en Honduras. Estos datos claramente demuestran que los dramáticos ajustes culturales que tuvieron lugar al final del Período Clásico, se encuentran más ampliamente distribuidos que lo que se había asumido hasta el presente. Solamente por medio de una primera definición de la extensión geográfica en la cual ocurrieron estos eventos, será posible comprender las razones trás esta declinación cultural al fin del Período Clásico.

Este capítulo, como otros en este volumen, resume algunos de los más importantes datos obtenidos por el proyecto; más que representar una síntesis final de nuestras ideas, "hecha agua al molino". En futuros volúmenes examinaremos en mayor detalle muchos de los temas mencionados aquí. De esta manera esperamos reconstruir un adecuado marco de la vida precolombina en la región de El Cajón y ampliar nuestro entendimiento de los procesos ecológicos y evolucionarios que tuvieron lugar en el centro de Honduras.

Appendix

List of Equivalent Terms Used in this Volume

George Hasemann
Gloria Lara Pinto

From the beginning of the El Cajon Project in 1980 through 1984 the editors of this volume prepared a series of project quarterly reports to comply with one of the stipulations of the interinstitutional agreement between the Instituto Hondureño de Antropologia e Historia (IHAH) and the Empresa Nacional Energia Electrica (ENEE). These reports summarized the activities and preliminary results of the research carried out by the project. These summaries were distilled from descriptive data provided by the investigators, most of them written in English. The apparently simple task of translating these summaries turned out to be troublesome when equivalent technical terms in Spanish were sought for those used in English. Occasionally technical dictionaries provided quick solutions; most of the time, however, we were forced to interpolate meanings from several different sources or to accept terms which did not exactly fit our understanding of how these terms are used in archaeology. During that span of five years we accumulated and defined terms, becoming at the same time hopeless collectors of all sorts of dictionaries.

Undeniably, the logical sequence for generating specific equivalent terms would first be to define those terms. This was, in fact, our first step, but we soon realized how uncertain our footing was. It seemed much easier to reach a consensus on equivalent terms than on precise and publishable definitions of these terms. We also realized that in order to offer a useful glossary with acceptable terms and definitions to our colleagues, we should first encourage a wider discussion of what exactly archaeologists mean when they use these terms. So, we have halted the preparation of a glossary for the time being to concentrate on a list of equivalencies, using Hasemann and Lara Pinto (in Hirth et al. 1984:2–24) as a point of departure for our implied definitions. Another consideration which guided our choices of terms and definitions was the correct grammatical and syntactical use of Spanish. Our objective has been to avoid those idiomatic aberrations which in the long term are unnecessary and only create confusion.

In order to reduce arbitrariness in the search for equivalencies, we declared the *Diccionario de la Lengua Española de la Real Academia Española* (1980) as our ultimate authority. The counterpart for English was *Webster's Unabridged Dictionary* (1982). Any reference to other dictionaries was subordinated to these two primary sources. All reference sources are included in the bibliography at the end of this volume.

The equivalencies are presented here in both sequences (i.e. English-Spanish and Spanish-English) in order to facilitate the use of the list. The immediate value of this list is that it allows the reader to extract the specific term used to translate a particular phrase or word in either of the two languages. Even though the reader may not agree with our choices, there should at the very least be no doubt or confusion about the concepts referred to in the text. It should also be pointed out that we have only included general terms and those used specifically in this volume. This means that terms relevant to zooarchaeology or physical anthropology, for example, have been eliminated for now, but will appear in subsequent volumes.

We also wish to emphasize that this list of equivalencies is preliminary and hopefully will be improved; we invite comments from our colleagues. It is worth adding, too, that our principal concern is to create a body of terms in Spanish that conform to the rules of that language and that will eventually find their way into general usage.

Finally, our goal for the future (perhaps in the last volume) is to publish a complete *glossary* of technical terms used in all the volumes of this series.

English-Spanish

A

Accretion	Acrecentamiento
Achene	Achene
Acorn	Bellote de roble
Activity surface	Superficie de actividad
Adornment	Adorno
Agricultural plot	Parcela

Apendice

Términos Equivalentes Utilizados en este Volumen

George Hasemann
Gloria Lara Pinto

Desde los inicios del Proyecto Arqueológico El Cajón, los editores prepararon de 1980 a 1984 una serie de informes trimestrales sobre las investigaciones para satisfacer los requirimientos del Convenio Interinstuticional firmado entre el Instituto Hondureño de Antropología e Historia y la Empresa Nacional e Energía Eléctrica. Estos informes presentaban en resumen las actividades y resultados preliminares del proyecto, los cuales se hacían en base a los informes descriptivos entregados por los investigadores al proyecto, en la mayoría de los casos en inglés. Una tarea al apracer sencilla—la de traducir estos resúmenes—resultó ser engorrosa cuando se trataba de encontrar equivalencias en español para los términos técnicos utilizados en inglés. En ocasiones los diccionarios ténicos nos sacaban del apuro rapidamente; las más de las veces, sin embargo, teníamos que recurrir a una serie de diccionarios y transponer significados o contentarnos con un término que no correspondía exactamente a nuestra comprensión de su uso específico en arqueología. Así, en el transcurso de esos cinco años fuimos acumulando y definiendo términos, volviéndonos al mismo tiempo en coleccionistas empedernidos de toda clase de diccionarios.

La secuencia lógica a seguir para buscar y encontrar equivalencias a términos específicos que no se encuentran en los diccionarios corrientes o no llenan los requisitos desde el punto de vista de un arqueólogo, es, sin duda, definir tales términos. Este fue nuestro primer paso, luego del cual nos dimos cuenta que estamos entrando a un terreno de arenas movedizas. Parecía más fácil alcanzar un concenso sobre términos equivalentes, que sobre el contenido definitorio de esos términos. Pronto reconocimos que de querer ofrecer definiciones en forma de un glosario, deberíamos primero discutir en un amplio círculo tales términos de tal manera que nuestro esfuerzo fuera fructífero en el sentido que los términos y sus respectivas definiciones fueran de aceptación general entre nuestros colegas. Desistimos, por el momento, de preparar el mencionado glosario para concentrarnos en una lista de equivalencias, en la cual están implícitas nuestras propias definiciones (Hasemann y Lara Pinto en Hirth et al. 1984:

2–24). La otra consideración que guió nuestro trabajo de recolección y definición fue la correcta utilización de la gramática y sintáctica de la lengua española, con el objetivo de evitar aberraciones idiomáticas que a la larga solo crean confusiones, además de ser innecesarias.

Para reducir la arbirariedad en el proceso de búsqueda de equivalencias declaramos el *Diccionario de la Lengua Española de la Real Academia Española* (1980) como nuestro punto de convergencia. Su contraparte para la lengua inglesa la constituyó el *Webster's Unabridged Dictionary* (1982). El uso de los restantes diccionarios se supeditó a las obras arriba mencionadas. Todas la citas se incluyeron en la Bibliografía de esta obra.

Las equivalencias se dispusieron del español al inglés y del inglés al español para facilitar el uso del registro. El valor inmediato de esta lista de equivalencias es, en primer término, que permite al lector establecer que término específico se utilizó para traducir esta o aquella palabra del inglés al español o viceversa. De no estar de acuerdo nuestro lector con el término escogido, cuando menos no hay confusión posible en cuanto al concepto a que se refiere el texto. Vale aclarar que aquí solo se incluyeron términos generales y aquellos que son empleados directamente en este volumen. Esto quiere decir que los vocablos relevantes para el estudio zooarqueológico o de la antropología física, por ejemplo, se eliminaron por ahora, per se adjuntarán al correspondiente volumen.

Deseamos subrayar que esta lista de equivalencias es preliminar y sujeta a mejoramiento. Los comentarios de nuestros colegas podría, como hasta ahora, ser enrriquecedores y esclarecedores. Cabe agregar, además, que nuestra principal preocupación es crear un cuerpo de términos en español que se ajusten a las reglas de esta lengua y lleguen a ser de aceptación general.

Por último, nuestra meta para el futuro—quizá el último volumen de las publicaciones del proyecto se preste mejor para ello—es ofrecer un glosario de los términos técnicos utilizados en todos los volúmenes de esta serie.

Agricultural Resource Zone — Zona de recursos agrícolas
Airfall — Eólico
Alaskite — Alaskita
Albite — Albita
Alluvial deposit — Deposición aluvial
Alluvial fan — Abanico aluvial
Alluvial pocket — Bolsa
Analysis of variance — Análisis de variancia
Andesite — Andesita
Annular (ring) base — Base anular
Antler — Asta
Apex — Apice
Aphanitic rock (very fine grained) — Roca afanita (basalto, riolita)
Aphinitic — Afinítico (?)
Aplastics — Componentes no plásticos
Arbitrary level — Nivel arbitrario
Archaeological site — Sitio arqueológico
Archaeomagnetic sample, sampling — Prueba arqueomagnética
Archaeomagnetism — Arqueomagnetismo
Archaic — Arcaico
Architectural trench — Corte arquitectónico
Areation — Aireación
Assemblage — Conjunto (arquitectónico o cultural)

Average — Promedio
Awl — Lesna
Ax — Hacha

B

Baked earth — Barro cocido
Band — Banda
Bar graph — Gráfico de barras
Bark beater — Machacador
Basal scour — Carcava
Basalt — Basalto
Base (exterior) — Base
Basin (intermontane) — Hoya
Basin (riverine) — Cuenca
Bead (spherical, tubular, cylindrical, flat, round) — Cuenta (esférica, cilíndrica, redonda, plana, tubular)
Belt spool — Abrazadera
Bench mark — Punto fijo de referencia
Bevelled rim — Borde biselado
Bichrome (dichromatic) — Bicolor, dicromático
Bifacial blade — Hoja bifacial
Bioperturbation — Bioperturbación
Biota — Biotopo
Biotite — Biotita
Blackened — Ennegrecido
Blade — Hoja
Blade, knife — Cuchillo
Body (of a vessel) — Cuerpo (de una vasija)
Bold Geometric (ceramics) — Geométrico Audaz

Bolstered (thickened) rim — Borde engrosado
Borrow pit — Pozo de préstamo
Bottom (exterior) *see Base*
Boulder — Peña, canto grueso
Bowl (sensu lato) — Tazón
Bowl (restricted opening, with handles) — Olla
Bowl (nonrestricted opening, with or without handles) — Cazuela
Bowl (restricted opening, no neck, no handles) — Cuenco
Braided stream — Corriente trenzada
Break (in a slope) — Rotura (de la pendiente)
Breccia — Piedra conglutinada o compuesta, brecha
Buff — Amarillo ligero
Bundle burial — Atado de huesos
Burial — Entierro
Burnished, burnishing — Bruñido
Buttress — Contrafuerte

C

Cache — Depósito
Calcite — Calcita
Candelero — Candelero
Canopy — Ramaje (de altura)
Carbon 14 (C14) — Carbono 14 (C14)
Carrying capacity — Capacidad de carga
Cartouch — "Cartouch"
Caruncle — Carúncula
Carved — Esculpido
Carved incised — Esculpido-inciso
Catchment analysis — Análisis de captación
Cave — Cueva
Celt — Destral
Ceramic(s) — Cerámica
Ceramicist — Ceramista
Ceramic sphere — Esfera de cerámica
Ceramic type — Tipo cerámico
Channel chute — Brazo abandonado (de un río)
Charcoal — Carbón
Checkerboard — Tablero
Checkered — Cuadriculado
Chert — Sílex, pedernal
Chiefdom — Cacicazgo
Chip — Astilla
Chipped stone — Lítica de percusión
Chloromelanite — Cloromelanita
Chroma — Intensidad (de color)
Circumriverine plant community — Zona de vegetación de ribera
Clam — Almeja
Clay — Arcilla
Clayey earth — Barro

Español-Inglés

A

Abanico aluvial	Aluvial fan
Abanico de lavado	Outwash fans
Abertura	Opening
Abrazadera	Belt spool
Abrigo	Rock shelter
Acabado	Finish
Acequía	Irrigation ditch or canal
Acrecentamiento	Accretion
Activación de neutrones	Neutron activation
Achene	Achene
Adorno	Decoration, ornament, adornment
Adorno "cabeza de mono"	Monkey head adorno
Afinítico (?)	Aphinitic
Afloramiento	Outcrop
Agarradera	Handle, lug
Agricultura de tala y roza	Swidden agriculture, slash and burn agriculture
Agricultura migratoria, agricultura de rotación	Shifting agriculture
Agrupamiento	Group, cluster
Aguas abajo	Downstream
Aguas arriba	Upstream
Aireacíon	Areation
Alaskita	Alaskite
Albita	Albite
Aldea	Village
Aldea compleja	Complex village
Alfarería	Pottery, pottery making
Alisado	Smoothed
Alisios	Trade winds
Almeja	Clam
Al natural (sin decoración)	Plain
Alomado, alomar	Raised or ridged fields
Alteración (por exposisión a la intemperie)	Weathered, weathering
Aluvión	Silt, siltstone
Amarillo ligero	Buff
América Intermedia	Middle America
Análisis de captación	Catchment analysis
Análisis de modo	Modal analysis
Análisis de suelos por separación de granos	Ro-tap
Análisis de tipo-variedad	Type-variety analysis
Análisis de trazas/restos de elementos	Trace element analysis
Análisis de variancia	Analysis of variance
Análisis espectrográfico	Spectrographic analysis
Anaranjado Delgado	Thin Orange
Anaranjado Fino	Fine Orange
Anaranjado Sulaco	Sulaco Orange
Andesita	Andesite
Anzuelo	Hook
Apice	Apex
Aplanado (por ejemplo, un borde)	Flattened (e.g., rim)
Aporcar	To hill (horticulture) or mound earth around plant bases
Arcaico	Archaic
Arcilla	Clay
Arcilla esquistosa	Shale
Arena (bronca, fina)	Sand (coarse, fine)
Arenisca	Sandstone
Arqueomagnetismo	Archaeomagnetism
Arrastre (de capas de terreno)	Creep, soil creep
Asa *ver Agarradera*	
Asa plana	Strap handle
Aspero	Rough (textured)
Asta	Antler
Astilla	Chip
Atado de huesos	Bundle burial

B

Bahareque	Daub
Bajareque *ver Bahareque*	
Banco de arena	Sand bank
Banco de arena en punta	Point bar
Banda	Band
Baño	Wash
Barbecho	Fallow
Barra, barra de arena	Sand bar
Barranca	Gorge, ravine, gully
Barranco *ver Barranca*	
Barro	Clayey earth
Barro cocido	Burned, baked earth
Basalto	Basalt
Basamento	Substructure
Base	Exterior base, bottom (exterior)
Base anular	Annular (ring) base
Base cóncava	Dimple base
Basurero	Midden, garbage pit, dump
Bellote de roble	Acorn
Bicolor	Bichrome (dichromatic)
Bien cocido	Highly fired
Bioperturbación	Bioperturbation
Biotita	Biotite
Biotopo	Biota
Blanqueado	Whitewash
Bloque de piedra	Stone block
Boca (de un río)	Outlet, mouth (of a stream)
Boca abajo	Prone
Boca arriba	Supine
Bolsa	Alluvial pocket

Clayey loam — Margas lemosas
Clearing — Desmonte
Cliff — Farallón
Closed flexed burial — Entierro cerrado flexionado
Closed plaza — Plaza cerrada
Cluster — Agrupamiento
Coarse sand — Grava
Cobble — Guija, canto
Collared bowl — Cuenco con cuello
Collared jar — Jarra con cuello
Colluvial deposit — Deposición coluvial
Colluvium — Coluvión
Community pattern — Patrón de asentamiento interno

Comparative collection — Colección comparativa
Complex *see Assemblage*
Complex village — Aldea compleja
Composite silhouette — Silueta compuesta
Confluence — Confluencia
Conformable — Concordante (geológica)
Conical — Cónico
Construction fill — Relleno de construcción
Construction surface — Superficie de construcción
Contact period — Momento del contacto
Contour, contour line — Contorno o curva (de nivel)
Contour interval — Intervalo de curva de nivel
Core (nucleus) — Nucleo
Cortex — Corteza
Courtyard — Patio
Creek — Riachuelo
Crescent — Medialuna
Crop — Cultivo
Crop-fallow cycle — Ciclo de cultivo/barbecho
Cross-bedding — Entrecruzamiento de estratos
Crosshatched, crosshatching — Sombreado-cruzado
Cryptocrystalline rock (chert, jasper) — Roca criptocristalina (pedernal, jaspe)
Cut — Corte
Cylinder vase — Vasija cilíndrica

D

Datum (vertical) — Cota
Datum point (horizontal) — Punto de referencia
Daub — Bahareque, bajareque
Debitage — Desperdicios
Debris — Despojos, restos de roca, escombro
Deciduous (tree) — Caducifolio
Decoration — Adorno
Deltaic — De delta
Dendritic — Dendrítico (?)
Deposit (geological) — Yacimiento
Design element — Elemento de diseño
Detritus — Detrito

Devitrified — Desvitrificado
Diagnostic type — Tipo diagnóstico
Digging stick — Coa
Dimple base — Base cóncava
Direct rim — Borde directo
Dish — Plato
Distal end — Terminación distal
Ditch — Trinchera, zanja
Double slip — Engobe doble
Downstream — Aguas abajo
Drainage — Sistema fluvial
Drill — Taladro
Dry chute — Manga seca (de un río)
Dump — Basurero

E

Ear of corn — Mazorca
Ear spool — Orejera
Eccentric — Excéntrico (artefacto)
Economies to scale — Economías a escala
Engraved, engraving — Grabado
Ephemeral stream — Corriente estacional o temporal

Epiclassic — Epiclásico
Escarpment, scarp — Escarpa
Ethnoarchaeology — Etnoarqueología
Ethnohistorical survey — Reconocimiento etnohistórico

Evergreen — Siempreverde
Exocarp — Epicarpio
Extended burial — Entierro extendido
Extended family — Familia extendida

F

Facies — Facies
Fallow — Barbecho
Fault (geological) — Falla (geológica)
Feature — Rasgo
Feldspar — Feldespato
Felsite — Felsita
Figurine — Figurilla
Final (second) planting — Postreras
Fine Orange — Anaranjado Fino
Fine paste — Pasta fina
Finish — Acabado
Fire pit (inside structure) — Hogar
Firing — Cocción
Fit line — Línea de compatibilidad
Flanged rim — Reborde
Flared, flaring — Volteado en curva hacia afuera

Flattened (e.g., a rim) — Aplanado (por ejemplo, un borde)
Flexed burial — Entierro flexionado
Flint *see Chert*

Bolsón *ver Bolsa*

Borde — Rim

Borde biselado — Bevelled rim

Borde directo — Direct rim

Borde engrosado — Bolstered (thickened) rim

Borde festoneado — Scalloped rim

Bosque de pino-roble — Pine-oak forest

Bosque de pino-roble-liqui-dambar — Pine-oak-sweet gum forest

Bosque tropical deciduo — Tropical rain forest

Brazo abandonado (de un río) — Channel chute

Brazo muerto (de un río) — Oxbow lake

Brecha — Breccia

Brillo — Luster

Bruñido — Burnished, burnishing

C

Cacicazgo — Chiefdom

Caducifolio — Deciduous (tree)

Cal — Lime

Calcita — Calcite

Caliza — Limestone

Cama (de un río) — River bed, channel

Camino de herradura — Footpath, trail

Camino real — Principal highway

Campo elevado *ver Alomado*

Candelero — Candelero

Cantera — Quarry

Canto — Cobble

Canto grueso — Boulder

Canto rodado — Waterworn stone (frequently called "river cobble")

Capa — Stratum

Capacidad de carga — Carrying capacity

Caracol — Snail

Carbón — Charcoal

Carbono 14 (C14) — Carbon 14 (C14)

Carcava — Basal scour

Carga (de un río) — Load (stream)

Cartilla de Colores "Munsell" — Munsell Soil Color Charts

"Cartouch" — Cartouch

Carúncula — Caruncle

Caserío — Hamlet

Cauce *ver Cama*

Cazadores-recolectores — Hunters and gatherers, foragers

Cazuela — Bowl (nonrestricted opening, with or without handles)

Centro regional primario — Primary regional center

Centro regional secundario — Secondary regional center

Ceolita — Zeolite

Cerámica — Ceramic(s)

Ceramista — Ceramicist

Cerro — Hill, hillock

Ciclo de cultivo/barbecho — Crop-fallow cycle

Cieno *ver Aluvión*

Cima — Summit

Cloromelanita — Chloromelanite

Coa — Digging stick

Cocción — Firing

Cociente — Ratio

Cocimiento *ver Cocción*

Coeficiente angular — Slope (trigonometry)

Colección comparativa — Comparative collection

Color — Hue

Coluvión — Colluvion

Comal — Comal, griddle

Complejo — Complex, assemblage

Complejo cerámico hipotético — Hypothetical ceramic complex

Componentes plásticos — Plastics

Componentes no plásticos — Aplastics

Concordante (geológica) — Conformable

Concha — Shell

Confluencia — Confluence

Conglomerado *ver Agrupamiento*

Conjunto (arquitectónico o cultural) — Complex, assemblage

Conjunto residencial — Residential complex

Cono aluvial *ver Abanico aluvial*

Contorno (de nivel) — Contour, contour line

Contrafuerte — Buttress

Corriente — Stream

Corriente estacional — Ephemeral stream

Corriente permanente — Permanente stream

Corriente temporal *ver Corriente estacional*

Corriente trenzada — Braided stream

Corte arquitectónico — Architectural trench

Corte vertical — Profile

Corteza — Cortex

Cota — Datum (vertical)

Cresta — Crest, ridge

Croquis — Outline (drawing)

Cuadriculado — Checkered

Cuarzo — Quartz

Cuchillo — Blade, knife

Cuello (de una vasija) — Neck (of a vessel)

Cuello recto — Straight neck

Cuenca — Watershed, basin

Cuenco — Bowl (restricted opening, no neck, no handles)

Cuenco con cuello — Collared bowl

Cuenta (esférica, cilíndrica, redonda, plana, tubular) — Bead (spherical, cylindrical, flat, round, tubular)

Flood plain	Planicie aluvial	Household	Unidad doméstica
Flood zone	Zona de embalse	Hue	Color
Flowering	Florescencia	Humpback, hunchback	Jorobado
Foot (of a vessel)	Pie (de una vasija)	Hunters and gatherers,	Cazadores-recolectores
Ford	Vado	foragers	
Free-hand percussion	Percusión a mano libre	Hydrothermograph	Hidrotermógrafo
Fugitive (paint)	Residual (pintura)	Hypothetical ceramic com-	Complejo cerámico hipo-
Full figure sculpture	Escultura de bulto	plex	tético
Funeral offering (also burial offering, deposit, cache)	Ofrenda funeraria		

I

Imported ware(s)	Loza importada
Impressed, impressing	Impreso
Incense burner	Incensario

G

Garbage pit *see Dump*	
Gene pool	Fuente de variación genética

Incised	Inciso
Incising	Incisión
Incline *see Gradient*	

Geomorphologic Locality (GML)	Localidad Geomorfo-lógica (LG)
Glassy	Vítreo
Glossy	Lustroso
Graded sequence	Secuencia escalonada
Gradient	Gradiente, declive, inclina-ción, ladera, pendiente

Incurved	Curvado hacia adentro
Incurving	Encurvado hacia adentro
Infield-outfield (cultivation system)	Cultivo dentro y fuera de la parcela/asentamiento
In situ	En sito
Intercept	Intersección
Intercrop	Cultivo alternado
Interfacies	Interface

Granule	Gránulo
Gravel	Grava
Grazing	Pastoreo
Grid system	Red de coordenación
Griddle	Comal
Grinding stone	Metate
Groove	Ranura
Ground stone	Piedra tallada
Ground stone industry	Producción de artefactos de piedra al tallado

Interfingering	Entrecruzamiento
Interior base	Fondo
Intermontane	Intramontano
Introduced flora	Flora alóctona
Inverted	Volteado hacia adentro
Iron pyrite	Pirita de hierro
Irrigation ditch or canal	Acequía

J

Group	Agrupamiento
Gully	Barranca
Gypsum	Sulfato de cal

Jade	Jade
Jadeite	Jadeíta
Jar (sensu lato), jar with handles	Jarra
Jar (with one handle)	Jarro
Jar (without handles)	Jarrón
Jasper	Jaspe
Jasperoid	Jaspeado

H

Hamlet	Caserío
Handle	Agarradera
Handle (long, straight)	Mango
Hearth (closed, inside structure)	Fogón

K

Hearth (open, inside structure)	Hogar
Heavy fraction	Fracción pesada
Hemispherical bowl	Escudilla hemisférica
Highly fired	Bien cocido
Hill, hillock	Cerro
Hilling (agriculture, to hill earth around plant bases)	Aporcar

Key site survey	Reconocimiento de sitios claves
Kiln	Horno
Kiln wasters	Residuos de la producción alfarera (en horno)
Knoll	Loma

L

Hillock	Loma
Hillside *see also Slope*	Ladera
Hook	Anzuelo
Horizontal clearing	Exposición horizontal
Hornblend	Hornablenda

Labradorite	Labradorita
Landmark	Mojón
Leaching	Lixiviación
Leeward	Protegido del viento

Cuerpo (de una vasija)	Body (of a vessel)
Cultivo	Crop
Cultivo alternado	Intercrop
Cultivo dentro y fuera de la parcela/asentamiento	Infield-outfield (cultivation system)
Cultivo múltiple	Multiple crop
Cultivo rotativo *ver Agricultura de rotación*	
Cuña	Wedge
Curva de nivel	Contour lines, contours
Curvado hacia adentro	Incurved

Ch

Chuzo	Metal-tipped digging stick

D

Declive	Gradient, incline, slope
Decorado al negativo (por ejemplo, Usulután)	Negative decoration (for example, Usulután)
De delta	Deltaic
Defracción de rayos X	X-ray defraction
Dendrítico (?)	Dendritic
Deposición aluvial	Alluvial deposit
Deposición coluvial	Colluvial deposit
Depósito votivo	Votive cache, votive deposit
Depresión (de un terreno)	Swale
Desembocadura *ver Boca*	
Desgaste *ver Alteración*	
Desgrasante	Temper
Fino	Fine
Medio	Medium
Bronco, grueso	Coarse
Desmonte	Clearing
Despenadero *ver Barranca*	
Desperdicios	Debitage
Despojos (restos de roca)	Debris
Destral	Celt
Desviación normal (también desviación cuadrática media)	Standard deviation
Desvitrificado	Devitrified
Desyerbar	To weed
Deterioro *ver Alteración*	
Detrito	Detritus
Diagrama de dispersión	Scatter diagram
Dicromático	Bichrome (dichromatic)
Dije	Pendant
Dique natural	Levee
Dirección e inclinación	Strike and dip
Dispersión de energía por medio de rayos X	EDX

E

Economías a escala	Economies to scale
Elemento de diseño	Design element
Elevación prolongada	Ridge
Embalse	Reservoir
Emisión de rayos X por medio de inducción de partículas (PIXE)	Particle Induced X-Ray Emission (PIXE)
Empedrado	Pavement (cobblestone)
Engobe	Slip
Engobe doble	Double slip
Ennegrecido	Blackened
En sito	In situ
Entierro	Burial
Entierro abierto flexionado	Open flexed burial
Entierro cerrado flexionado	Closed flexed burial
Entierro de bulto *ver Atado de huesos*	
Entierro extendido	Extended burial
Entierro flexionado	Flexed burial
Entierro primario	Primary burial
Entierro redepositado	Redeposited burial
Entierro secundario	Secondary burial
Entrecruzamiento	Interfingering
Entrecruzamiento de estratos	Cross-bedding
Eólico	Airfall
Epicarpio	Exocarp
Epiclásico	Epiclassic
Escardar *ver Desyerbar*	
Escarpa, escarpe	Scarp, escarpment, cliff
Escombro	Rubble, debris
Escudilla	Subhemispherical bowl
Escudilla hemisférica	Hemispherical bowl
Esculpido	Carved, sculpted
Esculpido-inciso	Carved incised
Esculpir	To sculpt (usually a hard, aplastic material)
Escultura de bulto	Full figure sculpture
Esfera (de interacción)	Sphere (of interaction)
Esfera cerámica	Ceramic sphere
Espectrometría *ver Emisión de rayos X por medio de inducción de partículas*	
Espejo (de un lago, embalse)	Reservoir lake surface
Espiral	Spiral, scroll
Esquisto	Schist
Estación lluviosa	Rainy season, "winter"
Estampado	Stamped, stamping
Estampado en zigzag	Rocker stamped
Estampado impreso	Stamp-impressed
Esteatita	Steatite, soapstone (?)
Estrato *ver Capa*	
Estribación	Spur
Estribación de colinas	Ridge spur
Estribo *ver Estribación*	
Estructura monumental	Monumental structure
Estructura no monumental	Nonmonumental structure
Estructura submonumental	Submonumental structure

Levee	Dique natural	Modern land use study	Estudio de uso moderno de la tierra
Liebig's Law of the Minimum	Ley del Minimum de Liebig	Mold	Molde
Light fraction	Fracción liviana	Molding (to mold a soft plastic material in a form)	Moldear
Lime	Cal		
Limestone	Caliza	Monkey head adorno	Adorno "cabeza de mono"
Limnology	Limnología	Monochrome (color)	Monócromo
Limonite	Limonite	Monumental plaza	Plaza monumental
Line graph	Gráfico lineal	Monumental structure	Estructura monumental
Lip (of a vessel)	Labio (de una vasija)	Mortar	Mortero
Lithic(s)	Lítica	Motif	Motivo
Lithology	Litología	Mound	Montículo
Load (stream)	Carga (de un río)	Mountain range	Sierra
Loam	Marga	Mouth (of a stream)	Boca (de un río), desembocadura
Loamy	Margoso		
Lot	Lote	Mud	Lodo
Lug	Agarradera, taco	Mudstone	Fango
Luster	Lustre, brillo	Multiple crop	Cultivo múltiple
Lysine	Lisina	Multiple point incising tool	Peine para incisión
		Munsell Soil Color Charts	Cartilla de Colores "Munsell"

M

Macroblade	Macrohoja		
Macrocore	Macronucleo	**N**	
Macrofossil	Macrofósil	Native flora	Flora autóctona
Mafic	Ferromagnesiano, magmático	Neck (of a vessel)	Cuello (de una vasija)
		Neckless jar	Jarra (jarrón) sin cuello
Mammiform	Mamiforme	Negative decoration (for example, Usulutan)	Decorado al negativo (por ejemplo, Usulután)
Manganese	Manganeso		
Mano	Mano (de metate)	Nephrite	Nefrita
Manufacturing marks, scars	Huellas de manufactura	Neutron activation	Activación de neutrones
Map drawing	Trazamiento de mapas	Nodule	Nódulo
Mapping	Levamiento de mapas	Nonmonumental structure	Estructura no monumental
Marble	Mármol	Nose plug	Nariguera
Marl	Marga, marga lemosa	Notch	Muesca
Matrix	Matriz	Nubbin	Tetilla
Mean	Promedio	Nuclear family	Familia nuclear
Meander	Meandro		
Meandering stream	Río meandroso	**O**	
Mechanical level	Nivel arbitrario	Obsidian	Obsidiana
Medial flange	Reborde lateral	Obsidian hydration	Hidratación de obsidiana
Mesa	Mesa, meseta	Occupation zone	Zona de ocupación
Mesophytic	Mesofítico	Open flexed burial	Entierro abierto flexionado
Metal tipped digging stick	Chuzo	Opening	Abertura, boca
Metate	Metate, piedra de moler	Open mine	Mina abierta
Microfossil	Microfósil	Open plaza	Plaza abierta
Midden *see Dump*		Ore	Mineral (como se saca de la mina)
Middle America	América Intermedia		
		Ornament	Adorno
M MSL (meters above mean sea level)	msnm (metros sobre el nivel del mar)	Osteology	Osteología
		Outcrop	Afloramiento, farallón
Modal analysis	Análisis de modo	Outlet *see Mouth*	
Mode	Modo	Outline (drawing)	Croquis
Modelling (to model a soft plastic material)	Modelar	Outwash fans	Abanico de lavado
		Oval	Ovalado, óvalo
		Oven *see Kiln*	

Estudio de uso moderno de la tierra	Modern land use study
Etnoarqueología	Ethnoarchaeology
Excéntrico (artefacto)	Eccentric
Exposición horizontal	Horizontal clearing
Expuesto al viento	Windward

F

Facies	Facies
Falda (de montaña)	Toe slope
Falso estampado en zigzag	Pseudo rocker stamped
Falla (geológica)	Fault (geological)
Familia extendida	Extended family
Familia nuclear	Nuclear family
Fanero-cristalino	Phaneritic
Fango	Mudstone
Farallón *ver también Aflora-miento*	Cliff, outcrop
Fechamiento geomagnético *ver también Arqueomag-netismo*	Geomagnetic dating
Feldespato	Feldspar
Felsita	Felsite
Femur	Femur
Ferromagnesiano (por ejemplo lavas)	Mafic
Figurilla	Figurine
Fitolítico	Phytolith
Flora alóctona	Introduced flora
Flora autóctona	Native flora
Florero	Vase
Florescencia	Flowering
Fluorescencia de rayos X (XRF)	X-Ray Fluorescence (XRF)
Foco primario de ocupación	Primary occupation locus
Fogón	Hearth (closed, inside structure)
Fondo	Interior base
Fracción liviana	Light fraction
Fracción pesada	Heavy fraction
Fuente	Source
Fuente de variación genética	Gene pool

G

Grabado	Engraved, engraving
Grada	Step
Gradería	Steps, stairs
Gradiente *ver Declive*	
Gráfico de barras	Bar Graph
Gráfico lineal	Line graph
Gránulo	Granule
Grava	Gravel, coarse sand
Greca	Step-fret
Grupo *ver Agrupamiento*	
Guamil	Secondary growth (thicket)

Guija *ver Canto*	
Guijarro	Pebble

H

Hacha	Ax
Hallazgo de superficie	Surface find
Hallazgo disperso de superficie	Surface scatter
Hidratación de obsidiana	Obsidian hydration
Hidrotermógrafo	Hygrothermograph
Hogar	Hearth, fire pit (open, inside structure)
Hoguera	Fire pit (open, outside structure)
Hoja	Blade
Hoja bifacial	Bifacial blade
Hoja prismática	Prismatic blade
Hoja unifacial	Unifacial blade
Hombro (de una vasija)	Shoulder (of a vessel)
Hornablenda	Hornblend
Horno	Oven, kiln
Hoya	Basin (intermontane)
Huellas de manufactura	Manufacturing marks, scars
Hueso redepositado	Redeposited bone
Hundimiento	Slump, slumping

I

Impreso	Impressed, impressing
Incensario	Incense burner
Incisión	Incising
Inciso	Incised
Inclinación *ver Declive*	
Intensidad	Chroma
Interface	Interfacies
Intersección	Intercept
Intervalo de curva de nivel	Contour interval
Intramontano	Intermontane
Invierno *ver Estación lluviosa*	

J

Jade	Jade
Jadeíta	Jadeite
Jarra	Jar (sensu lato), jar with handles
Jarra con cuello	Collared jar
Jarra (jarrón) sin cuello	Neckless jar
Jarro	Jar (with one handle)
Jarrón	Jar (without handles)
Jaspe	Jasper
Jaspeado	Jasperoid
Jorobado	Humpback, hunchback
Jute	*Pachychelus* sp. (species of land/riverine snail)

Oxbow	Meandro en arco	Plastics	Componentes plásticos
Oxbow lake	Brazo muerto (de un río)	Plate	Plato
		Plateau	Mesa, meseta
P		Platey	Láminas de vidrio
Paleobotany	Paleobotánica	Platform	Plataforma
Paleoenvironment	Paleoambiente	Plumbate	Plomizo
Panicle	Panícula	Point bar	Banco de arena en punta
Particle Induced X-Ray Emission (PIXE)	Emisión de rayos X por medio de inducción de partículas (PIXE)	Polished	Pulido
		Polished stone	Piedra pulida
		Polychrome	Polícromo
Paste (ceramics)	Pasta (cerámica)	Polyhedral core	Nucleo poliédrico
Pasturage	Pasturaje	Pond	Laguna
Patio *see Courtyard*		Pool	Remanso
Pavement (cobblestone)	Empedrado	Poorly fired	Mal cocido
Pebble	Guijarro	Porphyritic	Porfirítico
Pedestrian surface	Superficie peatonal	Pottery, pottery making	Alfarería
Pelecypods	Pelecípodes	Prairie	Llano
Pendant	Dije	Prepared core	Nucleo preparado
Percussion flake	Lasca de percusión	Pressure flake	Lasca de presión
Percussion flaking	Producción de hojas a percusión	Pressure flaking	Producción de hojas a presión
Periods	Períodos culturales	Prestructural fill	Relleno preestructural
Formative/Preclassic (Early, Middle, Late)	Formativo/Preclásico (Temprano, Medio, Tardío)	Prestructural occupation zone	Zona de ocupación pre-estructural
		Primary burial	Entierro primario
Classic (Early, Middle, Late)	Clásico (Temprano, Medio, Tardío)	Primary occupation locus	Foco primario de ocupación
		Primary reduction	Reducción primaria
		Primary regional center	Centro regional primario
Terminal Classic	Clásico Terminal	Prime agricultural land	Suelo agrícola óptimo
Postclassic (Early, Middle, Late)	Posclásico (Temprano, Medio, Tardío)	Prismatic blade	Hoja prismática
		Profile	Corte vertical, sección
		Projectile point	Punta de flecha o lanza
Permanent stream	Corriente permanente	Promontory	Promontorio
Pestle	Majador de mortero	Prone	Boca abajo
Petroglyph	Petroglifo	Provenience	Procedencia
Petrography	Petrografía	Proximal end	Terminación proximal
Phaneritic	Fanero-cristalino	Pseudo rocker stamped	Falso estampado en zigzag
Phase	Fase	Punctate, punctation	Punteado
Phytolith	Fitolítico		
Piedmont	Piedemonte, falda (de montaña)	**Q**	
		Quarried stone	Piedra de cantera, piedra canteada
Pine (*Pinus oocarpa*)	Ocote		
Pine forest	Ocotal	Quarry	Cantera
Pine-oak forest	Bosque de pino-roble	Quartz	Cuarzo
Pine-oak-sweet gum forest	Bosque de pino-roble-liquidambar		
		R	
Pinnacle, crag	Peñasco	Rainfall agriculture	Secano (cultivo que depende del agua de lluvia)
Pit	Pozo		
Plagioclase (cristals)	Plagioclasa, plagioclase (cristales)		
		Rain shadow	Sombra pluvial
Plain	Planicie	Rainy season	Estación lluviosa
Plain	Al natural (sin decoración), simple	Raised field	Alomar, alomado, campo elevado
Plaster	Repello	Random sampling	Muestreo al azar
Plaster of Paris	Yeso blanco	Random survey	Reconocimiento al azar

L

Labio (de una vasija) — Lip (of a vessel)
Labradorita — Labradorite
Ladera — Slope, hillside
Lago arqueado *ver Brazo muerto*
Laguna — Pond
Láminas de cerámica — Thin ceramic sections
Láminas de vidrio — Platey
Lasca *ver Astilla*
Lasca de percusión — Percussion flake
Lasca de presión — Pressure flake
Lavado (de capas de suelo) — Wash, sheetwash
Lechada de cal *ver Blanqueado*
Lecho (de un río) *ver Cama*
Lesna — Awl
Levantamiento de mapas — Mapping
Ley del Mínimum de Liebig — Liebig's Law of the Minimum
Ligado — Welded
Limnología — Limnology
Limonita — Limonite
Limpieza horizontal *ver Exposición horizontal*
Línea de compatibilidad — Fit line
Línea ondulada — Sine curve
Lisina — Lysine
Lítica — Lithic(s)
Lítica de percusión — Chipped stone
Litología — Lithology
Lixiviación — Leaching
Localidad Geomorfológica (LG) — Geomorphologic Locality (GML)
Lodo — Mud
Loma — Hillock, knoll
Lote — Lot
Loza — Ware(s)
Loza importada — Imported ware(s)
Loza utilitaria — Utilitarian ware(s)
Lustre — Luster
Lustroso — Glossy

LL

Llano — Prairie, range

M

Macrofósil — Macrofossil
Macrohoja — Macroblade
Macronucleo — Macrocore
Machacador — Bark beater
Madre de río *ver Cama*
Magmático — Mafic
Majador de mortero — Pestle

Mal cocido — Poorly fired
Maleza — Weedy plants
Mamiforme — Mammiform
Manantial — Spring, source
Manganeso — Manganese
Manga seca (de un río) — Dry chute
Mango — Long, straight handle or haft
Mano (de metate) — Mano
Mapa rectificado — Rectified map
Mapa topográfico — Topographic map
Marga — Loam, marl
Marga lemosa — Clayey loam, marl
Margoso — Loamy
Mármol — Marble
Materia prima — Raw material
Matriz — Matrix
Mazorca — Ear (of corn)
Meandro — Meander, bend
Meandro en arco — Oxbow
Medialuna — Crescent
Mesa — Mesa, plateau
Meseta *ver Mesa*
Mesofítico — Mesophytic
Metate — Grinding stone (platform)
Microfósil — Microfossil
Mina abierta — Open mine
Mineral (como se saca de la mina) — Ore
Modelar — To model (a soft plastic material)
Modo — Mode
Mojón — Landmark
Molde — Mold
Moldear — To mold (a soft plastic material in a form)
Momento del contacto — Contact period
Monataña *ver Bosque tropical deciduo*
Monócromo — Monochrome, solid (color)
Monte bajo — Understory
Montículo — Mound
Mortero — Mortar
Motivo — Motif
msnm (metros sobre el nivel del mar) — M MSL (meters above mean sea level)
Muesca — Notch
Muestra — Sample (result)
Muestra de suelo — Soil sample
Muestreo — Sampling (process)
Muestreo al azar — Random sampling
Muestreo sistemático — Systematic sampling
Muladar *ver Basurero*
Muro — Wall
Muro de contención — Retaining wall

Rapids	Rápidos	Scarp	Rampa (de una terraza), escarpa
Ratio	Cociente	Scatter diagram	Diagrama de dispersión
Ravine *see Gully*		Schist	Esquisto
Raw material	Materia prima	Scraper	Raspador
Rectified map	Mapa rectificado	Scroll	Espiral
Red beds	Suelos rojos	Scrub growth	Rastrojo
Redeposited burial	Entierro redepositado	Sculpted	Esculpido
Regional settlement pattern	Patrón de asentamiento regional	Sculpting (to sculpt a hard, aplastic material)	Esculpir
Regional testing program	Programa de pruebas regionales	Sea level	Nivel del mar
Relief	Relieve	Secondary burial	Entierro secundario
Rescue	Salvamento	Secondary growth	Guamil
Reservoir	Embalse	Secondary plant growth/ agricultural zone	Zona de vegetación de crecimiento secundario y producción agrícola
Reservoir zone *see Flood zone*			
Reservoir Impact Zone *see Flood zone*		Secondary regional center	Centro regional secundario
		Sedimentary	Sedimentario
Reservoir lake surface	Espejo (de un lago, embalse)	Seriated type sequence	Secuencia tipológica seriada
Residential complex	Conjunto residencial	Serpentine	Serpentina
Retaining wall	Muro de contencion	Service ware	Vajilla de servicio
Reworking (to rework geological deposits)	Reelaborar (depósitos geológicos)	Settlement pattern	Patrón de asentamiento
		Shale	Arcilla esquistosa
Rhyodactite	Riodactita (?)	Shallow dish	Plato seco
Rhyolite	Riolita	Sheetwash	Lavado (de capas de suelo)
Ridge	Elevación prolongada, cresta, serranía	Shell	Concha
		Sherd	Tiesto
Ridged fields *see Raised field*		Shifting agriculture	Agricultura migratoria
Ridge spur	Estribación de colinas	Shoulder (of a vessel)	Hombro (de una vasija)
Rim	Borde	Shovel pit	Sondeo a pala
Riverbed	Cama (de un río)	Significance test	Prueba de significación
River bend	Meandro	Silicate	Silicato
River bottom	Vega (de un río)	Silicified	Silicatado
River channel	Cama (de un río)	Silt, siltstone	Aluvión
Rock shelter	Abrigo	Sine curve	Línea ondulada
Rocker stamped	Estampado en zigzag	Slab foot	Soporte rectangular plano
Rocky stream, creek	Quebrada	Slanting walls	Paredes divergentes
Ro-tap	Análisis de suelos por separación de granos	Slash and burn agriculture	Agricultura de tala y roza
		Slate	Pizarra
Rough (textured)	Aspero	Slightly outturned	Vuelto ligeramente hacia afuera
Rubble	Escombro, ripio		
Running pyramids	Silueta continua de pirámides	Slip	Engobe
		Slope (trigonometry)	Coeficiente angular
		Slope *see Gradient*	
S		Slump, slumping	Hundimiento
Salvage project	Proyecto de salvamento	Smoothed	Alisado
Sample (result)	Muestra	Snail (sensu lato)	Caracol
Sampling (process)	Muestreo	Snail (species of land/ riverine snail, *Pachychelus* sp.)	Jute
Sand (coarse, fine)	Arena (bronca, fina)		
Sand bank	Banco de arena		
Sand bar	Barra de arena, barra	Soapstone	Esteatita (?)
Sandstone	Arenisca	Soil (also dirt, earth)	Suelo
Sanidine	Sanidina	Soil creep	Arrastre (de capas de tierra)
Scalloped rim	Borde festoneado	Soil sample	Muestra de suelo

N

Nariguera	Nose plug
Nefrita	Nephrite
Nivel arbitrario	Arbitrary, mechanical level
Nivel del mar	Sea level
Nivel freático	Watertable
Nódulo	Nodule
Nucleo	Core (nucleus)
Nucleo poliédrico *ver también Macronucleo*	Polyhedral core
Nucleo preparado	Prepared core

O

Obsidiana	Obsidian
Ocotal	Pine forest
Ocote	Pine (*Pinus oocarpa*)
Ofrenda funeraria	Funeral offering, burial offering, deposit, cache
Olla	Bowl (restricted opening, with handles)
Ondulado	Wavy
Orejera	Ear spool
Ornamento *ver Adorno*	
Osteología	Osteology
Ovalado, óvalo	Oval

P

Paleoambiente	Paleoenvironment
Paleobotánica	Paleobotany
Panícula	Panicle
Parcela	Agricultural plot
Pardo claro	Tan
Paredes divergentes	Slanting walls
Pasta (cerámica)	Paste (ceramics)
Pasta fina	Fine paste
Pastoreo	Grazing
Pasturaje	Pasturage
Patio	Patio, courtyard
Patrón de asentamiento	Settlement pattern
Patrón de asentamiento interno	Community pattern
Patrón de asentamiento regional	Regional settlement pattern
Pedernal	Chert, flint
Pedernal pirómaco	Spark producing chert
Peine para incisión	Multiple point incising tool
Pelecípodes	Pelecypods
Pendiente *ver Declive*	
Peña *ver Canto grueso*	
Peñasco	Pinnacle, crag
Percusión a mano libre	Free-hand percussion
Perfil *ver Corte vertical*	

Períodos culturales	Periods
Formativo/Preclásico (Temprano, Medio, Tardío)	Formative/Preclassic (Early, Middle, Late)
Clásico (Temprano, Medio, Tardío)	Classic (Early, Middle, Late)
Clásico Terminal	Terminal Classic
Posclásico (Temprano, Medio, Tardío)	Postclassic (Early, Middle, Late)
Petroglifo	Petroglyph
Petrografía	Petrography
Petrología *ver Litología*	
Pie (de una vasija)	Foot (of a vessel)
Piedemonte	Piedmont, foothill, toe slope
Piedra arenisca *ver Arenisca*	
Piedra caliza *ver Caliza*	
Piedra de cantera, canteada	Quarried stone
Piedra de moler *ver Metate*	
Piedra de río *ver Canto rodado*	
Piedra pulida	Polished stone
Piedra tallada	Ground stone
Pirita de hierro	Iron pyrite
Pizarra	Slate
Plagioclasa, plagioclase (cristales)	Plagioclase (crystals)
Planicie	Plain
Planicie aluvial	Flood plain
Planimetría *ver Levantamiento de mapas*	
Plataforma	Platform
Plato seco	Shallow dish
Playa estéril	Sterile beach
Plaza abierta	Open plaza
Plaza cerrada	Closed plaza
Plaza monumental	Monumental plaza
Plaza submonumental	Submonumental plaza
Plegamiento (de relieve)	Uplift
Plomizo	Plumbate
Polícromo	Polychrome
Porfirítico	Porphyritic
Postreras	Final (second) planting
Pozo	Pit
Pozo de préstamo	Borrow pit
Pozo de sondeo	Test pit
Procedencia	Provenience
Producción de artefactos de piedra al tallado	Ground stone industry
Producción de hojas a percusión	Percussion flaking
Programa de pruebas regionales	Regional testing program
Promedio	Mean, average
Promontorio	Promontory
Proporción *ver Cociente*	
Prospección	Survey

Solid (color) — Un solo color, monócromo, uniforme

Source — Fuente
Spark producing silex — Pedernal pirómaco
Spectrographic analysis — Análisis espectrográfico
Sphere (of interaction) — Esfera (de interacción)
Spiral *see Scroll*
Spout — Vertedera
Spring — Manantial
Spur — Estribación
Stab — Punzado
Stairs — Gradería
Stamped, stamping — Estampado
Stamp-impressed — Estampado impreso
Standard deviation — Desviación normal (también desviación cuadrática media)

Steatite *see Soapstone*
Step — Grada
Step-fret — Greca
Stepped terrace — Silueta de pirámide
Steps — Gradería
Sterile beach — Playa estéril
Stone block — Bloque de piedra
Straight neck — Cuello recto
Strap handle — Asa plana
Stratified random survey — Reconocimiento estratificado al azar

Stratigraphic test — Prueba estratigráfica
Stratum — Capa
Stream — Corriente
Strike and dip — Dirección e inclinación
Study region — Región de estudio
Subhemispherical bowl — Escudilla
Submonumental plaza — Plaza submonumental
Submonumental structure — Estructura submonumental
Suboperation — Suboperación
Substructure — Basamento
Sulaco Orange — Anaranjado Sulaco
Summit — Cima
Supine — Boca arriba
Support (e.g., foot of a vessel) — Soporte
Surface collection — Recolección de superficie
Surface find — Hallazgo de superficie
Surface scatter — Hallazgo disperso de superficie
Surface survey — Reconocimiento de superficie
Survey — Reconocimiento, prospección, recorrido
Swale — Depresión (de un terreno)
Swidden agriculture *see Slash and burn agriculture*

Systematic random survey — Reconocimiento sistemático al azar
Systematic sampling — Muestreo sistemático
Systematic surface survey — Reconocimiento sistemático de superficie

T

Talus — Talud (de ribera)
Tan — Pardo claro
Temper — Desgrasante
  Fine — Fino
  Medium — Medio
  Coarse — Bronco, grueso
Terrace (river) — Terraza (de un río)
Terrace slope — Rampa (de una terraza)
Test pit — Pozo de sondeo
Thalweg — Talweg
Thin ceramic sections — Láminas de cerámica
Thin Orange — Anaranjado Delgado
Toe slope — Piedemonte, falda
Tomb — Tumba
Topographic map — Mapa topográfico
Town — Pueblo
Trace elements — Trazas/rastros de elementos
Trace element analysis — Análisis de trazas/restos de elementos
Trachyte — Traquita
Trade winds — Alisios
Transect — Transversal
Trench *see Ditch*
Tribe — Tribu
Tributary — Tributario (de un río)
Trichrome — Tricolor
Tripod — Trípode
Tropical rain forest — Bosque tropical deciduo
Truncation — Truncamiento
Tryptophane — Triptofana
Tuff — Toba, tufa
Type-variety analysis — Análisis tipo-variedad

U

Understory — Monte bajo
Unifacial blade — Hoja unifacial
Unslipped — Sin engobe
Uplift — Plegamiento (de relieve)
Upstream — Aguas arriba
Utilitarian ware(s) — Loza utilitaria

V

Vase — Florero
Vein — Vena (de una mina)
Vessel (ceramics) — Vasija
Village — Aldea
Vitrophyre — Vítreo

Protegido del viento	Leeward	Reelaborar (depósitos geológicos)	Reworking (to rework geological deposits)
Proyecto de salvamento	Salvage project	Región de estudio	Study region
Prueba arqueomagnética	Archaeomagnetic sample, sampling	Relación *ver Cociente*	
Prueba de significación	Significance test	Relieve	Relief
Prueba estratigráfica	Stratigraphic test	Relleno de construcción	Construction fill
Pueblo	Town	Relleno preestructural	Prestructural fill
Pujaguante (uso local) *ver Chuzo*		Remanso	Pool
		Repello	Plaster
Pulido	Polished	Residual (pintura)	Fugitive (paint)
Punta de flecha, lanza	Projectile point	Residuos de la producción alfarera	Kiln wasters
Punteado	Punctate, punctation		
Punto de acotamiento *ver Cota*		Restrojo *ver Rastrojo*	
Punto de intersección *ver Intersección*		Retención (de la corriente del agua) *ver Remanso*	
Punto de referencia	Datum point (horizontal)	Riachuelo	Creek, brook
Punto fijo de referencia	Bench mark	Río abajo *ver Aguas abajo*	
Punzado	Stab, stabbed, stabbing	Río arriba *ver Aguas arriba*	
		Riolita	Rhyolite
Q		Río meandroso	Meandering stream
Quebrada	Rocky stream, creek	Ripio *ver Escombro*	
		Risco *ver Estribación*	
R		Roca afanita (basalto, riolita)	Aphanitic rock (very fine-grained)
Ramaje (de altura)	Canopy	Roca criptocristalina (pedernal, jaspe)	Cryptocrystalline rock (chert, jasper)
Rampa (de una terraza)	Terrace slope, scarp	Rotura (de la pendiente)	Break (in a slope)
Ranura	Groove		
Rápidos	Rapids	**S**	
Rasgo	Feature		
Raspador	Scraper	Saliente brusco (de una colina o montaña) *ver Estribación*	
Rastrojo	Scrub growth, *milpa* (after harvest)	Sanidina	Sanidine
Razón *ver Cociente*		Secano (cultivo que depende del agua de lluvia)	Rainfall agriculture
Reborde	Flanged rim	Sección *ver Corte vertical*	
Reborde lateral	Medial flange	Secuencia escalonada	Graded sequence
Recolección de superficie	Surface collection	Secuencia tipológica seriada	Seriated type sequence
Reconocimiento *ver Prospección*		Sedimentario	Sedimentary
Reconocimiento al azar	Random survey	Sendero *ver Camino de herradura*	
Reconocimiento de sitios claves	Key sites survey	Serie de colinas *ver Elevación prolongada*	
Reconocimiento de superficie	Surface survey, ground survey	Serpentina	Serpentine
Reconocimiento estratificado al azar	Stratified random survey	Serranía *ver Elevación prolongada*	
Reconocimiento etnohistórico	Ethnohistorical survey	Siempreverde	Evergreen
		Sierra	Mountain range
Reconocimiento sistemático al azar	Systematic random survey	Sílex *ver Pedernal*	
		Sílex pirómaco *ver Pedernal pirómaco*	
Reconocimiento sistemático de superficie	Systematic surface survey	Silicatado	Silicified
Recorrido *ver Reconocimiento*		Silicato	Silicate
		Silueta compuesta	Composite silhouette
Red de coordenación	Grid system	Silueta continua de pirámides	Running pyramids
Reducción primaria	Primary reduction	Silueta de pirámide	Stepped terrace

Votive cache, votive deposit — Depósito votivo

W

Ware(s) — Loza
Wash (ceramics) — Baño (cerámica)
Watershed, basin — Cuenca
Watertable — Nivel freático
Waterworn stone (frequently called "river cobble") — Canto rodado
Wavy — Ondulado
Weathered — Alteración (por exposición a acción atmosférica)
Wedge — Cuña
Weeding (to weed plants) — Desyerbar
Weedy plants — Maleza
Welded — Ligado
Whitewash — Blanqueado
Windward — Expuesto al viento
Winter — Estación lluviosa
Workshop — Taller

X

X-Ray Defraction — Defracción de rayos X
X-Ray Fluorescence (XRF) — Flourescencia de rayos X (XRF)

Y

Yard (grounds) — Solar

Z

Zeolite — Ceolita
Zoomorph, zoomorphic — Zoomorfo

Simple	Plain
Sin engobe	Unslipped
Sistema fluvial	Drainage
Sitio arqueológico	Archaeological site
Socavón *ver Mina abierta*	
Solar	Yard (grounds)
Sombra pluvial	Rain shadow
Sombreado-cruzado	Crosshatched, crosshatching
Sondeo a pala	Shovel pit
Soporte	Support, foot
Soporte anular *ver Base anular*	
Soporte rectangular plano	Slab foot
Suboperación	Suboperation
Suelo	Dirt, earth, soil
Suelo agrícola óptimo	Prime agricultural land
Suelos rojos	Red beds
Sulfato de cal	Gypsum
Superficie de actividad	Activity surface
Superficie de construcción	Construction surface
Superficie peatonal	Pedestrian surface
Supino *ver Boca arriba*	

T

Tablero	Checkerboard
Taco	Lug
Taladro	Drill
Tala y roza	Slash and burn
Talud (de ribera)	Talus
Talweg	Thalweg
Taller	Workshop
Terminación distal	Distal end
Terminación próximal	Proximal end
Terraza (de un río)	Terrace (river)
Terroso *ver Margoso*	
Tetilla	Nubbin
Tierra *ver Suelo*	
Tiesto	Sherd
Tipo cerámico	Ceramic type
Tipo diagnóstico	Diagnostic type
Toba	Tuff
Transversal	Transect
Traquita	Trachyte
Trazamiento de mapas	Map drawing
Trazas/rastros de elementos	Trace elementos
Tribu	Tribe
Tributario (de un río)	Tributary
Tricolor	Trichrome
Trinchera	Trench, ditch
Trípode	Tripod
Triptofana	Tryptophane

Truncamiento	Truncation
Tufa *ver Toba*	
Tumba	Tomb

U

Unidad doméstica	Household
Uniforme (color)	Solid (color)
Un solo color	Solid (color)

V

Vado	Ford
Vajilla de servicio	Service ware
Valor medio *ver Promedio*	
Vasija	Vessel
Vasija cilíndrica	Cylinder vase
Vega (de un río)	River bottom
Vega de inundación periódica *ver Planicie aluvial*	
Vena (de una mina)	Vein
Vertedera	Spout
Veta *ver Vena*	
Vitreo	Vitrophyre
Volteado en curva hacia afuera	Flared, flaring
Volteado hacia adentro	Inverted
Vuelta cerrada (de un río) *ver Meandro en arco*	
Vuelto ligeramente hacia afuera	Slightly outturned

Y

Yacimiento	Deposit (geological)
Yeso *ver Sulfato de cal*	
Yeso blanco	Plaster of Paris

Z

Zanja *ver Trinchera*	
Zeolita *ver Ceolita*	
Zona de embalse	Flood zone, reservoir zone, Reservoir Impact Zone
Zona de ocupación	Occupation zone
Zona de ocupación pre-estructural	Prestructural occupation zone
Zona de recursos agrícolas	Agricultural Resource Zone
Zona de vegetación de crecimiento secundario y producción agrícola	Secondary plant growth/agricultural zone
Zona de vegetación de ribera	Circumriverine plant community
Zoomorfo	Zoomorph, zoomorphic

Bibliography—Bibliografía

ADAMS, RICHARD E. W.
1971   *The Ceramics of Altar de Sacrificios, Guatemala*. Papers of the Peabody Museum of Archaeology and Ethnology, vol. 63, no. 1. Harvard University, Cambridge.
1973   The collapse of Maya civilization: a review of previous theories. In *The Classic Maya Collapse*, edited by Patrick Culbert, pp. 21–40. University of New Mexico Press, Albuquerque.

ALCORN, JANIS
1984   *Huastec Mayan Ethnobotany*. University of Texas Press, Austin.

ALLEN, JOHN
1965   A review of the origin and characteristics of recent alluvial sediments. *Sedimentology* 5: 89–191.

ANDREWS, E. WYLLYS
1976   *The Archaeology of Quelepa, El Salvador*. Middle American Research Institute Publication 42. Tulane University, New Orleans.

ANTOINE, PIERRE, RICHARD SKARIE, AND PAUL BLOOM
1982   The origin of raised fields near San Antonio, Belize: an alternative hypothesis. In *Maya Subsistence*, edited by Kent Flannery, pp. 227–238. Academic Press, New York.

ARNOLD, DEAN
1975   Ceramic ecology of the Ayacucho Basin, Peru: implications for prehistory. *Current Anthropology* 16:183–205.

BALLINGER, DIANE, AND REBECCA STOREY
1986   The El Cajon human skeletons: population composition and pathology. Paper presented at the 85th Annual Meeting of the American Anthropological Association, Philadelphia.

BARCELO, JOSE
1964   *Vocabulario de Estadística*. Editorial Hispano Europea, Madrid.

BARLETT, PEGGY
1975   Agricultural Change in Paso: The Structure of Decision Making in a Costa Rican Peasant Community. Unpublished Ph.D. dissertation, Department of Anthropology, Columbia University, New York.

BARTLETT, HARLEY
1936   A method of procedure for field work in tropical American phytogeography based upon a botanical reconnaissance in parts of British Honduras and the Petén forest of Guatemala. In *Botany of the Maya Area*. Miscellaneous Papers No. 1, pp. 1–25. Carnegie Institution, Washington, D.C.

BAUDEZ, CLAUDE
1966   Niveaux céramiques au Honduras: une reconsidération de l'évolution culturelle. *Journal de la Societé des Américanistes* 55:299–341.

BAUDEZ, CLAUDE, AND PIERRE BECQUELIN
1973   *Archéologie de los Naranjos, Honduras*. Études Mesoaméricaines, vol. 2. Mission Archéologique et Ethnologique Francaise au Mexique, Mexico.

BENYO, JULIE
1986a   An Archaeological Investigation of Intra-community Social Organizations at La Ceiba, Comayagua, Honduras. Unpublished Ph.D. dissertation, Department of Anthropology, State University of New York, Albany.
1986b   Defining community social structure at La Ceiba, Honduras. Paper presented at the 85th Annual Meeting of the American Anthropological Association, Philadelphia.

BENYO, JULIE, AND THOMAS MELCHIONNE
1987   Settlement patterns in the Tencoa Valley, Honduras: an application of the coevolutionary system model. In *Interaction on the Southeast Mesoamerican Frontier*, edited by Eugenia Robinson, vol 2. pp. 5–27. BAR International Series, Oxford.

BENYO, JULIE, AND SCOTT O'MACK
1985   Investigaciones sobre las unidades domésticas del sitio de La Ceiba, Departamento de Comayagua. *Yaxkín* 8:59–65, Tegucigalpa.

BERGLUND-BRUCHER, OLLIE, AND HEINZ BRUCHER
1976   The South American wild bean (*Phaseolus aborigineus* Burk.) as ancestor of the common bean. *Economic Botany* 30:257–272.

BERLIN, BRENT, DENNIS BREEDLOVE, AND PETER RAVEN
1974   *Principles of Tzeltal Plant Classification: An Introduction to the Botanical Ethnography of a Maya-speaking People of Highland Chiapas*. Academic Press, New York.

BERNSTEN, RICHARD, AND ROBERT HERDT
1977   Towards an understanding of milpa agriculture: the Belize case. *The Journal of Developing Areas* 11:373–392.

BISHOP, RONALD, EDWARD SAYRE, AND LAMBERTUS VAN ZELST
1983   Characterization of Mesoamerican jade. In *Applications of Science in Examination of the World of Arts*, edited by P. England and Lambertus van Zelst. Museum of Fine Arts, Boston.

BLANTON, RICHARD
1976a   Comment on Sanders, Parsons, and Logan. In *The Valley of Mexico*, edited by Eric Wolf, pp. 179–180. University of New Mexico Press, Albuquerque.
1976b   The role of symbiosis in adaptation and sociocultural change in the Valley of Mexico. In *The Valley of Mexico*, edited by Eric Wolf, pp. 181–202. University of New Mexico Press, Albuquerque.

BLOCK, RICHARD, AND KATHRYN WEISS
1956   *Amino Acid Handbook: Methods and Results of Protein Analysis*. Thomas, Springfield, Illinois.

BOGERT, JEAN, GEORGE BRIGGS, AND DORIS CALLOWAY
1973   *Nutrition and Physical Fitness*. W. B. Saunders Co., Philadelphia.

BOHRER, VORSILA, AND KAREN ADAMS
1977   *Ethnobotanical Techniques and Approaches at Salmon Ruin, New Mexico*. Contributions in Anthropology, vol. 8. Eastern New Mexico University, Portales.

BOSERUP, ESTER
1965   *The Conditions of Agricultural Growth: The Economics of Agrarian Change under Population Pressure*. Aldine, Chicago.

BRONSON, BENNET
1966   Roots and the subsistence of the ancient Maya. *Southwestern Journal of Anthropology* 22:251–279.
1972   Farm labor and the evolution of food production. In *Population Growth: The Anthropological Implications,* edited by Brian Spooner, pp. 190–218. MIT Press, Cambridge.
1978   Angkor, Anuradhapura, Prambanan, Tikal: Maya subsistence in an Asian perspective. In *Pre-Hispanic Maya Agriculture,* edited by Peter Harrison and Billie Lee Turner, pp. 255–300. University of New Mexico Press, Albuquerque.

BRUMFIEL, ELIZABETH
1976   Regional growth in the eastern Valley of Mexico: a test of the "population pressure" hypothesis. In *The Early Mesoamerican Village,* edited by Kent Flannery, pp. 234–250. Academic Press, New York.

BUTZER, KARL
1976   *Geomorphology from the Earth.* Harper and Row, New York.
1982   *Archaeology as Human Ecology.* Cambridge University Press. Cambridge.

CANBY, JOEL
1951   Possible chronological implications of the long ceramic sequence recovered at Yarumela, Spanish Honduras. *Proceedings of the 29th International Congress of Americanists* 1:79–85. Chicago.

CARNEIRO, ROBERT
1970   A theory of the origin of the state. *Science* 169:733–738.

CARR, ARCHIE
1950   Outline for a classification of animal habitats in Honduras. *Bulletin of the American Museum of Natural History* 94:563–594.

CARTER, WILLIAM
1969   *Old Lands and New Traditions: Kekchí Cultivators in the Guatemala Lowlands.* Latin American Monographs, 2nd Series, no. 6. University of Florida Press, Gainesville.

CHAMBERLAIN, ROBERT
1953   *The Conquest and Colonization of Honduras. 1502–1550.* Carnegie Institution Publication No. 598. Washington, D.C.

CHAPMAN, ANN
1971   Mitología y ética entre los Jicaques. *América Indígena* 31:751–763.

CHISHOLM, MICHAEL
1968   *Rural Settlement and Land Use.* Aldine-Atherton, Chicago.

CLARKE, DAVID
1968   *Analytical Archaeology.* Methuen, London.

CLIFF, MAYNARD
1986   The El Cajón Archaeological Project: Guarabuquí (PC15) ceramic study. Manuscript on file at the Proyecto Arqueológico El Cajón, Instituto Hondureño de Antropología e Historia, Tegucigalpa.

COE, MICHAEL, AND RICHARD DIEHL
1980   *In the Land of the Olmec. Volume Two, People of the River.* University of Texas Press, Austin.

COE, MICHAEL, AND KENT FLANNERY
1967   *Early Cultures and Human Ecology in South Coastal Guatemala.* Smithsonian Press, Washington, D.C.

COLLAZO, JAVIER
1980   *Diccionario Enciclopédico de Términos Técnicos, Inglés-Español/Español-Inglés.* McGraw-Hill, New York.

CONZEMIUS, EDUARD
1932   *Ethnographical Survey of the Miskito and Sumu Indians.* Bureau of American Ethnology Bulletin No. 106. Smithsonian Institution, Washington, D.C.

COSKREN, DENNIS
1980   El reconocimiento geológico. In Proyecto Arqueológico El Cajón: IV Informe Trimestral, Octubre-Diciembre, edited by Kenneth Hirth, Gloria Lara Pinto, and George Hasemann, pp. 5–10. Instituto Hondureño de Antropología e Historia, Tegucigalpa.

COWGILL, URSULA
1962   An agricultural study of the southern Maya Lowlands. *American Anthropologist* 64:273–286.

CRANE, KATHY
1986a   Late Preclassic Maya archaeobotanical remains: problems in quantification and interpretation. Research report presented at the 51st Annual Meeting of the Society of American Archaeology, New Orleans.
1986b   Late Preclassic Maya agriculture, wild plant utilization and land-use practices. In *Archaeology at Cerros, Belize, Central America,* edited by Robin Robertson and David Freidel, vol. 1, pp. 147–165. Southern Methodist University, Dallas.

CRONQUIST, ARTHUR
1946   Studies in the Sapotaccae-II: survey of the North American genera. *Lloydia* 9:241–292.

CULBERT, PATRICK
1973   *The Classic Maya Collapse.* University of New Mexico Press, Albuquerque.

CUTLER, HUGH, AND THOMAS WHITAKER
1961   History and distribution of the cultivated cucurbits in the Americas. *American Antiquity* 26:469–485.

DALTON, GEORGE
1977   Aboriginal economies in stateless societies. In *Exchange Systems in Prehistory,* edited by Timothy Earle and Jonathon Ericson, pp. 191–212. Academic Press, New York.
1981   Anthropological models in archaeological perspective. In *Pattern of the Past,* edited by Ian Hodder, Glynn Isaac, and Norman Hammond, pp. 17–48. Cambridge University Press, Cambridge.

DE GALIANA MINGOT, TOMAS
1980   *Pequeño Larousse Técnico.* Ediciones Larousse, Mexico, D.F.

DENEVAN, WILLIAM
1982   Hydraulic agriculture in the American tropics: forms, measures and recent research. In *Maya Subsistence,* edited by Kent Flannery, pp. 181–204. Academic Press, New York.

DEWAR, ROBERT
1984   Environmental productivity, population regulation, and carrying capacity. *American Anthropologist* 86:601–614.

DICCIONARIOS RIODUERO
1974   *Geografía.* Adapted and translated by Jose Sagredo. La Editorial Católica, Madrid. (Adapted and translated from *Herder Lexicon. Umwelt.* Verlag Herder, Berlin)
1975   *Ecología.* Adapted and translated by Jose Sagredo. La Editorial Católica, Madrid. (Adapted and translated from *Herder Lexicon. Umwelt.* Verlag Herder, Berlin)

DICKSON, BRUCE
1980   Ancient agriculture and population at Tikal, Guatemala: an application of linear programming to the simulation of an archeological problem. *American Antiquity* 45:697–712.

DIXON, BOYD
1986   Prehistoric cultural development in the Comayagua Valley, Honduras. Manuscript on file at the Department of Anthropology, University of Connecticut, Storrs.

DOBBINS, JOHN, AND AURELIO MATILLA
1972   *Topographic Terms. English-Spanish.* Translated by John Dobbins. Manuscript on file at the Inter-American Scientific Information Bureau, Arlington, Virginia.

DONKIN, R.
1979   *Agricultural Terracing in the Aboriginal New World*. Viking Fund Publications in Anthropology No. 56. University of Arizona Press, Tucson.

DRENNAN, ROBERT
1987   Regional demography in chiefdoms. In *Chiefdoms in the Americas*, edited by Robert Drennan and Carlos Uribe, pp. 307–324. University Press of America, Lanham, Maryland.

DUKE, JAMES
1972   *Isthmian Ethnobotanical Dictionary*. Fulton, Maryland.

DUMOND, DONALD
1961   Swidden agriculture and the rise of Maya civilization. *Southwestern Journal of Anthropology* 17:301–316.

ELVIR, A. R.
1974   Mapa Geológico de la República de Honduras, 1:500,000. Dirección General de Minas e Hidrocarburos, Instituto Geográfico Nacional, Tegucigalpa.

EWEL, JOHN, CORY BERISH, BECKY BROWN, NORMAN PRICE, AND JAMES RAICH
1981   Slash and burn impacts on a Costa Rican wet forest site. *Ecology* 62:816–829.

FASH, WILLIAM
1983   Reconocimiento y excavaciones en el valle. In *Introducción a la Arqueología de Copán, Honduras,* edited by Claude Baudez, pp. 229–469. Secretaría de Cultura y Turismo, Tegucigalpa.

FEINMAN, GARY, AND JILL NEITZEL
1984   Too many types: an overview of sedentary prestate societies in the Americas. In *Advances in Archaeological Method and Theory*, vol. 7, edited by Michael Schiffer, pp. 39–102. Academic Press, Orlando.

FERNANDEZ, ERIC
1981   Análisis de los restos óseos de La Ceiba (PC-13). In Proyecto Arqueológico El Cajón: Informe Trimestral Julio-Septiembre, edited by Kenneth Hirth, Gloria Lara Pinto, and George Hasemann, pp. 7–12. Instituto Hondureño de Antropología e Historia, Tegucigalpa.
1982   Clasificación y análisis de los restos de fauna descubiertos en las excavaciones. Manuscript on file at the Proyecto Arqueológico El Cajón, Instituto Hondureño de Antropología e Historia, Tegucigalpa.
1983   Estudio paleozoológico. In Proyecto Arqueológico El Cajón: Informe Trimestral, Enero-Marzo, edited by Kenneth Hirth, Gloria Lara Pinto, and George Hasemann, pp. 10–26. Instituto Hondureño de Antropología e Historia, Tegucigalpa.

FINCH, RICHARD
1981   Mesozoic stratigraphy of central Honduras. *American Association of Petroleum Geologists Bulletin* 65:1320–1333.

FLANNERY, KENT
1968   The Olmec and the Valley of Oaxaca: a model of inter-regional interaction in Formative times. In *Dumbarton Oaks Conference on the Olmec,* edited by Elizabeth Benson, pp. 119–130. Dumbarton Oaks Research Library and Collection, Washington, D.C.
1972   The cultural evolution of civilizations. *Annual Review of Ecology and Systematics* 3:399–426. Annual Review Press, Palo Alto.
1976a   Empirical determination of site catchments in Oaxaca and Tehuacán. In *The Early Mesoamerican Village,* edited by Kent Flannery, pp. 103–119. Academic Press, New York.
1976b   The early Mesoamerican house. In *The Early Mesoamerican Village,* edited by Kent Flannery, pp.16–24. Academic Press, New York.
1976c   *The Early Mesoamerican Village*. Academic Press, New York.

FLANNERY, KENT, AND MICHAEL COE
1968   Social and economic systems in Formative Mesoamerica. In *New Perspectives in Archeology,* edited by Sally Binford and Lewis Binford, pp. 267–284. Aldine-Atherton, Chicago.

FOLAN, WILLIAM
1983   *Cobá, a Classic Maya Metropolis*. Academic Press, New York.

FRANCO, A., AND D. MUNNS
1982   Plant assimilation and nitrogen cycling. *Plant and Soil* 67:1–13.

FRIEDEL, DAVID, AND VERNON SCARBOROUGH
1982   Subsistence trade and development of the coastal Maya. In *Maya Subsistence,* edited by Kent Flannery, pp. 131–156. Academic Press, New York.

G. & C. MIRRIAM CO. AND ENCYCLOPAEDIA BRITANICA, INC.
1966   *Webster's Third New World International Dictionary of the English Language Unabridged with Seven-language Dictionary*. William Benton, Chicago.

GALINAT, WALTER
1980   The archaeological maize remains from Volcan Panama: a comparative perspective. In *Adaptive Radiations in Prehistoric Panama,* edited by Olga Linares and Anthony Ranere, pp. 175–180. Peabody Museum Monographs No. 5. Harvard University, Cambridge.

GARCIA-PELAYO Y GROSS, RAMON
1981   *Pequeño Larousse Ilustrado*. Ediciones Larousse, Mexico, D.F.

GIFFORD, JAMES
1960   The type-variety method of ceramic classification as an indicator or cultural phenomena. *American Antiquity* 25:341–347.

GLASS, JOHN
1966   Archaeological survey of western Honduras. In *Archaeological Frontiers and External Connections,* edited by Gordon Ekholm and Gordon Willey, pp. 117–129. Handbook of Middle American Indians, vol. 4. Robert Wauchope, general editor. University of Texas Press, Austin.

GLASSOW, MICHAEL
1978   The concept of carrying capacity in the study of culture process. In *Advances in Archaeological Method and Theory*, vol. 1, edited by Michael Schiffer, pp. 31–48. Academic Press, New York.

GUZMAN, DAVID
1950   *Especies Utiles de la Flora Salvadoreña*. Imprenta Nacional, San Salvador.

HAMMOND, NORMAN
1978   The myth of the milpa: agricultural expansion in the Maya lowland. In *Pre-Hispanic Maya Agriculture,* edited by Peter Harrison and Billie Lee Turner, pp. 23–24. University of New Mexico Press, Albuquerque.

HARRIS, DAVID
1973   The prehistory of tropical agriculture: an ethnoecological model. In *The Explanation of Culture Change: Models in Prehistory,* edited by Colin Renfrew, pp. 391–417. G. Duckworth and Co., London.

HARRISON, PETER
1978   Bajos revisited: visual evidence for one system of agriculture. In *Pre-Hispanic Maya Agriculture,* edited by Peter Harrison, and Billie Lee Turner, pp. 247–254. University of New Mexico Press, Albuquerque.

HARSHBERGER, JOHN
1911   *Phytogeographic Survey of North America*. Stechert, New York.

HASEMANN, GEORGE
1985a   Desarrollo de los asentamientos clásicos tardíos a lo largo del Río Sulaco. *Yaxkín* 8:25–45, Tegucigalpa.

1985b   Asentamiento clásico tardío en el Río Sulaco. Paper presented at the Third Seminar on Honduran Archaeology, Tela, Honduras.

1986   Variations in Late Classic settlement in the El Cajón region of Honduras. Paper presented at the 85th Annual Meeting of the American Anthropological Association, Philadelphia.

1987   Late Classic settlement on the Sulaco River, central Honduras. In *Chiefdoms in the Americas*, edited by Robert Drennan and Carlos Uribe, pp. 85–103. University Press of America, New York.

HASEMANN, GEORGE, BOYD DIXON, AND JOHN YONK

1982   El rescate arqueológico en la zona de embalse de El Cajón: reconocimiento general y regional, 1980–81. *Yaxkín* 5:22–36, Tegucigalpa.

HASEMANN, GEORGE, JOHN YONK, RANDY FOUTS, AND JOHN HANSEN

1983   Recorrido de las tierras altas en la región de estudio. In Proyecto Arqueológico El Cajón: Informe Trimestral Octubre–Diciembre, edited by Kenneth Hirth, Gloria Lara Pinto, and George Hasemann, pp. 1–6. Instituto Hondureño de Antropología e Historia, Tegucigalpa.

HASSAN, FEKRI

1978   Demographic archaeology. In *Advances in Archaeological Method and Theory*, vol. 1, edited by Michael Schiffer, pp. 49–102. Academic Press, New York.

1981   *Demographic Archaeology.* Academic Press, New York.

HAUSENBUILER, R.

1972   *Soil Science Principles.* William Brown and Co., Dubuque, Iowa.

HAVILAND, WILLIAM

1966   Maya settlement patterns: a critical review. In *Middle American Research Institute Publication*, vol. 26, edited by Robert Wauchope, pp. 21–47. Tulane University, New Orleans.

1972   Family size, prehistoric population, and the ancient Maya. *American Antiquity* 37:135–137.

1970   Tikal, Guatemala and Mesoamerican urbanism. *World Archaeology* 2:186–198.

HEALY, PAUL

1978a   Excavations at Selín Farm (H-CN-5) Colón, Northeast Honduras. *Vínculos* 4:57–79, San José.

1978b   La arqueología del nordeste de Honduras: informe preliminar de la investigación de 1975 y 1976. *Yaxkín* 2:159–173, Tegucigalpa.

1984   The archaeology of Honduras. In *The Archaeology of Lower Central America*, edited by Fred Lange and Doris Stone, pp. 113–161. School of American Research, Sante Fe, New Mexico.

HEIDER, KARL

1969   Visiting trade institutions. *American Anthropologist* 71:462–471.

HELLMUTH, NICHOLAS

1977   Choltí-Lacandón (Chiapas) and Petén-Ytza agriculture, settlement pattern, and population. In *Social Process in Maya Prehistory*, edited by Norman Hammond, pp. 421–428. Academic Press, London.

HELMS, MARY

1979   *Ancient Panama: Chiefs in Search of Power.* University of Texas Press, Austin.

HILL, ALBERT

1952   *Economic Botany: A Textbook of Useful Plants and Plant Products.* McGraw-Hill, New York.

HIRTH, KENNETH

1979   Proyecto arqueológico El Cajón. Manuscript on file at the Proyecto Arqueológico El Cajón, Instituto Hondureño de Antropología e Historia, Tegucigalpa.

1982a   Enfoque general del Proyecto de Investigación y Salvamento Arqueológico El Cajón. *Yaxkín* 5:5–21, Tegucigalpa.

1982b   Excavaciones en Salitrón Viejo: 1981. *Yaxkín* 5:51–66, Tegucigalpa.

1984a   The El Cajón upland survey. Manuscript on file at the Proyecto Arqueológico El Cajón, Instituto Hondureño de Antropología e Historia, Tegucigalpa.

1984b   The analysis of prehistoric economic systems: a look to the future. In *Trade and Exchange in Early Mesoamerica*, edited by Kenneth Hirth, pp. 281–302. University of New Mexico Press, Albuquerque.

1985a   Comercio prehispánico e intercambio interregional en la región de El Cajón: primeros resultados de los análisis técnicos. *Yaxkín* 8:3–11, Tegucigalpa.

1985b   Notas sobre la subsistencia y comercio prehispánico en el área de El Cajón. Paper presented at the Third Symposium on Honduran Archaeology, Tela, Honduras.

1986a   The ceramic chronology of the El Cajón region. Paper presented at the First Seminar on Honduran Ceramics, Comayagua, Honduras.

1986b   Architectural diversity and social interaction in the El Cajón region: a view from Salitrón Viejo. Paper presented at the 85th Annual Meeting of the American Anthropological Association, Philadelphia.

1987   La diversidad arquitectónica en la interacción social en la región de El Cajón: la perspectiva desde Salitrón Viejo. Paper presented at the Fourth Symposium on Honduran Archaeology, La Ceiba, Honduras.

1988   Beyond the Maya frontier: cultural interaction and symbiosis along the central Honduran corridor, In *The Southeast Classic Maya Zone*, edited by Elizabeth Boone and Gordon Willey, pp. 297–334. Dumbarton Oaks Research Library and Collection, Washington D.C.

1989   Interregional exchange as elite behavior: an evolutionary perspective. In *Mesoamerican Elites: An Archaeological Assessment*, edited by Arlen Chase and Dianne Chase. University of Oklahoma Press, Norman. (in press).

HIRTH, KENNETH, AND SUSAN GRANT HIRTH

1987   Jade and marble: an analysis of their style and usage in central Honduras. Paper presented at the Symposium on Mesoamerican Jade, Denver.

HIRTH, KENNETH, GLORIA LARA PINTO, AND GEORGE HASEMANN

1982   *Ventanas al Pasado. Proyecto de Investigación y Salvamento Arqueológico El Cajón.* Instituto Hondureño de Antropología e Historia, Tegucigalpa.

1985   Prehistoric community organization in central Honduras. Manuscript on file at the Department of Anthropology, University of Kentucky, Lexington.

HIRTH, KENNETH, PATRICIA URBAN, GEORGE HASEMANN, AND VITO VELIZ

1981   Patrones regionales de asentamiento en la región de El Cajón, Departamento de Comayagua, Honduras. *Yaxkín* 4:33–55, Tegucigalpa.

HODDER, IAN

1979   Economic and social stress and material culture patterning. *American Antiquity* 44:446–454.

HORNE, GREGORY, GENEVIERE ATWOOD, AND ALLEN KING

1974   Stratigraphy, sedimentology, and paleoenvironments of Esquías Formation of Honduras. *American Association of Petroleum Geologists Bulletin* 58:176–188.

JOESINK-MANDEVILLE, LEROY

1985   El Proyecto Arqueológico Valle de Comayagua: investigaciones en Yarumela-Chilcal. Paper presented at the Third Symposium on Honduran Archaeology, La Ceiba, Honduras.

JOHANNESSEN, CARL

1963   *Savannas of Interior Honduras.* Ibero-Americana, no. 46. University of California Press, Berkeley.

JOHNSON, FREDERICK
1963   The post-conquest ethnology of Central America: an introduction. In *The Circum-Caribbean Tribes*, edited by Julian Steward, pp. 195–198. Handbook of South American Indians, vol. 4. Cooper Square, New York.

JOHNSON, WILLIAM
1983   Suelos y geomorfología. In *Introducción a la Arqueología de Copán*, vol. 1, edited by Claude Baudez, pp. 66–92. Secretaría de Cultura y Turismo, Tegucigalpa.

JOYCE, ROSEMARY
1983   Outline of a ceramic sequence for the Late Formative through Early Postclassic, Valle de Ulua, northwest Honduras. Manuscript on file at the Proyecto Arqueológico Sula, Instituto Hondureño de Antropología e Historia, Tegucigalpa.
1985   Cerro Palenque, Valle de Ulua, Honduras: Terminal Classic Interaction on the Southern Mesoamerican Periphery. Unpublished Ph.D. dissertation, Department of Anthropology, University of Illinois, Urbana.
1986   Terminal Classic interaction on the southeast Maya periphery. *American Antiquity* 5:313–329.
1987   Intraregional ceramic variation and social class: developmental trajectories of Classic period ceramic complexes from the Ulua valley. In *Interaction on the Southeast Mesoamerican Frontier*, edited by Eugenia Robinson, vol. 2, pp. 280–303. BAR International Series, Oxford.

KAPLAN, LAWRENCE
1965   Archaeology and domestication in American *Phaseolus* (beans). *Economic Botany* 19:358–368.
1967   Archaeological *Phaseolus* from Tehuacán. In *The Prehistory of the Tehuacan Valley: Environment and Subsistence*, vol. 1, edited by Richard MacNeish, pp.201–211. University of Press, Austin.
1973   Ethnobotanical and nutritional factors in the domestication of American beans. In *Man and His Foods: Studies in the Ethnobotany of Nutrition-Contemporary, Primitive, and Prehistoric Non-European Diets*, edited by C. Earl Smith, pp. 75–85. University of Alabama Press, University, Alabama.
1980   Variation in the cultivated beans. In *Guitarrero Cave: Early Men in the Andes*, edited by Thomas Lynch, pp. 145–148. Academic Press, New York.

KAPLAN, LAWRENCE, AND RICHARD MACNEISH
1960   Prehistoric bean remains from caves in the Ocampo region of Tamaulipas, Mexico. *Botanical Museum Leaflets* 19:33–56.

KENNEDY, NEDENIA
1981   The Formative Period Ceramic Sequence from Playa de los Muertos, Honduras. Unpublished Ph.D. dissertation, Department of Anthropology, University of Illinois, Urbana.
1984   La cronología cerámica en Salitrón Viejo, zona del embalse de El Cajón, Honduras. Manuscript on file at the Proyecto Arqueológico El Cajón, Instituto Hondureño de Antropología e Historia, Tegucigalpa.

KENNEDY, NEDENIA, PHYLLIS MESSENGER, AND JOHN YONK
1982   Secuencia cerámica preliminar de Salitrón Viejo. Manuscript on file at the Proyecto Arqueológico El Cajón, Instituto Hondureño de Antropología e Historia, Tegucigalpa.

KENT, SUSAN
n.d.   Farmers as hunters: the implications of sedentism. Manuscript.

KIRCHHOFF, PAUL
1963   The Caribbean lowland tribes: the Mosquito, Sumo, Paya, and Jicaque. In *The Circum-Caribbean Tribes*, edited by Julian Steward, pp. 219–229. Handbook of South American Indians, vol. 4. Cooper Square, New York.

KIRKBY, ANNE
1971   The Use of Land and Water Resources in the Past and Present Valley of Oaxaco, Mexico. Unpublished Ph.D. dissertation, Department of Anthropology, Johns Hopkins University, Baltimore.

KOWALEWSKI, STEPHEN
1980   Population-resource balances in Period I of Oaxaca, Mexico. *American Antiquity* 45:151–165.

KUKAL, ZDENEK
1971   *Geology of Recent Sediments*. Academic Press, New York.

LAMBERT, J., AND J. ARNASON
1981   Nutrient levels in corn and competing weed species in a first year milpa, Indian Church, Belize, Central America. *Plant and Soil Science* 55:415–427.

LANGE, FREDERICK
1971   Marine resources: a viable subsistence alternative for the prehistoric Lowland Maya. *American Anthropologist* 73:619–636.
1984   Cultural geography of pre-columbian lower Central America. In *The Archaeology of Lower Central America*, edited by Frederick Lange and Doris Stone, pp. 33–62. School of American Research, Sante Fe, New Mexico.

LARA PINTO, GLORIA
1980   *Beitrage zue Indienishen Ethnographie von Honduras in der 1. Halfte des 16. Jahrhunderts, unter Besonderer Berucksichtigung der Historischen Demographie.* Repro Ludke, Hamburg.
1982   La región de El Cajón en la etnohistoria de Honduras. *Yaxkín* 5:37–50.
1985a   Apuntes sobre la afiliación cultural de los pobladores indígenas de los valles de Comayagua y Sulaco. *Mesoamérica* 9:45–57, Antigua, Guatemala.
1985b   Las vías de comunicación indígenas en el centro de Honduras y su relación con la "provincia" Sulaco-Maniani. Paper presented at the Third Symposium on Honduran Archaeology, Tela, Honduras.
1986   Sociopolitical organization in central Honduras at the time of the conquest. Paper presented at the 85th Annual Meeting of the American Anthropological Association, Philadelphia.

LARA PINTO, GLORIA, AND GEORGE HASEMANN
1982   El salvamento arqueológico en la región de El Cajón. *Mexicon* 4:42–45. Berlin.

LARA PINTO, GLORIA, AND RUSSEL SHEPTAK
1985   Excavaciones en el sitio de Intendencia, Río Humuya: primeros resultados. *Yaxkín* 8:13–23, Tegucigalpa.

LENTZ, DAVID
1982   Descripción preliminar de las zonas de vegetación en los sistemas fluviales del bajo Río Sulaco y Humuya, departamentos de Comayagua, Yoro y Cortés. *Yaxkín* 5:73–80, Tegucigalpa.
1983a   Plant remains from the archeological sites of the lower Sulaco River drainage, Honduras. Paper presented at the 48th Annual Meeting of the Society for American Archaeology, Pittsburgh.
1983b   A preliminary description of the vegetation communities of the lower Humuya and Sulaco River drainages, Honduras. Manuscript on file at the Proyecto Arqueológico El Cajón, Instituto Hondureño de Antropología e Historia, Tegucigalpa.
1984   A Description of the Plant Communities and Archaeoethnobotany of the Lower Humuya and Sulaco River Valleys, Honduras. Unpublished Ph.D. dissertation, University of Alabama, University, Alabama.
1985   Uso de las plantas entre los habitantes precolombinos de la región de El Cajón. *Yaxkín* 8:75–82, Tegucigalpa.
1986   Ethnobotany of the Jicaque, Honduras. *Economic Botany* 40:210–219.

LENTZ, DAVID, AND RANI ALEXANDER
1986   Prehistoric environment and subsistence in the lower Sulaco and
        Humuya River valleys, Honduras. Paper presented at the 85th
        Annual Meeting of the American Anthropological Association,
        Philadelphia.

LINARES DE SAPIR, OLGA, AND ANTHONY RANERE
1971   Human adaptation to the tropical forests of western Panama.
        Archaeology 24:346–355.

LOGAN, MICHAEL, AND WILLIAM SANDERS
1976   The model. In *The Valley of Mexico: Studies in Prehistoric Ecol-
        ogy and Society*, edited by Eric Wolf, pp. 31–58. University of
        New Mexico Press, Albuquerque.

LOKER, WILLIAM
1983   Estudio del uso de la tierra: metodología y programa de trabajo.
        In Proyecto Arqueológico El Cajón: Informe Trimestral Enero-
        Marzo, edited by Kenneth Hirth, Gloria Lara Pinto, and George
        Hasemann, pp. 2–9. Instituto Hondureño de Antropología e His-
        toria, Tegucigalpa.
1984   Agricultural productivity and prehistoric settlement in the Sulaco
        River valley, Honduras: a preliminary report. Manuscript on file
        at the Instituto Hondureño de Antropología e Historia, Tegucigal-
        pa.
1985   Etnoarqueología: teoría y práctica en el Proyecto de Investigación
        y Salvamento Arqueológico El Cajón. *Yaxkín* 8:83–88, Tegucigal-
        pa.
1986   Agricultural Ecology and Prehistoric Settlement in the El Cajón
        Region of Honduras. Unpublished Ph.D. dissertation, Department
        of Anthropology, University of Colorado, Boulder.

LONGYEAR, JOHN
1952   *Copán Ceramics: A Study of Southeastern Maya Pottery*. Carnegie
        Institution of Washington Publication No. 472. Washington, D.C.

LUNDELL, CYRUS
1933   The agriculture of the Maya. *Southwest Review* 19:65–77.

MACNEISH, RICHARD
1971   Speculation about how and why food production and village life
        developed in the Tehuacán Valley, Mexico. *Archaeology* 24:307–
        315.

MANGELSDORF, PAUL
1967   Report on mineralized corncobs and other prehistoric specimens
        from Salinas La Blanca. In *Early Cultures and Human Ecology in
        South Coastal Guatemala*, edited by Michael Coe and Kent Flan-
        nery, pp. 127–128. Smithsonian Institution Press, Washington,
        D.C.
1974   *Corn: Its Origin, Evolution, and Improvement*. Harvard University
        Press, Cambridge.

MARCUS, JOYCE
1982   The plant world of the sixteenth- and seventeenth-century
        Lowland Maya. In *Maya Subsistence*, edited by Kent Flannery,
        pp. 239–273. Academic Press, New York.

MARCUS, JOYCE, AND KENT FLANNERY
1978   Ethnoscience of the sixteenth-century valley Zapotec. In *The
        Nature and Status of Ethnobotany*, edited by Richard Ford, pp.
        51–80. Museum of Anthropology Anthropological Paper No. 67,
        University of Michigan, Ann Arbor.

MATHENY, RAY
1978   Northern Maya lowland water-control systems. In *Pre-Hispanic
        Maya Agriculture*, edited by Peter Harrison and Billie Lee Turner,
        pp. 185–210. University of New Mexico Press, Albuquerque.
1982   Ancient Lowland and Highland Maya water and soil conservation
        strategies. In *Maya Subsistence*, edited by Kent Flannery, pp.
        175–176. Academic Press, New York.

MCBRYDE, FELIX
1945   *Cultural and Historical Geography of Southwest Guatemala*. In-
        stitute of Social Anthropology Publication No. 4. Smithsonian
        Institution, Washington, D.C.

MCKILLOP, HEATHER
1984   Prehistoric Maya reliance on marine resources: analysis of a
        midden from Moho Cay, Belize. *Journal of Field Archaeology*
        11:25–35.

MEGGERS, BETTY
1954   Environmental limitations of the development of culture. *Ameri-
        can Anthropologist* 56:801–824.

MENDEZ, SANTIAGO
1921   The Maya Indians of Yucatán in 1861. In *Reports of the Maya
        Indians of Yucatán*, edited by Marshal Saville, pp. 143–195. In-
        dian Notes and Monographs, vol. 9, no. 3., Frederick Hodge,
        general editor. Museum of the American Indian, Heye Founda-
        tion, New York.

MESSENGER, LEWIS
1982   El antiguo Guarabuquí: informe preliminar de las excavaciones en
        PC-15. *Yaxkín* 5:67–72, Tegucigalpa.
1984   Excavations at Guarabuquí, El Cajón, Honduras: Frontiers, Cul-
        ture Areas, and the Southern Mesoamerican Periphery. Un-
        published Ph.D. dissertation, Department of Anthropology,
        University of Minnesota, Minneapolis.

MESSENGER, LEWIS, AND PHYLLIS MAUCH
1986   Late Classic community organization of the eastern Maya
        periphery: view from El Cajón. Paper presented at the 85th Annual
        Meeting of the American Anthropological Association, Philadel-
        phia.

MIKSICEK, CHARLES
1983   Macrofloral remains of the Pulltrouser area: settlements and fields.
        In *Pulltrouser Swamp: Ancient Maya Habitat, Agriculture, and
        Settlement in Northern Belize*, edited by Billie Lee Turner and
        Peter Harrison, pp. 94–104. University of Texas Press, Austin.

MILLON, RENÉ
1955   When Money Grew on Trees: A Study of Cacao in Ancient
        Mesoamerica. Unpublished Ph.D. dissertation, Department of
        Anthropology, Columbia University, New York.

MILLS, R., K. HUGH, D. FERAY, AND H. SWOLFS
1967   Mesozoic stratigraphy of Honduras. *American Association of
        Petroleum Geologists Bulletin* 51:1711–1786.

MILTON, KATHARINE
1984   Protein and carbohydrate resources of the Maku Indians of
        Northwest Amazonia. *American Anthropologist* 86:7–27.

MONTEFORTE TOLEDO, MARIO
1959   *Guatemala*. Monografía Sociológica. Universidad Autónoma de
        México, México, D.F.

MOORE, HAROLD
1961   The more commonly cultivate palms. *American Horticultural
        Magazine* 40:33–43.

MORLEY, SYLVANUS
1946   *The Ancient Maya*. Stanford University Press, Stanford.

NATIONS, JAMES, AND RONALD NIGH
1980   The evolutionary potential of Lacandón Maya sustained-yield
        tropical forest agriculture. *Journal of Anthropological Research*
        36:1–30.

NETTING, ROBERT
1977   Maya subsistence: mythologies, analogies, possibilities. In *The
        Origins of Maya Civilization*, edited by Richard E. Adams, pp.
        299–333. University of New Mexico Press, Albuquerque.

NEWSON, LINDA
1985   La población indígena de Honduras bajo el régimen colonial. *Mesoamérica* 9:1–44, Antigua, Guatemala.
1986   *The Cost of Conquest: Indian Decline in Honduras under Spanish Rule.* Dellplain Latin American Studies, no. 20. Westview Press, Boulder.

NIGH, RONALD
1975   Evolutionary Ecology of Maya Agriculture in Highland Chiapas, Mexico. Unpublished Ph.D. dissertation, Department of Anthropology, Stanford University, Stanford, California.

NORMAN, MICHAEL
1979   *Annual Cropping Systems in the Tropics.* University of Florida Press, Gainesville.

NORVILLE, CHARLES
1986   Geoarcheological Investigations of the Cajón Archaeological Project, Districts of Comayagua, Yoro, and Cortés, Honduras, C.A. M.A. thesis, Department of Anthropology, University of Kentucky, Lexington.

NORVILLE, CHARLES, AND MICHAEL COLLINS
1982   Avances del estudio geoarqueológico. In Proyecto Arqueológico El Cajón: Informe Trimestral, Abril-Junio, edited by Kenneth Hirth, Gloria Lara Pinto, and George Hasemann, pp. 46–52. Instituto Hondureño de Antropología e Historia, Tegucigalpa.

OLSON, GERALD
1976   Criteria for making and interpreting a soil profile description. Kansas Geological Survey Bulletin 212. Lawrence.
1983   An evaluation of soil properties and potential in different volcanic deposits. In *Archeology and Volcanism in Central America*, edited by Payson Sheets, pp. 52–61. University of Texas Press, Austin.

OOSTING, H.
1956   *The Study of Plant Communities.* W. H. Freeman, San Francisco.

PETERS, CHARLES
1983   Observations on Maya subsistence and the ecology of a tropical tree. *American Antiquity* 48:610–615.

PETERS, CHARLES, AND ENRIQUE PARDO-TEJADA
1982   *Brosimum alicastrum* (Moraccae): uses and potential in Mexico. *Economic Botany* 36:166–175.

PISCITELLI, NICOLA
1974   *Diccionario/Atlas de Anatomía Humana.* Translated by Francisco Gil. Colección Diccionarios-Atlas, edited by Achille Boroli, Adolfo Boroli, and Frederic Rahola. Editorial Teide, Barcelona.

POPE, KEVIN
1987   The ecology and economy of the Formative-Classic transition along the Ulúa River, Honduras. In *Interaction on the Southeast Mesoamerican Frontier*, vol. 1, edited by Eugenia Robinson, pp. 95–128. BAR International Series, Oxford.

POPENOE, DOROTHY
1934   Some excavations at Playa de los Muertos, Ulua River-Honduras. *Maya Research* 4:61–85.

POPENOE, WILSON
1919   The useful plants of Copán. *American Anthropologist* 21:125–138.
1945   Plant resources of Guatemala. In *Plants and Plant Science in Latin America*, edited by Frans Verdoorn, pp. 278–281. Chronica Botanica, Waltham, Massachusetts.
1948   *Manual of Tropical and Subtropical Fruits.* Hafner Press, New York.

PORTIG, WILLIAM
1965   Central American rainfall. *Geographic Review* 55:68–90.

PULESTON, DENNIS
1973   Ancient Maya Settlement Patterns and Environment at Tikal, Guatemala. Unpublished Ph.D. dissertation, Department of Anthropology, University of Pennsylvania, Philadelphia.
1978   Terracing, raised fields, and tree cropping in the Maya Lowlands: a new perspective on the geography of power. In *Pre-Hispanic Maya Agriculture*, edited by Peter Harrison and Billie Lee Turner, pp. 225–245. University of New Mexico Press, Albuquerque.
1982   Appendix 2: the role of ramon in Maya subsistence. In *Maya Subsistence*, edited by Kent Flannery, pp. 353–366. Academic Press, New York.

PULESTON, DENNIS, AND OLGA PULESTON
1971   An ecological approach to the origins of Maya civilization. *Archaeology* 24:330–337.

RANERE, ANTHONY, AND PAT HANSELL
1978   Early subsistence patterns along the Pacific coast of central Panama. In *Prehistoric Coastal Adaptations*, edited by Barbara Stark and Barbara Voorhies, pp. 43–59. Academic Press, New York.

RAPP, GEORGE, JR. AND JOHN GIFFORD
1985   *Archaeological Geology.* Yale University Press, New Haven.

RATHJE, WILLIAM
1971   The origin and development of Lowland Classic Maya civilization. *American Antiquity* 36:275–285.

REAL ACADEMIA ESPAÑOLA
1984   *Diccionario de la Lengua Española.* Real Academia Española, Madrid.

REDFIELD, ROBERT, AND ALFONSO VILLA ROJAS
1934   *Chan Kom: A Maya Village.* Carnegie Institution Publication No. 448. Washington, D.C.

REINA, RUEBEN
1967   Milpas and milperos: implications for prehistoric times. *American Anthropologist* 69:1–20.

REINA, RUEBEN, AND ROBERT HILL
1980   Lowland Maya subsistence: notes from ethnohistory and ethnography. *American Antiquity* 45:74–79.

RENFREW, COLIN
1976   Archaeology and the earth sciences. In *Geo-Archaeology*, edited by D.A. Davidson and M. L. Shackly, pp. 1–5. G. Duckworth and Co., London.

REYES MAZZONI, ROBERTO
1975   *Introducción a la Arqueología de Honduras.* Editorial Nuevo Continente, Tegucigalpa.

RICE, DON
1978   Population growth and subsistence alternatives in a tropical lacustrine environment. In *Pre-Hispanic Maya Agriculture*, edited by Peter Harrison and Billie Lee Turner, pp. 35–62. University of New Mexico Press, Albuquerque.

ROBINSON, KENNETH, SCOTT O'MACK, AND WILLIAM LOKER
1985   Excavaciones en la plaza principal del conjunto residencial oeste de Salitrón Viejo (PC-1). *Yaxkín* 8:47–57, Tegucigalpa.

ROOSEVELT, ANN
1980   *Parmana: Prehistoric Maize and Manioc Subsistence along the Amazon and Orinoco.* Academic Press, New York.

ROPER, DONNA
1979   The method and theory of site catchment analysis. In *Advances in Archaeological Method and Theory*, vol. 2, edited by Michael Schiffer, pp. 119–140. Academic Press, New York.

ROUSE, IRVING
1939 *Prehistory of Haiti: A Study in Method.* Yale University Memoirs of the Peabody Museum of Archaeology and Ethnology No. 13, New Haven.

ROYS, RALPH
1931 *The Ethnobotany of the Maya.* Institute for the Study of Human Issues, Philadelphia.

RUBIO MELHADO, ADOLFO, AND MARIANO CASTRO MORON
1953 *Geografía General de la República de Honduras.* Publicaciones del Ministerio de Educación Pública, Tegucigalpa.

RUTHENBERG, HANS
1980 *Farming Systems in the Tropics.* Clarendon Press, Oxford.

SABLOFF, JEREMY, AND GORDON WILLEY
1967 The collapse of Maya civilization in the southern lowlands: a consideration of history and process. *Southwestern Journal of Anthropology* 23:311–336.

SAHLINS, MARSHAL
1972 *Stone Age Economics.* Aldine-Atherton, Chicago.

SANCHEZ, PEDRO
1982 Nitrogen in shifting cultivation systems of Latin America. *Plant and Soil* 67:91–103.

SANDERS, WILLIAM
1972 Population, agricultural history, and societal evolution in Mesoamerica. In *Population Growth: Anthropological Implications*, edited by Brian Spooner, pp. 101–153. MIT Press, Cambridge.
1973 The cultural ecology of the Lowland Maya. In *The Classic Maya Collapse*, edited by Patrick Culbert. pp. 325–365. University of New Mexico Press, Albuquerque.
1977 Environmental heterogeneity and the evolution of Lowland Maya civilization. In *The Origins of Maya Civilization*, edited by Richard E. W. Adams, pp. 287–297. University of New Mexico Press, Albuquerque.

SANDERS, WILLIAM, JEFFERY PARSONS, AND ROBERT SANTLEY
1979 *The Basin of Mexico: Ecological Processes in the Evolution of Civilization.* Academic Press, New York.

SANDERS, WILLIAM, AND DAVID WEBSTER
1978 Unilinealism, multilinealism, and the evolution of complex societies. In *Social Archeology: Beyond Subsistence and Dating*, edited by Charles Redman, pp. 249–302. Academic Press, New York.

SAUL, FRANK
1972 *The Human Skeletal Remains of Altar de Sacrificios. An Osteological Analysis.* Papers of the Peabody Museum of Archaeology and Ethnology, vol. 63, no. 1. Harvard University, Cambridge.

SCARBOROUGH, VERNON
1983 A Preclassic Maya water system. *American Antiquity* 48:720–744.

SCHORTMAN, EDWARD, AND PATRICIA URBAN
1987 Survey within the Gualjoquito hinterland: an introduction to the investigations of the Santa Bárbara Archaeological Project. In *Interaction on the Southeast Mesoamerican Frontier*, vol. 1, edited by Eugenia Robinson, pp. 5–27. BAR International Series, Oxford.

SCHRIMPF, KARL
1965 *Maize: Cultivation and Fertilization.* Ruhr-stickstoff Publishers, Bochen, Germany.

SCHUMANN DE BAUDEZ, ISABELLE
1983 Agricultura y agricultores en la región de Copán. In *Introducción a la Arqueología de Copán*, vol. 1, edited by Claude Baudez, pp. 195–228. Secretaría de Cultura y Turismo, Tegucigalpa.

SELL, LEWIS
1959 *Comprehensive Technical Dictionary, Spanish-English/English-Spanish.* McGraw-Hill, New York.

SHARER, ROBERT
1978 *The Prehistory of Chalcuapa, El Salvador. Volume Three, Pottery and Conclusions.* The University of Pennsylvania Press, Philadelphia.

SHEEHY, JAMES
1983 Observaciones sobre alguna cerámica precolombina de San Juan de Intibucá, suroccidente de Honduras. *Yaxkín* 4:9–21, Tegucigalpa.

SHEETS, PAYSON
1975 Behavioral analysis and structure of a prehistoric industry. *Current Anthropology* 16:368–391.
1979 Possibles repercusiones en el occidente de Honduras a causa de la erupción del Volcán de Ilopango en el siglo tercero d.C. *Yaxkín* 3:47–68, Tegucigalpa.
1982 Prehistoric agricultural systems in El Salvador. In *Maya Subsistence*, edited by Kent Flannery, pp. 99–118. Academic Press, New York.

SIEMENS, ALFRED
1978 Karst and the pre-hispanic Maya in the southern lowlands. In *Pre-Hispanic Maya Agriculture*, edited by Peter Harrison and Billie Lee Turner, pp. 117–144. University of New Mexico Press, Albuquerque.
1982 Prehispanic agricultural use of the wet lands of northern Belize. In *Maya Subsistence*, edited by Kent Flannery, pp. 205–226. Academic Press, New York.
1983 Oriental raised fields in central Veracruz. *American Antiquity* 48:8–102.

SIEMENS, ALFRED, AND DENNIS PULESTON
1972 Ridged fields and associated features in southern Campeche: new perspectives on the Lowland Maya. *American Antiquity* 37:228–239.

SKUTCH, ALEXANDER
1945 Natural resources of Costa Rica. In *Plants and Plant Science in Latin America*, edited by Frans Verdoorn, pp. 281–284. Chronica Botanica, Waltham, Massachusetts.

SMITH, A., AND I. JOHNSON
1945 A phytogeographic sketch of Latin America. In *Plants and Plant Science in Latin America*, edited by Frans Verdoorn, pp. 11–18. Chronica Botanica, Waltham, Massusetts.

SMITH, C. EARL
1965 The archaeological record of cultivated crops of New World origins. *Economic Botany* 19:322–334.
1967 Plant remains. In *The Prehistory of the Tehuacan Valley. Volume One, Environment and Subsistence*, edited by Douglas Byers, pp. 220–260. University of Texas Press, Austin.
1980a Plant remains from Guitarrero Cave. In *Guitarrero Cave: Early Man in the Andes*, edited by Thomas Lynch, pp. 87–119. Academic Press, New York.
1980b Plant remains from the Chiriquí sites and ancient vegetation patterns. In *Adaptive Radiations in Panama*, edited by Olga Linares and Anthony Ranere, pp. 151–174. Peabody Museum Monograph No.5. Harvard University, Cambridge.

SMITH, C. EARL, AND MARGUERITA CAMERON
1977 Ethnobotany in the Puuc, Yucatán. *Economic Botany* 31:93–110.

SMITH, ROBERT, GORDON WILLEY, AND JAMES GIFFORD
1960 The type-variety concept as a basis for the analysis of Maya pottery. *American Antiquity* 25:330–340.

SNARSKIS, MICHAEL
1976 Stratigraphic excavations in the eastern lowlands of Costa Rica. *American Antiquity* 44:125–138.

SORAYYA CARR, HELEN
1986   Preliminary results of analysis of fauna. In *Archaeology at Cerros, Belize, Central America,* edited by Robin Robertson and David Friedel, vol. 1, pp. 127–146. Southern Methodist University, Dallas.

SORENSEN, JERREL
1985   Observaciones preliminares sobre los artefactos líticos en el valle del Río Sulaco. *Yaxkín* 8:67–73, Tegucigalpa.

SORENSEN, JERREL, AND KENNETH HIRTH
1984   Minas precolombinas y talleres de obsidiana en La Esperanza, Depto. de Intibucá. *Yaxkín* 7:31–45, Tegucigalpa.

SPAULDING, ALBERT
1960   The dimensions of archaeology. In *Essays in the Science of Culture in Honor of Leslie A. White,* edited by Gordon Dole and Robert Carnerio, pp. 437–456. Thomas Crowell, New York.

SPINK, MARY
1985   Interregional comparison of ground stone artifacts. Paper presented at the Third Symposium on Honduran Archaeology, Tela, Honduras.
1986   Lithic tool production in a ranked society: a study from prehistoric Honduras. Paper presented at the 85th Annual Meeting of the American Anthropological Association, Philadelphia.

SPOONER, BRIAN
1972   *Population Growth: Anthropological Implications.* MIT Press, Cambridge.

STADLEMAN, RAYMOND
1940   *Maize Cultivation in Northwestern Guatemala.* Carnegie Institution Contributions to American Anthropology and History, vol. 16. Washington, D.C.

STAFFORD BLUSTAIN, MALINDA
1985   An Ethnoarchaeological Study of the Ceramic Ecology of El Cajón, Honduras. Unpublished M. A. thesis, Department of Anthropology, University of Kentucky, Lexington.

STANDLEY, PAUL
1931   *Flora of the Lancetilla Valley, Honduras.* Field Museum of Natural History Publication No. 283, Botany Series, vol. 10. Chicago.

STANDLEY, PAUL, AND JULIAN STEYERMARK
1945   Vegetation of Guatemala. In *Plants and Plant Science in Latin America,* edited by Frans Verdoorn, pp. 275–278. Chronica Botanica, Waltham, Massachusetts.
1946a   *Flora of Guatemala.* Fieldiana: Botany, vol. 24, part 1. Field Museum of Natural History, Chicago.
1946b   *Flora of Guatemala.* Fieldiana: Botany, vol. 24, part 4. Field Museum of Natural History, Chicago.
1946c   *Flora of Guatemala.* Fieldiana: Botany, vol. 24, part 5. Field Museum of Natural History, Chicago.
1949   *Flora of Guatemala.* Fieldiana: Botany, vol. 24, part 6. Field Museum of Natural History, Chicago.

STANDLEY, PAUL, AND LOUIS WILLIAMS
1967   *Flora of Guatemala.* Fieldiana: Botany, vol. 24, part 8. Field Museum of Natural History, Chicago.

STEGGERDA, MORRIS
1941   *Maya Indians of Yucatán.* Carnegie Institution Publication No. 531. Washington, D.C.

STEIN, JULIE, AND WILLIAM FARRAND
1985   *Archaeological Sediments in Context.* Center for the Study of Early Man, Institute for Quaternary Studies, the University of Maine at Orono.

STEPONAITIS, VINCAS
1982   Settlement hierarchies and political complexity in non-market societies: the Formative period of the Valley of Mexico. *American Anthropologist* 83:320–363.

STOLTMAN, JAMES
1978   *Lithic Artifacts from a Complex Society: The Chipped Stone Tools of Becán, Campeche, Mexico.* Occassional Papers, no. 2. Middle American Research Institute, Tulane University.

STONE, DORIS
1938   *Masters in Marble.* Middle American Research Institute Publication No. 8. Tulane University, New Orleans.
1941   *Archaeology of the North Coast of Honduras.* Harvard University Peabody Museum of Archaeology and Ethnology Papers, vol. 9, no. 1. Harvard University, Cambridge.
1957   *The Archaeology of Central and Southern Honduras.* Harvard University Peabody Museum of Archaeology and Ethnology Papers, vol. 49, no. 3. Harvard University, Cambridge.
1972   *Pre-Columbian Man Finds Central America: The Archaeological Bridge.* Peabody Museum Press, Cambridge.

STOREY, REBECCA
1987   Mortalidad durante el Clásico Tardío en Copán y en El Cajón. Paper presented at the Fourth Symposium on Honduran Archaeology, La Ceiba, Honduras.

STRONG, WILLIAM DUNCAN
1948   The archaeology of Honduras, In *The Circum-Caribbean Tribes,* edited by Julian Steward, pp. 71–120. Handbook of South American Indians, vol. 4. Smithsonian Institution, Washington D.C.

STRONG, WILLIAM DUNCAN, ALFRED KIDDER, AND A. DREXEL PAUL
1939   *Preliminary Report on the Smithsonian Institution-Harvard University Archaeological Expedition to Northwestern Honduras, 1936.* Smithsonian Institution Miscellaneous Collections No. 97. Washington, D.C.

STRUEVER, STUART
1968   Flotation techniques for the recovery of small-scale archaeological remains. *American Antiquity* 33:353–352.

STURROCK, D.
1959   *Fruits for Southern Florida.* Southeastern Printing, Stuart, Florida.

THOMPSON, J. ERIC
1966   *The Rise and Fall of Maya Civilization.* University of Oklahoma Press, Norman.
1970   *Maya History and Religion.* University of Oklahoma Press, Norman.
1971   Estimates of Maya population: deranging factors. *American Antiquity* 36:214–216.

THORNE, DWYNE, AND MARLOWE THORNE (EDITORS)
1979   *Soil, Water, and Crop Production.* AVI Publishing Co., Westport, Connecticut.

TOZZER, ALFRED
1941   *Landa's Relación de las Cosas de Yucatán.* Papers of the Peabody Museum of American Archaeology and Ethnology, vol. 18. Harvard University, Cambridge.

TSUKADA, M., AND E. DEEVEY
1967   Pollen analysis in Guatemala and El Salvador. In *Quaternary Paleoecology,* edited by E. Cushing and H. Wright, pp. 303–331. Yale University Press, New Haven.

TURNER, BILLIE LEE
1974   Prehistoric intensive agriculture in the Maya Lowlands. *Science* 185:118–124.
1978a   Ancient agricultural land use in the central Maya Lowlands. In *Pre-Hispanic Maya Agriculture,* edited by Peter Harrison and Billie Lee Turner, pp. 163–183. University of New Mexico Press, Albuquerque.

1978b   The development and demise of the swidden hypothesis of Maya agriculture. In *Pre-Hispanic Maya Agriculture*, edited by Peter Harrison, and Billie Lee Turner, pp. 13–22. University of New Mexico Press, Albuquerque.

1979   Prehispanic terracing in the Maya Lowlands: problems of agricultural intensification. In *Maya Archaeology and Ethnohistory*, edited by Norman Hammond and Gordon Willey, pp. 103–115. University of Texas Press, Austin.

1983a   The excavations of raised and channelized fields at Pulltrouser Swamp. In *Pulltrouser Swamp: Ancient Maya Habitat, Agriculture, and Settlement in Northern Belize*, edited by Billie Lee Turner and Peter Harrison, pp. 30–51. University of Texas Press, Austin.

1983b   *Once Beneath the Forest: Prehistoric Terracing in the Río Bec Region of the Maya Lowlands*. Dellplain Latin American Studies, no. 13. Westview Press, Boulder.

1983c   Agricultura presente y pasada. In *Introducción a la Arqueología de Copán*, edited by Claude Baudez, vol. 1, pp. 108–129. Secretaría de Cultura y Turismo, Tegucigalpa.

TURNER, BILLIE LEE, AND PETER HARRISON
1978   Implications from agriculture for Maya prehistory. In *Pre-Hispanic Maya Agriculture*, edited by Peter Harrison and Billie Lee Turner, pp. 337–373. University of New Mexico Press, Albuquerque.
1983   *Pulltrouser Swamp*. University of Texas Press, Austin.

TURNER, BILLIE LEE, AND WILLIAM JOHNSON
1979   A Maya dam in the Copán Valley, Honduras. *American Antiquity* 44:299–305.

TURNER, BILLIE LEE, AND CHARLES MIKSICEK
1984   Economic plant species associated with prehistoric agriculture in the Maya Lowlands. *Economic Botany* 38:179–193.

UPHOF, JOHANNES
1959   *Dictionary of Economic Plants*. Verlag Von J. Cramer, Lehre, Germany.

URBAN, PATRICIA
1986   The Santa Bárbara ceramic chronology. Manuscript on file at the Instituto Hondureño de Antropología e Historia, Tegucigalpa.

URBAN, PATRICIA, AND EDWARD SCHORTMAN
1982   Ceramics from the sites of El Níspero and La Mariposa, Honduras. Manuscript on file at the Instituto Hondureño de Antropología e Historia, Tegucigalpa.
1986   Copán and its neighbors: patterns of interaction reflected in Classic period western Honduran pottery. Manuscript on file at the Instituto Hondureño de Antropología e Historia, Tegucigalpa.

URRUTIA, VICTOR
1967   Corn Production and Soil Fertility Under Shifting Cultivation in Uaxactun, Guatemala. M.A. thesis, Department of Agriculture, University of Florida, Gainesville.

USAID
1978   *Agricultural Sector Assessment for Honduras*. USAID Mission, Honduras..

VALVERDE, CARLOS, AND DALE BANDY
1982   Producción de cultivos alimenticios anuales en la Amazonia. In *Amazonia: Investigación sobre Agricultura y Usos de Terrenos*, edited by Susanna Hecht. CIAT, Cali, Colombia.

VELAZQUEZ DE LA CADENA, MARIANO
1905   *A New Pronouncing Dictionary of the Spanish and English Languages*. D. Appleton and Co., New York

VELIZ, VITO, AND GEORGE HASEMANN
1978   Prospección arqueológica de la presa El Cajón: localización preliminar de sitios, conclusiones tentativas, recomendaciones iniciales. Manuscipt on file at the Instituto Hondureño de Antropología e Historia, Tegucigalpa.

VIEL, RENÉ
1978   Étude de la Céramique Ulua-Yojoa Polychrome (Nord-Ouest de Honduras): Essai d'Analyse Stylistique du Babilonia. Unpublished Ph.D. dissertation, Université René Descartes, Paris.
1983   Evolución de la cerámica de Copán: resultados. In *Introducción a la Arqueología de Copán*, edited by Claude Baudez, vol. 1, pp. 472–549. Secretaría de Cultura y Turismo, Tegicigalpa.

VILLA ROJAS, ALFONSO
1945   *The Maya of East-Central Quintana Roo*. Carnegie Institution Publication No. 559. Washington, D. C.

VISHER, GLENN
1965   Fluvial processes as interpreted from ancient and recent deposits. In *Primary Sedimentary Structures and their Hydrodynamic Interpretation*, edited by Gerard Middleton. Society of Economic Paleontologists and Mineralogists, Tulsa.

VITA-FINZI, CLAUDIO, AND ERIC HIGGS
1970   Prehistoric economy in the Mt. Carmel area of Palestine: site catchment analysis. *Proceedings of the Prehistoric Society* 36:1–37.

VIVO ESCOTO, JORGE
1964   Weather and climate of Mexico and Central America. In *Natural Environment and Early Cultures*, edited by Robert West, pp. 187–215. Handbook of Middle American Indians, vol. 1, Robert Wauchope, general editor. University of Texas Press, Austin.

VLCEK, DAVID, SYLVIA GARZA DE GONZALEZ, AND EDWARD KURJACK
1978   Contemporary farming and ancient Maya settlements: some disconcerting evidence. In *Pre-Hispanic Maya Agriculture*, edited by Peter Harrison and Billie Lee Turner, pp. 211–233. University of New Mexico Press, Albuquerque.

VON HAGEN, VICTOR
1943   *The Jicaque (Torrupan) Indians of Honduras*. Indian Notes and Monographs No. 53. New York Museum of the American Indian, Heye Foundation. Lancaster Press, Lancaster, Pennsylvania.

WAGNER, PHILLIP
1964   Natural vegetation of Middle America, In *Natural Environment and Early Cultures*, edited by Robert West, pp. 216–264. Handbook of Middle American Indians, vol. 1, Robert Wauchope, general editor. University of Texas Press, Austin.

WALTER, HEINRICH
1973   *Vegetation of the Earth*. Springer-Verlag, New York.

WATSON, PATTY JO
1976   In pursuit of pre-historic subsistence: a comparative account of some contemporary flotation techniques. *Mid-Continental Journal of Archaeology* 1:77–100.

WAUCHOPE, ROBERT
1938   *Modern Maya Houses: A Study of their Archaeological Significance*. Carnegie Institution Publication No. 502. Washington, D.C.

WEBSTER, DAVID
1981   Egregious energetics. *American Antiquity* 46:919–922.

WEBSTER, DAVID, AND ANN CORRINE FRETER
1988   The demography of Late Classic Copan. Manuscript on file at the Department of Anthropology, Pennsylvania State University, College Park.

WELLHAUSEN, EDWIN, ALEJANDRO FUENTES, AND ANTONIO HERNANDEZ CORZO
1957   *Races of Maize in Central America*. National Research Council Publication No. 511. National Academy of Science, Washington, D.C.

WERNSTEDT, FREDERICK
1972   *World Climatic Data*. Climatic Data Press, Lemont, Pennsylvania.

WEST, ROBERT, AND JOHN AUGELLI
1966   *Middle America, Its Land and Peoples.* Prentice-Hall, Englewood Cliffs, New Jersey.

WILK, RICHARD
1982   Agricultural Ecology and Domestic Organization Among the Kekchi Maya. Unpublished Ph.D. dissertation, Department of Anthropology, University of Arizona, Tucson.

WILKEN, GENE
1971   Food producing systems available to the ancient Maya. *American Antiquity* 36:432–448.

WILLEY, GORDON, WILLIAM BULLARD, JOHN GLASS, AND JAMES GIFFORD
1965   *Prehistoric Maya Settlement Patterns in the Belize Valley.* Papers of the Peabody Museum of Archaeology and Ethnology, vol. 54. Harvard University, Cambridge.

WILLEY, GORDON, AND DEMITRI SHIMKIN
1973   The Maya collapse: a summary view. In *The Classic Maya Collapse,* edited by Patrick Culbert, pp. 457–501. University of New Mexico Press, Albuquerque.

WILLIAMS, HOWELL
1952   The great eruption of Coseguina, Nicaragua, in 1835. *University of California Publication in Geological Science* 29:21–46.

WILLIAMS, HOWELL, AND ALEXANDER MCBIRNEY
1969   Volcanic history of Honduras. *University of California Publication in Geological Science* 85:101.

WILLIAMS, LOUIS
1981   The useful plants of Central America. *Ceiba* 24:1–342.

WISDOM, CHARLES
1940   *The Chortí Indians of Guatemala.* University of Chicago Press, Chicago.

WISEMAN, FREDERICK
1978   Agricultural and historical ecology of the Maya Lowlands. In *Pre-Hispanic Maya Agriculture,* edited by Peter Harrison and Billie Lee Turner, pp. 63–116. University of New Mexico Press, Albuquerque.

WOLMAN, M., AND J. MILLER
1964   Fluvial processes. In *Geomorphology.* W. H. Freeman and Co., San Francisco.

YDE, JENS
1938   *An Archaeological Reconnaissance of Northwestern Honduras.* A report of the work of the Tulane University - Danish National Museum Expedition to Central America 1935. Levin & Munksgaard, Copenhagen.

ZARKY, ALLEN
1976   Statistical analysis of site catchments at Ocos, Guatemala. In *The Early Mesoamerican Village,* edited by Kent Flannery, pp. 117–128. Academic Press, New York.

ZIER, CHRISTIAN
1980   A Classic period Maya agricultural field in western El Salvador. *Journal of Field Archaeology* 7:65–74.